CB139713

Dicionário da Bíblia

vol.1. As pessoas e os lugares

25/06/04

Dicionário da Bíblia

vol.1. As pessoas e os lugares

organizado por
Bruce M. Metzger
Michael D. Coogan

Tradução:
Maria Luiza X. de A. Borges

INCLUI OITO MAPAS EM CORES

Jorge Zahar Editor
Rio de Janeiro

Consultores:
Jo Ann Hackett, Barbara Geller Nathanson,
William H. Propp, Philip Sellew

Título original:
The Oxford Guide to People & Places of the Bible

Tradução autorizada da primeira edição norte-americana
publicada em 2001 por Oxford University Press,
de Nova York, Estados Unidos

Copyright © 2001, Oxford University Press, Inc.
This translation of *The Oxford Guide to People & Places of the Bible*,
originally published in English in 2001 by Oxford University Press, Inc.,
is published by arrangement with Oxford University Press, USA

Copyright © 2002 da edição em língua portuguesa:
Jorge Zahar Editor Ltda.
rua México 31 sobreloja
20031-144 Rio de Janeiro, RJ
tel.: (21) 2240-0226 / fax: (21) 2262-5123
e-mail: jze@zahar.com.br
site: www.zahar.com.br

Todos os direitos reservados.
A reprodução não-autorizada desta publicação, no todo
ou em parte, constitui violação de direitos autorais. (Lei 9.610/98)

Capa: Sérgio Campante

CIP-Brasil. Catalogação-na-fonte
Sindicato Nacional dos Editores de Livros, RJ.

D542 Dicionário da Bíblia, vol. 1: as pessoas e os lugares / organiza-
v.1 do por Bruce M. Metzger, Michael D. Coogan; tradução Maria
Luiza X. de A. Borges. – Rio de Janeiro: Jorge Zahar Ed., 2002
il., mapas color. ;

Tradução de: The Oxford guide to people & places of the Bible
Inclui oito mapas
ISBN 85-7110-690-8

1. Bíblia – Biografia – Dicionários. 2. Bíblia – Geografia – Dicionários. I. Metzger, Bruce Manning. II. Coogan, Michael David.

CDD 220.903
02-1872 CDU 22(038)

SUMÁRIO

AGRADECIMENTOS

Na preparação deste *Dicionário*, contamos com o indispensável apoio da equipe do departamento de obras de referência da Oxford University Press. Agradecemos especialmente a Katherine Adzima, que acompanhou o *Dicionário* desde sua idealização até a produção final. Somos extremamente gratos, é claro, aos colaboradores, cujas contribuições abalizadas constituem a essência deste volume; seus nomes estão listados após a Introdução.

B.M.M.
M.D.C.

INTRODUÇÃO

Por quase dois milênios, a Bíblia foi o texto cardeal para o judaísmo e o cristianismo. Suas histórias e personagens são parte tanto do repertório da literatura ocidental quanto do vocabulário de pessoas educadas. Ela é, no entanto, mais do que um conjunto de narrativas antigas. Mesmo antes que fosse estabelecida uma lista canônica dos livros considerados a Sagrada Escritura, os textos que hoje chamamos a Bíblia eram vistos como normativos: eles estabeleciam os princípios essenciais que deveriam nortear nosso trato com Deus e uns com os outros. A prática de citar textos mais antigos e de aludir a eles como dotados de autoridade é encontrada na própria Bíblia e continuou inalterada em textos judaicos e cristãos posteriores. Ao mesmo tempo, a Bíblia foi formativa; subseqüentes gerações de crentes se viram como descendentes daqueles a quem Deus falara e em cujo favor atuara definitivamente no passado, sentindo-se em continuidade com eles, e a recitação dessas palavras e eventos serviu para moldar as comunidades religiosas de sucessivas gerações. A Bíblia tem portanto uma influência imensurável no judaísmo e no cristianismo, nas culturas de que fizeram parte e em todas aquelas tradições que de algum modo deles derivam, como o islã.

Embora a palavra Bíblia signifique "livro", e a Bíblia tenha sido tratada como um livro único durante grande parte de sua história, ela é feita de fato de muitos livros, uma antologia das literaturas da antiga Israel e, para os cristãos, também do cristianismo primitivo. A Bíblia fala portanto com muitas vozes, e desde o tempo de seu surgimento como texto sagrado dotado de autoridade, leitores e intérpretes notaram suas muitas repetições, incoerências e contradições. Sobretudo desde o Iluminismo, a consideração crítica da Bíblia — isto é, seu estudo tanto quanto possível isento de idéias preconcebidas — afetou irreversivelmente o que pode ser chamado de a compreensão "pré-crítica" da Bíblia como mero texto unificado, a palavra eterna, infalível e completa de Deus. Descobertas de manuscritos antigos (como os Manuscritos do Mar Morto) e de literaturas contemporâneas dos textos preservados na Bíblia ou anteriores a eles (como as histórias da Criação e do Dilúvio da Babilônia antiga e os evangelhos de Tomé e Filipe de Nag Hammadi, no Egito), bem como incontáveis achados arqueológicos, aprofundaram nossa compreensão da Bíblia e dos contextos histórico e cultural em que suas partes constituintes foram escritas. Essa nova compreensão da Bíblia resultou em permanente atenção erudita e interesse popular.

O *Dicionário da Bíblia* é derivado do *Oxford Companion to the Bible* (1993). Selecionamos verbetes da obra original para fornecer uma referência autorizada para pessoas e lugares-chave dos tempos bíblicos. O *Dicionário* oferece discussões atualizadas da interpretação desses tópicos por especialistas modernos, que aplicam os mais recentes achados dos arqueólogos e dos métodos atuais de pesquisa de disciplinas como a antropologia, a sociologia e a crítica literária. Como o *Companion*, o *Dicionário* é conscientemente pluralista, e seus colaboradores abrangem um amplo espectro de perspectivas intelectuais e de crenças. Eles representam a comunidade internacional dos estudiosos, oriundos de cerca de uma dúzia de países, em cinco continentes. Não foi feita nenhuma tentativa de produzir qualquer unanimidade dogmática; os leitores não deveriam se surpreender ao encontrar diferentes interpretações em diferentes verbetes. Os colaboradores foram instados a apresentar pontos de vista acadêmicos próprios, registrando ao mesmo tempo perspectivas diversas. Em geral, os verbetes visam apresentar a interpretação consensual, ou não, alcançada pelos estudos mais recentes, evitando partidarismo e polêmica.

Ao preparar o *Dicionário*, unimos eventualmente verbetes que estavam separados no *Companion*. Isso resultou na inclusão, sob um tópico mais importante, de colaboradores que têm diferentes visões sobre assuntos relacionados. Optamos por essa alternativa, assim como não tentamos impor coerência entre verbetes. A diversidade de idéias dará forma à compreensão que os leitores terão tanto das questões envolvidas quanto do próprio processo de interpretação.

O *Dicionário* não pretende ser uma enciclopédia ou um dicionário enciclopédico, e não foi concebido como um substituto da Bíblia nem para referendá-la. As citações da Bíblia foram deliberadamente mantidas num mínimo, e as referências bíblicas são ilustrativas, não exaustivas. Não incluímos tampouco todos os nomes encontrados na Bíblia; escolhemos apenas aqueles considerados importantes nas tradições bíblicas ou por leitores mais recentes. Isso se aplica especialmente a pessoas e lugares sobre os quais pouco ou nada se sabe além do que aparece na Bíblia.

No âmbito de um volume, portanto, de **Aarão** a **Zorobabel**, o *Dicionário* é uma fonte confiável para o que a Bíblia diz e para as interpretações que os estudiosos deram às tradições bíblicas. É ainda uma referência fidedigna e abrangente para um público amplo, que inclui leitores comuns, estudantes e professores do segundo grau, de faculdades, seminários e cursos de teologia; sacerdotes, rabinos e educadores religiosos; participantes em programas de educação religiosa e de estudo da Bíblia; e estudiosos das inúmeras disciplinas para as quais a Bíblia é de algum modo pertinente.

Uso das referências cruzadas. O *Dicionário* está organizado em ordem alfabética. Amplas referências cruzadas remetem o leitor para verbetes relacionados; essas referências cruzadas são de três tipos:

1. Dentro de um verbete, a primeira ocorrência de um nome, palavra ou expressão que tem entrada própria é marcada com um asterisco (*).
2. Quando um tópico tratado num verbete ou um tópico a ele relacionado é discutido em outro lugar no volume, as palavras *ver* ou *ver também* em itálico remetem o leitor para o(s) verbete(s) apropriado(s).
3. Entradas que não são acompanhadas por texto, mas são termos que os leitores poderiam consultar, aparecem em ordem alfabética, remetendo para os verbetes onde os tópicos são efetivamente tratados. Assim, a entrada **Pedro** remete os leitores para o verbete **Simão Pedro**.

Índice remissivo. A investigação adicional de tópicos específicos é possibilitada por um detalhado índice remissivo que indica as páginas para assuntos afins, e também para nomes próprios antigos e modernos. Há ainda um conjunto de mapas no final do *Dicionário*. Esses mapas têm seu próprio índice, para permitir aos leitores situar mais precisamente lugares mencionados no texto.

Bibliografia. No final do volume, há uma bibliografia ampla e comentada, que permitirá aos leitores explorar em maior detalhe tópicos cobertos pelo *Dicionário*. Para facilitar a consulta, a bibliografia está dividida em categorias como história, geografia e arqueologia dos tempos bíblicos; antologias de textos não-bíblicos; introduções críticas e populares à Bíblia; obras de referência; visão geral da história da interpretação; e metodologias usadas nos estudos bíblicos.

Lista de colaboradores

VALERIE ABRAHAMSEN, Waltham, Massachusetts

ELIZABETH ACHTEMEIER, Bíblia e Homilética, Union Theological Seminary, Richmond, Virgínia, EUA

PAUL J. ACHTEMEIER, Interpretação Bíblica, Union Theological Seminary, Richmond, Virgínia, EUA

SUZAN ACKERMAN, Religião, Darmouth College, Hanover, New Hampshire, EUA

PETER R. ACKROYD, Estudos do Antigo Testamento, King's College, Universidade de Londres, Inglaterra

FRANCIS I. ANDERSEN, Antigo Testamento, New College for Advanced Christian Studies, Berkeley, Califórnia, EUA

HECTOR IGNACIO AVALOS, Estudos Religiosos e Antropologia, Universidade da Carolina do Norte, Chapel Hill, EUA

E. BADIAN, História, Universidade Harvard, Cambridge, Massachusetts, EUA

WILLIAM H. BARNES, Estudos Bíblicos, Southeastern College of the Assemblies of God, Lakeland, Flórida, EUA

MARKUS K. BARTH, Novo Testamento, Universidade da Basiléia, Suíça

JOHN R. BARTLETT, Church of Ireland Theological College, Dublin; Trinity College, Dublin, Irlanda

JOHN BARTON, Interpretação das Sagradas Escrituras, Universidade de Oxford, Inglaterra

JUDITH R. BASKIN, Estudos Judaicos, State University of New York, Albany, EUA

RICHARD J. BAUCKHAM, Estudos do Novo Testamento, Universidade de St. Andrews, Escócia

CHRISTOPHER T. BEGG, Teologia, Catholic University of America, Washington, DC, EUA

ROBERT A. BENNETT JR., Antigo Testamento, Episcopal Divinity School, Cambridge, EUA

ERNEST BEST, Teologia e Criticismo Bíblico, Universidade de Glasgow, Escócia

OTTO BETZ, Novo Testamento e Estudos Judaicos, Universidade Eberhard-Karls, Tübingen, Alemanha

PHYLLIS A. BIRD, Interpretação do Antigo Testamento, Garrett Evangelical Theological Seminary, Evanston, Illinois, EUA

M.H. BLACK, Clare Hall, Universidade de Cambridge; ex-editor da Cambridge University Press, Inglaterra

MATTHEW BLACK, Criticismo Bíblico, Universidade de St. Andrews, Escócia

JOHN A. BRINKMAN, História Mesopotâmica, Universidade de Chicago, Illinois, EUA

BERNADETTE J. BROOTEN, Estudos Cristãos, Universidade Brandeis, Waltham, Massachusetts, EUA

F.F. BRUCE, Criticismo Bíblico e Exegese, Universidade de Manchester, Inglaterra, *falecido*

GEORGE WESLEY BUCHANAN, Novo Testamento, Wesley Theological Seminary, Washington, DC, EUA

DAVID G. BURKE, Traduções, American Bible Society, Nova York, EUA

EDWARD F. CAMPBELL, Antigo Testamento, McCormick Theological Seminary, Evanston, Illinois, EUA

RICHARD J. CLIFFORD, Antigo Testamento, Weston School of Theology, Cambridge, Massachusetts, EUA

DAVID J.A. CLINES, Estudos Bíblicos, Universidade de Sheffield, Inglaterra

AELRED CODY, O.S.B. Catholic Biblical Quarterly, St. Meinrad Archabbey, Indiana, EUA

RICHARD COGGINS, Estudos do Antigo Testamento, King's Colleg, Universidade de Londres, Inglaterra

MICHAEL D. COOGAN, Estudos Religiosos, Stonehill College, North Easton, Massachusetts, EUA

J.M. COOK, História Antiga e Arqueologia Clássica, Universidade de Bristol, Inglaterra

DERMOT COX, O.F.M., Exegese do Antigo Testamento, Universidade Gregoriana, Roma, Itália

JAMES L. CRENSHAW, Antigo Testamento, Duke University, Durham, Carolina do Norte, EUA

PETER H. DAVIDS, Langley Vineyard Christian Fellowship, British Columbia, Canadá

ROBERT DAVIDSON, Linguagem e Literatura do Antigo Testamento, Universidade de Glasgow, Escócia

ROBERT C. DENTAN, Antigo Testamento, General Theological Seminary, Nova York, EUA

ALEXANDER A. DILELLA, O.F.M., Estudos Bíblicos, Catholic University of America, Washington, DC, EUA

JOHN W. DRANE, Center for the Study of Christianity and Contemporary Society, Universidade de Stirling, Escócia

CARL S. EHRLICH, Hochschule fäur jäudische Studien, Heidelberg, Alemanha

J.A. EMERTON, Hebraico, St. John's College, Universidade de Cambridge, Inglaterra

F. CHARLES FENSHAM, Línguas e Culturas Semíticas, Universidade de Stellenbosch, África do Sul

JOSEPH A. FITZMYER, S.J., Estudos Bíblicos, Catholic University of America, Washington, DC, EUA

DANIEL E. FLEMING, Universidade de Nova York, EUA

EDWIN D. FREED, Literatura e Religião Bíblicas, Gettysburg College, Pensilvânia, EUA

SEÁN FREYNE, Teologia, Trinity College, Dublin, Irlanda

STEVEN FRIESEN, Program on Cultural Studies, East-West Center, Honolulu, Havaí, EUA

REGINALD H. FULLER, Virginia Theological Seminary, Richmond, Virgínia, EUA

PROSPER GRECH, O.S.A., Exegese do Novo Testamento, Augustinianum, Roma; Hermenêutica, Pontifício Instituto Bíblico, Roma, Itália

JOSEPH A. GREEN, Semitic Museum, Universidade Harvard, Cambridge, Massachusetts, EUA

DAVID M. GUNN, Antigo Testamento, Columbia Theological Seminary, Decatur, Geórgia, EUA

JO ANN HACKETT, Línguas e Civilizações do Oriente Próximo, Universidade Harvard, Cambridge, Massachusetts, EUA

WILLIAM W. HALLO, Assiriologia e Literatura Babilônia, Babylonian Collection, Universidade Yale, New Haven, Connecticut, EUA

PHILIP C. HAMMOND, Antropologia, Universidade de Utah, Salt Lake City, EUA

GERALD F. HAWTHORNE, Grego, Wheaton College, Illinois, EUA

DAVID M. HAY, Religião e Filosofia, Coe College, Cedar Rapids, Iowa, EUA

JOHN H. HAYES, Antigo Testamento, Candler School of Theology, Universidade Emory, Atlanta, Geórgia, EUA

RONALD S. HENDEL, Estudos Religiosos, Southern Methodist University, Dallas, Texas, EUA

PAULA S. HIEBERT, Teologia, Boston College, Massachusetts, EUA

DAVID HILL, Estudos Bíblicos, Universidade de Sheffield, Inglaterra

DELBERT R. HILLERS, Línguas Semíticas, Universidade Johns Hopkins, Baltimore, Maryland, EUA

HAROLD W. HOEHNER, Estudos do Novo Testamento, Dallas Theological Seminary, Texas, EUA

CARL R. HOLLADAY, Candler School of Theology, Universidade Emory, Atlanta, Geórgia, EUA

MORNA D. HOOKER, Teologia, Universidade de Cambridge, Inglaterra

LESLIE J. HOPPE, O.F.M., Antigo Testamento, Catholic Theological Union, Chicago, Illinois, EUA

SHERMAN ELBRIDGE JOHNSON, Novo Testamento, The Church Divinity School of the Pacific, Berkeley, Califórnia, EUA, *falecido*

EDWIN A. JUDGE, Universidade Macquarie, North Ryde, New South Wales, Austrália

ROBERT J. KARRIS, O.F.M., Roma, Itália

JACK DEAN KINGSBURY, Teologia Bíblica, Union Theological Seminary, Richmond, Virgínia, EUA

DOUGLAS A. KNIGHT, Antigo Testamento, Universidade Vanderbilt, Nashville, Tennessee, EUA

GARY N. KNOPPERS, Estudos Religiosos, Universidade Estadual da Pensilvânia, University Park, EUA

WILLIAM SANFORD LASOR, Fuller Theological Seminary, Pasadena, Califórnia, EUA, *falecido*

MARY JOAN WINN LEITH, Estudos Religiosos, Stonehill College, North Easton, Massachusetts, EUA

AMY-JILL LEVINE, Religião, Swarthmore College, Pensilvânia, EUA

LEE LEVINE, História e Arqueologia Judaicas, Universidade Hebraica de Jerusalém; Seminário de Estudos Judaicos, Jerusalém, Israel

ABRAHAM J. MALHERBE, Criticismo e Interpretação do Novo Testamento, Yale Divinity School, New Haven, Connecticut, EUA

I. HOWARD MARSHALL, Exegese do Novo Testamento, Universidade de Aberdeen, Escócia, EUA

REX MASON, Antigo Testamento e Hebraico, Universidade de Oxford, Inglaterra

GENE MCAFEE, Harvard Divinity School, Cambridge, Massachusetts, EUA

P. KYLE MCCARTER JR., Estudos Bíblicos e do Oriente Próximo Antigo, Universidade Johns Hopkins, Baltimore, Maryland, EUA

STEVEN L. MCKENZIE, Antigo Testamento, Rhodes College, Memphis, Tennesee, EUA

PAULA M. MCNUTT, Estudos Religiosos, Canisius College, Buffalo, Nova York, EUA

SAMUEL A. MEIER, Hebraico e Estudos Semíticos Comparados, Universidade Estadual de Ohio, Columbus, EUA

BRUCE M. METZGER, Linguagem e Literatura do Novo Testamento, Princeton Theological Seminary, Nova Jersey, EUA

ISOBEL MACKAY METZGER, Princeton, Nova Jersey, EUA

CAROL L. MYERS, Estudos Bíblicos e Arqueologia, Universidade Duke, Durham, Carolina do Norte, EUA

ERIC M. MEYERS, Bíblia e Estudos Judaicos, Universidade Duke, Durham, Carolina do Norte, EUA

ALAN MILLARD, Hebraico e Línguas Semíticas Antigas, Universidade de Liverpool, Inglaterra

J. MAXWELL MILLER, Estudos do Antigo Testamento, Universidade Emory, Atlanta, Geórgia, EUA

PAUL S. MINEAR, Teologia Bíblica, Universidade Yale, New Haven, Connecticutt, EUA

CAREY A. MOORE, Religião, Gettysburg College, Pensilvânia, EUA

ROLAND E. MURPHY, O. Carm., Estudos Bíblicos, Universidade Duke, Durham, Carolina do Norte, EUA

JEROME MURPHY-O'CONNOR, O.P., Novo Testamento, École Biblique de Jérusalem, Israel

BARBARA GELLER NATHANSON, Religião, Wellesley College, Massachusetts, EUA

WILLIAM B. NELSON JR., Estudos Religiosos, Westmont College, Santa Barbara, Califórnia, EUA

ROBERT NORTH, S.J., Arqueologia, Pontificio Istituto Biblico, Roma, Itália

PETER O'BRIEN, Novo Testamento, Moore Theological College, Newton, Austrália

BEN C. OLLENBURGER, Estudos Religiosos, Association of Mennonite Seminaries, Elkhart, Indiana, EUA

DENNIS T. OLSON, Antigo Testamento, Princeton Theological Seminary, Nova Jersey, EUA

RICHARD E. OSTER JR., Antigo Testamento, Harding University Graduate School of Religion, Memphis, Tennessee, EUA

J. ANDREW OVERMAN, Religião e Letras Clássicas, Universidade de Rochester, Nova York, EUA

JOSEPH PATHRAPANKAL, C.M.I., Novo Testamento e Teologia, Dharmaran College, Bangalore, Índia

WAYNE T. PITARD, Estudos Religiosos, Universidade de Illinois, Urbana-Champaign, EUA

JAMES H. PLATT, Denver, Colorado, EUA

J. MARTIN PLUMLEY, Egiptologia, Universidade de Cambridge, Inglaterra

WILLIAM H. PROPP, Línguas e História do Oriente Próximo, Universidade da Califórnia, San Diego, EUA

JAMES M. REESE, O.S.F.S., Teologia, Universidade St. John's, Jamaica, Nova York, EUA, *falecido*

BO REICKE, Universidade da Basiléia, Suíça, *falecido*

JOHN RICHES, Teologia e Criticismo Bíblico, Universidade de Glasgow, Escócia

GUY MACLEAN ROGERS, Grego, Latim e História, Wellesley College, Massachusetts, EUA

J.W. ROGERSON, Estudos Bíblicos, Universidade de Sheffield, Inglaterra

DENIS BAIN SADDINGTON, História Romana e Arqueologia, Universidade de Witwatersrand, África do Sul

KATHARINE DOOB SAKENFELD, Literatura do Antigo Testamento, Princeton Theological Seminary, Nova Jersey, EUA

RICHARD P. SALLER, História e Letras Clássicas, Universidade de Chicago, Illinois, EUA

JOHN F.A. SAWYER, Estudos Religiosos, Universidade de Newcastle upon Tyne, Inglaterra

DANIEL N. SCHOWALTER, Religião, Carthage College, Kenosha, Wisconsin, EUA

PHILIP SELLEW, Estudos Clássicos e do Oriente Próximo, Universidade de Minnesota, Minneapolis, EUA

DRORAH O'DONNELL SETEL, Seattle, Washington

GREGORY SHAW, Estudos Religiosos, Stonehill College, North Easton, Massachusetts, EUA

STEPHEN S. SMALLEY, Deão da Catedral de Chester, Inglaterra

J.A. SOGGIN, Língua e Literatura Hebraica, Universidade de Roma, Itália

PHILIP STERN, White Plains, Nova York, EUA

ROBERT STOOPS, Estudos Liberais, Western Washington University, Bellingham, EUA

G.M. STYLER, Corpus Christi College, Teologia, Universidade de Cambridge, Inglaterra

WILLARD M. SWARTLEY, Novo Testamento, Associated Mennonite Biblical Seminaries, Elkhart, Indiana, EUA

JOHN SWEET, Teologia, Universidade de Cambridge, Inglaterra

RON TAPPY, Arqueologia e Literatura de Israel Antiga, Westmont College, Santa Barbara, Califórnia, EUA

PATRICK A. TILLER, Grego, Harvard Divinity School, Cambridge, Massachusetts, EUA

W. SIBLEY TOWNER, Interpretação Bíblica, Union Theological Seminary, Richmond, Virgínia, EUA

GENE M. TUCKER, Antigo Testamento, Candler School of Theology, Universidade Emory, Atlanta, Geórgia, EUA

DAVID H. VAN DAALEN, United Reformed Church, Huntingdon, Inglaterra

BRUCE VAWTER, C.M., DePaul University, Illinois, EUA, *falecido*

JOHN D.W. WATTS, Antigo Testamento, Southern Baptist Theological Seminary, Louisville, Kentucky, EUA

SIDNIE ANN WHITE, Religião, Albright College, Reading, Pensilvânia, EUA

R.N. WHYBRAY, Hebraico e Estudos do Antigo Testamento, Universidade de Hull, Inglaterra

TIMOTHY M. WILLIS, Religião, Universidade de Pepperdine, Malibu, Califórnia, EUA

WALTER WINK, Interpretação Bíblica, Auburn Theological Seminary, Nova York

DONALD J. WISEMAN, Assiriologia, Universidade de Londres, Inglaterra

ABREVIATURAS

Citações bíblicas

Capítulo (cap.) e versículo (v.) são separados por um ponto; quando um versículo é subdividido, usam-se letras após o número do versículo; assim, Gen.3.4a = livro do Gênesis, cap.3 v.4, a primeira parte do versículo. Os livros bíblicos são abreviados (entre parênteses) da seguinte maneira:

Ab.	Abdias	Ju.	Judas
Ag.	Ageu	Joel	Joel
Am.	Amós	Jon.	Jonas
Ap.	Apocalipse	Jos.	Josué
Atos	Atos dos Apóstolos	Jud.	Judite
Bar.	Baruc	Jz.	Juízes
Col.	Colossenses	Lam.	Lamentações
1 Cor.	1 Coríntios	Lev.	Levítico
2 Cor.	2 Coríntios	Luc.	Lucas
1 Cr.	1 Crônicas	1 Mac.	1 Macabeus
2 Cr.	2 Crônicas	2 Mac.	2 Macabeus
Ct.	Cântico dos Cânticos	3 Mac.	3 Macabeus
Dan.	Daniel	4 Mac.	4 Macabeus
Deut.	Deuteronômio	Mal.	Malaquias
Ecle.	Eclesiastes	Mat.	Mateus
Ef.	Efésios	Mar.	Marcos
Esd.	Esdras	Miq.	Miquéias
1 Esd.	1 Esdras	Na.	Naum
2 Esd.	2 Esdras	Ne.	Neemias
Est.	Ester	Num.	Números
Exod.	Êxodo	Os.	Oséias
Ez.	Ezequiel	1 Pd.	1 Pedro
Fil.	Filipenses	2 Pd.	2 Pedro
Filem.	Filêmon	Pr. de Mn.	Prece de Manassés
Gal.	Gálatas	Prov.	Provérbios
Hab.	Habacuc	1 Rs	1 Reis
Heb.	Hebreus	2 Rs	2 Reis
Isa.	Isaías	Rom.	Romanos
Jer.	Jeremias	Rute	Rute
Jó	Jó	Sab.	Sabedoria
João	Evangelho segundo João	Sal(s)	Salmo(s)
1 João	1 João	1 Sam.	1 Samuel
2 João	2 João	2 Sam.	2 Samuel
3 João	3 João	Sira	Sirácida

Sof.	Sofonias	1 Tim.	1 Timóteo
Sus.	Susana	2 Tim	2 Timóteo
1 Tes.	1 Tessalonicenses	Tito	Tito
2 Tes.	2 Tessalonicenses	Tob.	Tobias
Tg.	Tiago	Zac.	Zacarias

Literatura rabínica

Para distinguir tratados com o mesmo nome, as letras *m.* (Mishná), *t.* (Tosepta), *b.* (Talmude babilônio) e *y.* (Talmude de Jerusalém) são usadas antes do nome do tratado.

'Abod. Zar.	'Aboda Zara	Nez.	Neziqin
'Abot R. Nat.	'Abot de Rabbi Nathan	Nid.	Niddah
B. Bat.	Baba Batra	Pesah	Pesahim
Ber.	Berakot	Qoh. Rab.	Qohelet Rabbah
'Erub.	'Erubin	Sabb.	Sabbat
Gen. Rab.	Genesis Rabbah	Sanh.	Sanhedrin
Hag.	Hagiga	Sukk.	Sukkot
Ketub.	Ketubot	Ta'an.	Ta'anit
Mek.	Melkita	Yad	Yadayim
Mid.	Middot	Zebah.	Zebahim
Midr.	Midrash		

Outros livros antigos

Adv. haer.	Irineu, *Adversus haeresis*
Ant.	Josefo, *Antigüidades*
Apol.	Justino, *Apologia*
Bapt.	Tertuliano, *De baptismo*
CD	Cairo Geniza, Documento de Damasco
1 Clem.	1 Clemente
Cont. Ap.	Josefo, *Contra Apião*
De Dec.	Fílon, *De Decalogo*
De spec. leg.	Fílon, *De specialibus legibus*
Did.	Didaquê
Ep.	Cipriano, *Epístolas*
Exhort. Chast.	Tertuliano, *De exhortatione castitatis*
Geog.	Estrabão, *Geographica*
GJ	Josefo, *Guerra judaica*
ET	Evangelho de Tomé
Haer.	Epifânio, *Haereses*
Hist.	Políbio, *Histórias*
Hist. eccl.	Eusébio, *Historia ecclesiastica*
Instit. Retor.	Quintiliano, *Instituição da Retórica*

Jov.	Jerônimo, *Contra Joviano*
Leg. ad Gaium	Fílon, *Legatio ad Gaium*
1Q34	Caverna de Qumrã 1, nº 34
1QH	Caverna de Qumrã 1, *Hodayot (Hinos de ação de graças)*
1QIsa[b]	Caverna de Qumrã 1, Isaías, segunda cópia
1QM	Caverna de Qumrã 1, Milhamah *(Manuscrito da guerra)*
1QpHab	Caverna de Qumrã 1, Pesher *sobre Habacuc*
1QS	Caverna de Qumrã 1, *Serek hayyadad (Regra da comunidade, Manual de disciplina)*
4Q246	Caverna de Qumrã 4, nº 246
4Q503-509	Caverna de Qumrã 4, nºs 503-509
4QDeut[a]	Caverna de Qumrã 4, Deuteronômio, primeira cópia
4QMMT	Caverna de Qumrã, *Miqsat Ma'aseh Torah*
4QpNah	Caverna de Qumrã 4, Pesher *sobre Naum*
11QMelq	Caverna de Qumrã 11, texto de Melquisedeque
11QTemplo	Caverna de Qumrã 11, *Manuscrito do Templo*
Praescr.	Tertuliano, *De praescriptione haereticorum*
Test. Abr.	Testamento de Abraão
T. Nef.	Testamento de Neftali

Outras abreviaturas

ABS	American Biblical Society
a.C.	antes de Cristo
BA	Bronze Antigo
BCP	Book of Common Prayer
BFPS	British and Foreign Bible Society
BM	Bronze Médio
BT	Bronze Tardio
c.	cerca de
cap(s).	capítulo(s)
D	Fonte Deuteronomista no Pentateuco
d.C.	depois de Cristo
E	Fonte Eloísta no Pentateuco
GNB	Good News Bible
gr.	grego
HC	Holiness Code
HDD	Hipótese dos Dois Documentos
hebr.	hebraico
J	Fonte Javista no Pentateuco
KJV	King James Version
L	Material Especial de Lucas
lat.	latim
LXX	Septuaginta
M	Material Especial de Mateus

MSS	Manuscritos
NBSS	National Bible Society of Scotland
NEB	New England Bible
NJV	New Jewish Version
NRSV	New Revised Standard Version
par.	paralelo(s), usados quando duas ou mais passagens têm essencialmente o mesmo material, em especial nos Evangelhos sinóticos
Q	do alemão *Quelle*, "fonte", designando a fonte hipotética comum usada por Mateus e Lucas
REB	Revised English Bible
RSV	Revised Standard Version
RV	Revised Version
S	Fonte Sacerdotal no Pentateuco
TM	Texto Massorético
UBS	United Bible Societies
VA	Versão Autorizada
v(v).	versículo(s)

A

Aarão. Figura de vulto nas origens de Israel e o primeiro dos sumo sacerdotes. Em narrativas muito antigas, aparece sem características especificamente sacerdotais, como um líder ao lado de Hur, ou como irmão de *Maria, sem menção ao parentesco deles com *Moisés, a quem parecem até opostos. Mais tarde, mas ainda em estágios bastante primordiais da formação do Pentateuco, é dito que Aarão é irmão de Moisés e um *levita, e ele começa a adquirir traços que sugerem implicitamente um laço com o sacerdócio. Está com Moisés quando o faraó pede por intercessão junto ao Deus de Israel; em Êxodo 18.12, é possível que tenha sido acrescentado à descrição da aliança entre *Madiã e Israel porque pode ter parecido a um editor posterior que o sacrifício do pacto exigia um sacerdote; sua presença com seus filhos Nadab e Abihu, considerados em outro texto como filhos de sacerdotes, parece também ter sido acrescentada à cena do estabelecimento da Aliança no Sinai. O episódio do Bezerro de Ouro é problemático. Ele é quase certamente contado levando-se em conta os santuários fundados por Jeroboão I em Betel e *Dã no reino norte de Israel, mas no episódio Aarão não é apresentado como um sacerdote ou um levita; sua culpa é revelada sobretudo em Êxodo 32.25b, 35b, adições evidentes a um texto em que o comportamento do povo, buscando um líder em Aarão, já estava contrastado negativamente com o zelo religiosamente correto dos levitas. Nos componentes sacerdotais do Pentateuco, o papel de Aarão como companheiro de Moisés no Egito e no deserto é exaltado, mas em S ele está acima de todos os primeiros sumo sacerdotes de Israel, e os outros sacerdotes sagrados com ele são chamados seus filhos. O pano de fundo histórico desse desenvolvimento da figura de Aarão não é claro. Embora sacerdotes legítimos sejam chamados filhos de *Sadoc em Ezequiel, estando o nome de Aarão completamente ausente desse livro exílico, alguns suspeitam que o próprio corpo de sacerdotes de *Jerusalém reivindicava uma origem aaronita; outros acreditam que o primeiro grupo a fazê-lo foi o corpo de sacerdotes de Betel, ou um grupo levítico em *Judá não originalmente idêntico ao corpo de sacerdotes de Jerusalém. Seja como for, os sacerdotes pós-exílicos de Jerusalém se fixaram pacificamente em sua própria reivindicação de serem os filhos de Aarão.

Aelred Cody, O.S.B.

Abdias. Abdias foi um profeta a quem o livro de Abdias é atribuído. O título não nos dá nenhuma informação sobre o autor, exceto o nome; Abdias significa "servo do Senhor". Não dá nenhuma ajuda na datação do livro, embora referências internas sugiram que a destruição de *Jerusalém de 587/586 a.C. já ocorrera.

Esse livro de vinte e um versículos, o mais curto do Antigo Testamento, é formado de três partes distintas. Os vv.1-4 anunciam a decisão do Senhor de destruir *Edom por causa de seu orgulho e sua traição de *Judá. Os vv.5-18 anunciam o dia do Senhor para todas as nações. E os vv.19-21 proclamam que o domínio do Senhor será demonstrado pelo retorno de israelitas dispersos para viver em Canaã.

A mensagem central do livro é encontrada no v.21: o domínio do Senhor é certo e seguro. O livro deveria ser lido no contexto nos Profetas Menores e de *Isaías, pois as visões de Abdias são contrabalançadas por Habacuc e outros livros de *Miquéias a *Malaquias. Elas põem muito mais ênfase no futuro culto do Senhor por Israel em Jerusalém do que no poder político sobre outros.

John D.W. Watts

ABEL. *Ver* Caim e Abel.

ABRAÃO. Abraão é o mais antigo personagem bíblico a ser delineado com clareza suficiente para ser citado, numa extensão limitada, na história mundial. Sua terra natal no Crescente Fértil (possivelmente em Harã) e seus movimentos a sudeste rumo a Ur, na Caldéia, depois a oeste para *Canaã e o *Egito, correspondem a conhecidas rotas migratórias e comerciais dos *amoreus. Ele pode ter sido mercador de caravana, embora a Bíblia só o apresente como pastor. Essa vaga relação de Abraão com a história não exclui o debate sobre o quanto de sua biografia pode ter sido elaborado para efeito de maior colorido ou como criação de uma unidade tribal posterior. Reivindicações mais insistentes de historicidade presumem contemporaneidade com Hamurabi (apesar da desacreditada equação entre este último e Anrafel). Uma data ainda anterior foi proposta com base em algumas interpretações prematuras de *Sodoma em Ebla. O nome Abrão (= Abiram, como Abner = Abiner), usado em Gênesis de 11.27 a 17.5, é ali mudado ritualmente para Abraão, uma variante dialetal normal, embora explicada em relação a *ab-hamon*, "pai de muitos".

Certa unidade presente em toda a saga de Abraão envolve rica variedade de povos e pessoas que condicionam sua atividade; vinte e dois episódios separados são discerníveis. Onze são atribuíveis à fonte Javista: base em torno de Harã, Gênesis 11.28-30; chamado para o oeste, 12.1-3; pausa em Canaã, 12.4-9; separação de Ló, 13.1-13; promessa envolvendo Mambré, 13.14-18; progênie como estrelas, incubação da aliança, 15.1-6, 7-24; *Agar, 16; os três em Mambré, 18.1-15; apelo vão por Sodoma, 18.16-33; nascimento de *Isaac, 21.1-7; e velhice, 24.1-25.11. Cinco outros episódios sugerem a fonte Eloísta: partes da narrativa da aliança no capítulo 15, especialmente os versículos 13-16; Gerara, 20; *Ismael escorraçado, 21.6-21; Abimelec, 21.22-34; e o chamado para sacrificar Isaac, 22. As adições sacerdotais incluem: viagem para Canaã, partes de Gênesis 11-12; nascimento de Ismael, 16.1-16; pacto do El-Shaddai e circuncisão, 17; nascimento de Isaac, 21.1-3; Macpela, 23; morte, 25.7-11; e, de maneira menos clara, o único episódio concernente a *Melquisec (cap.14).

Os três fios vêem Abraão, respectivamente, como "pai de todas as nações"; "modelo de fé"; e "fiador da sobrevivência de Israel". A aliança com Abraão é também uma bênção para todos os povos da terra e especialmente um compromisso de unidade religiosa com seus outros descendentes, os ismaelitas. O avanço de Abraão de (Ur ou) Harã até o Egito, passando por Canaã, envolve numerosas teofanias, o que justifica que ele tenha finalmente assumido o comando de toda a área ou, de maneira mais abrangente, que "seu deus" (El) tenha suplantado o culto do El local, não visto claramente nem como idêntico nem como diferente.

No Deuteronômio, Abraão é associado a Isaac e *Jacó; os três são com freqüência generalizados como "vossos pais", em especial como aqueles com que Deus fez uma aliança, uma aliança ainda em vigor. A história deuteronômica evoca Abraão em Josué 24.2-3; 1 Reis 18.36; 2 Reis 13.23; surpreende quão raramente ele é mencionado ali, bem como nos Salmos e nos profetas pré-exílicos. As classes mais pobres de Judá, que nunca haviam sido enviadas para o exílio, justificavam sua herança como a promessa de Abraão, mas o grupo mais forte dos que retornavam atribuía sua própria libertação à fidelidade de Deus a Abraão "meu amigo" (Isa. 41.8, proeminente em Tiago 2.23 e na tradição muçulmana, notavelmente como o nome de Hebron*, al-Halil). Abraão é mencionado muitas vezes no livro dos Jubileus e por vezes em outras pseudo-epígrafes.

Abraão só fica atrás de *Moisés entre as menções aos heróis bíblicos feitas no Novo Testamento. Por vezes isso ocorre num sentido ligeiramente depreciativo, como quando é aclamado pai dos ímpios. Com mais freqüência, a ascendência verdadeiramente abraâmica dos judeus é reconhecida como um estímulo para que façam jus à sua herança. Essa ascendência verdadeira, mas condicional, de Abraão forma um fator-chave nos esforços angustiados de *Paulo para determinar como e em que sentido a cristandade pode reivindicar as promessas feitas a Israel. Por fim, como pai de todos os crentes, Abraão deve ser visto como fonte de unidade e harmonia e não de dissenso entre judeus, *cristãos e muçulmanos.

Ver também Ancestrais, Os.

Robert North

ABRÃO. *Ver* Abraão.

ABSALÃO. Terceiro filho do rei *Davi. A história de Absalão é apresentada como uma trama secundária da vida de Davi, uma conseqüência do adultério deste com Betsabé e do assassinato de Urias. Absalão mata o filho mais velho de Davi, Amnon (seu meio-irmão), por ter violentado sua irmã, Tamar. Após um breve exílio em Gessur, a terra natal de sua mãe, recebe permissão para retornar a *Jerusalém. Aparentemente temeroso de que a inatividade judicial de Davi esteja criando descontentamento suficiente para ameaçar suas possibilidades — ou a de qualquer filho — de suceder ao pai, Absalão conspira contra Davi. Conquista um grupo considerável de seguidores em Israel, consegue se fazer proclamar rei em *Hebron, e expulsa Davi de Jerusalém. Logo ataca Davi numa área de mata de Efraim, onde é derrotado e, contra os desejos de Davi, morto por Joab, o comandante das forças de Davi. O pesar de Davi pela morte do filho é particularmente intenso.

Timothy M. Willis

ACAB. Filho e sucessor de Amri, Acab reinou como um dos mais poderosos reis de Israel aproximadamente de 873 a 851 a.C. Após expandir *Samaria, sua capital, construiu uma imensa muralha com casamata em torno de prédios reais suntuosamente equipados, entre os quais a "casa de mar fim". Acab elevou Israel ao primeiro plano da política internacional ao desposar a princesa sidônia *Jezabel, empenhando-se em prolongadas guerras contra os arameus de *Damasco, lutando por hegemonia sobre a Transjordânia (Pedra Moabita), e participando na liga antiassíria em Qarqar no vale do Orontes (registros assírios). Mas tensões norte-sul profundamente arraigadas, e o fato de a história deuteronômica final ser contada da perspectiva de Judá, resultaram num tratamento crítico de Acab na Bíblia; as narrativas que descrevem o antagonismo entre Acab e o profeta *Elias constituem a polêmica mais acirrada contra ele.

Ron Tappy

Adão. Adão (significando possivelmente "avermelhado" ou "terra") é o substantivo comum em hebraico para "(gênero) humano"; só em Gênesis 1-5 (quando é usado sem o artigo) e em 1 Crônicas 1.1 é o nome próprio do primeiro homem. Esse uso ressalta a unidade do gênero humano, não deixando nenhum lugar especial para Israel ou Abraão. A estilizada descrição sacerdotal da criação do homem em Gênesis 1.26 e a narrativa mais antropomórfica da fonte javística em Gênesis 2.7 não refuta nem sugere a origem de Adão por evolução, uma questão que simplesmente não surge. A imagem de Deus está "no homem" em Gênesis 1.26, assim como "a do homem" está por sua vez em Set. O foco de Gênesis 3 é a labuta e a morte humanas normais como punição para o pecado de Adão, não propagação desse pecado ou o "proto-evangelho". No Novo Testamento, Adão é sobretudo um modelo de Cristo no tocante à libertação de um pecado original pela ressurreição, o que talvez o erija no homem ideal.

Ver também Eva.

Robert North

África.

Nomes e palavras para África. A África aparece ao longo de toda a Bíblia desde Gênesis 2.11-13, em que as fontes do rio *Nilo são localizadas no jardim do Éden, até o batismo do funcionário africano pelo apóstolo Filipe em Atos 8.26-30. Para recuperar essas numerosas referências no original hebraico e grego da Bíblia, por vezes perdidas ou obscurecidas em traduções, é preciso primeiro identificar os nomes bíblicos-chave para a África e seu povo.

"*Cuch" em hebraico e "Etiópia" em grego designam a terra e o povo do alto rio Nilo, do sul do Egito moderno até parte do Sudão. O termo mais nativo para essa região é Núbia. "Cam" é outro termo hebraico para o povo de tez mais escura da Antigüidade. Em Gênesis 10, *Cam é filho de Noé que povoa a África, *Canaã e a Arábia depois do Dilúvio. Na poesia o nome Cam é sinônimo de Egito.

"Niger", a palavra latina para "negro", é usada em Atos 13.1 para identificar um africano chamado Simeão. Um companheiro deste, Lúcio, era também africano, como indica seu lugar de origem, Cirene, na Líbia. A cruz de Jesus é carregada por Simão, também de Cirene.

Além de termos hebraicos, gregos e latinos para África, a Bíblia usa nomes egípcios e núbios para a terra e seu povo. As referências à África abrangem a extensão do vale do Nilo, desde as remotas origens do rio no sul até o delta onde ele deságua no mar Mediterrâneo. Do Baixo Nilo no norte até o Alto Nilo no sul, a cor da pele africana variava de morena a morena-acobreada, chegando a negra. Entre os egípcios, acostumados a essas variações de cor, a designação dada aos vizinhos do sul era *Nehhesi*, "sulista", que com o tempo passou a significar também "o negro" ou "o núbio". Essa raiz egípcia (*nhhsj* com o *pa* pré-formativo como artigo definido) aparece em Êxodo 6.25 como o nome pessoal do neto de Aarão, Finéias (= *Pa-nehhas*). Em Atos 8.27, o primeiro convertido não-judeu ao cristianismo é um funcionário africano da rainha núbia, cujo título, Candace, significando "rainha-mãe" é erroneamente tomado por seu nome pessoal.

África e Egito. O *Egito situa-se na África, e tanto a Bíblia quanto os primeiros exploradores e historiadores gregos e romanos viram essa grande civilização do Nilo como africana. Antes da idéia moderna de preconceito de cor, a distinção observada na Antigüidade entre os morenos egípcios e seus vizinhos de pele mais escura do sul não continha as conotações raciais e culturais que existem hoje. Assim, no relato que Gênesis faz da família restaurada dos povos após o Dilúvio, a Bíblia classificou o Egito como africano, ao lado de Canaã e da Arábia.

Esse vínculo entre o Egito e seu vizinho do sul, Núbia/Cuch, é reforçado pela presença desses sulistas mais escuros em Canaã durante o período ancestral e mais tarde como elementos importantes do exército egípcio ali instalado. As Cartas de El Amarna, do início do século XIV a.C., correspondência enviada pelo reis cananeus ao faraó Akhenaton, atesta a presença precoce dos africanos ali. Uma carta de Abdu-Heba, rei da *Jerusalém pré-israelita, queixa-se das tropas núbias rebeldes ali estacionadas. Pode-se especular que uma presença africana permaneceu na área, e que, mantendo sua tradição de proezas militares, gerações posteriores de núbios/cuchitas ingressaram nas forças de Davi que capturaram Jerusalém ou continuaram integrando a milícia de Jerusalém que Davi apropriou, como fez com o corpo de sacerdotes *jebuseu mais antigo.

Ainda mais tarde na história israelita, durante o reinado de *Ezequias de Judá (727-698 a.C.), a Núbia governou o Egito como sua Vigésima Quinta Dinastia (751-656 a.C.) e forjou uma estreita aliança com Judá num esforço comum para evitar uma conquista pelos *assírios. No momento mesmo em que o profeta Isaías protestava que o rei devia confiar em Deus e não nos egípcios para a defesa de Jerusalém, seu oráculo sobre os emissários cuchitas fixou na tradição bíblica a identidade comum egípcio/africana. Essa mesma equação é expressa no lamento de *Naum a propósito da queda de Tebas, a capital egípcia, ainda que ele exulte com a destruição da capital da Assíria, *Nínive.

A África como corte real e na tradição da sabedoria. Os africanos que são nomeados no Antigo Testamento estão estreitamente alinhados à corte real e as tradições sapienciais da antiga Israel. Um dos soldados cuchitas de Davi levou-lhe notícias da morte de seu filho *Absalão, e Salomão, já casado com uma princesa egípcia, fez as honras da casa para a rainha de Sabá, que fora visitá-lo numa missão comercial. *Jeremias foi salvo da morte sob o rei *Sedecias por um funcionário da corte africana, Ebed-Melec ("servo do rei), ao passo que, num episódio anterior, sob o rei Joaquim, um mensageiro de ascendência africana chamado Judi comunicou-se com o profeta. O profeta *Sofonias é chamado "filho de Cuch" em sua genealogia, que remonta a Ezequias.

Salomão como patrono da sabedoria abriu as portas para os provérbios e a poesia egípcios, como o evidenciam segmentos do livro dos Provérbios modelados segundo as "Instruções de Amen-emope" e no Salmo 104, que faz eco a um hino egípcio a Aton. Ezequias, que se alinhava à dinastia cuchita, é listado também como um patrono real da sapiência proverbial de Israel. A donzela em Cântico dos Cânticos 1.5 proclama: "Sou negra e bela, ó filhas de Jerusalém, como as tendas de Cedar, como as cortinas de Salomão." O duplo jogo de imagens é claro: a pele escura tem paralelo nas tendas negras de couro de cabra, e a beleza é igualada pelas suntuosas cortinas reais. (O conectivo hebraico *we* é tomado em seu sentido normal mais como um conjuntivo "e" do que como o disjuntivo menos usual "mas.")

A África no culto e no pensamento messiânico israelita. Entre as nações conhecidas por Deus sob a imagística de *Sião como mãe das nações está Cuch, que também leva tributo ao Templo. Essa deferência para com Cuch e as outras nações pode ter origem na experiência formativa do Êxodo e da permanência no deserto, onde os hebreus foram acompanhados por uma "multidão eclética", inclusive Finéias e a mulher cuchita de Moisés.

Na literatura profética, depois que a ira de Deus é vindicada sobre as nações da terra, Deus lhes mudará as línguas de modo que todas o possam adorar, e "do outro lado dos rios da Etiópia meus adoradores, a filha de meus dispersos, trarão minha oferenda" (Sof. 3.10). Isto se refere à diáspora africana, a exílios israelitas na África que retornam com dádivas de ação de graças a Deus. A África deve pois, com seu povo visto como convertido, vir adorar Deus em Sião, junto com exilados israelitas dispersos. É nesse contexto do reino universal de Deus que o profeta Amós proclama: "Não sois para mim como os etíopes, ó povo de Israel? diz o Senhor" (Amós 9.7). Deus é juiz e em última instância redentor de todas as nações.

A proclamação que faz o Novo Testamento de Jesus como *Messias prossegue na missão cedo empreendida pelo apóstolo Filipe, que batiza o funcionário africano em Atos 8.26-39. É significativo que nesse episódio o termo "messias" seja interpretado à luz de Isaías 53.7-8 como servo sofredor de Deus. O fato de o africano estar lendo Isaías sugere que o emissário era um convertido recente ou um *prosélito.

À luz dos Salmos e dos Profetas, portanto, os africanos podem ser vistos seja como diáspora, seja como prosélitos entre o povo disperso de Israel, e também como precursores da conversão de todas as nações da terra.

Robert A. Bennett

AGAR. Serva egípcia de Sara, figura nas narrativas de Gênesis sobre *Sara e *Abraão. Segundo o costume, Sara, que era estéril, ofereceu Agar a Abraão para que ela pudesse conceber e lhe dar um herdeiro.

Duas histórias de Agar aparecem na Bíblia. A primeira descreve a expulsão de Agar, em sua gravidez, da casa de Sara, sua conversa no deserto com um mensageiro de Deus que insiste em que ela retorne à casa, e o nascimento subseqüente de seu filho *Ismael. Na segunda história de Agar, que teria tido lugar mais de catorze anos depois, quando a própria Sara finalmente dera à luz um filho (Isaac) e estava celebrando o dia do desmame dele, Agar e Ismael são postos para fora da casa de Sara e jogados no deserto. Um mensageiro divino os salva quando seu suprimento de água termina, e proclama que Ismael se tornará uma grande nação.

A relação literária e cronológica entre essas duas narrativas é problemática, mas é possível reconhecer certos temas comuns a ambas. Um é que Sara é a figura dominante na casa no tocante à administração dos assuntos domésticos, inclusive na determinação da sorte da criadagem. Em ambas as narrativas, Sara toma uma decisão com relação à sorte de Agar e Abraão consente. Outro tema é a tensão entre a esposa principal e uma concubina ou esposa-serva com relação à herança. Paralelos com a lei babilônia sugerem que Isaac, embora nascido mais tarde, podia ser considerado primogênito. O desejo de Sara de excluir Ismael de toda e qualquer herança destina-se em parte a satisfazer a narrativa de Gênesis 17, em que Sara será a mãe do herdeiro da aliança; pode refletir também as difíceis relações pessoais que surgem quando um filho recebe tudo.

Um quarto tema envolve o modo como indivíduos desfavorecidos são retratados como sobrevivendo e sendo abençoados com a promessa de grande proeminência. Um tema final diz respeito ao papel especial de Ismael na história bíblica. As histórias de Agar estabelecem uma estreita relação entre os ismaelitas ("os descendentes de Agar", segundo Bar. 3.23) e os israelitas, relegando-os a um território separado mas reconhecendo que Deus protegeu e amparou seu ancestral epônimo, o filho de Agar e Abraão. Finalmente, as narrativas, embora façam de Agar uma figura heróica, são também sensíveis à sua vulnerabilidade como mulher, estrangeira e serva,

Paulo interpreta as histórias de Agar com uma alegoria tendenciosa em Gálatas 4.21-31.

Carol L. Myers

AGEU. Profeta do final do século V a.C. Nada sabemos sobre o próprio Ageu. O livro que leva seu nome nos conta que profetizou no segundo ano de *Dario o Persa (i.e., 520 a.C.), seu ministério registrado abarcando um período de apenas três meses, do sexto ao nono mês daquele ano. O livro mostra que Ageu foi visto como um profeta que assegurou à comunidade pós-exílica imediata que profecias anteriores seriam cumpridas e as esperanças da teologia de Sião/Davi da Jerusalém pré-exílica seriam renovadas. O *Templo foi completado em 515 a.C., mas não ficamos sabendo mais nada sobre ou de Ageu após seus três meses de pregação, abrangendo as datas dadas no livro (Esdras 5.1-2 não acrescenta nada de novo). A adição de um escólio em 2.5 aludindo à presença de Deus em termos da coluna de fogo e da nuvem que acompanharam os israelitas no tempo do Êxodo, e a descrição da resposta dos ouvintes de Ageu em termos que lembram a da comunidade do Êxodo a *Moisés, sugere que seus oráculos foram transmitidos entre os que viram o retorno do exílio como um segundo Êxodo (como ocorrera com Segundo *Isaías) e Ageu como tendo exercido o ministério de um segundo Moisés.

Uma série de breves oráculos no cap.1 revela a agrura da situação dos pioneiros que lutavam para reconstruir Judá após o exílio babilônio. As promessas de *Ezequiel e Segundo Isaías, que devem ter incitado muitos dos exilados que retornaram, pareciam não ter sido cumpridas. A comunidade experimentara secas repetidas e colheitas malogradas, com a fome, a pobreza e a inflação conseqüentes.

Ageu questionou as prioridades da comunidade. A seus protestos de que são pobres demais para reconstruir o Templo, responde dizendo que é porque não o reconstruíram que são tão pobres. Faz uso assim das antigas tradições da aliança que haviam ameaçado o povo, caso ele rompesse a lei, com seca, pestilência, fome e a frustração de toda a sua atividade. De maneira semelhante, a tradição de *Sião vinculara a presença de Deus no Templo em Jerusalém com paz e prosperidade para a terra e a comunidade. Convoca-os portanto para reconstruir o Templo.

Uma curta seção narrativa (1.12-15) conta como toda a comunidade sob a liderança de *Zorobabel, o governador, e Josué, o sumo sacerdote (o Josué de Esdras e Neemias), foi encorajada pela pregação de Ageu a começar o trabalho, estimulada por uma garantia adicional da presença de Javé pelo profeta.

Evidentemente alguns se desanimaram no trabalho; não eram ajudados pelo cinismo daqueles que haviam visto a grandiosidade do Templo de Salomão. Os versículos seguintes mostram Ageu novamente encorajando-os, não só assegurando-lhes a presença de Javé na empreitada como também com a promessa de que esse Templo, uma vez concluído, seria a cena do reinado de Javé como rei universal. Promessas proféticas anteriores são retomadas, juntamente com temas extraídos

dos salmos que celebram o domínio de Javé como rei (os chamados salmos de entronização). Assim Deus aparece, como no monte *Sinai, acompanhado por terremoto e convulsões cósmicas; as nações acorrem em peregrinação a Sião, levando tributo para Deus como rei. Deus encherá o Templo com sua "glória" ao residir ali novamente. É por isso que o novo Templo sobrepujará até o primeiro e é por isso que vale a pena construí-lo.

O oráculo baseado numa diretriz sacerdotal em 2.10-14 mostra que os profetas pós-exílicos eram vistos como servindo num ambiente de santuário e, não obstante, estavam também profundamente preocupados com a pureza ética e moral.

Em 2.15-19 o profeta descreve o acentuado contraste em fortunas que, a seu ver, seria experimentado depois que o Templo fosse reconstruído. As promessas de 2.6-9 são renovadas em 2.20-22, enquanto 2.23 mostra que Ageu via Zorobabel como continuando a linha da dinastia davídica pré-exílica, que, segundo se acreditava, Deus prometera que haveria de durar para sempre. A descrição do rei davídico como "o anel de sinete" de Deus faz eco ao que foi dito anteriormente de Joaquin. Ageu parece portanto ter centrado alguma espécie de esperança messiânica em Zorobabel.

Rex Mason

ALEXANDRE III ("O GRANDE"). Macedônio, nascido em 356 a.C. Após o assassinato do pai, Filipe II, em Aigai em 336, Alexandre subiu ao trono e assumiu o controle do plano do pai de uma cruzada para punir os *persas pela invasão da Grécia levada a cabo por Xerxes mais de um século e meio antes. Em 334 Alexandre cruzou o Helesponto com uma força total de cerca de cinqüenta mil homens e derrotou o exército persa em três importantes batalhas, a última em 331.

Essas vitórias abriram o coração do império persa para Alexandre. Persépolis foi saqueada e o palácio de Xerxes, incendiado. A partir de Persépolis e da Média, Alexandre conquistou a Báctria e a Sogdiana (330-329) e em seguida estendeu sua fronteira leste até o Hífaso (Neas) e ao baixo rio Indo (327-325). No Hífaso, o exército macedônio se recusou a marchar mais a leste. Do delta do Indo, Alexandre seguiu para oeste com parte de seu exército, atravessando o deserto gedrosiano, onde seu exército sofreu grandes perdas durante o outono de 325. Chegou a Susa em março de 324, onde ele e noventa e um membros de sua corte desposaram mulheres da nobreza persa. Durante o último ano de sua vida, Alexandre dispensou dez mil veteranos macedônios em Ópis, e depois, em 323, na *Babilônia, fez planos para futuras conquistas (especialmente a Arábia). Morreu, provavelmente de uma febre que se seguiu a uma bebedeira, no dia 10 de junho de 323.

Alexandre foi indubitavelmente o mais notável general da história grega; ele transformou o exército forjado pelo pai numa força irresistível mediante uma combinação de sagacidade estratégica prodigiosa, versatilidade e coragem desmedida. As cidades que fundou (mais de setenta, ao que consta) plantaram bolsões de helenismo por todo o Oriente Próximo. Ele também tornou a monarquia fundamental para a política do mundo grego; seus parentes e generais lutaram para se estabelecer como seus herdeiros até por volta de 275, quando surgiram os três reinos que dominaram o Mediterrâneo oriental até o avanço de Roma: a Macedônia, governada pelos antigônicas até 168 a.C.; o Egito, governado pelos ptolemeus até 31 a.C.; e a Síria, governada pelos selêucidas até 64 a.C. É contra o pano de fundo das origens da dinastia selêucida que o autor de 1 Macabeus apresenta um sumário das conquistas de Alexandre e o caráter de Antíoco Epífano.

Guy MacLean Rogers

AMALEC. Um dos mais inclementes inimigos de Israel, pelo menos nos primórdios, Amalec é referido pela primeira vez na época de Abraão, em Gênesis 14.7, que fala do território amalecita. Mais tarde em Gênesis, porém, Amalec é feito filho de Elifaz, filho de *Esaú, o que torna a referência anterior anacrônica.

Pouco depois do Êxodo, os amalecitas atacaram Israel, que conseguiu repelir o ataque. A inimizade criada reflete-se na declaração sanguinária: "Apagarei a lembrança de Amalec ... O Senhor estará em guerra contra Amalec de geração em geração" (Exod. 17.14, 16).

No tempo dos Juízes, os amalecitas faziam ataques de surpresa aos israelitas. Mais tarde, o rei *Saul fez um esforço combinado para destruir Amalec, seguindo o apelo do profeta Samuel pela proscrição, mas sobreviveram amalecitas suficientes para destruir a cidade de Siceleg de Davi. Após Siceleg, no entanto, os amalecitas deixaram de perturbar Israel. 1 Crônicas 4.42-43 descreve a erradicação dos remanescentes de Amalec pela tribo de *Simeão, em cumprimento à promessa anterior de Deus.

Philip Stern

AMON. Estado tribal situado a leste do rio *Jordão que desempenhou um papel marginalmente significativo na história da Palestina durante a Idade do Ferro. Relativamente pouco se sabe sobre Amon, sua história e sua cultura. Nossas principais fontes de informação a seu respeito são a Bíblia e inscrições assírias, que tratam ambas exclusivamente de assuntos externos de Amon. Até agora só se descobriram poucas inscrições amonitas substantivas e as escavações estão apenas começando a iluminar a cultura amonita.

As origens da tribo de Amon são obscuras. Gênesis 19:30-38 apresenta uma lenda artificial e satírica que retrata o ancestral epônimo dos amonitas, Ben-Ami, como o fruto de uma união incestuosa entre *Ló e sua filha. Mas isso não lança luz alguma sobre o desenvolvimento inicial de Amon. A região que se tornou a terra de Amon era ocupada de maneira bastante densa durante o Bronze Médio e o Tardio, mas não há indícios de que a tribo de Amon já fosse um grupo étnico distinto durante esse tempo.

Na altura da primeira parte da Idade do Ferro (c.1200-1000 a.C.), contudo, indícios tanto arqueológicos como literários indicam que um Estado com algum grau de centralização começou a se formar em torno da capital Rabbat-benne-ammon ("Rabá dos filhos de Amon", a moderna Amã, na Jordânia). Durante esse período surgiu um conflito entre os amonitas e os israelitas que viviam a leste do rio Jordão. O mais antigo rei amonita cujo nome se preservou é Naás, que cercou a cidade israelita de Jabes de Galaad e foi derrotado por tropas israelitas arregimentadas pelo jovem *Saul. O filho de Naás, Hanon, provocou uma guerra com Israel durante o reinado de *Davi, o que levou à derrota de Amon e à sua incorporação ao império de Davi como vassalo.

Após a morte de *Salomão e a desintegração do reino unido de Israel, Amon voltou presumivelmente a se tornar independente. Pouco se sabe sobre o reino durante o século IX, mas provavelmente caiu sob o domínio de *Aram-Damasco, especialmente durante o reinado de Hazael (c.842-800 a.C.), como a maior parte da Palestina. Durante o século VIII, Damasco declinou e Israel e Judá experimentaram uma ressurgência de poder político. Amon parece ter caído sob o controle de Judá durante os reinados de Ozias e Joatão, mas com a chegada do rei assírio *Teglat-Falasar III, Amon, como os outros reinos pequenos, tornou-se vassalo da Assíria.

O período assírio (final do século VIII ao final do século VII) foi próspero para Amon. Os assírios asseguraram a posição dos amonitas nas rotas internacionais de comércio e ajudaram a proteger os flancos dessas rotas contra os vários grupos nômades que ameaçavam sua segurança. Escavações e textos assírios indicam que Amon ampliou seus limites durante esse período, a oeste em direção ao rio Jordão, a norte em direção a Galaad e ao sul rumo a Hesebon. As ruínas mais substanciais da Idade do Ferro datam desse período, e sinetes, inscrições e estatuaria indicam a riqueza do reino. Várias torres de pedra encontradas em várias regiões de Amon parecem datar desse período. Pensou-se anteriormente que eram um sistema de fortalezas amonitas, mas estudos recentes identificam agora a maior parte delas como torres agrícolas, como aquela descrita em Isaías 5.2.

Há incerteza quanto à situação de Amon durante o período neobabilônio. É provável que tenha sido envolvido na grande rebelião contra *Nabucodonosor em 589-586 a.C., e que, em conseqüência, tenha sido anexado ao sistema provincial babilônio. Na altura do período persa que se seguiu, somente o nome do reino de Amon sobrevivia, em grande parte como um termo mais geográfico que político. Escavações e levantamentos recentes indicam que uma população modesta continuou a habitar a região ao longo desse período.

A religião e a cultura amonitas permanecem pouco conhecidas. Até as características de seu deus padroeiro, Melcom, são incertas.

Wayne T. Pitard

AMORREUS. Os amorreus estavam entre os habitantes originais de *Canaã antes da conquista israelita, assim como os *hititas, os cananeus, os jebuseus e outros. Toda a população nativa de Canaã é também chamada "amorréia", e *Jerusalém foi talvez uma cidade amorréia. Havia amorreus a leste do rio *Jordão, na cidade amonita de Hesebon, e em Basã no Galaad. Estes eram aparentados dos amonitas da Transjordânia central, mas não com os *moabitas ou os *edomitas do sul.

A Bíblia menciona amorreus como estabelecidos em Canaã e na Transjordânia. Estes eram elementos de um grupo amorreu mais antigo, maior e mais diversificado que se originou aparentemente na região do Eufrates, no leste da Síria. Textos cuneiformes do terceiro milênio a.C. referem-se a uma terra a oeste do Eufrates conhecida como MAR.TU em sumério ou *Amurru* em acádio. Amurru incluía a Síria e possivelmente parte da Palestina. Seus habitantes eram considerados estranhos à Mesopotâmia tanto em língua quanto em cultura. A língua amorréia pertence à família lingüística do semítico noroeste, como o ugarítico, o aramaico e o hebraico, e a cultura material amorréia na Síria mostra afinidades com a da Palestina no Bronze Médio (primeira metade do segundo milênio a.C.). Mari, uma cidade síria do segundo milênio às margens do Eufrates, pode ser considerada uma cidade amorréia, embora os textos em língua acádia de Mari não se refiram aos habitantes da cidade especificamente como "amorreus". Alguns amorreus não eram urbanos, mas nômades, e os textos de Mari mencionam freqüentemente um desses grupo, o "Banuyamina", que se assemelhava em nome e em hábitos de nomadismo aos posteriores benjaminitas da Bíblia.

Joseph A. Greene

AMÓS. Os profetas mais antigos de Israel — *Samuel, *Elias, *Eliseu e muitos outros — são conhecidos por histórias incluídas nos livros históricos de Samuel e Reis. Amós foi o primeiro dos profetas a ter seu nome associado a um livro inteiramente dedicado à sua vida e mensagem; nada se sabe sobre ele de nenhuma outra fonte. A composição de sua profecia representou um novo gênero de literatura. Foi seguida por outros livros que trazem os nomes de uma sucessão de profetas: três livros grandes (profetas "maiores") e doze pequenos ("menores").

Os autores por trás desses livros mais curtos não eram em absoluto "menores" em estatura. O próprio Amós é um dos gigantes do mundo antigo, um dos mais poderosos profetas bíblicos. Contrapôs a palavra profética à injustiça social e ao terrorismo internacional e pregou o arrependimento — e, à falta dele, condenou os impenitentes. Como um visionário ("vidente"), situava as iniqüidades internas de Israel e os crimes da comunidade das nações numa moldura global, de fato cósmica. Considerava os governantes responsáveis pelos males do mundo e dirigiu suas mensagens principalmente para eles. Pôs Israel, o povo escolhido de Javé, em pé de igualdade com as demais nações. Deus espera a mesma moralidade de todas elas; mas as palavras de censura, condenação e julgamento são dirigidas mais diretamente a Israel por causa de suas iniqüidades internas.

Amós não foi apenas um profeta da desgraça; conclamava as pessoas a emendar-se e, quando elas não o faziam e o desastre se tornava inevitável, apontava para a esperança de restauração futura.

A carreira de Amós é situada no tempo dos dois reis, Ozias de Judá e Jeroboão II de Israel. Ambos os monarcas tiveram reinados excepcionalmente longos, cobrindo a maior parte da primeira metade do século VIII a.C. Muitos estudiosos datam Amós do final desse período (c.750 a.C.) ou mesmo mais tarde; mas pesquisa recente sobre a situação política revelada pelo livro sugere que a data pode ser anterior. A *Assíria não é reconhecida em parte alguma como um fator (exceto no texto da Septuaginta de 3.9), e as seis nações que cercam Israel são interpeladas como se ainda fossem independentes; isso descreve mais precisamente as primeiras décadas do século VIII. A perspectiva histórica é igualmente vasta. As relações de Deus com Israel são revistas à luz de eventos que tiveram lugar ao longo dos séculos, com o Êxodo como um ponto de referência capital.

O livro de Amós recai em três seções distintas, cada uma com sua própria mensagem e atmosfera. A última, o Livro das Visões, contém o único material narrativo. Esse relato autobiográfico de cinco visões fornece uma estrutura que sustenta o relato dramático da confrontação de Amós com Amasias, sacerdote de Betel, assim como oráculos proféticos.

No primeiro par de visões, Amós é capaz de obter para Israel um adiamento de sua punição. Ainda há tempo para o arrependimento. As pragas relatadas no cap.4 foram infligidas como castigos que levariam à contrição e à reparação; mas não foram capazes de surtir esse efeito, e transformaram-se em julgamentos destrutivos.

No segundo par de visões, a situação alterou-se por completo. Não há nenhuma intercessão: antes, o Senhor diz duas vezes que jamais os perdoará de novo. Essa nova atitude corresponde à mensagem de perdição certa que permeia os quatro primeiros capítulos, e especialmente a fala de abertura, com sua nota escatológica. A situação tornou-se desesperada. As mensagens iniciais de Amós, correspondendo às intercessões das duas primeiras visões, são apresentadas no meio do livro final (caps.5-6); sua mensagem final vem em primeiro lugar (caps.1-2), com o material seguinte analisando as causas e justificando a decisão.

A principal causa da mudança de atitude entre o primeiro e o segundo pares de visões, a prova final de que o arrependimento jamais será iminente, é a recusa a ouvir os profetas, e pior, a tentativa de silenciá-los por completo. A proscrição de Amasias é o ponto crucial: quando o líder religioso supremo rejeita a palavra de Deus e seu mensageiro, o julgamento é inevitável. A quinta visão e o oráculo que a acompanha prevêem a destruição total de "todos os pecadores de meu povo" (9.10).

Isso não é, no entanto, o fim de tudo. Como em outras passagens da Bíblia, a morte pode ser superada pelo milagre da ressurreição; e Amós promete a restauração da vida e das instituições de Israel numa nova era de prosperidade e bem-aventurança.

Francis I. Andersen

ANANIAS. Três diferentes personagens são chamados Ananias no livro dos Atos:

(1) Um membro da Igreja de Jerusalém que viola o princípio comunal dela e cai morto após negar a transgressão.

(2) O discípulo que restaura relutantemente a visão de Saulo após a experiência da estrada de Damasco (*ver* Paulo).

(3) O sumo sacerdote que preside o Conselho a que Paulo é conduzido em Jerusalém. Mais tarde esse Ananias chefia uma delegação do Conselho ao governador em Cesaréia para pleitear a condenação de Paulo.

Daniel N. Schowalter

ANCESTRAIS, OS. Gênesis 12-50 relata da forma mais completa as tradições sobre os ancestrais de Israel, freqüentemente chamados os patriarcas (*Abraão, *Isaac e *Jacó) e as matriarcas (*Sara, *Rebeca, *Lia, *Raquel, Bila e Zilpa). Esses capítulos são parte de uma narrativa maior que abarca o período que vai desde a criação do mundo à queda de Jerusalém em 587/586 a.C, e têm o propósito específico de apresentar a história dos *hebreus desde seus primórdios, com o chamado de Abraão, até sua presença no Egito após a ascensão de *José ao poder.

Em Gênesis 12-15 é possível discernir o ciclo de Abraão, o ciclo de Isaac, o ciclo de Jacó e a história de José. Cada seção difere acentuadamente das outras. A história de José é uma narrativa extremamente artística e elaborada, que conduz a um clímax em que José, o soberano do Egito, revela sua identidade aos irmãos, que o haviam vendido como escravo. O ciclo de Isaac é de longe o mais curto, e a única de suas narrativas que trata exclusivamente de Isaac assemelha-se muito de perto a duas histórias sobre Abraão. Enquanto os ciclos de Abraão e Jacó mostram todos os sinais de terem sido compilados de tradições originalmente separadas, é o ciclo de Jacó que tem a estrutura narrativa mais integrada.

O tema teológico predominante que percorre essas seções díspares é o da realização do desígnio e da promessa de Deus apesar de todos os percalços. Depois que Deus lhe prometeu que ele se tornaria uma grande nação, Abraão vai para o Egito, onde Deus tem de intervir para livrar Sara do harém do faraó. Em seguida Sara é apresentada como estéril e, para conseguir uma prole, Abraão considera a adoção, apenas para gerar um filho com a serva egípcia de Sara, *Agar. Quando finalmente tem um filho, Sara está em sua velhice; quase imediatamente, porém, Abraão recebe ordem de oferecer seu filho, Isaac, em sacrifício. Em recompensa à obediência de Abraão, a vida de Isaac é poupada, e o primeiro ciclo termina com Rebeca sendo trazida da terra de Abraão no nordeste da *Mesopotâmia para desposar Isaac.

Sendo Rebeca também estéril, seus filhos, como o filho de Sara, são uma dádiva divina especial. O ciclo de Isaac é rapidamente engolido no conflito entre seus filhos Jacó e *Esaú. Jacó foge para Harã, torrão natal de Abraão; ali entra em conflito com seu tio Labão e é levado por um engodo a se casar com Lia antes de conseguir obter seu verdadeiro amor, Raquel. Como Sara e Rebeca, Raquel revela-se estéril; o filho que ela finalmente tem, José, será mais tarde vendido como escravo pelos irmãos, alguns dos quais teriam preferido matá-lo. Nesse meio tempo Jacó, que fugiu de Labão e está voltando para casa, tem de sobreviver ao perigo de se reencontrar com Labão. Antes desse encontro seu nome é mudado por Deus para *Israel.

As palavras de José para seus irmãos, "Não fostes vós que me enviastes para cá, mas Deus" (Gen. 45.8), resumem o principal tema teológico das narrativas ancestrais: o cumprimento por Deus de seu propósito e de sua promessa. Mas há temas subsidiários, entre os quais se destaca a rejeição por Deus de partes da família de Abraão. O sobrinho dele, *Ló, tem dois filhos que são os ancestrais das nações *Moab e *Amon; mas a rejeição deles é indicada por sua origem incestuosa. De maneira semelhante, Esaú, o ancestral da nação de *Edom, é rejeitado por se casar com esposas não-hebraicas. Os triunfos de Jacó sobre Labão indicam a rejeição do ramo nordeste da família.

Esse tema subsidiário reflete sem dúvida as realidades políticas da época em que as narrativas estavam sendo combinadas, o período de *Davi ou *Salomão. No século X a.C. Amon, Moab, Edom e reinos ao nordeste, foram submetidos ao domínio israelita. Isso suscita a questão da relação entre os ancestrais como figuras históricas e as tradições acerca deles. Embora alguns estudiosos afirmem que as narrativas ancestrais só foram escritas depois do exílio (que é certamente quando chegaram à sua forma final), a maior parte deles admitiria que tradições se agruparam em torno dos ancestrais Abraão e Jacó no período pré-monárquico de Israel. Deve-se notar que Abraão é associado a *Hebron ao passo que Jacó é vinculado a Betel e seus filhos com *Siquém. Isso sugere que Abraão foi um ancestral da tribo de *Judá, e havia migrado do nordeste da Mesopotâmia junto com grupos que mais tarde se tornaram Moab e Amon. Jacó foi o ancestral de Israel, que foi originalmente uma associação de tribos, não incluindo Judá, na região montanhosa central de Canaã. O fato estranho de que, enquanto Jacó é o ancestral de Israel, o verdadeiro pai da nação é a figura de Abraão, da tribo de Judá, tem sua melhor explicação da posição dominante que Judá tinha em relação a Israel quando as tradições de Abraão e Jacó foram unidas no século X a.C. Para um povo que se via livre da opressão pela primeira vez em muitas décadas, as figuras dos ancestrais forneciam o foco para histórias que articulavam sua identidade, distinguia-o de seus vizinhos e interpretavam sua paz e sua posse da terra como o cumprimento de uma promessa divina.

J. W. Rogerson

ANCIÃO. A designação e o papel do ancião (hebr. *zaqen*; gr. *presbyteros*) data de tempos pré-monárquicos em Israel. Na legislação referente à Páscoa em Êxodo 12.21, Moisés se dirige a "todos os anciãos de Israel". De maneira similar, em Números 11.16 Moisés recebe ordem de reunir "setenta dos anciãos de Israel que saibas serem os mais velhos entre as pessoas e autoridades sobre elas" e levá-los à tenda de reunião. Como essa passagem e outras sugerem, o ancião, como chefe da família extensa, tinha autoridade sobre ela e também a representava em assembléias mais amplas. Esses anciãos atuavam sobretudo no nível local como juízes, líderes em batalha e intermediários entre o povo e seus líderes ou Deus. Essas funções persistiram durante a monarquia, como a história da vinha de Nabot (1 Reis 21.8-14) e outras passagens deixam claro, e igualmente no período do Segundo Templo, tanto na Judéia quanto na *Diáspora.

No Novo Testamento, os "anciãos do povo" estão presentes ao longo de todos os Evangelhos e dos Atos como líderes da comunidade judaica que freqüentemente conferenciam com outros grupos de liderança e têm algum papel no julgamento de crimes capitais. A expressão "a tradição dos anciãos", que Jesus ataca e que é associada com os *fariseus tanto nos Evangelhos quanto em Josefo, está talvez relacionada a um grupo desse tipo.

Quando o cristianismo começou a se institucionalizar num sentido formal, recorreu compreensivelmente à tradição judaica para realizar esse trabalho; assim o título e o cargo de ancião penetram na história e nos textos do Novo Testamento. Embora não encontrado nas epístolas paulinas autênticas, Atos menciona anciãos nas Igrejas da *Antioquia, de *Jerusalém e *Éfeso. O autor de João 2 e 3 identifica a si mesmo como um *presbyteros*, como o faz o autor de 1 Pedro. O cargo de ancião ocorre freqüentemente nas Epístolas Pastorais. 1 Timóteo 5.1 usa o termo no contexto de alguém que é merecedor de respeito, mas não necessariamente num sentido técnico; em 5.17, contudo, há uma clara referência a uma função, e um ancião é definido com alguém que ao mesmo tempo ensina e prega. Encargos como a imposição das mãos, a unção dos enfermos e o governo geral também são mencionados. Há também repetidas referências à função de ancião nos Padres da Igreja, mas com o passar do tempo o episcopado hierárquico tornou-se a forma normativa de administração eclesiástica (*ver* Bispo): a palavra inglesa para sacerdote, "*priest*", deriva em última análise da palavra grega *presbyteros.*

O título e em certa medida as funções de ancião foram revividas pelo reformador do século XVI João Calvino, e a palavra grega foi adotada para o nome da Igreja Presbiteriana.

J. Andrew Overman

André. Discípulo de *Jesus e irmão de *Simão Pedro. Os dois são descritos como pescadores que trabalhavam junto ao mar quando Jesus os chama para segui-lo e tornar-se "pescadores de homens". No evangelho de João, André aparece de início como discípulo de *João Batista.

Embora menos proeminente que seu irmão, André está presente ao milagre da multiplicação dos pães de Jesus e à fala apocalíptica no Monte das Oliveiras. Listas dos *Doze nomeiam André em segundo ou quarto lugar. De acordo com a tradição medieval tardia, André foi martirizado pela crucifixão numa cruz em forma de xis, que mais tarde aparece na bandeira da Grã-Bretanha representando a Escócia, de que André é o padroeiro.

Philip Sellew

Anjos. Nas mais antigas tradições de Israel, Deus era percebido como administrando o cosmo com um cortejo de assistentes divinos. Os membros desse conselho divino eram em geral identificados como "*filhos de Deus" e "estrelas matutinas", "deuses" ou a "hoste do céu", e atuavam como vice-regentes e administradores de Deus numa burocracia hierárquica acima do mundo. Enquanto os vizinhos politeístas de Israel percebiam esses seres meramente como parte do panteão, a Bíblia os define como subordinados e de modo algum comparáveis ao Deus de Israel.

Os israelitas mais antigos provavelmente não teriam se sentido bem qualificando esses seres como "anjos", pois a palavra "anjo" vem do grego *aggelos*, que originalmente significava apenas "mensageiro" (tal como o termo hebraico para anjo, *malak*). Os auxiliares divinos eram com freqüência mais que meros mensageiros. Os *querubins e os *serafins, por exemplo, nunca atuam como mensageiros de Deus, pois sua aparência estranha assustaria desnecessariamente os homens. Ao contrário, Deus é freqüentemente descrito nas narrativas mais antigas como prescindindo de mensageiros divinos, pois trata com os homens diretamente, sem intermediários.

Com o passar do tempo, contudo, uma ênfase crescente na transcendência de Deus correlacionou-se com uma crescente necessidade de mediadores divinos. Esses seres que traziam mensagens de Deus para os homens são tipicamente retratados como antropomórficos na forma, e um ser como esse pode muitas vezes ser chamado "homem". Os membros do conselho de Deus são os enviados que transmitem as mensagens de Deus e cumprem missões apropriadas a seu estatuto de mensageiros. Em algumas narrativas de confrontos com seres sobrenaturais, há relutância em identificá-los pelo nome. Mas à medida que se tornam mais e mais freqüentes, esses mensageiros acabam por ganhar nomes individuais e receber missões cada vez mais específicas que vão além da de um mensageiro. Os dois únicos anjos nomeados no Antigo Testamento estão no livro de *Daniel: *Gabriel revela o futuro ao passo que *Miguel tem um papel mais combativo, opondo-se às forças do mal. A hierarquia angelical torna-se cada vez mais explícita e elaborada (ver *Arcanjos) e cada homem tem seu anjo protetor. O termo "mensageiro" (grc. *aggelos*; hebr. *malak*) é usado com tanta freqüência para descrever esses seres em seus encontros com os homens que se torna um termo genérico para designar todos os seres sobrenaturais exceto Deus, quer atuassem realmente como mensageiros ou não.

Os anjos são descritos como dotados de liberdade para fazer escolhas morais, pois requerem supervisão judiciosa, e o próprio Deus reluta em neles confiar. A Bíblia registra várias rebeliões ou perversões de anjos, em decorrência do que alguns anjos rebeldes já estão encarcerados.

"O Anjo [ou Mensageiro] do Senhor" é uma figura problemática. A expressão hebraica ambígua é mais bem traduzida sem o artigo definido, isto é, "um anjo [mensageiro] de Javé" (como o faz a Septuaginta). Posteriormente a teologia cristã tendeu a ver nessa figura o Cristo pré-encarnado (por isso o artigo definido), mas a expressão provavelmente referia-se de maneira vaga a qualquer mediador enviado por Deus. Ele pode ser humano. Quando a figura é claramente referida como um ser sobre-humano, ela nem sempre atua como um mensageiro, falando e se comportando antes como se fosse Deus, deixando até de introduzir suas palavras como sendo a mensagem de outrem que o enviou. Como as histórias mais antigas são internamente incoerentes, identificando a figura tanto como Deus quanto como mensageiro de Deus, é provável que algumas delas originalmente descrevessem Deus em ação, mas tenham sido modificadas através do tempo para se adaptar à crescente transcendência de Deus como alguém que não mais se confrontava acidentalmente com a humanidade.

O papel crescente desempenhado pelos anjos nos estágios posteriores do Antigo Testamento é encontrado em toda parte no Novo Testamento. A voz de Deus (o pai) só é ouvida excepcionalmente no Novo Testamento, em contraste com tradições bíblicas mais antigas. Em vez disso, anjos trazem mensagens de Deus para os homens e auxiliam Jesus e seus discípulos. Os anjos têm conhecimento limitado e, quando aparecem para seres humanos, podem ser descritos como descendo do céu. Embora Jesus aluda à ausência da instituição do casamento entre anjos, eles são seres sexuados. Alguns *judeus, em particular os mais conservadores, negavam sua existência. Mas entre judeus e *cristãos em geral, a angelologia continua a se desenvolver, de tal modo que não só *Satã foi dotado de um cortejo de anjos em contraposição a Deus, como centenas de nomes e funções são também aplicados aos anjos em textos extrabíblicos como os livros de *Henoc.

Samuel A. Meier

ANTICRISTO. A palavra "anticristo" ocorre na Bíblia apenas em 1 e 2 João. O prefixo *anti-* em grego significa "contra a", "em lugar de", podendo portanto implicar tanto usurpação quanto substituição. Em 1 João, a chegada do Anticristo é referida a um sinal padrão da "última hora", que já soou para pessoas que negam que Jesus é o Cristo encarnado e se apartaram da comunidade; elas são "falsos profetas" que corporificam o "espírito do anticristo". (*Ver também* João.)

Por outro lado, 2 Tessalonicenses adverte, novamente como um ensinamento padrão, que o dia do Senhor não pode chegar até que "o sem lei", "aquele destinado à destruição" tenha aparecido. Ele usurpará o lugar de Deus em seu Templo e enganará as pessoas com sinais e prodígios inspirados por Satã, até que o Senhor Jesus apareça e o destrua. Há vínculos com as profecias de um sacrilégio confrangedor no lugar sagrado, e de falsos messias e falsos profetas, que devem preceder a chegada do Filho do Homem. Lucas historiou a figura em termos da queda de Jerusalém em 70 d.C.; e João vê "aquele destinado à destruição" não como uma figura futura mas como *Judas Iscariotes (17.12).

As marcas da imagem de Tessalonicenses reaparecem nas duas bestas do Apocalipse 13: a besta vinda do mar, que em sua morte e ressurreição é uma paródia de Cristo e reivindica honras divinas; e a besta vinda da terra, que engana as pessoas, induzindo-as a adorar a primeira besta é, com sua voz de cordeiro, sinais e prodígios, uma paródia do Espírito Santo. Mas há também aqui um elemento de coerção política, e a ferida curada da besta do mar e seu número a identificam como Nero, retornado dos mortos, o imperador que perseguia e que era adorado como um deus.

Os antecedentes dessa figura encontram-se em Daniel 7, que foi imensamente importante para os autores do Novo Testamento. Essa visão relata que antes da chegada do reino de Deus haveria um tempo de desgraças, perseguição e apostasia; e que a oposição a Deus e a seu povo seria sintetizada numa nação ou pessoa, humana ou sobre-humana, a quem Deus ou seu agente iriam destruir. A visão está relacionada ao mito do Oriente Próximo do conflito de Deus com o dragão das águas caóticas, a partir das quais este mundo foi criado. O mito celebrava a vitória da ordem sobre o caos na natureza; em algumas passagens bíblicas os poderes do caos ganham um sentido histórico como nações opostas a Deus e a seu povo — *Egito e *Babilônia — e em Daniel 7 as quatro bestas que surgem do mar (pelas quais a besta do mar de Ap. 13 é moldada) representam impérios perseguidores. Eles culminam no "pequeno chifre" da quarta besta, que representa o rei grego Antíoco Epífano, que tentou helenizar o judaísmo e instalou sua estátua no Templo (o sacrilégio confrangedor referido em Mar. 13.14 e Mat. 24.15). O livro do Apocalipse atualiza esse quadro em termos do Império *Romano, do culto do imperador e dos *cristãos colaboradores.

Por outro lado, os que aceitavam o Estado como uma prescrição de Deus viam o esperado Anticristo como a encarnação de um capcioso espírito de desmando, que o Estado mantinha sob controle (segundo uma interpretação). Depois da cristianização do Império Romano, esse entendimento tornou-se bastante aceito e até o Apocalipse era lido sob essa luz, mas corrupções na Igreja e no Estado reconduziram as pessoas ao sentido original do Apocalipse.

A expectativa do Anticristo — com os desastres que a acompanharam, a apostasia, e o martírio dos crente — dominou a Idade Média e os séculos XVI e XVII. O mito expressa ao mesmo tempo a especiosidade e a aparente onipotência do mal, ao mesmo tempo em que afirma a iminência da vitória final de Deus e o valor do testemunho crente em sua consecução. De um outro ponto de vista, ele forneceu uma maneira vigorosa de caracterizar opositores na Igreja e no Estado e de dignificar a resistência a eles.

John Sweet

ANTIOQUIA DA SÍRIA. Atual Antakya na Turquia, a ser distinguida da menos importante Antioquia na Pisídia. No primeiro século da era cristã, Antioquia era a terceira maior cidade do Império Romano e capital da província proconsular da Síria. Seleuco I Nicátor fundou-a pouco após 300 a.C. e nomeou-a em homenagem ao pai, Antíoco o Grande. Antioquia foi povoada por macedônios, gregos, sírios nativos e judeus veteranos do exército de Seleuco I. Localizada na fértil planície Amuk junto ao rio Orontes, que era navegável até esse ponto, ela estava na junção de rotas comerciais para *Damasco, Palestina, *Egito e o Egeu. No século II a.C. Antioquia possuía uma vasta biblioteca pública e, sob Antíoco IV Epífano (175-164/163 a.C.) e os imperadores Augusto e Tibério, ganhou magníficos edifícios públicos. Escavações revelaram esplêndidos pisos de mosaico e uma rua principal ladeada por colunas.

A grande população judaica era geralmente leal aos monarcas selêucidas e ao Império *Romano. Segundo os Atos, uma missão *cristã teve início entre judeus de Antioquia quando refugiados da perseguição ali chegaram após o martírio de *Estêvão. Logo gentios foram também evangelizados, e foi em Antioquia que o termo "cristãos" foi usado pela primeira vez. Subseqüentemente a nova Igreja enviou *Barnabé e *Paulo a Jerusalém com conforto para a fome, bem como para discutir a questão da observância da Lei por gentios convertidos.

Por muitos séculos Antioquia foi um notável centro de aprendizagem cristã. Segundo a tradição, Inácio, que foi martirizado no início do século II da era cristã, foi seu terceiro *bispo.

Sherman Elbridge Johnson

APOLO. O livro dos Atos registra que um *judeu de Alexandria chamado Apolo era ativo como missionário em *Éfeso e Acaía. Embora hábil em se comunicar e versado nas escrituras, seu ensinamento sobre o batismo era incompleto. Priscila e Áquila precisaram fornecer-lhe uma compreensão "mais precisa", e quando Paulo visitou Éfeso após a partida de Apolo, teve de rebatizar algumas pessoas que haviam experimentado o batismo de João para o arrependimento, mas não o batismo em nome de Jesus.

Em 1 Coríntios, as referências de Paulo a Apolo e seus ensinamentos traem alguma tensão entre os dois líderes.

Daniel N. Schowalter

APÓSTOLO. A palavra grega *apostolos* ("alguém que foi enviado") é raramente usada no grego clássico, mas ocorre oitenta vezes no Novo Testamento, onde significa "delegado" de Jesus Cristo e "mensageiro" da revelação. Paulo lista os apóstolos em primeiro lugar entre os membros do corpo de Cristo.

A palavra correspondente em hebraico (*saliah*) era especialmente usada para denotar alguém a quem fora conferida plena autoridade para, com um fim particular e por um tempo limitado, representar a pessoa ou as pessoas em cujo nome fala; os rabinos diziam que "o *saliah* de um homem é ele mesmo". O estatuto legal de um mandatário como esse tem raízes nos costumes semitas relativos a um mensageiro. A missão de *Paulo em *Damasco e a delegação de *Barnabé e Paulo junto à Igreja da Antioquia devem ser entendidas em termos de um *saliah* *rabínico. O mesmo se aplica ao envio por Jesus dos seus discípulos, que incluíam os apótolos. Eles seguiram dois a dois; sua missão de proclamar a palavra de Cristo e expulsar demônios era limitada quanto à esfera e ao tempo e eles deviam retornar a quem os enviava e relatar sua missão.

Embora Jesus seja chamado "apóstolo" uma única vez no Novo Testamento, em sua fala do "Filho do Homem" ele se apresenta como o agente de Deus para a salvação. A incumbência divina do Filho é elaborada no evangelho de João, onde o evangelista usa mais de uma vez a lei referente à autoridade do *saliah*.

O estatuto de um apóstolo pós-Páscoa de Cristo transcende o de um *saliah* judeu. Em suas epístolas Paulo muitas vezes defende e define sua autoridade apostólica. Menciona os apóstolos antes dele, especificando *Pedro e os *doze, Tiago, e todos os apóstolos. Embora tivesse sido o último a ser chamado e se considerasse o menor deles, Paulo estava convencido de que Deus o distinguira desde antes de seu nascimento; assim, repetiu a reivindicação do profeta Jeremias e do servo do Senhor (Isa. 49.1-5). Isso significa que os apóstolos de Cristo tiveram de servir suas vidas inteiras tal como outrora os profetas bíblicos, que eram chamados por Deus e falavam como seus mensageiros. Talvez Paulo tenha usado a narrativa do chamado de Isaías como uma chave para a interpretação de sua visão nas proximidades de Damasco. Os temas de Isaías 6 podem ser descobertos em declarações dispersas em que Paulo fala sobre o chamado e sobre a natureza de seu apostolado. As perguntas retóricas "Não sou um apóstolo? Não vi Jesus nosso Senhor?" (1 Cor. 9.1) recebem sua força de Isa. 6.1, 8: "Vi o Senhor ... enviai-me!" Ademais, Paulo compreendeu seu chamado para o apostolado como um ato da graça de Deus. Como um perseguidor dos *cristãos, não era digno dele; de maneira similar, Isaías confessara sua indignidade. Isaías recebera ordem de levar aos israelitas uma mensagem de perdição que poderia endurecê-los; Paulo experimentou a desobediência à revelação de Jesus por seus companheiros *judeus, razão por que a levou aos gentios. Tal como Jeremias, sentiu necessidade de pregar sua mensagem.

Afora o grupo limitado dos apóstolos (os doze) em Jerusalém, Paulo conheceu um outro círculo de pregadores apostólicos. Pode-se distinguir portanto entre dois tipos de apóstolos do Novo Testamento na visão de Paulo: aqueles chamados através de uma aparição do Senhor ressurrecto; e pregadores carismáticos que recebiam uma delegação de uma Igreja como a de

Antioquia, incluindo homens e mulheres (*ver* Júnia). Ambos os tipos, porém, eram unidos numa figura como Paulo. Por outro lado, Lucas reserva a designação "apóstolo" para os doze discípulos de Jesus que se tornaram os chefes da Igreja de Jerusalém. Para ele, o apóstolo tem de ser um companheiro de Jesus e uma testemunha da ressurreição. Essa parece ser a visão de Marcos, bem como a de Mateus.

Otto Betz

ARÁBIA. A Arábia é uma grande península, predominantemente árida, limitada a leste pela Mesopotâmia e o Golfo Pérsico, ao norte pela região montanhosa da costa da Síria e da Palestina e a oeste e ao sul pelo mar *Vermelho e o oceano Índico. O noroeste da Arábia é um deserto montanhoso, pedregoso. Como o vizinho *Negueb, é ermo mas habitável por pastores nômades de ovelhas/cabras. Os desertos arenosos do interior da Arábia permaneceram impenetráveis até que a domesticação do camelo permitiu que seus oásis dispersos fossem ligados por meio de rotas de caravanas no primeiro milênio a.C. O sul da Arábia (Iêmen) é, em contrapartida, uma região montanhosa bem irrigada onde a agricultura em terraços sustentou uma colonização permanente desde pelo menos o segundo milênio a.C.

A Bíblia reflete estreita familiaridade com as áreas desertas e os povos nômades do noroeste da Arábia, e o sul da Arábia (*Sabá) era também conhecido como fonte de camelos, ouro, olíbano e mirra. Alguns lugares, como Duma e Tema, podem ser identificados com sítios no norte da Arábia; as tentativas recentes de transferir as narrativas ancestrais indiscriminadamente da Palestina para o norte da Arábia, no entanto, devem ser rejeitadas. A palavra hebraica *araba* significa "*nômade". A expressão "todos os reis da Arábia" pode significar "todos os reis dos árabes" ou "todos os reis dos nômades". Poucos dos numerosos povos nômades mencionados na Bíblia são chamados "árabes", e só raramente seu território é chamado "Arábia". É por sua origem geográfica ou étnica que são geralmente identificados: amalecitas, ismaelitas, midianitas.

No Novo Testamento, havia "árabes" (o que denotava provavelmente falantes do árabe) entre a multidão poliglota reunida em Jerusalém em Pentecostes. Por algum tempo, após o seu chamado, *Paulo "partiu para a Arábia", talvez para o leste da Síria ou a Transjordânia.

Joseph A. Greene

ARAM. Aram é nome tanto de lugares quanto de pessoas. Como nome de lugar refere-se usualmente a Aram-Damasco, um poderoso Estado arameu no sul da Síria durante o início do primeiro milênio a.C. (*ver* Damasco). Aram designa também outros Estados arameus ao longo da fronteira norte de Israel, inclusive Soba, a noroeste das montanhas Anti-Líbano, e Maaca no alto vale do Jordão. Algumas traduções inglesas seguem a Septuaginta e põem "Síria" ou "sírio" onde no texto hebraico aparece "Aram" ou "Arami" (pessoa de Aram, um arameu). As palavras gregas, contudo, não são equivalentes precisos do hebraico (*ver* Síria).

Como nome de pessoa, Aram é um dos cinco filhos de Sem e o ancestral epônimo dos arameus. Gênesis 22.20-21 identifica um outro Aram como filho de Camuel e neto de Nacor, que era irmã de Labão "o arameu". O neto de Abraão, *Jacó*, desposou *Raquel e *Lia, ambas filhas desse mesmo Labão. Esses e outros relatos em Gênesis que associam os *ancestrais de Israel com pessoas e lugares na região do alto *Eufrates (Aram-naharim, traduzido por "*Mesopotâmia", ou Paddan-aram) sugerem uma estreita relação entre os ancestrais israelitas e os arameus.

Fora da Bíblia, Aram é mencionado numa inscrição cuneiforme de Naram-Sin de Acaad (c.2300 a.C.) como um lugar ao longo do alto Eufrates. Textos cuneiformes de Drehem, no sul da Mesopotâmia, também citam Aram como uma cidade na região do alto Eufrates c.2000 a.C. Anais do rei assírio Teglat-Falasar I falam de campanhas punitivas em seu quarto ano de reinado (1112 a.C.) contra arameus de Ahlamu que avançaram tanto a oeste que chegaram a Tadmor (Palmira, na Síria) e às montanhas do Líbano.

No reinado de *Davi (século X a.C.), Aram-Zohab dominou o sul da Síria mas acabou por ser derrotado pelo rei israelita. Aram-Damasco assumiu o controle do sul da Síria durante o reinado de *Salomão e foi um adversário recorrente de Israel ao longo dos séculos IX e VIII a.C., embora por vezes fosse também aliado de Israel contra os assírios. Aram-Damasco e as demais cidades araméias da Síria foram finalmente destruídas pelos assírios no final do século VIII a.C.

Em fontes tanto bíblicas quanto extrabíblicas, Aram denota terras ocupadas pelos falantes do aramaico, uma língua do semítico noroeste aparentada com o hebraico e o fenício que era extensamente falada na Síria no primeiro milênio a.C. A língua e a escrita aramaicas sobreviveram à destruição dos Estados arameus na Síria. O aramaico tornou-se a língua franca do Império Persa, e dialetos do aramaico continuaram a ser amplamente falados na Palestina e na Síria até certa altura do período romano.

Joseph A. Greene

ARARAT. Região montanhosa que cerca o lago Van, na Armênia. É comumente referida como Urartu em textos *assírios, em que aparece primeiro como um conglomerado de reinos no século XIII a.C. Um reino unificado atingiu seu apogeu no final do século IX sob a dinastia fundada por Sarduri I; seu declínio começou quando Sarduri II foi derrotado por *Teglat-Falasar III em 743 a.C. O fim veio no início do século VI, quando Urartu foi conquistado pelos *medas. Na Bíblia, Ararat pode ser um inimigo da Síria ou de Babilônia. É mais conhecido, no entanto, como a região ("as montanhas de Ararat", não "o Monte Ararat") em que a arca de *Noé pousou após o Dilúvio. Apesar de tradições judaicas, *cristãs e muçulmanas posteriores, que buscaram identificar a montanha em que Noé aterrou, todas as tentativas nesse sentido malograram.

Carl S. Ehrlich

ARCANJOS. Do grego *archaggeloi*, "anjos superiores" ou "anjos de categoria elevada". A forma plural não é encontrada na Bíblia, mas em Tobias 12.15 *Rafael descreve a si mesmo como "um dos sete anjos que estão sempre prontos a penetrar junto à glória do Senhor" (cf. Ap. 8.2). Informação adicional a respeito desses sete anjos é encontrada em 1 *Henoc 20, cuja versão grega os qualifica de "arcanjos" e arrola seus nomes da seguinte maneira: Uriel, Rafael, Ragüel, *Miguel, Sariel, *Gabriel e Remiel, este último nome correspondendo provavelmente ao "arcanjo Jeremiel" de 2 Esdras 4.36. No Novo Testamento há duas referências a arcanjos individuais: em 1 Tessalonicenses 4.16 o chamamento do arcanjo (não nomeado) é para anunciar o retorno do Senhor, e em Judas 9 é mencionada a luta do arcanjo Miguel com o demônio pela posse do corpo de Moisés. Mas a escassez dessas referências bíblicas está em marcado contraste com a angelologia elaboradamente desenvolvida pelos doutores da Igreja posteriores.

Ver também Anjos.

William H. Barnes

AREÓPAGO. Este termo se refere tanto à "Colina de Ares" situada a noroeste da Acrópole, em *Atenas, quanto ao Conselho que ali se reuniu até o século IV d.C. Durante o século VII a.C., o Conselho provavelmente estava encarregado das leis da cidade; em 462/461, o Areópago deixou de ser o guardião das leis. Segundo o autor da Constituição ateniense, ele conservou o poder de ouvir casos de lesão, homicídio, envenenamento que resultava em morte deliberada, incêndio premeditado e desarraigamento ou corte das oliveiras sagradas de Atenas. No final do século IV a.C., o Conselho investigava alegações de crimes envolvendo traição.

As funções judiciais do Conselho foram ampliadas durante o período do Império Romano. Em Atos 17.16-21, conta-se que *Paulo foi levado à Colina de Ares por alguns filósofos *epicuristas e estóicos porque estava pregando sobre *Jesus e a ressurreição; ali ele pronunciou sua fala sobre o altar ao deus desconhecido. A cena de Paulo no Areópago construída pelo autor de Atos não reflete um procedimento ou inquirição judicial oficial. O que o autor de Atos criou foi antes uma cena idealizada da vida ateniense, baseada em temas lugares-comuns da topografia, cultura e história de Atenas, especialmente projetadas para evocar o julgamento de Sócrates. Nessa cena, Paulo recebeu o papel de um Sócrates da atualidade, que revela a verdadeira identidade e os planos do deus desconhecido para os gentios que o ouvem.

Guy Rogers

ARMAGEDON. Nome de lugar encontrado unicamente em Apocalipse 16.16, onde é identificado como o nome "hebraico" do local em que os reis da terra se reunirão para lutar contra Deus. Os estudiosos explicam em geral Armagedon como uma transliteração grega da expressão hebraica *har megiddo* ("a montanha de Megiddo). A cidade de Megiddo, estrategicamente situada na parte oeste do vale Esdrelon na encruzilhada de duas rotas comerciais, foi o sítio de importantes batalhas na Antigüidade. A referência à "montanha" de Megiddo, contudo, é mais problemática, não correspondendo a nenhuma característica geográfica visível na área. Embora apareça apenas uma vez na Bíblia, Armagedon tornou-se uma designação muito conhecida para a batalha final entre as forças do bem e do mal.

William H. Barnes

ÁRTEMIS DOS EFÉSIOS. Ártemis era a deusa grega das matas e da caça, bem como a protetora das mulheres no parto, identificada com a deusa romana Diana. As origens mais remotas de Ártemis dos Efésios estão ocultas em lendas e fontes relativas à colonização grega da Jônia. Parece razoável, contudo, concluir que a deusa original foi um amálgama da Ártemis grega importada e de uma deusa autóctone, talvez uma deusa-mãe anatoliana.

Ártemis dos Efésios serviu principalmente como uma divindade tutelar dos *efésios. Embora fosse a deusa "adorada por toda a Ásia e o mundo inteiro" (Atos 19.27), seu santuário central localizava-se na cidade e era por ela protegido. Artefatos religiosos desse culto foram encontrados tão a oeste quanto na Espanha e tão a leste quanto na Palestina, mas somente "a cidade dos efésios [era] o templo guardião da grande Ártemis, e da estátua descida do céu" (Atos 19.35).

Houve muita confusão e mal-entendidos em torno da deusa, surgidos em grande parte de um polêmico erro de designação cristão que rotulou de seios femininos os objetos em forma de ovo associados a certas representações da deusa. Do epíteto "a de muitos seios", um salto pequeno, mas incorreto, levou à conclusão de que Ártemis dos Efésios era fundamentalmente uma deusa da fertilidade. Na verdade, não é consenso entre os estudiosos que os objetos em forma de ovo associados à deusa representem seios. Mesmo que representassem, e esse símbolo mamário/fertilidade residisse no cerne da religião, é difícil explicar por que essa representação apareceu tão tarde no desenvolvimento do culto. Ademais, os efésios, particularmente na era greco-romana, associavam sua deusa à casta Ártemis grega, não a uma deusa-mãe da Anatólia ou a uma das deusas da fertilidade do Oriente. As fontes internas básicas da própria religião, como textos, moedas, estatuaria e inscrições, não oferecem nenhum indício convincente para a descrição dessa deusa ou de seu culto como sendo primordialmente um símbolo de sexualidade e fecundidade.

A deusa era renomada por sua riqueza, que tinha origem em duas circunstâncias. Seu templo servia como um banco tanto para o depósito da riqueza de outros quanto para empréstimos a uma lucrativa taxa de juros. A deusa possuía também vastas terras e pesqueiros que contribuíam para sua alentada fortuna. Outros, como fabricantes de objetos de devoção envolvendo a deusa, tinham ganhos na medida em que a reputação dela florescia.

Em razão de seu tamanho e riqueza, o templo de Ártemis foi aclamado como uma das sete maravilhas do mundo antigo. Construído de mármore (127 colunas, cada uma com 18m de altura), possuía um altar externo em forma de ferradura (20 por 20m) e foi o maior templo grego na Antigüidade (67 por 130m). Foi danificado por bandos de invasores góticos em meados do século III d.C. e finalmente caiu em desuso em razão da ascendência cristã nos séculos IV e V. O templo não subsistiu e sua localização foi desconhecida durante séculos até que suas fundações foram desenterradas no final do século XIX.

Richard E. Oster, Jr.

ASER. Segundo filho de *Jacó e Zelfa, serva de Lia, e uma das doze *tribos de Israel. Em Gênesis 30.13, o nome Aser é associado à palavra hebraica para bênção, mas muitos estudiosos vinculam sua origem à deusa Aserá.

Segundo Josué 19.24-31, a tribo de Aser estabeleceu-se no noroeste de *Canaã. Fontes bíblicas louvam a terra fértil de Aser. Os autores de Juízes afirmam que Aser não conseguiu ocupar todo o seu território. *Salomão reorganizou o território de Aser na forma de um distrito administrativo e posteriormente cedeu vinte cidades galiléias ao rei de Tiro. Depois do exílio assírio o território de Aser permaneceu em mãos estrangeiras, mas a tribo, como atestam suas genealogias, perdurou.

Gary N. Knoppers

ASERÁ. A deusa-mãe cananéia, associada a leões, serpentes e árvores sagradas. A palavra *asherah* na Bíblia refere-se na maior parte das vezes a uma árvore estilizada de madeira.

Os escritores bíblicos geralmente condenam o culto da deusa, mas há indícios de que muitos em Israel se devotavam a Aserá, talvez até adorando-a como consorte de Javé. Em várias épocas uma *asherah* esteve presente no *Templo de Javé em Jerusalém; havia no templo, ademais, vasos dedicados a Aserá e um recinto onde mulheres teciam roupas para ela. Havia também uma *asherah* em *Samaria, capital do reino do norte de Israel e no templo de

Javé em Betel. Descobertas arqueológicas recentes confirmaram que o culto de Aserá era parte da tradição javista pelo menos para alguns israelitas.

Susan Ackerman

ÁSIA. No período helenístico, Ásia é um termo para o Império Selêucida. No período romano, Ásia significa a província desse nome, na parte ocidental do que hoje é a Turquia. Era uma província importante, que continha em seus limites várias cidades abastadas, entre as quais Éfeso, sua capital. As *sete igrejas dos capítulos de abertura do livro do Apocalipse estão todas na província da Ásia, como está Colossos, para cuja Igreja a epístola aos colossenses foi enviada.

Michael D. Coogan

ASSÍRIA. A antiga terra da Assíria, situada no que é hoje o nordeste do Iraque, tomou seu nome do pequeno povoado de Assur (ou Ashur) erguido num penhasco de arenito na margem ocidental do Tigre cerca de 35km ao norte de sua confluência com o baixo rio Zab. Localizada numa importante interseção de rios mas fora da zona de chuvas anuais confiáveis, Assur atraiu desde logo povoamentos de pastoralistas, já que era facilmente defensável e tinha fácil acesso a água. Níveis antigos de um pequeno santuário ali encontrado, datados de 2800-2200 a.C., mostram afinidades com a cultura *suméria, ao sul, em móveis e estatuaria.

O primeiro soberano independente da cidade-estado de Assur, como atesta uma inscrição da época, é Shalim-ahum, que reinou por volta de 1900 a.C. Nessa época, firmas de mercadores em Assur estabeleceram filiais em várias cidades anatolianas e trocavam têxteis e estanho de Assur por prata.

Por volta de 1813 a.C., Samshi-Adad I, um príncipe amorreu do médio Eufrates apossou-se de Assur e subseqüentemente fundou um império com capital em Shubat-Enlil (a moderna Tell Leilan no nordeste da Síria), com dois filhos reinando como vice-reis em Mari e em Ekallate (logo ao norte de Assur). Sob Ishme-Dagan I, filho de Shamshi-Adad, o império foi rapidamente perdido; e a dinastia de Shamshi-Adad foi substituída dentro de poucas décadas por assírios nativos, que governaram — em relativa obscuridade — durante os quatro séculos seguintes, por vezes como vassalos do Mitanni.

Sob o dinâmico Assur-Uballit I (1364-1328 a.C.), a Assíria ressurgiu como um poder importante, e no século seguinte conquistou e anexou gradualmente grande parte da antiga região central do Mitanni, a oeste, implantando um amplo sistema provincial para depois conquistar por pouco tempo grande parte do sul de Babilônia. Sua ética imperialista foi incorporada ao ritual de coroação do Assírio Médio, em que o sacerdote oficiante ordenava solenemente ao rei: "Expandi vossa terra!" Após 1200 a.C., em meio a insurreições disseminadas e deslocamentos de população no oeste da Ásia, o Império Assírio Médio declinou tanto política quanto territorialmente. Uma ampla e breve revitalização no tempo de Teglat-Falasar I (1115-1076) dissipou-se sob a pressão de invasões de arameus, que restringiram o poder político assírio a uma estreita faixa ao longo do Tigre até o século X.

Após 935 a.C., reis assírios reivindicaram dos arameus seções perdidas do território assírio central e começaram a se expandir militarmente, sobretudo para o oeste. Ao longo dos três séculos seguintes, esses monarcas criaram um vasto império neo-assírio, que em seu apogeu (c.660 a.C.) abarcava parte substancial do Oriente Próximo antigo, que se estendia do sul do Egito, Chipre e a Anatólia ocidental até o Elam e o planalto iraniano, passando pela Palestina-Síria e a Mesopotâmia. Os alicerces do poder imperial assírio foram lançados efetivamente por Assur-Nasirpal II (884-859 a.C.), que construiu uma esplêndida nova capital em Calach (Nimrud), reestruturou o exército assírio fazendo dele uma força de combate sem igual no sudoeste da Ásia, reorganizou o sistema provincial assírio e ficou famoso por tratar rebeldes e prisioneiros implacavelmente. As deportações em massa que promoveu das terras que conquistou, levadas adiante por seus sucessores, levaram grandes números de arameus do oeste para o território central da Assíria, inchando as fileiras da corte e do exército, influenciando os estilos artísticos e arquitetônicos e, na altura do início do século VII, substituindo a língua assíria pelo *aramaico como vernáculo. As campanhas de Assur-Narsipal consolidaram ganhos do território assírio que se estendiam a oeste até o alto Eufrates e extraíram tributo dessas áreas; suas aventuras comerciais, com escolta militar, conseguiram chegar ao Mediterrâneo. Seu filho, Shalmaneser II (859-824 a.C.), começou a estender o controle assírio ao norte da Síria; mas seu avanço foi temporariamente sustado na batalha de Qarqar (853 a.C.) por uma ampla coalizão de Estados liderada por Damasco e Hamá e incluindo tribos árabes e Israel (sob *Acab). As campanhas subseqüentes de Shalmaneser, que chegaram até a Cilícia, valeram-lhe o norte da Síria e levaram as cidades fenícias de Tiro e Sidônia para a órbita assíria. Apesar de uma revolta das principais cidades da Assíria (827-821 a.C.) e de uma resultante debilidade do poder monárquico, a Assíria continuou ativa no oeste até cerca de 785 a.C.

Nesse ínterim, no final do século IX e início do século VIII, nas montanhas do norte da Assíria, a potência rival de Urartu ascendera à proeminência. À medida que a sorte da Assíria declinou após 783 a.C. sob reis fracos e governadores provinciais fortes, os urartianos forçaram caminho para o sul, rumo ao Iraque, e para o oeste cruzando o Eufrates rumo ao norte da Síria. Em 745 a.C., Urartu havia conquistado a maior parte dos principais Estados da Anatólia sul-central e do norte da Síria, ou concluído alianças com eles, e assumira a hegemonia na região. Uma revolta em Calach levou ao trono assírio *Teglat-Falasar III (745-727 a.C.), um monarca vigoroso que deteve tribos aramaicas e caldéias invasoras na Babilônia, restringiu Urartu a seu território original, e marchou através da Síria e da Palestina (uma vez em resposta a um pedido de intervenção feito por Acaz de Judá), chegando até Gaza. Seu filho, *Salmanasar V (727-722), cercou Tiro e capturou *Samaria, pondo fim ao reino de *Israel. Sargão II (722-705 a.C.), um usurpador, deportou a população de Israel para várias partes do império, chegou com suas campanhas militares até a fronteira do Egito, dominou Babilônia e construiu uma magnífica capital em Dur-Sharrukin (Khorsabad) no norte do país. Seu filho, *Senaquerib (705-681 a.C.), expandiu-se ainda mais rumo à Anatólia. Em face de permanente inquietação na Babilônia (fomentada sobretudo por Merodac-Baladã e seus companheiros caldeus) e sofrendo pelo assassinato de seu príncipe herdeiro, Assurnadin-sumi, que havia sido rei ali de 700 a 694 a.C., Senaquerib acabou por saquear e despovoar Babilônia. Na Palestina, ele recebeu a submissão de Ezequias, que havia se rebelado em conluio com Merodac-Baladã, e, após um cerco, extraiu tributo de *Jerusalém. Assassinado por um de seus filhos, Senaquerib foi sucedido por outro filho, Asaradon (681-669 a.C.), que invadiu o planalto iraniano e o Egito, mas morreu prematuramente de doença quando em campanha. Seu império foi herdado principalmente por seu filho Assurbanipal (669-627 a.C.), que reinou na Assíria; Mas um outro filho, Shamash-Shum-Ukîn (668-648 a.C.), foi instalado como rei na Babilônia. Assurbanipal fez amplas campanhas militares no Egito, chegando até Tebas, e levou o império a seu apogeu territorial por volta de 660 a.C. Em 652 a.C. Shamash-Shum-Ukîn promoveu uma revolta de grandes proporções, que ganhou o apoio dos elamitas, árabes e outros súditos assírios desgostosos. Assurbanipal passou mais de dez anos derrotando os dissidentes e infligindo-lhes retaliações, exaurindo o império nesse processo.

Depois da morte de Assurbanipal em 627 a.C., a Assíria foi tomada pela guerra civil entre três candidatos ao trono; foram necessários vários anos antes de Sin-Sharishkun (623?-612 a.C.) despontar como o vitorioso. Uma década mais tarde, ele se defrontou com uma coalizão de *medas e babilônios, que invadiram e destruíram as províncias centrais da Assíria. Um último rei, Assur-Uballit II (612-609 a.C.) reinou por um breve tempo na capital provincial de Harã, no oeste, com o apoio de exércitos egípcios; mas foi expulso pelos babilônios. Os impérios nascentes de Babilônia e da Média dividiram os territórios do império assírio, que desapareceu, mal deixando algum traço, mesmo em sua antiga região central.

No primeiro milênio a.C., a Assíria, embora renomada sobretudo como uma potência militar que esmagou e intimidou grande parte do sudoeste da Ásia, teve uma vigorosa vida cultural e econômica. Nas artes decorativas, seus artesãos manifestavam sensibilidade criativa em meios tão diversos quanto marfins, sinetes e relevos em paredes palacianas; estes últimos representam assombrosa variedade de temas, entre os quais divindades protetoras formais, cenas de de batalha e cerco, vida cotidiana na corte, e os parques botânico-zoológicos criados à volta das capitais assírias. A literatura também floresceu, seu monumento mais notável sendo a grande biblioteca reunida por Assurbanipal (669-627 a.C.) em Nínive, cuja escavação em meados do século XIX levou à redescoberta da literatura mesopotâmica. No aspecto econômico, o comércio prosperou em todo o império à medida que novos mercados se abriam para empresários até dos territórios conquistados. Butim, tributo e mercadorias trocadas jorravam sobre o território central da Assíria, financiando a construção e a renovação de resplandecentes capitais urbanas bem como a manutenção da máquina militar que tornava o império possível.

John A. Brinkman

ASTARTE. Forma grega de Ashtart, uma das três grandes deusas cananéias. Astarte, ou Astartéia, foi fundamentalmente uma deusa da fertilidade e do amor, o contraponto da grega Afrodite. Era associada também à guerra e, como sua equivalente mesopotâmica Ishtar, tinha características astrais.

Na Bíblia, o culto da deusa é repetidamente condenado: duas vezes no livro dos Juízes os israelitas são punidos por se extraviarem atrás dos *Baals e das Astartes; *Salomão é criticado por cultuar Astarte; e Jeremias castiga o povo por fazer oferendas à *Rainha do Céu, um sincretismo de Astarte e Ishtar.

Susan Ackerman

ATENAS. Escavações da antiga Atenas (assim chamada em homenagem a Atena, sua deusa patrona) revelam sua colonização desde o período neolítico. A fácil defesa da Acrópole e a proximidade do golfo Sarônico ao sul explicam a importância do sítio na história da Ática. No século V a.C., apesar das derrotas na Guerra do Peloponeso, Atenas emergiu como o centro cultural e intelectual do mundo grego. Técnicas inovadoras na arte e na escultura, desenvolvimentos poderosos no drama grego e significativo progresso na reforma política caracterizaram a glória da Atenas do século V. O manancial para a investigação filosófica grega posterior fluiu da vida e do pensamento de Sócrates (c.470-399). Ironicamente, a destruição quase completa de Atenas pelos persas no início do século V abriu caminho para uma era de criatividade arquitetônica na última metade do século, quando o Pártenon, o Erectêion e numerosos outos templos foram erguidos na Acrópole.

Atos 17.16-34 contém a única referência mais ampla a Atenas no Novo Testamento. A trama dessa narrativa é estruturada em torno de alguns dos aspectos mais conhecidos da cultura ateniense, com muita cor local. A religiosidade da cidade, expressa em templos, santuários e altares era proverbial tanto no pensamento grego quanto no romano. O panorama composto pelo geógrafo grego Pausânias (século II a.C.) descreve uma cidade repleta de estátuas e edifícios sacros. Essa faceta da cultura ateniense é refletida na declaração de Lucas de que "a cidade era cheia de ídolos" e na referência de *Paulo à piedade dos atenienses e a um altar "a um deus desconhecido".

Do tempo de Sócrates até o fechamento das escolas de filosofia pelo imperador Justiniano em 529 d.C., o nome de Atenas foi sinônimo de busca filosófica da verdade. A cidade, de fato, fora não só o lar de Sócrates como abrigara a Academia de Platão, o Liceu de Aristóteles, o Pórtico do Estoicismo e os Jardins de Epicuro. No tempo de Paulo, como uma cidade universitária, Atenas continuava a atrair intelectuais filosóficos e filelênicos. O relato dos esforços de Paulo ali é entremeado de alusões às tradições filosóficas da cidade. Paulo encontra "filósofos epicuristas e estóicos" (17.18), defende a verdadeira natureza de Deus com base na revelação natural e cita o poeta estóico Aratus. (*Ver também* Epicuristas; Estóicos.) O escrutínio da doutrina de Deus de Paulo pelo conselho do *Areópago ecoa deliberadamente o julgamento de Sócrates por proclamar novas divindades e levar a plebe a duvidar de suas crenças nos deuses tradicionais.

Além de Atos 17, 1 Tessalonicenses 3.1, em que Paulo menciona sua estada em Atenas, é a única outra referência à cidade no Novo Testamento. Foi em Atenas que viveram vários apologistas cristãos do século II, mas sob outros aspectos a cidade não exerceu grande influência direta na história cristã.

Richard E. Oster Jr.

AZARIAS (OS TRÊS JOVENS). A tradução grega (Septuaginta) do livro de *Daniel insere entre vv.23 e 24 do cap.3 uma seção, abarcando sessenta e oito versículos, que não é encontrada no original semítico; essa seção é vista pelos protestantes como um dos apócrifos, mas é considerado deuterocanônica pelos católicos romanos e algumas Igrejas ortodoxas. Ela consiste numa breve narrativa de conexão e dois (ou talvez, mais corretamente, três) poemas de caráter litúrgico. Os poemas pretendem ser as palavras recitadas ou cantadas pelos três jovens que o rei *Nabucodonosor mandou que fossem jogados numa fornalha ardente quando se recusaram a adorar a imagem de ouro que erigira.

O primeiro poema, que tem a forma de uma prece, é posto nos lábios de Azarias, o nome hebraico do jovem também chamado por seu nome babilônio, Abdênago. A prece não é especificamente apropriada à situação da fornalha ardente, sendo simplesmente um lamento nacional como

Salmos 74 e 79, que são súplicas pela libertação de Israel após a destruição do *Templo de Jerusalém. A prece difere desses salmos ao declarar que o desastre foi uma punição justificada pelos pecados da nação, uma ênfase bastante incongruente com a situação dos jovens, que estavam sendo punidos precisamente por sua integridade religiosa. Os versos finais da prece se adequariam a quem quer que estivesse sofrendo opressão e são sem dúvida a razão por que ela pareceu adequada.

O poema muito mais longo que se inicia no versículo 29 é também uma prece na forma de um hino de louvor, recitado por Azarias e seus companheiros Sidrac (Shadrach) e Misac (Meshach). Também ele é irrelevante para a situação particular dos jovens, exceto pelo v.66, que pode de fato ter sido acrescentado quando o hino foi interpolado no livro de Daniel.

Com relação à data da composição dos poemas, não há indícios claros, salvo pelo v.15, que fala da ausência de governo civil e da cessação do culto no Templo. No contexto deles, é claro, as palavras pretendem se aplicar à situação putativa dos jovens no exílio babilônio, mas elas seriam mais apropriadas no início do século II a.C., quando Antíoco Epífano dessacralizou o Templo (164 a.C.) e quando, realmente, não havia nenhum profeta ou governo nativo.

Robert C. Dentan

Azazel. Aparece unicamente no ritual do Dia das Expiações em Levítico 16. Dois bodes foram designados por sorteio, um para o Senhor e um para Azazel, talvez o nome de um *demônio. O bode do Senhor tornou-se uma oferenda sacrificial pelo pecado, ao passo que o bode expiatório foi mandado para o deserto depois que *Aarão impôs as mãos sobre ele e confessou os pecados do povo. O versículo 21 usa três palavras para pecado, mas não menciona impureza. Portanto, o ritual do bode expiatório é para pecados apenas, e revela a incapacidade do culto sacrificial de realizar a completa expiação por si só.

Alguns estudiosos suspeitam que o bode expiatório foi acrescentado ao capítulo; nesse caso, foi bem integrado ao texto. Em 16.17, Aarão faz expiação "pela comunidade de Israel", fazendo o bode expiatório parecer desnecessário. Contudo, ele foi necessário: estava envolvida a exclusão de algo profundamente indesejado. A oferenda pelo pecado não podia levar os pecados embora como o bode expiatório. O ritual mágico de Azazel assegurou que os pecados fossem expulsos.

A Septuaginta traduziu Azazel como "expulsão". No livro etíope de *Henoc, Azazel é um *anjo caído. O Midrash e muitos comentadores modernos vêem Azazel como o demônio a quem o bode expiatório foi enviado. Na Mishná, a prática era jogar o bode expiatório do alto de um penhasco; *rabinos derivaram disso uma etimologia, aceita por alguns, segundo a qual Azazel significaria "precipício". Estudiosos propuseram outras etimologias, mas a origem e o significado de Azazel permanecem incertos.

Philip Stern

B

BAAL. Palavra semita comum que significa "proprietário, senhor, marido". Na acepção de "senhor", é aplicada a vários deuses *cananeus, como o Baal de Fegor e os Baalim, que eram em grande parte manifestações locais do deus da tempestade Baal. Embora o panteão cananeu fosse encimado por El, Baal era o deus mais importante em razão de sua associação com as tempestades que, a cada ano, traziam a revivescência da vegetação e da fertilidade. Baal tem lugar de destaque no grande complexo de épicos ugaríticos do século XV a.C., onde é chamado filho de *Dagon e é mencionado cerca de 250 vezes, em algumas ocasiões de modo intercambiável com Adad, o amplamente conhecido deus semita da tempestade, cujo símbolo, como o de Baal, era o touro.

Na arte, Baal é representado como o deus da tempestade Aliyan ("triunfante") Baal, que segura numa das mãos um raio e na outra uma clava. Baal é o defensor da ordem divina sobre o caos terreno — sobre a seca mortífera, representada pela divindade Mot ("morte") e as forças indomáveis do mar (o deus Yamm). Os épicos ugaríticos narram como Baal derrota esses poderes e conquista o título de "cavaleiro das nuvens" (o mesmo título conferido ao Deus de Israel em Sal. 68.4).

O tema da oposição ao culto de Baal percorre toda a literatura deuteronômica e os *Profetas. No século IX a.C., o baalismo estava profundamente impregnado na vida israelita. Nomes próprios formados com Baal aparecem desde o tempo dos Juízes. Até *Saul e *Davi tiveram filhos com nomes de Baal. Um conflito intenso surgiu quando Jezebel, filha de Etbaal e Sidônia, a rainha desposada por Acab, introduziu em Israel o Baal de Tiro. Mesmo em época tão tardia quanto a de Manassés, altares a Baal ainda guarneciam o *Templo de Jerusalém.

A oposição ao baalismo foi liderada pelos profetas de Israel. Os ritos de fertilidade associados com Baal corrompiam a fé em Javé, e os mitos que os sustentavam deificavam erroneamente aspectos da natureza. Os profetas se empenharam em mostrar Javé como um Deus transcendente, universal, que provê chuvas e fertilidade sem ser contudo um "deus da natureza" aprisionado em ciclos sazonais invariáveis. Sendo a agricultura tão vital e tão criticamente dependente do tempo, tornou-se importante mostrar que era Javé, não Baal, que cavalgava as nuvens, controlava as tempestades e trazia chuvas renovadoras. Que a luta contra o baalismo foi finalmente vitoriosa é assinalado pela substituição do elemento Baal em alguns nomes próprios pela palavra *boset* ("vergonha").

David G. Burke

BAAL-ZEBUB. *Ver* Belzebu.

BABEL, TORRE DE. Babel é a palavra hebraica para *Babilônia, que segundo os próprios babilônios significava "portão de Deus". Essa etimologia provavelmente não é original, mas o significado é interessante para uma cidade famosa cujo templo central tinha uma torre que, ao que se dizia, chegava ao céu. Em Gênesis 11.9 o significado de Babel é explicado pelo verbo hebraico *balal*, "confundir, misturar", e a confusão da fala.

A breve narrativa em Gênesis 11.1-9 explica também como podia existir tal variedade de línguas entre os povos da terra. O entendimento de que os primeiros seres humanos partilhavam uma língua comum é encontrado no épico sumério *Enmerkar*. Gênesis 11.1-9 conta como os descendentes de *Noé vaguearam até a planície de Senaar (Babilônia), onde aperfeiçoaram a técnica da arquitetura monumental de tijolos e construíram a famosa torre de Babel. A construção da torre é interpretada como um ato de arrogância, e entende-se que a história humana fez aqui um desvio decisivo, passando de um fio comum para muitos fios quando Deus desce para confundir a fala humana e dispersar o povo pela terra inteira.

Os enormes zigurates da Mesopotâmia poderiam por certo ter simbolizado a presunção da elite urbana, e sua ruína o julgamento de Deus. Mesmo como ruínas, suas formidáveis dimensões teriam sido impressionantes. A torre-templo suméria de Nanna, o deus da lua, em *Ur poderia ter sido o modelo da torre de Babel. Essa imensa montanha de tijolos em terraços, encimada pelo templo do deus, pelo menos 21m acima do nível do terreno, foi construída c.2100 a.C. De construção similar, o grande templo de Marduc na Babilônia, o E-sagila, é provavelmente aquele a que a narrativa de Gênesis se refere; segundo o épico babilônio *Enuma Elish*, foi preciso um ano apenas para fazer os tijolos para essa estrutura colossalmente elevada.

David G. Burke

BABILÔNIA. Babilônia é tradução do acádio Babilum (Babilim), a cidade que por séculos serviu como capital da "terra de Babilônia". Fontes cuneiformes interpretam seu nome como *bab-ilim*, "portão da divindade". A Bíblia rejeitou essa etimologia popular em favor de uma mais grosseira, que associava o nome à confusão das línguas (hebr. *balal*, "confundido [por Deus]"), e por isso a cidade é chamada Babel.

Foi só por volta de 1900 a.C. que uma dinastia independente se estabeleceu na Babilônia. Como a maioria dos soberanos da época, os dessa dinastia tinham nomes amorreus (semítico noroeste), mas, ao contrário de alguns deles, gozaram de reinados prolongados, passando a sucessão de pai para filho sem quebras; isso talvez tenha ajudado a Babilônia a sobreviver a seus rivais no período da guerra dos Estados (c.1860-1760 a.C.). Sob o competente Hamurabi (c.1792-1750 a.C.), a Babilônia conseguiu restaurar a unidade da Mesopotâmia sob sua própria hegemonia.

O triunfo da Babilônia durou pouco, porém: sob seu rei seguinte, Samsuiluna (c.1749-1712 a.C.), o extremo sul foi perdido para os hurritas e o norte pelos cassitas em Hana. Por volta de 1600 a.C., a própria cidade foi saqueada por um exército invasor de hititas vindo da distante Anatólia (a Turquia moderna). Esses rivais a subordinaram, o sul apenas por breve período, mas os cassitas por quase meio milênio (c.1590-1160 a.C.).

Restou à Segunda Dinastia de Isin (c.1156-1025 a.C.) restaurar a Babilônia à sua proeminência anterior. A recaptura da estátua de culto de Marduc do cativeiro elamita por Nabucodonosor I (c.1124-1103 a.C.) provavelmente coroou esse desenvolvimento. A Babilônia passou a ser vista dali em diante como a herdeira das tradições milenares dos antigos centros sumérios de culto e cultura. Marduc, a divindade local padroeira da Babilônia, foi dotado dos atributos das antigas divindades sumérias daqueles centros — notavelmente Enki de Eridu e Enlil de Nippur — e alçado ao pináculo do panteão. Essa exaltação foi celebrada em novas composições como *enuma elish* ("quando acima"; convencionalmente conhecida como o "Épico babilônio da criação") e pode ser comparada sob certos aspectos com a exaltação do Deus de Israel tal como celebrado na "Canção do mar", aproximadamente da mesma época.

No início do primeiro milênio, a Babilônia não conseguiu sustentar uma postura militar e política condizente com essas pretensões culturais e religiosas, e decaiu gradualmente na condição de um Estado vassalo da *Assíria, o poderoso vizinho do norte. Alianças ocasionais com o Elam no leste ou, notavelmente sob Marduc-apal-iddina II (o Merodac-Baladã da Bíblia), com Juná no oeste, proporcionaram breves períodos de precária independência. A cidade foi devastada pelo rei assírio *Senaquerib (704-681 a.C.) não muito depois de seu cerco frustrado a Jerusalém em 701 a.C. Foi restaurada pelo filho e sucessor daquele rei, Asaradon (680-660 a.C.), só para ser apanhada de novo na violenta guerra civil (652-648 a.C.) entre os dois filhos de Asaradon, que lançaram Shamash-shum-uki da Babilônia contra Assurbanipal da Assíria. O conseqüente enfraquecimento do Império Assírio ajudou sem dúvida a abrir caminho para a ascensão da última, e sob certos aspectos a mais esplêndida dinastia babilônia, a dos caldeus, por vezes referida como a Décima Dinastia da Babilônia (625-539 a.C.).

Com essa restauração, a Babilônia se qualificou como uma das cidades importantes, e mesmo, aos olhos gregos, como uma ou até duas das sete maravilhas do mundo, em virtude de suas muralhas em alguns relatos, e invariavelmente por seus famosos "jardins suspensos". É mais provável que os jardins fossem obra de Marduc-apal-iddina do que de *Nabucodonosor II (como afirmou Berossos na tradição helenística), mas este certamente reconstruiu a cidade com mais grandiosidade durante seu reinado de quarenta e quatro anos (605-562 a.C.). Ele é lembrado na historiografia bíblica como o conquistador de Jerusalém em 597 e 587/586 a.C. O registro bíblico é corroborado e suplementado pela Crônica Babilônia e outros documentos cuneiformes. Mas as histórias contadas no livro de Daniel sobre Nabucodonosor, bem como sobre Baltasar, deveriam antes ser referidas a Nabonide, que provou ser não só o último rei da dinastia como o último soberano de qualquer Estado na Babilônia. A cidade rendeu-se ao persa *Ciro numa conquista incruenta e dali em diante, embora continuasse a ser uma metrópole dos sucessivos impérios aquemênida, selêucida e parta, cessou de desempenhar um papel independente na política da Antigüidade.

Na Bíblia, a Babilônia desempenha um papel dual, positivamente como o cenário de uma *diáspora potencialmente criativa, negativamente como uma metáfora de certas formas de degeneração. O "exílio babilônio" imposto aos judeus por Nabucodonosor deslocou o centro da vida judaica para a Babilônia por cinqüenta ou sessenta anos, se não pelos setenta preditos pelo profeta Jeremias. O rei exilado Joaquim foi libertado da prisão pelo filho e sucessor de Nabucodonosor, Amel-Marduc, o Evil-Merodac de 2 Reis 25.27, e abastecido pelos armazéns reais, como o indicam também fontes cuneiformes. Jeremias escreveu aos exilados em nome de Deus, aconselhando-os a desfrutar dos aspectos positivos da vida na Babilônia e rezar pela prosperidade dela. Ezequiel viveu entre os exilados e preparou-os para a restauração, ao passo que o Segundo Isaías saudou a chegada de Ciro, que preparou o caminho para o retorno daqueles exilados que optaram por aceitar sua proclamação.

Sob o domínio persa, a Babilônia continuou a florescer como a sede de uma das mais importantes satrapias do Império Persa, e o aquemênida Artaxerxes I pôde ainda ser chamado "rei da Babilônia". Os *judeus que optaram por permanecer ali gozaram de considerável prosperidade, como o indicam documentos de negócios da vizinha Nippur em que indivíduos identificados como judeus ou usando nomes judaicos (em hebreu ou aramaico) envolvem-se em diversas atividades agrícolas e comerciais. Estavam lançadas as bases, portanto, para o papel criativo que a Babilônia deveria desempenhar na vida judaica do período pós-bíblico.

A Bíblia reflete também uma visão negativa da Babilônia. Já na história primeva, a torre de *Babel usa o tradicional zigurate presente em toda cidade da Suméria como uma metáfora para o excesso de ambição humana que gerou, e explicou, a confusão das línguas e a dispersão dos povos. Os salmistas enfatizaram os aspectos negativos do exílio, e a queda da cidade "arrogante" e de "seus pecadores" foi prevista de maneira confiante, até jubilante, pelos profetas. No Novo Testamento, a Babilônia tornou-se o epítome da iniqüidade e um nome simbólico para Roma.

William W. Hallo

BALAÃO. *Profeta não-israelita que tem um papel de extremo relevo nas narrativas de Números 22-24; há também uma longa profecia do mesmo Balaão no texto de Deir Alla no vale do Jordão, datado de cerca de 700 a.C.

A Bíblia avalia o caráter de Balaão de duas maneiras inteiramente diferentes. Por um lado, Balaão é muitas vezes retratado como um exemplo do mau adivinho, que venderia seus poderes proféticos pela melhor oferta, freqüentemente em conflito com a vontade de Deus. Numa cena particularmente cômica, Números 22.21-35 zomba dos poderes de Balaão como vidente; ele é repetidas vezes incapaz de ver o mensageiro divino que até os asnos enxergam.

Por outro lado, Números 22-24 como um todo retrata Balaão sob uma luz favorável. Quando o rei *moabita Balac contrata Balaão para amaldiçoar seu inimigo Israel enquanto estes cruzam seu território a caminho da *Terra Prometida, Balaão responde piedosamente que, como profeta pode pronunciar apenas as palavras que Deus lhe dá.

Em quatro ocasiões, quando Balac pede a Balaão para amaldiçoar os israelitas, Balaão obedece a Deus e profere apenas palavras de grande bênção sobre Israel. O mais famoso desses oráculos de bênção inclui uma profecia sobre um grande rei futuro ou *messias de Israel. O oráculo pode ter sido originalmente aplicado a *Davi, mas mais tarde foi interpretado como a promessa de um soberano que haveria de vir como um libertador no fim dos tempos. Usando imagens régias, Balaão proclama: "Uma estrela despontará de Jacó, e um cetro se erguerá de Israel"; é provável que esse texto esteja subjacente ao relato da estrela que os reis *Magos seguiram.

Uma passagem do oráculo final de Balaão foi citada na primeira mensagem telegráfica: "O que Deus operou!"

Dennis T. Olson

BALTASAR. Nome do filho mais velho do último rei neobabilônio, Nabonide (556-539 a.C.), que por dez anos atuou como co-regente durante a ausência de seu pai na Arábia. É também chamado Belshazzar (em babilônio Bel-sharra-usur, "Bel protegeu a realeza"), segundo a forma aramaica do nome; é também referido como Balthasar ou Baltasar (Josefo), mas não deveria ser confundido com o nome Beltheshazzar aplicado a Daniel na Babilônia.

Em seu terceiro ano de reinado, Nabonide confiou seu exército ao filho mais velho e pôs sob seu comando tropas recrutadas em todas as terras. O rei abriu mão de todo controle e confiou o trono a Baltasar enquanto ele próprio partia numa longa viagem a Tema, no Oriente (Relato persa em versos). Baltasar, como príncipe coroado e co-regente, exerceu genuínos poderes reais; é mencionado em textos datados do início do reinado de Nabonide (primeiro, quinto e sétimo anos) como controlando sua própria casa e negócios, e é associado a Nabonide em juramentos prestados em nome dos dois em transações legais em seus décimo segundo e décimo terceiro anos de reinados. Ele promulgou um edito em que delineava um esquema segundo o qual a terra seria administrada por autoridades fazendárias especificadas. É provável que Baltasar tenha morrido no momento em que a Babilônia caiu sob o jugo de *Ciro, em outubro de 539 a.C., embora isso não seja mencionado na Crônica Babilônia (Nabonide), que de fato se refere especificamente à captura mas não à morte de Nabonide (ele estava exilado na Carmânia). Tentativas de ler uma passagem fragmentada da Crônica como o relato da morte de Baltasar um mês depois da entrada persa na Babilônia em 539 a.C. permanecem conjecturais. Não há nenhuma confirmação extrabíblica do festim de Baltasar.

Ver Daniel.

Donald J. Wiseman

BARNABÉ. Atos descreve José "Barnabé" como um *judeu helenizado de Chipre que desempenhou um papel capital na missão gentia. Os apóstolos chamam a esse José "filho do encorajamento" quando ele faz sua grande doação à Igreja de Jerusalém. Barnabé introduz Saulo (*Paulo) aos apóstolos originais de Jesus em Atos 9.27 e viaja para *Antioquia em Atos 11.22-24 como representante deles.

Na epístola aos *gálatas, Paulo descreve como a liderança de Jerusalém estendeu a mão direita a ele e a Barnabé "em sinal de pleno acordo" e tiveram aprovada sua missão junto aos gentios. Atos retrata Barnabé como o parceiro mais velho de Paulo na evangelização de Chipre e Icônio até que se dividiram com relação ao papel de João Marcos (15.36- 41: provavelmente o Marcos chamado de primo de Barnabé em Col. 4.10). Embora Barnabé não desempenhe nenhum outro papel no Novo Testamento, a *Epístola de Barnabás* do século II é escrita em seu nome.

Philip Sellew

BARRABÁS. Fora dos Evangelhos, nada se sabe sobre Barrabás. Seu nome é aramaico e significa "filho do pai" (Abba), denotando ironicamente o estatuto conferido exclusivamente a Jesus. Barrabás foi preso por roubo ou por insurreição e assassinato, crimes não incomuns na turbulenta Palestina do primeiro século a.C. No relato do julgamento de Jesus, o prefeito romano Pôncio *Pilatos é favoravelmente retratado, não criticando Jesus e reconhecendo que sacerdotes judeus haviam tramado sua detenção. Seguindo um costume de Páscoa desconhecido fora dos Evangelhos, Pilatos se oferece para libertar um prisioneiro judeu e sugeriu Jesus, mas a multidão (em João, "os judeus") pediu que Pilatos soltasse Barrabás e crucificasse Jesus. Isso ajudou a estabelecer uma atitude negativa em relação aos judeus na tradição *cristã.

Gregory Shaw

Bartolomeu. Discípulo de Jesus e um dos *Doze. Além de seu nome aramaico, que significa "filho de Tolmai", nada é registrado sobre ele no Novo Testamento. Como Natanael não é mencionado nos Evangelhos sinóticos e Bartolomeu não ocorre no evangelho de João, mas ambos estão associados a Filipe, sugeriu-se que são a mesma pessoa, caso em que Bartolomeu seria o patronímico de Natanael. Mais tarde a tradição atribuiu um evangelho apócrifo a Bartolomeu e descreveu suas atividades missionárias no Egito, na Pérsia, na Índia e na Armênia, onde consta que teria sido martirizado sendo esfolado vivo. Por isso é patrono dos curtidores.

Michael D. Coogan

Baruc. Filho de Nerias, o escriba de *Jeremias, e pretenso autor do livro de Baruc. O nome é uma forma abreviada de nomes como Baraquias e Baraquel; todas as três formas são bem atestadas em fontes bíblicas e extrabíblicas. Em sua forma completa, o nome de Baruc ocorre também numa impressão de sinete de argila (bula) do final do século VII a.C. A inscrição completa diz "[pertencente] a Barequias, filho de Nerias, o escriba" e é um exemplo relativamente raro da ocorrência do nome de uma pessoa bíblica numa fonte não-bíblica contemporânea dela. Outras bulas do mesmo período citam Serias, irmão de Baruc, e Gemarias, filho de Safam.

Segundo as Igrejas católica romana e ortodoxa oriental, o livro de Baruc é uma obra de escritura canônica, mas os protestantes o incluem nos Apócrifos. Como até o leitor fortuito notará, ele é dividido em pelo menos três partes distintas, cada qual com seu estilo e ponto de vista característicos. Essa observação leva naturalmente à idéia de que Baruc não é uma composição unificada, mas um compêndio de obras de vários autores. O único fator unificador é o suposto pano de fundo comum do exílio babilônio.

A primeira parte (1.1-3.8) é em prosa e conta como Baruc, na Babilônia, compôs uma prece de confissão e súplica que leu para o rei deposto, Jeconias (ou Joaquim), e os outros exilados. A prece foi depois enviada para Jerusalém, com uma carta explicativa que instruía sobre o momento em que devia ser usada. A segunda parte (3.9-4.4) é um poema no estilo da literatura sapiencial, em que Israel é censurada por ter abandonado a sabedoria que Deus lhe dera, que é então identificada com a Lei Mosaica, a Torá. É dito que esse ato de apostasia explica a sorte infeliz de Israel no exílio. A terceira parte (4.5-5.9) é um poema, parte no estilo de Isaías 40-66, que exorta os exilados a acreditar que Deus não só os libertará como lhes proporcionará um futuro glorioso.

O fato de o livro nunca ter sido aceito no cânone judaico é forte indício de que nenhuma parte dele é obra de Baruc, companheiro de Jeremias. Os comentadores modernos são quase unânimes em considerar essa atribuição fictícia e a obra como uma pseudo-epígrafe típica. Embora as datas das várias seções do livro não possam ser determinadas com nenhuma precisão, a maioria dos estudiosos as dataria do século II ou início do século I a.C.

Embora o exílio babilônio seja o cenário ostensivo de Baruc, o propósito do livro parece ter sido levar uma mensagem de reconciliação e esperança à comunidade judaica mundial do período helenístico, para a qual o exílio, em certo sentido, se tornara permanente. Além desse livro de Baruc vários outros livros com esse nome estiveram em circulação em certa época, dos quais de longe o mais importante é um Apocalipse em siríaco, obra muitas vezes designada como 2 Baruc e geralmente datada do final do século I a.C.

Michael D. Coogan, Robert C. Dentam

Beemot. Besta mítica descrita em Jó 40.15-24 como a primeira das criações de Deus, um animal de imensa força que habita os vales dos rios. Embora freqüentemente identificado com o hipopótamo (como *Leviatã com o crocodilo), nem todos os detalhes da sua fisiologia correspondem àquele mamífero bem conhecido. Diante das referências a Beemot nos Apócrifos e nas pseudo-epígrafes, é mais provável que seja uma forma do monstro primevo do caos, derrotado por Javé no início do processo da criação; de fato, segundo Jó 40.24, o monstro é representado como domado por ele e com um anel enfiado no lábio, tendo portanto se tornado, como Leviatã, um animal de estimação divino. De acordo com tradição judaica posterior, no final dos tempos Beemot e Leviatã se tornarão alimento para os justos.

Michael D. Coogan

Bel e o dragão. Esse pequeno "livro" dos Apócrifos é um dos três acréscimos ao livro de *Daniel encontrados somente em sua tradução grega (a Septuaginta), mas não no texto original hebraico-aramaico; os outros dois são a Prece de *Azarias e a Canção dos Três Jovens, e *Susana. Em contraste com Susana, que é uma história bem contada, plausível, esses dois relatos, um do trabalho de detetive de Daniel ao denunciar asserções fraudulentas dos sacerdotes de Bel, e o outro de como ele destruiu o dragão (ou melhor, a "cobra"), são óbvias invenções polêmicas destinadas a demonstrar a insensatez da religião babilônia e a superioridade da fé de Israel. A história de Bel é pelo menos uma boa história, mas a do dragão é tão absurda que chega às raias do grotesco.

Bel, o equivalente do hebraico *Baal, era um outro nome para Marduc, o principal deus babilônio. Quando interpelado pelo rei (*Ciro!) por não adorar Bel, que todo dia demonstra ser verdadeiramente um deus pela enorme quantidade de comida que come, Daniel propõe-se a demonstrar que Bel não faz nada daquilo. Depois que os sacerdotes arranjaram a oferenda regular em alimentos no templo para o deleite do deus, Daniel salpica o piso com cinzas na presença apenas do rei. Quando eles retornam na manhã seguinte, vêem nas cinzas as pegadas dos sacerdotes e de suas famílias que haviam entrado por um alçapão secreto durante a noite e consumido a comida. Diante disso, reconhecendo que Daniel estava certo, o rei manda executar os sacerdotes e suas famílias e dá a Daniel permissão para demolir a estátua no templo

A outra história conta como Daniel destruiu a cobra viva (o "dragão"), embora não haja indícios na Antigüidade de que a adoração de cobras vivas tenha jamais sido uma característica da religião babilônia. Daniel dá de comer à cobra uma mistura de piche, gordura e cabelo (uma mistura desagradável mas certamente não letal), que, é dito, faz a cobra explodir. Sob a pressão dos adoradores da cobra, o rei faz Daniel ser atirado num covil de leões por seis dias (estratagema tomado por empréstimo do cap.6 do livro de Daniel). Enquanto está lá, é alimentado pelo profeta *Habacuc, miraculosamente transportado da Judéia para esse propósito. No sétimo dia, um Daniel incólume é libertado pelo rei, que imediatamente confessa que não há nenhum deus senão o Deus de Daniel.

Como as outras histórias em Daniel 1-6, essas duas são exemplos de um ataque parcialmente satírico a outras religiões, que deve ter sido bem comum no período helenístico tardio, quando a cultura grega exercia forte atração sobre os judeus. A força desse apelo é ilustrada por uma passagem como 1 Macabeus 1.11-15, que descreve a apostasia de um segmento da população judaica de Jesuralém.

Não há quaisquer indícios externos quanto à língua original das histórias, mas é de se presumir que foi o hebraico, com menor probabilidade o aramaico. A Palestina foi provavelmente o local de sua composição, embora não se possa indicar nenhuma pista inequívoca. A época em que foram escritas é provavelmente o século II a.C.; o autor, claro, é desconhecido. Alguns críticos professam encontrar nas histórias débeis ecos da história de Marduc e seu monstro mortífero Tiamat na mitologia babilônia, ou de uma versão primitiva da história de são Jorge e o dragão, mas os pontos de contato são poucos e remotos. A maneira como Habacuc faz sua viagem milagrosa a Babilônia é um empréstimo rematado de Ezequiel 8.3.

Robert C. Dentan

BELÉM. Aldeia em Judá, c.6.000km ao sul de *Jerusalém. O local foi povoado na era paleolítica, mas é mencionado pela primeira vez nas Cartas de El Amarna (século XIV a.C.); o significado de seu nome é provavelmente "casa (do deus) Lahmu" em vez do tradicional "casa de pão". Aparece pela primeira vez na Bíblia como o lugar onde vivia um levita que se tornou o sacerdote de uma família na região montanhosa de Efraim e foi levado à força pelos danitas para sua nova cidade, Dã. *Rute foi para Belém com sua mãe, Naomi, casou-se com Booz, e tornou-se ancestral de *Davi.

Uma descrição do início da carreira de Davi diz que ele foi levado para tocar lira para Saul, outra diz que era um pastor que *Samuel ungiu como rei. A esperança de um rei como Davi persistiu no período pós-exílico, e Miquéias 5.2-4 profetiza um rei pastor para Belém. Segundo Mateus 2 e Lucas 2, *Jesus nasceu em Belém, e Mateus interpreta isso como o cumprimento da profecia de Miquéias.

A tradição *cristã, talvez já desde o século II d.C., identificou uma caverna como o local do nascimento de Jesus. Por volta de 338 d.C., Constantino mandou erguer uma igreja sobre a gruta (e Justiniano a reconstruiu no início do século VI). Jerônimo instalou-se em Belém em 386; ali ele fez a tradução da Bíblia na Vulgata latina.

Entre outros sítios tradicionais em Belém ou nas suas proximidades estão o campo do pastor, o túmulo de *Raquel e o poço de que os guerreiros de Davi lhe levaram água.

Sherman Elbridge Johnson

BELIAL. Palavra que ocorre duas dúzias de vezes no Antigo Testamento, freqüentemente nas pseudo-epígrafes e em outra literatura judaica do período greco-romano, e uma vez no Novo Testamento. No Antigo Testamento ela é usada para caracterizar os iníquos ou imprestáveis, tal como os idólatras, os homens de Gabaá, os filhos de Eli, Nabal e Semei; na literatura posterior é um título de *Satã. A etimologia do termo é obscura. Segundo a idéia mais comumente aceita, trata-se de um composto com o significado de "sem valor". Outra possibilidade é compreendê-lo como um termo para os infernos, literalmente "[o lugar do] não retorno". Tradições mais recentes geralmente parafraseiam a palavra, ao passo que tradições mais antigas o mais das vezes a transliteram.

Michael D. Coogan

BELZEBU. O deus *fenício de Acaron consultado pelo rei Ocozias. O nome em hebraico significa "Senhor das Moscas", mas não há nenhum indício de um deus *filisteu que afugentasse moscas ou desse oráculos através de seu zumbido. A forma hebraica é provavelmente uma transformação depreciativa de Baal-zebul, que aparece em textos ugaríticos com o significado de "Senhor *Baal", mas teria podido ser compreendida também como "Senhor da Casa Celeste" (cf. Mat. 10.25). Em *aramaico, Beel-zebul pode ter sido interpretado como "Senhor do Esterco", Beel-zebub possivelmente como "Inimigo". Durante o período greco-romano, o nome Beel-zebul passou a ser usado para designar um chefe entre os *demônios em contraposição a Deus. Jesus nega que expulsa demônios pelo poder de Belzebu, o soberano dos demônios. Algumas traduções empregam Belzebu nas passagens do Novo Testamento, acompanhando o texto de 2 Reis. Intérpretes cristãos identificaram Belzebu com *Satã com base nas passagens do Evangelho.

Robert Stoops

BENJAMIM. Filho caçula de *Jacó, por *Raquel; irmão germano de *José e o ancestral da tribo de Benjamim. O nome significa literalmente "filho da mão direita" e deveria ser compreendido geograficamente, no sentido de "do sul"; o mesmo nome é usado a propósito de um grupo diferente nos textos de Mari. Embora a menor das tribos, teve uma importância desproporcional a seu tamanho. As narrativas em Josué 3-9 são todas situadas em território benjaminita, e os membros da tribo tinham reputação de guerreiros ferozes. Entre os benjaminitas notáveis estão o juiz Aod; *Saul, o primeiro rei de Israel; *Jeremias o profeta; e *Paulo.

Ver também Tribos de Israel.

Michael D. Coogan

BETSABÉ. Mulher do rei *Davi, mãe de *Salomão. Betsabé era mulher do hitita Urias, um dos "homens valorosos" de Davi, mas tornou-se mulher de Davi depois que este matou Urias para acobertar seu caso com ela. A insatisfação de Deus com o episódio é vista quando a criança concebida na relação morre ainda bebê. No entanto, Salomão, quarto filho de Davi e Betsabé, sucede a Davi no trono. O êxito de Salomão em sua reivindicação do trono é atribuído em parte aos esforços de Betsabé, que aparentemente ascendera à posição de *rainha-mãe.

Timothy M. Willis

BISPO. No uso pré-cristão e extracristão, a palavra grega traduzida por "bispo", *episkopos*, e seus cognatos referem-se originalmente a zelo por algo ou alguém. Isso pode envolver a supervisão por alguém de um trabalho ou de um grupo de pessoas, como sacerdotes num templo, ou a própria supervisão por Deus de uma pessoa ou um evento.

A palavra ocorre raramente no Novo Testamento e apenas em documentos mais tardios, com exceção de Filipenses 1.1; as outras passagens são Atos 1.20; 20.28; 1 Pedro 2.25; 1 Timóteo 3.1-2; Tito 1.7. Atos 1.20 é uma citação do Salmo 109.8 usada para legitimar a escolha de um substituto para Judas entre os discípulos. Atos 20.28 é tomado de um discurso de Paulo estimulando sua audiência a "manter vigilância ... sobre todo o rebanho, do qual o Espírito Santo vos fez zeladores para pastorear a Igreja de Deus". As três citações das Epístolas Pastorais estão ligadas aos requisitos para a posição ou papel de *episkopos* na Igreja.

Grande parte do debate sobre o uso do termo no Novo Testamento e no cristianismo primitivo girou em torno da evolução do cargo de "bispo". Trata-se de um papel de autoridade na Igreja que existiu desde os tempos apostólicos? Ou deveria ser compreendido como um termo geral que atribuiria certo grau de honra e talvez autoridade a qualquer crente? Naturalmente, diferentes tradições cristãs têm interesse em ver estas perguntas respondidas de diferentes maneiras.

Com exceção de Filipenses 1.1, todos os outros textos citados acima vêm provavelmente bem do final do século I ou início do século II a.C. Atos 20.28 e as citações das Epístolas Pastorais parecem referir-se a um grupo específico de líderes que zelam pelo bem-estar da Igreja mais ampla. Filipenses 1.1 parece ter um sentido semelhante; os zeladores são mencionados juntamente com *diáconos, mas não há nenhuma indicação adicional de como eles poderiam ter atuado. As Pastorais associam certas responsabilidades ao cargo. O *episkopos* é um mestre, um bom anfitrião, só possui uma mulher, está acima de censura, e talvez seja um bom debatedor; não há nenhum indício de que esse zelador tivesse responsabilidade fora da Igreja local.

As cartas de Clemente de Roma (a.95 d.C.) e Inácio de Antioquia (c.115 d.C.) demonstram o desenvolvimento de um cargo hierárquico que acabou por se tornar dominante. O cargo de bispo é portanto indicador da evolução do cristianismo de um movimento palestino popular numa instituição sofisticada com cargos, autoridades e hierarquia.

J. Andrew Overman

Bruxos. As referências bíblicas a bruxos refletem uma categoria de especialistas no ritual cujo estatuto e função são hoje praticamente desconhecidos. Textos de outras culturas antigas do Oriente Próximo fornecem indícios de uma variedade de funcionários do culto, tanto mulheres quanto homens, e há indicações de praticantes rituais, como arautos de oráculos, que não eram parte de um culto do templo. O Antigo Testamento, em contraposição, confere estatuto oficial em ligação com o culto a apenas duas categorias relacionadas de homens, os *levitas (funcionários do templo) e os sacerdotes sacrificiais, ao mesmo tempo em que descreve pejorativamente todos os outros especialistas no ritual.

Vários termos hebraicos estão associados à palavra "bruxo". Estes podem ser traduzidos como "feiticeiro", "feiticeira", "médium" ou "necromante". A maioria deles aparece em referências a práticas proibidas e parece estar ligada a adivinhação ou necromancia. É possível que as mulheres estivessem especialmente envolvidas em tais atividades, já que são excluídas do culto oficial. Associação específica com mulheres é encontrada em Êxodo 22.18, Levítico 20.27 e 2 Reis 9.22. Uma expressão com o significado "uma mulher proficiente em necromancia" é usada em 1 Samuel 28.7; comumente conhecida como "a bruxa de Endor" (fraseado não encontrado na Bíblia), essa mulher é capaz de fazer o profeta *Samuel, que está morto, aparecer diante de *Saul, muito embora ele tivesse proibido a prática.

A forte condenação dos bruxos e de outros especialistas do ritual com quem eles são muitas vezes agrupados pode ser a conseqüência de uma tentativa de israelitas antigos de distinguir suas práticas e crenças religiosas daquelas das culturas circundantes, bem como de estabelecer o controle estatal central sobre todas as formas de observância religiosa. Mas tanto as proibições legais quanto os ataques proféticos a várias formas de magia, feitiçaria, adivinhação e necromancia indicam que elas eram um aspecto perene da religião popular na antiga Israel, como o foram nas tradições pós-biblicas judaica e cristã.

A injunção "Não deves tolerar que uma bruxa viva" foi invocada quando se impôs a pena de morte a mulheres acusadas de bruxaria na Europa continental e na Inglaterra do século XVI ao XVIII, e em Salem, Massachusetts, em 1692.

Ver também Israel.

Drorah O'Donnell Setel

C

CAFARNAUM. Aldeia na margem noroeste do mar da Galiléia. O nome grego *Kapharnaoum* representa evidentemente um original semítico, "aldeia de Naum". Ela é identificada como Tell Hum, uma colina que agora já foi amplamente escavada.

Consta que Jesus teria se estabelecido em Cafarnaum e feito ali seu lar no início de seu ministério. Dali realizou suas primeiras pregações e fez muitas curas, a começar com um exorcismo na sinagoga. Ali curou o escravo do centurião que havia construído a sinagoga. A sinagoga é também o cenário da fala sobre o pão da vida.

A primeira descoberta arqueológica foi uma magnífica sinagoga, agora datada do século IV d.C. É construída de calcário, rodeada por colunas, adornada com entalhes primorosos, e tem a fachada voltada para Jerusalém.

Mais recentemente, foi escavada uma grande área em que moradas de basalto de um pavimento estavam agrupadas em quadrados, com ruas entre elas. Nesse complexo há uma igreja octogonal de cerca de 450 d.C. Debaixo dela há um santuário (c.350 d.C.), que foi remodelado a partir de uma morada que os arqueólogos franciscanos identificam como a casa de Pedro. Perto da grande sinagoga há um menor, construído de basalto, provavelmente do século I d.C.

No século I a.C., quando suas casas foram construídas, Cafarnaum era evidentemente uma aldeia de pescadores e tinha uma população de não mais de mil pessoas.

Sherman Elbridge

CAIFÁS. Também chamado José, Caifás era sumo sacerdote na época da morte de Jesus. Segundo Josefo, em 18 d.C. ele foi nomeado por Valério Grato procurador romano junto a *Pilatos; seu sogro, Anás, o havia precedido, tal como, por mandatos muito curtos, os filhos de Anás. Há alguma confusão no Novo Testamento quanto a quem, Anás ou Caifás, era sumo sacerdote no final da vida de Jesus e sobre o papel que tiveram na morte dele, mas os Evangelhos são coerentes em sua descrição da hostilidade do sumo sacerdote contra Jesus.

Em 1990 o túmulo da família de Caifás foi encontrado em Jerusalém. Continha doze ossários, um dos quais tinha inscrições com o nome completo de Caifás em aramaico (*yhwsp br qyp* e *yhwsp br qp*: José, filho de Caifás), e outra que trazia simplesmente o nome da família (*qp*).

Michael D. Coogan

CAIM E ABEL. Gênesis 4.1-16 relata a curiosa história de Caim e Abel. Caim (que significa talvez "ferreiro", em possível relação com os *queneus), é o primeiro filho a nascer de *Adão e *Eva, e Abel (que significa "vazio") é seu irmão mais moço ou gêmeo. Como geralmente ocorre entre irmãos bíblicos, eles entram em conflito. Caim, um agricultor, oferece a Javé um sacrifício de grãos, ao passo que Abel, um pastor, oferece um sacrifício das primeiras crias de seu rebanho. Sem nenhuma razão óbvia, Javé rejeita o sacrifício de Caim; isso parece ser um hiato ou lacuna literária.

Após algumas advertências morais de Javé, Caim mata Abel no campo, o que Javé descobre pelo sangue de Abel "que clama" da terra. Javé confronta Caim com a ausência de Abel, diante do que Caim finge ignorância. Como punição, Javé condena Caim a errar sobre a terra, determinando que a terra não mais lhe dará fruto. Temendo por sua vida, Caim implora misericórdia, o que Javé concede pondo sobre Caim um sinal não especificado de modo que ninguém o matasse. Caim finalmente parte para vagar numa terra chamada Nod ("errância"), a leste do Éden.

Muitos temas aparecem nessa história, inclusive a rivalidade entre irmãos, a atração do pecado, o crime sendo punido, a inutilidade do fingimento perante Deus e a distinção moral entre civilização e barbárie. Caim começa como um agricultor, trabalhando a terra fértil, e por causa de sua paixão descontrolada comete um crime abominável, só para se apartar e ser apartado — moral, econômica e geograficamente — do reino correto da vida civilizada. Somente um rogo pela misericórdia de Deus (talvez implicando um grau de arrependimento) salva sua vida, sinalizando o pequeno valor da vida fora da civilização, onde se está "escondido" da face de Deus.

Na interpretação posterior, a causa da natureza perversa de Caim é freqüentemente explorada, tendendo-se a identificar Caim como o filho seja de *Satã, do anjo mau Samael (Targum Pseudo-Jônatas), ou da serpente do Éden. Outras lacunas na história também recebem muita atenção, como a origem da mulher de Caim (em Jubileus 4.9 ela é sua irmã, Awan, que significa "maldade") e o destino de Caim e de sua prole (identificada como demônios no *Zohar* e na lenda medieval). Uma seita gnóstica precoce, a dos cainitas, talvez tenha visto Caim como uma figura salvadora.

No Novo Testamento, Abel é o mártir prototípico, que morreu por sua fé.

Ronald S. Hendel

Caim, mulher de. *Ver* Nomes para os Anônimos.

Caldeus, Ur dos. *Ver* Ur dos Caldeus.

Calvário. *Ver* Gólgota.

Cam. Um dos filhos de *Noé. Segundo Gênesis 9.20-27, Cam viu seu pai, Noé, deitado bêbado e nu em sua tenda, e mais tarde Noé amaldiçoou o filho de Cam, *Canaã, declarando-o um escravo de seus irmãos. A transgressão precisa de Cam foi interpretada como castração, agressão sexual e incesto. Mas as explicações mais simples parecem melhores: ao deixar de cobrir a nudez do pai, Cam foi desrespeitoso. Ainda assim, não foi Cam, mas o filho dele, Canaã, que Noé amaldiçoou, quase certamente porque a história serviu para legitimar a conquista de Canaã e a destruição de seus habitantes por Israel.

Mais recentemente, essa passagem foi usada para sustentar outro tipo de racismo. Como alguns dos descendentes de Cam, em especial *Cuch, são negros, a "maldição sobre Cam" foi interpretada como cor de pele e traços negros (negróides) para legitimar a escravização e a opressão de pessoas de origem africana. Essa interpretação é refletida na tradição cristã pós-bíblica de três reis *Magos, um dos quais é negro, em paralelo com os três filhos de Noé. Quem foi amaldiçoado, contudo, não foi Cam nem Cuch, mas Canaã, "irmão" de Cuch e "filho" de Cam.

Steven L. McKenzie

CAMBISTAS. Mencionados apenas no relato do ataque de *Jesus aos mercadores no *Templo, que segundo os Evangelhos sinópticos ocorreu pouco antes de sua prisão mas é situado por João no início do seu ministério. Segundo Êxodo 30.11-16, todo adulto do sexo masculino de Israel devia pagar meio *shekel* por ano ao santuário. No período do segundo Templo essa contribuição era paga por ocasião da Páscoa; para auxiliar peregrinos que vinham a Jerusalém, cambistas atuavam aparentemente na grande área aberta conhecida como "Pátio dos Gentios" ou nos pórticos que enquadravam o recinto do Templo, convertendo apropriadamente os diferentes dinheiros ou os que eram religiosamente ofensivos por trazerem efígies em moedas. Embora fontes rabínicas forneçam alguns indícios de queixas sobre lucros auferidos por cambistas, que cobravam até oito por cento por seu serviço, a reação de Jesus parece exagerada, em especial em sua forma mais completa que aparece em Marcos 11.15-19. É improvável, além disso, que uma pessoa pudesse controlar toda a atividade que tinha lugar no vasto pátio do Templo; as narrativas do Evangelho, escritas após a destruição do Templo em 70 d.C., estão defendendo uma concepção teológica sobre Jesus, descrevendo-o como um profeta na tradição de *Jeremias e *Isaías, ambos diretamente citados.

Michael D. Coogan

CANAÃ. Um nome antigo para a região ocupada hoje pelo Líbano e por Israel. A origem do termo "Canaã" é obscura. Era usado em Nuzi na Alta *Mesopotâmia para designar tinta vermelha ou roxa, produto pelo qual os cananeus do litoral eram famosos. Embora se tenha sugerido que o nome geográfico Canaã foi derivado do nome da tinta, é mais provável que as tintas de Nuzi tenham ganhado esse nome por causa de seus fabricantes cananeus. De maneira semelhante, o sentido raro de "mercadores" para "cananeus" no hebraico bíblico é provavelmente um desenvolvimento secundário, baseado na reputação mercantil dos cananeus do litoral, e não uma pista para a origem do nome.

"Canaã" já estava em uso como designação geográfica no terceiro milênio a.C. Na última metade do segundo milênio, referia-se a uma província do Império *Egípcio na Ásia ocidental. A província de Canaã era limitada ao norte pela terra de Amurru, que se situava no sul da *Síria a oeste do médio Orontes, e a leste pela província de Upe, que incluía a região de *Damasco e o norte da Transjordânia. Os israelitas parecem ter adotado esse uso mais antigo do nome quando assumiram o controle da terra. As fronteiras de Canaã descritas em Números 34.1-12 correspondem estreitamente àquelas da província egípcia; os limites leste e oeste são formados pela costa mediterrânea e a fratura do Jordão, respectivamente, o limite sul se estende da extremidade sul do mar Morto em direção ao oeste até o *wadi* do Egito, perto de Gaza, e o limite norte atravessa o Passo de Hamá no alto Orontes, no norte do Líbano.

Os escritores bíblicos usam por vezes "cananeus" como uma designação geral para todos os habitantes nativos da antiga Palestina, sem distinção étnica ou política. Em outros textos, os mesmos povos são chamados coletivamente "*Amorreus". Esse uso geral de "cananeus" foi de extrema importância como termo que marcava fronteiras étnicas, distinguindo os israelitas dos povos nativos com que o casamento devia ser evitado. A posição étnica em que os israelitas situavam os cananeus é expressada genealogicamente em Gênesis 10.6, 15-18, onde é dito que Canaã foi um filho do segundo filho de Noé, Cam, um irmão de *Cuch (Etiópia), Egito e Put (Líbia?) e pai dos sidônios (os *fenícios), *hititas, jebuseus, amorreus e demais habitantes pré-israelitas de Canaã.

Em outras passagens da Bíblia, a *Terra Prometida é concebida como tendo sido etnicamente diversa, e os cananeus são apresentados como um dos vários povos que lá viveram antes da chegada de Israel. Segundo Deuteronômio 7.1, os cananeus foram uma de sete nações expulsas antes dos israelitas. Em outras passagens ainda, é dito que havia divisões étnicas na população pré-israelita, da qual os cananeus eram o componente litorâneo. Neste último uso, o termo "cananeus" corresponde exatamente a "fenícios".

A história bíblica da conquista de Canaã é encontrada em Josué 1-11 e em Juízes 1. O relato de Josué continua a história da conquista da Transjordânia dada em Números 21; descreve a conquista como rápida e completa. Os israelitas atravessam para Canaã e capturam *Jericó e Ai. Embora induzidos por um engodo a fazer uma aliança com os gibeonitas, derrotam uma coalizão de cidades liderada por *Jerusalém e tomam de roldão a parte sul do país, destruindo tudo em seu caminho. Essa campanha no sul é seguida por uma vitória sobre uma aliança de cidades do norte liderada por *Hasor. A subjugação de Canaã toma apenas cinco anos e a maior parte da população nativa é destruída. Juízes 1, no entanto, dá a impressão de que a conquista foi uma questão de ações tribais individuais que ocorreram durante um período prolongado e muitas vezes sem resultados conclusivos.

Historiadores modernos tentaram descrever o processo pelo qual Israel chegou ao controle de Canaã. Parece ter havido duas fases, uma de colonização pacífica dos montes e uma de conflito com as cidades das planícies. Levantamentos de Israel e do Jordão mostram que as regiões montanhosas centrais eram esparsamente povoadas antes de 1200 a.C., quando teve início uma acentuada expansão. Em sua maioria, os recém-chegados eram agricultores, não nômades. Ao que parece, tinham origem mista, chegando de várias direções e se estabelecendo em aldeias. Certas continuidades na cultura material, inclusive cerâmica e arquitetura, sugerem que um número substancial vinha das cidades cananéias das planícies. Esses povos compuseram a maior parte da população da Israel posterior. Aliaram-se a um grupo existente chamado Israel, que já estava vivendo na região, como o mostra uma referência feita a eles por volta de 1207 a.C. pelo rei egípcio Menerpta. A comunidade maior resultante desenvolveu um forte senso de identidade étnica, isolando-se terminantemente dos povos das cidades vizinhas na planície, tendo por fim se tornado forte o bastante para conquistá-los ou assimilá-los num processo que não se completou até a captura de Jerusalém por Davi no século X a.C. Foi provavelmente a memória desse processo que deu origem à tradição da conquista de *Josué.

A arqueologia lançou dúvida sobre a historicidade de muitas das vitórias específicas descritas em Josué, entre as quais, em especial, a batalha de Jericó, que não era fortificada na época da chegada dos israelitas. A história da travessia do Jordão* e da primeira vitória serve ao propósito teológico de apresentar a conquista como parte do plano de Javé para Israel, o meio pelo qual a terra prometida aos ancestrais foi adquirida. A travessia para a esfera sagrada e o cerco da primeira cidade cananéia são apresentados em termos rituais, ao mesmo tempo que a participação divina na guerra é evidenciada.

P. Kyle McCarter Jr.

CENTURIÃO. Uma centúria no exército *romano tinha nominalmente cem homens, na prática geralmente oitenta. Havia sessenta centuriões numa legião romana. Tinham graduação de oficial, correspondendo a comandantes de companhia. Eram homens de prestígio na comunidade e tinham vasta gama de habilidades e experiências. Seus encargos muitas vezes estendiam-se além do estritamente regimental, abrangendo até funções judiciais e a administração de pequenos distritos militares.

Centuriões eram encontrados também nos regimentos auxiliares que suplementavam as legiões. Estes eram ou promovidos dos soldados rasos ou transferidos de uma legião, e podiam ser cidadãos romanos (muitas vezes recentemente reconhecidos) ou não cidadãos.

O centurião em *Cafarnaum era provavelmente um membro das forças armadas do tetrarca Herodes, organizadas no padrão romano. O centurião na morte de Jesus estava servindo numa unidade auxiliar romana, tal como os centuriões na prisão de Paulo. Esse era também o caso de Cornélio e Júlio, ambos provavelmente cidadãos romanos.

Denis Bain Saddington

CIDADES DE REFÚGIO. Seis cidades reservadas para fornecer abrigo seguro a alguém culpado de morte acidental. Há alguma incerteza quanto a quem decidia o destino do homicida, se os *anciãos de sua cidade, os anciãos da cidade para onde fugira, ou "a congregação". De qualquer maneira, se o homicídio era julgado premeditado, o homicida era devolvido à sua cidade para execução; se fosse considerado acidental, ele era autorizado a residir na cidade de refúgio até a morte do sumo sacerdote (o que constituía, em certo sentido, um exílio).

A maioria dos estudiosos concorda que na Bíblia o princípio básico do asilo evolveu até a especificação de seis cidades de refúgio e a vinculação destas às quarenta e oito cidades levíticas. As opiniões quanto à historicidade do uso real dessas cidades de refúgio variam. Alguns sustentam que elas nunca serviram de fato como cidades de refúgio, tendo antes feito parte de um programa utópico de restauração desenvolvido por círculos sacerdotais após a destruição de Judá (c.550-400 a.C.). Outros pensam que elas serviram como parte da reforma do rei *Josias (c.640-609 a.C.). Um terceiro grupo acredita que essa instituição foi uma realidade, mas só teria vigorado plenamente durante a Monarquia Unida (c.1025-925 a.C.), porque algumas das cidades foram perdidas para invasores depois que o reino se dividiu. Uma questão incômoda para os proponentes de cada uma dessas visões é a exclusão de *Jerusalém das listas de cidades de refúgio, particularmente depois que *Davi transferira para lá o altar central.

Timothy M. Willis

CIRO. Ciro (II) "o Grande" fundou o Império Persa (aquemênida) em 559 a.C. e controlava o Oriente Próximo antigo na ocasião de sua morte em 530. É possível que "Ciro" tenha sido o nome não de uma pessoa, mas de uma dinastia, pois seu avô Ciro (I) foi rei de Anzan e contemporâneo de Assurbanipal, rei da *Assíria (669-627 a.C.). Ciro assumiu o controle dos territórios dos *medos por volta de 550 a.C. e os uniu numa forte aliança. Esta entrou em conflito com Creso da Lídia e capturou Sardes, inaugurando assim uma guerra prolongada com os Estados gregos. O império de Ciro, que se estendeu muito também a leste, era administrado por governadores distritais locais (sátrapas).

Em outubro de 539, Ciro derrotou os *babilônios em Ópis e suas tropas assumiram o controle da capital, para onde os deuses dos centros de culto das proximidades haviam sido removidos por segurança. Ao entrar na cidade, Ciro foi calorosamente acolhido como um homem de paz, e demonstrou sua tolerância religiosa com decretos que devolveram os deuses exilados a seus santuários. Num edito, permitiu aos judeus exilados retornar para sua pátria e mais tarde contribuiu para a restauração do *Templo em Jerusalém. As referências a Ciro em *Isaías são significativas, tanto para a datação usual de Isaías 40-55 ("Segundo Isaías") em meados do século VI a.C. quanto pela descrição que fazem dele como o pastor divinamente designado e como o ungido do Senhor ("*messias"), o agente do plano divino para Israel. Partes da narrativa do livro de *Daniel são também situadas no reinado de Ciro, mas isso foi interpretado como o uso de Ciro como nome dinástico, como ocorre com Dario no mesmo contexto.

Ciro é retratado em esculturas em seu palácio em Susa. Foi enterrado em Pasárgada em 530 a.C. e sucedido por seu filho e co-regente, Cambises II.

Ver também Pérsia.

Donald J. Wiseman

COLETORES DE IMPOSTOS. *Ver* Publicanos.

COLOSSOS. Colossos localizava-se no oeste da Ásia Menor, ao sul do rio Meandro (atual Menderes), 6,4km a leste de Denilzli na Turquia de hoje. Era uma cidade comercial até ser incorporada pela vizinha Laodicéia, e abrigou a comunidade *cristã a quem foi dirigida a epístola aos colossenses.

A carta aos colossenses é uma das três escritas por *Paulo aproximadamente ao mesmo tempo e enviadas a várias igrejas na província romana da *Ásia. A comunidade cristã de Colossos surgiu durante um período de vigorosa atividade missionária associada ao ministério efésio de Paulo (c.52-55 d.C.), registrado em Atos 19. Paulo foi auxiliado por vários companheiros de trabalho através dos quais diversas igrejas foram implantadas na província da Ásia. Entre elas estavam as congregações do vale Lico, Colossos, Laodicéia e Hierápolis, que foram o fruto dos esforços de Epafras. Nativo de Colossos que provavelmente se tornou cristão durante uma visita a *Éfeso, Epafras foi "um leal ministro de Cristo"; como representante de Paulo, ele havia ensinado o evangelho aos colossenses.

Paulo estava na prisão (provavelmente em Roma) quando escreveu as cartas, que por isso são chamadas as epístolas do cativeiro. A epístola aos colossenses parece ter sido escrita bastante cedo no período que Paulo passou na prisão, por volta de 60-61 a.C. Epafras fizera uma visita a Paulo em Roma e o informara do estado das igrejas no vale Lico. Embora grande parte do relato fosse animador, uma característica inquietante era o ensinamento atraente mas falso recentemente introduzido na congregação; se não fosse contido, subverteria o evangelho e poria os colossenses numa servidão espiritual. A carta de Paulo foi assim escrita como uma resposta a essa necessidade urgente.

As muitas alusões que a carta faz às vidas pregressas dos leitores sugere que eles eram na maioria gentios convertidos. Tinham estado outrora em desarmonia com Deus, enredados em idolatria e na escravidão ao pecado, mas Deus os reconciliara consigo. É assim traçado o quadro de uma congregação cristã obediente ao evangelho apostólico, pela qual o apóstolo pode dar graças a Deus sinceramente. Paulo sabe do "amor no Espírito" que eles nutrem e está exultante em saber de suas vidas cristãs ordeiras e da estabilidade de sua fé em Cristo.

Peter T. O'Brien

CORINTO. Importante cidade da Grécia e sede da comunidade *cristã a que as duas epístolas de Paulo aos coríntios foram dirigidas. Corinto é mencionada na *Ilíada* e foi ocupada ao longo da maior parte do primeiro milênio a.C. e até 521 d.C. Situada no istmo que separa as cidades portuárias de Lecaion, no golfo de Corinto, de Cencréia, no golfo Sarônico, Corinto deveu muito à sua geografia. Embora esforços para conectar os dois golfos por um canal fracassassem na Antigüidade, Corinto continuou localizada numa encruzilhada de viagem e comércio. Outro fator geográfico importante foi a cidadela do Acrocorinto (elevação c.550m), situada logo ao sul de Corinto.

Entre os eventos importantes na história da cidade estiveram sua destruição pelo cônsul romano Múmio em 146 a.C. e seu restabelecimento como colônia romana em 44 a.C. por Júlio César. Escavações arqueológicas demonstraram que a imagem tradicional de Corinto como cidade totalmente abandonada no período 146-44 a.C. é inexata. Não só o sítio era habitado, embora esparsamente, como várias estruturas (p.ex., colunatas, templo arcaico, hospital e o santuário de Deméter e Corê) ainda estavam em uso após a derrota da cidade em 146.

Certos aspectos da cultura coríntia complementam nossa compreensão do cristianismo nascente ali. Ao que parece, a cidade foi a capital da província romana de Acaia e portanto a residência do procônsul Gálio. Isso explica sua importância no ministério de Paulo e por que uma carta circular a "todos os *santos por toda a Acaia" teria sido dirigida a Corinto.

Embora editadas como duas cartas separadas, as epístolas canônicas de 1 e 2 Coríntios compõem-se muito provavelmente de várias cartas menores ou bilhetes escritos por Paulo para a Igreja de Corinto no início da quinta década d.C. Por causa de sua extensão, conteúdo e influência, elas se situam entre as principais epístolas paulinas. Exceto por certas subseções, a autoria paulina é indiscutível.

Não só as cartas contêm reminiscências da visita fundadora de Paulo, como a descrição narrativa em Atos 18 também fornece confirmação independente de certos detalhes sobre os começos da Igreja. Especialmente valiosa para a datação das cartas é a menção em Atos do comparecimento de Paulo perante Gálio, cujo proconsulado é datado com segurança c.51-53 a.C. com base numa inscrição descoberta em 1905 em Delfos. Conseqüentemente, a visita fundadora de Paulo, que durou dezoito meses, poderia ter ocorrido já em 50-51 d.C. durante seu ministério no Egeu. Depois de deixar Corinto, Paulo permaneceu em constante contato com a Igreja, ainda que estivesse empenhado numa missão em *Éfeso, de onde escreveu 1 Coríntios e pelo menos parte de 2 Coríntios. As epístolas refletem pelo menos dois diferentes estágios na relação de Paulo com a Igreja após sua visita fundadora.

O problema da imoralidade sexual (incesto e fornicação) entre os convertidos de Paulo em Corinto é digno de nota, como o ilustra o fato de que um dos verbos gregos que significavam "fornicar" era *korinthiazomai*, um derivado do nome da cidade. Provavelmente a reputação de Corinto nessa matéria devia-se mais à sua vizinhança com dois agitados portos marítimos do que ao seu templo de Afrodite.

A prática de certos homens cristãos em Corinto de cobrir a cabeça enquanto oravam e profetizavam espelha provavelmente o costume romano generalizado de usar coberturas de cabeça em sinal de devoção durante o culto. Outra prática mencionada por Paulo como tendo conseqüências nefastas era a participação de cristãos "fortes" de Corinto em refeições no templo de um ídolo, criando assim um escândalo aos olhos dos cristãos "fracos". Numerosas salas de banquete anexas a templos foram escavadas em Corinto. A localização específica, o tamanho físico e a função social dessas salas de banquete associadas ao "templo de um ídolo" lançaram luz sobre a discussão por Paulo das consciências fortes e fracas de seus convertidos.

Contra o pano de fundo de uma pletora de cultos, em que abundavam alegações de milagres, curas, profecias extáticas e visões, entende-se como os cristãos gentios de Corinto podiam facilmente ser ignorantes e mal informados acerca de seus próprios dons espirituais.

Embora Atos 18 refira-se a uma sinagoga em Corinto, a famosa inscrição ali encontrada num lintel de sinagoga ("Sinagoga dos Hebreus") não pôde ser datada precisamente.

Carl R. Holladay, Richard E. Oster Jr.

CRISTÃO. Segundo Atos 11.26, os discípulos de *Jesus foram chamados cristãos pela primeira vez em *Antioquia. Em outros livros do Novo Testamento a palavra "cristão" ocorre em Atos 26.28 e 1 Pedro 1.14-16.

A origem do termo "cristão" é incerta. Ele compreende a palavra "Cristo", palavra grega que significa "o ungido" (*ver* Messias) com uma terminação que significa "seguidores de" ou "adepto de". *Judeus que não aceitavam Jesus como o Messias dificilmente se refeririam aos discípulos de Jesus como cristãos — os seguidores do Messias. De acordo com Atos 24.5, esses judeus referiam-se aos seguidores de Jesus como "a seita dos nazarenos", aparentemente vendo os cristãos como um grupo judaico.

Como os seguidores de Jesus usavam "*santos", "irmãos", "o Caminho", "discípulos" e outras designações para se referir a si mesmos, é improvável que o termo "cristão" tenha se originado entre cristãos.

Em Atos 26.28 Agripa usa "cristão" sarcasticamente; em 1 Pedro 4.14-16 "cristão" é um ultraje usado durante perseguição. Assim, a palavra parece ter sido depreciativa. Tácito e Suetônio, historiadores romanos da época, a usam dessa maneira. Tácito refere-se aos cristãos como gente odiada por suas más ações, e Suetônio os chama de "uma nova e perniciosa superstição".

Se o termo foi aplicado pela primeira vez aos seguidores de Jesus em Antioquia, talvez funcionários romanos a tenham cunhado para distinguir o grupo cristão do judaísmo. Talvez "cristão" fosse usado para designar o movimento cristão como hostil em relação a Agripa. Seja qual tenha sido a sua origem, o termo foi inicialmente uma palavra de desprezo ou zombaria. No final do século I d.C., porém, os cristãos aceitaram o nome como um sinal animador da glória de Deus.

Edwin D. Freed

CUCH. Freqüentemente traduzido como "Etiópia", Cuch refere-se principalmente à terra da Núbia, ao sul do Egito. O apogeu político de Cuch teve lugar quando os núbios conquistaram e governaram o *Egito como sua Dinastia XXV (716-656 a.C.). Segundo 2 Reis 19.9, os cuchitas libertaram o rei *Ezequias de Judá dos assírios em 701 a.C. Em Gênesis 1.13, Cuch refere-se provavelmente à *Babilônia, que estava ocupada pelos cassitas na segunda metade do primeiro milênio a.C., e em Gênesis 10.6-14 Cuch (Babilônia) foi confundida com Cuch (Núbia).

Se a mulher cuchita de Moisés foi Séfora, pode ter havido uma outra Cuch em Madiã (cujo paralelo poético é Cusã). Mas que *Míriam se tivesse se tornado "branca como a neve" com lepra (Num. 12.10) parece uma punição apropriadamente irônica por sua crítica ao casamento de Moisés com uma mulher negra. Jeremias 13.23 sustenta que Judá é tão incapaz de mudar sua propensão para o pecado quanto um cuchita de mudar a cor de sua pele. Amós 9.7 menciona os cuchitas como um exemplo do zelo universal de Deus. O nome de Finéias, neto de Aarão, significa "o núbio" em egípcio.

Ver também África.

Steven L. McKenzie

Dagon. O deus nacional dos *filisteus, segundo a Bíblia. Juízes 16.23 identifica um templo de Dagon em Gaza, que *Sansão põe abaixo; a arca capturada de Javé é posta em um outro templo de Dagon em Asdod. O nome do deus aparece também no nome de cidade Bet-Dagon. Dagon não é mencionado em inscrições do sul da Síria ou da Palestina, mas ocorre freqüentemente em textos do norte da Síria e da Mesopotâmia como Dagan, o deus chefe da região do médio Eufrates; nas tabuinhas ugaríticas, *Baal é referido muitas vezes pelo patronímico "filho de Dagan". Portanto, os filisteus provavelmente tomaram emprestada a divindade semítica através de contato direto com a costa da Síria, e não pelo sul de Canaã.

Daniel E. Fleming

Damasco. Cidade da *Síria (*Aram). Situa-se num oásis formado pelos rios Nahr el-Barada, que corre através da cidade vindo da cadeia de montanhas Anti-Líbano, e o Nahr el-Awaj que corre ao sul de Damasco, alimentado por fontes no monte Hermon. Esses rios são o Abana e o Farfar de 2 Reis 5.12. A região foi habitada desde tempos pré-históricos, e a cidade é mencionada em fontes não-bíblicas na altura de meados do segundo milênio a.C. É difícil estabelecer uma história abrangente da cidade porque não se fizeram quaisquer escavações nela, em parte porque foi continuamente habitada.

*Davi submeteu Damasco a tributo, mas só por um curto tempo. Várias guerras ocorreram entre o reino arameu e Israel e Judá, e uma vez Jeroboão II conquistou Damasco. Teglat-Falasar III incorporou-a ao Império Assírio (732 a.C.) e subseqüentemente ela esteve sob o domínio neobabilônio e *persa. Depois das conquistas de Alexandre o Grande, caiu nas mãos de seus sucessores, os selêucidas, até que em 85 a.C. tornou-se por um breve tempo a capital de reino *nabateu. Roma conquistou a Síria em 65 a.C. Sob o Império *Romano, Damasco foi considerada uma das cidades-estado da *Decápolis.

Em meados do século I d.C. havia uma comunidade judaica em Damasco, composta em parte por *cristãos. A cidade estava evidentemente sob o controle do rei nabateu Areta quando *Paulo fugiu de seu governador local.

Um templo de Júpiter Damasceno foi erguido no local do velho templo de Hadad-Rimmon. Este foi substituído pela igreja de São João Batista, construída por Teodósio o Grande (final do século IV d.C.), que foi remodelada para ser tornar a Grande Mesquita.

Sherman Elbridge

Dã. O quinto filho de Jacó e uma das doze *tribos de Israel. A mãe de Dã é Bala, serva de *Raquel. O nome Dã parece ter sido derivado do verbo hebraico que significa "julgar ou vindicar". O primeiro lugar em que a tribo de Dã se estabeleceu é descrito como situado entre os territórios de Efraim ao norte, Benjamim ao leste, e Judá ao sul. Dã era famoso por sua verve.

Bem cedo ainda, a maior parte da tribo migrou rumo ao norte para um sítio próximo da nascente do *Jordão. Por isso Dã marca muitas vezes a fronteira norte de Israel. No entanto, se as histórias do herói danita *Sansão e o cântico de Débora têm um núcleo histórico, alguns membros da tribo devem ter permanecido no sul. Com a ascensão da monarquia, esses clãs sulistas parecem ter sido assimilados nos reinos de Israel e Judá.

Dã pode se referir também a uma cidade, originalmente chamada Lais ou Lechem, que foi capturada e renomeada pela tribo danita. Os clãs nortistas de Dã habitavam provavelmente em torno dessa cidade. O antigo santuário em Dã foi designado pelo rei Jeroboão I de Israel como um de seus dois lugares santos nacionais. Trabalho arqueológico em Dã revelou um centro de culto substancial datado do século X a.C., a era de Jeroboão I. Durante o reinado de Facéia, rei de Israel, os territórios de Dã e *Neftali foram conquistados por Teglat-Falasar III da Assíria, que exilou muitos de seus residentes.

Gary N. Knoppers

DANIEL. Segundo o livro que leva seu nome, Daniel era um jovem judeu devoto e prudente que foi deportado para a *Babilônia pelo rei *Nabucodonosor (Nebucadnesar no livro), juntamente com seus três jovens amigos Sidrac, Misac e Abdênago, a família real e outros cidadãos proeminentes. Presumivelmente, essa foi a primeira deportação ordenada por Nabucodonosor em 597 a.C. Em Ezequiel 14.14-20, um Daniel é mencionado ao lado de *Noé e *Jó como um dos homens notavelmente virtuosos da história; em Ezequiel 28.3, é dito que o tirocínio do rei de Tiro suplanta até o desse Daniel. Muitos comentadores acreditam que o Daniel do texto de Ezequiel deve ser identificado com o cananeu Danil de "A história de Aqhat", preservada entre os textos do século XIV a.C. encontrados em Ras Shamra (Ugarit) na Síria. Ali, Danil é descrito como alguém que "julga a causa da *viúva/ investiga o caso do *órfão". Pareceria, portanto, que Daniel foi uma figura lendária, representada nesse livro como um jovem de notável prudência e piedade que amadurece num profeta capaz de receber visões do futuro.

Nas seis histórias que compõem a primeira metade do livro, Daniel e seus companheiros são mostrados como *judeus piedosos. Deus os protege e os dota de uma sabedoria que supera a dos cortesãos e magos babilônios. Tendo pedido uma dieta vegetariana para evitar comer comida não *kosher*, eles se tornam mais saudáveis que seus iguais. Daniel é um intérprete de sonhos divinamente dotado e sabe que sonho o rei teve com uma estátua compósita sem que ele lhe tivesse sido contado. Assim também, interpreta o sonho do rei com uma árvore caída como profético da insanidade temporária do rei, enviada por Deus para lhe ensinar a preeminência divina. E quando o sucessor de Nabucodonosor, *Baltasar, fica aterrorizado durante um banquete por escritos numa parede, Daniel é capaz de interpretar as palavras misteriosas. Por fim, durante o reinado do rei persa *Dario I (522-486 a.C.), Daniel sobrevive a uma trama para matá-lo num covil de leões por não adorar o rei. Esses episódios são relativamente independentes e são parte de um ciclo maior de histórias sobre Daniel como o modelo do judeu no exílio.

Na segunda metade do livro (caps.7-12), Daniel é um profeta apocalíptico, a quem são dadas visões detalhadas do futuro. Num conjunto de imagens extremamente simbólicas, elucidadas por intérpretes angélicos, é anunciada a derrota definitiva dos sucessivos reinos dos babilônios, *medos, *persas e gregos, a ser seguida por um governo "dos santos e do Altíssimo".

As datas internas ao longo do livro mostram que as narrativas dos caps.1-6 se sobrepõem parcialmente às visões dos caps.7-12. Este último culmina na visão final datada do "terceiro ano do rei Ciro da Pérsia" (10.1), 535 a.C. Realmente, o livro registra a história tanto interna quanto externa de Daniel, a primeira consistindo das narrativas de suas ações virtuosas e prodígios, e a segunda de suas experiências e revelações visionárias com relação ao futuro do mundo.

O arranjo engenhoso dos diversos assuntos do livro poderia sugerir uma redação única, se não um único autor. Mas o problema é adicionalmente complicado pela circunstância de que o livro de Daniel é escrito em duas línguas. O texto hebraico de Daniel 2.4a começa: "Os caldeus disseram ao rei (em aramaico)." Desse ponto até o fim do capítulo 7, Daniel é escrito inteiramente em aramaico, no mesmo dialeto encontrado em outros textos aramaicos do Antigo Testamento. Por que o texto de Daniel passa tão repentinamente do hebraico para o aramaico, voltando depois ao hebraico, ninguém jamais foi capaz de determinar. Uma solução óbvia seria que um outro escritor compôs esses capítulos. Ou talvez um único escritor de Daniel tenha passado deliberadamente do hebraico para o aramaico de modo a contar a história da *Diáspora babilônia na língua usada naquele tempo.

Os argumentos mais fortes pela múltipla autoria são estes. Primeiro, o estilo literário dos caps.1-6 difere radicalmente daquele exibido nos caps.7-12. Os primeiros têm o sabor das histórias heróicas do gênero que emanaria de círculos cortesãos ou sábios (compare-se Daniel 2 com a história de José e com Ester); os últimos capítulos pertencem àquela descendente tardia da escatologia profética, a literatura apocalíptica. Segundo, as histórias sobre Daniel nos caps.1-6 refletem uma perspectiva da Diáspora. Por sua linguagem e por seu conhecimento de detalhes culturais, mostram considerável exposição às influências tanto persa quanto helenística. Supõe-se que essas histórias, em essência, vieram do século III a.C. ou mesmo de um pouco antes. Os apocalipses de Daniel 7-12, por outro lado, centram-se em *Judá, *Jerusalém e o santuário. Os escritores desses capítulos tinham conhecimento do ciclo anterior de histórias de Daniel e usaram aquela coletânea como uma base a partir da qual estender seu ministério ao seu próprio domínio de sonhos e visões apocalípticas.

O consideravelmente longo apocalipse de Daniel 10-12 fornece o melhor indício de data e autoria. Essa grande revisão da situação conturbada da política do Oriente Próximo antigo girando em torno da minúscula comunidade judaica retrata com precisão a história da ascensão do Império Persa até um tempo um pouco posterior à dessacralização do *Templo de Jerusalém e a ereção ali da "abominação que desola" (Dan. 11.31) no final do outono de 167 a.C. pelo rei greco-sírio Antíoco IV Epífano. A descrição é expressa como uma profecia sobre o curso futuro dos eventos, feita por um vidente no cativeiro babilônio; no entanto, a opinião que prevalece entre os estudiosos é que esta é em grande parte uma profecia sobre o já acontecido. Somente de 11.39 em diante a exposição histórica cessa de reproduzir precisamente eventos que sabidamente haviam tido lugar nos últimos anos do reinado de Antíoco IV. Tivesse o autor conhecimento do sucesso dos guerrilheiros judeus liderados por *Judas Macabeu em expulsar a guarnição do odiado Antíoco do recinto do Templo (um evento que ocorreu em 25 do *kislev* de 164 a.C., segundo 1 Mac. 4.34-31), o fato teria certamente sido mencionado. Mas evidentemente ele ainda não ocorrera. O livro de Daniel é portanto o último de todos os do Antigo Testamento.

Os heróis das histórias dos caps.1-6 são judeus devotos, heróis da fé que se recusaram a fazer concessões à idolatria. Comentadores modernos identificaram muitas vezes os autores de Daniel e o público a que se dirigiam com a seita praticante dos "hassídicos" ou *hassidim*, um título diferentemente traduzido como "os virtuosos", "os piedosos", ou mesmo "os *santos", que participaram da guerra de libertação provocada pelos macabeus rebeldes. Segundo alguns estudiosos, seus descendentes entre a ala praticante do judaísmo do século I a.C. se ramificaram nos pactuantes de Qumrã, por um lado, e nos *fariseus e talvez até nos *zelotes por outro.

Michael D. Coogan, W. Sibley Towner

DARIO. Filho de Histaspe, um aquemênida, Dario governou o Império *Persa de 522 a.C. (quando usurpou a coroa em Parsa) até sua morte em 486 a.C. Após passar um ano reprimindo revoltas na Mesopotâmia, no Elam, no Irã e na Armênia, conquistou o vale do Indo (por volta de 516 a.C.), invadiu a Cítia ao norte do Danúbio sem sucesso, e conquistou a ponta sudeste da Europa (por volta de 514-512 a.C.). Parte da Líbia foi subjugada; mas campanhas contra a Grécia em 492 e 490 fracassaram e, com o Egito em revolta (486), Dario morreu antes que sua expedição final pudesse ser lançada. Sob seu governo o Império Persa alcançou sua maior extensão.

Tinha grande talento para a administração. Dividiu o império em vinte províncias (satrapias) cujos governadores (sátrapas) eram responsáveis pela lei e a ordem, pela entrega de um tributo fixo e pelas operações militares locais. Um papel importante era desempenhado por uma elite composta cada vez mais por nobres persas; mas no *Egito e na *Babilônia os nativos podiam ocupar cargos importantes, e na Síria e na *Fenícia reis de cidades e soberanos locais tinham de responder perante o sátrapa. Para assuntos provinciais, Dario parece ter usado também conselheiros especializados, que podia manter a seu lado ou enviar para outros lugares como agentes. *Zorobabel parece ter sido enviado para *Jerusalém como governador local; e o *Templo, para cuja reconstrução *Ciro dera ordem, mas permitira que ela prescrevesse, foi completado sob seu domínio em 515 a.C. *Ageu e *Zacarias profetizaram durante seu reinado.

Em seu estilo cortesão, Dario parece ter se situado num pináculo, muito acima de seus súditos. Mandou inventar uma escrita para suas inscrições reais (em persa antigo), em que se mostrou notavelmente introspectivo. Presumivelmente um zoroástrico por criação, alegava uma íntima relação com o deus Ahuramazsda, cuja onipotência universal era igualada pela dele próprio na terra. Seria possível chamá-lo um monoteísta, mas apoiava a religião estabelecida dos povos conquistados (inclusive a de Javé). Como soberano, era dinâmico (suas próprias palavras em Behistun foram: "O que lhes foi dito por mim, terá sido feito noite e dia?" e, embora implacável, era geralmente justo. Moldou um sistema imperial que seus sucessores, que se orgulhavam de ser seus descendentes, foram demasiado propensos a preservar inalterado.

Ciro nasceu ou por volta de 550 a.C. ou cerca de oito anos mais cedo. Seu palácio principal era em Susa, mas seu túmulo talhado na rocha fica perto de Persépolis.

Dois reis persas posteriores com o mesmo nome foram Dario II (423-404 a.C.) e Dario III (336-330 a.C.). A referência a Dario o persa em Neemias 12.22 poderia se referir tanto a Dario II quanto a Dario III. "Dario o medo", mencionado unicamente em Daniel 5.31 e 9.1 é compreendido pela maior parte dos estudiosos como um compósito criado pelo autor do livro de *Daniel porque, eles argumentam, textos como Isaías 13.17 e 2.12, bem como Jeremias 51.11, haviam desejado uma captura da *Babilônia pelos medos.

J.M. Cook

DAVI. Um dos personagens bíblicos mais conhecidos, Davi é curiosamente uma figura elusiva. A Bíblia conta que ele forjou um império sem paralelo na história de Israel. Porém, em registros históricos das proximidades desse período (século X a.C.), ele sequer é mencionado. É conhecido por gerações de leitores das Escrituras como "o doce salmista de Israel (2 Sam. 23.1)" e o homem que Deus escolhera. No entanto sua história nos livros de *Samuel gira em torno do episódio de seu adultério com *Betsabé e o assassinato do marido dela, Urias.

Os livros de Samuel e Reis. A história de Davi surge em primeiro lugar nos livros de Samuel, concluindo-se em 1 Reis 1-2. Tentativas de estudiosos de reconstruir a história da composição desses livros permanecem extremamente especulativas. Por um lado, há uma concordância geral de que a forma final da obra pertence ao período do exílio, no século VI a.C. Por outro lado, as datas para as unidades componentes individuais da obra variam desde a proximidade com os eventos descritos até a época da compilação final, um intervalo de cerca de quinhentos anos.

Poucos críticos, contudo, negariam a Davi um lugar importante na história do antigo Estado israelita. Estudos recentes o vêem como um chefe supremo com grande talento para a mediação, extraordinariamente capaz de comandar diferentes lealdades tribais, econômicas e de culto e de consolidá-las no poder centralizado necessário para a formação de um Estado-nação.

Segundo Samuel e Reis, esse filho mais moço de um agricultor de Belém é procurado e ungido pelo profeta *Samuel em nome do Senhor. Ele ganha acesso à corte de *Saul, primeiro rei de Israel, inicialmente por virtude de suas proezas musicais e depois por derrotar o guerreiro filisteu *Golias; há certa incoerência na trama aqui. Jônatas, filho de Saul, gosta dele. Segue-se, no entanto, um período de mortal rivalidade com Saul. Durante esse tempo, ele se casa com a filha única de Saul, Micol, e estabelece seu próprio poder militar independente como um proscrito no deserto judeu e como um aliado dos *filisteus.

Após a morte de Saul, Davi torna-se rei de *Judá no sul e depois de *Israel no norte, portanto rei de "toda Israel". Em 2 Samuel 5-10, ele é descrito como chegando ao apogeu de seu poder: obtém vitórias sobre inimigos externos, entre os quais os filisteus, estabelece *Jerusalém como capital e centro de culto e recebe do profeta Natã a garantia de uma dinastia duradoura. Suas transações com *Betsabé e Urias, no entanto, desfazem a profecia divina, transmitida por Natã. Estupro e assassinato irrompem agora na própria casa de Davi, seu filho Absalão se rebela, e a conseqüência é a guerra civil.

Um apêndice de histórias curtas, e poesia, vinculadas ao que precedeu mais por tema e alusão do que por trama, conclui o livro de Samuel. O enredo principal propriamente dito é arrematado com a história da morte de Davi e da sucessão de *Salomão no início do livro seguinte.

A história de Davi pertence à história maior, contada a partir de Gênesis até o fim de 2 Reis, das origens e do caráter nacional de Israel e de sua remoção final da *Terra Prometida. A história de Davi faz parte da narrativa da tentativa do Estado-nação emergente de adaptar instituições religiosas e políticas, especialmente a liderança, a circunstâncias em mudança. Sua história faz parte também da história da tentativa de Javé de manter ou recriar uma relação de lealdade entre Deus e povo. O desejo que o povo sente de um rei humano é tomado como uma rejeição da soberania divina. Assim Saul, designado por Deus por insistência do povo, deve ser rejeitado em favor de Davi, aquele que Deus escolheu livremente.

Em certo sentido, o primeiro vislumbre que o leitor tem de Davi vem ainda antes, em 1 Samuel. Ana, até então sem filhos, dá graças a Deus pela dádiva de um bebê (Samuel) e fala, profeticamente, do rei, "o ungido" (*ver* Messias) a quem Javé dará poder. Assim como a criança é uma dádiva especial para a mulher, assim também o reino é uma dádiva especial para Davi. Ambas as dádivas são livremente concedidas por Deus.

O dar e o agarrar residem no cerne da história. Em momentos críticos Davi parece permitir que a escolha caiba a outros, especialmente Javé. Nesses momentos, ele se deixa levar por uma maré propícia; pode levar um leitor a almejar o comedimento, a considerar a providência como realidade. Em outras ocasiões ele hesita, relutante em assumir o risco ou em aceitar a reputação abalada decorrente da rejeição. Nesses casos, um leitor pode ser confrontado com uma realidade mais conhecida: a realidade do logro, da cobiça e da violência, que faz muitos julgarem a história de Davi em Samuel realista e plausível.

Deus dá a Davi o reino, a casa de Israel e Judá. A vida dele, contudo, tem uma dimensão tanto privada quanto pública. O que acontece, privadamente, em sua própria casa (palácio e família) afeta a nação. Enquanto seus vigorosos homens estão sitiando Rabá, a capital *amonita, Davi captura Betsabé. Assim, quando uma casa (a casa de Israel) é assegurada, uma outra (a de Davi) começa a desmoronar. Na história brutal de Amon, Tamar, e *Absalão que se segue, primeiro Tamar, filha de Davi, depois tanto família quanto nação serão alugadas.

A realeza nasceu da busca de segurança do povo, mas a segurança gera corrupção rapidamente. O filho de Davi, o construtor da casa de Javé, hesita por sua vez: o grande Salomão é vítima da glória crescente de sua própria casa. A realeza — mesmo a realeza de Davi, dádiva de Javé — revela não ser nenhum talismã. Somente em Javé, como a história sugere, poder e segurança verdadeiros podem ser encontrados. A história mais ampla termina com a casa de Javé arruinada, o povo disperso. Uma breve nota sobre a casa (dinastia) de Davi conclui a obra: o rei davídico exilado encontra-se sem poder na casa de seu conquistador *babilônio, como Meribaal, neto de Saul, na casa de Davi. A roda deu uma volta completa. A promessa de uma casa duradoura para Davi parece, em 2 Samuel 7, ser incondicional. Vê-se que tinha limites; Javé, afinal, não está disposto a ser subestimado.

A designação "filho de Davi" que o Novo Testamento dá a *Jesus predispôs muitos leitores cristãos a idealizar o rei. No entanto, em Samuel e nos Reis, Davi é um caráter. Muitas vezes, sem dúvida, os narradores despertam admiração por Davi nos leitores — como o assassino heróico de Golias, por exemplo, ou o homem que duas vezes poupou Saul, seu perseguidor, ou o rei que acusa Joab de matar Abner, o inimigo geral, ou assegura a vida ao blasfemador Semei. No entanto, da mesma maneira, o narrador abre outras perspectivas possíveis nessas mesmas narrativas; Davi é um homem de olho na grande chance, afeito a envolver sua ânsia de poder e egoísmo sob a retórica da piedade e da moralidade, mas exposto à vista de todos na história de Betsabé e Urias.

O desdém pelo herói é onipresente. O relato de como encarcerou ("até o dia da sua morte") as dez concubinas que abandonara para que fossem violentadas no teto da casa que ele abandona dificilmente evoca um caráter de coragem ou responsabilidade. A história da ascensão de Salomão em 1 Reis 1 descreve o rei em tons sombrios, como alguém que se deixou embair pelo jogo de poder de uma facção salomônica. A missão que, ao morrer, dá a Salomão de matar Joab, o general que por tanto tempo o servira, e Semei, a quem concedera perdão, só desperta admiração por sua consumada crueldade. Ou o apêndice a 2 Samuel pode incitar o leitor a ponderar, por exemplo, a diferença entre a coragem de Resfa e a complacência de Davi, ou a incongruência entre o tratamento que Davi dá a Betsabé e Urias e a proclamação pelo rei salmista de sua probidade inocente ("Fui inocente perante [Javé] e me resguardei da culpa"). Não será isso talvez, não probidade, mas impostura, não piedade, mas hipocrisia? Até a narrativa da morte de Golias, a história que funda o heróico Davi, é posta em questão por esse apêndice. Sem advertência, em meio a anedotas variadas, está a observação devastadora do narrador de que foi Eleanã quem matou o homem poderoso de Gat.

Na narrativa subseqüente Davi é visto como um padrão pelo qual a maioria dos outros reis é julgada desfavoravelmente; mesmo essas passagens, no entanto, encerram uma qualidade sardônica. Davi, o narrador nos informa, "fez o que era direito na visão de Javé e não se desviou de nada que ele lhe ordenou todos os dias de sua vida, exceto na matéria de Urias o hitita". Esta palavrinha, "exceto", é poderosamente subversiva.

Em Samuel e em Reis as tensões na descrição de Davi nunca têm solução. Elas são, talvez, o que lhe dá vida.

Os Livros das Crônicas. 1 e 2 Crônicas oferecem uma versão completamente diferente da vida de Davi. Essa obra é posterior a Samuel-Reis, composta talvez no século V a.C. e faz uso de uma versão desses livros que revê e suplementa.

Após um prólogo genealógico, o enredo principal começa com a morte de Saul e o coroamento de Davi como rei de toda Israel; desapareceram as divisões entre norte e sul. Jerusalém é tomada. Uma grande convocação de homens fortes é transformada numa congregação de culto que conduz Davi e a arca à nova capital com canto e celebração. Batalhas e praga são mencionadas, mas postas entre parênteses por esse propósito maior de estabelecer o lugar em que Javé será cultuado. De 1 Crônicas 22 ao fim do livro e morte de Davi, o foco recai no culto. Davi reúne a congregação mais uma vez e divulga planos para a construção da casa de Javé e a organização daqueles que a manterão. Sacerdotes e *levitas, músicos e porteiros, comandantes disso, superintendentes daquilo, todos recebem ordens para tal fim. É ordenando e implementando o grande louvor devido a Deus que Davi encontra vida na narrativa do Cronista.

Os Salmos. Em outras partes da Bíblia, o tema de uma promessa de dar continuidade à linhagem de Davi (o pacto davídico) vem à tona, por exemplo, na profecia de Isaías 9.7, e em Isaías 55.3-4, uma mensagem de esperança dirigida à comunidade judaica no exílio. Fora dessas passagens, a presença de Davi é mais marcada nos Salmos, estando o termo *ledaurd* — de, para ou sobre Davi — presente nos títulos de muitos salmos.

Muitos estudiosos modernos (e alguns nos tempos antigos) consideraram em geral essas referências em salmos como acréscimos posteriores a um material que é ele próprio sobretudo pós-davídico. A maioria dos intérpretes ao longo dos séculos, contudo, leu os salmos à luz desses títulos davídicos. Na iconografia ocidental, por exemplo, Davi é instantaneamente reconhecível como o homem com uma coroa e uma arpa ou saltério. Davi o rei salmista; na cultura popular ele é visto muitas vezes, com esses atributos, como o rei de espadas nas cartas do baralho. A imagem está ligada à história da chegada de Davi na corte de Saul em 1 Samuel 16, mas muito mais a 1 Crônicas, onde a preocupação do rei com a promulgação da música no templo é um tema tão dominante. Além disso, um salmo é partilhado tanto por Salmos como por 2 Samuel.

A autoria davídica dos salmos exerce uma atração especial sobre aqueles que gostariam de dar mais substância à vida interior de Davi, especialmente o Davi de Samuel-Reis, cuja piedade é tão tenuemente retratada. Assim o Salmo 51, vinculado por seu título ao episódio crucial de Betsabé, pode ser lido como uma janela para alma do grande rei. Seu arrependimento, indicado na narrativa com apenas poucas palavras, é aqui exibido de maneira impressionante. Problemas de interpretação persistem, contudo. Os últimos versos do Salmo 51, por exemplo, evocam um contexto pós-exílico (século VI a.C. ou mais tarde) e tornam forçada qualquer leitura que tome o poema demasiado literalmente como as efusões do rei do século X.

O Novo Testamento. O Novo Testamento mostra pouco interesse na personalidade de Davi, embora o relato de Jesus debulhando espigas de trigo no Sabá evoque explicitamente o gesto de Davi de tomar o pão sagrado do sacerdote em Nobe e é condizente com o Davi dos livros de Samuel. Nos Evangelhos, Jesus é associado à dinastia real de Judá e ao pacto davidiano tanto por genealogia quanto pela forma como é tratado — é chamado filho de Davi, sobretudo no contexto das histórias de cura/exorcismo. Acima de tudo, no Novo Testamento, Davi é autor — e profeta — dos salmos, que são interpretados como profecias messiânicas cumpridas por Jesus.

Ver também Israel; Judá, O Reino de.

David M. Gunn

DÉBORA. Significando "abelha" em hebraico, Débora é o nome de duas mulheres mencionadas no Antigo Testamento. Duas passagens dão o nome Débora à ama de Rebeca. Muito mais proeminente é a Débora mencionada em Juízes 4 e 5, cuja fama no registro bíblico deve-se a seu papel como líder militar. Com seu general, Barac, ela conduziu uma coalizão de milícias tribais israelitas à vitória sobre um exército cananeu superior comandado por Sísara. A batalha teve lugar na planície de Esdrelon, e o golpe mortal para o general cananeu foi desferido por uma outra figura feminina, Jael.

O relato dessa guerra, terminando com uma importante vitória para os israelitas em sua luta pelo controle da Palestina central e do norte, é feito em duas versões, uma em prosa, em Juízes 4, e uma em forma poética em Juízes 5. A relação literária e cronológica dessas duas versões é questão de debate; a maioria dos estudiosos, porém, vê na linguagem arcaica do poema um indício de que ele vem de um estágio muito inicial da literatura bíblica e pode ser o mais antigo poema israelita ainda existente, datando talvez do final do século XII a.C., não muito depois da batalha que narra.

Débora desempenha um papel singular na história israelita. Não só é uma juíza no sentido de um líder militar, como também é a única juíza no sentido que esse título tem no tribunal de justiça no livro dos *Juízes. Entre todos os líderes militares do livro, só Débora é chamada "profeta". Ela é também a única juíza a "cantar" a vitória, ilustrando o papel criativo desempenhado pelas mulheres como moldadoras de tradição. Alguns poderiam ver Débora, uma mulher, como uma anomalia em todos esses papéis, mas suas contribuições deveriam ser situadas ao lado das de outras mulheres que são figuras de importância central no período pré-monárquico (*Míriam, Jael, a filha de Jefté, a mãe de *Sansão). Todas elas aparecem como mulheres fortes sem nenhuma avaliação negativa, talvez porque durante o período dos juízes, um tempo de crise social e política, pessoas capazes de qualquer condição podiam contribuir para esforços conjuntos. No cenário rural, agrário do período dos juízes, com a família como a instituição social dominante, o papel importante das mulheres na vida familiar podia ser mais facilmente transferido para matérias de interesse público do que durante a monarquia, com suas estruturas de poder mais formais e hierárquicas. Débora, como uma mulher forte, reflete seus próprios dotes bem como uma fase relativamente aberta da sociedade israelita.

Carol L. Myers

DECÁPOLIS. A Decápolis foi uma liga de dez cidades fundada por *Alexandre o Grande e seus sucessores por volta de 323 a.C. No século I d.C., segundo tanto os Evangelhos quanto Plínio, o termo se referia às cidades e também à região em que se situavam. A lista mais antiga das cidades aparece em Plínio; a maioria dos estudiosos concorda no tocante a estas dez: Citópolis/Betsã, Hipos, Filadélfia (moderna Aman), Gérasa (Jerash), Gádara, Péla, Díon, Cânata, Ráfana e *Damasco. Segundo Josefo e Políbio, no início do domínio selêucida na região da Palestina e da Transjordânia, pelo menos quatro das cidade eram de real importância (Gádara, Citópolis, Péla e Abila).

Essa região é talvez o exemplo máximo do papel da urbanização no desenvolvimento e na dominação do leste da Grécia por impérios coloniais. Essas cidades foram construídas ou expandidas nos períodos ptolemaico (c.300-200 a.C.) e selêucida (200-130). Com a conquista da região por Pompeu em nome de Roma (c.63 a.C.), sua importância cresceu. Eram um meio vital de controle romano, seja econômica ou militarmente. Pompeu fez de Citópolis/Betsã a capital da liga, a sede do tribunal regional (o sinédrio) e utilizou outras cidades na região de maneira similar. Esses centros urbanos quase invariavelmente tomavam o partido do poder colonial em revoltas da população nativa (seja a macabéia, de resistência a Pompeu, ou a Primeira Revolta Judaica contra Roma em 66-70 d.C.), e freqüentemente reprimiam a resistência nativa com brutalidade.

Várias das cidades foram escavadas (Péla, Gérasa, Abila), o projeto de vulto mais recente tendo tido lugar em Citópolis-Betsã. As escavações nesses sítios refletem um meio diversificado, cosmopolita. Várias línguas eram usadas (grego, *hebraico e *aramaico), templos e monumentos erguiam-se quase lado a lado com *sinagogas e igrejas primitivas, e a cultura e o comércio locais tinham lugar no contexto mais amplo da hegemonia militar e econômica de Roma.

J. Andrew Overman

DEMÔNIOS. Em todas as culturas é possível encontrar idéias fabulosas sobre a atividade de espíritos do mal, mais ou menos caprichosos, mais ou menos funestos. Essas noções são encontradas também na Bíblia, por vezes fazendo eco a pensamentos extrabíblicos, por vezes reverberando com conotações características da Bíblia.

As idéias sobre demônios no Antigo Testamento são demasiado diversas para ser sistematizadas. É possível discernir noções animísticas no reconhecimento de espíritos que habitam árvores, animais, montanhas, rios e tempestades. São encontradas alusões à crença em divindades da fertilidade, ou em seres divinos que, pelo pecado, perderam sua morada celeste (*ver* Filhos de Deus). Com mais freqüência as narrativas focalizam o papel de espíritos malignos na produção de comportamento instável e inesperado; eles despertam ciúmes explosivos, desejos poderosos de vingança ou confusões mentais consternadoras. As palavras de um profeta podiam ser atribuídas a espíritos mentirosos enviados por Deus. A adoração de ídolos podia ser explicada pela influência desses espíritos sobre os ingênuos.

No Novo Testamento, porém, o quadro é diferente. As referências são muito mais numerosas, refletindo desenvolvimentos ocorridos nos períodos helenístico e romano. As atitudes são mais uniformes, refletindo a influência de histórias sobre *Jesus. Agora os demônios são vistos como maus por natureza, já que são servos obedientes de *Satã, o supremo adversário de Deus. Seu poder de enganar e atormentar é visto como coextensivo a "esta era maligna", de modo que qualquer restrição a seu movimento é considerada a intrusão de uma nova era.

Foi a autoridade de Jesus sobre os demônios que abriu essa possibilidade. Segundo os Evangelhos, essa autoridade foi demonstrada pela primeira vez quando Jesus superou as propostas mais persuasivas de Satã. Essa vitória o qualificou para começar a expulsar demônios de suas moradas humanas. Esses espíritos manifestavam seu poder maligno causando cegueira e surdez física e espiritual, paralisia, epilepsia e loucura. Os debates sobre as curas de Jesus centravam-se não na realidade delas, mas na autoridade pela qual se realizavam: eram elas um sinal da queda de Satã do céu, da intervenção do próprio Deus nos assuntos humanos, de fé na palavra de Jesus, ou eram antes um sinal da filiação de Jesus a *Belzebu, o soberano dos demônios?

A primeira opção era a convicção dos narradores do Evangelho. E, para eles, as curas não se limitavam a Jesus. Mesmo antes de sua morte ele partilhara o poder sobre os demônios com os discípulos; após a sua morte eles continuaram seu trabalho. Espíritos malignos continuaram a resistir ao poder do Espírito Santo, mas a fé continuou a trazer libertação. Em conseqüência, surgiu em relação aos demônios uma atitude mais ou menos padrão: (1) Suas atividades principais consistem em cegar e paralisar seres humanos, que se tornam cativos de Satã. (2) Os demônios são forças externas aos seres humanos, embora seu poder dependa também de forças internas que operam em níveis subconscientes. (3) Essa conjunção de vontades demoníaca e humana cria um cativeiro que foi permitido por Deus e pode portanto ser encerrado por Deus. (4) É por isso que a palavra de Deus, evocando a fé dos cativos, pode libertá-los de seus captores demoníacos. (5) Os exorcismos atribuídos a Jesus o mostram como autorizado a falar a palavra. (6) Após sua morte e ressurreição, o Espírito Santo permitiu a seus representantes continuar a obra de libertação; esse dom não os tornou, contudo, imunes ao contra-ataque demoníaco. (7) Havia uma expectativa generalizada de que esse contra-ataque atingiria sua perfídia máxima no fim dos tempos, imediatamente antes do retorno do *Messias.

Paul S. Minear

DESERTO. Em hebraico *midbaar*, "ermo, deserto", significava originalmente "lugar de pastoreação". Como muitas áreas desertas da Palestina tinham uma vegetação esparsa, em contraste com o estéril deserto sírio-árabe, nômades podiam atravessá-los com burros e rebanhos. Oásis sustentavam assentamentos concentrados de pastores e agricultores.

O deserto tem conotações tipicamente negativas na Bíblia. É um mau lugar, de fome, sede e privação; é despovoado, não cultivável, assolado pelo vento, assombrado por bestas funestas e demônios, e reverbera com barulhos terríveis. É o domínio de *Caim, *Ismael, *Esaú e de invasores como os *árabes, o *midianitas e os *amalecitas. Afora nômades e proscritos, só os loucos habitam o deserto, ou os que não têm nenhum outro recurso. O deserto é figurativamente escuro, evocando o estado primordial do universo. Para punir um povo, Deus pode "descriar" uma região, convertendo terra arável em deserto.

Por outro lado, há nostalgia de aspectos do estilo de vida seminômade dos períodos ancestral e do Êxodo. Os recabeus continuam não construindo casas, não plantando campos e vivendo em tendas. A tenda, em particular, permanece poderosamente simbólica: a morada apropriada de Deus é uma tenda; o grito de secessão do reino davídico é "Para tuas tendas, ó Israel", e Oséias profetiza um retorno às tendas. O pastoralismo, também, tem associações positivas. Ambos os deuses são pastores, um epíteto real comum na Antigüidade. Como rei divino, *Jesus também é um pastor.

O deserto é ainda um lugar para a renovação espiritual. *Agar, *Moisés e *Elias fogem para lá e encontram Deus. Jesus, da mesma maneira, busca solidão no deserto. Acima de tudo, o deserto é associado às errâncias de Israel narradas no Êxodo-Deuteronômio. A maior parte dos textos evoca esse como um tempo de tensão entre Deus e seu povo, mas Jeremias 2.2-3 e Oséias 2.15 o idealizam como um tempo de devoção. Algumas fontes sustentam que Deus simplesmente encontrou Israel no deserto e a levou até a terra, aparentemente ignorando o Êxodo propriamente dito. Foi nesse deserto, no monte *Sinai/Horeb, que Deus estabeleceu uma aliança com Israel, um pacto reafirmado nas fronteiras da *Terra Prometida (Deuteronômio).

A nostalgia da vida no deserto e as associações negativas do deserto são, ironicamente, compatíveis. Israel é obrigada a confiar em Deus no mais inóspito dos climas, e Deus mostra seu poder de sustentar seu povo, assim como *Jesus alimenta as multidões no deserto. O deserto é também a provação imposta por Deus, em que ele põe Israel à prova e elimina os indesejáveis.

Alguns profetas acreditam que Israel deve retornar ao deserto para renovação e purificação. *Isaías, ao estimular os judeus babilônios a cruzar o deserto e reconstruir Judá, imagina o deserto anulado, convertido em paraíso.

A comunidade de Qumrã via a si própria como atendendo ao chamado de Isaías 40.3 para abrir um caminho no deserto em preparação de um renascimento nacional. *João Batista foi visto sob a mesma luz. A tradição de mosteiros no deserto persiste até hoje.

William H. Propp

DIABO. *Ver Satã.*

DIÁCONOS. O substantivo grego *diakonos*, que está na origem da palavra "diácono", tem no uso geral o significado de "servo", especialmente no sentido de um criado que serve mesas. Talvez a palavra tenha sido originalmente aplicada a líderes *cristãos primitivos que auxiliavam na celebração da ceia do Senhor. Foi muitas vezes sugerido que o estabelecimento do diaconato está esboçado em Atos 6.1-6, e essa pode ter sido a intenção de Lucas, embora nem aqui nem em outras passagens ele use o substantivo *diakonos* (*ver* Sete, Os).

A compreensão de *Jesus como servo (p.ex., Marcos 10.45), com o uso do verbo *diakonen*, dá forma a conceitos cristãos posteriores de ministério, embora o Novo Testamento só aplique *diakonos* a Jesus num sentido positivo uma vez. O termo ocorre vinte o oito outras vezes no Novo Testamento, mas só raramente em relação a uma função eclesiástica especial.

Em Filipenses 1.1 Paulo dirige a epístola a todos os *santos filipenses "com os bispos e os diáconos". Em geral as epístolas paulinas não implicam a existência de cargos eclesiásticos fixos com funções distintivas, mas nessa passagem "diáconos" refere-se claramente a um grupo particular de líderes eclesiásticos. Nenhuma função é especificada, mas talvez Paulo os mencione aqui (ao lado dos bispos) porque eles ajudaram a fornecer a assistência material que ocasiona em parte essa carta.

Em Romanos 16.1-3 Paulo menciona uma certa Febe como *diakonos* da Igreja de Cencréia (cidade portuária de *Corinto) e "benfeitora" de muitos cristãos, inclusive ele próprio. Nada específico é dito sobre seu trabalho, mas não há nenhuma indicação de que ela seja uma diaconisa num sentido menor ou diferente que o das pessoas referidas em Filipenses 1.1.

Uma passagem das Epístolas Pastorais traça uma lista de qualificações para diáconos em seguida a uma para bispos. Os diáconos devem ter bom caráter, não ser avarentos e ser bons administradores de suas casas particulares. Essas exigências sugerem que os diáconos são administradores com especial responsabilidade por dinheiro. Nada é dito sobre habilidade para ensinar. Uma frase sobre *mulheres pode ser uma alusão a diaconisas ou a mulheres de diáconos.

Embora as Epístolas Pastorais pareçam refletir um estágio avançado no desenvolvimento da organização eclesiástica e da diferenciação de papéis clericais, é digno de nota que aqui e em outras passagens *diakonos* pode também ser usado como um termo genérico para "ministro" cristão. Paulo aplica várias vezes o termo nesse sentido amplo a si mesmo e a outros líderes eclesiásticos.

David M. Hay

DIANA DOS EFÉSIOS. *Ver* Ártemis dos Efésios.

DIÁSPORA, DISPERSÃO. Diáspora é uma palavra grega que significa "dispersão". A primeira dispersão de Israel seguiu-se à conquista do reino do norte pelos *assírios em 722 a.C.; os deportados não formaram, contudo, uma comunidade viva na diáspora. Foi a deportação de parte da população de Judá pelos *babilônios em 597 e 587/586 a.C. que resultou na criação de uma comunidade permanente, que mais tarde produziu o Talmude babilônio. O profeta *Jeremias aconselhou os novos exilados a orar pela Babilônia, "pois na prosperidade dela estará vossa prosperidade" (Jer. 29.7). O profeta *Ezequiel pregou para Israel a partir da recém-formada Diáspora Babilônia.

Depois que o Império Babilônio caiu, o rei persa Ciro permitiu aos judeus voltarem à sua terra. Criou-se uma nação de exilados. Os livros de *Esdras e Neemias só tratam como legítimos israelitas os exilados retornados. Aqueles que haviam permanecido na terra ou vivido alhures eram privados de sua cidadania. Foi nessa época que o judaísmo de fato começou. Apesar do retorno, uma comunidade judaica continuou existindo na Babilônia. A diáspora tornara-se um meio de vida, e isso continuaria pelo período greco-romano, quando os judeus se dispersaram por grande parte do mundo antigo. O primeiro livro dos *Macabeus registra uma carta do Senado romano que reflete a habitação de judeus no Egito, na Síria, em Pérgamo, na Pártia, na Capadócia, e muitas cidades e ilhas gregas individuais. Os judeus haviam começado a se orgulhar da diáspora, embora Judite 5.19 ainda reflita a dor, falando de um arrependimento seguido por um retorno de todos os lugares de dispersão para retomar Jerusalém e outros lugares deixados no abandono. Aqui a dispersão é representada como algo a ser superado.

No Novo Testamento, Tiago 1.1 identifica seus destinatários como "as doze tribos na Dispersão". Isso pode significar *cristãos judeus da Diáspora, mas pode também ser simbólico; 1 *Pedro, uma epístola claramente escrita para os gentios, é endereçada de maneira semelhante.

Philip Stern

DINA. Filha de *Jacó e *Lia, sétima filha de Lia, nascida após seus seis filhos; seu nome, como o de seu meio-irmão *Dã, é derivado de uma raiz que significa "julgar". Em Gênesis 34, Dina é violentada por Siquém, que depois se apaixona por ela e quer desposá-la. Enfurecidos ante o tratamento dado à sua irmã, os irmãos de Dina concordam com o casamento misto, mas só se os homens de *Siquém (a cidade) forem circuncidados. Enquanto eles se recuperam, *Simeão e Levi (irmãos germanos de Dina) os matam, e os outros filhos de Jacó saqueiam a cidade, apossando-se de mulheres e crianças bem como de riquezas e gado e expondo-se à retaliação de grupos vizinhos.

A narrativa em Gênesis 34 permite um notável vislumbre da história e dos costumes israelitas, inclusive as complicadas relações entre os "filhos de Israel" e os habitantes da terra de Canaã e a associação da circuncisão com o casamento.

Jo Ann Hackett

DISCÍPULO. O termo *discípulo* (gr. *mathetes*) ocorre muitas vezes no Novo Testamento, mas somente nos Evangelhos e em Atos. É usado acerca tanto dos *Doze que, segundo os Evangelhos, seguiram *Jesus originalmente quanto de uma ampla variedade de seguidores de Jesus. Os Evangelhos falam de discípulos não só de Jesus como também de *Moisés, de *João Batista e dos *fariseus. Acima de tudo, porém, o termo se refere aos seguidores de Jesus, que são literalmente "alunos", estudantes de Jesus de Nazaré.

O grupo um tanto amorfo dos chamados discípulos constitui uma característica vital de todas as narrativas do Evangelho, mas os autores usaram o termo para comunicar diferentes aspectos da condição de seguidor de Jesus. Em Marcos, os discípulos são agentes de instrução para o autor, mas como exemplos negativos. Eles ensinam a audiência de leitores, mas sobretudo através das coisas que fazem errado ou não compreendem. As perguntas e inquietações constantes dos discípulos, em particular na seção central do evangelho de Marcos, fornecem ao autor uma oportunidade para explicar o propósito da missão de Jesus e o significado oculto de seu ensinamento. A condição de discípulo em Marcos envolve medo, dúvida e sofrimento, como 8.31 e 9.31 e 10.33 deixam explícito; em nenhum lugar isso é capturado de maneira mais pungente do que no caráter de *Simão Pedro. Os discípulos em Marcos, quem quer que essa ampla expressão possa incluir, nunca compreendem plenamente e nunca superam por completo seus medos e apreensões. Há de fato uma sugestão em Marcos de que o medo dos discípulos é em certo sentido um princípio de entendimento.

O evangelho de *Mateus, por outro lado, oferece uma descrição muito diferente do bando de discípulos, um termo que ele usa com muito mais freqüência do que os outros Evangelhos (quarenta e cinco vezes, algo sem paralelo em Marcos ou Lucas). Um discípulo em Mateus é alguém que compreende, ensina e faz o que Jesus ensinou e fez. O discipulado em Mateus não é uma função ou papel distinto, descrevendo antes a vida de um seguidor comum de Jesus na comunidade do evangelista. Os discípulos têm autoridade para ensinar, e assim naturalmente, em contraste com os discípulos de Marcos, eles compreendem os ensinamentos de Jesus, ele próprio descrito como o mestre competente, como o ilustra o Sermão da Montanha. Somente Mateus entre os evangelistas atribui aos discípulos o poder de perdoar pecados. Como em Marcos, a figura de Pedro encarna todos os aspectos do discipulado, mas em contraste com o Pedro de Marcos, o Pedro de Mateus compreende, é capaz de ensinar, e é dotado de inusitada autoridade.

O significado e o conteúdo do termo "discípulo" variam nos quatro Evangelhos. Cada um dos evangelistas usa esse termo amplo, que tende a designar simplesmente um seguidor de Jesus, de maneiras que corroboram sua própria compreensão da comunidade dos seguidores de Jesus e transmitem ao leitor os contornos e as complexidades da vida de um discípulo da época.

J. Andrew Overman

Dispersão. *Ver* Diáspora.

Doutor da lei. É uma expressão aplicada nos evangelhos de Mateus e Lucas a certa parcela da liderança judaica retratada como hostil a Jesus. Não há informação suficiente para se determinar o papel desses doutores da lei na Palestina romana do século I. Sem dúvida eram funcionários letrados nos corredores do poder ou em torno deles no cenário colonial do oriente grego. O termo grego para doutor da lei (*nomikos*) é encontrado apenas uma vez em Mateus e mesmo ali é textualmente incerto. Lucas parece ter substituído outros membros estereotipados da oposição a Jesus, como os *saduceus, pelos doutores da lei. Lado a lado com os *fariseus, em Lucas, o leitor pode estar certo de encontrar um *nomikos* para fazer uma pergunta que provoca em Jesus instrução, condenação ou uma parábola ilustrando a natureza do reino de Deus.

J. Andrew Overman

Doze, os. "Os Doze" é uma expressão empregada por todos evangelistas, e uma vez por Paulo, para denotar um círculo exclusivo, mais íntimo, de seguidores de Jesus. Eles são listados por nome em Mateus 10.2-4, Marcos 3.16-19, Lucas 6.14-46 e Atos 1.13, e embora essas listas nem sempre concordem seja nos nomes ou na sua ordem, o leitor é sempre informado de que Jesus escolheu doze discípulos em particular. Embora sejam discípulos, esses doze são distinguidos ademais pela designação "os Doze". Isso ocorre em especial em Atos 6.1-2, onde os discípulos e os Doze são justapostos; estes últimos são claramente as autoridades na história. Como leitores, sabemos quem são os Doze, inclusive *Judas Iscariotes — um ponto enfatizado por todos os autores, e vemos que eles são os recipientes de um tipo de instrução especial, têm certas expectativas em relação a Jesus, e arcam com o ônus de manter unida a comunidade de seus seguidores após a convulsão de sua crucifixão e ressurreição.

É difícil dizer se os nomes e a concordância generalizada entre os evangelistas acerca do número doze são fatos históricos. Terá Jesus realmente chamado inicialmente doze seguidores, que depois chamaram outros? É possível. Terá Jesus agido conscientemente como se estivesse estabelecendo a nova Israel ao selecionar doze representantes? É difícil não perceber o significado simbólico do número doze. Mas há outros na história que estão tão próximos dele, ou mais, que os Doze, como algumas mulheres e outros que são chamados discípulos. Os Doze recebem de fato ensinamento especial; talvez Jesus estivesse treinando líderes para perseverar em seu lugar. Em Marcos, no entanto, os Doze não entendem praticamente coisa alguma; o ensinamento especial aparentemente não surte efeito. Os papéis dos discípulos e dos Doze são tão importantes nas histórias, e eles receberam tal atenção tanto dos evangelistas quanto dos intérpretes, que é impossível reconstituir o que de fato transpirou historicamente. O próprio Mateus, por exemplo, usou os termos discípulo, *apóstolo e os Doze sem distinção no cap.10, como se fossem todos equivalentes ou as distinções fossem desnecessárias.

O simbolismo do número doze era certamente claro para os evangelistas, e intérpretes subseqüentes não o deixaram passar. Um programa de renovação, se não de reconstituição, de Israel pelo movimento de Jesus é fortemente sugerido pelo próprio número, bem como pela reunião de doze cestas na multiplicação do pão e dos peixes, a representação dos doze discípulos sentados em doze tronos julgando Israel e o uso repetido do número doze no livro do Apocalipse. A usurpação dos símbolos e das figuras heróicas de Israel (*ver* Tribos de Israel) juntamente com as escrituras e os mitos de Israel, e em particular o uso do poderoso símbolo doze, apontam nessa direção para o cristianismo primitivo. Finalmente, no entanto, a Igreja proclamou-se, através de Melito, Justino e outros, uma "terceira raça" e não a Israel renovada que o número doze sugeria.

J. Andrew Overman

E

Eclesiastes. Pseudônimo usado pelo o autor do livro do Eclesiastes. O título do livro em hebraico é *qohelet* (também transliterado *qoheleth* e *koheleth*), uma forma particular do verbo "reunir" que levou à tradução da Septuaginta, *Ekklesiastes*, aquele que se dirige a uma assembléia, freqüentemente traduzido por "O Pregador". O conteúdo desse curto tratado, no entanto, é menos eclesial que sapiencial, exibindo um ceticismo e um humor sardônico que seriam incongruentes numa assembléia religiosa formal. Até a teoria ética da moderação evoca o acadêmico, e o epílogo editorial, escrito por outra mão, mostra o autor sob a aparência de um escriba-mestre, acrescentando o artigo definido: *haqqôhelet*, ou "O Compilador", sugerindo que pode realmente se tratar do apelido dado por um estudante a um personagem conhecido.

Escrito provavelmente no século III a.C., o livro é mais filosófico do que religioso e consiste de uma seqüência de respostas a perguntas apresentadas em Eclesiastes 1.2-3: "Que ganha uma pessoa com sua labuta?" Começando e terminando com esse tema, o livro se divide em duas partes: um tratado filosófico sobre a vida e o absurdo (caps.1-6), e uma discussão ética sobre como se deveria viver a própria vida em conseqüência disso (caps.7-12). Envergando o manto de *Salomão e assim investido de perfeita sabedoria, o autor procura sentido onde tradicionalmente ele pode ser encontrado: no prazer, em bens, no trabalho. Tudo termina em morte. Até a própria sabedoria de nada vale. O absurdo permanece, e não simplesmente na experiência pessoal, mas enraizado na natureza humana: "Deus deu aos homens" o instinto inato de raciocinar sobre os porquês, mas até isso é "vaidade". Paradoxalmente, a inevitabilidade da morte centra a mente no "agora", e assim a vida humana, com suas limitações e prazeres, ocupa o centro do palco. O autor apresenta uma ética do gozo, mas é bastante cuidadoso ao impor restrições ao desfrute das coisas boas da vida, que nunca deve exceder limites humanos. O abuso nunca é aceitável. O prazer é um ideal prático, não um absoluto. Essa parece ser a melhor solução para a frivolidade da vida.

Eclesiastes representa uma visão de mundo e da existência baseada na experiência de um indivíduo e uma ética resultante fundada na razão e aplicada àquela experiência. Sem que o autor rejeite sua tradição, suas tendências racionais, universalistas, tornam impossível a adesão cega àquela tradição. Deus continua sendo o Deus do judaísmo, mas o autor o vê antes como Elohim, o criador e soberano universal que permanece acima do entendimento humano. É isso que torna a ética tão importante; num mundo imprevisível sustentam-se valores humanos de integridade e decência. Sustenta-se a própria humanidade, e talvez esse seja o único valor certo.

Como esse livro encontrou lugar no cânone hebraico continua sendo um enigma. Talvez isso seja um tributo ao fato de que um erudito religioso, herdeiro de uma tradição, pôde enfrentar um mundo de fermentação cultural e dar uma contribuição pessoal propondo uma resposta intelectualmente válida ao problema da existência.

Dermot Cox, O.F.M.

ECLESIÁSTICO, LIVRO DO. *Ver* Sirácida.

ÉDEN, JARDIM DO. Um jardim de árvores e vegetação luxuriante plantado por Deus e ocupado por *Adão e *Eva. O significado da palavra "Éden" em hebraico é incerto. Alguns estudiosos a associam a uma palavra suméria que significa "deserto" ou "planície", ao passo que outros propuseram uma derivação da palavra hebraica para "deleite" ou "prazer". Assim, o Éden passou a ser identificado como um jardim ideal de deleite, ou paraíso.

A localização do jardim do Éden que o autor do Gênesis tinha em mente é de difícil determinação. Gênesis 2.8 situa o jardim "no oriente", o que em geral indica a *Mesopotâmia. Gênesis 2.10-14 parece se inspirar numa tradição do Oriente Próximo de um jardim idílico de que rios emanam. Dois dos quatro rios mencionados em Gênesis são conhecidos, o Tigre e o Eufrates. Os outros dois não são conhecidos (embora Gion, significando "poço jorrante", seja também o nome da principal fonte de Jerusalém), o que torna qualquer localização geográfica precisa hipotética.

Em Gênesis 2-3, o jardim do Éden tem em seu centro a árvore da vida e a árvore do conhecimento do bem e do mal. O jardim não é apenas um paraíso exuberante, mas um lugar criado por Deus em que os homens vivem, comem e trabalham. O Éden atuou como um paradigma da sólida relação entre Deus e os homens e entre os homens e a natureza, que não mais prevaleceu após a desobediência do primeiro casal.

A imagem do jardim do Éden reaparece numa forma um tanto alterada nos profetas posteriores. A expulsão do Éden serve como uma metáfora do futuro julgamento contra as nações (Tiro e Egito), e do futuro julgamento do dia do Senhor. O jardim do Éden é também uma imagem de promessa: em paralelo com "o jardim do Senhor", o Éden aparece em Isaías 51.3 como uma metáfora da renovação da terra de Israel após o exílio babilônio.

Dennis T. Olson

EDOM. Reino limítrofe de Israel em sua fronteira sudeste durante a Idade do Ferro. Abrangia a área ao sul do *wadi* Hesa na Jordânia até o golfo de Ácaba, e, durante parte desse período, incluiu a área chamada Seir, a sudoeste do mar Morto e ao sul de Cades Barne.

Muito pouco se sabe sobre Edom. Praticamente nenhuma inscrição edomita foi encontrada, afora alguns sinetes e uns poucos óstracos. A principal fonte literária para a história de Edom é a Bíblia, mas a partir dela só é possível montar um esboço extremamente precário. Alguma informação vem de registros assírios, e escavações e levantamentos arqueológicos tornaram possível delinear um quadro geral do desenvolvimento da região.

O desenvolvimento inicial de Edom permanece em grande parte desconhecido. As histórias do Gênesis que descrevem as relações de parentesco entre os *ancestrais de Israel e os de todos os reinos circundantes são em geral compreendidas como artificiais. No caso de Edom isso é particularmente claro, já que a conexão entre o irmão de Isaac, Esaú, e Edom é tênue e desajeitada nas narrativas de Gênesis 25: 19-34, sendo quase certamente uma imposição posterior às histórias.

Levantamentos arqueológicos indicam que a terra de Edom era povoada de maneira bastante esparsa durante o Bronze Tardio (c.1550-1200 a.C.), com apenas poucas cidades fortificadas e algumas aldeias minúsculas. O nome geográfico Edom aparece pela primeira vez num documento egípcio do século XIII a.C.

Números 20.14-21 sugere que Edom já era uma monarquia na época do Êxodo, no século XIII. Estudos recentes, no entanto, lançaram considerável dúvida sobre a historicidade dessa e de outras narrativas relacionadas. Já se mostrou que até a chamada lista edomita de reis em Gênesis 36.31-39 é deturpada e não confiável.

É dito que *Saul lutou contra Edom com sucesso, mas foi *Davi quem conquistou o reino e o incorporou em seu império, instalando guarnições por toda a terra. Embora um certo Adad tenha tentado se rebelar contra *Salomão, não parece ter tido êxito. Edom permaneceu sob o controle israelita, administrado por um governador israelita até o reinado de Jorão de Judá em meados do século IX. Nessa ocasião os edomitas rebelaram-se com sucesso e estabeleceram seu próprio rei.

Durante os reinados de Amasias de Judá (797-769) e Azarias (769-734), Edom caiu novamente sob o domínio judaico. Cedo em seu reinado, Azarias recapturou e reconstruiu Elat, no golfo de Ácaba. No reino de Acaz, porém, Edom livrou-se definitivamente do controle judaico e permaneceu independente de Judá daquele momento em diante.

Em lugar da dominação de Judá, contudo, veio a assíria, mas como ocorreu também em Amon e Moab, a presença assíria parece ter sido econômica e politicamente benéfica para Edom. Escavações em Buseira (provavelmente a capital edomita Bosra), Tawilan e Tell el-Kheleifeh (Elat), mostram que o final do século VIII até meados do século VI a.C. viram o apogeu da prosperidade e da expansão edomitas. É desses séculos que se conhece arquitetura monumental, e há indicações de que Edom expandiu sua influência na hinterlândia sul de Judá.

Edom parece ter sobrevivido à violência das campanhas *babilônias sob Nabucodonosor e, embora Buseira, Tawilan e outros sítios tenham sido destruídos mais tarde no século VI, a região se recuperou e continuou a desempenhar um papel no comércio internacional durante o período persa. Com a ascensão dos nabateus, uma proporção considerável dos edomitas parece ter se mudado para oeste, de tal modo que, no período helenístico, Iduméia (a forma grega de Edom) foi o nome da região diretamente ao sul do Judá. O mais famoso idumeu foi Herodes o Grande.

Nomes comprovadamente edomitas sugerem que esse povo cultuava os conhecidos deuses semitas ocidentais, Hadad/*Baal e El. Ao que parece, porém, a principal divindade de Edom era um deus chamado Qaus/Qos. Pouco se sabe desse deus e até suas características básicas (era um deus da tempestade ou da guerra?) são discutidas. Alguns estudiosos especularam que no final do segundo milênio/início do primeiro a.C., Javé pode ter sido uma divindade importante na religião edomita, já que algumas passagens bíblicas associam Javé estreitamente a Edom e Seir.

Embora Deuteronômio 23.8 expresse uma atitude tolerante em relação aos edomitas, a maior parte das passagens bíblicas que tratam do reino manifestam-lhe severa hostilidade, refletindo o conflito quase constante entre Judá e Edom. Considerável rancor é evidente nos textos bíblicos relativos às atitudes e ações de Edom após a destruição de Jerusalém em 587/586 a.C. Na literatura pós-exílica, Edom tornou-se, de fato, um símbolo dos inimigos de Israel.

Wayne T. Pitard

ÉFESO. Cidade na costa ocidental da Ásia Menor e sede da comunidade *cristã a que a Epístola aos efésios é dirigida. Geralmente reconhecida como a primeira e a mais notável metrópole da província romana da *Ásia, Éfeso desempenhou um papel histórico no movimento do cristianismo desde a *Palestina até Roma. Atos descreve Éfeso como o ponto culminante da atividade missionária de Paulo, e foi de Éfeso que Paulo escreveu as Epístolas aos coríntios. As Epístolas Pastorais e o Apocalipse associam a cidade com *Timóteo e *João, respectivamente. Tradições posteriores sustentaram que *Maria, a mãe de Jesus, viveu e morreu ali.

Do período clássico ao bizantino, Éfeso exerceu hegemonia na região jônica. Era famosa por seus filósofos, artistas, poetas, historiadores e retóricos. Deu nítidas contribuições para a história intelectual e religiosa desde o período pré-socrático até os ressurgimentos filosóficos do Império Romano mais tardio. Não admira que Paulo seja visto ensinando "todos os dias na escola de Tírano" em Éfeso durante dois anos (Atos 19.9), que *João tenha, ao que se conta, escrito o Quarto Evangelho em Éfeso, e que esse tenha sido o local da conversão de Justino Mártir, o primeiro filósofo cristão.

A importância de Éfeso provinha de sua localização na costa ocidental da Ásia Menor, na junção de rotas fluviais, de terra e marítimas. O tamanho da cidade na época do cristianismo primitivo foi estimado em 250.000 habitantes e durante o período inicial do Império ela foi um dos centros urbanos e comerciais que mais rapidamente cresceram no oriente romano. Embora fossem flagelados pela aluvião, os portos de Éfeso continuaram úteis no Império tardio e no período bizantino.

Segundo Josefo, havia uma expressiva comunidade judaica ali, embora poucos vestígios materiais judaicos tenham sido descobertos. A cidade era famosa como um centro de magia e taumaturgia. A expressão grega *Ephesia grammata* (letras efésias) tornou-se uma designação genérica para toda sorte de palavras mágicas e encantações apotropaicas. A cidade atraía exorcistas judeus bem como seus equivalentes gentios, como Apolônio de Tiana.

Embora os panteões grego e egípcio estivessem bem representados na Éfeso imperial, o ponto focal religioso da cidade era a deusa *Ártemis dos Efésios. De Éfeso seu culto se espalhara pela bacia do Mediterrâneo, e seu santuário na cidade era reconhecido como uma das sete maravilhas da Antigüidade. O sítio de Éfeso está excepcionalmente bem escavado e reconstruído. A maior parte das áreas escavadas lançou luz mais sobre a cidade romana e bizantina que sobre a helenística. Entre os monumentos notáveis estão as fundações do templo de Ártemis e seu altar, o teatro de 25.000 lugares, templos para o culto imperial, a biblioteca de Celso, numerosos banhos e ginásios, as "casas inclinadas", que datam do início do Império à era bizantina, e o templo das divindades egípcias. Os milhares de moedas e inscrições encontrados iluminaram muitas facetas da história e da cultura de Éfeso na época do cristianismo primitivo. Monumentos cristãos proeminentes datam da era bizantina e incluem a igreja de São João, pretensamente construída no sítio da sepultura do apóstolo, a igreja de Santa Maria, tradicionalmente apontada como o sítio do Concílio de Éfeso em 431 d.C., e a lendária Caverna dos Sete Dorminhocos.

Segundo Efésios 1.1; 3.1-13; 4.1; e 6.19-22, a Epístola aos efésios foi escrita enquanto Paulo estava na prisão. Um número muito pequeno de pós-escritos a manuscritos gregos antigos declara que ela foi escrita em Roma; se isso é verdade, sua data seria cerca de 61-63 d.C. No entanto, a prisão do apóstolo por César (entre 58 e

60?) e um cativeiro efésio (em meados da década de 50) foram também sugeridos.

Em 1729 o teólogo inglês Edward Evanson questionou pela primeira vez a autoria paulina. Durante o século XIX, estudiosos alemães reuniram argumentos em favor de uma origem pseudônima, e hoje a maioria dos pesquisadores trata as epístolas como não-paulinas, situando sua data entre 70 e 100 d.C., sobretudo na década de 90. Alguns pensam que o autor foi Onésimo, o escravo foragido mencionado na epístola de Paulo a *Filêmon, que é depois identificado também com o *bispo de Éfeso que usava o nome Onésimo (mencionado na carta de Inácio aos efésios).

Markus K. Barth, Richard E. Oster Jr.

EFRAIM. Aparece pela primeira vez na Bíblia como nome do filho caçula de *José, que lhe nasceu no Egito de sua mulher Asenet. Em Gênesis 48 o patriarca *Jacó em seu leito de morte abençoa os dois filhos de José, *Manassés e Efraim, cruzando as mãos e dando o direito de primogenitura a Efraim. É a continuação do conhecido padrão bíblico de conferir a herança ao menor antes do mais velho (Abel, Isaac, Jacó, José etc.). No caso de Efraim isso provavelmente reflete a dominação final da tribo de Manassés pela tribo de Efraim, que se proclamam ambas descendentes dos respectivos filhos de José (ver Tribos de Israel). A tribo de Efraim veio a habitar a região montanhosa central de Canaã, ao norte de Jerusalém, a chamada região montanhosa de Efraim (de que a tribo provavelmente recebeu seu nome). As antigas cidades de Betel, *Siquém e Silo encontram-se todas nesse território. Sua importância é realçada pelo uso do nome Efraim como uma designação literária alternativa para todo o reino norte de *Israel na altura de meados do século VIII a.c. Essa posição crucial é sublinhada pelos nomes de alguns dos personagens mais destacados da tribo: *Josué, *Débora, *Samuel e Jeroboão I, o fundador do reino secessionista do norte. Uma cidade chamada Efraim é mencionada em 2 Samuel 13.23; pode ser a mesma Efraim para onde Jesus foi após ressuscitar Lázaro.

Carl S. Ehrlich

EGITO. O nome é derivado do grego *Aiguptos*, ele próprio uma versão do egípcio *Hwt-Ptah*, "Templo de Ptah". O nome egípcio para o país era *Keme* "a Terra Negra"; em hebraico ele aparece como *Misraym.*

Exceto a região do delta, formada por lodo depositado por milênios pelo Nilo, o resto do Egito consiste de um estreito vale ao longo de um rio, limitado em seus lados leste e oeste por vastos desertos áridos e inóspitos. O delta é similarmente limitado a leste pelo deserto do Sinai e a oeste pelo deserto Líbio. No sul, as águas turbulentas da Primeira Catarata em Assuan formam um limite natural, como o faz o mar Mediterrâneo no norte. Nos tempos antigos essas fronteiras geográficas naturais isolavam efetivamente o Egito do resto do Oriente Próximo, favorecendo com isso o desenvolvimento ininterrupto da civilização peculiar dos egípcios, em geral não perturbada por invasões estrangeiras. Abençoados com um clima estável e terras extremamente férteis, regularmente irrigadas pelo rio Nilo, os egípcios desenvolveram uma rica economia agrícola, produzindo trigo, cevada, vegetais de muitos tipos, várias frutas e uvas. Em tempos muito remotos, o Egito tornou-se o celeiro do Oriente Médio, especialmente em tempos de escassez. Embora rico em excelentes tipos de pedra adequados à construção e ao entalhe — entre elas calcário, alabastro, arenito e granito —, o Egito nesse tempo era pobre em minérios manipuláveis. A única exceção era ouro do deserto leste, a Núbia, e do norte do Sudão. O Egito era também e ainda é pobre em árvores adequadas à carpintaria. O comércio exterior dessa mercadoria data de tempos remotos.

A origem exata dos egípcios é incerta. Eles próprios sustentam que seus ancestrais migraram para o norte a partir de uma região que margeava o mar Vermelho. Sua língua, essencialmente camítica, revela no entanto certas afinidades com a família semítica de línguas. A forma mais recente do egípcio é o copta, desenvolvido durante o período inicial do cristianismo no Egito. Ele ainda é usado na liturgia da Igreja copta, embora desde a conquista árabe no século VII d.C. a língua comum das pessoas tenha sido o árabe.

A geografia do Egito, *grosso modo* um vale de rio com cerca de 960km de comprimento, levou ao desenvolvimento de muitos dialetos locais da língua nativa. Durante o início da era faraônica, para superar as dificuldades causadas por essa diversidade de linguajares, uma forma especial de escrita foi desenvolvida. Baseada em muitas figuras hieroglíficas, era uma espécie de língua escrita mandarim, estritamente consonantal mas capaz de fazer face às diferenças vocálicas dos vários dialetos. O trabalho de interpretar e, mais particularmente, de escrever os hieróglifos era realizado por um grande corpo de escribas formados, que poderiam ser descritos como constituindo um serviço civil primitivo que mantinha a bem-sucedida administração do Egito.

Tanto a partir de fontes originais quanto a partir de uma história escrita na Grécia c.300 a.C. por um sacerdote egípcio, Mâneto, revela-se que a unificação dos dois antigos reinos do norte e do sul foi efetuada por Menés, o fundador da primeira dinastia histórica e o construtor da cidade de Mênfis. Em sua história, Mâneto arrola os soberanos do Egito sob trinta dinastias, mas muitos dos reis que cita não deixaram nenhum registro tangível de seus reinados. Um esquema mais simples da longa história é fornecido por estas divisões: Período Arcaico, c.3100-2700 a.C.; Reino Antigo c.2700-2500 a.C.; Reino Médio, c.2134-1786 a.C.; Reino Novo, c.1575-1087 a.C.; Período Tardio, até o início do Período Grego ou Ptolemaico, c.1087-332 a.C. O Reino Antigo foi um período de construções notáveis e excelência artística. Em particular, os soberanos da IV Dinastia ergueram as imensas pirâmides de Gisé, consideradas pela Antigüidade clássica uma das sete maravilhas do mundo. O abalo da economia do reino por força da construção das pirâmides acabou por enfraquecer de tal modo as dinastias ulteriores que no final da VI Dinastia ocorreu um período de anarquia e declínio.

Durante a XI Dinastia, monarcas competentes, originários de Tebas, estabeleceram efetivo controle sobre todo o Egito e fundaram o Reino Médio. Os soberanos mais poderosos foram os da XII Dinastia, que conquistaram e mantiveram a Núbia. Durante o Reino Médio houve uma revivescência de excelência artística, em especial na arte do retrato.

Como ocorrera com o Reino Antigo, perto do fim do Reino Médio um período de debilidade do governo central permitiu a entrada de um grupo de estrangeiros na região do delta. Eles ficaram conhecidos como os hicsos ou os "Chefes de Terras Estrangeiras" e provavelmente eram de origem pastoral. Foram poderosos o bastante para conservar o norte do Egito por um tempo considerável; alguns estudiosos antigos e modernos vêem esse período como o cenário das narrativas de *José no Gênesis. Durante o mesmo período, gente da Núbia (o norte do Sudão) invadiu a maior parte da região ao sul de Assuan.

Apesar desses reveses, os soberanos de Tebas acabaram conseguindo derrotar as forças na Núbia e expulsar os hicsos do delta. Com a fundação da poderosa XVIII Dinastia, teve início um período de avanço militar rumo à Palestina e a Síria. Sob reis guerreiros como Tutmés I e seu sucessor mais tarde Tutmés III, o maior de todos os faraós, os exércitos egípcios avançaram até as cabeceiras do Eufrates. A conquista levou para o Egito vastas quantidades de butim para inchar o tesouro do deus do Estado, Amon-Rá. Esse período testemunhou também a entrada de muitos artesãos estrangeiros no país, e com eles novas idéias. Perto do fim da dinastia, lutas religiosas internas e debilidade administrativa externa seguiram a ascensão de Amenhotep IV, mais conhecido como Akhenaton (também grafado Akhnaton e Ikhnaton). Ele tentou mudar a religião estabelecida havia tanto tempo, fazendo rude oposição aos sacerdotes e por fim transferindo sua capital de Tebas para Tell El Amarna. As opiniões sobre Akhenaton variaram, havendo os que o viram como o primeiro monoteísta e, no outro extremo, como um materialista amante do prazer. Não é fácil fazer uma avaliação justa, pois depois de sua morte a nova capital foi abandonada, a antiga religião restaurada e todo possível registro sobre sua pessoa destruído. Alguma correspondência com soberanos asiáticos em cidades como Biblos, *Jerusalém e *Siquém sobreviveu e é conhecida como as Cartas de El Amarna; trata-se de uma importante fonte para nossa compreensão da Síria-Palestina nesse período. Entre seus sucessores esteve o jovem Tutancâmon, que reinou brevemente, e cujo túmulo, cheio de esplêndidos tesouros, foi encontrado no vale dos Reis por Howard Carter em 1922.

Uma expressiva restauração da glória passada do Egito foi alcançada durante a XIX Dinastia, sob os reis Seti I e seu filho Ramsés II, que avançaram ambos mais uma vez sobre a Palestina e a Síria; o Êxodo dos hebreus do Egito é datado desse período por muitos estudiosos. Ramsés guerreou de maneira inconcludente com os hititas no norte da Síria, mas seus grandes feitos durante um longo reinado foram seus projetos de construção, especialmente em Tebas, e seus enormes templos escavados na rocha em Abu Simbel na Núbia. Seu sucessor, Mernepta, teve de enfrentar a invasão estrangeira no norte. Numa estela triunfal de seu reino ocorre a primeira menção do nome de Israel, como um povo derrotado (*ver* Israel). Na XX Dinastia ocorreu uma invasão muito mais séria do norte do Egito por terra e por água. Esta foi esmagada por Ramsés III, não reconhecido em geral como o maior, do ponto de vista militar, dos reis que usaram esse nome. Entre os vários povos que tentaram a invasão por mar estava o grupo conhecido na Bíblia como os filisteus.

Seguiu-se uma sucessão de reis usando o nome Ramsés, mas cada um se provou mais fraco que seu predecessor, e o Egito declinou em poder. As barreiras geográficas que no passado haviam assegurado tantos séculos de isolamento não bastavam mais para evitar a invasão estrangeira. Assim, a XXII Dinastia foi fundada por um general líbio, Secanc I. Chamado Sesac na Bíblia, ele invadiu a Palestina durante o reinado de Roboão, c.920 a.C., retirando alguns dos vasos do Templo. Um registro de alguns dos lugares que ele afirmou ter capturado aparece numa das paredes do templo de Carnac. A XXV Dinastia teve origem na Núbia. No tempo de Taharka (o Tiraca de 2 Reis 19.9), o quarto soberano da dinastia, o Egito enfrentou invasões pelos *assírios. Em 663 a.C., durante a última das invasões assírias na época do sucessor de Taharka, a grande cidade de Tebas, No-Amon, foi capturada e saqueada.

Por um período após a retirada dos assírios, o Egito reviveu sob vários soberanos competentes, só para ser finalmente derrotado pelos *persas sob Cambises. Em 332 a.C. *Alexandre o Grande foi bem recebido pelos egípcios como seu libertador do domínio dos odiados persas. Após a morte de Alexandre e a divisão de seu império entre seus generais, Ptolemeu ganhou o Egito em 322 a.C., tornando-se o primeiro soberano da dinastia Ptolemaica ou Grega. Essa dinastia terminou com Cleópatra, que, como seu amante Marco Antônio, cometeu suicídio após sua derrota na Batalha de Áccio (31 d.C.). O Egito tornou-se então parte do Império *Romano.

Sob os faraós, o governo do Egito foi essencialmente teocrático, o rei, como filho dos deuses, sendo semidivino e, nessa condição, o sumo sacerdote da terra. Seu título geral, faraó, significando "a Grande Casa", pode ser comparado a "o Palácio" ou "a Sublime Porta". É somente a partir do tempo do faraó que o nome do soberano do Egito é registrado na Bíblia. Dois outros nomes de soberanos registrados são So e Necao. A ordem de precedência na sociedade egípcia pode ser ilustrada pela figura de uma pirâmide: o faraó no ápice, e, em camadas descendentes, a família real e os príncipes locais, os sacerdotes, os escribas, os artesãos, e na base os operários da terra.

Para mentes modernas, a religião do antigo Egito parece uma mistura estranha, caótica, de panteísmo e culto de animais, freqüentemente cheia de crenças contraditórias. O longo isolamento do resto do Oriente Próximo antigo tendeu a engendrar nos egípcios uma perspectiva fortemente conservadora com uma profunda reverência pelo passado, de modo que o que poderia parecer contraditório era aceito como complementar. Ao longo dos séculos divindades puramente locais se fundiram em agrupamentos maiores, de tal modo que o deus de uma localidade podia ser visto como o marido da deusa de uma outra. Em alguns casos a divindade de uma terceira localidade, incorporada num agrupamento maior, podia ser vista como o filho de um casamento divino, criando assim uma tríade. Em muitos casos, as únicas pistas da existência anterior de deuses locais são seus nomes isolados. Cabe observar que muitos deuses do Egito eram essencialmente divindades do vale do Nilo, e que de seu vasto número apenas uma, a deusa Ísis, foi transferida com sucesso para o exterior.

Os muitos templos, mantidos por imensas propriedades, eram estabelecidos para servir aos vários deuses, que por sua vez serviam à humanidade preservando a urdidura física do mundo. Os templos eram na verdade instituições estatais e não lugares de devoção e prece individuais. Desempenhavam um papel muito prático treinando meninos habilidosos, independentemente de sua posição social, para se tornarem escribas a serviço do Estado. Havia uma crença generalizada na ressurreição e num reino futuro de recompensas e punições, presidido pelo deus Osíris, que fora morto por seu perverso irmão Set, mas fora depois restaurado à vida. A partir de vários escritos revela-se que em todos os períodos existiu um senso de moralidade religiosa pessoal, à parte da religião estatal.

J. Martin Plumley

ELIAS. Elias ("Iah[weh] é meu Deus") foi um profeta no reino do norte da monarquia dividida durante os reinados de Acab, Ocozias e Jorão (873-843 a.C.). As circunstâncias de seu nascimento e juventude não estão registradas, como tampouco, um tanto inusitadamente, o nome de seu pai. Era um nativo de Tisbé em Galaad, um sítio desconhecido da Transjordânia.

As histórias sobre Elias, que outrora circularam separadamente, foram incorporadas à história deuteronômica como parte de seu extenso relato do reinado de Acab de Israel e de seu relato mais breve do reinado do filho de Acab, Ocozias, cedo falecido. A transferência de Elias para o céu e sua sucessão por *Eliseu em 2 Reis 2.1-18 estão fora da moldura dos reinados e são parte do ciclo de Eliseu; têm lugar em algum momento no reinado de Jorão.

O ciclo de Elias registra a batalha no norte pela sobrevivência do javismo autêntico. Tanto Acab quanto seu sucessor Ocozias recorriam não só a Javé mas também a *Baal e sua consorte *Aserá pelas chuvas de inverno e o orvalho de verão que fertilizavam a terra, e para curas. Elias teve de discutir não só com os muitos profetas de Baal e Aserá, mas com outros profetas de Javé; 1 Reis 20 e 22 (embora não mencionando Elias) mostram discordância entre profetas que falavam em nome de Javé. Para Elias, o javismo envolvia mais do que culto apropriado; o rei era responsável pela palavra de Deus manifestada através de profetas como Elias e era obrigado a cumprir as leis mosaicas de proteção dos pobres. A casa real, influenciada pela rainha fenícia *Jezebel, buscou modelos não-israelitas de monarquia, em que os deuses patronos sustentavam a dinastia.

Na seção 1 Reis 17-19 histórias curtas são habilidosamente arranjadas numa demonstração coerente do controle da fertilidade por Javé e da proteção que ele assegura a seu profeta. Em 17.1 Elias anuncia uma seca, em seguida, em 17.2-24, é protegido contra seus efeitos e contra o rei. Em 18.1-40 Elias desafiou Acab e seus profetas para um debate para determinar que divindade seria capaz de pôr fim à seca. O consumo por Javé do touro que lhe é oferecido prova que somente ele é Deus; a chuva dos vv.40-46 vem portanto de Javé, não de Baal.

A palavra profética que encerra a seca, como a palavra que a iniciou (17.1), põe Elias em perigo junto ao rei. O cap.19 conta como Javé protegeu Elias no *Horeb, a fonte do javismo autêntico. Como Moisés, ele encontra Deus. A teofania, contudo, não se dá na tradicional tempestade, mas numa "voz suave e amena", ordenando-lhe ungir novos reis na Síria e em Israel (Hazael em lugar de Ben-Hadad e *Jeú em lugar de Acab), e um sucessor profético, Eliseu. A divindade única de Javé, provada na tempestade que pôs fim à seca em Carmelo, é afirmada de uma maneira diferente no Horeb; o Deus de Israel tem poder para rejeitar e designar reis e para assegurar uma palavra profética perene.

O cap.21 é uma outra confrontação de rei e profeta, dessa vez em torno do assassinato judicial de Nabot, que, segundo a concepção israelita de posse da terra, recusara-se a vender a gleba da sua família para Acab. A maldição que Elias lança sobre Acab só tem efeito na geração seguinte, o que dá lugar à última confrontação registrada de Elias com Ocozias em 2 Reis 1. O rei em sua doença mandara buscar cura em Baal de Acaron, e por isso devia morrer.

Fora dos livros dos Reis, o Cronista relata uma carta de Elias condenando Jeroboão. Malaquias identifica o mensageiro dos últimos dias com Elias; levado para o céu, o profeta retornará para preparar a nação para o dia do Senhor no julgamento. O papel de Elias como precursor continua na tradição judaica, com o desenvolvimento de expectativas messiânicas; na mesa da Páscoa um lugar é posto para Elias, caso ele volte para inaugurar a era messiânica. Essa crença está presente também no Novo Testamento; Marcos e João falam de Elias como o precursor dos últimos dias. O Elias do livro dos Reis aparece em Lucas 4.25-27; Rom. 11.2; Tg. 5.17; e é representado dramaticamente no oratório *Elias* de Felix Mendelssohn.

Richard J. Clifford

ELISEU. Eliseu ("Deus concedeu salvação"), filho de Safat, um nativo de Abel Meholá no reino norte de Israel, foi um profeta durante os reinados de Jeroboão, Jeú, Joacaz e Joás (849-785 a.C.). As histórias sobre ele em 2 Reis 2-9 e 13.14-21 continuam diretamente aquelas sobre seu antecessor profético, *Elias, em 1 Reis 17 e 2 Reis 1. A história deuteronômica, uma vasta obra que narra a história de Israel de Moisés a Josias, e até o século VI a.C., incorporou essas histórias com pouca edição. A maior parte dos estudiosos supõe que houve certa vez um ciclo de histórias sobre Eliseu, talvez mais extensas do que as preservadas em 2 Reis, que foi depois unido ao ciclo ligeiramente mais antigo de Elias antes de ser incorporado na história deuteronômica. Eliseu é retratado como um discípulo de Elias. Ele é, contudo, completamente diferente do solitário Elias com sua inflexível hostilidade à casa de Amri. Chefia guildas proféticas, "os filhos dos profetas", e fica por vezes, embora de modo algum sempre, em contato amistoso com reis israelitas.

Eliseu é mencionado pela primeira vez em 1 Reis 19. Elias, renovado por sua visita à fonte do javismo no Monte *Horeb, é encarregado de três missões importantes: ungir Hazael para ser rei da Síria em lugar de Ben-Hadad, ungir Jeú para ser rei em lugar de Jorão, e ungir Eliseu "como profeta em teu lugar ... e quem quer que escape da espada de Jeú, Eliseu matará". Diante disso Elias procura Eliseu, que está arando, e joga sobre ele seu manto, o símbolo de seu ofício profético; Eliseu torna-se seu servo e finalmente seu sucessor, quando o manto de Elias é definitivamente depositado em suas mãos. As duas primeiras missões dadas a Elias — a unção de Hazael em 2 Reis 8.7-15 e de Jeú em 2 Reis 9 — foram na realidade realizadas por Eliseu.

Há dois tipos de histórias de Eliseu. Num deles estão as longas narrativas em que o profeta, por vezes com seu servo Giezi, é envolvido com figuras proeminentes da época. Ele aconselha o rei de Israel na questão do sírio Naamã; desempenha um papel em guerras entre a Síria e Israel; e fomenta a rebelião de Jeú. No outro tipo temos histórias breves em que Eliseu alivia o sofrimento de pessoas: torna não venenosa a água de uma fonte; pune meninos irreverentes; alimenta a *viúva sunamita e ressuscita seu filho; tira o veneno de uma panela e multiplica pães; e faz uma cunha de machado flutuar. Ambos os tipos de histórias, especialmente o último, enfatizam o miraculoso. Sua ênfase no extraordinário assemelha-se à das histórias de Elias e das narrativas sobre as pragas no Êxodo; em geral, sinais e prodígios bíblicos são mais sobriamente descritos.

Eliseu é mencionado uma única vez no Novo Testamento, em Lucas 4.27, que cita a cura do sírio Naamã como um exemplo do zelo de Deus por não-israelitas. Os milagres de Eliseu, como os de Elias, tiveram, contudo, influência sobre as narrativas dos milagres de Jesus, especialmente em Lucas, como a ressurreição do filho da viúva e a multiplicação dos pães.

Richard J. Clifford

EMANUEL. Os *profetas israelitas podiam dar nomes a indivíduos de acordo com uma mensagem específica que estavam tentando transmitir. Assim como *Oséias nomeou seus três filhos em correspondência com sua mensagem, assim *Isaías observou: "Eu e os filhos que Javé me deu somos sinais": Sear Iasub, significando "um remanescente retornará"; Maher

Shalal Hash Baz, significando "pronto-saque-próxima-pilhagem"; e Emanuel, significando "Deus está conosco".

O tempo entre o nascimento e maturação de Emanuel é o foco específico da profecia de Isaías. Ele sustenta que antes de o menino atingir certa idade, os inimigos de Judá em *Damasco e na *Samaria serão repelidos pela *Assíria. Segundo fontes assírias, em 732 a.C. os dois reis que reinavam naquelas cidades foram mortos e seus reinos conquistados pela Assíria.

O contexto mais amplo torna provável que esse Emanuel fosse um filho de Isaías. No entanto, como Isaías diz laconicamente que Emanuel nascerá "da jovem", alguns sugerem que a mãe é outra pessoa que não a mulher de Isaías, a quem ele se refere em outra passagem como "a profetisa". Alguns sugerem que a mãe é uma rainha (uma mulher do rei Acaz, a quem Isaías está se dirigindo), uma circunstante não identificada para quem Isaías aponta, ou uma figura de culto. A interpretação cristã tradicional segundo a qual "a jovem" é uma referência intencional a *Maria, a mãe de *Jesus, não faz justiça à profecia imediata, que exigia cumprimento no século VIII a.C.

*Mateus aplica Isaías 7.14 a Jesus do mesmo modo como aplica à história de Jesus outros eventos que já haviam acontecido na história de Israel. Como Emanuel é um dos poucos nomes para os quais Mateus forneceu uma tradução ("Deus conosco"), fica claro que o evangelista desejava enfatizar que no nascimento miraculoso de Jesus houve uma dimensão das palavras de Isaías apropriadas somente a Jesus. O eco do nome Emanuel nas últimas palavras de Jesus no evangelho, "Estou convosco", é uma recapitulação literária da promessa do nascimento.

Samuel A. Meier

EPICURISTAS. Epicuro (341-270 a.C.) formou em *Atenas uma comunidade de amigos que sustentava que a filosofia tinha a finalidade prática de assegurar felicidade. Acreditando que o prazer é a soma total de felicidade, eles o concebiam não como indulgência sensual, como acusavam seus opositores, mas como uma tranqüilidade semelhante à dos deuses. Contrariando a visão popular, afirmavam que os deuses não exerciam nenhuma vigilância providencial sobre os negócios humanos. As pessoas não precisavam, portanto, temer os deuses, nem precisavam temer a morte, pois ela marcava simplesmente o fim da existência humana e não devia ter nenhuma influência sobre nosso modo de vida. Os epicuristas buscavam segurança em comunidades organizadas em que, em companhia de amigos, inclusive mulheres e escravos, procuravam "viver despercebidos", longe da sociedade, que desprezavam. A oposição aos epicuristas foi intensa e difamatória. Como eles não acreditavam nos deuses populares, eram tachados de ateus, ou, na melhor das hipóteses, crentes em deuses ociosos ou sonolentos; sua atitude social era vista como misantrópica e irresponsável; e o moto "come, bebe (porque não há vida após a morte)" tornou-se uma referência abreviada ao suposto hedonismo epicurista.

Os epicuristas foram associados a Gádara, Gaza e Cesaréia, e não surpreende que traços de epicurismo tenham sido detectados na Bíblia e em outros escritos judaicos datados do século III a.C. em diante. O epicurismo não foi, como alguns afirmaram, uma ponte entre a filosofia grega, por um lado, e o cristianismo e o judaísmo rabínico por outro; alguns judeus e cristãos, no entanto, sabiam das opções alternativas apresentadas pelos epicuristas e da polêmica contra eles. A visão pessimista da morte em *Eclesiastes e o conselho de comer, beber e encontrar prazer nesta vida foram considerados um reflexo da influência epicurista, a despeito da convicção expressa de que é Deus que torna o gozo possível. Por outro lado, a oposição de *Sirácida à libertinagem e à noção de que Deus não intervém nos negócios humanos sugere que o autor rejeita comportamento e idéias como os atribuídos aos epicuristas.

A única referência explícita aos epicuristas na Bíblia ocorre em Atos 17.18, onde se menciona o encontro de *Paulo com epicuristas e *estóicos em Atenas. Essas eram as duas principais seitas filosóficas da época, e propunham idéias radicalmente opostas. Paulo é descrito como mais simpático à idéia estóica da providência divina, que se reflete tanto em sua argumentação quanto nas fontes que cita no sermão que se segue. Paulo usa também a linguagem derivada da polêmica antiepicurista em 1 Coríntios 15.32-34, onde elucida a esperança de ressurreição e se opõe à libertinagem. O ataque em 2 *Pedro a mestres que rejeitam a providência divina reflete igualmente essa polêmica, em particular na negação de que o Senhor é lento e de que a destruição deles por Deus está adormecida. Apesar dessas idéias, a ênfase dos cristãos no amor entre os membros de suas comunidades, sua oposição à religião popular e sua reputação de terem comportamento anti-social os levou a ser por vezes confundidos com os epicuristas.

Abraham J. Malherbe

ESAÚ. Primogênito de *Isaac e *Rebeca, e irmão gêmeo de *Jacó. Seu aspecto avermelhado e peludo, bem como sua preferência pela caça e a vida ao ar livre, o distinguiam de seu irmão. Apesar da conexão aparente entre seu nome e seu hirsutismo em Gênesis 25.25, a etimologia de Esaú permanece incerta. Esaú é também considerado o ancestral dos *edomitas.

Gênesis 25.29-34 relata como Esaú vendeu tolamente sua primogenitura a Jacó pelo preço de uma comida cujo nome em hebraico (*adom*) assemelha-se a Edom, um outro nome para Esaú. Jacó, agindo a conselho de Rebeca, enganou então Isaac, levando-o a fazer dele o herdeiro principal, disfarçando-se como o irmão mais velho e obtendo a bênção do pai. Esaú finalmente absteve-se de vingança, reconciliou-se com Jacó e instalou-se em Seir.

Em sua maioria, os estudiosos vêem as histórias de Jacó e Esaú não apenas como lendas populares sobre relações entre irmãos e reviravoltas da fortuna, mas também como descrições israelitas da relação ambivalente e por vezes traiçoeira entre os edomitas (filhos de Esaú) e os israelitas (filhos de Jacó) no tocante a reivindicações territoriais e outras questões etnopolíticas. Relações etnopolíticas estão claramente refletidas em notas sobre os casamentos de Esaú com mulheres de várias origens étnicas e sobre sua progênie.

No cristianismo, Esaú tornou-se um exemplo em debates seja sobre o direito dos *cristãos às bênçãos prometidas por Deus aos descendentes de Isaac, seja sobre predestinação.

Hector Ignacio Avalos

ESCRAVOS. A instituição socioeconômica da escravidão esteve presente tanto em Israel quanto no cristianismo primitivo. A escravidão entre os israelitas partilhava muitos dos traços presentes em outras culturas do Oriente Próximo, assim como a escravidão entre cristãos era similar às práticas que prevaleciam no Império *Romano. Ao longo de toda a Bíblia, contudo, impulsos humanitários característicos regulam o tratamento dos escravos.

Êxodo 21.1-11, Levítico 25.39-55, e Deuteronômio 15.12-18 definem o estatuto dos escravos e regulam seu tratamento.

Cada um dos textos é literariamente emoldurado pelas obrigações morais de Israel para com a ordem de Deus para suas vidas: Êxodo 21 pelos Dez Mandamentos, que submeteram as leis do Código do Pacto à fidelidade exclusiva a Javé (observe-se que os direitos do escravo à libertação são assegurados como a primeira estipulação do código); Levítico 25 e Deuteronômio 15 pelo Sabá e as regulações sabáticas, que incluem a obrigação de tratar os *pobres generosamente. Longe de ver a escravidão como uma instituição divinamente sancionada, como autores pró-escravidão sustentavam mais de um século antes, os textos bíblicos acentuam como os mandamentos de Deus protegem os escravos de tratamento cruel e arbitrário.

Três tipos de estatuto servil podem ser identificados na prática de Israel: um israelita tornava-se escravo de um compatriota israelita voluntariamente, como proteção contra a pobreza, ou por nascimento ou compra (Êxodo 21.32 estipula a compensação para a morte de um escravo em trinta *shekels*); israelitas tomavam não-israelitas por escravos através de captura em guerra ou compra; israelitas vendiam-se como escravos a não-israelitas como proteção contra dívida. Na primeira categoria, eram assegurados aos servos tanto o sétimo ano sabático quanto as libertações pelo jubileu, no qüinquagésimo ano. Na segunda categoria, os escravos, mesmo que circuncidados e tendo jurado adesão ao pacto, não recebiam o benefício dessas remissões, mas estavam protegidos contra a opressão. Na terceira categoria, os escravos eram elegíveis para o resgate por um parente a qualquer tempo, e eram compulsoriamente libertados no ano jubileu. Escravos de todas as categorias desfrutavam do repouso do Sabá e participavam das festividades religiosas de Israel (*ver* Hebreus).

O imperativo moral da manifestação de clemência e delicadeza para com escravos era fundado na ação de Deus ao libertar Israel do cativeiro no Egito. "Lembra-te de que foste escravo no Egito e o Senhor teu Deus te resgatou. É por isso que hoje te prescrevo este mandamento." (Deut. 15.15; ver também Lev. 25.42-43). Também os profetas criticaram injustiças na escravidão de Israel: proibindo o rei Acaz de escravizar os cativos de Judá, atribuindo o exílio de Israel à negligência em dar remissão sabática aos escravos, conclamando Israel: "dá liberdade aos oprimidos e despedaça todo jugo" (Isa. 58.6). Na visão escatológica de Joel, o espírito de Deus se derramaria também sobre os escravos.

O ministério de Jesus e a escrita da literatura do Novo Testamento ocorreram no âmbito da prática cultural da escravidão, tanto judaica quanto romana. O Talmude indica que vários tipos de condição servil se mantiveram entre os judeus de cerca de 200 a.C. a 400 d.C. Muitos eventos e ensinamentos dos Evangelhos refletem a presença de escravos, sobretudo na esfera doméstica.

As epístolas do Novo Testamento freqüentemente regulam a conduta de senhores e escravos. Embora o evangelho de Jesus Cristo abolisse distinções entre escravo e livre, os escravos eram instruídos a não abusar de sua nova posição para legitimar trabalho descuidado ou para desrespeitar seus senhores. Os escravos deveriam responder diretamente a Deus pela conduta correta dentro da instituição social existente. Da mesma maneira, era dito aos senhores que tratassem os escravos com justiça e delicadeza. *Paulo enviou Onésimo, o escravo fugitivo, de volta ao proprietário *Filêmon, instruindo este a receber Onésimo como um irmão "tanto na carne quanto no Senhor", até "como me receberias a mim" (Filem. 16-17).

O vocabulário bíblico para a escravidão, seja em sua forma substantiva (hebr. *ebed*, gr. *doulos*) ou verbal (*abad*; *douloo*) carrega um vasta amplitude de significado, do serviço doméstico ao trabalho forçado (1 Reis 9.15-22), e é metaforicamente estendido às relações dos homens com Deus. Assim, tanto *Moisés (Deut. 34-5; etc.) quanto *Davi (Sal. 18.1) são chamados "servo [hebr. *ebed*] do Senhor", e Israel e outros são instruídos a "servir" (*abad*) ao Senhor (Deut. 11.12; Sal. 2.11; etc.). As mesmas imagens são encontradas no Novo Testamento. Assim como Jesus assumiu "a forma de um escravo" (Fil. 2.7), assim os seguidores de Jesus devem pensar e fazer; dessa maneira, Paulo se identificou como um escravo de Cristo.

Willard M. Swartley

ESCRIBAS. Os escribas foram profissionais eminentes por todo o mundo antigo. Embora fossem chamados escribas por saberem ler e escrever, não eram meros copistas. Em Israel, alguns eram funcionários dotados de autoridade para lavrar documentos legais. Alguns ocupavam posições especiais no palácio real e atuavam como ministros das finanças ou secretários de Estado. Durante a *Diáspora na Babilônia, escribas tornaram-se responsáveis pela preservação e interpretação das Escrituras. Mais tarde, os escribas foram também chamados "os sábios" e descritos como os que possuíam conhecimento especial da Lei. Ainda na fase inicial do conflito com Antíoco Epífano (c.168 a.C.), um grupo de escribas judeus se encontrou com os agentes de Antíoco para negociar justiça. Provavelmente eram políticos locais com formação jurídica.

No Novo Testamento, escribas são descritos atuando como doutores da lei e juízes, e são mostrados discutindo matérias legais com *Jesus — poder de perdoar, tradições dos anciãos, leis dietéticas, leis de pureza, interpretação das Escrituras e observância do Sabá. Os escribas foram muitas vezes associados a *fariseus, mas não eram idênticos. Os "escribas dos fariseus" eram provavelmente conselheiros jurídicos empregados pelos fariseus. Sacerdotes chefes também empregavam escribas como seus conselheiros jurídicos.

Os escribas estavam associados ao *Sinédrio, provavelmente como escrivães, conselheiros jurídicos junto a quem participava de julgamentos, e juízes. O fato de Jesus ter sido apresentado discutindo com os escribas ao mesmo tempo em que estava refutando os fariseus não prova que os escribas eram fariseus. Como os escribas que Jesus atacou estavam defendendo os fariseus, Jesus contestou tanto a eles quanto aos constituintes que eles representavam.

A autoridade dos escribas era delegada. Eles interpretavam lei existente; não criavam lei. Escribas bem formados eram versados em todos os tipos de lei, fosse antiga ou contemporânea. Quando Jesus foi distinguido dos escribas como alguém que tinha autoridade, a implicação era que, como o *Messias, ele tinha autoridade para fazer lei, como *Davi e outros reis tinham feito. Isso lhe dava autoridade sobre o Sabá e todas as outras leis nacionais. Ele tinha autoridade também para perdoar, como outros reis tinham tido.

Alguns escribas também copiavam textos bíblicos. O cuidado com que isso era feito foi reconhecido com a descoberta dos Manuscritos do Mar Morto, que permitem aos estudiosos comparar textos medievais com exemplos copiados mil anos antes. As poucas diferenças reveladas são com menos freqüência erros de cópia que textos variantes. No final de alguns livros, o escriba dava o número total de palavras no livro e dizia que palavra estava exatamente no meio, de modo que escribas posteriores pudessem contar nos dois sentidos e se certificar de que não haviam omitido uma única letra; essa tradição foi continuada pelos massoretas.

George Wesley Buchanan

ESDRAS. Filho de Saraías, Esdras foi um *sacerdote e um *escriba que desempenhou importante papel na reforma do judaísmo no século V a.C. Dá nome ao livro canônico de Esdras, bem como aos livros apócrifos 1 Esdras e 2 Esdras, e é o personagem principal do livro de *Neemias.

Esdras 7-10 conta o retorno de Esdras e de certo grupo de *judeus para Judá na época do rei persa Artaxerxes (presumivelmente Artaxerxes I, 465-424 a.C.). Fica claro por esses capítulos que Esdras foi enviado pelo rei persa Artaxerxes a Jerusalém para implantar a lei israelita (Torá) entre os judeus. Vários exilados retornaram com Esdras, uma espécie de grupo ideal composto, entre outros, de sacerdotes e *levitas. Para sua consternação, Esdras descobriu que houvera casamentos mistos com as nações vizinhas e ordenou que todas as esposas estrangeiras fossem repudiadas, de modo a manter a religião dos judeus livre de contaminação pelo culto de deuses diferentes.

Uma importante fonte em Esdras 7-10 são as memórias de Esdras, escritas na primeira pessoa com algumas partes na terceira pessoa. É provável que tenhamos aqui memórias autênticas do próprio Esdras usadas pelo Cronista. Na seção que usa a primeira pessoa, o Cronista fez citações das memórias e nas partes que usam a terceira pessoa ele as relatou com suas próprias palavras.

Ver também Esdras (Apócrifos).

F. Charles Fensham

ESDRAS (Apócrifos). Forma grega do nome Esdras usada nos títulos tradicionais dos livros 1 Esdras e 2 Esdras nos Apócrifos. Não há nenhuma conexão entre os dois livros além do fato de Esdras, também nome de um livro canônico, ser uma figura central em ambos.

1 Esdras. É um livro de história, embora por vezes se tenha duvidado de que deveria, afinal, ser chamado um livro, pois pode ser visto muito plausivelmente como um mero texto incompleto e mutilado. A natureza, a história e o propósito do livro estão entre os problemas perenes, e talvez insolúveis, da literatura apócrifa.

Nos termos mais simples, o livro é uma versão alternativa do livro canônico de Esdras, a que são antepostas e anexadas breves seções, respectivamente, das Crônicas e de *Neemias; contém também uma grande seção (3.1-5.6) inteiramente ausente do Antigo Testamento. Em manuscritos da Septuaginta grega esse livro compósito (chamado Esdras A) aparece logo antes do livro chamado Esdras B, que é de fato uma tradução literal, não expandida, dos livros Esdras-Neemias hebraicos canônicos. Na verdade, portanto, a Septuaginta contém duas versões do livro de Esdras, uma das quais (1 Esdras) foi excluída do cânone da Igreja ocidental e é incluída entre os Apócrifos padrão somente porque aparece, por razões puramente históricas (sob o título 3 Esdras) num apêndice à Vulgata latina. Não foi considerado um dos livros deuterocanônicos pela Igreja católica romana, mas é reconhecido como tal por algumas Igrejas ortodoxas,

2 Esdras. É comumente referido como "4 Esdras" segundo a enumeração presente em muitos manuscritos e na Vulgata latina, em que figurou a partir de 1560 num apêndice após o Novo Testamento. O livro nunca fez parte do cânone hebraico ou grego. Nossa principal fonte é o texto latino, de que há vários manuscritos antigos e muitos tardios. Ele foi traduzido de um texto grego, de que restaram alguns versículos dispersos, preservados em papiro ou em citações patrísticas.

O cerne do livro (caps.3-14) é um apocalipse judaico, originalmente escrito por volta de 100 d.C. em hebraico ou aramaico A data é aproximadamente indicada pelas alusões históricas no cap.12 e mais precisamente pela expressão "o trigésimo ano após a destruição" de *Jerusalém (3.1); isso é sem dúvida uma referência velada à calamidade de 70 d.C., embora refira-se ostensivamente à de 587/586 a.C.

Os dois primeiros capítulos são em geral considerados um acréscimo *cristão, preservado em duas recensões latinas antigas. A substituição de Israel por um novo povo é vaticinada numa linguagem que evoca tanto os profetas quanto o Novo Testamento. Os dois últimos capítulos (15-16) são um outro acréscimo, com advertências terríveis e invectivas contra inimigos do povo de Deus; parecem refletir um conhecimento dos eventos do século III d.C. Nos manuscritos, esses pares de capítulos são muitas vezes designados 2 Esdras e 5 Esdras, respectivamente, e estudiosos modernos defenderam por vezes essas designações ou outras similares.

O Esdras-Apocalipse (caps.3-14) relata revelações feitas a Esdras em sete visões pelo anjo Uriel. O tema geral é o sofrimento e a restauração de Israel à luz da justiça e da misericórdia de Deus, mas ele foi ampliado para incluir o pecado, o destino de toda a humanidade e a sorte das almas individuais. Nas primeiras três visões, esses problemas são extensamente examinados. Esdras começa cada vez despejando seus conturbados pensamentos e preces; uma destas foi particularmente admirada (8.20-36) e muitos manuscritos da Vulgata a incluem entre outros cânticos como uma peça separada intitulada "Confissões de Esdras". O anjo responde com argumentações e discursos, muitas vezes ilustrados com parábolas ou enigmas. Com Esdras insistindo em suas perguntas, esta é a parte mais valiosa do livro.

Na quarta visão (9.26-10.59) Esdras encontra uma mulher que pranteia o marido e o filho; ela representa *Sião em sua desolação, e é transformada numa nova cidade gloriosa. A quinta visão (caps.11-12) é estreitamente moldada em Daniel 7, onde a quarta besta com muitos chifres simboliza reis helenísticos; a imagem aqui é de uma águia com muitas asas e três cabeças, que evidentemente representa imperadores romanos e usurpadores, de Júlio César a Domiciano. A desgraça da águia é pronunciada por um leão, símbolo do *Messias, que chega para destruir os que não têm Deus e para libertar os virtuosos que restam. Na sexta visão (cap.13), o Messias é retratado como um homem que se ergue do mar (parte da linguagem reflete Dã, 7.13), e sua vitória é descrita em algum detalhe; postado sobre uma enorme montanha ele enfrenta uma grande afluência de inimigos e os destrói, não com alguma arma, mas com uma torrente de fogo que lhe sai da boca.

Na visão final (cap. 14), o tom muda; Esdras se torna o escritor inspirado que dita noventa e quatro livros a cinco escribas. Vinte quatro deles são as escrituras canônicas, que (é dito) haviam sido queimadas quando da destruição do *Templo; eles são agora restaurados e publicados numa nova escrita (i.e., os caracteres quadrados aramaicos hoje usados na escrita do hebraico); os outros setenta livros são textos esotéricos para a leitura apenas dos "sábios", pois contêm segredos que haviam sido revelados a Esdras.

Esdras é retratado como um homem de grande piedade, que se prepara para suas visões com jejuns de sete dias; é chamado "o profeta" e é o pastor, por assim dizer, de quem o povo depende para liderança e apoio. Mas trata-se de um retrato convencional que pouco tem em comum com o Esdras histórico do Antigo Testamento; há talvez um ponto de contato deliberado na história da restauração das escrituras, já que o Esdras histórico foi escriba da lei de Moisés. "Esdras" é de fato um pseudônimo, segundo o costume dos escritores apocalípticos, que apresentam suas iluminações na forma de discursos para homens veneráveis do passado. Como *Henoc e *Elias (e *Moisés segundo tradição pós-bíblica), Esdras está destinado a não morrer, mas ser "levado" (8.19; 14.9).

2 Esdras é um livro importante para estudantes do Apocalipse judaico; lança luz sobre desenvolvimentos paralelos ao cristianismo e, assim, pelo menos indiretamente, sobre as origens *cristãs.

Robert C. Dentan, G.M. Styler

ESTER. A heroína do livro de Ester, cujo autor é desconhecido. O livro apresenta a história de uma tentativa malograda de matar os *judeus que viviam no Império *Persa durante o reinado de um certo Assuero, o que provavelmente designava Xerxes (486-465 a.C.). A ameaça foi evitada pela coragem e astúcia de Ester e seu primo Mordoqueu, com ajuda de uma série de circunstâncias fortuitas. Como pretende explicar a origem do festival do Purim, o livro tem sido lido em voz alta na *sinagoga nessa festa desde a Antigüidade.

Nem a data nem o local em que o livro foi composto podem ser determinados com alguma precisão. Embora se trate claramente de um dos últimos livros do Antigo Testamento, a ausência de alusões ou perspectivas históricas claras torna as questões incertas; tampouco há indícios lingüísticos suficientes para resolvê-las. A data pode ser tão tardia quanto o século II a.C., pouco antes do período macabeu, ou tão remota quanto o final século V, no período persa. Indubitavelmente, o livro contém tradições e informação que remontam ao período persa. Em parte por causa de sua falta de interesse nas instituições religiosas palestinas e sua preocupação com os problemas de judeus em terras estrangeiras, é provável que tenha sido composto na *Diáspora oriental.

Embora os detalhes de sua ambientação sejam inteiramente plausíveis e a narrativa possa até ter alguma base em eventos reais, em termos de gênero literário o livro não é história. Tampouco é lenda, embora a seqüência de eventos seja tão improvável quanto as das lendas, e tradições folclóricas provavelmente sirvam de base ao relato. O que falta são os traços lendários convencionais do miraculoso, assim como personagens que revelem o poder de Deus nos assuntos humanos e sirvam assim de modelo para gerações futuras. Ao contrário, por causa de sua trama extensa e bem desenvolvida e de seu ponto de vista, o livro é mais bem compreendido como uma novela, um gênero que surgiu não como tradição oral mas como composição escrita. Os paralelos bíblicos mais próximos são a história de *José e os livros de *Rute, *Jonas e *Tobias.

Através de uma trama relativamente simples, o livro de Ester conta a história de como os judeus foram salvos da perseguição e da morte. É uma história singela do triunfo do bem sobre o mal, mas o narrador toma algum cuidado em regular o ritmo da narração, mantendo o desfecho em suspenso até onde é possível. Reviravoltas irônicas aparecem — primeiro, quando Amã ouve o rei perguntar, "Que deve ser feito para o homem a quem o rei deseja honrar?" e, supondo que era ele que o monarca tinha em mente, responde, só para descobrir que é Mardoqueu que o rei pretende honrar. Além disso, a história não deixa de ter humor, e possivelmente também sátira, em particular na descrição de Assuero.

Os dois primeiros capítulos fixam o cenário e a atmosfera para os eventos da história propriamente dita. No cap.1, embora os personagens principais ainda não tenham aparecido, ficamos sabendo como o rei Assuero comporta-se arbitrariamente, quanta intriga e conflito há na corte, e que quando o rei expulsar Vasti ele precisará de uma nova rainha. Dois eventos igualmente importantes para o desfecho da história são relatados no cap.2: após buscas em todo o império, Ester, uma moça judia, torna-se a rainha (como no livro de Rute, o casamento misto entre judeus e *gentios é não só tolerado como até aprovado); e seu primo Mardoqueu descobre um complô contra Assuero e o denuncia.

Dois fios distintos mas relacionados percorrem o corpo da história: o fio contra Mardoqueu e o fio contra o povo judeu como um todo. O primeiro é acionado quando Mardoqueu se recusa a se curvar perante Amã, desobedecendo assim a uma das leis do rei. A história não declara diretamente por que Mardoqueu põe sua vida em perigo, mas sugere que o faz por ser um judeu. Quando Amã fica sabendo disso, jura matar todos os judeus. Em seguida Amã planeja realizar seu objetivo, subornando o rei para que proclame a destruição dos judeus numa data fixada por um sorteio (hebr. *pûr*; por isso o festival é chamado Purim [a forma plural]). O primeiro fio da trama é levado ao clímax quando Assuero, descobrindo Amã no que ele considera uma posição indulgente, decreta a morte dele. Não foi apenas o apelo de Ester mas um encontro casual que ocasionou a desgraça do inimigo.

Ainda assim, o perigo aterrorizante paira sobre os judeus, pois o edito do rei foi publicado e não pode ser revogado. Como o livro enfatiza mais de uma vez, proclamações reais não podem ser alteradas. Assuero pode, contudo, promulgar outro edito, e o faz, dessa vez autorizando os judeus a se defender. Quando esse documento é divulgado, a trama principal chegou ao seu desfecho. O que se segue, inclusive o extermínio dos inimigos dos judeus, são os desdobramentos da conclusão.

Acréscimos ao livro de Ester. Jerônimo, ao preparar sua Vulgata latina, reconheceu cerca de 107 versículos como acréscimos ao livro de Ester. Como as passagens em questão apareciam em seu texto grego mas não no hebraico, ele os eliminou no corpo do livro e os pôs no seu final. Um passo adicional foi dado durante a Reforma protestante, quando se criaram os Apócrifos, pondo-se numa parte separada da Bíblia aqueles livros encontrados no Antigo Testamento grego mas não no hebraico. Foi então que os Acréscimos ao Livro de Ester tornaram-se um livro separado.

Os acréscimos fazem do livro de Ester uma obra extremamente diferente e indicam que alguns dos que as transmitiram estavam contrafeitos com o original. O que fora uma história de triunfo do bem sobre o mal através dos talentos e da coragem do herói e da heroína, auxiliados por circunstâncias fortuitas, torna-se uma narrativa religiosa que enfatiza a devoção e a vontade de Deus. Enquanto o livro de Ester não menciona Deus, os acréscimos se referem constantemente à divindade, à prece, e às tradições e práticas sagradas do judaísmo. As qualidades humanas importantes não são astúcia, poder ou a posição de rei, mas devoção e humildade.

Gene M. Tucker

ESTÊVÃO. Primeiro mártir cristão, Estêvão aparece somente em Atos. É mencionado pela primeira vez como um dos *sete designados para assegurar uma distribuição eqüitativa de comida entre "hebreus" e "helenistas". Os sete eram provavelmente líderes do grupo helenístico na Igreja de Jerusalém.

Segundo Atos 6, num paralelo literário explícito com a história de Jesus narrada por Lucas, Estêvão foi acusado de blasfêmia e convocado para se defender perante o *Sinédrio supremo.

Sua defesa é uma exposição detalhada do ensinamento que provocara as acusações contra ele. A fala pode ser vista como um manifesto do cristianismo helenístico primitivo ou pelo menos de uma fase dele. Ela não representa o ponto de vista de Lucas: na maior parte da narrativa deste, a avaliação do *Templo é muito mais positiva que a de Estêvão. Citando as Escrituras em apoio à sua posição, Estêvão afirma que falar do Templo como uma instituição a ser destruída ou superada não era cometer blasfêmia, porque Deus é independente de qualquer construção. Era uma idéia comum entre cristãos primitivos que, em Cristo, a organização do Templo dera lugar a algo melhor, mas a afirmação de Estêvão de que o Templo fora um erro desde o início é sem paralelo no Novo Testamento. A posição mais próxima dela está na Epístola aos hebreus, mas seu autor simplesmente ignora o Templo e funda sua exposição do ministério de Cristo como sacerdote supremo no relato bíblico do tabernáculo do deserto.

Estêvão evidentemente foi condenado por blasfêmia e sentenciado à morte. Sua execução tomou a forma de uma lapidação judicial, realizada de acordo com a Lei. Aos que haviam testemunhado contra ele cabia atirar as primeiras pedras; enquanto o faziam, "um jovem chamado Saulo" tomou conta de seus mantos, e assim *Paulo faz sua primeira aparição.

Encontraram-se analogias para a posição de Estêvão entre os *samaritanos, a comunidade de Qumrã, e os ebionitas. Esses grupos, por várias razões, expressavam uma atitude negativa face ao Templo de Jerusalém e seu cerimonial. Mas a crítica de Estêvão é particular; não só é enraizada nos profetas pré-exílicos como tem uma nova base no evento de Cristo. A teologia helenística radical representada por sua fala sobreviveu particularmente no cristianismo alexandrino, em que sua expressão mais conhecida é a carta de Barnabé (final do século I/início do século II d.C.)

Diz-se que a acusação e execução de Estêvão precipitaram uma perseguição à Igreja de Jerusalém, especialmente a seus membros helenísticos, que foram forçados a deixar Jerusalém e a Judéia. Mas eles pregaram o evangelho onde quer que fossem. Filipe, companheiro de Estêvão como esmoler, pregou-o na *Samaria; outros, anônimos, o pregaram para os gregos de Antioquia. O sangue de Estêvão provou-se a semente do cristianismo gentio.

F.F. Bruce

ESTÓICOS. Escola filosófica fundada em Atenas por Zenão de Cítio (325-263 a.C.) que se tornou a mais influente seita filosófica no mundo greco-romano. Os estóicos concebiam a filosofia como o conhecimento das coisas divinas e humanas, e sua meta como uma vida em harmonia com a natureza. Pensavam que o universo era permeado pelo Logos, ou Razão, a que se referiam também como Deus ou Providência. Os homens, sustentavam, são partículas de Deus, pois a Razão divina é manifestada de maneira especial na razão humana. À medida que alguém desenvolve racionalmente essas concepções do divino que são inatas a todas as pessoas, discerne mais claramente a natureza das coisas, inclusive de si mesmo. Os estóicos que progridem nessa direção avançam da ignorância, que é responsável pelo vício, para o conhecimento da realidade, que torna a virtude possível. Eles delinearam a virtude e o vício em extensas listas. Os estóicos desconsideravam todas as matérias externas a si mesmos, e cultivavam uma impassibilidade que os tornava auto-suficientes ou satisfeitos (*autarkes*). Assim, as provações que lhes sobrevinham não afetavam seus verdadeiros eus, mas simplesmente revelavam seu verdadeiro caráter. Sua idéia de afinidade divina conferia um matiz devoto à sua linguagem, e sua doutrina de que todas as coisas no universo estão em relação harmoniosa umas com as outras dava lugar para muita coisa da religião popular, inclusive a veneração de imagens religiosas. Como um mensageiro do divino, o sábio estóico buscava mostrar aos outros seu erro e guiá-los para o bem. Isso incluía instrução em responsabilidade cívica, que os estóicos, como o fizeram outros filósofos, resumiram em listas de deveres dos membros de uma família.

No pensamento judaico, a sabedoria foi personificada na doutrina da criação e cada vez mais relacionada com ela. Ecos estóicos da sabedoria cósmica estão presentes na tradução dos Provérbios 8.22-31 da Septuaginta, e outros elementos estóicos começam a aparecer na literatura judaica, em parte, talvez, em reação a tendências epicuristas presentes em obras como o *Eclesiastes. *Sirácida propõe uma visão de tipo estóico de Deus como "o tudo" (43.27) que é responsável por toda experiência humana, mas difere do panteísmo estóico ao considerar Deus maior que sua obras. A sabedoria, como o Logos estóico, permeia o universo, mas é identificada com a Lei de Moisés, que é assim elevada a algo supra-histórico e racional. O livro da Sabedoria descreve similarmente uma sabedoria que tudo penetra como agente da criação, que é dirigida pela divina providência. Usando a noção estóica de teologia natural, Sabedoria sustenta que, embora seja possível conhecer Deus pela observação da criação, o fracasso humano em atingir esse conhecimento resultou numa ignorância imperdoável que mergulhou a humanidade na idolatria e na imoralidade. A influência estóica pode também ser claramente discernida em 4 *Macabeus, que define a sabedoria como o conhecimento das coisas divinas e humanas e se propõe a determinar se a razão devota é senhora da paixão. Em contraste com os estóicos, contudo, o autor defende o domínio, não a erradicação, das paixões.

Os estóicos são explicitamente mencionados na Bíblia apenas em Atos 17.18, onde, segundo Lucas, eles se encontraram com *Paulo na companhia de seus opositores, os *epicuristas. O sermão que se segue mostra Paulo fazendo amplo uso de estoicismo popular: a veneração de imagens como expressão da religiosidade humana, providência, afinidade com Deus criador e a citação de autores que representam idéias estóicas. Como os estóicos se centravam no mundo material, a referência de Paulo à ressurreição é recebida com zombaria por sua audiência. Um pensamento estóico semelhante, talvez mediado pelas tradições da sabedoria judaica, é usado em Romanos 1.18-32. Mas, se em Atos 17 Paulo é apresentado usando o estoicismo positivamente, desculpando ignorância anterior, em Romanos ele o usa para culpar, como o faz Sabedoria 13: Deus havia assegurado o conhecimento de si mesmo na criação, mas esse conhecimento foi rejeitado e a humanidade ficou assim entregue à imoralidade. A interpretação estóica da sabedoria como o agente da criação pode também ter influenciado a concepção do Logos em João 1.1-2. Paulo faz outros usos de listas estóicas, muitas das quais lhe chegaram por meio do judaísmo helenístico, como listas de virtudes e vícios e de sofrimentos. Paulo cristianiza essas listas, como o faz com a idéia estóica de auto-suficiência. Em Filipenses 4.11-13, ele afirma estar satisfeito (*autarkes*), o que não significa que é impassível ou que tinha alcançado a auto-suficiência por si mesmo; ao contrário, é capaz de experimentar plenamente todas as coisas porque Deus lhe dá essa capacidade. As listas estóicas de responsabilidades sociais foram igualmente cristianizadas. A iniciativa de Deus e a perspectiva escatológica situam também a linguagem de tom estóico de 2 Pedro 1.3-4 numa perspectiva cristã diferente.

Abraham J. Malherbe

ETNARCA. *Ver* Tetrarca.

EUFRATES. Rio que, com o Tigre, define a *Mesopotâmia, sendo o que fica mais ao sul. O Eufrates começa a partir de dois afluentes na região montanhosa do leste da Turquia, penetra na Síria em Carquemis e flui para o sul a cerca de 160km do Mediterrâneo antes de se virar para leste em Emar. Prossegue então para o sudeste passando por Mari e pela *Babilônia para desembocar no Golfo Pérsico. Essa porção do rio serviu como importante rota comercial entre o Egito, a Síria-Palestina e o sul da Mesopotâmia.

Na Bíblia, o Eufrates é tratado como o mais longínquo horizonte ao norte do território de Israel na promessa feita a *Abrãao (*ver* Terra Prometida), nas instruções de conquista dadas a *Moisés e Josué, e na descrição do êxito de Davi na *Síria. Embora o território israelita nunca tenha se estendido propriamente através da Síria, o ambicioso ideal sugere um senso de vocação para ser o principal poder interior entre o Egito e o Eufrates, como Davi e *Salomão podem ter sido por um breve tempo. A região fronteiriça do rio não assumiu controle da costa norte, que pertencia aos *fenícios. O limite do Eufrates é evidente também na província persa na Síria-Palestina, chamada "Além Rio", que incluía o distrito de Yehud, na Judá anterior.

Daniel E. Fleming

EUNUCO. Um homem castrado. A palavra hebraica *sans* é derivada de uma expressão acádia, *sa resi*, literalmente "(aquele) da cabeça", significando um criado ou funcionário real. O contexto determina amplamente se a palavra hebraica deve ser traduzida por "eunuco" ou simplesmente por "funcionário".

Nos escritos bíblicos mais antigos, eunucos aparecem como membros da corte real sem menção à sua condição física. As primeiras referências ocorrem em textos que coincidem com a monarquia davídica do século X a.C. As referências aumentam na história deuteronômica do século VII e são mais freqüentes na literatura do século VI a.C. e posterior, especialmente em narrativas que descrevem as cortes babilônia e persa. Essa distribuição não corrobora a idéia de que o uso dos eunucos foi um costume importado por Israel de culturas vizinhas. A inclusão de eunucos na *entourage* real sugere que eram nativos da antiga Israel.

Escritos posteriores preocupam-se com a condição física do eunuco. Em Isaías 56.5, o eunuco que teme o esquecimento por não ter filhos é reassegurado de que a nação escatológica guarda para ele um "monumento e um nome (*yad wasem*) melhores do que filhos e filhas". Em Siráci-da 30.20, a incapacidade do eunuco de consumar seu desejo é uma metáfora para a frustração de um inválido por não poder gozar a vida.

No Novo Testamento, o eunuco é um poderoso símbolo ascético. Mateus 19.12 reconhece que eunucos vêm de diferentes circunstâncias, havendo inclusive aqueles "que se fizeram eunucos por amor do reino dos céus". Em Atos 8.27, Filipe converte um eunuco da corte etíope que está lendo o livro de Isaías; a passagem pode ser uma alusão ao eunuco de Isaías 56.

Gene McAfee

EVA. Nome dado à primeira mulher pelo primeiro homem. A Bíblia o interpreta como significando "a mãe de todos as criaturas vivas", tanto por ser Eva, através de seus filhos, a ancestral feminina de toda a raça humana quanto porque ele soa parecido à palavra hebraica para "ser vivo". É provável que o jogo de palavras seja etimologicamente incorreto, e a tradição rabínica posterior propôs uma conexão com a palavra *aramaica para "serpente". A derivação lingüística real do nome permanece incerta. Segundo o relato em Gênesis 2-3, a mulher é criada para ser uma companheira equivalente ao homem (não, originalmente, subordinada a ele). Porque os dois comem o fruto proibido, o homem é destinado a labutar como um agricultor em campos de espinhos e cardos, e a mulher é destinada a sofrer dor no parto. É depois desses pronunciamentos divinos que o homem nomeia a mulher, como antes nomeara os animais, indicando assim domínio sobre ela.

Tanto a tradição judaica quanto o Novo Testamento oferecem uma visão muito negativa de Eva, retratando-a como representativa da fraqueza das mulheres. Paulo temia que os cristãos coríntios se deixassem extraviar de Cristo assim como Eva fora enganada pela serpente. Em 1 Timóteo 2.13-15, o logro de Eva pela serpente e também sua criação subseqüente à do homem são citados como razões por que as mulheres devem se manter em silêncio na igreja e não ter autoridade alguma sobre os homens. Teólogos cristãos primitivos compararam a pecaminosidade de Eva com a perfeição da "nova Eva", Maria, a mãe de Jesus.

Essa ênfase tradicional na ingenuidade de Eva e em sua tendência ao pecado é uma interpretação possível da narrativa do Gênesis; não é, contudo, inerente ao próprio texto. Gênesis 3 não dá nenhuma indicação de por que a serpente se dirigiu à mulher e chega a indicar que o homem e a mulher estavam juntos quando a serpente falou. Sugeriu-se que a serpente poderia ter se dirigido à mulher como provedora de alimento ou como pensadora teológica, não como a mais crédula do casal, e que o acréscimo da mulher à proibição divina acerca do fruto ("não podemos tocá-lo") representa não um mentira, mas um exagero desejável destinado a assegurar que a ordem básica não será transgredida. O homem e a mulher juntos descobrem sua nudez, juntos fazem roupas com folhas de figueira e juntos se escondem da divindade. Ambos são destinados a uma vida de dor (nenhum dos dois é amaldiçoado) por causa de suas ações, e juntos são expulsos do jardim. Assim, uma vez que o leitor ponha de lado o retrato de Eva baseado em tradições posteriores, manifesta-se a grande habilidade do narrador de Gênesis em apresentar um personagem aberto a diversas interpretações.

Ver também Adão; Éden, Jardim do; Lilit; Mulheres.

Katharine Doob Sakenfeld

EVANGELISTA. Evangelista (gr. *euaggelistes*), derivado do verbo *euaggelizomai*, que significa "anunciar boas novas" (*euaggelion*), é um conceito fundamental do Novo Testamento. No Antigo Testamento, encontramos uma figura similar no mensageiro que traz boas novas (*mebasser*) e proclama paz. O "profeta da consolação" em Segundo Isaías é também um mensageiro de boas novas, que anuncia a libertação do povo. Conseqüentemente, Jerusalém é exortada a transmitir às cidades vizinhas as boas novas de que seu Deus está chegando para tomar conta de seu rebanho e trazer consigo paz, felicidade e salvação.

No mundo greco-romano as palavras *euaggelion* e *euaggelizomai* haviam adquirido conotações associadas a eventos importantes no Império *Romano. No Novo Testamento a palavra *euaggelistes* ocorre apenas três vezes, ao passo que o substantivo *euaggelion* e o verbo *euaggelizomai* ocorrem setenta e seis e cinqüenta e quatro vezes respectivamente. Nos Evangelhos, *Jesus é apresentado como um pregador das boas novas do reino de Deus. Ele diz aos discípulos de *João Batista que os *pobres estão sendo evangelizados, evocando Isaías 61.1; o mesmo texto é referido em Lucas 4.17-19.

Fora dos Evangelhos, a palavra "evangelista" tem três diferentes sentidos. Primeiro, foi um título para os primeiros pregadores do evangelho. Em certo sentido, todos os *apóstolos foram evangelistas, uma vez que sua missão era pregar o evangelho. Gradualmente, o termo passou a ficar restrito aos discípulos dos apóstolos. Em Efésios 4.11, "evangelista" é o terceiro numa lista de funções na Igreja, depois de *apóstolos e *profetas mas antes de pastores e mestres. *Timóteo é mencionado como alguém que faz o trabalho de um evangelista, provavelmente por causa do papel que desempenhou na confirmação de crentes em sua fé. Filipe, um dos *Sete, é também chamado evangelista porque pregou o evangelho para os *samaritanos e aqueles fora da Judéia. Num sentido mais estrito, a palavra denota o autor de um dos quatro Evangelhos canônicos; esse uso aparece pela primeira vez no século III d.C. Tradicionalmente, os quatro evangelistas são simbolizados por um homem, um leão, um boi e uma águia, com base em Apocalipse 4.6-10. Finalmente, nos tempos modernos, a palavra desenvolveu um sentido mais especializado, referindo-se a um pregador itinerante ou revivalista.

Joseph Pathrapankal, C.M.I.

EXÉRCITO ROMANO. As mais famosas unidades do exército romano eram as legiões, divisões estacionadas nas províncias de fronteira. Eram suplementadas por uma força (numericamente igual) de auxiliares. Na cidade de Roma propriamente dita, havia várias forças, especialmente a guarda pretoriana de elite que protegia o imperador.

O exército desempenhava muitas missões além das puramente militares; afora o policiamento, havia funções burocráticas. Os oficiais, muitas vezes assistidos por pequenos destacamentos de tropas, realizavam muitas tarefas administrativas e judiciais.

Uma legião era comandada por um senador chamado legado imperial; sob seu comando havia seis tribunos militares e sessenta centuriões. Ao todo, uma legião consistia de 5.500 a 6.000 homens, todos cidadãos romanos. Havia entre vinte cinco e trinta legiões, mas nenhuma estava estacionada na Judéia até a Décima Legião ser enviada para lá em 70 d.C., depois da Primeira Revolta Judaica. Mas havia quatro na Síria, ao norte, que eram distribuídas na Judéia quando uma intervenção militar de grande escala se tornava necessária.

Os legionários eram infantaria pesada e eram assistidos por auxiliares, especialmente cavalaria, peltastas e arqueiros; não está claro qual dos últimos eram os *dexiolaboi* de Atos 23.23. Os auxiliares não eram cidadãos romanos, mas tornou-se costume dar-lhes essa cidadania após vinte cinco anos de serviço. Os *auxilia*, como eram conhecidos coletivamente, eram agrupados em regimentos de quinhentos (em poucos casos especiais, mil) homens, chamados *alae* se cavalaria, *coortes* se infantaria. Seus comandantes eram prefeitos (tribunos no caso dos regimentos com mil homens), em geral tomados da segunda ordem da nobreza romana. Oficiais subordinados eram chamados decuriões nos *alae*, centuriões nas coortes.

Os romanos faziam uso também das forças armadas de reis locais semi-independentes (chamados reis "clientes") no âmbito romano, como os *Herodes. Soldados de exércitos desse tipo são mencionados em Mateus 2.16 e Marcos 6.17. Reis clientes com freqüência organizavam seus exércitos segundo o padrão romano.

As forças romanas mencionadas no Novo Testamento são todas auxiliares. Como os judeus estavam dispensados de alistamento no exército romano por razões religiosas, os soldados presentes na crucifixão e em Atos eram provavelmente sírios, *samaritanos ou cesarienses (da população não judia da Cesaréia, a capital administrativa da Judéia): certamente, Herodes o Grande tinha em seu exército samaritanos e cesarienses, que foram mais tarde incorporados às forças romanas. Dois regimentos são nomeados no Novo Testamento, o italiano e a Coorte Augustana. Estes podem ser comparadas ou equiparados com o *Cohors II Italica Civium Romanorum* e o *Cohors Augusta I* do comando do leste na época. Ambos tinham um estatuto mais elevado que outros regimentos auxiliares (como os dos sírios ou dos trácios) e estavam estacionados na Judéia, possivelmente porque não havia nenhuma legião ali. Cláudio Lísias é chamado um *quiliarca*, ou tribuno, o que implica que sua coorte tinha mil homens (e parte deles montados, se a cavalaria que escoltou Paulo veio dela).

Denis Bain Saddington

EZEQUIAS. ("Yah[weh] fortalece"). Rei de Judá ("o melhor") 715-698 (ou 727-686) a.C. Como *Josias, que o sucedeu mais tarde, quando jovem trabalhou em estreita associação com os sacerdotes e buscou a unificação com o reino do norte de Israel (deixado sem rei), convidando as tribos do norte para uma Páscoa ecumênica (talvez um adorno de suas reformas introduzido pelo Midrash). De início ele pagava tributo à *Assíria, permanecendo subjugado até 705; mas, aparentemente como parte de sua revolta, começou a fortificar *Jerusalém. O ano da invasão punitiva por *Senaquerib (ver Laquis), o décimo quarto ano de Ezequias em 2 Reis 18.14, foi 701, donde o início de seu reinado em 715, uma data incompatível com 2 Reis 18.10, em que seu sexto ano foi o da queda de Samaria em 722 (donde 727 como data de inauguração do reinado). O general da Assíria dirigiu-se à população de Jerusalém em sua própria língua pedindo a cabeça do rei; mas problemas no exército (talvez uma peste) forçaram a retirada repentina de Senaquerib. Uma segunda campanha assíria foi proposta, segundo 2 Reis 18.17-19.36, para arrecadar uma imensa soma que Senaquerib exigia de Judá; mas *Isaías pode ter induzido Ezequias a simplesmente mandar o dinheiro e terminar seus anos em paz.

Robert North

EZEQUIEL. Sacerdote e profeta do início do século VI a.C., a quem é atribuído o livro de Ezequiel.

O livro de Ezequiel nos diz relativamente pouco de explícito acerca do personagem segundo o qual é nomeado e, afora breves referências em Sirácida e 4 Macabeus, ele não é mencionado em outros livros da Bíblia. Ezequiel, cujo nome significa "Deus fortalece", era de linhagem sacerdotal, filho de Buzi. Juntamente com outros judeus, sofreu deportação para a *Babilônia após a rendição de Joaquin em

598/597. Ezequiel recebeu seu chamado profético na Babilônia em 593; sua idade à época não é registrada. Discute-se se parte ou mesmo a totalidade do ministério de Ezequiel teve lugar em *Jerusalém e não na Babilônia, como várias de suas palavras poderiam sugerir. Segundo as datas do livro ele continuou a receber comunicações divinas até pelo menos 571. Nada é mencionado na Bíblia acerca das circunstâncias de sua morte; uma tradição muito posterior reza que ele foi assassinado por um dos líderes dos exilados cuja idolatria condenara, e que foi enterrado perto de Babilônia.

Em contraste com seu quase contemporâneo *Jeremias, Ezequiel aparece como uma personalidade exteriormente ascética, extremamente autocontrolada e um tanto passiva, que, por exemplo, segue sem hesitação a determinação de Javé de não prantear a morte de sua amada esposa. Vez por outra, contudo, ele arrisca um protesto ou apelo em face do que lhe é comunicado. É igualmente claro que a convocação de Ezequiel para anunciar a destruição de *Judá causou-lhe profundo sofrimento. A mensagem de Ezequiel parece ter despertado uma reação muito menos abertamente hostil que a de Jeremias. De fato, há várias menções de que ele foi respeitosamente consultado pelos líderes do exílio. Por fim, o conteúdo do livro de Ezequiel o revela como o homem da ampla erudição.

O Deus de Ezequiel é acima de tudo um ser "sagrado", isto é, que transcende por completo a compreensão, a manipulação e o cálculo humanos. Essa qualidade de Javé encontra múltipla expressão por todo o livro. Ezequiel abstém-se de qualquer declaração direta de ter visto a divindade. Javé permanece livre para rejeitar indagações humanas; pode anular os esquemas dos praticantes de magia. Os movimentos e destinos das grandes potências do mundo, como Babilônia e *Gog, estão tanto sob seu controle quanto o destino da própria Israel. Javé tem a faculdade de se manifestar fora da terra de Israel; é capaz de retirar sua presença do *Templo, e para lá retornar depois a seu talante. Ele age, imperturbado por quaisquer exigências humanas, tendo em vista seus próprios fins.

Ao mesmo tempo, no entanto, o sagrado Javé é também um Deus que se comprometeu livremente, mas de maneira apaixonada e irrevogável, com o povo de Israel. Como *Oséias e Jeremias, Ezequiel desenvolve essa dimensão do ser e da atividade de Javé usando imagens conjugais. Zelosa e ternamente, Javé nutriu a criança enjeitada Israel como sua futura noiva. Agora, ele a está punindo por suas persistentes infidelidades, mas no fim não abandonará sua esposa à sua desgraça e pecaminosidade. Vai antes restaurar sua prosperidade e dar-lhe a faculdade interior de viver em fidelidade a ele. Em tudo isso, o Deus transcendente é íntima e continuamente envolvido na história humana, de tal modo que, finalmente, tanto Israel quanto as nações venham a conhecê-lo como o único Deus verdadeiramente eficaz.

A antropologia de Ezequiel é caracterizada por uma tensão irresoluta subjacente. Por um lado, ele é o grande defensor da responsabilidade individual na Bíblia Hebraica. Ezequiel recebe ademais o mandato preciso de convocar seus ouvintes a uma decisão consciente sobre suas opções de comportamento. Por outro lado, contudo, as palavras de Ezequiel revelam um pessimismo esmagador no tocante à capacidade do povo de jamais escolher corretamente. Para ele, em contraposição a Oséias e Jeremias, nunca houve o período de lua-de-mel na relação de Israel com Javé. Já durante seu tempo no Egito, bem como desde então, Israel escolheu obstinadamente outros deuses de preferência a Javé.

Judá nada aprendeu com o castigo do reino do norte, tendo apenas redobrado sua própria idolatria em face dessa experiência. Embora os ouvintes de Ezequiel possam não o perseguir ativamente, tampouco dão muita atenção às suas advertências. Essas circunstâncias sugerem que as exortações que Ezequiel é enviado a proferir são vãs; o que se faz necessário é uma intervenção direta por Javé que gere um coração transformado, obediente, em seu povo. Em última análise, como tantos teólogos depois dele, Ezequiel permanece afirmando ambas as realidades, a liberdade humana e a graça divina, sem ser plenamente capaz de explicar sua interação.

Christopher T. Begg

F

FARISEUS.

Fontes. Referências aos fariseus ocorrem por toda parte nas literaturas cristã e judaica dos dois primeiros século d.C. Josefo os arrola como um dos principais partidos judeus a surgir no período asmoniano. O Novo Testamento os retrata principalmente como opositores de Jesus e do movimento cristão primitivo, embora seja de suas fileiras que Paulo vem. A literatura rabínica contém muitas referências a *perusim*, em parte como os que se opunham aos *saduceus e em parte como os que eram objeto da oposição dos sábios e dos *rabinos.

Nome. A palavra grega *pharisaioi* e a palavra hebraica *perusim* podem ambas ser frouxamente traduzidas como "fariseus". A raiz *prs* em hebraico pode significar "separar"; isso pode indicar que eles eram vistos como sectários (mas por quem?) ou que buscavam a santidade pela evitação do que era impuro. Possivelmente o nome lhes foi dado pelos saduceus, que os consideravam contrários a seus costumes.

História. A origem dos fariseus situa-se no período da revolta macabéia (166-159 a.C.), em que ouvimos falar do surgimento de um grupo de judeus zelosos da Lei, os hassidim, que eram contrários ao modo como os sumo sacerdotes estavam se acomodando à intrusão dos costumes helenísticos no judaísmo. Esse movimento de renovação deu origem não só aos fariseus como também aos essênios. É provável que os fariseus vissem o estabelecimento da monarquia asmoniana (140 a.C.) como uma oportunidade para a renovação nacional e a restauração da verdadeira observância da Lei. Certamente, em contraste com os essênios, eles permaneceram em Jerusalém após a usurpação do sumo sacerdócio pelos asmonianos (152 a.C.). Provavelmente partilharam o entusiasmo popular pela campanha vitoriosa pela independência judaica, registrada em 1 Macabeus 14.27-49, quando uma grande *sinagoga dos judeus conferiu a realeza e o sumo sacerdócio a Simão. Curiosamente, não há no Pentateuco sanção para essa sinagoga, ou assembléia, e isso pode ter sido justificado pela tradição oral dos *anciãos que os fariseus cultivavam. Os fariseus têm origens, portanto, num movimento popular baseado nas tradições de interpretação da Lei dos escribas. Eles legitimaram a monarquia asmoniana permitindo-lhe controlar o *Templo e em seguida procuraram influenciar a monarquia tanto na corte quanto no *Sinédrio, o conselho em Jerusalém que era a continuação da grande sinagoga. Desse modo, não foram em absoluto sempre bem-sucedidos, tendo entrado em conflito com João Hircano (134-104) e Alexandre Jannaeus (103-76), mas voltando às boas graças através de Salomé Alexandra (76-67). À medida que seu poder na corte real diminuía, procuraram influenciar o povo através dos tribunais e sinagogas locais, onde obtinham considerável sucesso. Não eram um movimento uniforme; ao longo dos anos diferentes escolas de interpretação da Lei se desenvolveram em torno de diferentes mestres, notavelmente Hillel e Shammai. Após a Primeira Revolta Judaica (66-70 a.C.), emergiram como os líderes, sob Jônatas ben Zakkai, da academia de Jâmnia, que lançou os fundamentos do judaísmo rabínico.

Crenças. Central para seu ensinamento é a crença na Lei dupla: a Torá escrita e a oral. O que isso de fato significava era o reconhecimento de uma tradição permanente de interpretação da Lei nos debates e ditos dos anciãos. Ao fim e ao cabo essa interpretação seria ela própria escrita na Mishná, mas mesmo então havia uma permanente tradição de debate que encontrava sua documentação no Talmude. Assim, embora algumas fontes os retratem como legalistas, talvez seja mais justo dizer que tinham zelo pelo debate jurídico e por manter viva a tradição de meditação e estudo da Lei. E, o que é importante, isso significava também que eram capazes de relacionar com a Lei novas áreas da vida ainda não abordadas, bem como de introduzir novas instituições como as sinagogas e as escolas.

Parecem ter se envolvido também no início de uma concentração de regras e regulações de pureza que iriam em seguida desempenhar importante papel na Mishná e no Talmude. Desse modo, começaram a transferir o centro da santidade para o lar e a comunidade local. Isso abriu caminho para a transição de um estado do Templo para uma devoção comunal que pôde sobreviver à destruição do Templo.

Os fariseus acreditavam também na ressurreição e em recompensas e punições futuras. Não acreditavam que todos recebiam o que lhes era justamente devido nesta era; somente numa era futura, quando Deus agisse decisivamente para estabelecer seu império, a justiça seria feita. Essa expectativa radical de uma nova era indica algo da natureza revolucionária dos fariseus que tem sido muitas vezes negligenciado. Quando eles próprios ganhavam poder, ainda que em comunidades localizadas sob a proteção geral de Roma, e que sob ela operavam, permitiam que essas esperanças radicais afrouxassem, embora nunca desaparecessem por completo.

John Riches

FASGA. Espinhaço ou montanha em *Moab, no canto nordeste do mar Morto, do qual *Balaão viu Israel e *Moisés viu a Terra Prometida antes de sua morte. Está nas vizinhanças do monte *Nebo, se não é idêntico a ele.

Michael D. Coogan

FENÍCIA. A palavra grega *phoinix*, a partir da qual a região geográfica da Fenícia parece ser chamada, significa, literalmente, "roxo vermelho". Assim, o nome é derivado de um produto da região, a tintura vermelha, pela qual a Fenícia era famosa em todo o mundo antigo. O que deu aos fenícios suas características e etos típicos no mundo antigo foi um interesse comum pelo comércio e os negócios, não algum sistema político firmemente urdido.

O território habitado por esse povo, semítico de origem e mediterrâneo em atitude e atividade, foi a estreita planície litorânea que se estende do rio Eleutero no norte à cadeia de montanhas Carmelo no sul, uma distância de cerca de 260km ao todo, aproximadamente a extensão do *Líbano moderno com um prolongamento para o sul. Desde tempos antigos reis governaram a região centrados em cidades como Biblos, Beritus (Beirute), Sidônia e Tiro. Características físicas conferem a toda a região um caráter muito particular, pois a planície litorânea é estreita e por vezes, como na Escada de Tiro, as montanhas formam um promontório que avança sobre o mar. Em outros lugares elas se erguem alcantiladas, separando a costa do interior, embora em certos períodos históricos houvesse uma tendência natural entre as cidades-estado a incluir parte dessa hinterlândia em seu território. Isso sem dúvida ocorreu no caso de Tiro, cujo território chegou por vezes a incluir parte da Galiléia. Foi provavelmente por causa da disposição física da região habitada pelos fenícios que o território como um todo nunca alcançou uma estrutura política plenamente coesiva, abrangendo antes várias cidades-estado, o que o deixava vulnerável aos poderes políticos mais centralizados na região.

Havia também vantagens geográficas. O contorno da costa do território fenício apresentava alguns excelentes portos, em contraste com Israel mais ao sul, e por isso a navegação era um aspecto significativo do modo de vida fenício. No mundo antigo, os fenícios foram navegadores célebres; Heródoto atribui também a eles a circunavegação da África. Várias colônias fenícias importantes foram estabelecidas no Mediterrâneo ocidental, a mais famosa delas tendo sido Cartago, na África do Norte. A orientação para o oeste levou também à difusão do alfabeto linear fenício. Além disso o clima, embora cálido, tinha um bom regime de chuvas, e havia uma rica vegetação com os famosos cedros do Líbano sendo particularmente importantes na provisão de madeira. Os projetos de construção de *Salomão se beneficiaram de um suprimento enviado pelo rei Hiram de Tiro, e há até indícios mais antigos de interesse egípcio. Espelho vítreo foi encontrado na região próxima a Ptolemaida e parece ter havido uma florescente indústria de artigos de luxo na região nos tempos helenísticos.

As conexões da Fenícia com o reino norte de Israel eram geralmente estreitas, como ilustra o casamento entre *Acab e Jezebel, a filha de Etbaal, rei de Tiro. Um estilo tipicamente fenício de alvenaria é também característico da arquitetura real e pública de cidades como *Samaria e *Meguido no período. Mas, como Israel e outros Estados da região, as cidades fenícias tinham relações tensas com os soberanos *assírios e neobabilônios, e tentavam afirmar sua independência. Sidônia foi destruída e Tiro derrotada por *Nabucodonosor depois de um sítio de treze anos. Os *persas adotavam uma atitude mais tolerante em relação a seus Estados vassalos e utilizaram as habilidades dos fenícios como navegadores em suas várias campanhas a oeste, de modo mais notável contra a confederação grega de cidades-estado, até serem derrotados na famosa batalha naval de Salamina em 481 a.C.

Foi durante esse período de relativa autonomia que os vários Estados fenícios conseguiram um grau mais elevado de harmonia entre si, e foi formada uma confederação de Tiro, Sidônia e Arvad, o que levou a uma revolta contra o domínio persa e a conseqüente destruição de Sidônia em 351 a.C. De acordo com a política helenística posterior, contudo, essas cidades, bem como Aco/Ptolemaida, mais perto do território judaico, foram restabelecidas como cidades-estado gregas e tornaram-se importantes centros de difusão da cultura grega na Palestina e na Síria. Os jogos de Tiro em homenagem a Zeus Olímpico tinham grande prestígio e alguns judeus, contrariando suas crenças religiosas, eram tentados a participar. Inscrições mostram, no entanto, que até o século I a.C. a língua fenícia continuava sendo falada, bem como o grego.

Em consonância com o processo de helenização que se produzia em outras partes do mundo antigo, a cultura emergente foi uma mistura do velho e do novo. Particularmente na esfera da religião, várias divindades cultuadas nos tempos helenísticos, como Zeus ou Hércules, eram as divindades fenícias mais antigas, Baal

Shamem (Senhor dos Céus) e Melqart em roupagem grega. Ambas estavam estreitamente associadas com as divindades cananéias mais antigas, como El, conhecido por nós a partir de descobertas feitas em Ra's Chamra, o que sugere portanto vínculos antigos e estreitos entre os fenícios e os cananeus. Mesmo antes da era helenística, a cultura fenícia fora influenciada por traços de muitas origens, inclusive a Grécia, sublinhando assim os muitos contatos que haviam sido estabelecidos através do comércio. Isso pode ser visto tanto na sua arte quanto na arquitetura, que parece ter fornecido o projeto do *Templo de Salomão.

Sob os romanos, as várias cidades do território fenício continuaram a ser como antes, mas agora integrando uma rede de centros urbanos que Roma utilizava para o controle do Oriente. A Fenícia é citada como uma das regiões onde o movimento cristão se propagou a partir de Jerusalém depois que os helenistas tinham sido repelidos. É duvidoso, contudo, que a cultura fenícia antiga tenha persistido em algum grau na área. Essa combinação de uma memória dos antecedentes étnicos e de reconhecimento da afiliação cultural atual do território é encontrada na descrição que Marcos faz da mulher que se aproximou de Jesus pedindo que sua filha fosse curada. Ela é caracterizada como sendo "grega, siro-fenícia por nascimento" (Marcos 7.26). O *shekel* de Tiro, em razão de sua estabilidade num mercado volátil de moedas, continuou sendo, em Jerusalém, a oferta para o santuário que se esperava de todo judeu do sexo masculino ao longo do período do Segundo Templo, e indícios arqueológicos recentes da Alta Galiléia dão abundantes provas de vínculos comerciais que uma população judia conservadora continuou a ter com Tiro nos primeiros séculos da era cristã. Portanto, padrões de diversidade religiosa estabelecidos outrora e vínculos de comércio e negócios foram mantidos entre a população judia e seus vizinhos litorâneos fenícios — um exemplo entre muitos da transcendência da diferença religiosa e cultural pela necessidade humana.

Seán Freyne

FILÊMON. Cristão que viveu na cidade frígia de *Colossos em meados do século I d.C. e é o destinatário de uma epístola de Paulo. O principal interesse da breve carta é o destino do escravo de Filêmon, Onésimo. Esse nome, que significa "útil", era freqüentemente dado a escravos. Parece que esse escravo havia sido de início útil a seu senhor, mas tornara-se inútil porque, tendo considerado suas condições intoleráveis, fugira de Colossos, provavelmente levando consigo certos objetos de valor pertencentes a seu patrão.

A epístola fala do que se seguiu à fuga. Tendo se dirigido para uma cidade maior, Onésimo fora detido e posto na prisão, onde encontrou *Paulo. Ali o escravo foi convertido e logo se fez útil a Paulo. Ao ser libertado, o novo cristão teve de decidir o que fazer com relação aos direitos de seu senhor prejudicado. Voltar para ele era correr o risco de severa punição, pois a fuga da escravidão era uma transgressão capital e Filêmon teria todo direito de lhe infligir a pena que quisesse. Encorajado por Paulo, contudo, o escravo decidiu retornar e partiu para Colossos, na companhia de Tíquico, e levando essa carta de Paulo. Semelhante decisão deve ter sido o resultado de intensa luta interior; por um lado havia o risco de punição, no mínimo a perda da liberdade; por outro, a insistência de Paulo e a autoridade de seu novo senhor, Cristo.

Quando a carta foi entregue, o senhor deve ter enfrentado um dilema. A violação de seus direitos de propriedade teria gerado indignação, apoiados como eram pela lei romana e o costume universal. No entanto, a carta era um apelo de um *apóstolo através do qual Filêmon, bem como seu escravo, haviam sido convertidos. Paulo pedia ao proprietário que acolhesse seu escravo como um irmão, aceitasse a restituição do que havia perdido, e o tratasse como se fosse o próprio Paulo. Como senhor, Filêmon tinha de reconhecer a autoridade suprema de seu próprio senhor, Cristo. O que estava em jogo era mais que perdão, pois Paulo parece ter pedido a Filêmon não só que libertasse Onésimo mas até que o enviasse de volta a ele, Paulo, para ajudá-lo no trabalho missionário como um substituto de seu outrora proprietário. Lendo nas entrelinhas da epístola, podemos ver que cada membro desse triângulo estava assumindo um risco e fazendo um sacrifício que decorria de sua lealdade a Cristo.

Nessa epístola, como em todos os documentos antigos, muitos pontos permanecem obscuros. A cidade natal pode ter sido Laodicéia e não Colossos. A localização da prisão é incerta: Roma ou, mais provavelmente, *Éfeso. O proprietário do escravo pode ter sido Arquipo e não Filêmon. Nada se sabe sobre a história posterior dos dois personagens, embora seja muito pouco provável que Onésimo o escravo tenha mais tarde se tornado o *bispo de Éfeso. O que é certo, no entanto, é o caráter radical da conversão, não só de pessoas como de suas atitudes para com sua propriedade, seus direitos e suas obrigações. Breve como é, a nota dá uma vinheta colorida da vida numa congregação no oeste da Ásia Menor.

Paul S. Minear

FILHOS DE DEUS. Os filhos de Deus (Hebr. *bene elohim* e variantes) são membros divinos da assembléia celeste de Deus. São apresentados em muitos papéis: louvando a Deus na aurora da criação; louvando a Deus no céu; encontrando-se na assembléia celeste perante Deus; representando as nações estrangeiras (segundo um texto de Qumrã e a LXX); e, no que é o mais curioso, desposando mulheres humanas e tendo prole. Outros termos, como *serafins, *anjos (i.e., mensageiros), e hostes do céu também se referem a esses membros da assembléia celeste de Deus. Os filhos de Deus são também identificáveis com as estrelas do céu. O título "filhos de Deus" é familiar a partir da mitologia ugarítica, em que os deuses são coletivamente chamados "filhos de El (literalmente, Deus)" (*bn il*). Um dos títulos de El é "Pai dos Filhos de Deus", indicando que o termo se refere aos deuses como sua prole física, com *Aserá (chamada "Criadora dos Deuses") como sua mãe. Os filhos de Deus são encontrados também em inscrições fenícias e amonitas, referindo-se ao panteão de divindades subordinadas, o que sugere que o termo era de uso disseminado nas religiões do Oriente semítico. A partir dos séculos VII e VI a.C., vários autores israelitas (especialmente Jeremias, o deuteronomista, e o Segundo Livro de Isaías) rejeitaram explicitamente a idéia de que havia outros deuses que não Javé, e qualificaram as "hostes do céu" como uma intrusão estrangeira no monoteísmo israelita.

Ronald S. Hendel

FILIPOS. Importante cidade na Macedônia oriental, na Grécia, sede da comunidade cristã a que a epístola de Paulo aos filipenses é dirigida. Após a batalha decisiva de 42 a.C., nas proximidades da cidade, o imperador Otaviano havia feito de Filipos uma colônia romana e dado a seus cidadãos os direitos e os privilégios dos que nasciam e viviam em Roma. Segundo o relato de Atos, a igreja de Filipos começou assim:

*Paulo, em sua segunda viagem missionária, deixou a Ásia Menor pela Macedônia, foi a Filipos, pregou o evangelho; Lídia, uma mulher proeminente daquela região, e alguns outros tornaram-se cristãos. Ao que parece a igreja foi abrigada inicialmente na casa de Lídia. Apesar de seus começos modestos, cresceu e se tornou uma ativa comunidade cristã, desempenhando importante papel no evangelismo, partilhando prontamente suas próprias posses materiais, mesmo em meio a extrema pobreza, e enviando generosamente um dos seus para ajudar Paulo em seu trabalho e para auxiliá-lo quando estava na prisão. Paulo visitou essa igreja em pelo menos três ocasiões.

Paulo começa essa carta com a saudação típica e continua agradecendo a Deus e orando pelo constante crescimento dos filipenses em amor e boas obras. Informa-lhes como o evangelho avançou mesmo enquanto estava na prisão, e assegura-lhes que será libertado e retornará a Filipos. Roga-lhes que vivam de maneira condigna do evangelho, em unidade, harmonia e generosidade, sem lamúrias e queixas, mantendo sempre diante de si Jesus Cristo como o modelo supremo de toda ação moral; essa seção contém um exemplo primoroso de hino do cristianismo primitivo, usado e provavelmente modificado por Paulo para seus propósitos aqui. Ele os exorta mais descrevendo as qualidades de Timóteo e Epafrodito, e promete enviar ambos a Filipos. Adverte-os contra evangelistas judeus ou judaizantes cujos ensinamentos e práticas são contrários ao evangelho, e conclui a epístola fazendo um apelo final à unidade, oferecendo sugestões sobre como os cristãos deveriam pensar e agir e agradecendo aos filipenses por suas numerosas dádivas a ele. Encerra com saudações.

Gerald F. Hawthorne

FILISTEUS. Grupo de origem egéia, os filisteus foram um dos Povos do Mar que devastaram o Mediterrâneo oriental subseqüentemente ao colapso da civilização micênica no final do Bronze Tardio. Tentando aportar no Egito, foram repelidos numa grande batalha no mar e em terra por Ramsés III (c.1190 a.C.), após o que se fixaram na faixa litorânea do sudoeste de Canaã. Ali estabeleceram uma confederação de cinco cidades-estado, a Pentápolis composta por Azoto, Ascalão e Gaza na costa e Ecron e Gat no interior. Sua expansão para o interior os pôs em conflito com as tribos israelitas, que procuraram se opor a eles organizando-se num reino. Embora os primeiros filisteus tivessem conseguido prevalecer contra *Saul, o primeiro rei israelita, *Davi, sucessor de Saul e ex-vassalo de Aquis, o rei palestino de Gat, derrotou-os decisivamente e sustou sua expansão. Ao longo dos primeiros séculos seguintes, suas relações com Israel assumiram em geral a forma de escaramuças de fronteira. No século X, a Filistéia ficou sob fraca hegemonia egípcia. Em conseqüência das ambições imperialísticas do Império Neo-Assírio, os filisteus foram dominados pela Assíria em 743 a.C. Apesar de revoltas ocasionais contra seus suseranos, continuaram sendo parte do Império Assírio, chegando mesmo a prosperar durante o século VII, até a queda da Assíria (612 a.C.). Em seguida, imprensada entre o Egito e a Babilônia, a Filistéia foi conquistada e devastada por *Nabucodonosor em 604 a.C. Isso pôs fim efetivamente à história do povo filisteu, embora seu nome, tal como transmitido através do grego e do latim, tenha acabado por se tornar o nome da terra que nunca foram capazes de subjugar, a saber, a Palestina. A atividade arqueológica centrada na recuperação de vestígios materiais dos filisteus tem sido intensa nos últimos anos. Azoto, Ascalão e Ecron (Tel Miqne), bem como sítios menores como Tel Qasile na costa e Tel Batach (antiga Timná) no interior, foram ou ainda estão sendo investigados. O quadro que surgiu é o de uma civilização extremamente rica e altamente desenvolvida, contradizendo o uso moderno do termo "filisteu".

Carl S. Ehrlich

FORASTEIRO. Também traduzido por "peregrino", "morador estrangeiro" e "estrangeiro", um forasteiro (hebr. *ger*) é tecnicamente uma pessoa que, vivendo numa comunidade, não pertence às linhagens tradicionais dela. No Antigo Testamento, os "forasteiros" geralmente são não-israelitas que moram (residem temporariamente) em Israel, mas podem ser também israelitas de uma tribo que vivem temporariamente no território de outra. Essas pessoas eram muitas vezes financeiramente desvalidas, forçadas a ser dependentes de residentes "nativos". Assim, forasteiros são freqüentemente mencionados juntamente com *viúvas, *órfãos e os *pobres como tipicamente necessitados de auxílio. Forasteiros podiam ser submetidos a trabalho pesado; no entanto, tomava-se especial cuidado em lhes conceder status igual ao dos israelitas nativos, tornando-os co-recipientes das bênçãos e das maldições de Deus. Os israelitas têm ordens de tratar bem os forasteiros, porque foram outrora forasteiros no Egito. De fato, devem-se conceber como forasteiros que passam um tempo na terra de Deus, intensificando assim seu sentido de dependência para com Deus.

Os autores do Novo Testamento descrevem seus ancestrais israelitas como forasteiros no Egito e o exílio na Babilônia como o tempo da estada em terra estrangeira. Ao tratar do problema da incorporação dos *gentios na comunidade tipicamente judaica, Paulo diz que eles "não são mais estrangeiros e forasteiros, mas ... cidadãos ... da família de Deus" (Ef. 2.19). Qualquer sugestão de separação é portanto eliminada. Por outro lado, todos que se tornaram membros do "povo" de Deus devem renunciar a lealdades a outros grupos, considerando-se forasteiros no mundo que os cerca. Sob esse aspecto, *Abraão é apresentado como um modelo antigo.

Timothy M. Willis

G

GABRIEL. Um dos *anjos de mais destaque na literatura judaica pós-exílica e em textos cristãos, especialmente a literatura extracanônica. É retratado como um dos sete *arcanjos em 1 Henoc 20.7; em outros textos é um dos quatro anjos próximos do trono de Deus. Essa proximidade com Deus resulta em suas funções características. Gabriel intercede junto a Deus pelos que são oprimidos pelo mal, leva *Henoc à presença do próprio Deus, explica mistérios sobre eventos políticos futuros e transmite a indivíduos revelações especiais de Deus. Intérpretes judeus e cristãos concluíram por vezes que textos bíblicos com mensageiros divinos não nomeados referem-se aos arcanjos Gabriel e Miguel. Em geral, *Miguel é descrito como um guerreiro, ao passo que Gabriel atua com mais freqüência como um intermediário ou um intérprete de sonhos.

Steven Friesen

GAD. Filho de Zelfa, serva de Lia, e *Jacó, e uma das doze tribos de Israel. O nome Gad está associado à palavra hebraica para fortuna. Na Israel primitiva Gad é ao mesmo tempo populoso e hábil na batalha. Os gaditas, juntamente com Rubens e metade de *Manassés, instalam-se na Transjordânia, área adequada a seu gado abundante. Os gaditas sustentam *Saul e sua família, ajudam *Davi e participam de sua administração.

Gad passa um mal pedaço durante a monarquia dividida. O rei Mesa de Moab (c.835 a.C.) proclama que foi implacável com os gaditas de Atarot. Hazael de Damasco (Síria) devasta Gad. Em seguida, Teglat-Falasar III da Assíria exila as tribos da Transjordânia.

Gad pode referir-se também a uma deidade estrangeira, a uma vidente durante o tempo de Davi, ou a um organizador do serviço levítico e cronista da vida de Davi.

Gary N. Knoppers

GALÁCIA. Região na Ásia Menor central (em torno da moderna Ancara, na Turquia). A Galácia abrigou diversas igrejas a que *Paulo endereçou sua Epístola aos gálatas. As "igrejas da Galácia" a que essa carta se dirige situavam-se na província romana da Galácia, mas ainda se discute em que parte dela. Até 25 a.C. a região fora o reino da Galácia. Os gálatas originais eram celtas que, vindo da Europa central, tinham invadido a Ásia Menor e se estabelecido ali no século III a.C. Mas os soberanos da Galácia estenderam seu poder sobre territórios vizinhos, povoados por outros grupos étnicos; esses grupos foram incluídos na província da Galácia e eram gálatas no sentido político, embora não no sentido étnico. A alguns desses grupos pertenciam as cidades de Antioquia da Psídia, Icônio, Listra e Derbe, que foram evangelizadas por Paulo e Barnabé por volta de 47 d.C. Segundo uma opinião, a carta se destinava a igrejas dessas cidades. Segundo outra, era dirigida a igrejas estabelecidas mais tarde na parte norte da província romana, entre os gálatas étnicos. É verdade que Atos não faz menção a visitas de Paulo ao norte da Galácia, mas o livro não faz um relato completo da atividade missionária dele. A identidade precisa dos destinatários não afeta muito a argumentação da epístola.

Ela é uma súplica continuada e apaixonada a um grupo de igrejas cujos membros estavam em perigo de abandonar o evangelho que haviam recebido de Paulo. Estavam propensos a dar ouvidos a certos mestres que os exortavam a acrescentar à sua fé em Cristo alguns traços característicos do judaísmo, em particular a circuncisão. Esses mestres tentavam também diminuir a autoridade de Paulo, insistindo em que ele estava em dívida para com os líderes eclesiais de Jerusalém por sua delegação apostólica e não tinha nenhum direito de desviá-los da prática de Jerusalém.

O ponto de vista tradicional, aceito aqui, é que aqueles com quem Paulo polemiza em Gálatas eram intrusos judaizantes, ávidos por conformar as igrejas da Galácia, que eram de composição sobretudo gentia, ao modo de vida judaico e provavelmente também submetê-las ao controle da Igreja de Jerusalém.

A epístola pode ser lida contra o pano de fundo do ressurgimento do nacionalismo militante na Judéia nos anos após 44 d.C. Esses militantes (que vieram a ser chamados *zelotes) tratavam judeus que confraternizavam com gentios como traidores. Os *cristãos de Jerusalém eram sensíveis à acusação de que alguns de seus líderes, se não eles próprios, praticavam esse tipo de confraternização. Daí, talvez, os relatos feitos a Pedro em Antioquia, que o levaram a deixar de comer com gentios cristãos naquela cidade; daí também, talvez, a missão judaizante à Galácia. Pois se fosse possível convencer gentios convertidos a aceitar a circuncisão e se conformar a outros costumes judeus, por exemplo, pela observância do calendário sagrado, os militantes (esperava-se) poderiam ser aplacados.

Não há registro da resposta das igrejas da Galácia à carta.

A data em que ela foi escrita foi fixada em vários pontos entre 48 e 55 d.C. Se foi enviada às igrejas de Antioquia da Psídia, Icônio, Listra e Derbe, uma data próxima a 48 d.C. é possível, até provável; se foi enviada a igrejas na Galácia étnica, a data teria sido posterior.

F.F. Bruce

GALILÉIA. Nome da região norte da Palestina, significando literalmente o círculo ou o distrito. Segundo Josué 19, essa área foi destinada às tribos de Neftali, Zabulon e Dã, embora os relatos das colonizações tribais sugiram que a população mais velha continuou nas regiões mais prósperas como o vale e o litoral. Dados arqueológicos, especialmente de levantamentos, acrescentam indícios de muitos novos povoamentos por toda a região no início da Idade do Ferro, bem como mais ao sul na região na montanhosa central (*ver* Canaã). Na primeira metade do primeiro milênio a.C., a Galiléia, bem como suas principais cidades, em especial *Hasor, só é mencionada esporadicamente em fontes bíblicas e não bíblicas. Após a queda do reino do norte em 722 a.C., a Galiléia foi incluída na província assíria da *Samaria, mas é improvável que toda a população israelita tenha sido jamais completamente erradicada dessa área predominantemente rural. Ao traçar uma distinção entre a Alta Galiléia e a Baixa Galiléia, escritores mais tardios, como Josefo e Plínio, exaltam a fertilidade e a variedade de sua produção agrícola.

A região recebe mais atenção a partir do período helenístico, quando Simão, um dos irmãos macabeus, foi lá para salvar alguns companheiros judeus durante a perseguição que se seguiu à reforma helenística de Antíoco IV em meados do século II a.C. Esse episódio sugeriu a muitos estudiosos que a Galiléia era na época uma região inteiramente gentia, mas essa talvez não seja uma avaliação precisa. Referências dispersas indicam uma presença judaica contínua ali no período persa. Levantamentos arqueológicos sugerem que a região não era densamente povoada no início do período helenístico, e o episódio envolvendo Simão parece ter ficado restrito à região de Ptolemaida. Josefo nos informa que o asmoneu Aristóbulo I circuncidou o povo itureano à força como parte de uma campanha para restabelecer seu controle sobre o antigo território israelita. Esse episódio pode ter envolvido alguns dos que viviam na Alta Galiléia, mas é difícil admitir que tenha envolvido todos os judeus galileus no século I a.C.

A população da Galiléia parece ter crescido sob os asmoneus por um processo de "colonização interna", dando origem a uma província densamente povoada no século I d.C. Essa "Galiléia judaica" emergiu como uma unidade administrativa separada quando Pompeu, o general romano, retalhou o reino asmoneu, e sua identidade foi reforçada pela implantação de um conselho administrativo para a região em Séforis por seu sucessor Gavinius em 57 a.C. Esse centro, e a cidade rival Tiberíades, fundada por Herodes Antipas em 19 d.C., continuaram a dominar administrativamente toda a Baixa Galiléia, enquanto a Alta Galiléia conservou uma cultura predominantemente aldeã até uma altura avançada dos períodos romano e bizantino.

A identidade independente da Galiléia emergiu também quando Roma interveio mais uma vez para dividir o reino de Herodes o Grande quando de sua morte em 4 a.C. A região, juntamente com a Peréia, foi entregue a seu filho Herodes Antipas, cujo longo reinado (de 4 a.C. a 39 d.C.) abrangeu a carreira de Jesus de Nazaré. Em contraste com a Judéia, no sul, que passou ao domínio romano direto em 6 d.C., com a conseqüente deterioração das relações sociais ali, o reinado de Antipas parece ter conferido estabilidade à Galiléia judaica. A Galiléia também foi submetida ao domínio romano direto, provavelmente após a morte de Herodes Agripa em 44 d.C., embora parte da região — Tiberíades e Tariquéia e seus territórios — tenha sido dada por Nero ao filho de Agripa, Agripa II, cujo território se limitara anteriormente a Traconítide, na Transjordânia. Na Primeira Revolta Judaica (66-70 d.C.) o conselho revolucionário judaico designou Josefo para governador da Galiléia quando as hostilidades em relação a Roma foram deflagradas, mas afora um pequeno número de centros como Giscala, Gamala (situada em Golan, embora estreitamente associada à Galiléia), e Tiberíades, a campanha foi rapidamente encerrada pelo avanço de legiões romanas, e Josefo foi capturado após sua última posição na fortaleza de Jotapata, tendo feito desse episódio uma descrição extremamente adornada para exaltar suas próprias proezas militares. Ao que parece, a Galiléia não foi envolvida na Segunda Revolta Judaica (132-35 d.C.), e como parte da colonização romana os judeus do sul foram empurrados para o norte. Assim, a partir do século II d.C., a Galiléia tornou-se um centro de aprendizado e piedade judaicos na terra de Israel. Foi lá, em Ussa, Séforis e Tiberíades, que as grandes escolas de escribas floresceram, produzindo a Mishná e mais tarde o Talmude palestino (*Yerushalmi*). Judeus oriundos de todo o mundo Mediterrâneo eram enterrados em Bet Searim na Galiléia. As ruínas escavadas da *sinagoga dali sugerem uma comunidade local próspera, com uma vida religiosa independente, até as conquistas árabes do século VII d.C., apesar da maior presença cristã após a conversão de Constantino.

Este sumário da história religiosa e política da Galiléia deveria ajudar a corrigir algumas impressões falsas da Galiléia freqüentemente encontradas em relatos da carreira de *Jesus de Nazaré. A vida galiléia era relativamente estável no plano político, especialmente em contraste com a Judéia, sendo portanto incorreto ver a Galiléia como a pátria dos *zelotes ou como um viveiro de revolucionários, ao mesmo tempo mais radicais e mais carismáticos na expressão de suas lealdades religiosas judaicas. Os galileus tampouco eram em geral socialmente carentes ou marginalizados. A fertilidade natural da região, sua localização estratégica nas rotas de caravanas para o Oriente, bem como seu papel como hinterlândia para os centros fenícios de comércio, significavam que seus habitantes tinham condições de desfrutar pelo menos alguns dos benefícios que a idade helenística levou para o Oriente.

A Galiléia e os galileus estão particularmente associados a Jesus de Nazaré e seu movimento. Embora cada um dos quatro Evangelhos trate a região de maneira diferente dentro dos propósitos globais de sua narrativa e não nos dê o tipo de informação detalhada sobre a região que é possível recolher da *Vida* de Josefo, por exemplo, muitos de seus pressupostos sociais e religiosos subjacentes são realistas a julgar pelo que pode ser reconstruído historicamente a partir de outras fontes. Também para os evangelistas a Galiléia é completamente judaica em sua filiação religiosa. Tensões entre as pretensões religiosas de Jerusalém sobre a região e o etos regional característico são reconhecidas. O cenário rural predomina e a região do lago, com sua ativa vida comercial, é ressaltada. Esse quadro, extremamente seletivo em seu colorido, corresponde notavelmente bem a um perfil mais detalhado que pode ser traçado com a ajuda de outras fontes. A Galiléia atuou de fato para os cristãos primitivos como um símbolo da novidade da visão de Jesus em contraste com a crença judaica dos círculos mais estabelecidos, mas todos os indícios sugerem que a referência simbólica estava embasada num ministério real que foi conduzido na Galiléia real do século I d.C.

Seán Freyne

GALILÉIA, MAR DA. Uma grande extensão de água, em forma de coração, com 20km de comprimento por 11km de largura em seus pontos máximos. Forma uma bacia profunda cercada por montanhas de ambos os lados, tendo na borda uma estreita planície onde se erguem várias cidades e vilas importantes. Esse padrão é quebrado somente no canto noroeste, onde essa faixa se abre na planície de Genesar, cuja fertilidade foi decantada por Josefo. A superfície do lago propriamente dita está cerca de 210m abaixo do nível do mar, formando assim uma grande bacia para as águas do rio *Jordão. Segundo Josefo e Plínio, seu nome original era lago de Genesaré, embora ambos os autores tenham conhecimento de que era também chamado lago Tiberíades (Josefo) ou lago de Tariquéia, segundo dois dos mais importantes povoamentos estabelecidos em suas margens nos tempos romanos.

Os evangelhos de Mateus (onze vezes) e Marcos (sete vezes) chamam-no mar da Galiléia, designação também encontrada em João 6 e 21. Isso pode refletir o hebraico (*yam*), que pode significar seja um lago de água doce, seja o mar propriamente dito. Sugeriu-se, contudo, que o uso de Marcos (seguido por Mateus) tem um significado mais simbólico em termos do controle que Jesus possuía sobre as forças do mal associadas às profundezas. Lucas reserva a palavra "mar" para o Mediterrâneo e sempre fala do "lago de Genesaré", ou "o lago" ao se referir ao mar da Galiléia. A relevância desse uso é que ele sugere que Lucas, embora presumivelmente não um nativo da Palestina, foi capaz de se projetar naquele contexto e refletir o uso local com precisão ao distinguir mar e lago.

O lago estabelecia uma limite natural entre a Galiléia judaica e os territórios predominantemente gentios de Gaulanitis e da *Decápolis, exatamente do lado oposto. Apesar de diferenças na filiação religiosa entre a população dos dois lados do lago, indícios arqueológicos sugerem uma continuidade real em termos de estilos de vida, comércio e outras relações. Os Evangelhos também atestam esse movimento freqüente, ainda que nem sempre seja possível detectar com precisão os pontos de embarque e chegada. Josefo também menciona frotas de barcos no lago, sugerindo assim uma sub-região ativa e próspera dentro da Galiléia e associando-a à região mais ampla.

Ademais, o lago era um recurso natural para a Galiléia por causa de sua indústria pesqueira. Estrabão, Josefo e Plínio, bem como os Evangelhos, mencionam todos a abundância de peixes no lago. Acredita-se que Betsaida e Tariquéia derivaram ambas seu nomes da indústria pesqueira; o último é muito provavelmente o nome grego para Magadã e é derivado do termo grego para preservação. A salga do peixe, que tornava sua exportação possível em escala muito maior, foi, como é sabido, uma habilidade técnica que se desenvolveu durante a idade helenística. É provável, portanto, que tenha havido uma genuína expansão dessa indústria também na Palestina. Josefo menciona um tipo de peixe, o *coracin*, pertencente à família das enguias, que era encontrado também no Nilo, sugerindo talvez que os primeiros soberanos ptolemaicos haviam estendido a indústria do peixe à Galiléia como empreendimento comercial. Sob esse aspecto, vale a pena observar que Tiago e João, os filhos de Zebedeu, teriam aparentemente abandonado uma próspera atividade quando deixaram seu pai e seus servos contratados para seguir o chamado de Jesus.

Seán Freyne

GAMALIEL. O *ancião Gamaliel foi um mestre do século I d.C. Embora não seja citado com muita freqüência na Mishná, é dito que "quando ele morreu a glória da Torá terminou".

Fora da Mishná, Gamaliel é conhecido principalmente por sua breve fala em Atos 5.35-39. Identificado como um *fariseu respeitado pelo povo, ele aconselha o *Sinédrio a deixar os primeiros líderes cristão em paz: "Se for iniciativa ou obra dos homens, perecerá. Mas, se vem de Deus, não podereis eliminá-los." É identificado também como mestre de *Paulo em Atos 22.3.

J. Andrew Overman

GAZER. Cidade de vulto na Antigüidade e objeto de importantes escavações arqueológicas no século XX, Gazer situa-se no limite entre os contrafortes da Judéia e o Sefelá, no território tribal de Efraim. Mencionada em inscrições dos faraós Tutmés III (primeira metade do século XV a.C.) e Mernepta, bem como nas Cartas de El Amarna (meados do século XIV), Gazer passou ao controle israelita em data relativamente tardia. Embora os israelitas não tenham conseguido conquistar a cidade cananéia, ela passou para seu controle quando o Egito a cedeu a *Salomão, aparentemente como um dote para sua esposa, a filha do faraó. O cerco de Gazer pelos *assírios é retratado num relevo do palácio de *Teglat-Falasar III em Nimrod (antiga Calach). Durante o período macabeu, Gazer (chamada Gazara) foi uma importante cidadela selêucida até ser capturada por Simão em 143 a.C.

Carl S. Ehrlich

GEDEÃO. Também chamado "Jerobaal", Gedeão é um juiz-libertador de Manassés que conduz as tribos da região montanhosa central à vitória sobre agressores madianitas. Sua história ilustra o tema da confiança absoluta em Deus: por ordem divina, ele reduziu seu exército de trinta e dois mil para trezentos homens antes de atacar o inimigo. A história de Gedeão revela também tensões na Israel pré-monárquica. A rivalidade intertribal é evidente, pois a tribo de *Efraim mostra ciúme da tribo de Manassés, de Gedeão, em conseqüência do êxito deste. Há tensão também com relação à forma de governo de Israel. Após a vitória de Gedeão, o povo se mobiliza para fazê-lo rei, mas ele recusa, dizendo que deviam ver Deus como seu rei. Em contraposição, quando Abimelec, filho de Gedeão, tenta assumir ele próprio a condição de rei (depois da morte do pai), é rejeitado pelo povo e morto.

Ver também Juízes.

Timothy M. Willis

GEENA. Lugar onde, segundo Jesus nos Evangelhos sinóticos, os pecadores são punidos após a morte. Algumas vezes o Hades é tratado como um local de punição como esse, mas é citado com mais freqüência como o reino da morte em geral. (A NRSV traduz o gr. *geenna* como *"hell"*, inferno.)

Geena foi originalmente o nome hebraico de um vale logo ao sul do morro sudoeste de *Jerusalém chamado "o vale de Enom" (*ge hinnom*) ou "o vale dos filhos de Enom" (*ge ben(e) hinnom*). Sob a influência da forma aramaica *gehinna(m)*, a transliteração grega da palavra tornou-se *geenna*. "Enom" pode ser compreendido como o representante de um grupo *jebuseu que outrora dominou o lugar em questão, mas a Bíblia menciona apenas o vale. Em listas de fronteiras ele forma o limite entre Judá e Benjamim ao sul da cidade jebuséia, o que sugere que Jerusalém pertencia a Benjamim.

A visão posterior da Geena como um lugar de punição, especialmente pelo fogo, é antecipada numa referência de Isaías a um grande *tofet, ou lugar em chamas, perto de Jerusalém, que teria sido aceso pelo Senhor para punir os *assírios e seu rei. Um estágio posterior do desenvolvimento dos conceitos relevantes é alcançado no relato referente à reforma do culto empreendida pelo rei *Josias em 622 a.C., que implicou uma dessacralização de tofets semelhantes em Judá, especialmente um situado no vale de Enom e dedicado a Moloc, a quem se ofereciam crianças. A eliminação ordenada por Josias não teve pleno sucesso, pois algum tempo depois Jeremias fez reiterados ataques ao tofet e disse que o vale de Enom iria se tornar um cemitério geral.

Com base em passagens como essas e influenciado pelo paralelismo com idéias persas de julgamento no fogo, o apocaliptismo judaico fez do vale de Enom um lugar de punição num contexto escatológico. Numa visão atribuída a *Henoc, descreveu-se uma cavidade para cujo interior olhariam os judeus devotos, reunidos na montanha sagrada, para assistir lá em baixo ao julgamento justo e à punição eterna de todos os ateus e os amaldiçoados. Nenhum nome aparece aqui, mas como os detalhes do quadro indicam a topografia de Jerusalém, a cavidade em questão deve ter sido pensada como o vale de Enom. A vinculação da perspectiva escatológica à Jerusalém conduziu então a um uso explícito do nome Geena para aquele lugar de punição, que vemos surgir em textos no século I d.C. do Novo Testamento e do apocalipse judaico (p.ex., na tradução latina "Gehenna"). Na Mishná e em textos rabínicos posteriores, o nome Geena (*ge hinnom*) substituiu o termo mais antigo para o mundo ínfero (*Sheol*). Geena é também o termo comum no Qumrã para o lugar da punição final.

Bo Reicke

GENTIOS. Do latim *gens* (literalmente, "nação"; hebr. *goy*; gr. *ethnos*), "gentio" refere-se a um não-judeu ou, mais amplamente, a qualquer pessoa que esteja fora da comunidade do pacto de Israel. Nos tempos pós-exílicos encontram-se referências a gentios individuais em contraposição a nações; simultaneamente, a possibilidade da conversão ao judaísmo aparece. Os gentios descritos na Bíblia são tão diversos quanto o são os judeus: de *Raab a *Rute, de Amã a Holofernes, eles vêm de vários lugares e desempenham vários papéis — auxiliares, opressores, testemunhas, tentadores.

Josué 24.11 menciona as sete nações de que a comunidade do pacto deve se manter separada. Contudo uma "multidão misturada" acompanha a comunidade que foge do Egito, e as regras para o *forasteiro residente permitem ao morador temporário circuncidado participar da vida religiosa de Israel. O chamado tema da promessa insiste em que, através de *Abraão, "todas as famílias da terra se abençoarão/serão abençoadas"; Isaías 42.6 chama Israel "uma luz para as nações"; e *Jonas é encarregado de pregar para *Nínive. No entanto, *Esdras e *Neemias exigem que os casados com gentias se divorciem, e a condenação de nações gentias é um tema profético comum. O livro hebraico de *Ester não censura o casamento misto, e o livro de Rute celebra a união de um judeu com uma moabita, mas os acréscimos gregos a Ester e o livro de *Tobias prezam a endogamia.

Havia conexões entre judeus e comunidades gentias na política, no comércio, e até em práticas religiosas. Alguns gentios tornavam-se *prosélitos; outros eram atraídos pelas práticas judaicas e pelas *sinagogas (os "tementes a Deus"). O livro pseudo-epigráfico de José e Asenet apresenta a filha do sacerdote egípcio com quem José se casa como a prosélita arquetípica. Os gentios participavam também do culto no *Templo herodiano.

As reações dos judeus aos gentios são também diversas. No período helenístico e no início do período romano a maioria dos grupos judaicos acreditava que os justos entre os gentios alcançariam a salvação, mas o fariam como gentios e por decreto divino no final dos tempos. Essa dupla soteriologia pode também estar subjacente a Romanos 9-11. *Genesis Rabbah* 34.8 lista os mandamentos antigos que se aplicavam a gentios. *Topseta Sanhendrin* 13.2 menciona gentios que ganham um lugar no mundo que há de vir. Os judeus deviam lidar honestamente com os gentios e socorrer os *pobres, mesmo quando eram advertidos contra a associação com idólatras. Não há nem atestação das Escrituras nem indício histórico indubitável de um programa judaico organizado para converter gentios. As distinções entre judeu e gentio deviam ser preservadas, mas a maneira como a separação era mantida variava econômica, social, geográfica, ritual e filosoficamente.

As idéias dos cristãos primitivos sobre os gentios eram em geral positivas; isso não surpreende, uma vez que a Igreja considerava o território gentio um solo fértil para suas mensagens e que a maior parte de seus documentos canônicos é dirigida a comunidades gentias ou parcialmente gentias. A genealogia de Mateus inclui gentios, e o evangelho conclui com a ordem de transformar em discípulas todas as nações (ou gentios, *panta ta ethne*); Lucas mostra Simeão prevendo que Jesus será "uma luz para iluminação de todos os gentios" (2.32). *Paulo é o apóstolo dos gentios, tanto em Atos como em suas Epístolas. Não é claro como o próprio Jesus via os gentios. Em Mateus 10.5b-6; 15.24, ele proíbe seus discípulos de participar de uma missão gentia (cf. Rom. 15.8), mas Lucas 4 descreve sua disposição inicial de estender as boas novas a não judeus. E ambos os comentários podem ser inserções redacionais.

Antecipada pela conversão de Cornélio em Atos 10, a conduta que os gentios cristãos tinham o dever de adotar é confirmada pelo Concílio Apostólico em Jerusalém: os gentios deviam seguir o que era provavelmente uma combinação de mandamentos antigos com as leis que se aplicavam ao forasteiro residente. Os estudiosos debateram se o próprio Paulo insistiu em que toda lei do ritual fosse revogada à luz do evento de Cristo, ou se permitiu aos judeus éticos conservar práticas rituais. Em menos de um século, esse debate terminou: o cristianismo tornou-se predominantemente gentio e as práticas judaicas foram tachadas de heresias. Hoje, especialmente nos Estados Unidos, "gentio" é muitas vezes tomado como sinônimo de "cristão". Não é isso, contudo, que ocorre entre os membros da Igreja de Jesus Cristo dos Santos dos Últimos Dias (mórmons), que se referem aos que não pertencem à sua comunidade (inclusive os judeus) como "gentios".

Amy-Jill Levine

GETSÊMANI. Nome do lugar em *Jerusalém onde, segundo Mateus 26.36 e Marcos 14.32, Jesus foi preso. João não o nomeia, mas chama-o um jardim. Isso condiz com o significado do nome, "prensa de azeite", como também o faz sua localização no sopé do monte das Oliveiras, na vizinhança geral das várias igrejas que ali se erguem hoje.

Michael D. Coogan

GOG. Descrito em Ezequiel 38-39 como soberano da terra de Magog, Gog é também "príncipe supremo" das terras de duas tribos da Ásia Menor, Mosoc e Tubal; a localização específica de Magog é desconhecida. Gog, liderando uma coalizão de nações vindas de praticamente todos os pontos da bússola, é convocado por Javé, o Deus de Israel, para atacar a própria Israel. Javé promete, no entanto, intervir a favor de Israel, destruindo a coalizão inimiga por meio de desastres naturais estupendos. Apocalipse refere-se a uma invasão satânica de "Gog e Magog", situando-a curiosamente após o milênio prometido (o período de mil anos do reinado do *Messias).

William H. Barnes

GÓLGOTA. Local da crucifixão de Jesus em *Jerusalém; ao que parece, o sepulcro em que Jesus foi enterrado era próximo. O nome é aramaico e significa "a caveira", uma tradução dada segundo o aramaico em Mateus 27.33 e João 19.17. Lucas 23.33 dá somente a tradução grega. Na Vulgata, é usada uma palavra latina para "caveira", *calvaria*; essa é fonte da palavra inglesa "*Calvary*", usada na KJV de Lucas 23.33. A origem do nome Gólgota é obscura; entre as sugestões estão sua localização num cemitério e o fato de ser um lugar para execuções. Segundo Orígenes, o notável estudioso da Bíblia (século III d.C.), esse era o lugar em que *Adão fora enterrado; adotando esse ponto de vista, artistas puseram muitas vezes uma caveira na base da cruz em representações da crucifixão.

A localização precisa do Gólgota e da sepultura de Jesus não é certa, mas o candidato mais provável é o sítio atual da igreja do Santo Sepulcro, embora as tradições que o identificam como o local da morte e do sepultamento de Jesus não sejam, aparentemente, anteriores ao século IV a.C.

Michael D. Coogan

GOLIAS. O guerreiro *filisteu de Gat, fortemente armado, que, segundo 1 Samuel 17, foi morto por *Davi quando este era ainda um jovem pastor, armado apenas de uma funda e da fé em Javé. A altura de Golias é dada no TM de 1 Samuel 17.4 como seis côvados e um palmo (c.3m), embora tradições textuais representadas nos Manuscritos do Mar Morto e na Septuaginta dêem quatro côvados um palmo (c.2m). 1 Samuel 21.8-10 sugere, talvez ironicamente, que Davi retornou a Gat com a espada de Golias.

Em 2 Samuel 21.19 um guerreiro chamado Eleanã matou Golias, um descendente dos gigantes de Gat, numa luta em Gob. A VA tenta harmonizar a discrepância enunciando: "Eleanã ... matou o irmão de Golias", seguindo uma antiga tendência já encontrada em Crônicas 20.5. Essas discrepâncias sugerem, no entanto, que a atribuição da morte de Golias a Davi pode não ser original.

Hector Ignacio Avalos

GOMORRA. *Ver* Sodoma e Gomorra.

H

HABACUC. Profeta a quem é atribuído o livro que leva seu nome. Pouco se sabe sobre o próprio Habacuc, embora ele figure como um personagem menor em *Bel e o Dragão. O tema central do livro de Habacuc está ligado ao desígnio de Deus. Ele foi composto entre 609 e 598 a.C., quando os exércitos babilônios, sob *Nabucodonosor, invadiram e capturaram o istmo palestino. Habacuc reside no reino israelita sulista de *Judá e, em contraste com os profetas que o precederam, dirige suas palavras não a seus compatriotas, mas a Deus. Sua principal indagação é: Quando realizará Deus seu desígnio e implantará na terra um reino de justiça, probidade e paz? Quando virá o reino de Deus?

No primeiro oráculo, Habacuc ergue seu lamento inicial. Não vê na sociedade judaica à sua volta nada além de violência e mal — a opressão dos fracos, discórdia e litigações intermináveis, iniqüidades morais de toda sorte. E apesar do contínuo apelo de Habacuc a Deus para que ponha fim à iniqüidade, Deus parece ignorá-lo e deixar os justos sem meios de corrigi-la.

Mas então Deus responde a seu profeta. Diz a Habacuc que está incitando os babilônios a marchar através do Crescente Fértil e subjugar Judá, como punição por seu pecado. A nação que rejeitou a ordem e o império de Deus há de se ver sujeita à ordem e ao império de Babilônia e de seus deuses.

Na terceira seção, o profeta reconhece a justiça da punição infligida por Deus a Judá. E como o juízo de Deus é sempre, afinal de contas, um ato conducente à salvação, Habacuc sabe que Judá não perecerá. Mas seu problema persiste, pois os babilônios, em suas conquistas cruéis, são ainda mais iníquos do que o fora Judá. Quando Deus porá fim a essa iniqüidade?

Em busca de uma resposta, Habacuc se posta em sua torre de vigia, um símbolo de sua completa abertura para Deus. E Deus responde assegurando-lhe que a "visão" — isto é, o domínio justo de Deus, o reino de Deus — haverá de vir, em conformidade com a divina promessa. Na verdade, o cumprimento do desígnio de Deus aproxima-se célere. Pode parecer moroso para os homens, mas certamente há de vir, na hora aprazada por Deus. Enquanto isso, os justos devem viver na fidelidade a Deus, confiando em sua promessa, obedecendo às suas ordens e agindo de maneira compatível com o reino vindouro. Somente os que levam essas vidas confiantes e obedientes terão plenitude de vida. Os que confiam em si mesmos e em suas próprias proezas, que são orgulhosos e auto-suficientes e não têm nenhuma consideração pelos meios e a vontade de Deus, não prosperarão, plantarão antes as sementes de sua própria destruição.

O hino de 3.3-15, com sua introdução, confirma a mensagem de 2.2-3. É concedida ao profeta uma visão do juízo futuro, final, de Deus sobre todas as coisas, e da implantação do domínio de Deus sobre a terra inteira. Em semelhante visão do triunfo futuro de Deus, Habacuc encontra sua certeza. Por isso canta a magnífica canção de fé com que o livro se encerra. As circunstâncias externas do profeta não se modificaram. A violência e a injustiça ainda desfiguram sua comunidade; a discórdia ainda abunda, as nações ainda se enraivecem e devoram os fracos, e o orgulho ainda se pavoneia pela terra. Mas a Habacuc foi dado ver o desfecho final da história humana. Deus está em ação, por trás de todos os eventos, realizando seus desígnios. Seu reino virá, na hora marcada, quando todo inimigo será vencido, e a ordem divina de justiça e bem será estabelecida sobre toda a terra.

Elizabeth Achtemeier

HASOR. Situada ao norte do mar da *Galiléia, Hasor foi ocupada desde o início do terceiro milênio até o século II d.C. A acrópole de 12 hectares e a "Cidade Baixa" de 70 hectares, que era fechada por muralhas de barro, ganharam destaque internacional durante o segundo milênio. Textos mencionam Hasor como um inimigo do *Egito do Reino Médio (Textos de Execração), uma destinação para carregamentos de estanho vindos do Oriente (arquivos de Mari), e um objetivo militar dos faraós do Novo Reino (Dinastias XVIII-XIX). A destruição dos níveis que datam do Bronze Tardio (1550-1200), com seus sucessivos templos cananeus, pode estar relacionada com as tradições de conquista israelitas. A acrópole da Idade do Ferro de Hasor continuou sendo sede de alianças cananéias até que *Salomão e *Acab a transformaram em praça-forte. Apesar dos danos causados pelos arameus no século IX e do terremoto no século VIII, Hasor prosperou sob Jeroboão II antes que os *assírios a arrasassem em 723 d.C., deixando uma camada de escombros de um metro de espessura.

Ron Tappy

HEBREUS. Nome aplicado ocasionalmente aos antigos israelitas, sobretudo para distingui-los de outras culturas e povos do antigo Oriente Próximo. Um termo étnico, ele precedeu os nomes sociopolíticos comuns *Israel ou *Judá no período monárquico, bem como a designação mais etno-religiosa *judeu em tempos posteriores. A palavra hebreus, usada trinta e três vezes no Antigo Testamento, aparece em apenas quatro textos que descrevem o período posterior ao tempo do reino davídico. Fontes da época fora do Antigo Testamento referem-se ao povo não como hebreus, mas como Israel.

A derivação da palavra hebreu (hebr. *ibn*) é incerta. Talvez se relacione com o verbo *abar*, "atravessar" ou "ir além". Assim, os hebreus seriam compreendidos como "aqueles que atravessaram" ou "aqueles de além", significando provavelmente do outro lado do rio *Eufrates ou talvez do rio *Jordão. Nessa linha, a Septuaginta traduz "Abraão o hebreu" em Gênesis 14.13 por "Abraão, aquele que atravessou".

Uma segunda etimologia possível é baseada nas genealogias que identificam Héber, o neto de Sem, como um dos ancestrais de *Abraão e todos os seus descendentes, portanto os "heberitas". Nenhum vínculo explícito como esse, contudo, é feito na Bíblia, e essa conexão sugeriria que outros povos que são considerados oriundos de Abraão, entre os quais os *edomitas, os *moabitas e tribos árabes, deveriam também ser chamados hebreus. As conexões com Héber, por um lado, e o tema da "travessia", por outro, bem como uma terceira possibilidade mencionada abaixo, permanecem sugestivas mas inconcludentes. Praticamente qualquer referência aos hebreus no Antigo Testamento ocorre num contexto em que o objetivo é diferenciar esse povo daqueles dos países vizinhos, em geral os egípcios e os filisteus. *José, oriundo da "terra dos hebreus", é identificado por esse nome na história que narra sua ascensão à proeminência sob o faraó. Um soberano egípcio posterior ordena às parteiras hebraicas que matem todos os filhos nascidos aos hebreus, mas elas se negam a fazê-lo, relatando enganosamente ao faraó que "as mulheres hebraicas não são como as egípcias; pois são vigorosas e dão à luz antes que a parteira chegue para atendê-las". Moisés é reconhecido pela filha do faraó como uma criança hebraica, e ela manda chamar uma mulher hebraica para lhe servir de ama. Subseqüentemente, Moisés defende um hebreu, "um de seu povo", de uma surra nas mãos de um egípcio e depois foge da terra ao saber que outros hebreus tiveram notícia disso. Ao confrontar o faraó para pedir a libertação de seu povo, Moisés faz referência ao "Senhor, o Deus dos hebreus". Em todos esses pontos, o nome étnico serve para distinguir esse povo dos egípcios, que são mostrados usando essa designação também. Gênesis 44.32 relata que os egípcios consideravam mesmo uma "abominação" comer com hebreus, um costume de que não há registro em fontes egípcias.

Em suas negociações com os *filisteus, o povo é também freqüentemente chamado hebreu, especialmente pelos próprios filisteus. Por vezes parece ser usado como um termo de desprezo, em paralelo com a tradição em Gênesis 43.32. Em 1 Samuel 4.6, 9, os filisteus falam zombeteiramente de seus oponentes na batalha e instam uns aos outros a lutar corajosamente "para que não vos torneis servos dos hebreus, como eles o foram de vós". Num episódio posterior, os filisteus, considerando os hebreus lutadores indignos que se agacham nas cavernas, são facilmente derrotados pela bravura de Jônatas e seu escudeiro. Essa história também suscita a questão de serem ou não os hebreus e os israelitas grupos idênticos. Quando *Saul lança o grito de batalha "Que ouçam os hebreus", o texto declara que "toda Israel ouviu" — o que talvez não seja o mesmo que dizer que todos os hebreus responderam. É um fato relatado mais tarde que muitos hebreus haviam se vinculado outrora aos filisteus e que depois do massacre de Jônatas bandearam-se e se uniram aos israelitas. Talvez esse texto conserve uma distinção antiga que já não se aplicava em períodos posteriores: os hebreus como um grupo socioeconômico maior que se estendia além de Israel, e os israelitas como aqueles que especificamente se associaram na região montanhosa cananéia para formar uma nova nação. Nesse caso, os filisteus podem ter considerado os israelitas simplesmente como parte da classe maior dos hebreus, a quem estavam tentando controlar, por exemplo restringindo o acesso deles ao trabalho com metais. Uma confusão semelhante ocorre em 1 Samuel 29.3 quando os filisteus proíbem *Davi, que estava vivendo com eles, de unir-se a eles numa batalha contra os israelitas — não por ser um israelita, mas por ser considerado um hebreu.

Há somente duas outras referências similares a hebreus no Antigo Testamento. Em Gênesis 14.13, um contexto em que numerosos povos são mencionados, "Abrão [Abraão] o hebreu" aparece equiparado a "Mambré o amorreu". Num período muito posterior o profeta *Jonas, quando pressionado pelos marinheiros do barco em que buscou salvar-se, chama a si mesmo um hebreu e um crente no Senhor que criou o mar e a terra.

A origem étnica e sociopolítica dos hebreus permanece um tópico controverso. Sob muitos aspectos o *apiru* (ou *Habiru*; em sumério *SA. GAZ*) parece ser um homólogo próximo, e muitas vezes se sugere que a palavra hebreu é derivada de *apiru* (e não de Héber ou do verbo "atravessar", como indicado acima). Os *apiru* eram um grupo diverso de pessoas de status social inferior, que viviam sobretudo nas fímbrias de civilizações estabelecidas da Mesopotâmia ao Egito, e há indícios deles em numerosas fontes durante todo o segundo milênio a.C. Freqüentemente eram contratados como mercenários ou se vendiam como escravos para sobreviver. As Cartas de El Amarna (século XIV a.C.) os situam na área da Síria-Palestina e os descrevem como basicamente rebeldes e salteadores, mas tal antagonismo com populações residentes não pode ter sido comum.

Embora não haja nenhuma base para se identificar os hebreus com os *apiru*, os proto-israelitas foram provavelmente um conglomerado de vários grupos semíticos, entre os quais estavam certamente os *apiru*. Um outro grupo era o *shasu*, pastores nômades e saqueadores que se sabe terem vivido na Síria-Palestina bem como em outros lugares na região. A tradição de uma "multidão misturada" ou turba conduzida por Moisés através do deserto é compatível com essa descrição dos primeiros israelitas como um amálgama de diversos povos. Chamá-los hebreus é um meio adotado nos primórdios para distinguir essa nova entidade de outros grupos étnicos existentes.

Os hebreus são mencionados em um outro contexto notável no Antigo Testamento. Duas leis relativas à escravidão distinguem os que são hebreus dos demais que não o são. Êxodo 21.2-11 estipula a libertação de todo escravo hebreu do sexo masculino após um período de serviços de sete anos, a menos que ele escolha permanecer com seu senhor por toda a vida. Direitos especiais são também reservados para uma filha que tem de ser vendida como escrava. Deuteronômio 15.12-18 amplia a lei de manumissão para incluir escravos hebreus tanto homens quanto mulheres, estipulando que lhes devem ser dadas amplas provisões para começarem sua nova vida de liberdade. Imediatamente antes da queda de Jerusalém em 587/586 a.C., segundo Jeremias 34.8-22, o rei Sedecias proclamou a libertação de todos os escravos, homens e mulheres, hebreus (aqui também chamados judeus), mas depois que isso foi feito os senhores israelitas os escravizaram de novo, provocando uma sinistra previsão de desgraça da parte de Jeremias. É possível que esses hebreus escravos, especialmente nas leis mais antigas, evocassem os freqüentemente escravizados *apiru*, mas a Bíblia os percebe como compatriotas israelitas merecedores de um tratamento melhor que o normalmente dispensado a estrangeiros.

O nome hebreu, raramente usado no Antigo Testamento, ocorre portanto fundamentalmente para distinguir etnicamente israelitas de não-israelitas. Ocasionalmente é usado por estrangeiros (sobretudo egípcios e filisteus); em outros casos, pelos próprios hebreus quando interpelados por estrangeiros. Exceto pelas leis da escravidão, os israelitas normalmente se identificam entre si — e muitas vezes também para outros — como o povo de Israel e Judá. Um uso semelhante persiste em literatura posterior.

No Novo Testamento, o termo designa *judeus, daí os cristãos judeus que conservaram seus laços com a herança judaica e a língua aramaica ou hebraica. Atos 6.1 estabelece um contraste entre eles e os helenistas, talvez cristãos judeus que se adaptavam melhor à cultura helenística falando grego e seguindo certos costumes gregos. *Paulo, nascido em Tarso, identifica-se orgulhosamente como "um hebreu nascido de hebreus".

No uso moderno, os termos hebreu e hebraico são aplicados em geral somente à língua da Israel antiga e moderna e às escrituras e tradição judaicas.

Douglas A. Knight

HEBRON. Uma das principais cidades de Judá, situada c.31km ao sul de Jerusalém.

Em tradições bíblicas, é especialmente associada aos *ancestrais de Israel. É dito que *Abraão construiu um altar ali, e Abraão e Sara, *Isaac e *Rebeca, e Jacó e Lia foram enterrados ali na caverna de Macpela. Um muro erguido por *Herodes o Grande cerca o tradicional sítio de sepultamento, hoje incorporado a uma mesquita que foi originalmente uma igreja. O nome árabe moderno de Hebron reflete essa associação; ela é chamada Halil, em homenagem a Abraão, o "amigo" de Deus.

Também associada a Caleb e *Sansão, Hebron serviu como a primeira capital de *Davi e continuou tendo importância simbólica na monarquia antiga. Depois que *Jerusalém estabeleceu-se como capital do reino, porém, a importância de Hebron diminuiu.

Michael D. Coogan

HENOC. Desse patriarca do Antigo Testamento está registrado apenas que é filho de Jared e pai de *Matusalém (não devendo ser confundido com Henoc, filho de Caim) e está escrito que, após caminhar "com Deus" por 365 anos, "ele não era mais, porque Deus o tomou". A partir dessas palavras cresceu a lenda de Henoc e sua literatura, os livros de Henoc. Traços da lenda são encontrados em Hebreus 11.5, onde Henoc se tornou um herói da fé. A breve referência no Gênesis é mais elaborada na tradição judaica do Midrásh; o nome de sua mulher era Edni, e ele passou anos escondido com os *anjos antes de ser levado para o céu. Há paralelos para este último tema em fontes gregas e do Oriente Próximo, e a imagem posterior de Henoc como um sábio e vidente onisciente provavelmente deve mais a Babilônia que a idéias israelitas.

O livro etíope de Henoc, ou 1 Henoc, é uma reunião de tradições sobretudo apocalípticas, arranjadas como um pentateuco. A reunião é hoje geralmente datada de cerca do século I a.C. ou do século I d.C.

O Henoc eslavônio, ou 2 Henoc, é encontrado apenas em manuscritos em eslavônio antigo, nenhum dos quais é anterior ao século XIV d.C. A data da obra é incerta, com propostas variando do século I d.C. (a visão prevalecente), ou mesmo antes, até a Idade Média.

O Henoc hebraico, ou 3 Henoc, é uma reunião heterogênea de materiais cabalísticos atribuída ao rabino Ismael (século II d.C.). O autor está familiarizado com 1 e 2 Henoc, mas a data da composição é incerta. Pesquisa recente sugere os séculos V a VI d.C.

Matthew Black

HERMON, MONTE. A montanha que formava a fronteira norte de Israel. Com uma elevação de mais de 2.800m, ela domina a paisagem do norte da *Galiléia e permanece coberta de neve praticamente o ano todo. Na Antigüidade, abrigava aparentemente leões e leopardos. Seu nome significa "posto de parte" e indica seu caráter sagrado, adequado para um pico de cujo sopé fluem as fontes do rio *Jordão. O monte Hermon era associado com o deus cananeu *Baal; logo abaixo dele há um santuário posterior à divindade grega Pã (a moderna Banias), identificado com a Cesaréia de Filipe. Alguns propuseram que o monte Hermon teria sido o cenário da transfiguração de Jesus, embora o Tabor seja o local tradicional.

Michael D. Coogan

HERODIANA, DINASTIA. Vários membros da família de Herodes governaram a Palestina judaica durante o período da dominação romana.

Fontes. A fonte primária para os Herodes é Josefo; para os Herodes mais tardios, especialmente Herodes Antipas, Agripa I e Agripa II, o Novo Testamento dá uma pequena contribuição para nosso conhecimento. As duas obras principais de Josefo, *História da guerra judaica* e *As antigüidades judaicas* se sobrepõem em sua cobertura dos Herodes. Com relação a Antipas e a Herodes o Grande, Josefo valeu-se principalmente de Nicolau de Damasco, que foi o historiógrafo da corte de Herodes. Para o período entre a morte de Herodes (4 a.C.) e a Primeira Revolta Judaica (66-70 d.C.), Josefo pautou-se sobretudo na tradição oral e por isso dá muito menos pormenores históricos. Houve um debate sobre a credibilidade histórica de Josefo, mas a maioria reconheceria que ele é confiável, prestando-se atenção, contudo, às suas tendenciosidades. Descobertas arqueológicas em *Jerusalém, em Qumrã e alhures corroboraram muitos detalhes de suas obras.

Origem da dinastia Herodiana. Em 142 a.C., após a Revolta Macabéia (167-164 a.C.), os judeus tornaram-se politicamente independentes sob o governo da família dos Asmoneus. Foi o asmoneu Alexandre Janaeu (103-76 a.C.) quem nomeou o herodiano Antipatro, avô de Herodes o Grande, governador da Iduméia. Após a morte de Alexandre na luta pelo poder entre os membros da família, Hircano II, seu filho mais velho, após governar por apenas três meses como rei e sumo sacerdote, foi arrancado do poder por seu irmão mais moço, Aristóbulo II (67 a.C.). Em 63 a.C. Antipatro II, filho de Antipatro e pai de Herodes o Grande, ajudou a restaurar Hircano II no poder e a depor seu irmão mais moço. Com a intervenção de Roma na Palestina (63 a.C.), ambos os irmãos rogaram o apoio de Roma, e Pompeu tomou partido de Hircano II, restabelecendo-o como sumo sacerdote. Mais tarde Júlio César, que havia derrotado Pompeu (48 a.C.), reconfirmou Hircano como sumo sacerdote e concedeu a Antipatro II cidadania romana com isenção de impostos, tornando-o procurador da Judéia. Antipatro II nomeou seu filho Fasael governador de Jerusalém e Herodes governador da *Galiléia (47 a.C.)

Herodes o Grande (47-4 a.C.). Governador da Galiléia (47-37 a.C.). Embora tivesse apenas vinte e cinco anos quando se tornou governador da Galiléia, Herodes deu mostras de eficiente liderança. Após o assassinato de César em 44 a.C., Cássio, o chefe romano da Síria, designou-o para governador da Celessíria. Depois de ter derrotado Cássio (42 a.C.), Marco Antônio nomeou tanto Herodes quanto Fasael *tetrarcas da Judéia.

Em 40 a.C. surgiram contratempos para os dois novos tetrarcas. Quando os partos chegaram à Síria, juntaram-se com Antígono (filho de Aristóbulo II, o irmão deposto de Hircano II) para depor Hircano II. Os partos cercaram Jerusalém e rogaram por paz. Herodes desconfiou da oferta, mas Hircano II e Fasael foram ao encontro do rei parta, que os prendeu. Ao saber dessa traição, Herodes, sua família e suas tropas deslocaram-se para Massada e em seguida para Petra. Antígono mutilou a orelha de seu tio Hircano II para evitar que fosse reintegrado como sumo sacerdote e enviou-o para a Pártia. Fasael morreu ou por envenenamento ou por suicídio.

Herodes partiu para Roma, onde Marco Antônio, Otávio e o senado o declararam rei da Judéia. Ao retornar à Palestina, conseguiu reconquistar a Galiléia e finalmente sitiar Jerusalém na primavera de 37 a.C. Nesse meio tempo, antes da queda de Jerusalém, ele se casou com Mariame, sobrinha de Antígono de quem estava noivo havia cinco anos. Fez isso não apenas para mortificar Antígono mas também para fortalecer sua reivindicação ao trono, já que ela era da família dos Asmoneus. No verão de 37, Herodes derrotou Antígono e se tornou de fato o rei dos judeus.

Rei dos judeus (37-4 a.C.). O reinado de Herodes pode ser dividido em três períodos: consolidação (37-25 a.C.), prosperidade (25-14 a.C.), e distúrbios domésticos (14-4 a.C.).

Para consolidar seu poder, Herodes teve de lutar com quatro adversários: os fariseus, a aristocracia, a família Asmoneu e Cleópatra do Egito. Os *fariseus, que não gostavam de Herodes por ele ser idumeu, meio-judeu, e amigo dos romanos, tinham grande influência sobre a maioria do povo. Herodes puniu tanto os fariseus quanto seus seguidores que se opunham a ele e recompensou os que lhe eram leais. A aristocracia saducéia, composta em sua maior parte por membros do *Sinédrio, era pró-Antígono. Herodes executou quarenta e cinco deles e confiscou-lhes as propriedades para pagar as exigências que Marco Antônio lhe fazia. A família Asmoneu ficou transtornada porque Herodes havia substituído o sumo sacerdote mutilado Hircano II por Ananel, da linhagem de Aarão. A sogra de Herodes, Alexandra, tramou para que Ananel fosse substituído por seu filho Aristóbulo, de dezessete anos (final de 36 ou 35 a.C.). Mais tarde Herodes conseguiu fazer com ele se afogasse "acidentalmente" e logo depois prendeu Alexandra. Seu último adversário foi Cleópatra, que queria eliminar Herodes e Malco da Arábia e confiscar suas terras. Quando irrompeu uma guerra civil entre Otávio e Marco Antônio (32 a.C.), Herodes foi impedido de ajudar Marco Antônio porque Cleópatra queria que ele fizesse guerra contra Malco, na esperança de debilitar os dois e adquirir seus territórios.

Após a derrota de Marco Antônio na batalha de Áccio (31 a.C.), Herodes passou a cultivar a amizade de Otávio. Convencido de sua lealdade, Otávio devolveu-lhe Jericó e deu-lhe também Gádara, Hipos, *Samaria, Gaza, Antedon, Jope e Torre de Estraton (mais tarde Cesaréia).

Os últimos anos de consolidação viram muita tensão nos assuntos domésticos de Herodes. Por causa de uma estranha seqüência de eventos, Herodes executou sua esposa Mariame (29 a.C.), sua sogra Alexandra (28 a.C.) depois que ela tentou derrubá-lo, e seu cunhado Costobarus (25 a.C.). Conseqüentemente, todos os parentes de Hircano II do sexo masculino estavam agora eliminados, não restando nenhum competidor pelo trono de Herodes.

O período de 25 a 14 a.C. foi marcado em grande parte pelo sucesso, embora ainda houvesse ocasiões de tensão. Herodes construiu teatros, anfiteatros e hipódromos e introduziu jogos qüinqüenais em homenagem a César, violando assim a lei judaica. No sítio de Torre de Estraton foi construído um grande porto urbano que recebeu o nome de Cesaréia. Em 24 a.C. ele ergueu um palácio real em Jesuralém. Sua realização máxima no campo da construção foi o projeto para reconstruir o *Templo judaico; essa obra começou em c.20 a.C. e foi concluída em 63 d.C. O território de Herodes foi também amplamente expandido nesse período com a adição de Traconítide, Batanéia, Auranites, a área entre Traconítide e a Galiléia, em que se situavam Ulata e Paneas, e o norte e nordeste do *mar da Galiléia, e Peréia. Em 20 a.C., para ganhar a boa vontade do povo, ele baixou os impostos em um terço, e em 14 a.C. em um quarto.

À medida que Herodes envelhecia, sua vida foi tragada por uma quantidade considerável de intrigas, que provinham em boa parte de suas dez esposas, cada uma das quais queria que seu filho ou filhos o sucedesse no trono. Isso se evidencia no fato de Herodes ter alterado seu testamento seis vezes. Sua primeira esposa foi Dóris, com quem teve Antipatro; ele os repudiou ao se casar com sua segunda esposa,

Mariame (37 a.C.), com quem teve cinco filhos, dos quais só Alexandre e Aristóbulo se notabilizaram. Em 24/23 a.C. casou-se com sua terceira esposa, Mariame II, que lhe deu Herodes (Filipe). A quarta esposa foi uma *samaritana, Maltace (23/22 a.C.), que lhe deu Arquelau e Antipas. Em 22 tomou como quinta esposa Cleópatra de Jerusalém, que se tornou a mãe de Filipe o Tetrarca. Das outras cinco esposas, nenhum foi significativa e só os nomes de três são conhecidos.

A principal rivalidade ocorria entre os dois filhos de Mariame, Alexandre e Aristóbulo, e Antipatro, filho de Dóris. Em 22 a.C. Herodes fez seu primeiro testamento nomeando Alexandre e Aristóbulo seus sucessores. Por causa de pretensos conluios desses dois filhos, Herodes fez um segundo testamento em 13 a.C., nomeando Antipatro seu único herdeiro. Mais tarde Herodes reconciliou-se com Alexandre e Aristóbulo, e em 12 a.C. fez seu terceiro testamento nomeando Antipatro seu primeiro sucessor e em seguida a ele Alexandre e Aristóbulo. Como Alexandre e Aristóbulo passaram a adotar uma atitude hostil em relação a Herodes, ele finalmente ordenou que fossem executados por estrangulamento em 7 a.C. Imediatamente após a execução deles, Herodes fez um quarto testamento, nomeando Antipatro seu único herdeiro e, na eventualidade de sua morte, Herodes (Filipe) como seu sucessor. Com a descoberta de seu plano para matar Herodes, Antipatro foi julgado e preso. Foi feito um quinto testamento em que Herodes passou por cima dos dois filhos mais velhos seguintes, Arquelau e Filipe, porque Antipatro o havia influenciado contra eles, e escolheu Antipas como único herdeiro. Cinco dias antes de sua morte, Herodes executou Antipatro e fez seu sexto testamento, em que designou Arquelau para rei, o irmão dele Antipas para tetrarca da Galiléia, Traconítide, Batanéia e Paneas. É durante esse último período da vida de Herodes, complicado pela doença e por tramas para obter seu trono, que a narrativa dos reis *Magos se situa (Mat. 2.1-16).

Concluindo, embora Herodes tenha sido um rei de sucesso, tido em alta conta pelos romanos, sua vida pessoal foi atormentada por infortúnios domésticos. Depois da morte de Herodes o Grande na primavera de 4 a.C., Antipas e Arquelau contestaram seus dois últimos testamentos junto ao imperador em Roma. Antipas preferia o quinto testamento porque nele era o único herdeiro; Arquelau, é claro, preferia o sexto. Após alguma demora o imperador fez Arquelau governante da Iduméia, Judéia e Samaria, com o título de etnarca, prometendo que ele poderia se tornar rei se mostrasse boa liderança. Designou Antipas para tetrarca da Galiléia e Peréia e Filipe para tetrarca de Gaulanites, Traconítide, Batanéia, Paneas e Ituréia.

Arquelau (4 a.C.-6 d.C.). Filho de Herodes e Maltace, foi feito etnarca da Iduméia, Judéia e Samaria em 4 a.C. Antes de partir para Roma para contestar o testamento do pai, tendo lhe sido dado o controle do reino, tratou de matar cerca de três mil pessoas; depois disso houve uma prolongada revolta por ocasião da festa de Pentecostes. Ao retornar ele ameaçou tanto os judeus quanto os samaritanos com brutalidade e tirania; esse é o pano de fundo de Mateus 2.20-23. Arquelau continuou a política de construções de seu pai, mas sua administração tornou-se intolerável. Finalmente, em 6 d.C., o imperador o depôs e o exilou na Gália. Seu domínio tornou-se uma província imperial governada por prefeitos designados pelo imperador.

Antipas (4 a.C.-39 d.C.). Filho de Herodes e Maltace e irmão germano de Arquelau, foi nomeado tetrarca da Galiléia e Peréia em 4 a.C. Depois que Arquelau fora deposto, Antipas recebeu o título dinástico *Herodes*, que tinha grande significação internamente e em Roma. Reconstruiu o que havia sido destruído na revolta generalizada após à morte do pai, inclusive a maior cidade, Séforis, e transferiu sua capital para uma nova cidade, Tiberíades (assim chamada em honra ao imperador Tibério).

O feito mais famigerado de Herodes Antipas foi a prisão e a decapitação de João Batista. Esse episódio ocorreu depois que ele se casou com Herodíade, que era sua sobrinha e esposa de seu irmão Herodes (Filipe). João Batista criticou destemidamente o casamento, pois segundo a lei mosaica era ilegítimo desposar a esposa de um irmão, exceto em levirato (Deut. 25.5). Em conseqüência, João foi preso e finalmente, por instigação de Herodíade com a ajuda de Salomé, Antipas decapitou João em Macerus em 31 ou 32 d.C.

Segundo os Evangelhos, Herodes Antipas pensou que Jesus era João Batista ressuscitado e desejou vê-lo, mas Jesus se afastou de seus territórios. Mais tarde, durante a jornada final de Jesus para Jerusalém, os fariseus o aconselharam a deixar a Galiléia porque Herodes queria matá-lo. Segundo Lucas, durante o julgamento de Jesus *Pilatos o enviou a Herodes ao saber que era da Galiléia.

Em 36 d.C. o rei nabateu Areta IV derrotou Antipas em retaliação por este ter abandonado sua filha para se casar com Herodíade. Antipas alimentara a esperança de obter ajuda de Roma, não podendo contar com ela por causa da troca de imperadores. Ao ascender ao trono, Calígula (37 d.C.) deu a seu amigo Agripa I, irmão de Herodíade bem como sobrinho de Antipas, os territórios de Filipe o tetrarca, que morrera em 34 d.C., e concedeu a Lisânio o ambicionado título de rei. A irmã dele, Herodíade, ficou imensamente enciumada e instou o marido a reivindicar o título de rei por seu longo e fiel serviço. Quando Antipas e Herodíade foram a Roma em 39 d.C. para solicitar o título, Agripa fez acusações a Antipas e, em conseqüência, Calígula o desterrou, mandando-o para a Gália. Agripa I obteve seus territórios.

Filipe o tetrarca (4 a.C.-34 d.C.). Filho de Herodes o Grande e de Cleópatra de Jerusalém. Nas disposições do testamento de Herodes foi designado para tetrarca do norte da Transjordânia, incluindo Gaulanites, Auranítide, Traconítide, Bananéia, Paneas e Ituréia. Reconstruiu duas cidades: Paneas, que renomeou Cesaréia de Filipe, o local em que Pedro professou que Jesus era o Messias, e Betsaida, onde Jesus curou um homem cego. Filipe desposou a filha de Herodíade, Salomé, mas os dois não tiveram filhos. Quando morreu em 34 a.C., Tibério anexou seus territórios à Síria e, quando Calígula tornou-se imperador (37 d.C.), eles foram dados a Agripa I, irmão de Herodíade.

Agripa I (37-44 d.C.). Filho de Aristóbulo (filho de Herodes o Grande e Mariame) e Berenice (filha da irmã de Herodes, Salomé, e Costobarus) e irmão de Herodíade, nasceu em 10 a.C. Viveu extravagantemente e sob a perseguição dos credores. Em algum momento c.27-30 Antipas deu-lhe uma casa e o cargo de inspetor de mercados na sua nova capital, Tiberíades. Não muito depois ele foi a Roma e se insinuou junto a Caio Calígula. Em razão de um comentário insensato favorável a Calígula como imperador, Tibério o pôs na prisão, onde ficou até a morte de Tibério seis meses mais tarde. Em 37 d.C., quando tornou-se imperador, Calígula libertou Agripa I e lhe deu uma corrente de ouro com o mesmo peso daquela que o agrilhoara na prisão. Deu-lhe também os territórios de Filipe o Tetrarca e de Lisânio com o ambicionado título de rei. Quando Calígula morreu em 41 d.C., Cláudio confirmou o poder de Agripa I e acrescentou a Judéia e a Samaria a seu reino.

De todos os Herodes, Agripa I foi o mais apreciado pelos judeus e, segundo Atos 2, foi um perseguidor de *cristãos primitivos. Morreu subitamente em Cesaréia em 44 d.C. Como seu filho tinha apenas dezessete anos, seus territórios foram rebaixados à condição de província romana. Sua filha Drusila casou-se mais tarde com o procurador romano Félix.

Agripa II (50-100 d.C.). Filho de Agripa I e Chipre, filha de Fasael (sobrinho de Herodes o Grande), nasceu em 27 d.C. Por ser muito jovem, não lhe foi permitido reinar imediatamente, mas em 50 d.C. Cláudio fez dele rei de Cálcis. Em 53 Cláudio deu-lhe Abilene, Traconítide e Arca em troca de Cálcis. Pouco após a ascensão de Nero ao trono em 54 d.C. ele adquiriu as cidades galiléias de Tiberíades e Tariquéia, com suas áreas circundantes, e as cidades pereianas de Julias (ou Betaranfta) e Abil, com seus territórios adjacentes.

A vida privada de Agripa II não foi exemplar, pois ele teve uma relação incestuosa com sua irmã Berenice. Em sua vida pública, era o encarregado das vestimentas do sumo sacerdote e tinha o poder de nomeá-lo. Os romanos procuravam seu conselho em assuntos religiosos, e essa pode ser a razão por que Festo lhe pediu para ouvir Paulo em Cesaréia.

Agripa II não conseguiu sufocar a revolta judaica contra Roma em 66 d.C. e tomou o partido dos romanos durante toda a guerra de 66-70. Morreu sem filho c.100 d.C.; com sua morte, a dinastia herodiana terminou.

Conclusão. O governo herodiano levou estabilidade à região. Com seu domínio das partes orientais do mar Mediterrâneo, era importante para Roma ter uma Palestina pacífica, pois ela atuava como um estado-tampão entre Roma e os partos e era crucial para as rotas comerciais ao norte e ao sul da Palestina. Ser soberano dos judeus era difícil antes de mais nada por causa da religião. Embora os Herodes fossem encantados com o helenismo e adotassem alguns de seus elementos, eram cientes das sensibilidades religiosas dos judeus. Após a deposição de Aquelau, o controle romano direto da Judéia através de prefeitos como Pilatos produziu instabilidade, devida em grande parte à falta de compreensão do judaísmo.

Embora todos os Herodes (exceto possivelmente Arquelau) tenham contribuído para essa estabilidade, foi o governo pioneiro de Herodes o Grande que lançou seus fundamentos. Como rei vassalo, ele tornou possível para a Judéia alcançar uma independência relativa. Roma permitiu isso porque Herodes dava estabilidade à área e porque lhe provara sua lealdade tanto militar quanto financeiramente.

Ver também Romano, Império.

Harold W. Hoehner

HITITAS. Entre o povo de Israel presente em *Canaã estavam os "filhos de Het", membros de uma família cananéia. *Esaú desposou duas de suas mulheres, e mais tarde Ezequiel censurou a perfídia religiosa de Israel chamando-a de descendente de um cananeu com uma hitita. O hitita Efron vendeu seu campo e sua caverna perto de *Hebron a *Abraão. Os nomes dados para esses hititas são todos semíticos, e é provável que fossem todos membros de uma tribo cananéia local.

Os hititas da Anatólia (a Turquia moderna) eram um outro povo, esquecido até que se iniciaram escavações em Boghaz-Koj em 1906. Esse foi sítio de sua capital, Hattusa, que continha um palácio e templos. Tabletes de argila inscritos com cuneiformes babilônios preservam sua língua, o mais antigo membro registrado da família indo-européia. Inscrições mostram que os hititas estabeleceram seu reino por volta de 1750 a.C. e que a partir de cerca de 1380 a 1200 a.C. competiram com os egípcios e os babilônios nos negócios internacionais. Seus exércitos invadiram a Síria, onde confrontaram-se com forças egípcias. Após décadas de guerra, a batalha de Qadesh (c.1259 a.C.) deu lugar a um tratado que estabeleceu uma linha através do norte do Líbano, a fronteira entre suas zonas de influência. Essa linha forneceu o limite para o território de Israel.

Os arquivos hititas incluem muitos rituais para serviços no templo, com instruções precisas para reis e sacerdotes, manifestando zelo pela pureza do ritual e uma complexidade de detalhes semelhante à encontrada nas leis rituais do Pentateuco. Tratados feitos por reis hititas com reis vassalos apresentam uma fórmula também encontrada em acordos bíblicos, especialmente aqueles feitos antes da monarquia. Além de registros em escrita cuneiforme, os escribas hititas usavam sua própria escrita hieroglífica para monumentos reais e talvez em tabletes de madeira que pereceram.

Depois que o império hitita sucumbira sob os ataques de tribos migrantes (incluindo possivelmente *filisteus entre os Povos do Mar), vários príncipes resistiram em certas cidades e criaram reinos locais (p.ex., Carquemis, Emat), identificados hoje por monumentos entalhados com inscrições hititas hieroglíficas. Esses Estados "neo-hititas" foram finalmente dominados pela *Assíria nos séculos IX e VIII a.C. Antes desse tempo, forneceram esposas para *Salomão e talvez soldados para *Davi (o hitita Urias, *ver* Betsabé).

Allan Millard

Horeb. Nome alternativo da montanha da revelação, mais freqüentemente referida como *Sinai. O nome é derivado de uma raiz que significa ser seco, uma caracterização apropriada do deserto do Sinai. A designação "Horeb" é característica da tradição eloísta no Pentateuco, bem como do livro do Deuteronômio e da história deuteronômica. A identidade de Sinai e Horeb é reconhecida em Sirácida 48.7, o que sugere que a tentativa de localizar dois diferentes picos é equivocada.

Michael D. Coogan

I

IMPERADOR. Derivada do latim *imperator*, a palavra "imperador" foi primeiro aplicada por soldados no campo de batalha a um general vitorioso, tornando-se mais tarde um título permanente de Júlio César (100-44 a.C.) e seus sucessores, com significado equivalente a "comandante-em-chefe". Não tem correspondente exato em grego e não é usada no Novo Testamento. Na NRSV, *"emperor"* é usado para traduzir dois termos distintos. O mais freqüente é a palavra grega *kaisar*, ela própria uma transliteração do latim *Caesar*. Esse era o nome de família de Júlio César, assumido por seu sobrinho-neto Otávio (Augusto) (63 a.C.-14 d.C.) e usado como título por soberanos romanos subseqüentes. "Imperador" é usado também para traduzir o grego *basileus*, "rei", em 1 Pedro 2.13, 17. Em nenhum desses casos o uso de imperador pela NRSV é de todo correto.

Ver também Romano, Império.

Michael D. Coogan

IRMÃOS E IRMÃS DE JESUS. Irmãos de *Jesus são mencionados coletivamente duas vezes nos Evangelhos. No relato da "verdadeira família", a mãe e os irmãos de Jesus vêm lhe falar enquanto ele está ensinando. Jesus se recusa a vê-los, no entanto, dizendo que sua irmã, irmão e mãe verdadeiros são os que cumprem a vontade de Deus.

Quando Jesus ensina na *sinagoga em sua cidade natal de *Nazaré, os ouvintes reagem com irritação à sua sabedoria e obras extraordinárias. A multidão duvida que um nativo do lugar pudesse ser dotado de tal poder, e citam a presença de seus pais, irmãos e irmãs como prova. Os irmãos são listados por nome (*Tiago, José; Marcos traz José, Simão e Judas) mas as irmãs apenas como um grupo. Em Lucas 4.22, a multidão pergunta simplesmente: "Não é este o filho de José?"

As referências a irmãos e irmãs de Jesus conflitam com certas interpretações da concepção da Virgem. Para os que julgam que a mãe de Jesus, *Maria, permaneceu virgem por toda a vida, irmãos e irmãs devem ser entendidos por primos ou por meio-irmãos, filhos que *José teria tido em outro casamento, não mencionado.

Daniel N. Schowalter

ISAAC. Filho de *Abraão e pai de *Esaú e *Jacó. As principais histórias sobre Isaac são encontradas em Gênesis 21-28. Isaac é uma figura mais vaga que os outros patriarcas e praticamente nada pode ser dito sobre ele como figura histórica. É dito que nasceu quando seus pais estavam ambos avançados em anos, em cumprimento a uma promessa feita por Deus a Abraão para lhe assegurar posteridade, contra toda expectativa humana. Em Gênesis 22 o próprio Deus parece impugnar a promessa que ele mesmo fizera, pedindo que Isaac lhe fosse oferecido como um sacrifício humano, mas recompensa a obediência irrestrita de Abraão fornecendo um carneiro como substituto no último instante possível. Essa história (a Aqedah) foi importante no judaísmo como um lembrete da precariedade da escolha de Israel e, não obstante, das promessas certas de Deus. Foi importante também no cristianismo como um "protótipo" do sacrifício de Cristo.

Da maturidade de Isaac, ficamos sabendo muito pouco. Gênesis 24 conta como ele adquiriu uma esposa (*Rebeca), mas os personagens principais dessa história são o criado de Isaac e a família de Rebeca. Em Gênesis 26 Isaac e Rebeca são envolvidos num incidente com "Abimelec, rei dos filisteus" (uma referência anacrônica), que leva Rebeca para seu harém — essencialmente o mesmo incidente relatado duas vezes a propósito de Abraão e *Sara. Em seguida Isaac reaparece como um velho, que Jacó induz, mediante um embuste, a lhe dar a bênção do primogênito que por direito seria de Esaú. As histórias sobre Isaac situam-no em Bersabéia, no extremo sul de Judá, e associam-no com a adoração do Deus El-roi, ao passo que Jacó mais tarde jura pelo "Temor de seu pai Isaac", talvez um antigo nome divino (*ver* Nomes de Deus no Antigo Testamento).

Ver também Ancestrais, Os.

John Barton

ISAÍAS. O profeta do século VIII de *Jerusalém a quem é atribuído o livro de Isaías.

Autor. Tudo que se sabe sobre Isaías, filho de Amós, o profeta a quem livro é atribuído, é encontrado no próprio livro. Ele não é mencionado em nenhum outro lugar na Bíblia, afora passagens paralelas em Reis e Crônicas (2 Reis 19-20; 2 Cr. 29-32). O livro contém alguns detalhes biográficos, que apresentam a imagem de um profeta segundo o padrão tradicional: um relance da corte celeste; a atribuição de nomes simbólicos aos filhos; aparições espetaculares em cortes de reis; a profecia através de atos simbólicos; a operação de milagres; e a condenação da injustiça e da opressão. Segundo uma lenda extrabíblica, ele foi martirizado ("serrado em dois") no reinado de *Manassés.

O título nos informa que Isaías viveu durante os reinados de quatro reis de *Judá (Ozias, Joatão, Acaz e Ezequias), isto é, durante a segunda metade do século VIII d.C. Esse foi um período durante o qual a sorte de Judá mudou da afluência sob Ozias para a derrota e a humilhação nas mãos dos *assírios em 701 a.C. Muitas passagens refletem claramente esses anos traumáticos — a aproximação do exército assírio, a devastação da terra de Judá, a insensatez dos chefes de Judá — e provavelmente foram compostas nessa época. Talvez as esperanças que acompanharam a coroação de *Ezequias em 715 a.C. se expressem no hino dinástico 9.1-7.

Algumas seções da narrativa, no entanto, refletem claramente idéias e atitudes posteriores. A história da libertação miraculosa de Jerusalém do controle do exército assírio sob *Senaquerib em 701 (caps.36-37), por exemplo, embora baseada no fato de Jerusalém não ter sido destruída nessa ocasião, provavelmente deve muito a uma irrupção de confiança nacional durante o reinado de *Josias (626-609), quando o império assírio ruiu. Os anais de Senaquerib, e 2 Reis 18.14-16 (omitidos na versão de Isaías), sugerem que a realidade foi muito diferente.

Algumas passagens, sobretudo nos caps.40-66, não contêm absolutamente nenhuma referência aos assírios, mas aludem com freqüência a eventos e condições do período babilônio (605-538 a.C.): Jerusalém e o *Templo em ruínas; ídolos babilônios; uma colônia judaica em Siene (Elefantina) no Egito; *Ciro. A maior parte do livro foi portanto composta provavelmente mais de um século depois da época em que Isaías viveu. A divisão costumeira em três seções — Primeiro Isaías (caps.1-39) datado do século VIII a.C., Segundo (Dêutero-) Isaías (caps.40-55) até o sexto, e Terceiro Isaías (caps.55-66) até o quinto — é uma supersimplificação grosseira. A unidade literária e teológica de todo o livro é inequívoca; e algumas partes do Primeiro Isaías, notavelmente os dois capítulos babilônios (13-14) e o Apocalipse de Isaías (24-27), pertencem manifestamente ao século VI ou são posteriores. Os caps.24-27 deveriam provavelmente ser datados do século IV a.C., contemporâneos de *Joel. Cada passagem deve ser tratada separadamente, embora ao mesmo tempo como um produto de sua época e no contexto do *corpus* de Isaías como um todo.

O livro. Isaías é primeiro dos Grandes Profetas nas tradições tanto judaica quanto cristã. O livro consiste de sessenta e seis capítulos que podem ser divididos em cinco seções de extensão aproximadamente igual (1-12; 13-27; 28-39; 40-55; 56-66). Todas, exceto uma, iniciam-se com um ataque à arrogância e um apelo por justiça e culminam num hino ou profecia de salvação; e todas exceto uma são dirigidas ao povo de Jerusalém. A única exceção é a seção correspondente aos caps.40-55, que começa com "Confortai, confortai meu povo!", e é dirigida a uma comunidade exilada na Babilônia durante o século VI a.C.

Conteúdos. Os caps.1-12 consistem em ataques prolongados e acrimoniosos à arrogância e hipocrisia dos governantes de Jerusalém ("soberanos de Sodoma", 1.10), intercalados por profecias de uma era melhor que há de vir, em que as espadas se reduzirão a aivecas e "o lobo habitará com o cordeiro" (11.6). Como o título sugere, as visões do profeta dão especial ênfase ao papel de Jerusalém e a um salvador régio da linhagem de *Davi. Em tal contexto, era inevitável que 7.14 fosse interpretado como uma referência ao nascimento seja de um salvador régio, Ezequias, ou um futuro *messias.

Esses capítulos contêm também um memorável relato, como os de outros profetas, do vislumbre que Isaías teve da corte celeste, onde se defrontou com a aterradora santidade de Deus e encarregado de transmitir o julgamento de Deus a seu povo incapaz de ver e ouvir (cap.6). Esse tema do julgamento continua na narrativa de sua confrontação com o rei Acaz durante a crise sírio-efraimista. Como outros profetas do século VIII, Isaías profetiza que os assírios são o perigo real e que passarão como um rio poderoso sobre os reinos do norte, penetrando em Judá. Clama por fé e vê a vitória futura além do desalento e da angústia presentes. A Assíria é um instrumento na mão de Deus. Tanto o terror de uma confrontação entre o poder humano e o poder de Deus quanto a esperança da vitória final do povo de Deus são expressos no termo emocionalmente rico *Emanuel, "Deus está conosco" (7.14; 8.8; 8.10). A seção termina com um breve hino de ação de graças.

Os caps.13-27 continuam proclamando a soberania de Deus sobre a história. Os oráculos de Isaías concernentes às nações começam com a Babilônia e terminam com a terra inteira. Além dos costumeiros insultos e lamentações zombeteiras (p.ex., "Como caíste do céu, astro brilhante, filho da aurora?" 14.12), essa série contém algum material inusitado: expressões de comiseração pelos sobreviventes de *Moab, uma bênção inesperada para o *Egito e a Assíria, e um outro relance do trauma da experiência visionária de um profeta.

O oráculo referente a Tiro (cap.23), um porto marítimo internacional em contato com todas as partes do mundo (*ver* Fenícia), conduz logicamente à última parte dessa seção, cujo tema é a terra inteira (24-27). Esses quatro capítulos são freqüentemente conhecidos como o "Apocalipse de Isaías": embora não tenham as características literárias do livro do Apocalipse e de outros verdadeiros apocalipses, contêm de fato certa linguagem e imagens apocalípticas. A terra toda é descrita como desolada, desvirtuada, espoliada e poluída; o sol e lua estão eclipsados; e a passagem descreve um banquete escatológico, a ressurreição dos mortos e a vitória final de Deus sobre a hoste do céu, *Leviatã, a "serpente fugidia ... tortuosa" e o "dragão que está no mar" (27.1). Ainda assim, a passagem pertence decididamente à tradição de Isaías, como o indicam temas recorrentes como a cidade, a montanha e o Senhor, e a vinha.

Nos capítulos 28-39, o profeta dirige primeiro a plena força de sua retórica novamente contra Israel e Judá, assim como *Amós o faz após seus oráculos referentes às nações estrangeiras. Toda a seção precedente (13-27) serve apenas para dar relevo a essa condenação final de seu próprio povo. Ele recomeça onde parara em 1-12: "Ai da soberba coroa dos embriagados de Efraim" (28.1; cf. 5.11-12). "A torrente poderosa" de uma invasão assíria do cap.8 ressurge e o apelo por fé e coragem numa cidade sitiada é repetido. Dessa vez a crise é a de 701 a.C., quando Senaquerib invadiu Judá e Ezequias estava tentado a unir forças com o Egito. Os caps.36-37 contam a história de uma vitória milagrosa sobre os assírios naquele ano, ressaltando o papel de Isaías. Houve duas outras crises no mesmo ano, a doença de Ezequias, quando o profeta opera um milagre solar que lembra o de Josué em Gabaon, e a visita de embaixadores babilônios a Jerusalém, durante a qual ele pressagia o exílio babilônio (cap.39). Como o cap.39, os capítulos centrais dessa seção, especialmente 34 e 35, apontam para a seção seguinte.

Os caps.40-55 são freqüentemente conhecidos como os "capítulos babilônios". Constituem a parte mais característica e homogênea do livro, tanto estilística quanto teologicamente, e são por essa razão comumente referidos como "Segundo Isaías" ou "Dêutero-Isaías". A repetição é freqüente. A comunidade exilada na Babilônia é descrita e interpelada coletivamente como "Sião" e "meu servo". A ascensão de Ciro, rei dos *medos e dos *persas, é descrita, assim como a queda da Babilônia e o retorno dos exilados para Jerusalém num novo Êxodo. A simples escala do poder de Deus sobre a história e a criação é outro tema recorrente nesses capítulos, juntamente com o monoteísmo explícito, o escárnio da idolatria, e imagens femininas para Deus. Por fim, a idéia de cura e vitória através do sofrimento vicário do "servo do Senhor" (52.13-53.12) distingue essa seção como singular na profecia bíblica. A seção final do livro se ocupa sobretudo do retorno dos exilados a Jerusalém e a construção de uma nova sociedade ali. "Justiça" e "probidade" são novamente temas-chave aqui como o foram no início. Estrangeiros e *eunucos serão admitidos no Templo. Os *pobres e os oprimidos serão libertados, e o sacrifício no Templo é finalmente rejeitado em favor de humildade e arrependimento. As imagens femininas, introduzidas nos caps.40-55 são mais elaboradas. Deus é interpelado como um pai, e uma notável variação em face do tema de Deus-como-guerreiro é a famosa passagem das "vinhas da ira" (63.1-6) em que ele é retratado como um vencedor um tanto relutante, que volta da guerra para casa, claudicando, manchado de sangue e curvado (v.1). O último versículo do livro, um dos poucos textos bíblicos em que é possível basear uma doutrina do fogo do inferno (66.24), é tão horripilante que no costume judaico os versículos precedentes sobre "os novos céus e a nova terra" são repetidos depois dele, para encerrar a leitura numa nota mais esperançosa e ao mesmo tempo mais característica de Isaías.

John F.A. Sawyer

Ismael. Filho de *Abraão e *Agar. Uma atitude geralmente positiva em face de Ismael e por conseguinte em face de seus descendentes é encontrada nas tradições do Gênesis. Ele é objeto de uma bênção divina especial e está presente no enterro de Abraão. Como Jacó, Ismael é pai de doze filhos, os ancestrais das doze tribos. Outra indicação da visão geralmente favorável que se tinha desse patriarca é o fato de vários outros israelitas posteriores terem o mesmo nome. Há também nas narrativas, no entanto, sugestões de tensão étnica. Como *Caim, Ismael é descrito como um pária e propenso à violência e como um vagabundo (note as palavras de abertura de *Moby Dick*, de Melville). Os ismaelitas são descritos em outros lugares como levando uma vida tipicamente nômade. A história da expulsão de Ismael e Agar da casa de Abraão contém o tipo de insinuação sexual obscena encontrado em outras narrativas etiológicas da J referentes aos vizinhos de Israel.

Na tradição muçulmana, os árabes fazem remontar sua ancestralidade a Abraão, passando por Ismael. Como Ismael era circundado, assim também o é a maioria dos muçulmanos. E, tal como na inversão feita por Paulo das figuras de *Isaac e Ismael, a tradição muçulmana faz de Ismael, em vez de Isaac, o filho que Abraão recebeu ordem de sacrificar.

Michael D. Coogan

Israel.

A história bíblica de Israel. Gênesis 32.28 relata as palavras de Deus para *Jacó: "De ora em diante já não te chamarás Jacó mas Israel, pois lutaste com Deus e com homens e venceste". À medida que a narrativa bíblica prossegue, lemos que Jacó/Israel emigrou com sua família para o *Egito onde, durante uma longa permanência, seus doze filhos tornaram-se pais de doze *tribos. Posteriormente, essas doze tribos "israelitas" foram conduzidas para fora do Egito por *Moisés, vagaram por quarenta anos no deserto e por fim chegaram às planícies de *Moab, a leste do rio *Jordão. Nesse ponto, na narrativa bíblica, *Josué sucedeu a *Moisés e conduziu as tribos através do Jordão até Canaã, onde elas tomaram posse da terra e a dividiram entre si. O livro dos *Juízes encontra as tribos estabelecidas em Canaã após a morte de Josué, sem liderança estável e freqüentemente oprimidas por povos das vizinhanças. "Naquele tempo não havia rei em Israel; cada um fazia o que lhe parecia melhor" (Jz. 17.6).

No tempo do profeta *Samuel, quando os *filisteus estavam oprimindo Israel, o povo implorou a Samuel que lhes desse um rei. Contra seu melhor juízo, Samuel atendeu esses desejos ungindo *Saul como o primeiro rei de Israel. Assim Saul, seguido por *Davi e depois por *Salomão, governou um reino que consistia principalmente das doze tribos israelitas com seus respectivos territórios. Quando Salomão morreu, essa monarquia israelita se dividiu em dois reinos rivais — um reino do norte, composto de dez tribos, que manteve o nome Israel, e um reino do sul, composto das duas tribos restantes, *Judá e *Benjamim, que tomou o nome Judá. Esses dois reinos existiram lado a lado por dois séculos, por vezes em guerra um com o outro, por vezes em paz, até que o reino do norte foi conquistado pela *Assíria e seu território anexado por aquele grande império (722 a.C.). Judá também caiu sob o domínio assírio, mas manteve sua identidade política por quase um século e meio, até ser subjugado pelos *babilônios (587/586 a.C.).

As esperanças de restauração nacional continuaram vivas durante os longos anos de domínio assírio e babilônio, contudo, e persistiram na comunidade judaica (o que restava do reino de Judá) que lutou pela sobrevivência sob o controle *persa. Essas esperanças se expressam nos livros proféticos do Antigo Testamento. Ademais, a esperança não era apenas no restabelecimento de Judá mas numa Israel unida como a que existira na "idade de ouro" de Davi e Salomão.

Assim, os autores bíblicos usam o nome Israel de diferentes maneiras. Ele pode se referir ao patriarca Jacó; às doze tribos (constantemente designadas "os filhos de Israel" nos livros do Êxodo até Juízes); à monarquia primordial unida governada por Saul, Davi e Salomão; ao reino do norte dividido após a monarquia unida; ou à nação restaurada por que se esperava no futuro.

Incertezas históricas e fontes extrabíblicas. A história bíblica de Israel, quando examinada em detalhe, apresenta numerosas incoerências internas — por exemplo, as várias enumerações das tribos israelitas nem sempre identificam as mesmas doze, nem levam em conta outros grupos tribais importantes como os calebitas e os quenizitas. Além disso, a história pressupõe conceitos que eram geralmente aceitos nos tempos antigos mas não hoje, como o de que as nações do mundo descenderam de um único indivíduo (*ver* Gen. 10).

Uma inscrição egípcia do reinado do faraó Mernepta (c.1200 a.C.) fornece a mais antiga referência não bíblica a Israel, e é a única dessas referências anterior ao século IX a.C. A inscrição é um texto monumental real inscrito numa estela descoberta no sítio da antiga Tebas. Lamentavelmente, tudo que ela nos informa acerca de Israel é que um povo conhecido por esse nome estava em cena na Palestina no final do século XIII. Textos posteriores do século IX são também inscrições reais, uma feita por ordem do rei Mesa de Moab (ver 2 Reis 3 e Pedra Moabita), e várias outras do reinado de um rei assírio, Salmanasar III (858-824 a.C.). Israel e Judá eram reinos separados no século IX, e é Israel que figura nesses textos. Mesa relata que o rei Amri de Israel havia "humilhado" Moab e proclama a recuperação da independência moabita entre as realizações de seu próprio reinado. Salmanasar relata uma série de campanhas militares na Síria-Palestina e menciona nesse contexto os reis israelitas *Acab e *Jeú. Referências ocasionais a reis de Israel e Judá aparecem em documentos assírios e babilônios posteriores, em geral no contexto de relatos de campanhas militares. Essas referências em documentos extrabíblicos são especialmente úteis para se estabelecer uma estrutura cronológica para os reis de Israel e Judá e para se correlacionar a história bíblica com as questões internacionais.

Escavações arqueológicas em sítios palestinos fornecem informação sobre a cultura material dos tempos bíblicos e permitem também o estabelecimento de algumas correlações. Por exemplo, o tempo dos "juízes" em Israel parece corresponder aproximadamente aos séculos iniciais da Idade do Ferro (c.1200-1000 a.C.), que foi um período de transição e mudança na Palestina. Muitas das antigas cidades que floresceram durante a Idade do Bronze, especialmente nas baixadas, foram destruídas. A maioria delas foi reconstruída, mas em menor escala. Ao mesmo tempo, houve um aumento acentuado do número de pequenos povoados em áreas como a região montanhosa central, que parece ter sido apenas esparsamente povoada durante a Idade do Bronze. Observe-se que a maior parte das histórias do livro dos Juízes tem por cenário as aldeias da região montanhosa norte-central (Efraimista) (*ver* Canaã).

O autor de 2 Reis 9.10-14 atribui a Salomão a construção (ou fortificação) de várias cidades, entre as quais *Hasor, *Meguido e *Gazer. Escavações em todos esses três lugares desenterraram ruínas de edifícios e fortificações que datam de aproximadamente 1000 a.C.; sua escala relativamente imponente é sugestiva de arquitetura régia, e por essa razão os arqueólogos as associam em geral a Salomão. Um programa real de construção mais impressionante datado aproximadamente do século IX parece ser indicado pelas ruínas de Hasor, Meguido e Samaria. Esse segundo programa de construção é geralmente associado com os soberanos amríadas de Israel, particularmente Amri e Acab. Vestígios de fases posteriores das cidades e aldeias de Israel e Judá revelam acentuado declínio em riqueza material, muitas delas tendo sido finalmente destruídas aproximadamente no século VII e início do século VI a.C. Essas fases posteriores correspondem sem dúvida aos anos de domínio estrangeiro pelos sírios, assírios e babilônios.

Concepções contemporâneas acerca da história de Israel. Dadas as incertezas que surgem da história bíblica, a escassez de referências a Israel ou aos israelitas em documentos extrabíblicos e a natureza muito genérica dos indícios fornecidos por artefatos, não surpreende que os estudiosos da atualidade sustentem idéias amplamente divergentes com relação à história de Israel. Num extremo estão aqueles que afirmam que a história bíblica é um retrato essencialmente preciso do passado de Israel; do outro estão os que vêem a Bíblia como uma fonte praticamente inútil de informação histórica e consideram desnecessário até especular sobre detalhes da história israelita. A maioria dos estudiosos da Bíblia e da Antigüidade adotam uma posição moderada entre esses dois extremos. Parece haver um crescente consenso, por exemplo, acerca dos pontos que se seguem.

Nada pode ser dito com certeza acerca da origem das várias tribos e clãs que compuseram Israel e Judá em seus primórdios. É mais provável que, em sua maior parte, esses agrupamentos tribais tenham surgido gradualmente a partir da população difusa da Palestina do Bronze Tardio e do início da Idade do Ferro do que entrado na terra vindos de outro lugar. Tudo indica que o nome Israel se referia em tempos pré-monárquicos principalmente à tribo de *Efraim, estabelecida na região montanhosa norte-central, mas teria sido compreendido como incluindo certas tribos das vizinhanças (como Benjamim, *Manassés e Galaad) que Efraim dominava. Esse grupo tribal Efraim/Israel teria sido a Israel a que a inscrição de Mernepta se refere; a maior parte das histórias no livro dos Juízes tem a ver com esse grupo tribal; ele foi também o cerne do reino de Saul, que ele chamou apropriadamente de Israel.

Não se deveria pensar na Israel de Saul como um reino extremamente organizado, com fronteiras precisamente definidas. Além disso, a lealdade a ele provavelmente variava de uma região para outra, com a base de apoio mais forte de Saul sendo a zona Efraim-Benjamim-Galaad-Manassés. Nada sugere que as tribos galiléias fizessem parte de seu reino. Sua campanha contra os *amalecitas implica passagem pelo território de Judá. Saul também recebeu algum apoio judeu em suas tentativas de deter Davi. Isso, no entanto, não significa necessariamente que exerceu alguma forma de controle permanente sobre Judá. Em Judá, como em outras áreas periféricas, a autoridade de Saul provavelmente durou apenas enquanto ele estava presente com suas tropas ou a população local precisava de sua proteção contra alguma outra ameaça

A batalha de Gelboé, em que Saul e Jônatas foram mortos, deixou o reino à beira de um colapso. Um filho sobrevivente (Isbaal) reivindicou o trono mas transferiu sua residência para Maanaim, na Transjordânia, e logo foi assassinado. Diante disso os *anciãos de Israel foram a Davi, que nesse ínterim havia estabelecido um reino na região montanhosa sul-central da Judéia, e o reconheceram como sendo também seu rei. Mais tarde Davi faria de *Jerusalém sua capital e expandiria seus domínios de modo a incluir grande parte da Palestina.

Assim, não houve exatamente continuidade entre a monarquia davídico-salomônica e a Israel de Saul. Além disso, os israelitas parecem ter mantido sua identidade distinta sob Davi e Salomão — por exemplo, havia alguma rivalidade entre os israelitas e o povo de Judá, bem como uma permanente oposição ao mando de Davi. Os israelitas desempenharam papel central nas rebeliões tanto de Absalão quanto de Sabá contra Davi; Salomão sujeitou-os a trabalhos forçados associados a seus projetos de construção; e quando Salomão morreu eles voltaram a se rebelar, dessa vez com sucesso. Assim foi estabelecido o reino israelita do norte, que os autores bíblicos descrevem como um Estado rebelde e apóstata, mas que os próprios rebeldes sem dúvida encaravam como uma restauração da Israel pré-davídica. No coração do reino rebelde (ou restaurado) estava a antiga área tribal Efraim/Israel, mas ele incluía territórios adicionais (p.ex., Jezrael e *Galiléia) e cidades (p.ex., *Siquém) que haviam sido anexados por Davi. A pequena área tribal de Benjamim tornou-se uma fronteira disputada entre os reinos rivais de Israel e Judá.

O reino norte de Israel durou aproximadamente dois séculos (c.924-722 a.C.), período que pode ser dividido em quatro fases.

Começos instáveis (c.924-885). A separação deixou tanto Israel quanto Judá enfraquecidos, enquanto as guerras mútuas esgotavam ainda mais suas forças. Além disso, Israel sofreu uma instabilidade dinástica que resultou finalmente em guerra civil.

A dinastia amríada (c.885-843). Amri, que emergiu vitorioso da guerra civil, fundou uma dinastia que perdurou por quatro reis. Sob Amri e seu filho Acab, Israel gozou de um período de prestígio internacional e prosperidade interna que talvez tenham superado os da época de Salomão. Israel claramente eclipsou e provavelmente dominou Judá nesse período. Amri construiu uma nova capital para o reino, a que chamou Samaria. O período amríada foi lembrado, contudo, como um tempo de injustiça econômica e social e de conflito entre o baalismo e o javismo. *Elias e *Jezabel foram personagens vívidos da era amrida.

A dinastia jeú (c.843-745). Golpes de estado simultâneos e relacionados levaram um novo soberano aos tronos de Israel e de Judá em aproximadamente 843 a.C. *Jeú, que tomou o poder em Israel sob a bandeira do javismo, fundou uma dinastia que durou aproximadamente um século. *Damasco, no entanto, já estava em ascensão quando Jeú se apossou do trono e dominou Israel totalmente durante os reinados dele e de seu filho Joacaz. Damasco, enfrentando problemas com a direção da Assíria, acabou por perder o controle sobre Israel e esta por sua vez desfrutou de um breve período de recuperação e prosperidade. Esse momento de prosperidade deve ser associado especialmente ao reinado de Jeroboão II. As histórias de *Elias refletem os tempos difíceis experimentados pelo povo de Israel durante os primeiros anos da dinastia jeú, anos da dominação síria. O livro de *Amós reflete a situação durante os anos posteriores, quando Israel está desfrutando uma recuperação da prosperidade, e implica que os problemas de injustiça econômica e social permaneceram. Zacarias, filho de Jeroboão II, foi assassinado logo após subir ao trono em aproximadamente 745 a.C., e *Teglat-Falasar III ascendeu ao trono assírio no ano seguinte. O fim de Israel estava próximo.

Conquista e anexação assíria (745-722). Já durante a era amríada, reis assírios haviam ameaçado os pequenos reinos da Síria-Palestina em geral e Israel em particular. Agora a Assíria voltou sua atenção para o oeste e, sob Teglat-Falasar III (744-727), assegurou um firme controle sobre toda a região. Israel, que de início ofereceu alguma resistência em coordenação com Damasco, foi reduzida à condição de vassala e Oséias confirmado como rei. Após a morte de Teglat-Falasar, contudo, Oséias tentou reverter o jugo assírio. Foi um movimento desastroso: a Assíria conquistou Samaria, anexou o território do reino, exilou milhares de seus mais destacados cidadãos, e substituiu-os por estrangeiros vindos de outras terras conquistadas.

Os remanescentes do reino de Israel são em geral referidos na literatura posterior como *samaritanos, do nome da principal cidade do reino fundada por Amri. Um pequeno grupo de samaritanos ainda sobrevive nas vizinhanças de Nablus.

(*Para um quadro cronológico dos reis de Israel e Judá, ver* Judá, O Reino de.)

J. Maxwell Miller

ISSACAR. Filho de *Lia e *Jacó e uma das doze *tribos de Israel. O nome combina as palavras hebraicas para "homem" e "pagas"; por isso a exclamação de Lia: "Deus me deu minha paga." O território destinado a Issacar situa-se na planície de Jezrael. Referências a Issacar sugerem estreita associação entre ele e *Zabulon. Issacar, provável pátria de *Débora, desempenhou um papel essencial na sua campanha contra Sísara. O território de Issacar foi conquistado pelos *assírios em 732 a.C.

Gary N. Knoppers

J

Jacó. Filho de *Isaac e *Rebeca e irmão caçula de *Esaú. A Bíblia o apresenta sob uma dupla luz. Por um lado ele é o ancestral venerado do povo de Israel, e na realidade é dito que o nome "*Israel" lhe foi dado por Deus depois que ele lutou corpo a corpo com o próprio Deus em Fanuel; por outro, é um trapaceiro, que enganou seu irmão, induzindo-o a abrir mão de seu direito de primogenitura, e seu pai, levando-o a lhe dar a bênção do filho mais velho que deveria ter pertencido a Esaú. Ainda que Oséias 12.2-6 e Isaías 43.27 indiquem que os atos de Jacó foram mais tarde considerados pecaminosos, o relato no Gênesis parece registrá-los sem censura. Jacó é apresentado como um pastoralista, ao passo que Esaú é um caçador, e as histórias sobre eles talvez reflitam a rivalidade entre esses dois grupos em tempos posteriores, tal como a história de *Caim e *Abel; assim também, eles são contrapostos como os ancestrais respectivamente dos israelitas e dos *edomitas.

Como seu pai Isaac, Jacó procura uma esposa na Mesopotâmia. No caminho acampa em Betel e ali vê em sonho mensageiros divinos subindo e descendo uma escadaria entre a terra e o céu (*ver* Anjos) e ergue uma coluna para comemorar o episódio — talvez uma história para explicar por que os israelitas cultuavam no que havia sido um santuário cananeu. Jacó, o trapaceiro, é ele próprio trapaceado por seu tio Labão, que o faz trabalhar catorze anos para obter a esposa que almeja, *Raquel; Jacó se compromete a trabalhar por sete anos, mas passado esse tempo quem lhe é dada não é Raquel, mas *Lia sua irmã mais velha. Jacó se vinga de Labão trapaceando-o com grandes rebanhos e manadas e foge da casa dele para voltar à terra de *Canaã, mas finalmente se reconcilia com o tio. Após o misterioso episódio em Fanuel, dá-se uma reconciliação também com Esaú.

As demais histórias de Jacó centram-se nos feitos de seus filhos, os ancestrais das doze *tribos de Israel. Jacó aparece como um velho na história de *José, em que o tema da trapaça retorna no logro pelo qual ele é privado de seu filho favorito pelos irmãos enciumados de José. Por fim Jacó vai até o Egito com seus filhos e morre ali (Gen. 49.33), mas seu corpo embalsamado é levado por José e seus irmãos para ser enterrado na terra de Canaã. A bênção de Jacó é amplamente considerada uma das mais antigas peças de poesia da Bíblia.

John Barton

Jambres. *Ver* Janes e Jambres.

Janes e Jambres (este último, por vezes Mambré). São mencionados em fontes judaicas, cristãs e greco-romanas (Plínio, Apuleio, Numênio) da Antigüidade tardia como magos egípcios; a citação mais antiga é do "Documento de Damasco" do século I a.C., dos Manuscritos do Mar Morto. São identificados no Midrash judaico e no Novo Testamento (2 Tim. 3.8) como tendo estado entre os sábios não nomeados do faraó que duplicaram os milagres de *Moisés e *Aarão. Em ambas as tradições eles simbolizam a falsa profecia e obstrução herética; várias fontes judaicas descrevem-nos como filhos de *Balaão. A obra cristã do século V d.C., "Decreto gelasiano", menciona um livro apócrifo, agora perdido, sobre suas façanhas e conversão final.

Judith R. Baskin

Jardim do Éden. *Ver* Éden, Jardim do.

Javé (Jeová). Nome artificialmente construído para o Deus de Israel atestado pela primeira vez em textos cristãos do século XVI. A nova construção foi o resultado das mudanças de atitude em relação ao uso do nome de Deus. O nome hebraico "*Yahweh*" passou a não ser normalmente pronunciado após o século III a.C., aproximadamente, em sinal de respeito por sua santidade. Em seu lugar, os leitores do hebraico usavam *adonay*, "Senhor". Quando vogais foram acrescentadas ao texto consonantal do Antigo Testamento (c.100 d.C.), as consoantes de *Yahweh* foram preservadas, mas as vogais de *adonay* passaram a ser usadas como um lembrete para os leitores. A tradição cristã renascentista combinou erroneamente as consoantes de Yahweh e as vogais de *adonay* para produzir "Javé" ou "Jeová".

Ver também Nomes de Deus no Antigo Testamento.

Steven Friesen

Jebuseus. Os jebuseus eram um dos vários grupos que viviam na terra que Israel finalmente conquistou. Segundo Gênesis 10.15-16 e 1 Crônicas 1.14, os jebuseus eram aparentados com os *cananeus. Mas essas passagens podem indicar um relacionamento antes geopolítico que étnico; como os jebuseus partilhavam um só território com os cananeus, eram percebidos como sendo da mesma cepa, embora provavelmente não fossem. De fato, os autores bíblicos normalmente distinguem os jebuseus dos cananeus, bem como de outros povos.

*Jerusalém é por vezes identificada como Jebus. Disso poderíamos inferir que Jebus foi o nome pré-israelita da cidade. O nome Jerusalém, no entanto, precede a conquista israelita em vários séculos e a cidade não foi apropriada por Israel até o século X a.C. Parece melhor, portanto, tomar Jebus como uma designação israelita alternativa para Jerusalém. Assim, o povo não era chamado jebuseu porque vivia em Jebus; em vez disso, a cidade de Jerusalém era por vezes chamada Jebus porque os jebuseus a controlavam.

Embora haja um breve relato de uma vitória sobre Jerusalém no período primitivo da liga tribal, os israelenses não tomaram posse da cidade nessa época, pois ela é mencionada mais tarde como ainda sendo uma cidade estrangeira dos jebuseus. *Davi lhes tomou Jerusalém e fez dela sua capital. Ao que parece, não matou ou expulsou todos os habitantes locais, porque subseqüentemente, quando precisou de terra para construir um altar, comprou-a do jebuseu Areuna (2 Sam. 24.18-24; 1 Cr. 21.18-27 tem o nome Ornã para Areuna). *Salomão construiu o *Templo nesse terreno; ele escravizou também o restante dos jebuseus e outros não-israelitas. Finalmente, eles devem ter sido assimilados a Israel; Zacarias 9.7 os equipara a um clã judeu.

Alguns viram origens jebuséias para as mudanças na estrutura política e na ideologia religiosa que ocorreram com o estabelecimento da monarquia, mas há poucos indícios em apoio a essa hipótese.

William B. Nelson Jr.

JEREMIAS. Filho de Helcias, um sacerdote e profeta do final do século VII a.C. Pouco é conhecido sobre Jeremias exceto pelo livro que traz seu nome. Era da aldeia de Anatot, ao norte de Jerusalém, e profetizou durante os conturbados dias finais do reino de *Judá no final do século VII e início do século VI a.C. Embora ocasionalmente consultado pelo rei *Sedecias, foi também posto na prisão por ele. Após a queda de Jerusalém em 587/586 a.C., foi obrigado a se mudar para o Egito, onde, segundo uma tradição posterior, foi morto.

O livro de Jeremias. A introdução editorial ao livro de Jeremias, 1.1-3, informa-nos que o livro contém "as palavras de Jeremias", isto é, o que Jeremias disse e fez — a palavra hebraica traduzida por "palavras" pode abranger ambas as coisas — desde o início de seu ministério profético no décimo terceiro ano do reinado de *Josias, 627 a.C., até a queda de Jerusalém para os *babilônios em 587/586 a.C. A rigor, essa não é uma descrição precisa dos conteúdos desse livro, uma vez que os caps.40-44 descrevem a atividade do profeta tanto em *Judá quanto no Egito após a queda de Jerusalém. Ainda assim, os últimos quarenta anos do Estado judeu independente são o cenário em que Jeremias desempenhou seu papel profético principal. O livro de Jeremias descreve um homem que protestou perseverantemente contra programas políticos e religiosos que selaram a sorte de seu país, um profeta que aos olhos do *establishment* de seu tempo foi ao mesmo tempo traidor e herético.

Conteúdo e fontes. Concorda-se em geral que o material do livro de Jeremias recai em três categorias, cada uma proveniente de diferentes fontes ou círculos.

Material poético, encontrável principalmente, intercalado com passagens em prosa, nos caps.1-25. Essas seções poéticas consistem em grande parte de oráculos em que o profeta atua como mensageiro de Deus, falando em nome de Deus. Abrangem uma variedade de temas, entre os quais a infidelidade da nação ao Senhor e o chamado ao arrependimento, com ataques ao *establishment* religioso e político da época. Essas passagens poéticas de modo geral não são datadas e não lhes é dado nenhum contexto claramente definido, mas predomina a opinião de que estão relacionadas com os ensinamentos do profeta e de que grande parte do material nos capítulos 1-25 representa o estágio mais antigo do livro de Jeremias. Tais passagens podem também ter sido parte do pergaminho que o rei Joaquim, segundo o cap.36, lançou insolentemente às chamas no inverno de 604 a.C., depois do que Jeremias ditou novamente o pergaminho ao escriba *Baruc e, por medida de precaução, acrescentou palavras similares. Certamente há pouco nesses oráculos poéticos que não teria podido provir dos primeiros anos do ministério do profeta, entre o momento de seu chamado (627 a.C. segundo 1.2) e 604 a.C.

Além desses oráculos, em que o profeta fala a palavra de Deus para seu povo, há outras passagens poéticas em 1-25 que estão na forma de poemas intensamente pessoais que foram chamados as confissões ou o diário espiritual de Jeremias (ver 11.18-22.6; 15.10-21; 17.5-10, 14-18; 18.18-23; 20.7-18). Aqui ouvimos não a palavra de Deus nos lábios do profeta, mas um homem desnudando sua própria alma e expondo algumas das tensões que o ser profeta envolve. Essas passagens são sem paralelo na literatura profética. Parece haver poucas razões para se duvidar que refletem a experiência de Jeremias. Como tal, são da mais alta importância e interesse. Mostram-nos que, por trás da certeza aparentemente imperturbada do "Assim diz o Senhor", pode haver um sem-número de perguntas não respondidas e profunda perturbação interior. Esse é um profeta muito humano entregue a uma vocação que o dilacera, agonizando ante o aparente fracasso de seu ministério, à beira de desistir, consumido por uma amargura feroz contra os que se opunham ao que tinha a dizer ou o ignoravam, acusando Deus de traí-lo. Há dois outros blocos de material no livro fora dos caps.1-25 que contêm similarmente oráculos proféticos poéticos, com freqüência intercalados por seções em prosa e nelas desenvolvidos.

a) Caps.30, 31 e 33, o chamado livro da consolação, consistindo de oráculos cujo tema básico é a esperança por sobre o desastre nacional. Esse material é provavelmente de origem muito variada. A influência de um profeta anterior, Oséias, é muito acentuada em algumas seções (p.ex., 31.1-6), ao passo que linguagem e pensamento em outras passagens têm vínculos estreitos com um profeta posterior, o autor de Isaías 40-55 (p.ex., 31.10-14). Que parte do material nessa seção remonta a Jeremias, no entanto, é fora de dúvida.

b) Caps.46-51, os oráculos contra as nações. É possível encontrar a origem da tradição de oráculos contra outras nações, particularmente as que ameaçam a existência de Israel, em Amós 1.3-2.3; esses oráculos ocorrem também em outros livros proféticos. Visto que Jeremias foi chamado, segundo 1.5, "um profeta para as nações", não surpreende que um conjunto substancial desses oráculos apareça no livro. Esses oráculos afirmam que o Deus de Israel é o senhor de todas as nações e emite julgamento sobre elas não só pelo modo como tratam Israel, mas pela presunção arrogante que supõe que poder é direito e por ações que sacrificam a justiça e os direitos humanos a ambições imperiais. Quanto desse material pode ser atribuído ao próprio Jeremias é uma questão extremamente controversa.

Narrativas biográficas que pretendem relatar episódios-chave na vida do profeta. Há duas características notáveis nessas narrativas. Primeiro, há mais narrativas desse tipo no livro de Jeremias do que em qualquer outro livro profético, e portanto, se autênticas, elas nos fornecem mais informação sobre Jeremias do que a disponível para qualquer outro profeta. Elas encontram-se nos caps. 26-29, 32, 34-44. Segundo, essas narrativas são geralmente fornecidas com datação precisa, sendo a mais antiga datada de 609 a.C. (26.1). Se admitirmos portanto, segundo 1.2, que o ministério profético de Jeremias começou em 627 a.C., não temos nenhuma delas para os quase vinte primeiros anos de seu ministério. Isso, aliado à falta de qualquer indício claro no livro quanto à atitude de Jeremias diante do evento religioso capital desse período, a reforma sob o rei Josias em 621 a.C., levou uma variedade de estudiosos a acreditar que seu ministério não começou até 612 ou 609 a.C., sendo 627 a.C. a data possível de seu nascimento. Essa não é, contudo, uma inferência necessária. As narrativas biográficas estão freqüentemente associadas ao escriba Baruc, que aparece na companhia de Jeremias nos caps.32, 36, 43 e 45. A partir da falta de material biográfico anterior a 609 a.C. poderíamos sustentar que Baruc entrou em contato pela primeira vez com Jeremias em 609; talvez tenha sido atraído por Jeremias em decorrência do sermão do Templo que o cap.26 data daquele ano. Falamos de narrativas biográficas, mas não devemos inferir disso que é possível escrever uma biografia satisfatória de Jeremias, mesmo de 609 em diante. As narrativas não aparecem em seqüência cronológica, tampouco fazem mais do que realçar certos episódios que são considerados decisivos e que revelam o profeta freqüentemente envolvido em conflito com o *establishment* religioso e político da época. É tão pouco possível escrever uma biografia satisfatória de Jeremias com base nessas narrativas quanto escrever uma vida de Jesus com base nas narrativas dos Evangelhos. Se levarmos esta analogia mais longe teríamos de dizer que são os eventos que levaram à destruição de Jerusalém em 587 a.C., e a cercaram, que ocupam no livro de Jeremias o lugar central que as narrativas da paixão ocupam nos Evangelhos. Talvez não seja surpreendente que o livro de Jeremias termine, no cap.52, com uma descrição da queda de Jerusalém, essencialmente derivada de 2 Reis 24-25.

Passagens em prosa ocorrem ao longo de todo o livro, por vezes na forma de sermões ou discursos atribuídos a Jeremias, que são usualmente chamados deuteronômicos, uma vez que refletem o estilo, a linguagem e a pensamento do livro do Deuteronômio e dos editores deuteronômicos que deram forma à história de Israel que encontramos desde o livro dos Juízes até 2 Reis. Exemplos típicos desse material são o sermão do Templo no cap.7 e a passagem da aliança em 11.1-17. Foram essas passagens deuteronômicas que provocaram a maior controvérsia no estudo do livro de Jeremias. Alguns as atribuiriam ao próprio Jeremias, outros afirmam que elas refletem o estilo retórico de prosa característico da época de Jeremias e apontam uma tradição do ensinamento de Jeremias tal como transmitida em círculos afeitos a esse estilo e sensíveis à teologia do livro do Deuteronômio. Uma variação desse ponto de vista é considerar essas passagens composições convencionais de escribas e atribuí-las a Baruc. Segundo todas essas opiniões as origens do material em sua forma presente remontam ao tempo de Jeremias. Outros, no entanto, acreditam que essas passagens são posteriores, ou emanadas de pregadores deuteronômicos durante o período do exílio na Babilônia no século VI a.C., ou reflexos de questões teológicas de uma data ainda posterior durante o período persa. É duvidoso que essas passagens, em sua forma presente, possam ser atribuídas a Jeremias, mas é excessivamente cético negar que elas podem de fato ter suas raízes numa tradição fundada no que Jeremias disse e fez.

Como ou quando esse material tão variado foi reunido para compor o livro de Jeremias, seja em sua forma mais curta ou na mais longa, não sabemos, mas isso deve ter demandado décadas, ou mesmo séculos, após a vida de Jeremias. A própria natureza do livro — seus componentes variados, a clara evidência de edição nele, o amálgama de tradições diferentes — suscita a questão da medida em que o livro nos fornece dados históricos confiáveis acerca da vida, das palavras e dos atos do profeta. Alguns negam que o livro nos forneça qualquer acesso ao Jeremias histórico. Sob a edição, contudo, e dentro e através do material, parece de fato emergir uma figura profética de impressionante individualidade. Porta-voz de Deus junto a Judá num momento de grande crise na vida da nação.

A Carta de Jeremias. Um dos apócrifos, considerado deuterocanônico pelos católicos romanos e algumas Igrejas ortodoxas. Segundo Jeremias 29, Jeremias escreveu de Jerusalém uma carta endereçada aos judeus que haviam sido levados para o exílio na Babilônia na primeira deportação em 597 a.C. Nessa carta Jeremias dá instruções às pessoas quanto à sua conduta na Babilônia e as adverte para falsos profetas em seu meio. Foi sem dúvida essa passagem que inspirou um autor desconhecido, que viveu provavelmente num período bastante tardio da idade helenística, a escrever uma carta semelhante em nome do profeta, a ser entregue, supostamente, aos condenados ao exílio seja em 597 a.C. ou no desastre final de 587/586 a.C. antes que eles partissem de Jerusalém. O objetivo da carta é advertir os deportados para a tentação de cultuar outros deuses com se defrontariam na Babilônia. O perigo de apostasia foi, é claro, agudo também no período helenístico, quando, presumivelmente, a carta foi escrita.

O modo como o tema é tratado foi muito provavelmente sugerido por Jeremias 10.1-16, e em particular pelo v.11, o único versículo em Jeremias escrito em aramaico, que diz: "Os deuses que não criaram o céu e a terra desaparecerão da terra e de debaixo dos céus." O autor pode ter sido adicionalmente inspirado por Isaías 44.9-20.

As Lamentações de Jeremias. O livro das Lamentações, também comumente conhecido como Lamentações de Jeremias, consiste de cinco poemas inspirados pelo cerco e queda de Jerusalém em 587/586 a.C. Desde tempos muitos remotos, talvez não muito após os eventos, esses lamentos foram usado no culto judaico, e mais tarde no cristão, como uma expressão de pesar ante a destruição da cidade e também de um sofrimento mais generalizado, como nas liturgias cristãs na Sexta-feira Santa, e ainda como um apelo pela misericórdia divina. O livro atraiu especial interesse entre estudiosos da Bíblia em razão de sua forma poética relativamente rigorosa, todos os capítulos sendo acrósticos alfabéticos ou estando relacionados de algum modo ao alfabeto.

Uma tradição antiga atribui o livro das Lamentações ao profeta Jeremias, e isso chegou mesmo a afetar a imagem tradicional de Jeremias no Ocidente como o "profeta choroso". Outra tradição antiga, no entanto, é silenciosa no tocante à autoria do livro, sugerindo assim que o autor era desconhecido, o que é também opinião crítica moderna prevalente.

A Septuaginta, a antiga tradução grega do Antigo Testamento, agrupa Lamentações com o livro de Jeremias, e prefacia o livro com estas palavras: "... Jeremias quedou-se em prantos e compôs este lamento por causa de Jerusalém e disse..." Outras versões antigas, bem como fontes rabínicas, fazem a mesma atribuição ao profeta. Embora não haja na Bíblia nenhuma garantia explícita dessa autoria, há uma espécie de base para ela no comentário, em 2 Crônicas 35.25, de que Jeremias produziu um "lamento" ou "lamentos" para o rei Josias.

Nas próprias escrituras hebraicas, Lamentações não aparecem junto de Jeremias. O livro é situado sempre não entre os profetas, mas com os Escritos, a terceira divisão do cânone judaico. Essa posição é um testemunho significativo do anonimato original de Lamentações, pois é difícil conceber por que o livro foi separado do de Jeremias se desde o início se pensou que foi escrito pelo profeta. Nos tempos modernos, os estudiosos assinalaram elementos em Lamentações que parecem tão incongruentes com as idéias e a personalidade do profeta que se torna muito difícil considerá-lo seu autor. Lamentações 1.10 refere-se à entrada dos inimigos no Templo como algo proibido por Deus, quando Jeremias (7.14) a havia predito. Jeremias anteviu o fracasso de alianças estrangeiras (2.18; 37.5-10), mas o autor de Lamentações 4.17 partilhou com seu povo uma frustrada expectativa de ajuda de "uma nação que era incapaz de trazer salvação". Outros indícios ainda desse tipo podem ser apontados, levando à opinião comum de que é melhor considerar o autor do livro — ou autores, já que a obra não é fortemente unificada — desconhecido.

É claro que o livro das Lamentações foi escrito após a queda de Jerusalém em 587/586 a.C., mas afora isso a data é incerta. Como ele não expressa nenhuma esperança clara de alívio das condições de servidão e humilhação, data provavelmente de um momento bem anterior a 538, quando *Ciro permitiu aos judeus voltar do exílio. O livro pode ter sido escrito em

Judá (e não na Babilônia ou no Egito), já que não manifesta qualquer interesse por nenhum outro local.

Robert Davidson, Robert C. Dentan, Delbert R. Hillers

JERICÓ. Jericó, cujo nome significa provavelmente "(Cidade da) Lua" (hebr. *yareah*), situa-se 12km ao norte do mar Morto, no sopé do escarpamento oeste do vale do *Jordão. Situando-se 258m abaixo do nível do mar, é a mais baixa cidade da terra. Hoje uma próspera cidade comercial, sua história de dez mil anos foi documentada sobretudo pelas escavações de Kathleen Kenyon em Tell es-Sultan.

Caçadores mesolíticos foram atraídos pela área no nono milênio a.C. por causa da abundante fonte perene de Ein es-Sultan. Por volta de 8000 a.C. uma povoação permanente de cerca de duas mil pessoas havia se estabelecido bem junto a ela. Seu sistema de irrigação e a grande torre e muralha implicam uma organização social que justifica o título que Jericó ostenta de a mais antiga cidade do mundo. Em algum momento por volta de 6800 a.C. os povoadores originais foram deslocados por um outro povo neolítico, cuja realização cultural mais notável foi uma série de crânios com traços individualizados restaurados com reboco. Esse grupo, no entanto, ainda não havia descoberto a cerâmica, que só apareceu por volta de 4500 a.C. quando outro grupo se apossou do sítio. A área foi então ocupada de maneira mais ou menos contínua até meados do Bronze Tardio, quando a cidade foi devastada. Essa destruição ocorreu cedo demais para ser atribuída a *Josué (*ver* Canaã), mas, em consonância com suas palavras, o sítio ficou abandonado até o século VII a.C., data que é tardia demais para coincidir com a reocupação mencionada em 1 Reis 16.34 como tendo ocorrido no século IX a.C. A cidade da Idade do Ferro visitada por *Elias e *Eliseu era conhecida como a cidade das palmeiras.

Depois do exílio babilônio, Tell es-Sultan foi abandonada, mas deve ter havido um povoamento em algum outro lugar no oásis, porque no final do século VI a.C. Jericó era um centro administrativo persa, papel que conservou em períodos posteriores. No período helenístico a área foi considerada um domínio real privado, e isso inibiu qualquer urbanização verdadeira; suas fortificações guardavam a fronteira leste.

Os asmoneus ampliaram a área cultivada construindo um aqueduto desde Ein Qilt. A riqueza agrícola do oásis aumentado é exaltada por Josefo e Estrabão. O clima delicioso do inverno inspirou Alexandre Janeu a construir um palácio na margem norte do *wadi* Qilt. *Herodes o Grande mandou afogar Aristóbulo III, seu último rival sério na conquista da coroa da Judéia, na sua grande piscina em 35 a.C. Durante os anos 34-30 a.C., quando foi obrigado a arrendar as plantações de Cleópatra, a quem haviam sido dadas por Marco Antônio, Herodes construiu uma residência de inverno ao sul do *wadi* Qilt. Depois de Otaviano (Augusto) ter transferido Jericó para o controle de Herodes em 30 a.C., este último remodelou o palácio asmoneu, construiu o complexo do teatro-hipódromo em Tell es-Samrat, e mais tarde ergueu mais edifícios de ambos os lados do *wadi* Qilt. As vastas quantidades de água requeridas pelo palácio eram fornecidas por três novos aquedutos, dois na parede sul do *wadi* Qilt e o terceiro vindo de Ein Duk em Norã. A segurança era garantida por Cipros, uma fortaleza num penhasco a oeste.

Herodes morou no palácio durante sua última terrível doença, mas as fontes medicinais de Calírroe na margem leste do mar Morto não lhe deram nenhum alívio, e ele morreu em Jericó pouco antes da Páscoa em 4 a.C. Os relatos de Josefo de que o palácio foi queimado por Simeão e reconstruído por Arquelau não foram confirmados por escavações recentes.

Depois da deposição de Arquelau em 6 a.C., uma guarnição ocupou Cipros. Os sepultamentos nos penhascos ao norte do palácio continuaram até 68 d.C. Famílias ricas de Jerusalém presumivelmente voltavam a cada inverno para suas villas, tendo vestígios das fundações de algumas delas sido encontrados nas plantações ao sul do palácio. Isso fornece o pano de fundo para a pregação de João Batista nessa área, pois é improvável que os escravos das plantações, que eram a única população permanente, fossem sua principal audiência. A presença de Jesus em Jericó é explicada pelo fato de que, para evitar passar pelo território *samaritano, os peregrinos galileus com destino a Jerusalém seguiam uma rota pelo vale do Jordão até Jericó.

Jerome Murphy-O'Connor

JEROBAAL. *Ver* Gedeão.

JERUSALÉM. *Este verbete consiste de dois artigos, o primeiro sobre a* História *de Jerusalém e o segundo sobre o* Simbolismo *da cidade. Para discussão adicional destes tópicos,* ver *Sião.*

História

Nome e descrição. A mais antiga atestação do nome de Jerusalém está nos Textos de Execração egípcios dos séculos XIX e XVIII a.C. sob uma forma que deve ser uma transcrição do *Urusalim* semítico que aparece nas Cartas de El Amarna do século XIV a.C. É uma combinação de dois elementos significando "a fundação do [Deus] Salém". O segundo elemento, traduzido por Salém, é usado isoladamente em Gênesis 14.18 e Salmo 76.2. A pronúncia do nome hebraico é refletida no grego *Ierousalem*, que predomina na Septuaginta. Em 1 *Esdras, *Tobias e 1-4 *Macabeus, no entanto, a Septuaginta tem a forma fortemente helenizada *Hierosolyma*. Ambas as formas aparecem no Novo Testamento.

A cidade bíblica espalha-se por dois morros (altitude média 750m) na cadeia central de montanhas. É limitada a oeste e ao sul pelo vale de Enom e a leste pelo vale do Cedron, que a separa do *Monte das Oliveiras. Somente Josefo registra que o vale central era chamado o Tiropeon ("Queijeiro"). O morro do oeste é ligeiramente mais alto que o do leste. Há duas fontes, Gion ("poço jorrante") e Ein Rogel ("a fonte do pisoeiro"), no vale do Cedron. O clima é temperado e toda a chuva (média anual de 560mm) cai durante o inverno de quatro meses (dezembro a março). Ocasionalmente, neva.

Antes do exílio. A cidade original erguia-se na extensão sul do morro do leste, conhecido como Ofel, escavado sobretudo por Kathleen Kenyon e Yigal Shiloh. Cerâmicas dispersas atestam ocupação desde o terceiro milênio a.C. e o sítio foi defendido por uma forte muralha a partir de aproximadamente 1800 a.C. Casas construídas em terraços artificiais subiam pela encosta em direção à acrópole. Depois da conquista israelita o território de Jerusalém foi incorporado pela tribo de *Benjamim, mas a cidade dos *jebuseus, com sua população misturada de *amorreus e *hititas foi deixada em paz. Ela atendeu assim à necessidade em que se viu *Davi de uma capital independente das doze tribos. Ele a tomou c.1000 a.C. e fez dela um centro efetivo levando para lá a arca da aliança, a que todas as tribos prestavam vassalagem. Para abrigar a arca apropriadamente, Davi comprou uma eira ao norte da Cidade de Davi de um homem chamado Areuna, o que é tanto um título ("senhor") em hitita quanto um nome próprio em ugarítico. Ali *Salomão ergueu o Primeiro *Templo c.960 a.C., que ligou à cidade por um palácio, dobrando de fato o tamanho da cidade jebuséia original. O poço d'água jebuseu foi conservado para uso em emergências militares, mas Salomão cavou um túnel a partir da fonte Gion ao longo da borda do morro. A intervalos, diques facilitavam a irrigação do Jardim do Rei no vale do Cedron. A Jerusalém davídica e salomônica não tinha mais que alguns milhares de habitantes.

As escavações de Nahman Avigad no bairro judaico revelaram indícios, notavelmente uma enorme muralha de 7m de largura, de que no fim do século VIII a.C. a cidade se expandira para abranger a colina oeste. Quando *Senaquerib ameaçou Jerusalém, o rei Ezequias construiu a muralha para proteger refugiados vindos do reino norte de Israel que haviam se estabelecido fora da cidade apinhada. Assim, criou dois novos bairros, o *misneh* ("segundo") no morro oeste, e o *maktes* ("almofariz") no vale do Tiropeon. A Cidade de Davi ganhou uma nova muralha imediatamente no interior da muralha jebuséia que servira por mil anos. Para garantir o abastecimento de água, Ezequias cavou um túnel de 533m da Gion à piscina de Siloé, no vale do Tiropeon, passando pelo cômoro do Ofel. Uma inscrição encontrada dentro da saída detalha a técnica de construção. No século VII a.C., foi construída uma nova muralha para proteger o vulnerável lado norte da cidade. Tanto ela quanto as casas na Cidade de Davi exibem vestígios do ataque furioso que pôs Jerusalém sob o controle babilônio em 587/586 a.C.

Após o exílio. Os israelitas que retornaram do exílio em 583 a.C. reconstruíram o Templo sob a direção de *Zerobabel, mas só foram autorizados a reconstruir as muralhas quando os *persas nomearam o primeiro governador judeu, *Neemias, por volta de 445 a.C. Uma descrição completa dessas muralhas é dada em Neemias 3, mas a passagem abunda em problemas textuais e provou-se impossível traduzir os dados numa linha precisa no solo. A completa ausência de vestígios helenísticos no morro oeste, no entanto, indica que elas abarcaram uma área não maior que a da cidade de Davi e Salomão.

Jerusalém sofreu três cercos nas guerras entre os Ptolomeus do Egito e os Selêucidas da Síria (201, 199 e 198 a.C.). Sirácida 50.1-4 louva o sumo sacerdote Simão (220-195 a.C.) por seu programa de reconstrução, mas as diferenças entre as versões hebraica e grega criam certa obscuridade quanto ao que ele de fato realizou. Depois que Jerusalém passou para as mãos dos Selêucidas em 198 a.C., a facção helenizante entre os judeus construiu um ginásio na cidade. Em 167 a.C. Antíoco IV Epífano proibiu todas as práticas religiosas judaicas. Para evitar qualquer resistência, derrubou as muralhas de Jerusalém e ergueu uma grande fortaleza, a Akra, para abrigar uma guarnição síria. Nove diferentes locais foram propostos para a Akra, mas parece provável que ela se erguesse ao sul do Templo. Não deve ser confundida com a Baris, localizada a noroeste do Templo.

A refortificação da cidade foi iniciada por Jônatas Macabeu e completada por seu irmão Simão, i.e., entre 160 e 134 a.C. A descrição que Josefo faz dessa linha, que ele chama de a Primeira Muralha, ganhou precisão com as escavações. Ela seguia no sentido oeste a partir do Templo, ao longo da margem sul de um afluente do Tiropeon, acompanhava a orla do vale de Enom e subia a borda leste da crista do Ofel para se juntar ao Templo. Descrições da cidade asmonéia aparecem na *Carta de Aristeas* e em Josefo, mas ambos devem ser usados com grande cautela. A data da informação na primeira é incerta e a segunda incorre por vezes em anacronismo.

A cidade herodiana. Os romanos, que afirmaram sua autoridade sobre a Palestina em 63 a.C., designaram *Herodes o grande rei da Judéia em 40 a.C. Uma campanha de três anos para impor sua soberania culminou com a captura de Jerusalém no verão de 37 a.C. O fato de ele ter tido de romper duas muralhas para chegar à Cidade Baixa sugere que o que Josefo chama de a Segunda Muralha, que ia da Porta de Genat na Primeira Muralha até o canto noroeste do Templo, já existia nessa época. Não se descobriram quaisquer elementos que confirmassem isso, mas a seção que segue para o norte a partir da Primeira Muralha não pode ter chegado mais a oeste que o atual Suq Khan Ez-Zeit. Escavações sob o Santo Sepulcro e no Muristan revelam que essa área não estava dentro da cidade do final do século I a.C. ou do início do século I d.C. Há indícios incontestáveis de que era uma pedreira abandonada. Uma catacumba judaica foi escavada na parede oeste. As seis sepulturas *kokhim* ainda visíveis no Santo Sepulcro são típicas dos primeiros séculos a.C. e d.C. Um canto saliente na parede sul, que se inclinava para o sudoeste, era chamado *Gólgota ([o lugar da] "caveira"). A relação entre esses dois elementos corresponde perfeitamente às descrições da crucifixão e sepultamento de Jesus em João 19.17-42.

Embora tenha presumivelmente consertado, e em alguns casos certamente reforçado, as muralhas da cidade, Herodes não alterou as linhas que havia herdado. A mais importante fonte escrita da época para dados sobre a área é a *História da guerra judaica* de Josefo. As passagens principais são 5.4.136-83 e 6.4.220-10.442, mas há outras referências topográficas dispersas pela obra. Ele se refere uniformemente ao morro do oeste como a Cidade Alta e alude à antiga Cidade de Davi sobre o Ofel como a Cidade Baixa. Cemitérios limitavam com a cidade ao norte e a leste; os túmulos da família de Herodes o Grande e do sumo sacerdote *Caifás foram localizados a oeste da cidade.

Construções de Herodes. A principal preocupação de Herodes era sua própria segurança. No sítio da Baris asmonéia, no canto noroeste do Templo, ele construiu a fortaleza Antônia. Como foi nomeada em homenagem a Marco Antônio, deve ter sido concluída antes da derrota por ele sofrida em 31 a.C. Paulo foi preso ali. A guarnição romana ali baseada a partir de 6 d.C. pode ter influenciado o crescimento do santuário de cura fora dos muros a leste, que figura em João 5.1-9. Para o entretenimento de seus partidários, Herodes construiu um teatro e um anfiteatro. Este último não foi localizado, mas o primeiro ficava num pequeno vale ao sul de Enom. O hipódromo devia se localizar no vale do Cedron. As competições quadrienais para as quais essas instalações foram construídas ultrajaram gravemente os judeus piedosos. Escavações mostram que, para elevar ainda mais seu esplêndido palácio, Herodes erigiu um pódio no ponto mais alto da Cidade Alta. Ele era protegido por três grandes torres, Hípico, Mariame e Fasaelis. Esta última era mais alta que o Farol de Alexandria, uma das sete maravilhas do mundo antigo. Seu grande alicerce (hoje parte da Cidadela) é o único elemento do palácio que sobreviveu.

Depois que os romanos assumiram o controle direto sobre a Palestina em 6 d.C., o palácio de Herodes tornou-se a residência dos procuradores quando eles iam a Jerusalém; Filo o chama "a casa dos procuradores" (*Leg. ad Gaium* 306). É aqui portanto que devemos situar o pretório em que Pôncio *Pilatos julgou Jesus. Isso é confirmado pelo termo geográfico usado em João 19.13, porque Gábata ("ponto alto") só pode se aplicar a essa parte da cidade herodiana. Nesse estágio os descendentes de Herodes usavam o palácio asmoniano na orla oeste do vale do Tiropeon.

Tendo começado em 20 a.C., Herodes levou nove anos e meio para completar a reconstrução do *Templo numa escala muito mais grandiosa que a de seu predecessor no mesmo sítio. Dele não resta nada, exceto os imenso muros que sustentam a plataforma, cujo lado ocidental tornou-se um local de prece para os judeus (o "Muro das Lamentações") após a destruição do Templo. Tamanha atividade construtora inspirou outros, e não há melhor indicio da qualidade de vida dos abastados na Jerusalém do século I d.C. que as magníficas mansões escavadas no bairro judaico.

As fontes não mencionam qualquer preocupação de Herodes com o abastecimento de água da cidade, mas a referência de Josefo à Piscina da Serpente (hoje Birkat es-Sultan), que serviu como uma grande área de reservatório a oeste da cidade, implica provavelmente a existência do serpeante aqueduto baixo de 67km que levava água do Arrub até o Templo passando pelas piscinas de Salomão. Herodes certamente construiu o grande reservatório, Birkat Israel, contra a parede norte do Templo, e é provável que tenha restaurado a Piscina de Siloé. Outros reservatórios conhecidos são o Struthion, adjacente à Antônia, e o Amygdalon, logo ao norte do palácio; este último era alimentado por aquedutos que vinham do Mamilla e do norte. Acrescentando-se a isso a água armazenada nas cisternas domésticas, calculou-se que a população máxima da cidade deve ter sido de cerca de setenta mil.

Depois de Herodes o Grande. Atribui-se a Pilatos a construção de um novo aqueduto pouco após 26 d.C., mas ele não pode ser identificado com o aqueduto elevado de 15km que levava água de Bir el-Daraj para a Cidade Alta, e cujas inscrições datam de 195 d.C. A prosperidade de Jerusalém aumentou a demanda de espaço, e o clima de paz significou que não havia risco em construir fora da Segunda Muralha. Herodes Agripa I (41-44 d.C.) tentou murar essa Cidade Nova ou subúrbio de Bezetha, mas a tentativa foi bloqueada pelo imperador Cláudio. Essa muralha, completada pelos rebeldes durante a Primeira Revolta (66-70 d.C.) é a famosa Terceira Muralha de Josefo, que deu origem a intenso debate, porque os dados fornecidas por Josefo são ao mesmo tempo vagos e incoerentes. Somente dois elementos foram identificados arqueologicamente, a porta norte sob a atual Porta de Damasco, e a porta leste, que é o arco Ecce Homo, próximo da Antônia. Quando dezoito mil homens tornaram-se supérfluos na conclusão dos trabalhos no Templo em 62-64 d.C., Herodes Agripa II empregou-os para pavimentar a cidade com pedra branca.

O cerco romano começou na Páscoa de 70 d.C., enquanto uma guerra cruenta grassava na cidade. No final de agosto, toda Jerusalém estava nas mãos das legiões. Por ordem de Tito ela foi inteiramente posta abaixo, com exceção apenas das torres Fasaelis, Hípico e Mariame, que foram deixadas como um memorial da antiga pujança e glória de Jerusalém.

Jerome Murphy-O'Connor

Simbolismo

Embora o século XVI tenha sido um período de notáveis avanços científicos entre os cartógrafos europeus, um dos mapas mais conhecidos desse período é mais imaginativo que preciso: uma xilogravura na forma de um trevo rodoviário, com Jerusalém representada como o centro do mundo do qual emanam os continentes da Europa, Ásia e África. A idéia da centralidade de Jerusalém foi um esteio no cristianismo de diferentes maneiras, desde seu começo. Foi também essencial para o judaísmo desde o tempo do rei *Davi no século X a.C. e, juntamente com as cidades santas de Meca e Medina, para o islã desde seus primórdios no século VII d.C. Na era moderna dos Estados-nações, Jerusalém é ao mesmo tempo a capital de Israel e, para os palestinos, a capital do Estado Palestino. Assim, Jerusalém é de há muito um foco de paixões intensas e mescladas de religião e política. Embora seu nome provavelmente significasse na origem "fundação do [deus] Salém", foi muitas vezes interpretado como significando "cidade da paz" (*ir salom*). Mas a paz foi sempre uma meta elusiva durante a maior parte da história de quase quatro mil anos de Jerusalém.

Em sua meditação sobre essa que é a mais sagrada e a mais sofrida das cidades (*Jerusalem: City of Mirrors*, [Boston, 1989]), a "capital da memória", o escritor israelense Amos Elon observou que é como se o próprio nome Jerusalém (hebr. *yerusalaim*) fosse um reflexo da natureza contraditória, até dualística, da cidade (*aim* é o sufixo hebraico que indica uma díade ou par), manifestando-se até em sua localização no limite entre os prados cultivados de Israel e áridas regiões desérticas. Sempre houve uma tensão entre a Jerusalém presente e a futura, a terrena e a celeste, a real e a ideal — uma cidade em que diferentes povos lutam para levar a cabo suas atividades diárias e a cidade dos visionários religiosos.

O nome Jerusalém ocorre 660 vezes no Antigo Testamento; *Sião, freqüentemente usada como sinônimo de Jerusalém, especialmente na poesia bíblica, ocorre outras 154 vezes. A primeira aparece com mais freqüência nas narrativas históricas de 2 Samuel, Reis, Crônicas, Esdras e Neemias, e nos livros proféticos de Isaías, Jeremias, Ezequiel e Zacarias. Com exceção de Salém em Gênesis 14.18, está ausente do Pentateuco, só adquirindo importância na visão que a antiga Israel tinha de si mesma depois que Davi levou a arca da aliança, símbolo da presença de Deus, para a cidade recém-conquistada. A arca encontraria sua morada permanente no *Templo de Jerusalém, a casa de Deus, concluído pelo filho de Davi, *Salomão, e estrategicamente situado muito perto da casa do servo leal de Deus, o rei. A crença na inviolabilidade de Jerusalém, local de residência escolhido por Deus, foi contestada por profetas como Miquéias e Jeremias, que avisaram que a cidade seria destruída em conseqüência de suas transgressões. Mas após a destruição *babilônia de Jerusalém e de seu Templo em 587/686, os profetas exílicos prefiguraram uma nova Jerusalém, que seria simultaneamente uma reconstrução e restauração da antiga e também uma cidade idealizada, não só mais grandiosa como mais estável que sua predecessora, oferecendo a seus habitantes uma relação com Deus e concomitantes paz e prosperidade. Para Jeremias, a Jerusalém reconstruída estava bem fundada na antiga, até em seus contornos físicos. Ezequiel, que compreendia Jerusalém como estando "no centro das nações e os países a seu redor (5.5)" celebra uma nova cidade e um novo Templo, áreas de santidade, fertilidade e bem-estar, onde a glória de Deus voltará a residir: "E o nome da cidade a partir desse dia será: 'O Senhor está Lá'" (48.35). O Segundo Isaías é consolador em sua asserção de que Jerusalém "cumpriu seu prazo, foi saldado o débito de sua culpa (Isa. 40.2)". As portas da nova cidade estarão sempre abertas, o Senhor será sua luz perene. "Não mais haverá crianças que vivam apenas alguns dias, pessoas idosas que não levem a pleno termo os dias (65.20)."

As esperanças e expectativas dos profetas exílicos foram realizadas em parte com a reconstrução da cidade e do Templo na segunda metade do século VI a.C., a primeira geração do domínio persa. Ambos, contudo, seriam destruídos pelo exército romano em 70 a.C. O Templo nunca foi reconstruído. Na geração anterior à sua destruição, Filo, o filósofo e estadista judeu alexandrino, escreveu que os judeus "consideram a Cidade Santa onde se ergue o Templo do Deus altíssimo como sua cidade-mãe" (*Flaccum* 46). A destruição do Templo e da "cidade-mãe" foi um enorme golpe e um grande desafio para os judeus, dentro e fora de Israel. Alguns textos judaicos apocalípticos desse período prefiguram que no fim dos tempos, a Jerusalém celeste, moldada por Deus, desceria à terra; outros imaginavam uma Jerusalém celeste que aguardava os justos nas alturas. Em ambos os casos, a renovação de Jerusalém fazia parte da visão do fim dos tempos, um papel já sugerido nas visões escatológicas dos profetas exílicos e pós-exílicos.

Os textos formativos do judaísmo rabínico, que datam aproximadamente do século III ao VII d.C., partilham com os textos apocalípticos anteriores tanto a centralidade da renovação de Jerusalém na era messiânica quanto uma falta de uniformidade da descrição dessa cidade futura, ideal; em alguns textos, uma Jerusalém terrena, e em outros uma cidade celeste que ascende ao céu, e em outros ainda uma cidade celeste que desce à terra. O notável, no entanto, são as ligações e interdependências entre a Jerusalém terrena e a celeste. Na revolta messiânica palestino-judaica de Bar Kochba (132-135 d.C.), os rebeldes cunharam moedas com a imagem da fachada do Templo e a inscrição "da liberdade de Jerusalém", indicando suas esperanças na reconstrução de Jerusalém e de seu Templo. De maneira semelhante, os rebeldes judeus da Primeira Revolta (66-70 d.C.), com sua constelação de motivações apocalípticas religiosas, nacionalistas e messiânicas, emitiram moedas com a inscrição "Jerusalém a Santa". Como foi observado acima, contudo, a conseqüência da primeira revolta foi não o revigoramento de Jerusalém, mas sua destruição.

Em seus primórdios, a literatura rabínica não se centrou apenas na Jerusalém da era messiânica. A Mishná, os Talmudes e as coletâneas do Midrash celebravam também a memória da Jerusalém histórica. Alguns textos descrevem Jerusalém como o centro ou o "umbigo" do mundo; outros pintam em linguagem resplandecente a magnificência e a singularidade da cidade. A singularidade de Jerusalém refletiu-se também nas exigências impostas pela halaca em ligação com a cidade, a maioria das quais não foram praticadas, dada a destruição do Templo e da cidade e a expulsão dos judeus de Jerusalém pelo imperador Adriano no período que se seguiu à guerra de Bar Kochba.

Como se em resposta às palavras do salmista de uma era muito remota, "Se eu te esquecer, ó Jerusalém, que minha mão direita murche", a lembrança de Jerusalém e de seu Templo e a esperança de sua restauração refletiram-se na liturgia judaica em formação, para serem evocadas em ocasiões de alegria e luto e talvez, o que é de extrema importância, para serem recitadas como parte das Graças após as Refeições e da prece *Amidah*, que juntamente com a *Shema*, constituem em certo sentido o fundamento da liturgia judaica. O dia nove do mês de Av desenvolveu-se como um dia de jejum e luto pela destruição do Primeiro e do Segundo Templos, tornando-se associado também com outros eventos calamitosos da história judaica.

Não é claro em que grau e por quanto tempo foi aplicado o decreto de Adriano que baniu os judeus de Jerusalém. Foi permitido aos judeus, no entanto, residir em

Jerusalém durante os muitos séculos em que ela esteve sob domínio muçulmano, período iniciado com sua conquista pelo califa Omar em 638, interrompido somente pelo breve, e em muitos aspectos violento, domínio do Reino Cruzado de Jerusalém no século XII. Durante os anos do controle otomano (1517-1917), apesar da reconstrução das muralhas de Jerusalém (1537-1541) por Solimão I, Jerusalém continuou sendo uma cidade pequena e empobrecida. Somente de meados para o fim do século XIX os judeus, cristãos latinos, cristãos armênios e muçulmanos deixaram seus bairros tradicionais na cidade murada para estabelecer novos distritos contíguos, os judeus fixando-se em geral a oeste da Cidade Velha.

A expansão de Jerusalém fora da cidade murada desenvolveu-se mais ou menos ao mesmo tempo que o sionismo europeu. Muitos fatores contribuíram para a evolução deste último, entre os quais as políticas antijudaicas dos governos czaristas russos, as condições políticas, econômicas e sociais globais da população judaica da Europa oriental, a evolução de movimentos e agitação anti-semitas na Europa ocidental, e a presença e vitalidade de outros movimentos nacionalistas europeus. A despeito da orientação religiosa geralmente não tradicional da maioria dos primeiros líderes sionistas, não se pode subestimar o significado que tinham para eles as conexões históricas dos judeus com a terra de Israel e a cidade de Jerusalém, o que é sugerido até pelo termo "sionismo". Ainda assim, muitos dos primeiros líderes sionistas expressavam uma espécie de ambivalência em relação a Jerusalém, reagindo aparentemente tanto à sordidez física da cidade quanto, de seus pontos de vista, às suas práticas e paixões religiosas judaicas batidas e ultrapassadas. As comunidades judaicas ultra-ortodoxas de Jerusalém eram um contraponto para as visões dos sionistas de uma sociedade judaica transformada. Até 1947, a liderança sionista ainda estava disposta a aceitar a resolução das Nações Unidas de dividir a Palestina em um Estado judaico e um Estado árabe, e fazer de Jerusalém uma entidade política independente sob administração internacional. Após a guerra de 1948 e a sangrenta batalha por Jerusalém, no entanto, nem a internacionalização de Jerusalém nem a criação de um Estado árabe na Palestina se concretizaram. Em vez disso, a terra caiu sob domínio israelita ou jordaniano, com o oeste de Jerusalém sob governo israelita e o leste de Jerusalém, inclusive a Cidade Velha e seus lugares santos, sob governo jordaniano. Jerusalém foi declarada a capital oficial de Israel em dezembro de 1949. Em conseqüência da Guerra dos Seis Dias de 1967, Israel passou a governar a parte leste de Jerusalém, antes sob controle jordaniano, que foi mais tarde oficialmente anexada e incorporada ao Estado de Israel pelo governo israelense. No âmbito da Cidade Velha ficava a muralha oeste, ou Muro das Lamentações, um muro de sustentação do Segundo Templo tal como renovado por *Herodes no século I a.C. Ele continua a desempenhar o papel de um complexo símbolo religioso-nacional, um centro de oração e um local de peregrinação para judeus dentro e fora de Israel. Atualmente, até a maioria do número significativo de judeus israelenses que apóiam concessões aos palestinos em troca de paz, inclusive o estabelecimento de um Estado palestino no talude oeste de Gaza, reluta em ceder qualquer porção de Jerusalém, ou ver a cidade submetida a controle internacional ou novamente dividida. De maneira análoga, o número significativo de palestinos que também apóiam uma "solução com dois Estados" insistem em que a parte leste de Jerusalém seja a capital da Palestina. Assim a "cidade da paz" permanece um obstáculo nas negociações árabe-israelenses e palestino-israelenses.

Embora a população cristão de Jerusalém, dois ou três por cento do total, venha declinando nos últimos cinqüenta anos, o número de visitantes e peregrinos cristãos em Jerusalém continua muito grande. As raízes dessa fascinação por Jerusalém se prendem ao mesmo tempo às origens do cristianismo como um movimento apocalíptico judaico do século I e às descrições do ministério, morte e ressurreição de Jesus nos quatro Evangelhos do Novo Testamento. Os Evangelhos mencionam Jerusalém sessenta e sete vezes. Mateus refere-se a ela como a "cidade santa". Embora os textos variem, cada um dos Evangelhos descreve Jesus como se deslocando de maneira aparentemente inevitável para Jerusalém, o local dos eventos-chave da sua vida e da concepção que o cristianismo tem de si mesmo, que são a morte e a ressurreição de Jesus; e, para o povo judeu palestino do século I, seu centro nacional e religioso.

Como ocorreu com outros tipos de judaísmo nesse período, o cristianismo primitivo tinha conhecimento tanto de uma Jerusalém terrena quanto de uma celeste. O livro do Apocalipse, inspirando-se intensamente na visão que teve Ezequiel da nova Jerusalém e lembrando muito textos apocalípticos judaicos da época, descreve a "cidade santa, a nova Jerusalém, descendo do céu do lado de Deus (21.2)". Em contraste com a cidade de Ezequiel, no entanto, essa Jerusalém não tem Templo, pois "O Senhor Deus Todo-Poderoso é seu templo e o Cordeiro (21.22)". Como Robert Wilken observou, especulações concernentes ao futuro reino de Deus na terra tendo Jerusalém em seu centro dominaram a escatologia cristã dos séculos I e II, como, por exemplo, nos escritos de Justino Mártir e Ireneu. Mais tarde os pais da Igreja, como Orígenes, que passou mais de vinte anos na Cesaréia do século III, contestaram tanto os ensinamentos de Justino Mártir e Ireneu quanto as crenças judaicas na restauração futura de alguma espécie de Jerusalém na terra, para falar somente da Jerusalém celeste, que permanecia nas alturas e inteiramente independente da cidade terrena.

O século IV foi um período de enorme mudança para o cristianismo. Ele entrou no século como a religião de uma minoria perseguida e saiu como a religião oficial do Império Romano. O imperador Constantino fez dele uma religião legal em 313, tornando-se seu patrono e protetor. A Palestina e em particular Jerusalém tornaram-se uma espécie de vitrina. Desde o tempo de Constantino, empreenderam-se imensos projetos de construção de igreja para criar uma manifestação visível e gloriosa da legitimidade e permanência do domínio cristão — um sinal exterior da verdade e da vitória do cristianismo. Jorrou dinheiro tanto da parte do governo quanto de particulares, trazendo consigo maior prosperidade material e cosmopolitismo para todos na Palestina dos séculos IV e V. A Jerusalém de Adriano, a romana Aelia Capitolina, nomeada em homenagem ao imperador e aos deuses do Capitólio em Roma, seria transformada numa Jerusalém cristã. O próprio Constantino patrocinou a construção de três grandes igrejas palestinas, todas associadas à vida de Jesus, duas situadas em Jerusalém: a igreja do Santo Sepulcro; uma igreja no monte das Oliveiras; e a igreja da Natividade na vizinha *Belém. Já nos escritos de Eusébio, o historiador da igreja cesariano, podemos ver sugestões de que a Igreja palestina se concebia como guardiã de uma Palestina cristã muito terrena que tinha seu centro em Jerusalém — uma terra em que os cristãos viviam, a que visitavam, e em que era possível ver e tocar os próprios lugares em que os eventos salvadores da história bíblica haviam tido lugar.

A peregrinação cristã à Palestina e especialmente a Jerusalém disseminou-se no século IV. Entre os primeiros peregrinos esteve Helena, a mãe de Constantino. Os peregrinos cristãos do século IV, como parte de sua busca da perfeição, enfrentavam os perigos da viagem à Palestina para visitar os lugares santos, e ali ao mesmo tempo confirmavam e fortaleciam sua fé. À medida que a peregrinação florescia, alguns líderes eclesiásticos questionaram seu valor, chamando a atenção para o contraste entre "Jerusalém a Santa" e a cidade que esperava os peregrinos. Por exemplo, Gregório de Nissa em sua "Carta sobre a peregrinação" apontou para as práticas vergonhosas" do povo de Jerusalém como prova de que a graça de Deus já não era mais abundante ali que alhures.

Ecos das especulações cristãs primitivas sobre o papel e a natureza de Jerusalém no fim dos tempos, bem como sobre o interesse da própria cidade terrena, podem ser encontrados tanto na constelação de fatores que moldaram as cruzadas da Europa medieval como nas viagens de Colombo, que, influenciado pelo pensamento apocalíptico do final do século XV, procurou adquirir o ouro necessário para financiar a cruzada final, que iria capturar Jerusalém e pô-la novamente em mãos cristãs — tudo isso parte do plano de Deus para o fim dos tempos.

Os planos de Colombo malograram, mas o interesse cristão por Jerusalém e pela peregrinação até ela perduraram. Para muitos peregrinos, a igreja do Santo Sepulcro, consagrada em 335, era o ponto alto de sua viagem. Hoje ela continua sendo o principal lugar santo cristão em Jerusalém, embora a maior parte do que se pode ver ali date do período das cruzadas, a igreja tendo sido destruída e reconstruída várias vezes desde o tempo de Constantino. Várias denominações cristãs têm direito a várias seções da igreja. Em suas histórias de conflito e cooperação, elas são ilustrativas da diversidade no seio do cristianismo e da história longa, complexa e vital da comunidade cristã em Jerusalém.

Embora uma visão geral do simbolismo e da significação de Jerusalém para o islã esteja muito além dos objetivos deste verbete, deve-se notar, por um lado, a importância de Jerusalém para o islã e, por outro, a importância das comunidades muçulmanas da cidade desde seu começo no século VII d.C. para a história de Jerusalém, em árabe "al-Quds", "a Santa". Hoje, o principal lugar santo muçulmano de Jerusalém, o magnífico Domo da Rocha, uma rotunda sobre uma base octogonal, construída pelo califa omíada Abd al-Malik e concluída em 691/692 domina o Haram al-Sharif, ou Santuário Nobre, também o sítio do Monte do Templo dos Judeus. O Domo, que lembra em escala maior a igreja próxima do Santo Sepulcro, foi construído no estilo arquitetônico da capela de um mártir bizantina para servir de santuário para a rocha debaixo dele — uma rocha que na época da conquista muçulmana de Jerusalém em 638 já estava associada ao Templo e a *Abraão, o ancestral tradicional comum do judaísmo, cristianismo e islã. O Domo afirmou o triunfo do islã no meio da vitrine cristã, Jerusalém, "a Cidade Santa", e num lugar, sobre o Monte do Templo, que os cristãos bizantinos haviam mantido em ruínas para concretizar as crenças cristãs de que a destruição do Templo de Jerusalém era ao mesmo tempo o cumprimento de uma profecia e uma prova da vitória e da verdade das reivindicações da "Nova Israel".

A santidade da Rocha, o Haram, e de Jerusalém em geral para o islã foi reforçada pela identificação, feita nos primeiros tempos por autoridades muçulmanas, de Jerusalém como o destino da viagem noturna do profeta Maomé, e a Rocha como o lugar de que ele ascendeu ao céu. Como no judaísmo e no cristianismo, Jerusalém assumiu importante papel nas crenças muçulmanas relativas ao fim dos tempos e ao dia do Juízo. Também da mesma maneira, fontes muçulmanas refletem as tensões entre a cidade santa, cenário do Juízo Final, e Jerusalém em suas atividades cotidianas. Assum Muqaddasi, um geógrafo e historiador do século X, e nativo de Jerusalém, celebrou Jerusalém como "a mais ilustre das cidades" onde as vantagens do mundo presente e do vindouro se encontram, e descreveu também a cidade como um lugar opressivo para os homens *pobres, carentes de conhecimento, "uma bacia de ouro cheia de escorpiões".

Jerusalém, hoje com mais de 650.000 habitantes, é uma cidade que ao mesmo tempo celebra a história e é perseguida por ela, uma cidade em que as tensões entre a Jerusalém ideal e a real são vividas e testemunhadas a cada dia, e em que os rancores e as paixões da religião e da política trazem à mente as palavras do salmista: "Orem pela paz de Jerusalém."

Barbara Geller Nathanson

JESUS CRISTO.

Vida e ensinamento. ***Introdução: método crítico.*** Aceitando o método crítico moderno de estudo do Novo Testamento, não precisamos tentar escrever uma vida de Jesus no sentido moderno de um estudo psicológico. Só podemos esperar reconstruir o esboço mais rudimentar de sua carreira e fazer uma descrição de sua mensagem e ensinamento.

Admitiremos que *Marcos é o mais antigo dos quatro Evangelhos e que, afora a narrativa da Paixão (14.1-16.8), as unidades individuais de material estão arranjadas numa ordem determinada mais por assunto que por preocupações históricas ou cronológicas. Ademais, essas unidades (histórias sobre Jesus, histórias de pronunciamentos, histórias de milagres, parábolas e aforismos) foram adaptadas às necessidades da comunidade e circularam na tradição oral por cerca de quarenta anos antes que Marcos fosse escrito. Os autores dos dois Evangelhos Sinóticos posteriores, *Mateus e *Lucas, usaram Marcos como sua fonte primária, além de uma fonte comum, composta sobretudo de ditos, desconhecida por Marcos. Essa fonte é hipotética e só recuperável pela reconstrução do material não presente em Marcos comum a Mateus e Lucas. É geralmente conhecida como Q, da palavra alemã *Quelle*, "fonte". Além disso, Mateus e Lucas têm suas próprias tradições especiais. Como Marcos, as três fontes — Q, Mateus Especial e Lucas Especial — contêm material antes transmitido oralmente por cerca de cinqüenta anos. Os evangelistas, em seu uso de fontes de tradições orais, moldaram-nas segundo seus interesses teológicos: esse trabalho editorial é conhecido como redação. Assim, os Evangelhos Sinóticos contêm material que se desenvolveu em três estágios: palavras e lembranças autênticas do próprio Jesus (estágio I), materiais moldados e transmitidos na tradição oral (estágio II), e a redação dos evangelistas (estágio III). O evangelho de *João, contudo, é muito diferente. Contém alguns materiais dos estágios I e II independentes dos Sinóticos, que podem ser usados por vezes para confirmar ou suplementar os dados dos Sinóticos na reconstrução da carreira e do ensinamento de Jesus. Mas o Quarto Evangelho contém muito mais material pertencente ao estágio III. Ao reconstruir nossa versão de Jesus, tentaremos recuperar materiais do estágio I de todos os quatro Evangelhos. Seremos auxiliados por certos testes de autenticidade. Podemos ter razoável certeza de que um material remonta ao estágio I se ele atende a alguns dos seguintes critérios, ou a todos: (1) tem múltipla atestação (i.e., é atestado em mais de uma fonte ou em mais de um tipo de material); (2) é característico de Jesus (i.e., não tem paralelo no judaísmo ou na comunidade pós-Páscoa; esse teste deve ser usado com cautela e aplicado em geral para confirmar e não para excluir; princípio de dessemelhança); (3) é coerente com outras tradições aceitas de Jesus (teste de coerência); e/ou (4) exibe indicações de se originar do aramaico (no caso dos aforismos), já que essa era a língua habitual de Jesus (embora ele provavelmente soubesse um pouco de grego), ou num meio ou cenário social palestino.

O nascimento e a criação de Jesus. As histórias do nascimento em Mateus e Lucas são relativamente tardias e pertencem aos estágios II e III. Contêm no entanto, certos elementos que remontam a tradições anteriores. Alguns deles são claramente teológicos: descendência davídica, concepção por meio do Espírito Santo enquanto sua mãe permaneceu virgem, homenagem por ocasião do nascimento. Os dados factuais nesses itens comuns incluem: a data do nascimento de Jesus nos últimos anos do reinado de *Herodes o Grande (morreu em 4 a.C.); os nomes dos pais de Jesus, *Maria e *José; o fato de a criança ter sido concebida entre o noivado e o casamento; o nascimento em *Belém (embora esta possa ser uma asserção teológica, associada à descendência davídica). Seja como for, Jesus foi criado em *Nazaré. É dito que seu pai foi um carpinteiro e o próprio Jesus também o foi. Como os filhos habitualmente seguiam o ofício do pai, isso não é improvável. Presumivelmente, Jesus recebeu a educação dada ao pobres devotos em Israel, com exaustiva instrução nas escrituras hebraicas.

O começo do ministério público de Jesus: sua mensagem. A carreira pública de Jesus começou quando ele partiu de sua aldeia para o rio *Jordão para ser batizado por *João Batista. Jesus via João Batista como a fonte de sua missão e autoridade. Por algum tempo, ele parece ter conduzido um ministério batismal paralelo ao de João Batista, presumivelmente proclamando a mensagem de Batista, clamando por arrependimento de Israel em vista do iminente advento do reino de Deus. Após a prisão de João Batista, Jesus empreendeu outro tipo de ministério. A mensagem do reino adquiriu nova urgência, talvez em conseqüência da tentação, que incluiu uma visão da vitória de Deus sobre *Satã. Abandonando a prática do batismo, Jesus foi às sinagogas por algum tempo e falou ali ao ar livre, indo ao encontro das pessoas em vez de esperar que elas o procurassem; mas continuou ainda, como João Batista, a pregar o reino que estava por vir. Jesus nunca definiu o que entendia pelo reino, mas ele significa a vinda de Deus em poder e força salvíficos, derrotando os poderes do mal e inaugurando a salvação para Israel. Ele é basicamente futuro ("venha a nós o vosso reino", no Pai-Nosso) mas é também presentemente operativo nas palavras e obras de Jesus. Nas parábolas do reino, Jesus procura envolver seus ouvintes, convencendo-os a ver a operação presente do reino em suas palavras e obras, e obter deles a resposta de fé e confiança em sua consumação futura — parábolas do semeador, da semente que cresce secretamente, do grão de mostarda; também do fermento.

Uma conclusão inevitável é que Jesus foi influenciado pelas profecias de Isaías 40-66, em que a vinda do reino de Deus é um tema central. De fato, grande parte do seu ensinamento é repleto de alusões a Isaías 40-66. Jesus é descrito como citando Isaías 61.1-2 e 58.6 no sermão inaugural da sinagoga de Nazaré (Lucas 4.18-19), mas o conteúdo deste foi moldado provavelmente no estágio II ou III. Há, contudo, ecos claros dessas passagens nas bem-aventuranças e na resposta a João. Jesus apareceu portanto, acima de tudo, como um profeta escatológico, um profeta que anunciava a vinda definitiva do reino de Deus, a salvação do fim dos tempos.

O ensinamento de Jesus: ética. Jesus foi reconhecido também como um *rabino e um mestre. Como os rabinos, ensinava nas sinagogas, reunia um grupo de discípulos e discutia a Torá com eles bem como com questionadores e críticos. As formas de seus ensinamentos eram semelhantes às empregadas pelos mestres farisaicos: parábolas e aforismos, isto é, ditos, muitas vezes de tipo sapiencial, que enunciavam verdades gerais sobre a vida e as maneiras humanas. Como os *fariseus, Jesus tomava a autoridade do Antigo Testamento como absoluta. Ele enuncia as exigências de Deus: proibição do divórcio; a segunda tábua dos Dez Mandamentos; a *Shema* e o sumário da Lei.

Há diferenças, porém, entre o ensinamento de Jesus e o dos fariseus. Ele enfatiza mais do que eles que Deus reclama não só conformidade aparente à Lei, mas a pessoa inteira, e não apenas o amor ao próximo mas o amor ao inimigo (ver as antíteses do Sermão da Montanha). O jovem rico deve não somente observar os mandamentos mas vender tudo que tem e seguir Jesus.

Para Jesus, a exigência de Deus é sintetizada no duplo mandamento do amor. Isso suscita a questão da relação entre a pregação do reino por Jesus e sua enunciação da exigência de Deus, entre sua pregação profética e seu ensinamento sapiencial. Jesus nunca relaciona os dois; de fato, vincula seu ensinamento sapiencial à Criação e não ao advento do reino de Deus. Assim, o mandamento de amar seu inimigo é baseado no fato de que Deus faz a chuva cair e o sol brilhar igualmente sobre o justo e o injusto. De modo semelhante, a proibição absoluta do divórcio mostra que a reversão à situação da Criação é possível agora, por causa da mudança das eras: a era de *Moisés está chegando ao fim, e o reino de Deus está próximo. Assim, a pregação profética de Jesus pressupõe seu ensinamento sapiencial. O advento desse reino torna possível a realização do desígnio original de Deus na Criação. O mesmo pressuposto não articulado opera no duplo mandamento do amor: só o advento do reino de Deus torna possível às pessoas amar a Deus em obediência radical e amar a seu próximo, inclusive seu inimigo. Pois a vinda de Deus em seu reino é um ato de misericórdia e perdão (um aspecto importante da mensagem de Jesus); e o perdão como uma resposta humana ao perdão de Deus é a expressão suprema do amor. A mensagem profética de Jesus é o indicativo e sua enunciação da vontade de Deus é o imperativo que o indicativo implica.

O ensinamento de Jesus sobre Deus. Jesus não trouxe nenhum novo ensinamento sobre Deus. Deus é o criador, embora isso seja compreendido de uma maneira imediata. Deus não criou simplesmente o mundo no início, o mundo emana dele como sua criação a cada momento. Para Jesus, Deus é também o Deus que age na história, cujo clímax é o advento do reino. Ademais, Jesus muitas vezes mencionou personagens bíblicos cuja situação em sua época era análoga à de seus contemporâneos em face do reino que se aproximava (p.ex., Ló e sua mulher, a rainha de *Sabá, *Jonas).

Dirigir-se a Deus como Pai não era algo desconhecido no Antigo Testamento e no judaísmo, e nem o familiar *"abba"* é completamente sem precedentes, mas esse uso foi característico de Jesus. Ele não enunciou a paternidade de Deus como uma doutrina abstrata ou uma verdade geral, mas experimentou ele mesmo Deus como seu próprio Pai (i.e., em seu chamamento para sua missão singular mediada através de seu batismo e tentações), e ofereceu aos que respondiam à sua mensagem profética uma experiência similar e o privilégio de dirigir-se a Deus como *abba* (note-se a saudação de abertura do Pai-Nosso em sua forma original lucana, Lucas 11.2).

A conduta de Jesus. Jesus apareceu como um operador de curas carismático bem como um pregador e um mestre. Essa foi uma implementação adicional da missão profética descrita por Isaías 35 e 61. Jesus efetuava exorcismos, que afirmava serem a ação nele do Espírito (Mateus) ou do dedo (Lucas) de Deus. Negar esse espírito em ação em seus exorcismos era blasfêmia, um pecado para o qual não haveria perdão. Assim, tanto curas quanto exorcismos estão relacionados com sua mensagem. As histórias concretas de milagres podem não ser relatos diretos, mas refletem uma memória geral de que Jesus praticava de fato tais coisas. Mais problemáticos são os chamados milagres de natureza. Há três histórias de ressurreição — a filha de Jairo, o filho da viúva em Naim e Lázaro —, mas todas as três pertencem ao estágio II. A resposta a João (Mat. 11.5-6 || Lucas 7.22-23), no entanto, pode nos permitir atribuir o fato das ressurreições ao estágio I, caso em que as três histórias de ressurreição podem se fundar numa memória geral de que Jesus de fato operou proezas como essas. Outro caso especial de um milagre de natureza é a multiplicação dos pães. Esse milagre tem múltipla atestação. O formato das histórias teve origem no início do estágio II, quando foram moldadas em parte na tradição eucarística e em parte na história de Eliseu (2 Reis 4.42-44, de que a multiplicação miraculosa do pão deriva). Mas uma refeição como essa, em si mesma, pode por certo ser histórica: Jesus encontrou-se com seus seguidores num local distante e comeu com eles. Essa refeição pode ter sido um de uma série de eventos que constituíram o clímax do ministério galileu (ver abaixo).

Jesus celebrou também refeições com os rejeitados, e também para isso há múltipla atestação. Na parábola da ovelha perdida (Lucas 15), Jesus interpreta essa ação como uma celebração antecipada da alegria do grande banquete do reino de Deus.

Como João Batista, Jesus dirigiu sua mensagem de arrependimento em vista da chegada do reino a Israel como um todo. Mas chamou alguns para o seguirem, o acompanharem e partilharem do trabalho de proclamar a mensagem. Desses, selecionou *doze para simbolizar a restauração de Israel. Tem-se a impressão de que grande parte da exigência radical de Jesus dizia respeito a esses discípulos, que constituíram um grupo de pregadores carismáticos deambulantes e por isso tiveram de prescindir, como ele fez, das proteções normais da vida humana, inclusive laços de família.

A crise central. Fica claro que a certa altura Jesus interrompeu seu ministério galileu e transferiu suas atividades para *Jerusalém. Há indicações de uma série de eventos, primeiro a multiplicação dos pães, em seguida um afastamento das multidões, uma travessia do lago e um período de comunicação solitária com seus discípulos (representado pela profissão de fé de *Pedro e a Transfiguração), após a qual Jesus parte para Jerusalém. Podemos supor que durante esse período de solidão Jesus decidiu que agora era o desígnio de Deus para ele que fosse para Jerusalém e levasse sua mensagem para Israel no centro mesmo de sua vida. Duas circunstâncias podem ter contribuído para essa decisão. Primeiro, o ministério de Jesus evocava uma perigoso entusiasmo messiânico entre as multidões. Segundo, a execução de João Batista levou Jesus a temer que Herodes Antipas pudesse prendê-lo antes que pudesse contestar as autoridades em Jerusalém.

A cronologia do ministério galileu. Uma vez que Marcos menciona apenas um Pessach durante a carreira pública de Jesus, supõe-se muitas vezes que todo o seu ministério durou apenas alguns meses, menos de um ano. É verdade que João menciona dois Pessachs antes do final, mas essas referências pertencem ao estágio III. Há, no entanto, indicações de duas primaveras durante o ministério galileu. Em Marcos 2.23, os discípulos de Jesus arrancam espigas de trigo, ao passo que na primeira multiplicação dos pães a multidão se senta na "grama verde" (6.39). Se podemos confiar nesses indícios e se eles não se referem à mesma primavera, isso nos permitiria concluir que o ministério galileu durou mais de um ano, pois o episódio do campo de trigo requer que Jesus tivesse tido tempo de reunir um grupo de seguidores, e a multiplicação dos pães presume um ministério mais longo. Segundo Lucas 3.1, o ministério de João Batista começou no décimo quinto ano do reinado de Tibério (27 d.C.). O batismo de Jesus poderia ter ocorrido nesse ano, seu ministério na Judéia teria abrangido o período interveniente, e o ministério galileu teria começado no final de 27 ou início de 28 e terminado após a primavera de 29. Mas isso é extremamente especulativo.

A viagem para Jerusalém. O evangelho de João obscureceu o caráter decisivo da viagem final de Jesus para Jerusalém, levando-o à cidade santa em duas ocasiões anteriores, mas esses episódios pertenceram provavelmente ao período final em Jerusalém. João talvez esteja certo, contudo, ao fazer o ministério de Jerusalém durar por vários meses em vez de por algumas semanas, como ocorre em Marcos. Na verdade, Lucas 13.34 oferece alguma corroboração para um ministério mais longo em Jerusalém. Isso significaria que a viagem teria ocorrido alguns meses antes do Pessach final, talvez levando Jesus a Jerusalém em tempo para a festa dos tabernáculos. Isso seria no outono de 29 d.C.

O objetivo da viagem é declarado nas três predições da Paixão feitas por Marcos (8.31; 9.31; 10.33-34). Concorda-se em geral que essas três predições em sua presente forma são profecias depois do acontecido e portanto refletem um conhecimento da história da Paixão (estágio II). Mas é também possível que elas contenham um núcleo autêntico (estágio I), como "O filho do homem será entregue nas mãos dos homens" (Marcos 9.31), em que temos um jogo de palavras em aramaico (Filho do homem/homens). É muito improvável que Jesus tenha ido a Jerusalém para morrer; isso, como já se sugeriu, seria equivalente a suicídio. Mas ele sem dúvida pode ter compreendido que a morte seria o resultado inevitável de sua missão.

O ministério em Jerusalém. Jesus continuou a pregar e ensinar em Jerusalém como o fizera na Galiléia. Envolveu-se também em conflitos com seus adversários. Esses conflitos, Marcos indica, foram de um tipo diferente dos anteriores na Galiléia. Jesus agora é um homem marcado e seus inimigos o envolvem em questões específicas, tentando induzi-lo a se auto-incriminar. João apresenta Jesus igualmente como envolvido em conflito teológico com as autoridades religiosas em Jerusalém.

A contestação de Jesus atingiu seu clímax em sua entrada em Jerusalém e na "limpeza" do Templo (assim, nos Sinóticos, João transfere a "limpeza", por razões teológicas, para o início do ministério). Não está claro em absoluto quais foram as questões específicas que levaram o *Sinédrio a tramar a execução de Jesus. Os Sinóticos atribuem a trama contra Jesus à reação do Sinédrio ante a limpeza do Templo, ao passo que João, de maneira menos convincente, a atribui à ressurreição de Lázaro. O relato que João faz da reunião do Sinédrio, no entanto, parece basear-se numa tradição confiável: o Sinédrio decidiu desvencilhar-se de Jesus por medo de que qualquer perturbação da paz desse lugar a intervenção romana e destruísse o delicado equilíbrio entre o poder judaico e o romano.

Na véspera do Pessach (seguindo a cronologia mais plausível de João), Jesus celebrou uma refeição de despedida com seus discípulos. No seu decorrer, interpretou sua morte iminente como o clímax de sua vida de serviço abnegado. É impossível reconstituir as palavras exatas que Jesus pronunciou sobre o pão e o cálice, já que os vários relatos da instituição foram influenciados por desenvolvimentos litúrgicos na comunidade pós-Páscoa. Mas todos eles concordam que Jesus associou o pão a seu corpo (i.e., sua pessoa) e o vinho a seu sangue (i.e., a doação de sua vida na morte) e à inauguração de uma (nova) aliança. Ele assegurou também a seus discípulos que para além de sua morte estava o advento do reino de Deus.

Após a ceia, Jesus e os discípulos foram para o jardim de *Getsêmani onde ele foi preso pela polícia do Templo, e também, se João 18.3 está correto, por soldados romanos. Isso indicaria que o grupo dos sacerdotes e o prefeito romano *Pilatos estavam em estreito conluio em relação ao assunto. Uma investigação preliminar teve lugar perante as autoridades judaicas. Esse não foi um julgamento formal, mas algo mais semelhante ao um procedimento de júri de instrução. Por essa investigação eles estabeleceram para sua satisfação que havia bases suficientes para justificar uma acusação de alta traição ante o tribunal de Pilatos. Ali Jesus foi condenado à morte como um falso messias. Foi então levado para o *Gólgota e crucificado com dois criminosos condenados por sedição. Jesus morreu mais tarde naquele mesmo dia e foi sepultado, de acordo com a tradição do Evangelho, por simpatizantes. Isso marca o fim de sua carreira terrena.

A compreensão que Jesus tinha de si mesmo. Embora a carreira de Jesus evocasse esperanças messiânicas entre seus seguidores e temores entre seus inimigos, o material do estágio I o mostra relutante em afirmar qualquer pretensão messiânica declarada. A autodesignação que usa é "filho do homem". Isso é tão amplamente atestado na tradição do Evangelho e ocorre (com uma ou duas exceções desprezíveis) tão exclusivamente nos lábios do próprio Jesus, que satisfaz aos mais importantes testes de autenticidade. Ocorre em todo o primeiro estrato da tradição do Evangelho (Marcos, Q, Mateus Especial, Lucas Especial e a tradição pré-evangélica em João). A expressão não é atestada como um título messiânico no judaísmo anterior e ocorre apenas uma vez fora dos Evangelhos, em Atos 7.56. Não há boas razões para se duvidar, portanto, que era uma designação característica do Jesus histórico. Não é um título, mas significa "humano", e é mais bem compreendida como uma auto-referência modesta. É usada em contextos em que Jesus falava de sua missão, destino e justificação final.

Jesus certamente se concebia como um profeta, mas suas mensagens e seus atos tinham uma qualidade final que nos autoriza a concluir que ele se concebia como o emissário final, definitivo, enviado por Deus a Israel. Estava mais interessado no que Deus estava fazendo através dele do que no que ele próprio fazia. Não impunha seu próprio eu, no entanto seu próprio eu estava incluído como parte de sua mensagem: "Quem vos recebe, a mim recebe, e quem me recebe, recebe aquele que me enviou" (Mat. 10.40 || Lucas 10.16 Q; "Vinde comigo" (Marcos 1.17; etc.); "Se alguém se envergonhar de mim..." (Marcos 8.38); "Feliz é aquele que não se escandalizar de mim" (Mat. 11.6 || Lucas 7.23 Q); "Se é pelo Espírito de Deus [Lucas: dedo] que eu expulso os demônios..." (Mat. 12.28 || Lucas 11.20 Q). Jesus ousava falar e agir por Deus. Isso é claro nas antíteses do Sermão da Montanha (Mat. 5-21-48: "Ouvistes o que foi dito aos antigos... Pois eu vos digo"), em seu pronunciamento de seu perdão de pecados (o que somente Deus podia fazer), sua aceitação dos proscritos e cura de leprosos que eram evitados sob a Lei. De par com características como essas está a enorme autoridade com que Jesus fala e age, uma autoridade para a qual não oferece quaisquer credenciais exceto a de que ela está inseparavelmente ligada à autoridade de João Batista e repousa na vindicação final de Deus. Jesus não afirma abertamente ser o Filho de Deus em nenhum sentido exclusivo. As passagens em que parece fazê-lo pertencem ao estágio II ou III da tradição. Mas ele chama de fato Deus de "*abba*" de uma maneira inusitada, que aponta para o chamado de Deus a que respondeu em total obediência, e portanto podemos falar de seu senso exclusivo de filiação. Devemos ter em mente, porém, que nesse meio palestino a filiação denotava não uma qualidade metafísica, mas antes um chamado histórico e obediência. Jesus desafiou de fato seus discípulos a dizer quem pensavam que ele era, o que provocou de Pedro a resposta de que ele era o Cristo ou *Messias. Segundo Marcos, ele nem aceitou nem rejeitou a asserção de Pedro. Que queria Pedro dizer, e em que sentido Jesus o tomou? Pensa-se em geral que as palavras de Pedro tinham um sentido político-nacionalista e que Jesus rejeitou isso. Parece mais provável, no entanto, que Pedro tivesse falado no sentido do profeta ungido de Isaías 61.1. Semelhante resposta para Jesus teria sido inteiramente apropriada até onde ia. O que Pedro e os outros discípulos não compreendiam, é claro, é que essa missão se estendia além dos termos de Isaías 61 e que ela envolvia também rejeição, sofrimento e morte. É possível, embora muito discutido, que Jesus tenha moldado essa compreensão adicional na figura do servo sofredor em Isaías 53. Poderíamos ter certeza disso, se Marcos 10.45b pertencesse de fato ao estágio I.

Uma tradição muito antiga (Rom. 1.3) afirmava que o Jesus terreno era de uma família descendente da linhagem real de Davi. Não podemos saber ao certo se isso desempenhou algum papel na concepção que Jesus tinha de si mesmo. Para a comunidade pós-Páscoa esse título foi importante na qualificação de Jesus para o papel messiânico que ele assumiu após sua exaltação.

A aplicação a Jesus das formas de tratamento "rabi" e "meu Senhor" em seu ministério terreno não denotavam majestade: esses eram títulos de respeito conferidos a uma pessoa carismática. No entanto, à medida que crescia entre seus seguidores a convicção de que ele era o emissário final de Deus, esses termos devem ter adquirido um sentido exaltado.

Em suma, encontramos nos Sinóticos apenas indícios limitados de uma cristologia explícita na visão que Jesus tinha de si mesmo, e os indícios que existem são criticamente suspeitos. Ele estava mais preocupado com o que Deus estava operando nele do que com quem ele era, especialmente em qualquer sentido metafísico. Mas o que Deus estava fazendo através dele em seu ministério terreno forneceu a matéria-prima para a avaliação cristológica de Jesus após o evento da Páscoa.

Pessoa e obra. ***Introdução: pressupostos críticos.*** Ao reconstruir a interpretação que o Novo Testamento fornece da pessoa (cristologia) e obra (soteriologia) de Jesus, estamos interessados na resposta da comunidade cristã ao evento Cristo em sua totalidade. Esse evento abarca tanto a carreira terrena de Jesus, culminando em sua crucifixão, como o evento da Páscoa, isto é, as experiências subseqüentes da comunidade, o sepulcro vazio, e as aparições, juntamente com a sensação persistente que a comunidade tinha da presença dele e a esperança de que retornasse.

Os escritos cristãos mais antigos que temos são aquelas epístolas de *Paulo que são inquestionavelmente autênticas, a saber, 1 *Tessalonicenses, *Gálatas, 1 e 2 *Coríntios, Romanos, *Filêmon e *Filipenses. Essas cartas contêm fórmulas que nos dão indícios da teologia das comunidades pré-paulinas. Algumas dessas fórmulas remontam à comunidade palestina mais antiga, outras a comunidades helenísticas (comunidades de expressão grega antes de Paulo). Além disso, temos as falas querigmáticas, proclamações do evento Cristo, em Atos; embora compostos pelo autor de Lucas-Atos, eles provavelmente encerram amostras de pregação cristã primitiva. Reunindo os indícios fornecidos por esses materiais, podemos formar uma idéia geral das cristologias e soteriologias das comunidades primitivas. As epístolas de Paulo fornecem amplas indicações da compreensão que o apóstolo tinha dessas matérias. Não temos nenhum outro escrito que possamos ver com alguma certeza como derivado da idade apostólica, mas há vários textos do Novo Testamento que, embora atribuídos a autores apostólicos, foram escritos provavelmente na idade subapostólica (i.e., o período de c.70 a 110 d.C.). Isso incluiria as epístolas "dêuteropaulinas", isto é, aquelas que, embora atribuídas a Paulo, foram, com graus variados de probabilidade, escritas por autores posteriores. Seu objetivo era perpetuar o ensinamento de Paulo após sua morte. Elas consistem de 2 *Tessalonicenses, *Colossenses, *Efésios, 1 e 2 *Timóteo e *Tito. Outros escritos desse período são hebraicos, juntamente com as epístolas católicas (Tiago, 1 e 2 Pedro, 1, 2 e 3 João, Judas, Apocalipse), e estágio III dos quatro Evangelhos.

A pessoa de Cristo. O evento da Páscoa criou nos primeiros discípulos a convicção de que, apesar da crucifixão de Jesus, Deus o vindicara a ele e à sua mensagem. O evento Cristo era na realidade o ato salvador de Deus. Os primeiros cristãos expressaram essa convicção atribuindo a Jesus títulos de majestade, como Messias (Cristo, gr. *christos*, que era originalmente um título e não um nome próprio), Senhor (*kyrios*), e Filho de Deus. Alguns dos padrões cristológicos dos primeiros tempos sugerem que Jesus era "designado" Cristo, Senhor, ou Filho de Deus em sua exaltação. Esses padrões são muitas vezes chamados "adocionistas", mas isso é enganoso. O sentido não é que Jesus tornou-se alguma coisa que não era antes, por exemplo, uma pessoa divina; o que se passava era que antes ele era designado para um novo serviço e função, o de ser aquele em quem Deus iria finalmente julgar e salvar o mundo, e através de quem já estava oferecendo salvação após a Páscoa na proclamação da Igreja. Além disso, esse tipo de cristologia não significa que a vida terrena de Jesus não tinha nenhum significado cristológico ou salvífico. Não era não-messiânica, pois Deus estava presente e agindo no Jesus terreno. Mas seu significado messiânico foi expresso inicialmente por um conjunto diferente de termos, como o profeta do fim dos tempos prometido em Deuteronômio 18.15. É notável que a ênfase dessas cristologias recaia sobre o fim da carreira de Jesus; em suma, elas são cristologias pascais.

Com o tempo, os títulos que foram inicialmente aplicados à fase pós-Páscoa da atividade salvífica de Jesus foram trazidos de volta para sua vida terrena. Esse foi, notavelmente, o caso com o título Filho de Deus. À medida que a história do batismo de Jesus se desenvolveu no estágio II, esse título foi apresentado numa voz celeste ("Tu és o meu Filho", Marcos 1.11), talvez substituindo o uso anterior de "servo" nesse contexto. Mais tarde, nas histórias do nascimento, faz-se o título Filho de Deus recuar para o momento da concepção ou do nascimento de Jesus. Isso não significa que alguma espécie de divindade metafísica esteja sendo atribuída a Jesus. Num contexto judaico, significava que, como os reis de Israel, Jesus foi escolhido para um papel único na história. Sua concepção através do Espírito Santo não pretende implicar nenhuma qualidade metafísica; significa, isto sim, que Jesus era uma pessoa histórica eleita desde o útero para seu papel singular através da intervenção direta de Deus.

Um tipo semelhante de cristologia é expressado nas chamadas fórmulas de envio. Estas seguem um padrão regular: um verbo de envio com Deus como o sujeito e o filho como o objeto, seguida por uma cláusula de propósito que declara a intenção de salvação por trás do envio. A mais antiga ocorrência dessa fórmula é: "Deus enviou seu Filho ... para resgatar os que estavam ..." (Gal. 4.4-5). A partir dessas fórmulas ficará claro que o título "filho" denota uma pessoa histórica com uma missão salvífica. Note-se que, em contraste com o tipo pascal, esse tipo de cristologia concentra-se na origem, não no destino de Jesus.

Na cristandade helenística, um novo padrão começou a se desenvolver segundo o qual Cristo vivia no paraíso antes de seu nascimento. Está é uma cristologia da preexistência e da encarnação. Admite-se geralmente que esse padrão evoluiu a partir da identificação de Jesus com a *sabedoria de Deus. No judaísmo, especialmente no mundo de fala grega, a noção de sabedoria de Deus conheceu um notável desenvolvimento. Originalmente não passava da personificação de um atributo divino, como a justiça ou a salvação de Deus. Na literatura sapiencial tardia, contudo, e nos escritos de Filo, o conceito de sabedoria ou de palavra (logos) de Deus se desenvolveu na direção da hipostasia — tornando-se a entidade pessoal distinta no seio do ser de Deus, algo como uma pessoa no sentido em que o termo foi mais tarde usado no dogma cristão da Trindade. Sabedoria ou "Palavra" foi o aspecto do ser de Deus pelo qual Deus voltou-se para o mundo numa atividade criadora, reveladora e salvadora.

O fundamento para essa identificação de Jesus com a sabedoria hipostasiada de Deus era o fato de que o próprio Jesus apareceu como um homem sábio e usou as formas do discurso da literatura sapiencial (ver acima). Portanto, voltou para ser visto não simplesmente como porta-voz da sabedoria, mas como um enviado final da sabedoria que agiu como seu arauto. Com isso, bastava um passo para identificá-lo em pessoa com a própria sabedoria. Isso aconteceu primeiramente em certos hinos cristológicos (Fil. 2.6-11; 1 Cor. 8.6; Col. 1.15-18a; Heb. 1.3-4; João 1.1-18). Nesses hinos, o mesmo sujeito gramatical, em geral o pronome relativo "quem", governa todos os verbos que falam da atividade sapiencial antes da encarnação, da atividade da encarnação na história e da ascensão depois da Páscoa. Portanto, temos agora três fases da cristologia: (1) atividade sapiencial na história da criação, revelação, providência e salvação antes de Cristo; (2) a carreira do Jesus histórico; (3) a vida sublime de Jesus depois da Páscoa. Como a fórmula transmitida, essa cristologia se concentra mais na origem do que no destino de Jesus.

Fora do Quarto Evangelho e das Epístolas de João, essa cristologia da preexistência-encarnação fica em sua maior parte restrita a hinos. Fora dos hinos, ela não afeta amplamente o pensamento cristológico de Paulo, os escritos dêutero-paulinos ou Hebreus. Há, no entanto, algumas passagens excepcionais em que sentimos de fato a influência desse tipo de cristologia. Quando Paulo fala que a rocha que seguia os israelitas no *deserto era Cristo, isso implica a identificação de Cristo com uma sabedoria preexistente que estava ativa na história da salvação de Israel, especialmente no Êxodo. Novamente, quando Paulo diz que Deus enviou seu Filho "com uma carne semelhante à do pecado" (Rom. 8.3), a fórmula do envio aparentemente ampliou-se para incluir a idéia não apenas do envio histórico mas de preexistência e encarnação.

Hebreus também mostra a influência dessa cristologia da encarnação quando o autor aplica Sals. 8.5-7 à carreira de Jesus em 2.6-9, e prossegue dizendo: "Pois assim como os filhos participam do sangue e da carne, de igual maneira ele [Cristo] os assumiu" (Heb. 2.14). Há sinais em Hebreus de que a cristologia em três passos está começando a ser integrada no pensamento do autor.

Foi no evangelho de João, no entanto, que a cristologia da preexistência-encarnação foi plenamente integrada ao pensamento do evangelista. É verdade que o Quarto Evangelho contém materiais anteriores que refletem a fórmula de envio mais primitiva (p.ex., João 12.44, um dito pré-joanino com paralelos sinóticos). Há também passagens em João em que, como em Mateus 11.28-30, Jesus é apresentado como o porta-voz da sabedoria (p.ex., João 6.35, 37). Esse pode ter sido também o sentido original dos poderosos ditos "Eu sou", entre os quais João 8.58, que originalmente pretendiam ser não um pronunciamento pessoal de Jesus, mas da sabedoria de Deus falando através dele. Outras partes dos materiais do estágio III dos evangelistas, no entanto, apresentam Cristo como alguém que foi pessoalmente preexistente. Ele desceu do céu. Deus o enviou ao mundo. Ele veio ao mundo. Na Última Ceia, Jesus ora para que possa reconquistar a glória que tinha antes que o mundo fosse feito. Assim, nas fases mais tardias do estágio III, João vai além da idéia de Cristo como um porta-voz da sabedoria para abraçar a idéia de que ele é a encarnação pessoal da eterna sabedoria de Deus. Isso sem dúvida afetou a compreensão das fórmulas de envio anteriores e os ditos em que Jesus é o porta-voz da sabedoria. Agora ele é percebido como a encarnação da sabedoria em pessoa. Mas João nunca chama Jesus de a sabedoria de Deus; os títulos que o descrevem como tal são antes "filho" e, no prólogo, Palavra (gr. *logos*). A conseqüência é que o título Filho de Deus, ou filho, que anteriormente havia sido usado funcionalmente para denotar missão histórica, adquiriu agora um sentido metafísico. Podemos agora falar propriamente da divindade, ou melhor, da deidade, de Cristo. Em três ocasiões os escritos joaninos chamam realmente Jesus de Deus (João 1.18; 20.28; 1 João 5.20). Outros casos disso no Novo Testamento são duvidosos em bases textuais ou interpretativas. Quando chamamos Jesus de Deus, isso deve ser cuidadosamente nuançado: Jesus não é tudo que Deus é. Ele é a encarnação daquele aspecto do ser divino que é Deus saindo de si mesmo em atividade criadora, reveladora e salvadora. Em termos do dogma posterior, ele é a encarnação da Segunda, não da Primeira, pessoa da Trindade.

Podemos perguntar que motivos impeliram os autores cristãos a uma cristologia tão elevada num período relativamente curto. O Deus cuja presença fora discernida no evento Cristo era o mesmo Deus que eles haviam conhecido desde sempre, o Deus que criara o mundo, o Deus que era conhecido na experiência humana geral, e, acima de tudo, o Deus que era conhecido na história da salvação de Israel.

O evento Cristo era uma experiência de reconhecimento. Ademais, criação e salvação eram estreitamente relacionados. A salvação não era salvação fora do mundo mas salvação do mundo.

A obra de Cristo. Pela obra de Cristo entende-se o significado salvífico do evento Cristo (soteriologia). A pregação cristã mais antiga, tal como registrada em Atos (caps.2, 3, 10), não ressalta a morte de Cristo, mas fala do evento Cristo em sua totalidade como ato de salvação de Deus. Três falas apresentam de fato a morte de Jesus, mas sempre no chamado esquema de contraste: a morte de Cristo era a rejeição por Israel do oferecimento de Deus, e a Ressurreição era o ato de Deus de vindicar seu oferecimento. As predições da Paixão de Marcos, que em sua forma presente pertencem ao estágio II, têm o mesmo esquema de contraste. Contudo, essas passagens declaram também que a rejeição do Messias por Israel estava em conformidade com o desígnio de Deus (Atos 2.23 e o imperativo das predições da Paixão). Estava também explicitamente predita nas Escrituras. Portanto, estava preparado o caminho para se conceber a morte de Cristo não somente como a recusa ativa de Israel mas também como ato de salvação de Deus.

A celebração da Ceia do Senhor é que parece ter fornecido o contexto para a reflexão sobre a significação salvífica da morte de Cristo. As tradições mais antigas que fazem isso consistem de materiais litúrgicos. Primeiro, temos a expansão da palavra do cálice na tradição da própria Ceia (Marcos 14.24; cf. Marcos 10.45b). Aqui encontramos pela primeira vez a chamada hiperfórmula (gr. *hyper*) que afirma que a morte de Cristo foi por nós. Em seguida, a hiperfórmula aparece em tradições de credo ou catequéticas (1 Cor. 15.4).

Com o correr do tempo, imagens mais precisas foram introduzidas para interpretar o significado da morte de Cristo. Um hino pré-paulino compara a morte de Cristo e seus efeitos com o ritual do Dia da Expiação. Somos "justificados ... pela redenção em Jesus Cristo. Deus o destinou para sacrifício de expiação por seu sangue... Assim queria manifestar a sua justiça, porque em sua divina clemência havia tolerado pecados previamente cometidos" (Rom. 3.24-25). "Justificar" é uma metáfora tomada dos tribunais de justiça referente ao pronunciamento pelo juiz do veredicto "não culpado". Essa é uma outra maneira de dizer que a morte de Cristo transmitiu o perdão dos pecados, uma idéia que ocorre mais tarde no hino quando ele fala de Deus "tolerando pecados". A morte de Cristo é afinal descrita como um ato de "redenção" (gr. *apolytrosis*). Embora freqüentemente se pense que essa palavra deriva da manumissão de escravos, ela tem origem mais provavelmente na história da salvação. Deus redimiu Israel tirando-a da terra do Egito e restaurando-a depois do exílio, e Israel continuou a ter esperança na redenção ao final. A Canção de Zacarias anuncia a realização dessa esperança. A redenção veio portanto para denotar libertação de todos os males da história na era messiânica.

Em seguida temos a palavra traduzida por "sacrifício de expiação" (gr. *hilasterion*). Seu significado preciso é discutido. Alguns a traduzem por "propiciação", o que sugere apaziguamento ou aplacamento de uma deidade irada — uma noção muito pouco compatível com o pensamento bíblico e que raramente ocorre com esse sentido no Antigo Testamento. Ela requer Deus como seu objeto, quando nesse hino Deus é o sujeito: "Deus o destinou". Lutero traduziu-a por "assento da misericórdia", um item do mobiliário do Templo que era salpicado de sangue no Dia da Expiação. Mas aplicada a Jesus a metáfora podia ficar confusa: Jesus não se purificou a si mesmo através de seu próprio sangue como o fazia o sacerdote no assento da misericórdia no Dia da Expiação. Assim, a tradução por "expiação" é a mais provável. Nos sacrifícios israelitas, especialmente os do Dia da Expiação, pecados eram expiados, isto é, eram encobertos ou lavados e assim removidos. Isso parece dar o melhor sentido em Romanos 3.24-25. Há, contudo, um elemento de verdade na idéia de propiciação, pois ela chama a atenção para o fato de que o pecado é não só uma mancha mas uma ruptura da relação humana com Deus. Como resultado da obra salvífica de Cristo, essa relação rompida foi restaurada. O último termo soteriológico nesse hino é a palavra "sangue". Isso vem da palavra cálice na tradição da ceia e denota não uma substância mas a morte de Cristo como um evento sacrifical e salvador. Outra fórmula dos primeiros tempos é encontrada em Romanos 4.25: Cristo foi "entregue por nossos pecados e ressuscitado para nossa justificação".

Paulo adotou essas tradições mais antigas sobre a obra salvífica de Cristo e desenvolveu-as significativamente em duas direções. Ele fala tanto da obra de Cristo em si mesma (o lado objetivo) quanto da obra de Cristo nos que crêem (o lado subjetivo). Aqui estaremos interessados no primeiro lado, o objetivo.

O termo central da soteriologia de Paulo é justificação. Juntamente com seus cognatos, entre os quais "justeza" tal como aplicado a Deus, ele ocorre cerca de quarenta e oito vezes nas epístolas incontestes. É o principal foco das argumentações de Paulo em Gálatas 3-4 e em Romanos 3.21-5.11. É quase sinônimo de reconciliação. Isso representa um desvio mais pessoal, pois reconciliação é uma metáfora derivada não do tribunal mas das relações entre pessoas e entre grupos sociais. Portanto, justificação passa a significar não meramente pronunciar não culpado mas também levar a uma relação correta com Deus. Paulo tenta explicar como isso aconteceu. Na cruz Cristo tomou sobre si mesmo a maldição da lei e suportou suas conseqüências. Deus fez seu filho ser "pecado" por nós. Cristo pôs a si mesmo no lugar dos pecadores, e como aquele que não tem pecado ele esgotou a ira de Deus contra o pecado, tornando assim possível para a humanidade entrar numa relação correta com Deus. A metáfora da reconciliação dá também uma dimensão social e cósmica para justificação. Essas dimensões receberam ênfase adicional nas epístolas dêutero-paulinas.

Ocasionalmente, Paulo fala da morte de Cristo como um sacrifício, mas somente em fórmulas tradicionais. Uma vez usa o termo "sangue" como uma abreviatura para a morte de Cristo como um evento salvador, na expressão "justificado por seu sangue" (Rom. 5.9). Quanto ao mais nas epístolas paulinas genuínas "sangue" só ocorre em conexão com a Ceia do Senhor.

A morte de Cristo é também vista por Paulo como uma vitória contra os poderes do mal, outro elemento que vem de tradição mais antiga. Ao falar sobre essa vitória, porém, Paulo toma o cuidado de enfatizar que tais poderes, embora decisivamente derrotados, esperam por subjugação derradeira no fim. O apóstolo inclui entre os poderes do mal não somente força cósmicas mas realidades existenciais como lei, pecado e morte. Essa soteriologia da vitória torna-se mais importante nas epístolas dêutero-paulinas, em que a reserva de Paulo quanto à sua incompletude presente é abandonada. Tudo que resta é que todas as coisas sejam unidas em Cristo no fim (Ef. 1.10).

Em si mesmo, o termo "salvação", com seus cognatos "salvar" e "salvador" é uma palavra bastante sem colorido nos escritos paulinos. Como no caso das outras palavras que estudamos, sua origem é encontrada no Antigo Testamento, em que ele é aplicado ao Êxodo e à restauração a partir do exílio. Como palavras semelhantes, também ela se tornou parte da esperança de Israel para o fim. Paulo usa esse grupo de palavras de maneira abrangente. Os que crêem foram salvos, embora apenas em esperança; eles estão sendo salvos; e ele serão salvos no fim. Mais uma vez, as epístolas dêutero-paulinas abandonam essa reserva e insistem em que os que crêem já foram salvos.

A única obra do Novo Testamento a desenvolver a doutrina do trabalho salvífico de Cristo é a Epístola aos hebreus. Essa carta traça uma elaborada comparação entre os sumo sacerdotes levíticos e seus sacrifícios, por um lado, e Cristo e seu sacrifício, por outro. O autor tomou certos elementos da tradição cristã anterior. Um foi a comparação da Sexta-feira Santa com o Dia da Expiação, que já vimos em Romanos 3.24-25 (note-se a expressão "sacrifício de expiação"). Outro foi a tradição da ceia com sua linguagem sobre sangue e aliança. Ainda um terceiro tema, o de Cristo como sumo sacerdote segundo a ordem de *Melquisedec, foi sugerido pelo Salmo 110, que inspirou ao autor o versículo 4.

Ao desenvolver sua argumentação, o autor de Hebreus tinha primeiro de provar que Jesus estava qualificado para ser um sumo sacerdote, apesar de não ser de descendência levítica. Depois, na parte central da obra, ele compara Jesus e seu sacrifício ponto por ponto com os sumo sacerdotes levíticos e seus sacrifícios, demonstrando em cada ponto a superioridade de Jesus e de sua auto-oblação. Como o mostra a comparação com o Dia da Expiação, o sacrifício de Cristo não está restrito à sua morte, incluindo também sua ascensão ao céu. Pois a ação do sacerdote de levar o sangue da vítima para o Santo dos Santos era parte essencial do ritual, em que a morte da vítima era somente um preliminar. Assim também, o sacrifício de Cristo só se completou quando ele ingressou na presença de Deus e se sentou à sua mão direita. Dali em diante, Cristo vive para interceder por nós.

Como o autor de Hebreus compreende a eficácia do sacrifício de Cristo em livrar-nos do pecado? Ele segue a crença bíblica de que o pecado é uma poluição ritual que só pode ser purificada com o sangue da vítima. Aponta, contudo, para além de uma interpretação dessas imagens estritamente ligada ao culto quando observa que a morte de Cristo foi a oferenda de uma obediência perfeita de sua vontade humana. Na força dessa obediência perfeita, também os que crêem podem avançar para perto de presença de Deus e oferecer o sacrifício de louvor que leva à obediência de uma vida santa.

O autor de 1 Pedro retoma a tradição mais antiga que comparava o sacrifício de Cristo com o do cordeiro do Pessach. Numa notável passagem à feição de hino (1 Pd. 2.21-25), o autor descreve a Paixão de Cristo em termos do servo sofredor de Isaías 53. Os sofrimentos de Cristo devem servir como o exemplo a ser seguido pelos escravos cristãos. Esse tratamento da morte de Cristo como um exemplo é característico do moralismo da idade subapostólica.

Voltemo-nos agora para o tratamento que a morte de Cristo recebe no estágio III dos quatro Evangelhos. Cada evangelista apresenta a morte de Cristo de sua própria perspectiva. Para Marcos, ela foi a ocasião para o desvelamento do segredo messiânico. Somente na crucifixão Jesus pôde ser publicamente reconhecido como o Filho de Deus. Marcos era provavelmente contrário à concepção que superenfatizava os milagres como revelação da deidade de Jesus. Os milagres são importantes para Marcos, mas apenas como prefigurações do ato supremo de salvação na cruz.

Para Mateus, a cruz foi a rejeição do Messias por Israel. Por causa dela, o julgamento de Deus se abateu sobre a nação na queda de Jerusalém em 70 d.C. Uma nova nação, a Igreja Cristã, surgiria no lugar de Israel. Enquanto isso, Mateus enfatiza o significado salvífico da cruz acrescentando à fala do cálice na ceia a expressão "para o perdão dos pecados" (Mateus 26.28).

Para Lucas, a morte de Jesus em Jerusalém e sua conseqüente admissão no céu constituiu um ponto crucial na história da salvação, inaugurando o novo período da Igreja e sua missão universal. Esse período seria coberto pelo livro dos Atos. Lucas está se engalfinhando com o problema criado pela demora do segundo advento de Cristo. O tempo da Igreja será marcado pela perseguição e o martírio, e a Paixão de Cristo é apresentada como um exemplo a ser seguido pelos mártires cristãos, como Estêvão em Atos 6-7.

João parece transferir seu interesse da cruz para a revelação que Jesus traz em sua vida terrena. A morte de Jesus parece não ser mais que a ocasião em que ele retornou ao Pai de quem veio. Mas isso é subestimar a importância da morte de Cristo no Quarto Evangelho. As palavras e obras de Cristo são todas eclipsadas pela hora da Paixão. Os sinais ou milagres apontam para o que Cristo realizaria finalmente na cruz. É ali que ele introduz a nova ordem simbolizada pela transformação da água em vinho. É ali que ele torna sua carne disponível para a vida do mundo, que cura a cegueira da vida humana e confere vida eterna. É também na cruz que todas as declarações feitas nos grandiosos ditos "eu sou" são substanciadas. É por causa da cruz que ele é o verdadeiro pão que desce do céu, que ele é a luz do mundo, a porta da ovelha, o bom pastor, a ressurreição e a vida, o caminho, a verdade e a vida, e a verdadeira vinha. Ademais, é através da cruz que é libertado o Espírito-Paracleto que conduz a comunidade joanina a toda a verdade. Foi portanto a morte de Cristo e sua glorificação que tornaram possível para o Quarto Evangelho atribuir os ditos "eu sou" a Jesus.

Apesar da evidente preocupação do autor de Apocalipse com os eventos que conduzem ao fim e com o novo céu e a nova terra que se encontram além, a cruz para ele desempenha um papel crucial na história da salvação. A imagem cristológica central em Apocalipse é o Cordeiro que é morto. Na cruz, o Cordeiro conquistou e ocupou seu assento ao lado do Pai no trono do céu. Por causa dessa vitória, somente o Cordeiro está qualificado para abrir o manuscrito e seus sete lacres. Em outras palavras, sua morte vitoriosa determina o curso futuro da história. Torna-se claro que a cruz é o evento central e controlador de todo o livro. Enquanto isso, Cristo "resgatou" homens "de toda tribo, língua, povo e nação, e deles fizeste ... um reino e sacerdotes servindo sobre a terra" (Ap.5.9-10).

Reginald H. Fuller

JEÚ. Filho de Namsi, Jeú foi rei de Israel c.843-816 a.C. 2 Reis 9-10 descreve como, sob mandado profético, Jeú liderou uma sangrenta revolta militar para se apoderar do trono de Israel. Matou os reis tanto de Israel (Jorão) quanto de Judá (Ocozias), fez executar *Jezabel, destruiu a dinastia de Amri e eliminou o culto de *Baal em Israel. Javé recompensou a lealdade de Jeú permitindo à sua dinastia durar cinco gerações.

Seja qual for sua base histórica, o relato em 2 Reis 9-10 é fortemente influenciado pela ideologia do historiador deuteronômico. Uma perspectiva inteiramente diferente da revolta de Jeú é encontrada em Oséias 1.4-5, onde a casa de Jeú é ameaçada de punição pela carnificina de Jezrael.

Os anais do rei assírio Salmanasar III mencionam, e seu "Obelisco Negro" retrata, um "Ia-ú-a-ú filho de Amri" que lhe prestava tributo. Essa pessoa é provavelmente Jeú, embora seu predecessor Jorão tenha sido proposto também; seja como for, é a única pintura da época que temos de um rei de Israel.

Ver também Israel.

Steven L. McKenzie

JEZABEL. Princesa de Tiro que desposou *Acab, rei de Israel (meados do século IX a.C.). Jezabel era filha de Etbaal, rei de Tiro ("sidônios" em 1 Reis 16.31 é um termo bíblico para *fenícios em geral); segundo genealogias dadas em Josefo e outras fontes clássicas, isso faria dela tia-avó de Dido, a fundadora de Cartago. Jezabel era uma fervorosa adoradora de *Baal e *Aserá e, a partir do trono em Israel, apoiava o culto dessas divindades; seu nome é mais bem compreendido como significando "Onde está o príncipe?", o brado dos súditos divinos e humanos de Baal quando ele está no mundo ínfero. Jezabel exerceu prerrogativas reais para adquirir a vinha de Nabot para seu marido tramando para que aquele fosse executado. Esse episódio instigou *Elias a predizer que os cães haveriam de comer o cadáver de Jezabel em Jezrael. *Jeú, o comandante do exército do rei Jorão em Israel foi ungido rei em Ramot de Galaad para destruir a casa de Acab por causa do que Jezabel fizera aos profetas e fiéis de Javé. Quando Jeú encontrou o rei Jorão, filho de Acab e Jezabel, para matá-lo, percebeu que não poderia haver nenhuma paz em Israel enquanto as "devassidões" (= apostasia) e "feitiçarias" de Jezabel continuassem. Após matar Jorão de Israel e o rei Ocozias de Judá (neto de Acab e Jezabel), foi até Jezabel para matá-la. Adornada como uma rainha, ela apareceu para ele numa janela, regiamente desafiadora em face de sua violência. Foi jogada pela janela por seus próprios camareiros, que eram partidários de Jeú, e pisoteada até morrer.

Os filhos e a filha de Jezabel também reinaram. Ocozias foi rei de Israel por dois anos depois da morte de Acab e Jorão o sucedeu. Atalia, filha de Jezabel e Acab, casou-se com Jorão de Judá e foi mãe de Ocozias, rei de Judá. Quando seu filho foi morto por Jeú, Atalia começou a matar todos os seus herdeiros, e ela própria reinou por seis anos.

Jezabel tornou-se mais tarde um epíteto de insulto para uma mulher, e é usado em Apocalipse 2.20 a propósito de um profeta em Tiatira cujo ensinamento e prática o autor reprova.

Ver também Rainha e Rainha-Mãe.

Jo Ann Hackett

JÓ. Herói de um livro que leva seu nome. Originalmente um personagem de folclore, no livro bíblico Jó é de Hus, provavelmente no norte na Arábia. É portanto, ao que parece, um não-judeu, o que é indicativo das questões universais que o livro contempla. Nem sua mulher nem seu dez filhos originais são nomeados no livro (*ver* Nomes para os Anônimos).

O livro de Jó é uma ampla discussão de uma questão teológica, a questão do sofrimento. Sua principal característica literária é não expor nem defender um dogma de um ponto de vista, mas retratar um debate em que pontos de vista conflitantes são propostos, nenhum dos quais indubitavelmente apresentado como preferível. O projeto do livro tem ao mesmo tempo a forma de uma despojada narrativa em prosa, que contém não obstante surpresas intrigantes, e a de um série de falas sutis em poesia de grande delicadeza e força. O jogo entre prosa e poesia, entre ingenuidade e *finesse* retórica, espelha o jogo entre os seis participantes do livro: Jó, os quatro amigos, Deus — e o narrador.

Na primeira parte da estrutura narrativa, ou prólogo do livro (1.1-2.13), Jó é introduzido como uma pessoa perfeita e perfeitamente piedosa, e como um homem rico também. Sua família é grande, e enquanto suas três filhas parecem ainda morar em casa, seus sete filhos têm cada um seu próprio lar, onde promovem celebrações de gala para os irmãos e irmãs. A cena muda bruscamente para a corte celeste, o encontro dos "*filhos de Deus", um dos quais é "*Satã". Em seu papel como presidente, Javé inicia os procedimentos questionando Satã acerca de seu servo Jó. Astutamente, Satã observa que a piedade de Jó está presa à sua prosperidade, e desafia Javé a arruinar Jó. Deus entrega Jó ao poder de Satã.

A terceira cena retorna a Jó. Todos os filhos estão na casa do irmão mais velho, mas a narração é centrada em Jó; à maneira de uma tragédia grega, quatro mensageiros em sucessão descrevem a perda do gado de Jó e o extermínio de seus filhos. Bandos de saqueadores sabeus e caldeus causam o primeiro e o terceiro desastres, mas o segundo e o quarto são de origem divina: fogo vindo do céu e um grande vento vindo do deserto do leste. Esse padrão espelha as mudanças de cenário no prólogo como um todo. A reação de Jó ao desastre é de piedosa resignação e louvor a Javé; sua retidão resiste.

Sem transição, a cena retorna à corte de Javé. Mais uma vez, Javé chama a atenção de Satã para a piedade de Jó, e mais uma vez Satã põe em dúvida a profundidade dela. Se Javé golpear a pessoa de Jó, este irá amaldiçoá-lo. Assim, dessa vez o próprio Jó é atingido, com uma terrível doença de pele. No entanto, apesar da amarga sugestão de sua mulher, ele se recusa a falar de maneira impiedosa.

Por fim, três amigos de Jó, Elifaz de Temã, Baldad de Suás e Sofar de Naamat, chegam para consolá-lo. Mesmo à distância, a visão do patriarca enfermo é horrível. Os amigos se condoem e em silenciosa compaixão permanecem com Jó por uma semana.

O núcleo poético do livro (3.1-42.6) é uma série de diálogos, primeiro entre Jó e seus amigos, depois entre Javé e Jó. Na primeira série, Jó se queixa amargamente de seu sofrimento e termina por desafiar Deus a explicar por que isso lhe aconteceu. Seus amigos ensaiam os clichês da tradição: Deus recompensa a bondade e pune a perversidade, e se Jó está sofrendo deve ter merecido. Tudo que Jó tem a fazer é confessar seus pecados e pedir pela misericórdia divina, e suas tribulações serão superadas. Jó reitera apaixonadamente sua causa: apesar de sua inocência, Deus se voltou injustamente contra ele, e solicita uma audiência.

Perto do final dos diálogos, o padrão alternante das falas é rompido e há o que parecem ser adições posteriores ao livro original, incluindo uma série de falas por um quarto amigo não mencionado anteriormente, Eliú, nos caps.32-37.

Finalmente, nos caps.38-41, Javé fala com Jó. Em magnífica poesia, ele cataloga as maravilhas da criação, sobre as quais nenhum homem pode exercer controle, e com perguntas retóricas sarcásticas relembra Jó da fragilidade e ignorância humana. Em sua fala final (42.1-6) Jó aparentemente capitula. A estrutura em prosa é retomada com um epílogo em que Javé censura os três amigos originais por não terem falado corretamente e restaura as fortunas de Jó, inclusive seus filhos.

A referência mais antiga a Jó fora do livro é encontrada em Ezequiel 14.14, 20, em que Jó é mencionado ao lado de *Noé e Danel (provavelmente não Daniel; *ver* Daniel) como um herói antigo. Mas essa referência do século VI pode remeter não ao livro de Jó mas à lenda mais antiga que subjaz à estrutura em prosa. Em tradições posteriores é o Jó dessa estrutura que é geralmente lembrado, como no conselho dado na carta de Tiago para se imitar a "paciência de Jó" (Tiago 5.11).

David J.A. Clines, Michael D. Coogan

JOÃO, O APÓSTOLO. O apóstolo João, filho de Zebedeu e irmão de *Tiago, um dos *Doze. João e seu irmão estavam no negócio da pesca com o pai. Depois de chamados por *Jesus, tornaram-se, junto com *Pedro, os discípulos mais próximos dele. João estava presente ao lado de Pedro e Tiago à Transfiguração e ao jardim de *Getsêmani. Essa posição especial parece ter despertado alguma inveja entre outros seguidores de Jesus. João e seu irmão receberam de Jesus o apelido de "filhos do trovão" (Marcos 3.18).

Depois da morte de Jesus, João foi um dos chefes da Igreja em Jerusalém, juntamente com Pedro e Tiago, o irmão de Jesus. Tradições cristãs posteriores relatam que posteriormente João viveu em *Éfeso, na Ásia Menor, onde morreu de causas naturais em idade avançada, e o identificam como o autor do Evangelho, das Epístolas de João e do livro do Apocalipse.

O Evangelho segundo João. ***Estrutura e conteúdo.*** A história de Jesus no evangelho de João é apresentada como um drama, composto de um prólogo, dois atos principais e um epílogo. Considerando-se o evangelho sob essa luz, sua característica distintiva pode ser vista como seu ensinamento iluminado.

O prólogo (cap.1 como um todo) introduz os principais temas teológicos desenvolvidos no corpo do evangelho, como "vida", "luz" e "glória". Inclui também os personagens principais que estarão envolvidos na ação central. *João Batista está lá, assim como os discípulos que formarão o núcleo da comunidade cristã primitiva: *André e *Pedro, Filipe e Natanael. Mas o palco é dominado pelo personagem central do próprio Jesus, cuja identidade já começa a ser desvelada, pois nesse único capítulo ele é qualificado de Palavra, Filho, Cristo (*Messias), Filho de Deus, Rei de Israel e Filho do homem. O clímax do prólogo é atingido em 1.51 ("vereis o céu aberto e os anjos de Deus subindo e descendo sobre o Filho do homem"). Jesus, como o Filho do homem e o Filho de Deus encarnado e exaltado, une terra e céu definitivamente e torna possível para todo crente, mesmo neste mundo, partilhar da vida da eternidade.

O primeiro ato (caps.2-12) descreve a revelação da Palavra de Deus ao mundo. Para os que têm olhos para ver, Jesus durante seu ministério revela através de suas palavras e ações a glória de Deus Pai. Para demonstrar essa verdade, João faz sua própria seleção entre os milagres, ou "sinais" que Jesus operou, e narra seis deles dramaticamente. A esses seis sinais estão ligados discursos explanatórios, que tratam todos do tema primordial da "vida" através de Cristo, e vários e memoráveis ditos "eu sei", que atuam com um texto para cada sermão.

O segundo ato do drama de João (caps.13-20) trata da glorificação da Palavra de Deus para o mundo. Em seu cerne está a história da Paixão e ressurreição de Jesus, preparada pela fala de despedida aos discípulos, um discurso que trata da vida daquele que crê.

O drama termina com um epílogo, cap.21, que pode ter sido escrito mais tarde mas está hoje firmemente relacionado com o corpo do evangelho. Essa seção final narra o sétimo sinal, a pesca de 153 peixes, e o novo chamado a Pedro. Juntos, esses episódios apontam para a extensão ilimitada das boas novas cristãs, uma idéia conservada ao longo de todo o evangelho de João, e fornece um programa de ação para a Igreja do futuro. A missão dos discípulos para o mundo pode agora começar com base na revelação e glorificação da Palavra messiânica de Deus.

Em toda essa descrição dramática do ministério, morte e exaltação de Jesus, João está ansioso para que os leitores "vejam" a identidade do protagonista como Cristo e Filho de Deus (20.29-31) e "ouçam" suas palavras. Os verbos ligados à visão e à audição são importantes em João e estão próximos em significado da atividade de crer. Como num tribunal, pessoas são convocadas ao longo de todo o drama para prestar testemunho do Cristo vivificante; e as fontes dessa evidência são divinas (o Pai, 5.37; o Espírito, 15.26; as escrituras, 5.39) bem como humanas (João Batista, 1.29-36; a samaritana, 4.29, 39-42; o cego, 9.35-38; Marta, 11.27; e, especialmente, *Tomé, 20.28).

João se move assim acima do testemunho dos outros escritores de evangelho, explorando a natureza de Jesus em relação a Deus e à humanidade, e os fundamentos para a crença cristã e para vida espiritual que é sua conseqüência. Jesus, no retrato de João, é ao mesmo tempo um com o Pai e um com sua Igreja na terra.

Origem. Já observamos que o evangelho de João é uma unidade literária, que pode ser analisada em termos de sua estrutura dramática. Mas, a despeito da unidade do evangelho tal como o temos agora, alguns traços sugerem que ele foi composto em estágios de edição. O que se segue é uma proposta de descrição desses estágios.

Primeiro, o apóstolo João, que foi tradicionalmente identificado como o "discípulo que Jesus amava", transmitiu oralmente a seus seguidores um relato dos feitos (especialmente os milagres, ou "sinais") e ditos de Jesus e de sua morte e ressurreição. Como já vimos, essas reminiscências preservaram informação histórica sobre o ministério de Jesus tanto na Judéia quanto na Galiléia.

Segundo, o discípulo que Jesus amava e seu círculo de seguidores transferiu-se para *Éfeso (uma cidade associada, por forte tradição, a João), onde o núcleo da Igreja joanina foi estabelecido. Enquanto estavam lá, os discípulos encarregados de escrever as tradições preservaram-nas em sua comunidade para fins de culto e instrução. Nesse primeiro rascunho do evangelho final, o que pode agora ser reconhecido como pensamento caracteristicamente joanino emergiu, à medida que as idéias transmitidas pelo apóstolo eram tratadas dramaticamente e desenvolvidas teologicamente pelo quarto evangelista e seus colegas.

Terceiro, após a morte de João sua Igreja em Éfeso publicou uma versão editada final do evangelho. Esta incluía uma introdução sumária (1.1-18), baseada num hino comunitário e agora seguramente vinculada ao restante do capítulo, alguma edição dos discursos, possivelmente a adição da prece da consagração no cap.17, e um epílogo (cap.21). Todo o evangelho assim reunido trazia então um pós-escrito autenticador (21.24-25).

Data. Ainda que a tradição joanina possa ser datada do início do século I d.C., isso ainda deixa em aberto a questão da data da publicação do evangelho em sua forma final. Um limite máximo pode ser fixado em 150 d.C. ou um pouco antes. Dois manuscritos em papiro descobertos no Egito são relevantes para a datação do evangelho. Um, conhecido como Papiro Rylands, contém alguns versículos de João 18 e pode ser datado de 135-150 d.C. Um segundo papiro (Egerton 2) inclui parte de um evangelho desconhecido que provavelmente usou João, bem como Marcos, Mateus e Lucas; esse manuscrito data de c.150 d.C. A existência desses testemunhos sugere que o evangelho de João deve ter sido escrito o mais tardar no início do século II d.C., e provavelmente mais cedo.

As Epístolas de João. ***Situação.*** As três epístolas do Novo Testamento que levam o nome de João formam uma unidade compósita. Embora cada uma possua traços individuais, todas têm características comuns de estilo, linguagem e pensamento que parecem pertencer à mesma situação.

1 João, em contraste com 2 e 3 João, não parece à primeira vista uma carta pessoal. Mas destinava-se evidentemente a uma situação eclesiástica particular, em que problemas de crença e comportamento estavam sendo enfrentados. De fato, surgira uma crise, precipitada por alguns membros do círculo joanino que estavam disseminando falso ensinamento e estimulando o rompimento com a comunidade. Em conseqüência, grupos dissidentes já haviam se formado. Diante da divisão, João (como podemos chamar, por conveniência, o(s) autor(es) dessas três epístolas) compôs uma "carta" que pretendia corrigir as idéias inadequadas e errôneas de seus leitores e lembrar-lhes os elementos fundamentais do evangelho apostólico.

O apelo por amor e unidade, no entanto, evidente tanto no Quarto Evangelho quanto em 1 João, parece não ter sido amplamente levado em conta. A divisão na comunidade, já patente quando 1 João foi escrita, aprofundou-se; e com 2 João ficamos sabendo que "muitos impostores" haviam retornado ao mundo. Talvez estes tivessem predominantemente uma perspectiva doceta, embora, mais uma vez, não haja nada nas epístolas joaninas que sugira que o docetismo era a única tendência em questão.

Na altura em que 3 João surgiu, a unidade do círculo joanino parece ter sido ameaçada de um ponto de vista organizacional, bem como doutrinário. Diótrefes estava ambicionando "o primeiro lugar entre eles" e excluindo membros ortodoxos da Igreja, e a preocupação do autor em deter o crescimento da influência de tais líderes sugere que ele temia a dissolução final da comunidade joanina. O que realmente aconteceu, só podemos conjecturar. Alguns do grupo presumivelmente foram mais adiante no agnosticismo; os secessionistas judeus podem ter retornado ao judaísmo, enquanto os adeptos ortodoxos foram sem dúvida absorvidos pela vida na grande Igreja. Nessa época o evangelho de João, com a discussão de sua doutrina proporcionada por 1 João (suplementada por 2 e 3 João), foi devidamente reconhecido, e o ensinamento do círculo de João foi finalmente assegurado para a causa da ortodoxia.

Autoria. A identidade do autor das epístolas joaninas é matéria de considerável debate e suscita a questão da relação desses documentos tanto com o evangelho quanto com o Apocalipse de João. O esquema que se segue, que tenta levar em conta todos os dados relevantes, é apenas uma solução para o problema.

A inspiração por trás da tradição e da teologia característica do Quarto Evangelho veio do apóstolo João, o discípulo que Jesus amava, ele mesmo. Em 70 d.C. ele escreveu o Apocalipse no intuito de encorajar os membros de sua comunidade a permanecer firmes na fé. Mais tarde alguns de seus seguidores empreenderam a publicação do evangelho. No devido tempo, um cristão joanino proeminente (que pode ter se envolvido mais tarde na composição do evangelho de João) escreveu 1 João. Um *ancião, muito próximo do autor de 1 João (ou talvez a mesma pessoa), foi o responsável por 2 e 3 João.

Todos os documentos joaninos do Novo Testamento estão associados de alguma maneira, ainda que por vezes os vínculos entre eles pareçam tênues. Provavelmente, a melhor explicação para a associação é atribuir sua origem a uma comunidade específica, reunida de algum modo em torno do apóstolo João. Quaisquer que sejam as respostas dadas à questão da autoria, portanto, a origem das epístolas (como das outras partes da literatura joanina) pode por certo ser finalmente atribuída a uma tradição competente, apostólica.

Data e lugar de origem. Há opiniões conflitantes entre os estudiosos acerca de quando e onde as epístolas joaninas foram publicadas. Admitindo que 1, 2 e 3 João seguiram o evangelho de João, as epístolas podem ser datadas da última década do século I d.C. Isso dá tempo para um aguçamento das opiniões heterodoxas no círculo de João e para os primeiros movimentos da parte dos secessionistas.

Embora alguns estudiosos tenham sugerido a Síria como o local da publicação, a concepção de que 1, 2 e 3 João foram dirigidas a comunidades joaninas na Ásia Menor, com seu centro em *Éfeso, é mais provável. Esse é o cenário tradicional para o nascimento do evangelho de João; ele poderia facilmente ter produzido a controvérsia com o judaísmo e o helenismo que pode ser detectada tanto no evangelho quanto nas cartas joaninos; e seu sincretismo religioso teria facilmente alimentado essas tendências na situação subjacente às epístolas.

O livro do Apocalipse. ***Conteúdo.*** O livro se autodenomina um apocalipse ou revelação, que Jesus fez a João, através de um anjo, no interesse de seus servos, mas inicia-se em forma de carta, "João às sete igrejas que há na Ásia: convosco estejam a graça e a paz" (1.4), e termina, como uma epístola paulina, com a "graça". O Cristo ressurrecto aparece para João na ilha de Patmos, ao largo da costa da província romana da *Ásia, e ordena-lhe que escreva para as *sete igrejas (caps.2-3); as mensagens advertem os complacentes e os mundanos e encorajam o crente. Convocado ao céu, João vê Deus entronizado, segurando um manuscrito selado que ninguém pode abrir. Ouve que o leão da tribo de *Judá ganhou o direito de abri-lo, e vê de pé junto ao trono um cordeiro que traz as marcas da imolação sacrifical.

A abertura dos selos pelo Cordeiro desencadeia a primeira de três séries de desastres, que representam a ira de Deus contra um mundo idólatra e impenitente; sete lacres abertos, sete trombetas tocadas, e sete tigelas entornadas. Visões simbólicas entre uma coisa e outra descrevem as forças opostas em guerra cósmica, que chega a um clímax no cap.19: o Cordeiro e os 144.000 que levam seu nome e o selo de Seus, em oposição à Besta de sete cabeças, o emissário de Satã (o *Anticristo), e àqueles que portam sua marca. A cidade da Besta, *Babilônia, a "grande prostituta", é destruída, a Besta é derrotada. *Satã é subjugado e os santos reinam por mil anos (o milênio), até que Satanás é libertado para seu ataque final. Segue-se então o julgamento do mundo por Deus, e um novo céu e uma nova terra substituem os antigos. A cidade santa, Jerusalém, a noiva, desce de Deus e todo o esplendor da terra é reunido nela.

Destinatários. À primeira vista, João está escrevendo para sete congregações particulares; sabe-se que houve cristãos em muitas outras cidades da província romana da Ásia. Mas sete é o número simbólico da completude, e essas igrejas provavelmente representam a totalidade da Igreja. Todas as sete cidades eram centros de comunicação, situadas numa rota circular que começava em Éfeso, a mais próxima de Patmos. O autor conhece a geografia e as tradições de cada cidade, e está visivelmente familiarizado com as circunstâncias de cada igreja. Mas as advertências e incentivos particulares correspondem a uma mensagem para todas as igrejas, e ele afirma que seu livro tem autoridade divina.

Autor e fontes. Irineu e a maioria dos escritores posteriores admitiram que o autor era o João que escreveu o Evangelho e as epístolas, e que ele era o filho de Zebedeu. Alguns, porém, como Dionísio de Alexandria (século III), anteciparam a maior parte dos estudiosos modernos questionando essa identificação por causa de diferenças de pensamento, estilo e linguagem. Dionísio dava crédito a indícios de que houvera em Éfeso dois escritores chamados João; e Pápias (c.140 d.C.) menciona um João que era um *ancião, assim como o apóstolo.

Outra possibilidade é que o Apocalipse seja um livro pseudônimo, que apresenta como seu autor uma grande figura do passado, à maneira de grande parte da literatura apocalíptica em geral. Há uma tradição mais tardia segundo a qual o apóstolo João foi martirizado, como o fora seu irmão Tiago; como membro do círculo dirigente, associado como era a Jesus na Transfiguração e no Monte das Oliveiras, teria sido uma boa figura de proa para um apocalipse que convocava os cristãos a enfrentar o martírio. Se foi publicado c.95 a.C., sua aceitação posterior como genuíno poderia ter dado origem a crença muito difundida de que João viveu até uma idade avançada em Éfeso.

Mas os indícios do martírio de João são inconsistentes, e se "João" é uma ficção, é estranho que nenhum proveito seja tirado disso; o autor é simplesmente "vosso irmão", e menciona os doze apóstolos do Cordeiro sem insinuar que é um deles. A única condição que reivindica é, por implicação, a de *profeta. Isso fala também contra uma autoria genuinamente apostólica, mas não de maneira decisiva; e as diferenças em pensamento e estilo que Dionísio comenta podem se dever a diferenças de situação e gênero; há também muitas marcas de teologia e expressão joaninas.

O livro em seu todo pretende ser o que João viu e ouviu, mas é claro que sua experiência visionária foi moldada por escritos tanto canônicos quanto apocalípcos. Há alusões ou ecos de praticamente cada livro do Antigo Testamento. Provavelmente é uma mistura de experiência genuína e elaboração. O Apocalipse é uma releitura da tradição bíblica à luz da morte de Jesus, e embora sem dúvida judeu, o autor é também um cidadão do mundo greco-romano e conhece seus mitos e astrologia.

Stephen S. Smalley, John Sweet

João Batista. Se João nasceu de linhagem sacerdotal, deve ter abandonado o sacerdócio e adotado um modo de vida ascético no deserto da Judéia, onde vivia de gafanhotos e mel silvestre. Os que iam à sua procura encontravam um homem metido num pano grosseiro de pêlo de camelo e com um cinto de couro atado à cintura, o traje ostensivo de um profeta. Com zelo profético ele pregava uma nova mensagem e propunha um novo rito. A mensagem era que a descendência linear de *Abraão não asseguraria a salvação. Os méritos de Abraão não seriam suficientes, mas apenas um ato de arrependimento que incluísse a renúncia a todas as presunções fundadas em eleição ou etnicidade. O Deus que chamara Israel para fora do Egito e a conduzira através do rio *Jordão estava agora criando um novo povo ao passá-lo pelas águas do batismo naquele mesmo rio. As doze pedras que haviam sido erigidas para marcar a travessia por Israel do Jordão fendido iriam elas próprias ser erigidas em doze novas tribos se o povo de Israel não se arrependesse. João não estava fundando uma nova religião, mas atacando o uso de toda religiosidade como uma defesa contra a exigência por Deus de autenticidade e justiça.

Essa mensagem de arrependimento radical era materializada num rito de imersão em que o pecado da presunção e a totalidade da vida passada da pessoa eram lavados. Os que se erguiam das águas eram como crianças recém-nascidas, ou como aqueles que passaram da morte para a vida, tendo sido sepultados e ressuscitado dos mortos. Essas interpretações cristãs posteriores parecem ter propagado pelo menos a compreensão que o próprio Jesus tinha do que fazia João, pois ele falou de seu próprio batismo não como um evento no passado mas como uma metáfora de sua própria morte próxima.

É possível que João Batista partilhasse ele mesmo a idéia, comum naquele período, de que o Juízo Final se realizaria junto a um rio de fogo através do qual todos teriam que caminhar. Em preparação para esse julgamento iminente, João estava convidando a todos e a cada um para se submeter ao julgamento de Deus já, e, passando pelo batismo, a se purgar do pecado já, antes que aquele dia terrível chegasse. Os que se submetessem a essa purgação seriam preservados em meio à tribulação que se aproximava. Seriam o trigo recolhido no celeiro de Deus, enquanto o resto seria a limpadura queimada em fogo inextinguível.

A mensagem de João Batista caiu sobre Israel como fogo na palha. Os Evangelhos contam que "todos" acorreram para ouvi-lo, e Josefo comenta que ele era tido em alta conta por todo o povo judeu. As multidões que o ouviam incluíam *publicanos e *prostitutas. Esse ato simples de imersão, diferentemente da circuncisão, tornava a salvação acessível até para as mulheres. Foi João, não Jesus, quem abriu um caminho para Deus para aqueles que antes haviam se sentido excluídos. E por sua vestimenta e dieta, até pelas metáforas que escolhia (um cortador de árvores, um debulhador), João se identificou, e àquele que esperava, com os humildes.

O judaísmo nunca se deparara com nada exatamente igual a isso, embora praticamente tudo que foi registrado de João tenha paralelos em *Isaías. Entre esses paralelos estão os seguintes: uma efusão escatológica do Espírito Santo associada com o deserto; alguém dotado do espírito que há de vir e agirá e julgará; os israelitas como filhos de Abraão; a infiel Israel descrita como uma ninhada de víboras ou como árvores que Deus rachará com um machado; vento/sopro/espírito (hebr. *ruah*), e fogo comparados com um rio em que se está imerso; Israel como a debulhada e joeirada; e obras de justeza prescritas subseqüentemente à purificação.

Apesar desses amplos paralelos, João irrompe em cena quase como um mutante, pois seu rito do batismo, embora exteriormente semelhante às lustrações do Templo, era inteiramente sem precedentes em seu significado. Em lugar algum em fonte judaica alguma faz-se do renascimento uma metáfora da redenção. Nasce-se judeu. *Prosélitos podiam ser "renascidos" como judeus, mas o batismo do prosélito não era praticado no século I d.C., aplicava-se somente a não judeus, carecia de um cenário escatológico e não requeria água corrente. O rito de João era tão singular que foi nomeado segundo ele ("Batista"), e Jesus claramente o vê como dado a João por Deus mediante revelação. Ele não fazia caso do Templo e de seus ritos; talvez a rejeição dos sacerdotes por João tenha relação com a onda generalizada de repulsa à corrupção do Templo e seus sacerdotes no século I d.C.

A presença de João Batista no deserto sugeriu a alguns que ele poderia ter pertencido em algum tempo à comunidade de Qumrã, talvez tendo até sido criado por seus membros como um *órfão (seus pais eram idosos quando nasceu). Tanto João quanto os moradores de Qumrã ardiam de fervor escatológico, na expectativa de um Juízo iminente e preparando-se para ele no deserto. Ambos conclamavam toda Israel ao arrependimento, negando que a mera condição de judeu podia salvar. Ambos usavam purgações, rompiam com o culto do Templo, ensinavam a prece e o jejum, e concentravam-se em Isaías como seu guia para o futuro. Mas essas qualidades parecem ter sido partilhadas por outros sectários que haviam se instalado no deserto. O Talmude de Jerusalém indica que, até 70 d.C., vinte quatro seitas distintas desse tipo haviam se constituído (*Sanh.* 29c). E muito do que João e Qumrã sustentavam em comum deriva de Isaías.

Ademais, em aspectos-chave, João Batista divergia inteiramente da comunidade de Qumrã. Os seus membros usavam linho branco, ele se vestia como o *pobre, com pano grosseiro. Seus discípulos não fundavam uma comunidade mas perambulavam como ele. João não exigia nenhum período probatório de três anos, aceitando quem viesse, e esses voltavam para casa em vez de permanecer com ele no deserto. Ele era profético, popular, missionário, inclusivo; Qumrã era exclusiva, misteriosa e retraída. Sua abertura da salvação para as prostitutas, os publicanos e os pecadores deve ter escandalizado aquela seita sacerdotal. A ética de Qumrã aplicava-se unicamente à sua própria comunidade; a de João destinava-se a toda a nação, até o rei. Ele não pedia a partilha comunal dos bens, mas a partilha com os desgraçados que nada tinham. Em vez de exigir que seus ouvintes abandonassem vidas de ambigüidade moral e se mudassem para o deserto, João oferecia um ideal atingível em sociedade por pessoas incapazes de abandonar tudo. O batismo de João, diferentemente das purgações de Qumrã, não era diário, mas realizado de uma vez por todas, e pretendia não levar a uma pureza levítica, mas assegurar o perdão dos pecados em antecipação ao dia da ira que se aproximava. Até o uso comum que faziam de Isaías 40.3 era diferente. Para Qumrã ele significava que a preparação para a lei de Deus devia ser feita no deserto, devendo-se mudar para lá e estudar as Escrituras. João parece ter compreendido o deserto somente como o lugar onde a voz clama. E Qumrã esperava um profeta, um messias de Aarão, e um messias de Israel; João esperava apenas um juiz que haveria de vir, diferente de todos os três.

Cada um dos evangelistas usa as tradições sobre João Batista a serviço da proclamação de Jesus. Cada um dá a ele um tratamento diferente, mas todos o vêem como aquele que está no início da história do evangelho, pedindo do ouvinte uma mente de iniciante e o abandono de todas as certezas prévias, para que uma palavra nova possa ser ouvida.

Walter Wink

JOEL. Profeta a quem é atribuído o livro que leva seu nome. Nada sabemos sobre a pessoa de Joel (cujo nome significa "Javé é Deus") a não ser que é identificado como o filho de um igualmente desconhecido Fatuel. Todo o conhecimento que podemos obter sobre ele e seu tempo vêm do exame de sua profecia.

Nos cânones tanto hebraico quanto grego da Bíblia, o livro de Joel figura próximo daquele de *Amós, o profeta do século VIII a.C., uma circunstância facilmente explicada pela estreita correspondência entre Joel 3.16-18 e Amós 1.2; 9.13. É quase indubitável que essa correspondência seja resultado da dependência do texto de Joel para com o de Amós; a partir de indícios internos parece claro que o livro de Joel é a obra de um profeta pós-exílico tardio cujas imagens e metáforas foram inspiradas pelas tradições proféticas muito mais antigas a que ele afirmava pertencer e em que alegava participar.

Joel se preocupa muito com os preceitos do culto no Templo, um traço que o liga muito estreitamente ao profeta anônimo *Malaquias, que foi possivelmente o último a aparecer na tradição profética judaísta. Esse traço, no entanto, não era em absoluto característico da profecia pré-exílica seja de Israel ou de Judá. Joel pressupõe, portanto, a existência de um Templo — presumivelmente o Segundo Templo de *Zerobabel, que resultou do retorno inicial do exílio que se seguiu ao decreto de libertação de *Ciro, o persa, após sua derrota para o Império Babilônio em 539 a.C. Ademais, contrariando o quadro traçado da história deuteronômica pré-exílica de Israel e Judá, tão voltada para reis e política, e contrariando até a descrição que faz o Cronista do período de *Esdras e *Neemias (c.458-443 a.C.), quando Judá e Jerusalém, ainda sob o domínio do Império Persa, estavam recuperando uma autonomia política relativa com uma liderança secular (embora concomitantemente religiosa) de governadores nativos (como Neemias), o texto de Joel parece pressupor um Estado não muito diferente daquele pressuposto pelo *Sirácida ou o livro de *Judite, em que é dado por certo que a liderança política dos *judeus passou, à falta de quem a assumisse, para o sumo sacerdócio. Uma vez que não há em Joel nenhuma sugestão de ruptura dessa coexistência pacífica entre religião e domínio estrangeiro, provavelmente não estaremos muito enganados ao atribuir essa obra ao último estágio do período persa da Palestina, que só foi interrompido pelas conquistas de *Alexandre o Grande a partir de 333 a.C. Estas considerações datariam Joel em cerca de 400 a.C.

O livro de Joel consiste de duas partes nitidamente distintas. Há, antes de mais nada, a pintura gráfica e extremamente descritiva de uma praga de gafanhotos e de uma seca (o vocabulário hebraico para "gafanhotos" é praticamente esgotado em 1.4) que se abate sobre Judá e Jerusalém, exigindo de cada um, classe por classe, profissão por profissão, arrependimento e oração ao preço da contínua tolerância de Deus para com um povo recalcitrante. Na segunda parte (2.28-3.21 [3.1-4.21 no Antigo Testamento]), o Dia do Senhor é anunciado em linguagem apocalíptica. Há uma série de profecias de salvação: Judá e Jerusalém serão restaurados, Israel triunfará sobre seus inimigos, e os gentios pagarão por suas iniqüidades.

É Joel um profeta do julgamento (contra Israel) ou da salvação (de Israel em face de seus inimigos gentios)? É realmente difícil dizer. Foi a praga de gafanhotos dos primeiros versículos uma tentativa de descrever um acontecimento real, como em Amós 7.1-3, ou esse foi meramente um estratagema literário tomado do texto de um predecessor profético? É essa praga um disfarce para a invasão física de Israel ou simplesmente um símbolo de desintegração nacional? É a suspensão da praga potencial ou real? Em que grau e em que extensão o repetido "Dia do Senhor" pretende aplicar-se ao destino futuro de Israel e à sua relação com o mundo gentio? Deve Joel ser considerado um profeta do "culto" ou um profeta "nacionalista", um profeta do "julgamento" ou um profeta da "salvação"? Estas são questões que indicam verdadeiramente que ainda não compreendemos plenamente o fenômeno da profecia israelita.

Bruce Vawter, C.M.

JONAS. O anti-herói do livro de Jonas é mencionado em 2 Reis 14.25 como um profeta da salvação durante a era expansionista de Jeroboão II. A escolha desse profeta como alvo de sátira didática é duplamente apropriada, primeiro porque ele proclama oráculos nacionalistas em favor de Israel e segundo porque seu nome significa "pomba [ou fidelidade ou veracidade]". O autor escreveu uma curta parábola caracterizada por eventos fantásticos para zombar indiretamente de um homenzinho cujos pensamentos mais íntimos permanecem praticamente ocultos. Embora existam certas semelhanças entre essa história e as lendas proféticas de *Elias e *Eliseu, há um maior parentesco com 1 Reis 13, que envolve um profeta não nomeado. Nem Jonas nem esse homem de Deus não nomeado são propostos como modelos; o termo "lenda", portanto, não é inteiramente apropriado.

O livro de Jonas assemelha-se ao Midrash posterior, pois interpreta textos bíblicos explícita e implicitamente. Em todos os casos, o que está em questão é a natureza do Deus de Jonas: será a misericórdia divina um atributo mais poderoso que a justiça? Poderá a deidade realmente se arrepender? Estender-se-á a preferência de Deus por conceder a vida a conceder a morte além das fronteiras de Israel?

A resistência de Jonas ao chamado divino supera a relutância usual, exemplificada por *Moisés, *Amós e *Jeremias. Quando Javé o chama para ir a *Nínive pregar, Jonas desobedece e realmente foge pelo mar. Ali é jogado pela borda fora e engolido por um peixe, do qual consegue escapar após três dias e três noites. Depois de a deidade lhe ter mostrado a inutilidade de seus expedientes, ele cumpre a missão com arroubo redobrado. Depois ressente-se com a indulgência com que foram tratados os arrependidos de Nínive e sustenta que a justiça deve prevalecer, embora ele próprio tenha experimentado compaixão imerecida. Esse quadro da profecia israelita não é lisonjeiro, pois Jonas permanece impenitente até o fim. Além disso, a manipulação que ele faz dos fatos ao responder aos marinheiros torna o profeta suspeito e engrandece a ética superior deles. Quando de fato recorre à oração, Jonas exalta sua pessoa e usa da oportunidade para acusar Deus. Ele é também rancoroso, desejando que o arrependimento dos marinheiros dure pouco, e espera ansiosamente a destruição de Nínive.

O estranho comportamento de Jonas ganha uma explicação a partir da tradição sagrada. Jonas cita Êxodo 34.6, a confissão pertencente ao culto de que o Senhor é ao mesmo tempo compassivo e justo, como a razão de sua fuga da presença divina. Essa reflexão consciente sobre a natureza de Deus oferece uma pista decisiva do propósito do livro. O conflito entre Jonas e Deus diz respeito à teodicéia. Será justo que os habitantes iníquos de Nínive escapem à ira da deidade pelo arrependimento de seus pecados? Traços lingüísticos ligam Nínive e as cidades de *Sodoma e Gomorra, uma comparação com que os israelitas podiam concordar por causa do sofrimento que lhes fora infligido por hordas assírias. No entanto, a ilustração envolvendo uma planta que cresce depressa e perece com igual rapidez oferece uma justificação para o arrependimento de Deus. A questão final dirigida ao amuado profeta põe em relevo a compaixão divina por todas as criaturas de Nínive.

O autor pode ter tido mais de um objetivo. Os grandes profetas haviam predito a destruição de nações estrangeiras, mas esses oráculos não se confirmaram. Eram os profetas falsos? Não, esse livro sugere, pois os assírios ganharam tempo arrependendo-se. Novamente, da perspectiva de vários profetas, os israelitas eram inteiramente impenitentes. Como poderia a nação escapar da ira de Deus? Abandonando seus procedimentos malignos e evocando a piedade do Senhor. Será tarde demais para isso? Não, porque Deus está tão sequioso por salvá-los que o arrependimento, até da parte dos ninivitas iníquos, resultaria em perdão. Embora o retrato da profecia israelita seja perturbador, a autocrítica radical contribui bastante para redimir a profissão.

James L. Crenshaw

JORDÃO, RIO. O principal rio da antiga Palestina, que ligava os dois lagos mais importantes do interior, o Kinneret (o mar da *Galiléia) e o mar Morto (também conhecido como mar Salgado). A principal fonte do Jordão é a precipitação no monte Hermon e três fontes próximas de Tel Dan, Banias e Hasbaya. Na Antigüidade alguns dos afluentes do rio Jordão corriam através do vale de Hule, um lago até os tempos modernos, que se situa cerca de 300m acima do mar da Galiléia; essa rápida queda de altitude, que continua mais ao sul, provavelmente explica o nome do rio (do hebr. *yaarad*, "descer"). Essas fontes se combinam perto da borda norte do vale de Hule e desse ponto em diante o rio é chamado Jordão.

O rio flui do Kinneret em sua extremidade sul, possivelmente um escoamento artificial; 10km ao sul o Jordão recebe as águas de seu principal tributário, o Yarmuk. Outro tributário, vindo do leste, é o Iabok, no *wadi* Zarqa, 56km mais ao sul. O vale do Jordão não recebe praticamente nenhuma precipitação ao sul do Yarmuk. O débito anual do rio no mar Morto, outros 194m abaixo do mar da Galiléia, é de 1,2 bilhão m^3 de água. Apesar desse volume, o rio Jordão raramente serviu como fonte de irrigação. As ribanceiras da planície aluvial do vale Rift (*Ghor* em árabe), que se alinham dos dois lados do Jordão, têm 500-1.000m de largura, estão constantemente esboroando e se elevam a pelo menos 20-50m acima do leito do rio. Esses fatores constituem um sério impedimento à irrigação, já que a tecnologia do bombeamento é bastante recente. A planície aluvial (*Zor* em árabe) é chamada "orgulho do Jordão".

Por causa do intenso calor do vale Rift e da disponibilidade de umidade do Jordão ao longo de suas ribanceiras, grande parte da vegetação ali tem a característica de uma mata tropical, que é típica de regiões tão ao sul quanto o Sudão. Uma planta que cresce livremente ali é o papiro. Ademais, há muitas tamargueiras e *spina Christi* nas margens do rio. Na Antigüidade elas eram um refúgio para muitos animais selvagens, inclusive leões. O rio é bastante estreito e pode ser cruzado com facilidade, embora a corrente seja freqüentemente rápida.

Grande parte da importância do rio Jordão na Bíblia deriva do fato de ele assumir um papel tão central na nomenclatura geográfica. Ele forma uma fronteira natural, de tal modo que *Moab está "além do Jordão" e portanto os israelitas têm de transpor o Jordão para entrar na *Terra Prometida. Embora Israel muitas vezes controlasse o território a leste do Jordão, o rio forma um limite natural a leste, e a nação idealizada de Ezequiel está inteiramente a oeste dele. Relata-se que Jesus foi batizado em "Betânia do outro lado do Jordão". É portanto ao fato de ser fonte essencial de água, especialmente no Ghorn norte, bem como um traço central da paisagem palestina que o rio Jordão deve sua importância.

Eric M. Meyers

JOSÉ (ESPOSO DE MARIA). Segundo os capítulos de abertura dos evangelhos de *Mateus e *Lucas, *Maria, a mãe de *Jesus, ficara noiva, antes que ele nascesse, de José, filho de Jacó ou Heli. A história da infância narrada por Mateus é escrita em grande parte do ponto de vista de José, narrando até que ele recebe mensagens de *anjos em seus sonhos. Esses sonhos retratam sua luta para decidir como lidar de maneira justa com a gravidez inesperada de sua noiva e como responder a ameaças contra o recém-nascido Jesus.

Em suas genealogias de Jesus, Mateus e Lucas concordam em que José era um descendente do rei *Davi. Essas genealogias sugerem que José era de alguma maneira pai de Jesus. José desaparece de cena quando os Evangelhos descrevem a vida adulta de Jesus, embora seja claramente lembrado pelos que cercam Jesus como seu pai e como carpinteiro. O evangelho de Marcos não faz menção alguma ao pai de Jesus, chamando-o "filho de Maria". O *Protevangelium de Tiago* fornece informação adicional de caráter legendário. A tradição cristã posterior passou a ver José como um viúvo idoso, de tal modo que os "*irmãos e irmãs de Jesus" em passagens como Marcos 6.3 poderiam ser compreendidos como filhos de José num casamento anterior, não filhos seus com Maria; mais tarde ele passou a ser visto como um asceta santo, sem interesse em sexo, e os irmãos de Jesus como "primos".

Philip Sellew

JOSÉ (FILHO DE JACÓ). José, cujo nome significa "Possa a complacência de Deus aumentar", era filho de *Jacó e Raquel, e o ancestral epônimo da casa de José, uma das doze *tribos de Israel. Gênesis 37-50 retrata José como um patriarca por cujo intermédio as promessas feitas a *Abraão, *Isaac e Jacó são transmitidas para Israel posterior. O Deus dos ancestrais não é, contudo, chamado o Deus de José, e o patriarca José raras vezes é mencionado na Bíblia fora de Gênesis.

A história de José começa em Gênesis 37.1 — "Jacó se estabeleceu na terra onde seu pai peregrinara, no país de Canaã" — e chega a seu fim preliminar em 47.27, onde a fórmula de abertura é transformada, "Assim Israel se estabeleceu na terra do Egito, na região de Gessen". Sua unidade decorre não de um único tema, mas de arte sofisticada, que narra a interação dos caracteres humanos; a ação direta de Deus mal é mencionada.

A história começa com o jovem, egocêntrico José anunciando para o pai e os irmãos seus sonhos duplos que falam da obediência deles a ele, José. O caráter duplo de seus sonhos aqui e mais tarde prova sua origem divina. Mais tarde José sai para ir ter com os irmãos que estão pastoreando o rebanho de seu pai, aparentemente um evento raro já que não sabe nem onde eles se encontram acampados. Quando se aproxima dos irmãos, estes decidem matá-lo, mas por intercessão de Rúben e Judá, ele é poupado; finalmente cai em mãos de mercadores que o vendem para o egípcio Putifar, capitão da guarda. Seus irmãos, no entanto, dizem a Jacó que seu filho está morto, e mostram como prova sua roupa ensangüentada, um presente dileto do pai (tradicionalmente, mas provavelmente de maneira errônea, traduzido como uma "túnica de várias cores"). Como se para indicar a passagem do tempo e para criar suspense em torno da sorte de José, o cap.38 abre com ele como superintendente da casa de Putifar. Até na prisão, a que é injustamente condenado, Deus o protege. Seu talento para interpretar sonhos chama a atenção do faraó para ele. Ele interpreta o sonho do faraó corretamente como sete anos de fartura e sete anos de fome, e é encarregado das providências para os sete anos de fome. Essa fome leva Jacó a enviar todos os seus filhos, exceto *Benjamim (o outro filho de sua bem-amada Raquel), ao Egito para comprar trigo. Na primeira visita de seus irmãos, José os põe à prova tratando-os com rudeza, mantendo Simeão como refém, pondo seu dinheiro de volta em seus sacos de trigo e exigindo que voltassem com Benjamim em sua visita seguinte. José, o impassível cortesão, quer descobrir a disposição de seus irmãos em relação a ele, a seu irmão germano Benjamim e a seu pai. A segunda visita dos agora contrafeitos irmãos é ainda mais acidentada: José os surpreende ao sentá-los para um banquete por ordem de idade. Benjamim é preso numa cilada e, finalmente, Judá, como porta-voz do grupo, expressa a dor que a desunião da família causou. José, agora emocionalmente envolvido na crise da família, revela-se aos irmãos, reconhecendo, apesar do comportamento egoísta dos membros da família, que "foi para conservar-vos a vida que Deus me enviou à vossa frente" (45.5). Os últimos capítulos narram a bênção dada por Jacó a seus netos *Efraim e *Manassés, seu testamento, sua morte, e o os últimos dias de José.

Num nível, os caps.37-50 explicam como os filhos de Jacó foram para o Egito por intermédio de José. Num nível mais profundo, os capítulos contam de maneira comovente como Deus manteve uma família em desintegração unida pelo arrependimento e prudência de seus membros. Trata-se de uma lição importante para Israel porque sua unidade é com freqüência ameaçada pelas reivindicações de uma tribo contra outra.

A tribo de José é dividida nas tribos de Efraim e Manassés. "Casa de José" pode designar tanto o reino norte como distinto do reino sul de Judá, quanto toda Israel.

No Novo Testamento, Hebreus 11.22 lista José como herói da fé; Estêvão em seu discurso resume a carreira dele em Atos 7.13-17. Alguns viram no episódio descrito por Marcos do rapaz que deixou seu manto para trás um eco de Gênesis 39.11-12. Entre versões modernas dignas de nota da história de José está *José e seus irmãos*, de Thomas Mann.

Richard J. Clifford

José de Arimatéia. Inesperadamente, José intervém em todas as quatro narrativas da Paixão para pedir a Pilatos o corpo de Jesus para sepultá-lo. Marcos 15.43-46 descreve um membro ilustre do tribunal que espera o reino de Deus. Seu José compra um lençol de linho, remove o corpo da cruz, envolve-o e enterra-o, e rola a pedra contra o túmulo. Possivelmente um discípulo, observa mandamentos relativos ao enterro. O "discípulo rico" de Mateus demonstra maior correção depositando o corpo de Jesus em sua própria sepultura nova. O José "bom e correto" de Lucas (23.50-53), diverge explicitamente da ação do conselho contra Jesus, e o José de João, junto com o fariseu Nicodemos, esconde sua condição de discípulo por medo dos judeus. Escritos apócrifos apresentam José ora como cuidando de *Maria depois da Ascensão, ora como o patrono de Glastonbury, na Inglaterra, ou ainda como envolvido na saga do Graal.

Amy-Jill Levine

Josias. Rei de Judá (640-609 a.C.). Seu reinado é descrito em 2 Reis 22.1-23.30. Tornou-se rei aos oito anos após o assassinato do pai, Amon, e é aclamado como o mais consciencioso dos reis de Judá.

Em razão do declínio do Império *Assírio, Josias foi capaz de promover os interesses de Judá durante seu reinado. É louvado pelos escritores bíblicos acima de tudo por sua reforma religiosa, em que buscou eliminar todas as práticas e os santuários não-javistas de Judá. Embora a reforma possa ter começado vários anos antes, sua alavanca foi a descoberta do "livro da lei" (que se pensa ter sido o código da lei do Deuteronômio) em 621. Alguns estudiosos acreditam também que uma primeira edição dos livros de Josué-Reis (a história deuteronômica) foi compilada em conjunção com essa reforma para reforçar as medidas de Josias.

Em 609, o faraó Necao do Egito marchou através de Judá a caminho de Carquemis para lutar ao lado dos *assírios contra a *Babilônia. Josias interceptou os egípcios em *Meguido, onde foi morto. Sua reforma religiosa foi abandonada após sua morte.

Timothy M. Willis

JOSAFÁ. O quarto rei de Judá (c.874-850 a.C.). Seu reinado recebe apenas breve atenção em Reis, mas ele é um dos monarcas favoritos do Cronista. Josafá inverte a política de seus predecessores estabelecendo alianças militares, marítimas e maritais com reis de Israel. As realizações de Josafá como reformador são acentuadas em Crônicas. Ele reorganiza o judiciário, enviando ministros, *levitas e sacerdotes para as vilas de Judá "para ensinar a lei e o Senhor", nomeia juízes para as vilas de Judá e estabelece um tribunal em Jerusalém. Josafá reorganiza também o exército e fortifica cinco cidades em seu domínio.

A referência ao "vale de Josafá" em Joel 3.2, 12 joga com o nome de Josafá ("o Senhor julgou"). Não é claro se Joel está designando geografia (p.ex., o *wadi* Cedron) ou dramatizando um futuro julgamento.

Gary N. Knoppers

JOSUÉ. Filho de Nun e protagonista do livro de Josué. É mencionado pela primeira vez nas narrativas dos eventos que se seguem ao Êxodo, em que aparece como assistente de *Moisés. Como tal ele comanda uma batalha contra *Amalec, acompanha Moisés até o alto do monte *Sinai e é o guardião da tenda do encontro. Na narrativa dos espiões (Num. 13-14), Josué e Caleb são os únicos espiões que retornam com um relato favorável, sendo eximidos da punição segundo a qual a ninguém da geração do Êxodo será permitido entrar na *Terra Prometida. Quando a vida de *Moisés se aproxima do seu fim, Javé o instruiu a designar Josué seu sucessor, e na morte de Moisés a ordem divina é confirmada.

O livro de Josué é uma narrativa que conta como Josué, após a morte de Moisés, conduziu o povo de Israel na ocupação da Terra Prometida, distribuiu-a entre as doze *tribos e guiou as tribos na renovação de sua aliança com Javé. Em termos do arranjo presente dos livros bíblicos, ele dá continuidade à história iniciada em Gênesis e fecha o círculo das tradições do Pentateuco, registrando o cumprimento das promessas aos *ancestrais relatadas em Gênesis 12-50. Ao mesmo tempo, o livro de Josué é a segunda seção importante de uma história deuteronômica, o relato do passado de Israel, que abrange desde os livros do Deuteronômio até 2 Reis.

Essa posição literária axial afetou o retrato de Josué. Ele é apresentado como o líder ideal de Israel, no padrão estabelecido por Moisés, liderando uma Israel unida tanto na guerra quanto no culto exclusivo de Javé. De diferentes maneiras, estabelece-se um paralelo entre a vida de Josué e a de Moisés: assim como Moisés conduziu o povo através do mar, Josué o conduziu através do rio Jordão, e ambos os homens lideraram o povo no estabelecimento e na renovação da aliança com seu Deus. Ademais, como Moisés, Josué envia espiões até a terra, intercede junto a Javé pelos israelitas que o haviam ofendido, e pronuncia um longo discurso pouco antes de sua morte. Josué é também o protótipo do rei ideal, que, como *Davi, *Ezequias e especialmente *Josias, mantém a lei de Moisés e um contraponto para o primeiro rei de Israel, *Saul, que diferentemente de Josué violou tanto as regras da guerra santa quanto o juramento feito aos gabaonitas.

O resultado desses e de outros paralelos mostra que é difícil determinar em que medida a figura de Josué é histórica. A maior parte das narrativas individuais em José 1-12 fala de eventos ocorridos numa única região, aquela da tribo de *Benjamim e a área próxima de Guilgal, um antigo santuário. O que à primeira vista é um relato da conquista de uma terra inteira diz respeito, afinal, à ocupação de uma pequena região, com foco nas cidades de *Jericó, Ai e Gabaon. Parece muito provável, portanto, que a tradição da tribo de Benjamim e do santuário de Guilgal formassem uma antiga compilação que se tornou o núcleo de outras histórias. O próprio Josué pode ter sido visto como um herói local, como muito dos *juízes, e era provavelmente de *Efraim, como Josué 24.30 sugere. Como a época em que viveu, ele foi magnificado e idealizado pelos historiadores do Deuteronômio na apresentação que fazem da história de Israel na terra.

Michael D. Coogan, Gene M. Tucker

JUDÁ, O REINO DE.

A tribo de Judá. Ocupando a região montanhosa entre as vizinhanças de Jerusalém e Hebron, essa tribo desempenha um papel menor nas narrativas bíblicas pertencentes aos tempos pré-monárquicos. No livro dos Juízes, por exemplo, há apenas menções ocasionais a Judá, e essa tribo parece ter estado muito nas fímbrias do reino de *Saul. Judá ganha proeminência, contudo, com a ascensão de Davi ao poder, sendo o próprio *Davi originário de *Belém, na Judéia. Antes de conquistar Jerusalém e transferir para lá sua residência, Davi governou um reino centrado em Hebron e composto sobretudo da tribo de Judá. Mais tarde, o território tribal de Judá seria o núcleo do reino no sul, que permaneceu leal à dinastia davídica após a morte de *Salomão.

Assim o nome "Judá", como o nome "*Israel", é usado de diferentes maneiras na Bíblia. Pode referir-se ao ancestral epônimo da tribo de Judá (Judá é o nome do filho de Jacó e Lia), à própria tribo, e ao reino de Judá, que abrangeu um território mais extenso e incluiu povos de outras origens tribais. Essas distinções nem sempre são claras na história bíblica. Por exemplo, os limites tribais e as cidades registradas para a tribo de Judá no livro de *Josué representam de fato a extensão territorial ideal do reino de Judá. Da mesma maneira, as genealogias bíblicas tendem a subordinar a Judá vários outros grupos tribais do sul, como os calebitas, que se tornaram constituintes do reino de Judá (*ver* Tribos de Israel).

O reino judeu de Davi. Davi ganhou popularidade como um guerreiro *filisteu sob o comando de Saul. Mais tarde rompeu com Saul e liderou um exército rebelde que operava ao longo da fronteira do território da Judéia. Ouvimos falar pela primeira vez de Davi e seus homens acampados em Odolam (1 Sam. 22.1-4). Quando Saul soube da presença deles ali, Davi e seus seguidores se deslocaram para os taludes estéreis da região montanhosa a sudeste de Hebron. Aparentemente, receberam pouco apoio da população local em ambas as áreas; ao contrário, os aldeões informaram seu paradeiro a Saul em mais de uma ocasião.

Finalmente, Davi considerou necessário passar para o território filisteu, onde se pôs, com o seu exército, sob o comando de Aquis, o rei filisteu de Gat. Aconteceu assim que Davi era um aliado dos filisteus quando eles derrotaram o exército de Saul na batalha de Gelboé, batalha em que Saul e Jônatas perderam suas vidas. O reino israelita de Saul foi deixado à beira do colapso e sem liderança. A coroa coube a Isbaal, que, compreendendo que toda a região montanhosa central estava agora vulnerável à invasão filistéia, transferiu sua residência (e com ela o centro administrativo do reino) para Maanaim, a leste do Jordão. Diante disso Davi, presumivelmente com aprovação filistéia, ocupou a cidade de Hebron e as aldeias vizinhas. Seu poder sobre a região foi formalizado quando "vieram os homens de Judá [a Hebron] e lá ungiram a Davi rei sobre a casa de Judá" (2 Sam. 2-4).

Assim, durante os sete anos seguintes, segundo 2 Samuel 5.4-5 e 1 Reis 2.11, Davi reinou sobre um reino centrado na região montanhosa ao sul de Jerusalém, composto em grande parte da tribo de Judá, tendo Hebron por capital. A esfera de influência de Davi ampliou-se rapidamente durante esses anos de reinado a partir de Hebron, de modo que, na altura em que conquistou Jerusalém e transferiu sua residência para lá, a tribo de Judá era apenas uma parte constituinte do reino. Essa situação perduraria por todo o reinado de Salomão. Entre outros elementos constituintes do reino davídico-salomônico, estavam, por exemplo os israelitas.

O reino pós-salomônico de Judá. Após a morte de Salomão, os israelitas se rebelaram e estabeleceram um reino independente de "Israel". Certamente muitos deles compreendiam isso como uma restauração do antigo reino de Saul. O povo de Jerusalém e da região montanhosa sul, no entanto, permaneceu leal à dinastia davídica, especificamente ao filho de Salomão, Roboão, que era o herdeiro presuntivo do trono. Enquanto Roboão continuou a governar a partir de Jerusalém, sua esfera de autoridade consistiu essencialmente da área sobre a qual Davi reinara a partir de Hebron, isto é, o antigo território tribal de Judá e regiões imediatamente adjacentes — a região montanhosa sul, a região de "deserto" entre a região montanhosa e o mar Morto, parte do *Negueb e partes do Sepelá. Como não é de surpreender, esse reino pós-salomônico veio a ser chamado Judá, embora seu território e população fossem muito além dos da tribo de Judá.

Esse reino pós-salomônico de Judá continuou existindo por quase três séculos e meio, desde a morte de Salomão em aproximadamente 925 a.C. até a destruição de Jerusalém em 587/586 a.C. Durante os primeiros duzentos anos desse período, os reinos de Israel e Judá existiram lado a lado, por vezes em paz, por vezes em guerra; e durante grande parte desse tempo, por exemplo durante o período amríada, Judá foi eclipsada por Israel e possivelmente dominada por ela.

O verbete sobre "Israel" neste volume sintetiza desenvolvimentos políticos decisivos ocorridos durante os séculos em que os dois reinos existiram lado a lado. O sumário que se segue cobre parte do mesmo material, mas concentra-se em Judá e estende-se até a destruição de Jerusalém em 587/586.

Primórdios instáveis (c.924-855). Roboão recebeu um reino pequeno e fraco. As hostilidades com Israel, cuja fronteira ficava a penas 17km de Jerusalém, iriam esgotar ainda mais os seus recursos. Como se isso não bastasse, o faraó egípcio Sesac atacou a Palestina durante o quinto ano do reinado de Roboão. Longe de desafiar Sesac, Roboão pagou um pesado resgate com dinheiro do tesouro do Templo.

Aparentemente, o ataque o Sesac foi um episódio temporário sem efeitos duradouros. Porém, as hostilidades com Israel continuaram por quatro décadas, até o reino do neto de Roboão, Asa (c.905-874). 1 Reis 15.16-24 conta que Asa negociou um acordo com Ben-Adad, o rei arameu de *Damasco, que convocou um ataque arameu à fronteira norte de Israel. Com o rei de Israel (Baasa, c.902-886) assim distraído, Asa protegeu sua própria fronteira norte com fortificações em Masfa e Gaba.

Na sombra dos amríadas (c.885-843). Sob os soberanos amríadas, durante o segundo quartel do século IX, Israel emergiu como um reino poderoso. *Josafá de Judá (c.874-850) foi aproximadamente contemporâneo de dois dos mais notáveis reis amríadas, Amri e *Acab; e os registros bíblicos sugerem que apoiava firmemente os empreendimentos militares deles; provavelmente não tinha muita escolha. Ademais, as duas famílias reais foram unidas pelo casamento do filho de Josafá, Jorão (reinou c.850-843), com a filha de Amri (ou neta; compare-se 2 Reis 8.18 com 8.26). Quando a dinastia amríada caiu, portanto, em aproximadamente 843 a.C., houve repercussões políticas importantes também em Israel.

As circunstâncias são descritas em horríveis detalhes em 2 Reis 8.28-10.27. Em certa ocasião, quando as tropas de Israel estavam defendendo o norte da Transjordânia contra a invasão araméia, *Jeú, comandante das tropas, assassinou o rei de Israel (também chamado Jorão, um filho de Acab), tomou o governo e massacrou toda a família amríada. Ocozias, que a essa altura havia sucedido a Jorão, filho de Josafá no trono de Judá, também foi assassinado quando visitava seus parentes amríadas em Israel.

Um século de instabilidade e declínio (c.843-745). O golpe de Jeú iniciou um período de agruras tanto em Israel quanto em Judá. De fato, toda a Síria-Palestina parece ter sido dominada nas quatro décadas seguintes pelos reis arameus de Damasco. Judá esteve perturbada também pela instabilidade dinástica. Depois de Ocozias, que fora assassinado em conexão com o massacre amríada, os três soberanos judeus que se seguiram (Atalia, Joás e Amasias) foram todos executados ou assassinados.

Atalia, a rainha-mãe amríada, apoderou-se do trono quando da morte de Ocozias e ordenou a execução de todos os demais em Judá que poderiam ter algum direito a ele. Sua própria derrocada e execução, após sete anos de reinado, resultaram de um golpe de estado orquestrado por um sacerdote chamado Joiada. Joás, a quem Joiada pôs no trono em lugar de Atalia, era uma criança de sete anos, supostamente um filho de Ocozias que escapara ao massacre por ocasião da morte de seu pai. Como não é de surpreender, Joás foi muito influenciado durante os primeiros anos de seu reinado (c.837-?) por Joiada e os sacerdotes de Jerusalém. Mais tarde, contudo, quando atingiu a maturidade e especialmente após a morte de Joiada, Joás passou a exercer maior independência em relação aos sacerdotes. Acabou sendo também assassinado, ao que parece por pessoas da corte real.

Quando Amasias, o filho de Joás, subiu ao trono (em algum momento perto do fim do século IX a.C.), o domínio arameu da Síria-Palestina havia começado a se distender. Mais uma vez, surgiu conflito entre Israel e Judá, com Israel obtendo vitória esmagadora. Não só Amasias era incapaz de defender sua fronteira contra Joacaz de Israel, como este capturou Jerusalém, destruiu grande seção da muralha da cidade, e levou judeus da família real para *Samaria como reféns. Logo depois, Amasias foi assassinado por seus próprios compatriotas, e com toda probabilidade Judá permaneceu vassala de Israel ao longo dos reinados de Ozias e Joatão.

É impossível estabelecer datas para os reis judeus desse período com algum grau de precisão. Ozias e Joatão viveram durante a última parte do século VIII e a primeira parte do século IX a.C., respectivamente. Os profetas *Amós e *Oséias também pertencem a esse período, juntamente com o início da carreira de *Isaías.

Domínio assírio (c.745-627). Judá, bem como todas as outras pequenas cidades-estado e reinos da Síria-Palestina, sucumbiu ao domínio assírio durante a segunda metade do século VIII a.C. Diferentemente de Israel, contudo, cuja existência nacional terminou nessa época e cujo território foi anexado pelo Império *Assírio, Judá sobreviveu por mais um quarto de século depois que o próprio Império Assírio ruiu. Isso não significa, no entanto, que Judá tenha continuado a gozar de qualquer grau significativo de independência. Ao contrário, as campanhas palestinas de *Teglat-Falasar em 734-732 fizeram de Judá uma nação subjugada, e essa situação permaneceu essencialmente inalterada até a queda de Jerusalém em 587/586. Quando *Ezequias e outros reis aliados se atreveram a desafiar o domínio assírio durante o reino de *Senaquerib (705-681), a tentativa fracassou miseravelmente e muitas cidades e aldeias de Judá foram destruídas. A própria Jerusalém escapou por pouco da destruição, o que foi visto como um milagre. Os profetas Isaías e *Miquéias estavam ativos durante esses anos de dominação assíria.

Domínio egípcio (627-605). Embora as circunstâncias específicas não sejam bem conhecidas, parece que os assírios e os egípcios estabeleceram uma aliança durante os últimos anos do Império Assírio. Quando os assírios começaram a relaxar seu controle sobre a Síria-Palestina, os egípcios apertaram o seu. Especificamente, Judá parece ter estado subjugada ao Egito desde aproximadamente o fim do reinado de Assurbanipal (668-627 a.C.) até a batalha de Carquemis em 605. Esse foi o contexto político da reforma do culto empreendida por *Josias, de sua execução pelo faraó Necao, e do início da carreira de *Jeremias.

Domínio babilônio e o fim do reino de Judá (605-587/586). Os *babilônios, ao derrotarem os assírios e seu aliados egípcios na batalha de Carquemis em 605 a.C., tornaram-se senhores da Síria-Palestina bem como da Mesopotâmia. Infelizmente, os judeus continuaram desafiando o novo senhor, o que resultou no fim de seu reino. Joaquim (605-598) morreu enquanto Jerusalém estava sob cerco babilônio. O filho de Joaquim, Joaquin, estava no trono quando a cidade caiu em 597 e foi exilado na Babilônia com muitos outros judeus proeminentes. Os babilônios puseram *Sedecias no trono; quando também ele se provou desleal, conquistaram Jerusalém de novo, saquearam a cidade, mandaram um número muito maior de judeus para o exílio e puseram um certo Godolias no governo da região.

Não se sabe ao certo o status de Godolias, que residiu em Masfa — se era considerado um rei vassalo ou um governador militar sobre o território anexado. Ao que parece, no entanto, não era da família davídica; logo foi assassinado por um grupo nacionalista que presumivelmente desejava restaurar a linhagem davídica. Sabe-se muito pouco sobre a situação na Palestina após o assassinato de Godolias, mas certamente a essa altura Judá deixara de existir como um reino.

O reino asmoneu de Judá. Deve-se mencionar por fim a revolta dos *macabeus contra os governantes selêucidas durante o século II a.C. Não só a revolta teve êxito em sacudir o jugo selêucida, como resultou num reino judeu que teve Jerusalém como capital e durou por um século — da retomada de Jerusalém pelos macabeus em 164 a.C. até as campanhas de Pompeu no Oriente em 64-63 a.C. Governado pela dinastia dos Asmoneus, a família de Judas Macabeu, esse reino incluiu praticamente toda a Palestina quando chegou à sua maior expansão territorial sob João Hircano I (134-104 a.C.) e Alexandre Janeu (103-76 a.C.).

J. Maxwell Miller

CRONOLOGIA APROXIMADA DOS REIS DE ISRAEL E JUDÁ

Saul, Davi e Salomão viveram c.1000 a.C. Os dados que se seguem devem ser vistos como precisos com uma margem de dez anos para os primeiros reis e de vinte anos para os posteriores.

JUDÁ	ISRAEL	JUDÁ	ISRAEL
Roboão (924-907)	Jeroboão I (924-903)	Joatão (?-742)	
Abiam (907-906)			Selum (745)
Asa (905-874)	Nadab (903-902)		Manaém (745-736)
	Baasa (902-886)	Joacaz I (Acaz) (742-727)	Faceías (736-735)
	Ela (886-885)		Facéia (735-732)
	Amri (885-873)	Ezequias (727-698)	Oséias (732-723)
Josafá (874-850)	Acab (873-851)		*Queda de Samaria* (722)
Jorão (850-843)	Ocozias (851-849)	Manassés (697-642)	
Ocozias (843)	Jorão (849-843)	Amon (642-640)	
Atalia (843-837)		Josias (639-609)	
Joás (837-?)	Jeú (843-816)	Joacaz II (609)	
Amasias (?-?)	Joacaz (816-800)	Joaquim (608-598)	
	Joás (800-785)	Joaquin (598-597)	
Ozias	Jeroboão II (785-745)	Sedecias (597-587/586)	
	Zacarias (745)	*Destruição de Jerusalém* (587/586)	

JUDAS. Apóstolo, um dos *Doze e irmão de Jesus. Judas é identificado pela tradição antiga como o autor da epístola de Judas, que foi escrita a uma igreja ou grupo de igrejas desconhecido para combater o perigo representado por certos mestres carismáticos que estavam pregando e praticando libertinagem moral. O autor procura denunciar esses mestres como pessoas ímpias cuja condenação foi profetizada, e insta seus leitores a preservar o evangelho apostólico vivendo segundo suas exigências morais. Apesar de sua brevidade, a carta é rica em conteúdo, graças à sua composição primorosa e sua economia de expressão, que por vezes alcança um efeito quase poético.

Os estudiosos em sua maioria concordam que o Judas a quem essa carta é atribuída é Judas o irmão de Jesus. Essa identificação é fortemente sugerida pela expressão "irmão de Tiago" (v.1), que distingue esse Judas de outros do mesmo nome ao mencionar seu parentesco com *Tiago o irmão do Senhor (*ver* Irmãos e Irmãs de Jesus). A maioria dos estudiosos modernos pensa que a carta é pseudo-epígrafa, escrita por um cristão mais tardio que atribuiu sua obra ao irmão de Jesus, mas outros defendem vigorosamente sua autenticidade, assinalando traços que podem situar a carta no contexto do cristianismo judaico palestino.

O autor tem evidentemente grande respeito pelo livro de *Henoc, que é citado em vv.14-15 e ressoa em outras passagens. O v.9 refere-se a um texto apócrifo não mais existente, talvez o final perdido do Testamento de Moisés. O uso desse tipo de literatura pode situar a carta num contexto judaico-palestino, em que essas obras eram extremamente valorizadas. Outra indicação que aponta na direção do cristianismo judaico-palestino como o meio em que Judas escreveu são seus métodos exegéticos, a confiança que deposita no texto hebraico da Bíblia em detrimento de sua tradução grega (a Septuaginta), a importância maior que confere à obrigação ética que à ortodoxia doutrinal, e sua perspectiva apocalíptica, que espera a parusia no futuro próximo. Assim, alguns estudiosos vêem Judas como uma obra relativamente primitiva que propicia um raro vislumbre do cristianismo judaico dos primeiros tempos. Mas muitos outros estudiosos atribuem a Judas uma data relativamente tardia (até c.210 d.C.) e consideram a epístola um exemplo do desenvolvimento pós-paulino do cristianismo primitivo representado por obras como as Epístolas Pastorais e Lucas-Atos.

Richard J. Bauckham

JUDAS ISCARIOTES. Judas Iscariotes é mencionado unicamente nos Evangelhos e em Atos. O nome Iscariotes significa provavelmente "homem de Cariot" (uma aldeia do sul de Judá) porque "de" é usado com o nome em João e porque nomes similares ocorrem em Josefo.

Judas é chamado filho de Simão apenas em João, e Simão também é Iscariotes. Teria então o nome Iscariotes sido dado a Judas, a seu pai ou a ambos? Apenas João diz que Judas era "um ladrão" e "tomava conta da bolsa" comum (12.6; 13.29). Diferentemente dos Evangelhos sinóticos, João não menciona o beijo para indicar aquele a quem as autoridades buscavam.

Judas foi lembrado por sua traição de Jesus, um episódio a cujo respeito as fontes concordam. Os motivos de seu comportamento não podem ser precisamente determinados. Marcos e Lucas relatam que autoridades judaicas prometeram-lhe dinheiro por seu ato, mas Mateus diz que eles lhe pagaram trinta peças de prata imediatamente, um detalhe derivado do Antigo Testamento. Judas arrependeu-se, devolveu o dinheiro e se enforcou. As autoridades usaram o dinheiro para comprar o "Campo do Sangue", mas Atos 1.18-19 conta que o próprio Judas comprou o campo com o salário de seu crime e que morreu em conseqüência de uma queda quando "todas as vísceras se derramaram". Segundo Atos 1.16, 20, seu fim estava previsto em Salmos 69.25 e 109.8.

João 13.18 diz que Jesus escolheu Judas deliberadamente, de modo a que a Escritura pudesse ser cumprida por sua traição. João concorda com os Sinóticos em que na Última Ceia Jesus predisse sua traição por Judas; mas João, em contraste com os Sinóticos, não deixa a identidade do traidor em dúvida, uma vez que "o diabo já pusera no coração de Judas ... traí-lo". Lucas também atribui a ação de Judas à influência de Satã.

As descrições de Judas são variadas, incoerentes e influenciadas por opiniões teológicas dos autores, a crença no cumprimento da Escritura e a idéia de que Deus ocasiona a morte dos ímpios. É difícil portanto avaliar a historicidade de Judas e de sua ação. Por que, por exemplo, Marcos não menciona o nome de Judas na história do traidor? Todas as fontes, contudo, o arrolam entre os discípulos de Jesus e o reconhecem como o traidor de Jesus. Talvez com o desenvolvimento da tradição o nome de Judas tenha se tornado mais infame e os detalhes de sua morte mais aterradores.

Edwin D. Freed

JUDEU. A palavra é derivada do hebraico *yehudi* (fem. *yehudit*, "Judite") através do grego *ioudaios* e do latim *judaeus*. O termo é usado pela primeira vez com relação aos cidadãos do reino sul de *Judá em 2 Reis 16.6; anteriormente, os habitantes do sexo masculino do reino, ou membros da tribo de Judá de que o reino tomou seu nome, eram referidos como *is yehuda*, literalmente "homem [homens] de Judá". Como conseqüência do exílio de muitos membros das classes mais altas de Judá pelos babilônios em 597 e 587/586, muitos judeus foram obrigados a se estabelecer na Mesopotâmia. Outros, entre os quais o profeta Jeremias, fugiram para o Egito. Esse foi o início da dispersão judaica, ou *Diáspora, por todo o globo, que prossegue até hoje. Após o exílio o termo "judeu" passou a ser usado para todas os descendentes desse grupo étnico ou religioso ou identificados com ele, independentemente de raça ou nacionalidade. Assim, em Ester 2.5, Mardoqueu é identificado tanto como um judeu quanto como um membro da tribo de *Benjamim. Dessa maneira, o termo "judeu" começou a corresponder à designação muito mais antiga "israelita".

Os judeus que retornaram do exílio após 538 a.C. estabeleceram-se na província persa de Yehud, que acabou por se tornar a província romana da Judéia e conservou seu nome até ser suprimida pelos romanos em reação às revoltas de 66-73 e 132-135 d.C.

No Novo Testamento, "judeu" pode designar seja Jesus e seus muitos seguidores, seja alguns de seus adversários. A rivalidade entre o cristianismo e o judaísmo, contudo, de par com o retrato muitas vezes não lisonjeiro dos judeus no Novo Testamento e a similaridade em som com o nome de Judas, tornaram freqüentemente a palavra *judeu* pejorativa no mundo cristão.

A questão de como definir um judeu, formulada mais simplesmente como "quem é um judeu", engendrou muita discussão através das eras. Devem os judeus ser compreendidos como uma comunidade social, religiosa, nacional ou étnica? Basicamente, a resposta dada pela tradição judaica, a halaca, foi que uma pessoa que nasceu de uma mãe judia ou se converteu ao judaísmo é um judeu. Mas essa definição foi contestada nos últimos anos. O assassinato durante o Holocausto de muita gente de descendência judaica que não era, no entanto, judeu no sentido da halaca suscitou questões acerca da inclusão e exclusão da comunidade judaica. A suprema corte de Israel, no caso Irmão Daniel Refusein, decidiu que um apóstata do judaísmo não pode requerer cidadania automática como judeu sob a Lei do Retorno. E nos últimos anos o movimento americano da Reforma Judaica tentou redefinir o termo *judeu* para incluir, além de convertidos, qualquer pessoa de descendência judaica, seja essa descendência matrilinear (a posição da halaca) ou patrilinear (excluída pela halaca), que pratique o judaísmo e se identifique como judeu. É impossível, portanto, chegar a uma definição estrita.

Carl S. Ehrlich

JUDITE. A heroína do livro de Judite, que é considerado apócrifo por judeus e protestantes e deuterocanônico pelos católicos romanos e algumas Igrejas ortodoxas. Judite é uma bela e rica *viúva que, em defesa de Deus e da pátria, primeiro seduz e depois decapita Holofernes, general assírio que está sitiando sua cidade natal, Betúlia de Samaria. Muitas vezes caracterizado como uma espécie de romance, o livro é mais bem compreendido como um conto popular sobre uma viúva piedosa que, fortalecida por sua fé no Deus de Israel, assumiu corajosamente (e literalmente) a situação em suas próprias mãos e assim salvou Israel e Jerusalém.

As idéias morais e éticas do contista foram muitas vezes censuradas, em especial o tratamento que dá, aprovando-os obviamente, ao caráter e à conduta da heroína que, pelo menos em suas relações com Holofernes, revelou-se desavergonhadamente bajuladora, uma mentirosa descarada e assassina cruel que aparentemente segue os dois axiomas extremamente populares, mas discutíveis: "No amor e na guerra, vale tudo" e "o fim justifica os meios".

No entanto, antes e depois de seu ato assassino (e salvífico), Judite é vista por seu povo como uma *santa, isto é, uma pessoa totalmente devotada ao Senhor: é diligente tanto na prece quanto no jejum, cumpridora das leis dietéticas, honra a memória do esposo permanecendo celibatária e sendo reverenciada por todos, e é temente ao Senhor. Aos olhos do contista, pelo menos, Judite foi a santa que assassinou por seu povo e seu Deus; é a mulher judia ideal, como sugere seu nome, que é simplesmente a forma feminina da palavra para "judeu".

Nenhum outro livro bíblico, seja em suas partes ou totalidade, é tão quintessencialmente irônico como Judite. Dado o caráter sexista e patriarcal da época, seu tema central é sumamente irônico: "O Senhor Todo-poderoso os repeliu pela mão de uma mulher" (16.5); isso faz eco, provavelmente de maneira deliberada, à história de Jael (Jz. 4.17-22; 5.24-27). O contista provavelmente pretendeu que até o versículo de abertura fosse entendido como irônico, e certamente todas as principais cenas e personagens o são.

Uma viúva bela e desejável, mas sem filhos, Judite vivia uma vida celibatária após a morte de seu marido; não obstante permitiu a seu povo renascer política e espiritualmente. Muito feminina em sua aparência, matou ela própria o general, orando no momento mesmo em que o decapitava! Nem o rei *Nabucodonosor, senhor do mundo inteiro, nem Holofernes, o chefe do Ocidente, foi capaz de subjugar Betúlia. O amonita Aquior, um guerreiro calejado que cedo na história manifestou mais fé no Deus de Israel que Ozias, o principal ancião de Betúlia, desmaiou ao ver a cabeça que Judite cortara com as próprias mãos. Os homens da patrulha assíria que prenderam Judite e sua criada ficaram tão afeiçoados por sua cativa que a escoltaram até a bem protegida tenda de sua futura vítima.

As cenas que apresentam conversas entre Holofernes e Aquior e entre Holofernes e Judite estão repletas de ironias pontuais (i.e., ironia em pontos mais ou menos isolados) e, quando consideradas em conjunto, são o que os críticos literários chamam "ironia episódica". Esses episódios resultam numa ironia temática no livro como um todo: Aquior disse toda a verdade a Holofernes, mas não lhe foi dado crédito, ao passo que Judite dissimulou, tergiversou e mentiu — e mereceu crença total! Holofernes havia pretendido tirar partido de Judite, mas, como a canção dela o expressa tão eloqüentemente, aconteceu o exato oposto: "Sua sandália roubou o seu olhar; sua beleza cativou-lhe o coração... e o alfanje cortou-lhe o pescoço" (16.9). Como não é de surpreender, esse clímax dramático foi um tema favorito dos pintores do Renascimento.

Qualquer que tenha sido a língua original da história de Judite, a base da versão grega, como o atestam seus muitos hebraísmos, foi o hebraico. Diante desse fato, bem como da teologia farisaica do contista e de seu conhecimento ainda maior da geografia palestina, pode-se inferir que o autor foi um *fariseu palestino.

Quanto à data de sua composição, embora o livro tenha um cenário pós-exílico e um número significativo de substantivos e nomes próprios persas, a história tem também inconfundíveis traços helenísticos, bem como elementos tipicamente macabeus/asmoneus. Tudo isso, mais o fato de o livro nada ter do espírito anti-saduceu tão característico dos fariseus no tempo de Alexandre Janeu (104-78 a.C.), sugere que ele foi composto nos dias de João Hircano I (135-105 a.C.).

Carey A. Moore

JUÍZES. Os juízes são os heróis tribais que comandaram Israel durante o final do segundo milênio a.C., entre a morte de *Josué e o estabelecimento da monarquia. Segundo o livro dos Juízes, sob a liderança forte e efetiva de Josué, as *tribos de Israel gozaram de unidade e sucesso. Nenhum líder comparável a Josué o substituiu, com o resultado de que a unidade das tribos foi rompida; logo seguiu-se a apostasia, depois a derrota militar. Israel foi fiel a Javé durante a vida de Josué; após sua morte, degenerou. Por ter se voltado para outros deuses, Israel se pôs em perigo mortal. As histórias dos juízes mostram como vários heróis tribais foram capazes de repelir esse perigo — mas só por algum tempo. O livro dos Juízes é uma coletânea de histórias sobre esses heróis; a seqüência cronológica das histórias é certamente artificial, e o fato de o número total dos heróis ser doze também sugere adaptação editorial.

As histórias sobre os juízes-salvadores os retratam como heróis que comandaram tribos isoladas ou grupos de tribos em campanhas militares no intuito de libertar Israel de opressão periódica por seus inimigos. Seu poder era temporário. Comandavam certas tribos numa campanha militar específica e então, depois que a ameaça militar era eliminada, voltavam para casa. Nenhum dos juízes conseguiu ganhar a lealdade de todas as tribos. Detinham o poder por um breve tempo e a área sob seu controle efetivo era limitada. Na estrutura presente, contudo, essas histórias recebem uma significação maior. Não são simplesmente sagas tribais sobre heróis famosos do passado; tornaram-se testemunhos do poder de Javé, que liberta Israel quando ela se arrepende e clama por libertação.

O tema predominantes dessas histórias é a libertação de Israel por Deus através dos juízes. Os juízes são líderes carismáticos sobre quem desceu o "espírito de Javé" (Jz. 6.34; 11.29; 14.6, 19; 15.14). Esse espírito lhes permite realizar o que parece estar acima de suas capacidades naturais. Na história de Gedeão, isso recebe ênfase especial através da narrativa sobre seu chamado (Jz. 6.11-23).

O primeiro dos juízes foi Otoniel, cujo retrato (Jz. 3.7-11) é bastante mal definido, embora siga o padrão do Deuteronômio que é a estrutura interpretativa do livro como um todo: Israel pecou cultuando os deuses de Canaã; Deus entregou Israel nas mãos de seus inimigos por um tempo; o povo se arrependeu e Deus elevou um guerreiro para libertá-los; Israel teve então repouso por quarenta anos. A história sobre Aod (Jz. 3.12-30) é uma grosseira saga benjaminita sobre um dos antigos heróis dessa tribo que sobrepujou em astúcia e depois matou Eglon, rei de *Moab. Não há nenhuma narrativa ligada a Samgar, apenas a afirmação de que ele "libertou Israel" (3.31).

A história da profeta *Débora e do comandante Barac é contada tanto em prosa quanto em poesia. O poema de Juízes 5, conhecido como a Canção de Débora, é a fonte literária mais autêntica do período dos juízes, tendo sido composto provavelmente pouco tempo depois da vitória que celebra. A história de Débora e Barac expõe os conflitos que tiveram lugar quando as tribos israelitas que se estabeleceram originalmente na região montanhosa, em grande parte desocupada, tentaram avançar para os vales mais férteis e por isso mais povoados. As forças tribais comandadas por Débora e Barac derrotaram um exército cananeu e conquistaram o vale de Esdrelon para Israel. A arqueologia mostrou que Taanaque foi violentamente destruída por volta de 1125 a.C., quando *Meguido foi ocupada.

A história de Gedeão (Jz. 6.1-8.35), também conhecido como Jerobaal, descreve o medo em que viviam os agricultores israelitas. Estavam sob constante perigo de ter sua colheita roubada por bandos de salteadores. Gedeão derrotou os *madianitas, cujas investidas ameaçavam a população israelita no centro de Canaã, mas recusou o trono que as tribos agradecidas lhe ofereceram. O filho de Gedeão, Abimelec, no entanto, era completamente diferente; tornou-se rei de *Siquém. Abimelec não foi realmente um juiz, mas serviu como comandante da milícia tribal. Sua história (9.1-57) descreve a insensatez da monarquia. Quando o povo de Siquém deixou de apoiá-lo, Abimelec não hesitou em voltar seu exército contra ele. As ruínas da antiga Siquém (Tell Balatah) atestam uma destruição violenta no século XII a.C. A história de Abimelec foi contada por aqueles que consideravam a monarquia uma violação dos direitos de Javé.

Em seguida à história de Abimelec, há uma curta nota sobre Tola e Jair (Jz. 10.1-4). Não se atribui a eles nenhuma proeza militar. A falta de qualquer informação sobre suas atividades contrasta acentuadamente com as histórias sobre as façanhas dos juízes-salvadores. Os dois mencionados aqui, juntamente com três outros citados em Jz. 12.8-15, tiveram algum tipo de autoridade judicial e administrativa durante o período anterior à monarquia e por isso eram conhecidos como juízes; por serem os detalhes sobre suas atividades tão escassos, eles são por vezes chamados "juízes menores". Mais tarde seu título foi dado a heróis militares cujas proezas são contadas na maior parte do livro; esses são os "juízes maiores".

A história de Jefté (Jz. 10.6-12.7) mostra que a classe social não constituía nenhuma barreira ao exercício da liderança na comunidade israelita nesse período; Jefté era filho de uma *prostituta. Comandou um exército mercenário no norte e foi chamado pelos *anciãos de Galaad para enfrentar os *amonitas. Jefté é lembrado pelo sacrifício de sua filha para cumprir uma promessa e por seu uso da senha *shiboleth* durante uma guerra civil com a tribo de Efraim.

Antes que as histórias sobre Sansão se iniciem, há uma outra nota sobre três juízes que não se envolveram em nenhuma façanha militar mas que, como Tola e Jair, foram líderes tribais famosos: Abesã, Elon e Abdon (Jz. 12.8-15).

*Sansão pouco corresponde à figura de um juiz. Suas histórias (Jz. 13.1-16.31) não descrevem a liderança que exerceu sobre as tribos israelitas no enfrentamento de seus inimigos; o que contam é antes uma séria de batalhas pessoais em que ele se envolveu com os *filisteus. Nenhuma das aventuras de Sansão tem alguma coisa a ver com o destino de Israel como um todo; ele não comandou nenhuma campanha militar organizada. Sansão é uma figura trágica que foi consumida numa vitória de Pirro sobre seus inimigos. É incluído entre os juízes porque sua vitória final sobre os filisteus era lembrada como uma reafirmação da presença de Deus junto a Israel.

Leslie J. Hoppe, O.F.M.

JÚNIA. A única mulher chamada um "apóstolo" no Novo Testamento. Parente ou compatriota de *Paulo, Júnia esteve na prisão, talvez por causa do evangelho. Seu nome sugere que pode ter sido uma escrava alforriada ou descendente de um escravo alforriado por um membro do clã juniano. Como apóstolo, Júnia deve ter afirmado ter visto a ascensão de Jesus e se empenhado em trabalho missionário.

Embora estudiosos anteriores interpretassem o nome Júnia como masculino, Padres da Igreja, entre os quais Orígenes, João Crisóstomo e Jerônimo, identificaram-na como uma mulher. Ademais, enquanto o nome masculino hipotético Júnias não tem atestação em inscrições antigas, o nome feminino latino Júnia ocorre mais de 250 vezes em inscrições gregas e latinas encontradas apenas em Roma. Por isso os estudiosos atualmente interpretam em geral o nome como feminino.

Bernadette J. Brooten

L

LAQUIS. A moderna Tell ed-Duweir, uma das principais cidades fortificadas de Israel nos segundo e primeiro milênios a.C. Foi foco de várias escavações, que ao mesmo tempo esclareceram sua freqüente menção em fontes escritas e pictóricas e foram esclarecidas por elas. Em tradições bíblicas, Laquis figura sobretudo em relatos da conquista e como quartel-general de *Senaquerib em sua campanha contra Judá em 701 a.C.; sua captura pelo rei assírio é descrita em detalhes em relevos encontrados em Nínive.

Entre as descobertas mais significativas feitas no sítio estão os óstracos de Laquis. Nas escavações feitas por J.L. Starcky em meados da década de 1930, dezoito cacos de louça com inscrições, aparentemente despachos militares, foram descobertos nos escombros cobertos de cinzas de um cômodo no portão da cidade. Eles foram datados dos últimos meses do reino de *Judá. Seu tom servil — por exemplo, "quem é vosso servo se não um cão" — mostram que foram enviados de um inferior para um superior, presumivelmente o comandante da guarnição. A Carta 3 relata brevemente uma missão ao Egito e alude a um profeta não nomeado que entregou uma carta de advertência enviada por um alto funcionário real. A mais famosa delas, a Carta 4, termina em sofrimento: "Estamos aguardando os sinais de Laquis, segundo todas as indicações que meu senhor deu, porque não vemos Azeca". Essa carta pode ter sido escrita logo depois de Jeremias 34.1-5, um oráculo de perdição e consolo emitido pelo profeta para o rei Sedecias "quando o exército do rei da Babilônia lutava contra Jerusalém e contra todas as cidades de Judá que restavam, Laquis e Azeca; pois aquelas eram as únicas cidades fortificadas de Judá que subsistiam". Logo, em 587/586, *Nabucodonosor tomaria *Jerusalém e arrasaria o *Templo. Os óstracos de Laquis são valiosos para os paleógrafos por poderem ser precisamente datados, mas são importantes acima de tudo como mementos de uma era trágica na história israelita.

William H. Propp

LEVI. Filho de *Jacó e Lia, e uma das doze *tribos de Israel. Lia associa Levi ao verbo "unir". Afora seu envolvimento com *Simeão no ataque a *Siquém, Levi é conhecido sobretudo pelas funções sacerdotais de seus descendentes. Os *levitas desempenham um papel destacado auxiliando Moisés a sufocar a rebelião do Bezerro de Ouro. Seja qual for a ancestralidade de Aarão, são seus filhos, e não os de Levi, que dominam o culto de Jerusalém desde o tempo de *Salomão até a derrubada de Onias III pelos selêucidas em 174 a.C.

Fontes bíblicas descrevem os levitas como carregadores, conduzindo a arca e o tabernáculo. Não tendo recebido nenhuma herança própria, os levitas deveriam residir em quarenta e oito cidades designadas. Os israelitas deveriam sustentá-los por meio de dízimos e doações.

Os estudiosos discutem se Levi teria sido originalmente uma tribo secular ou se era atribuída aos levitas uma condição secundária. S prescreve uma rígida divisão de deveres para os descendentes dos filhos de Levi, Gérson, Caat e Merari. Excluídos como sacerdotes, os levitas atuam sob supervisão aaronita. De maneira semelhante, Ezequiel critica os levitas e confirma sua condição inferior.

Em contraste, o Deuteronômio define um sacerdote como um sacerdote levita e confere aos levitas uma participação igual no santuário central. No Deuteronômio os levitas são juízes, guardiães do manuscrito da Torá, e assistem na renovação da aliança. Num contexto pós-exílico, *Malaquias prediz o renascimento levita, por causa de corrupção sacerdotal no *Templo de Jerusalém. Crônicas adota uma posição intermediária, descrevendo a cooperação entre os aaronitas dominantes e os levitas e enfatizando as responsabilidades dos levitas no Templo como cantores, porteiros e mestres da Torá.

Muitos comentadores vêem a competição entre os levitas e os aaronitas como a explicação mais plausível para os diferentes encargos e tipos de condição atribuídos a esses grupos por escritores bíblicos.

Gary N. Knoppers

LEVIATÃ. Monstro marinho mitológico que é um dos adversários primevos do deus da tempestade. Nos textos ugaríticos, *Baal derrota Lotan (*ltn*, uma variante lingüística de Leviatã), descrito como uma serpente de sete cabeças, aparentemente identificada com o adversário de Baal Príncipe Mar. Na Bíblia, Leviatã é também identificado com o mar, e tem muitas cabeças, e sua derrota por Deus é um prelúdio da criação. Segundo a literatura apocalíptica, aquela batalha será retomada no fim dos tempos, quando o perverso Leviatã será finalmente derrotado, e, segundo uma tradição posterior, dado, juntamente com *Beemot, como comida para os eleitos, uma outra lembrança da criação. Em Jó 41, Leviatã é descrito como estando sob o total controle de Deus, um animal de estimação divino. Muitos comentadores equiparam o Leviatã de Jó 41 a um crocodilo, e alguns elementos da descrição parecem se ajustar a essa identificação. Outros, porém, como seu hálito de fogo, não se ajustam; à luz das outras referências bíblicas, bem como dos antecedentes cananeus, é melhor compreender o Leviatã como uma criatura mitológica.

Na obra de Thomas Hobbes com esse título (1651), Leviatã é o nome simbólico do poder absoluto do Estado, a cuja soberania o povo deve ser subordinado mas que está em última instância sujeito ao controle divino.

Michael D. Coogan

LEVITAS. Os sacerdotes na antiga Israel eram considerados descendentes da tribo de *Levi ou, num sentido amplo, levitas. Discute-se se tal tribo existiu algum dia. Seus membros são ligados a ela apenas por genealogias: algumas talvez antigas, uma pelo menos o produto dos tempos pós-exílicos, elaborada no intuito de legitimar as condições existentes e os privilégios dos sadocitas. Nenhuma etimologia clara foi encontrada para a palavra levita; o sentido mais apropriado é "devotado ao Senhor". Os levitas são, portanto, aqueles que são doados ou se doam ao serviço do Senhor; esse era seu papel nas tradições da antiga Israel.

Embora os sacerdotes levitas sejam descendentes de Aarão, os sadocitas reivindicaram e finalmente conseguiram o sacerdócio levítico. Assim, no uso bíblico geral, os levitas são funcionários subordinados do Templo que nunca alcançavam o pleno sacerdócio. Eles têm papel de destaque em fases posteriores da tradição bíblica, especialmente em Deuteronômio, S e Crônicas. Eram encarregados das tarefas mais subalternas no culto do Templo. Essa posição secundária parece ter começado com a reforma do rei *Josias; após a eliminação dos santuários do país, onde com freqüência se presume (embora não se prove) que eles oficiavam e dos quais auferiam seu ganho, foram privados de seu poder e daquele ganho, ficando assim reduzidos à pobreza. Por conseguinte, os levitas são freqüentemente mencionados em Deuteronômio juntamente com *forasteiros, *viúvas e *órfãos. O corpo de sacerdotes de Jerusalém, ao contrário, cresceu graças à reforma em poder, dignidade e riqueza, que se recusava a partilhar. Embora Deuteronômio 18.1-8 tivesse assegurado igual dignidade e direitos a todos os membros da tribo de Levi, o corpo de sacerdotes de Jerusalém conseguiu anular esse princípio, limitando o acesso de sacerdotes levitas a cargos importantes. Essa divisão entre um alto e um baixo clero foi codificada pela primeira vez no programa de reconstrução de *Ezequiel, em que os privilégios e os sacrifícios do Templo foram assegurados aos sadocitas. Essa hierarquia é confirmada por S e pode explicar por que relativamente poucos levitas retornaram do exílio.

Quanto à duração de seu serviço, temos informações contrastantes. Segundo o estrato mais antigo de S, eles começavam ao trinta anos de idade e terminavam aos cinqüenta; segundo um estrato posterior, começavam aos vinte cinco anos, enquanto Esdras 3.8 e 1 Crônicas 23.24, 27 mencionam o vigésimo ano.

Em Crônicas, encontramos indícios de uma luta empreendida pelos levitas para obter dignidade igual à dos sadocitas, o que teria significado participação nos sacrifícios. Isso, contudo, não foi obtido, e os levitas tiveram de se contentar em participar apenas da liturgia. A luta entre esses dois grupos perdurou até a destruição do Segundo Templo (70 d.C.), com os levitas tentando melhorar sua posição e os sadocitas tentando privá-los do pouco que tinham, como da receita dos dízimos.

J.A. Soggin

LIA. Com um nome que significa "vaca", foi uma das matriarcas de Israel. Dela é dito que foi enterrada na caverna de Macpelá. Lia, de olhos "fracos" ou "delicados" é confrontada com a irmã mais moça *Raquel, que é "graciosa e bonita". Por causa do embuste de que o pai delas, Labão, lançou mão na noite de núpcias, *Jacó se casa com ambas as irmãs, mas ama Raquel mais que a Lia. Javé se apieda de Lia porque ela não é amada e lhe dá muitos filhos: *Rúben, *Simeão, *Levi, *Judá; *Issacar, *Zabulon e *Dina, além de *Gad e Aser, os filhos que sua serva Zelfa deu a Jacó. Embora tivesse sido a primeira esposa e tivesse tido vários filhos, Lia ao que parece não teve direitos maritais automáticos, já que em um caso é dito que ela barganhou com Raquel pelo tempo de Jacó dando à irmã mandrágoras para promover a concepção.

Jo Ann Hackett

LÍBANO. Cadeia de montanhas litorânea com elevações de até 3.000m que se estende rumo ao norte de Sídon até perto de Homs, na Síria. O nome significa "branco", referindo-se provavelmente a seus picos cobertos de neve no inverno. Líbano já aparece como nome de lugar nos textos Ebla em meados do terceiro milênio a.C. Na Bíblia, Líbano denota tanto as montanhas quanto o país à volta delas, embora seja distinto das cidades *fenícias na planície costeira vizinha. Os montes Líbano e Anti-Líbano (uma cadeia paralela no leste) circundam o vale Biqa (o "Vale do Líbano"). O monte *Hermon, o pico mais elevado no sul da cadeia Anti-Líbano, ergue-se nas cabeceiras do rio *Jordão. A Bíblia menciona o Líbano principalmente como fonte de madeira para grandes construções. O palácio de *Salomão e o *Templo foram construídos com cedro do Líbano. Os *egípcios e os *assírios também conheciam o Líbano por seu cedro e seus ciprestes.

Joseph A. Green

Lilit. Demônio fêmea que aparece em Isaías 34.14 como parte da descrição do dia da vingança do Senhor. A figura de Lilit pode ter se desenvolvido a partir da demonologia babilônia. Em alguns textos judaicos midráshicos pós-bíblicos, ela é representada como uma assassina de bebês e mulheres grávidas e em trabalho de parto, razão por que se usavam amuletos contra seus poderes destrutivos. O Alfabeto de *Ben Sira*, do início da Idade Média, inspira-se em tradições segundo as quais *Adão teve uma primeira mulher que precedeu *Eva e a identifica como Lilit. Notando que tanto ela quanto Adão haviam sido criados do barro, Lilit foge de Adão depois de ter exigido sem sucesso ser encarada como sua igual. Leituras feministas deste e de outros textos sobre Lilit observaram que os autores do sexo masculino do material de Lilit criaram uma antítese de Eva, que é descrita aqui como mais dócil e dependente e, em contraste com Lilit, como uma procriadora e nutriz de filhos. Essas leituras chamam a atenção também para a autoconfiança de Lilit e sua exigência de igualdade em sociedades em que as mulheres eram legal e socialmente subordinadas ao homem.

Barbara Geller Nathanson

Ló. Sobrinho de *Abraão e ancestral de *Moab e *Amon. Abraão era o filho mais velho de Taré, e como seu irmão Arã, o pai de Ló, havia morrido, ele era o chefe da extensa família e Ló era seu dependente. Nessa condição, Ló viajou com Abraão para a terra de *Canaã; quando irrompeu um desentendimento entre os dois ramos da família a propósito de pastagens, Abraão arbitrou o conflito, dando preferência a Ló e permitindo-lhe estabelecer-se no vale do *Jordão, nas vizinhanças de *Sodoma. Quando Ló foi capturado por reis invasores, Abraão comandou uma campanha para salvá-lo, e, quando Sodoma estava prestes a ser destruída, Ló foi poupado, presumivelmente por causa de sua associação com Abraão. Ao longo de todas essas histórias, Ló é apresentado como uma figura não muito heróica, que não tem respeito por sua própria família, é hesitante e enganado por suas filhas.

Essa história familiar é entremeada com narrativas etiológicas que explicam características topográficas (a coluna de sal e a desolação da região do mar Morto) e vários nomes, especialmente Moab e Amon. A explicação da origem incestuosa desses vizinhos de Israel é ao mesmo tempo um reconhecimento genealógico de etnicidade partilhada e uma racionalização escandalosa da superioridade israelita.

Em literatura posterior, Ló é lembrado como um homem probo, cuja bondade o salvou da punição de Sodoma.

Michael D. Coogan

Lucas. Companheiro e colega de trabalho de *Paulo, chamado "médico caríssimo" em Colossenses 4.11. Tradições cristãs antigas o situam em *Antioquia e o identificam como o autor do Evangelho segundo Lucas e de Atos dos Apóstolos. Aceitando-se essa tradição, as seções de Atos na primeira pessoa podem ser um relato de algumas de suas viagens com Paulo; falamos mais sobre isto abaixo.

O Evangelho segundo Lucas. O terceiro evangelho é "o primeiro volume" (Atos

1.1) de uma obra em duas partes, Lucas-Atos, composta pelo mesmo autor e dedicada a Teófilo. Em conteúdo, esse evangelho está relacionado com os de Marcos e Mateus; coletivamente, esses três evangelhos formam o grupo usualmente chamado sinótico, i.e., a tradição que se desenvolveu independentemente do Evangelho segundo *João.

Conteúdo. O conteúdo do evangelho lucano pode ser sintetizado sob oito tópicos. (1) Um breve *prólogo* (1.1-4), escrito numa estilizada sentença periódica, declara o propósito do autor ao escrever. (2) Dois capítulos são dedicados a uma *narrativa da infância* (1.5-2.52), que descreve em estudado paralelismo o nascimento e a infância de *João Batista e de *Jesus. (3) Um capítulo e meio (3.1-4.13) relatam o aparecimento de João no deserto, sua pregação e carreira batista, e sua prisão por Herodes Antipas como um *prelúdio para os eventos que inauguram a carreira pública de Jesus*, a saber, o batismo deste, sua permanência no deserto e a tentação pelo diabo. (4) A história do *ministério galileu de Jesus* (4.14-9.50) começa programaticamente numa *sinagoga de sua cidade natal, *Nazaré, e se transfere para *Cafarnaum e outras vilas e aldeias, à medida que Jesus prega o reino de Deus, cura os aflitos e se associa com discípulos a quem prepara pouco a pouco. Essa atividade galiléia serve também como ponto de partida para seu "êxodo", ou passagem para o Pai através da morte, sepultamento e ressurreição. (5) Segue-se o *relato da viagem* (9.51-19.27), que tem uma forma especificamente lucana e uma outra em 18.15-19.27 que corresponde a Marcos 10.13-52. Nesse relato, Jesus é descrito não só como se deslocando resolutamente rumo a *Jerusalém, a cidade do destino, como também instruindo multidões de pessoas e especialmente os discípulos, que iriam se tornar as testemunhas predestinadas de seu ministério, carreira e destino em Jerusalém. (6) No final do relato da viagem, Jesus tem uma acolhida régia ao entrar em Jerusalém propriamente dita, purifica seu *Templo e inicia ali um período de *ministério e ensinamento no Templo* (19.28-21.38), que serve de prelúdio para os eventos de seus últimos dias. (7) A *narrativa da paixão* (22.1-23.56a) forma o clímax de seu êxodo, quando os chefes de Jerusalém conspiram com Judas contra ele, e quando ele faz sua última refeição com os *Doze e prevê que Pedro o renegará. Após orar no monte das *Oliveiras, Jesus é preso, levado perante uma sessão matinal do *Sinédrio, confiado a *Pilatos, mandado para *Herodes, e finalmente entregue para a crucifixão. Essa narrativa termina com a informação da morte e enterro de Jesus. (8) A *narrativa da ressurreição* (23.56b-24.53) fala das mulheres que descobrem a sepultura vazia e do aparecimento de Jesus como ressurrecto para seguidores na estrada de Emaús e na própria Jerusalém. O evangelho lucano termina com Jesus dando uma missão final para os onze e outros e com sua ascensão (aparentemente na noite do dia da descoberta da sepultura vazia).

Autoria. Diferentemente das epístolas paulinas, que levam o nome do apóstolo, o terceiro evangelho é anônimo, tal como os outros evangelhos. A tradição antiga da Igreja atribuiu esse terceiro evangelho a Lucas.

Em sua maioria, contudo, os comentadores do evangelho de Lucas são céticos em relação a essa atribuição tradicional. Para eles a tradição está fundada em grande parte em inferências feitas a partir do texto do Novo Testamento quando as pessoas estavam começando a se perguntar quem havia escrito os Evangelhos. Uma minoria de comentadores, no entanto, sustenta que a atribuição tradicional é substancialmente correta. Reconhecem que é preciso distinguir, nessa tradição, entre o que poderia ter sido inferido do texto do Novo Testamento e o que não teria podido ser assim inferido. Muitos dos detalhes deste último tipo são lendários e sem valor; mas a substância da tradição — que o autor do Terceiro Evangelho e de Atos foi Lucas, um morador de *Antioquia na Síria e um companheiro de Paulo — está longe de ser insustentável. Se o evangelho e Atos não foram originalmente escritos por ele, não há nenhuma razão óbvia por que deveriam ter sido associados a ele.

Fontes. O prólogo do evangelho revela que Lucas se vale de outras narrativas evangélicas e de informação colhida de "testemunhas oculares" e "servos da palavra" (que podem ou não representar duas fontes distintas para ele). A partir da análise interna do evangelho, reconhece-se que Lucas usou principalmente três fontes: o evangelho marcano (mais ou menos na forma como o conhecemos hoje), uma fonte escrita grega postulada, freqüentemente chamada Q (cerca de 230 versículos comuns ao seu evangelho e ao de Mateus, mas não encontrados em Marcos), e uma fonte única, muitas vezes designada L, ou escrita ou oral (episódios exclusivos do terceiro evangelho).

Fazem-se por vezes tentativas de associar L a pessoas específicas, de quem Lucas poderia ter obtido informação: *Maria, a mãe de Jesus; os discípulos de *João Batista; Joana, "mulher de Cuza, administrador de Herodes"; Cléofas. Lucas poderia ter obtido informação de fontes semelhantes, mas essa lista de candidatos é baseada em especulação, mais piedosa que crítica, sobre informantes possíveis.

Data e local da composição. Se o evangelho marcano está corretamente incluído entre as fontes usadas por Lucas ao compor seu evangelho, o último deve ser datado depois de Marcos. O evangelho marcano é comumente datado de c.65-70 d.C. Quanto tempo depois foi escrito o evangelho lucano? Não é possível dizer ao certo. Lucas 1.1 refere-se a "muitos" outros que haviam tentado previamente escrever a história de Jesus; mesmo que Marcos esteja incluído entre os "muitos", é preciso conceder mais tempo para os outros a quem Lucas alude. Mais uma vez, como o Jesus lucano se refere a Jerusalém como uma casa "abandonada", esta e outras referências a Jerusalém ("cercada de bivaques", com trincheiras erguidas contra ela) sugeririam para Lucas uma data posterior à queda de Jerusalém em 70 d.C. Alguns procuraram interpretar essas referências como imitações meramente literárias das descrições bíblicas da queda de Jerusalém sob Nabucodonosor, carecendo por isso de referências históricas à destruição romana. Mas essa interpretação encerra problemas. Seja como for, é amplamente sustentado que o evangelho de Lucas foi composto c.80-85 d.C., ainda que não seja possível afirmar essa datação com certeza.

Não há no evangelho lucano pista alguma do lugar onde foi composto. O conhecimento que o autor tem da Palestina é por vezes falho, o que sugeriria que não foi composto ali. Uma tradição antiga menciona Acaía, Beócia e Roma; conjecturas modernas incluem Cesaréia, a *Decápolis, ou a Ásia Menor. Ninguém sabe realmente onde ele foi escrito.

Atos dos Apóstolos. O quinto livro do Novo Testamento no arranjo comum, Atos registra certas fases do progresso do cristianismo durante um período de cerca de trinta anos após a morte e ressurreição de Jesus. Atos foi originalmente escrito como uma continuação do evangelho de Lucas; ambos são claramente do mesmo autor, que parece ter planejado a obra completa desde o início.

Conteúdo. É possível discernir em Atos sete divisões principais; a formação e o desenvolvimento da Igreja de Jerusalém (Atos 1.1-5.42); a ascensão e a atividade dos helenistas na Igreja, que deu lugar à sua perseguição e expulsão de Jerusalém (Atos 6.1-8.3); a disseminação do evangelho por esses helenistas, culminando na evangelização de gentios na cidade síria de Antioquia (Atos 8.4-12.25); a extensão do cristianismo gentio de Antioquia para Chipre e a Ásia Menor (Atos 13.1-14.28); a decisão a que chegou a Igreja de Jerusalém quanto a problemas suscitados pelo influxo de gentios convertidos (Atos 15.1-16-5); o evangelho sendo levado por Paulo e seus colegas às províncias que bordejavam o mar Egeu (Atos 16.6-19.20); a última viagem de Paulo a Jerusalém, sua prisão ali e sua viagem para Roma sob guarda armada para ter sua causa ouvida perante o imperador (Atos 19.21-28.31).

Atos, em suma, diz respeito ao avanço do evangelho de Jerusalém a Roma; seu avanço simultâneo em outras direções é ignorado. A narrativa alcança seu objetivo quando Paulo chega a Roma e, enquanto sob prisão domiciliar, prega o evangelho ali sem interferência a todos que o vão visitar (Atos 28.30-31).

Autoria. Para a escrita de Atos, como para o evangelho de Lucas, o autor estava na dependência da informação transmitida por outros. Mas ele provavelmente fez mais indagações por sua própria conta, e pode ter estado presente a alguns dos eventos registrados na última parte do livro dos Atos. Essa é a inferência *prima facie* a ser extraída das seções "nós" — aquelas em que o pronome na terceira pessoa "eles" dá lugar ao pronome na primeira pessoa "nós". Há três dessas seções: Atos 16.10-17; Atos 20.5-21.18; Atos 27.1-28.16. Todas as três são devotadas em grande parte a viagens por mar — de Trôade para Neápolis, e depois por terra para Filipos; de Filipos (Neápolis) para Cesaréia e depois por terra para Jerusalém; de Cesaréia para Putéoli, e depois por terra para Roma — e podem ter sido extraídas de um diário de viagem. A visão tradicional, que ainda tem muito a seu favor, é que o "nós" dessas seções inclui o "eu" de Atos 1.1 — que a transição do "eles" para "nós" é a maneira discreta do autor de indicar ter sido ele próprio um participantes dos eventos que narra.

Desde o século II d.C. o autor foi tradicionalmente identificado com o Lucas mencionado em Colossenses 4.14 como o "médico caríssimo". A atribuição da obra dupla a um personagem tão obscuro do Novo Testamento foi considerada um indício da genuinidade da tradição. A única questão relevante a ser considerada é o grau de verossimilhança quanto ao fato de que o autor de Atos conhecesse pessoalmente Paulo, cuja atividade missionária forma o tema principal da segunda parte do livro. O julgamento crítico de vários estudiosos é que tal conhecimento pessoal é extremamente improvável — que o "paulinismo" de Atos é dissimilar demais do ensinamento das epístolas de Paulo para que se considere a idéia de que o autor de Atos conhecia Paulo ou passou algum tempo em companhia dele. Por outro lado, muitas autoridades sustentam que, quando se leva em conta a diferença entre a imagem dele tal como vista através dos olhos de um admirador, e de fato um admirador arrebatado, o Paulo de Atos é idêntico ao Paulo real.

Data. O último evento a ser registrado em Atos é a permanência de Paulo sob prisão domiciliar por dois anos em Roma (Atos 28.30). Esse período começa com sua chegada à cidade, provavelmente no início da primavera de 60 d.C. A maior parte do livro trata dos vinte anos que precedem essa data, e o livro como um todo é fiel à sua data "dramática", isto é, reflete a situação de meados do século I a.C., especialmente no tocante à administração do

Império Romano. Mas a data da escrita não coincide com a data "dramática". Alguns estudiosos sustentaram que o livro foi escrito muito pouco tempo após esse evento, possivelmente antes mesmo que o recurso de Paulo chegasse a ser julgado pelo tribunal imperial. A morte de Paulo não é registrada: não teria ela sido mencionada se de fato tivesse ocorrido?

Mas o objetivo da narrativa de Lucas não é o resultado do recurso de Paulo, fosse favorável ou não, ou o fim da vida de Paulo: é a tranqüila pregação do evangelho feita por Paulo no coração do império. Na verdade, há uma alusão à morte de Paulo, por implicação, no discurso de Lucas aos *anciãos na igreja efésia, de uma maneira que sugere que ele tinha conhecimento dela. E em geral Lucas parece registrar a história apostólica de uma perspectiva de uma ou duas décadas após os acontecimentos. Na altura em que escreveu, Paulo, Pedro e Tiago haviam todos morrido; e as controvérsias em que tinham estado envolvidos, embora suficientemente importantes na época (como o atestam as epístolas de Paulo), haviam perdido grande parte de sua relevância para o propósito de Lucas, de modo que ele as ignorou.

A data de Atos não pode ser considerada isoladamente da do evangelho de Lucas. Uma data posterior a 70 d.C. é mais provável que uma anterior. Se a composição da obra dupla for datada de perto do final do reinado de Vespasiano (69-79 d.C.) a maioria dos indícios estarão sendo atendidos.

Leitores pretendidos. O único destinatário de Atos nomeado explicitamente é Teófilo, a que o evangelho de Lucas também foi dedicado (Lucas 1.3). Não sabemos praticamente nada sobre ele. Sua designação "excelentíssimo" pode assinalá-lo como um membro da ordem eqüestre (a segunda ordem mais elevada na sociedade romana), ou ser simplesmente um título de cortesia.

Seria possível vê-lo como um representante do público de classe média esclarecido de Roma, a quem Lucas desejava apresentar uma exposição confiável da ascensão e do progresso do cristianismo. Mesmo no tempo em que Tácito, Suetônio e Plínio estavam escrevendo (c.110 d.C.), o cristianismo continuava não gozando de boa reputação na sociedade romana; escrevendo algumas décadas antes, Lucas esperava levar seus leitores a um julgamento menos preconceituoso. Há muito a dizer em favor da idéia de Martin Dibelius de que, diferentemente dos outros livros do Novo Testamento, Lucas e Atos foram escritos para o mercado livreiro. Talvez já houvesse um interesse positivo pelo cristianismo na classe de leitores que Lucas tinha em mente; isso poderia explicar o conteúdo teológico substancial da obra, em especial sua ênfase no Espírito Santo.

Roma é o lugar mais provável para a primeira publicação de Atos. Além de ser a meta para a qual a obra ruma, com a chegada de Paulo ali Roma substitui implicitamente Jerusalém como o centro a partir do qual a fé deve se difundir.

F.F. Bruce, Joseph A. Fitzmyer, S.J.

M

MACABEUS, OS. A família de Matatias e seus filhos, que comandou a revolta judaica contra os soberanos selêucidas de *Judá, a partir de cerca de 166 a.C.

Em 200 a.C., Antíoco III da *Síria derrotou Ptolomeu V do *Egito em Pânion, conquistando assim finalmente o Levante, inclusive Judá, para o império selêucida. Obteve apoio judaico concedendo isenções de impostos e o direito de viver segundo a lei judaica tradicional (a supressão posterior dessa concessão por Antíoco IV precipitou a rebelião). Antíoco III tentou então estender seu império à Grécia, mas entrou em conflito com Roma, que tinha interesses similares. Foi derrotado e obrigado, na Paz de Apaméia (188 a.C.), a pagar vultosas indenizações. A calamitosa situação financeira em que se encontrava a Síria foi outro fator que contribuiu para a rebelião judaica: ela levou Seleuco IV (187-175 a.C.) a enviar seu ministro Heliodoro para dar uma batida no *Templo de Jerusalém em busca de dinheiro, e levou seu sucessor Antíoco IV (175-164 a.C.) a aceitar subornos de sucessivos candidatos ao sumo sacerdócio em Jerusalém. A disputa por esse cargo foi em si mesma um importante fator na luta que se seguiu. Quando o sumo sacerdote Onias III, caluniado por seus rivais, foi à Síria defender sua posição perante Antíoco IV, seu irmão Jasão usurpou-lhe o cargo oferecendo-se para pagar mais tributo e transformar *Jerusalém numa cidade-estado helenística mais típica, nos moldes que Antíoco apreciava como conducentes à unidade e estabilidade de seu império. Em 171 a.C. o próprio Jasão foi exonerado de maneira semelhante por Menelau, que, embora não pertencesse à família dos sumos sacerdotes, ofereceu a Antíoco um tributo ainda maior e, para pagá-lo, saqueou a bolsa de coleta do Templo, para grande ira do povo. A mudança sistêmica promovida por Jasão e exacerbada por Menelau, no entanto, afetou sutilmente o acordo pelo qual era permitido aos judeus regular suas vidas por suas próprias leis; podia-se esperar que uma Jerusalém helenística se organizasse como outras cidades do mundo grego, com uma assembléia, um corpo de cidadãos votantes, um ginásio e um efebião para treinar rapazes que iriam participar de competições atléticas em casa e no exterior. Em suma, os judeus estavam sendo pressionados a se conformar ao estilo de vida do mundo circundante; e também isso contribuiu para a luta macabéia.

A tentativa de regularizar a posição de Jerusalém no império selêucida era importante para Antíoco porque Judá situava-se entre a Síria e o Egito, que ele desejava anexar. Em 172 a.C., os guardiães do recém-entronizado Ptolomeu IV, que era menor, declararam guerra a Antíoco, que enviou um diplomata a Roma para atender objeções romanas e invadiu o Egito em 169 a.C.; quando o fez novamente em 168 a.C., os romanos o expulsaram. Nesse meio tempo, Jasão atacara Menelau e tentara se reinstalar em Jerusalém. Antíoco, vendo nisso uma rebelião, investiu contra Jerusalém e saqueou o Templo, deixando um comissário no poder. Em 167 a.C., os sírios fizeram um ataque inesperado e vitorioso e estabeleceram uma praça-forte em Jerusalém. Claramente, Antíoco estava determinado a controlar Judá, embora o Egito, naquele momento, estivesse fechado para ele.

A determinação de Antíoco o levou a mais um erro político desastroso. Em 167 a.C. ele decretou que os judeus deveriam "abandonar as leis de seus pais, para não se governarem mais segundo as leis de Deus. Mandou-os também profanar o santuário de Jerusalém e dedicá-lo a Júpiter Olímpico" (2 Mac. 6.1-2). Segundo 1 Macabeus 1.41-50, o rei ordenou aos judeus "aceitarem costumes estranhos a seu país. Deviam suprimir holocaustos, sacrifícios e libações no santuário; profanar os sabás e as festas; macular o santuário e os ministros sagrados; construir altares, lugares sagrados e oratórios de ídolos; sacrificar porcos e outros animais impuros. Deviam também deixar incircuncisos os filhos". Isso foi obedecido em dezembro de 167 pela ereção de um "sacrilégio desolador sobre o altar dos sacrifícios" (1 Mac. 1.54), a ereção de altares por toda Judá e a proscrição da Lei Judaica. Essas descrições mostram que, aos olhos dos judeus, o rei estava perseguindo a religião judaica ao atacar a Lei e o Templo. Por seu "decreto", no entanto, Antíoco estava presumivelmente (suas palavras originais não tendo sido conservadas) retirando dos judeus o direito de se autogovernarem segundo a lei judaica e tornando o Templo de Jerusalém aberto a fiéis de todos os cultos (como seria qualquer outro templo helenístico urbano); mas, pior ainda, estava tornando a prática positiva da lei judaica passível de punição. Já se afirmou que Antíoco via os judeus muito como os romanos viam os adeptos do deus Baco — como fanáticos religiosos perigosos — e desejava suprimi-los, mas Antíoco não estava cedendo a mero preconceito; estava punindo os judeus por rebelião política ao proibir precisamente as coisas que constituíam a independência judaica — a concessão de autogoverno segundo leis ancestrais, e a exclusividade do Templo de Jerusalém.

O resultado foi rebelião, comandada por Judas chamado "Macabeu" ("Martelo"), filho de Matatias, originário de Modin, 20km a noroeste de Jerusalém. A rebelião é descrita em detalhes em 1 Macabeus (ver abaixo). Em linhas gerais, as coisas se desenvolveram da seguinte maneira: após várias vitórias locais em Judá, Judas ocupou a área do Templo, purgou-a de atividades de culto não judaicas, e reconsagrou-o (dezembro 164 a.C.); isso constituiu a instituição do festival de hanuká (chamado a festa da Consagração). No ano seguinte ele ampliou suas atividades militares à Iduméia, Galiléia, Transjordânia e Filistéia; o exército selêucida reagiu, mas, após uma campanha inicialmente bem-sucedida abortada por uma tentativa de golpe de estado na Síria, os sírios propuseram condições a Judas, suspendendo o edito de 167 a.C., mas deixando a guarnição síria em Jerusalém e destruindo as defesas do Templo erguidas por Judas. Executaram também o sumo sacerdote Menelau. Assim, teoricamente os judeus haviam reconquistado a independência religiosa (sem nenhuma liderança clara para exercê-la), e os sírios conservavam o controle político (com apoio popular inadequado para mantê-lo). Em 162-161 a.C. um novo rei sírio, Demétrio, e um novo sumo sacerdote, Alcimo, colaboraram para eliminar Judas e seus partidários. Judas derrotou o novo general enviado contra ele, Nicanor, mas foi batido pelo mais experimentado Báquides em 160 a.C. Báquides fortificou Judá, mas não conseguiu avançar contra o sucessor de Judas, Jônatas, e finalmente se retirou. Alcimo morreu, e o poder ficou de fato com Jônatas, que começou a "julgar" o povo a partir de sua casa em Macmas; o historiador compara deliberadamente Jônatas com os governantes que haviam precedido a monarquia em Israel. Constitucionalmente, contudo, Judá continuava sob domínio selêucida, simbolizado pela guarnição em Jerusalém.

Em seguida Jônatas passou a guiar Judá rumo à independência por meios diplomáticos, negociando concessões políticas com sucessivos soberanos selêucidas. Em troca do apoio de Jônatas, o pretendente ao trono selêucida Alexandre Balas concedeu-lhe o sumo sacerdócio (a que Jônatas não tinha nenhum direito hereditário) em 152 a.C. Jônatas recusou-se a apoiar Demétrio I e derrotou Demétrio II em 147 a.C. (conquistando assim de Balas novas honras e mais território); mas quando Balas foi morto em 145 a.C., Jônatas transferiu sua lealdade para Demétrio II, em troca do que Demétrio lhe cedeu três distritos de *Samaria. Em 145 a.C., quando derrubaram Demétrio, Antíoco IV e Trifão confirmaram Jônatas em sua posição e fizeram seu irmão Simão o governador da região costeira. Jônatas e Simão passaram então rapidamente a fortalecer a posição de Judá. A guarnição selêucida em Bet-Zur foi substituída por uma guarnição judaica, Jope recebeu uma guarnição, Adida foi fortificada, Gaza capturada, a guarnição selêucida em Jerusalém bloqueada, e as muralhas de Jerusalém e as fortalezas de Judá reparadas. Jônatas renovou tanto os vínculos diplomáticos com Roma iniciados por Judas em 161 a.C. quanto os vínculos de fraternidade e amizade com Esparta, que supostamente teriam sido estabelecidos várias gerações antes pelo sumo sacerdote Onias e o rei de Esparta, Ario. Jônatas fez campanha, ostensivamente contra Demétrio II, em território sírio perto de Hamá. Trifão, naturalmente apreensivo ante essa ressurgência judaica, capturou Jônatas por meio de perfídia, e Simão assumiu a liderança judaica. Ele concluiu o programa militar e diplomático de Jônatas e coroou suas realizações expulsando a guarnição selêucida de Jerusalém e negociando com Demétrio II a abolição formal do tributo a ser pago à Síria. De fato, isso significou o fim do domínio selêucida de Judá, e 1 Macabeus 13.41 observa que em 142 a.C. "Israel se viu livre do jugo dos pagãos. O povo começou então a escrever, nos documentos e contratos: 'Primeiro ano de Simão, Sumo Sacerdote insigne, general e chefe dos judeus'". Esse foi começo de uma nova era, que duraria até 63 a.C., quando Pompeu o Grande reivindicou Judá para Roma.

Os livros dos Macabeus. Os quatro livros dos Macabeus são obras independentes. 1 e 2 Macabeus registram separadamente a rebelião macabéia e os eventos que conduziram a ela; 3 Macabeus é um romance histórico, que vem a se associar a 1 e 2 Macabeus por razões temáticas; e 4 Macabeus é um arrazoado que tomou por deixa a história dos mártires macabeus. Por não terem sido ou escritos ou preservados em hebraico, não são parte dos cânones judaico e protestante, mas a Igreja católica romana e as Igrejas ortodoxas lhes conferem variados graus de canonicidade. Os livros diferem extremamente em objetivos e apresentação, abrangência e detalhes. Diferem também em matéria de cronologia, de modo que reconstruir o curso preciso dos acontecimentos e seu pano de fundo político foi um empreendimento intelectual de vulto.

John R. Bartlett

MADIÃ. Nome de um grupo tribal que parece ter desempenhado papel significativo na história pré-monárquica de Israel. Sabe-se muito pouco sobre os madianitas, e até a localização e a extensão de sua terra natal é matéria de debate entre os estudiosos. A única fonte de informação sobre eles é a Bíblia. Nenhum vestígio arqueológico lhes pode ser atribuído e, com exceção de referências nas inscrições de *Teglat-Falasar III e Sargão II a Efa, uma das subtribos de Madiã (referida como um filho de Madiã), eles não aparecem em inscrições extrabíblicas.

Os madianitas são em geral retratados na Bíblia como pastores e mercadores seminômades e nômades. De seu ancestral epônimo é dito que era filho de *Abraão e Cetura e que foi enviado por Abraão para o Oriente, juntamente com seus irmãos. Nas narrativas do Gênesis, Números, Josué e Juízes, grupos de madianitas aparecem por toda parte no sul da Palestina e no Sinai, bem como na Transjordânia. Isso é geralmente interpretado como indicação da grande amplitude de suas migrações regulares.

Embora os madianitas sejam usualmente retratados como inimigos de Israel, Madiã é apresentado sob uma luz mais positiva em passagens que tratam do tempo que Moisés passou com Jetro/Hobab, um sacerdote de Madiã e sogro de Moisés. A tradição segundo a qual Moisés recebeu sua revelação de Javé enquanto vivia com os madianitas e o papel influente que Jetro desempenha em Êxodo 18 levaram à especulação de que a adoração de Javé pode ter sido adotada por Israel dos madianitas. Especulações desse tipo, contudo, não podem ser confirmadas.

A batalha contra os madianitas comandada por *Gedeão em Juízes 6-8 parece ter marcado a última ocasião em que Madiã foi uma ameaça política significativa para Israel. Nenhum conflito entre os dois é relatado no período monárquico. Madiã, no entanto, continuou existindo e desempenhando importante papel no comércio de especiarias e ouro provenientes da *Arábia. Em Isaías 60.6, um poema do início do período pós-exílico, mencionam-se caravanas madianitas e ofitas pelas rotas comerciais árabes.

Wayne T. Pitard

Magos, reis. O termo evoca costumeiramente os magos anônimos que seguiram uma estrela até que ela os levou a *Belém. Enquanto no evangelho de Lucas vêm pastores para adorar a criança, Mateus introduz figuras misteriosas vindas do Oriente que oferecem presentes de seus cofres.

Muitos detalhes sobre os magos são fornecidos por tradição posterior. No cristianismo ocidental, presume-se que foram três em número uma vez que são três os presentes mencionados; a tradição oriental considera que foram doze. Viajavam de camelo, como é a prática habitual nas regiões desérticas até hoje. Seus nomes (Baltasar, Melchior e Gaspar) são acrescentados mais tarde. O fato de serem ricos e de conversarem com o rei *Herodes dá lugar à sua identificação com três reis (*ver também* Nomes para os Anônimos).

De fato, a palavra grega de que "magos" deriva não se refere a monarcas, mas a praticantes de artes mágicas orientais. A conexão entre mágica e astrologia reflete-se na fascinação dos visitantes pela estrela que os guiou até Belém. Em outras passagens da Bíblia o retrato dos magos não é tão positivo. Versões gregas do livro de *Daniel mencionam magos que eram conselheiros incompetentes do rei *Nabucodonosor. Em Atos, apóstolos interagem com Simão, um mágico, em *Samaria, e Bar-Jesus, que era um mágico e falso profeta em Chipre.

Daniel N. Schowalter

Malaquias. Uma vez que *Malachi* em hebraico significa "meu mensageiro", não é claro se esse é o nome do profeta ou uma descrição de seu ofício. Usualmente o livro é datado de antes do tempo de *Ageu e *Zacarias mas antes do aparecimento de *Esdras e *Neemias, meados do século V a.C. Uma data pós-exílica é indicada pela referência a um "governador" e o fato de o

*Templo estar de pé. Considera-se que os abusos que Malaquias ataca mostram a necessidade da reforma que Esdras e Neemias logo empreenderiam.

O estilo de Malaquias, com perguntas e respostas, começa em geral com uma declaração pelo profeta de uma verdade teológica seguida por uma pergunta de seus ouvintes. Sua resposta expõe então o tema original. Isso é um artifício literário, mas pode conter ecos do ensino e das práticas de pregação correntes do Segundo Templo.

Um tema proeminente no livro é a aliança. A expressão estampada em 1.1-5 do ensinamento de que Deus escolheu Jacó (i.e., Israel) ao mesmo tempo em que rejeitou *Edom, nação que se tornou símbolo da opressão durante e após o exílio, é interpretada à maneira dos *profetas mais antigos como significando que a escolha divina não é base para complacência mas para obediência. Os *sacerdotes, a despeito de sua posição sob a aliança, eram menos zelosos em seus deveres para com Deus do que para com o governador. Malaquias pensa que seria melhor que semelhante culto no Templo cessasse por completo e chega a compará-lo desfavoravelmente com as oferendas de outras nações. A nação inteira violou o pacto no tratamento cruel que uns se dão aos outros, negando sua condição de filhos do único Deus, especialmente na sua prática do divórcio informal (uma advertência contra o casamento misto com estrangeiros foi inserida nessa seção).

Mais tarde, Malaquias os acusa de negligência no pagamento de dízimos para a manutenção do Templo e de seu pessoal. A obediência nesse caso resultará em prosperidade material (cf. as palavras de Ageu sobre a reconstrução do Templo). É importante ver que, para Malaquias, a correta observância do culto era a expressão de um relação verdadeira com Deus ("Voltai a mim", 3.7).

O livro termina com uma conclamação a manter a lei de Moisés e a promessa de que Deus enviará o profeta *Elias para preparar o povo para o "dia do Senhor" final (4.5-6), de modo que esse possa se provar ser um dia de salvação e não de repetição do antigo julgamento da "maldição" (hebr. *herem*). Talvez Elias fosse cogitado para esse papel porque não havia morrido, mas sido levado para o céu. Essa idéia foi repetida em Sirácida 48.10 e em Marcos 9.11.

Malaquias mostra como os profetas pós-exílicos estavam profundamente preocupados com o Templo e seu culto, mantendo contudo essa preocupação numa tensão criativa com um apelo pela vida ética. Reconheciam os perigos para os quais os profetas pré-exílicos haviam advertido, pelos quais o culto exterior podia facilmente converter-se num substituto da relação genuína com Deus, mas ainda assim desafiavam seus ouvintes, conclamando-os a manter unidos ambos os aspectos da vida religiosa. Seu apelo não era por misericórdia em vez de sacrifício, mas por misericórdia e sacrifício. Aliavam também uma preocupação com a obediência à Lei e uma forte esperança escatológica na futura ação salvadora de Deus.

Rex Mason

MANASSÉS.

1. Filho mais velho de *José, irmão de *Efraim e ancestral da tribo de Manassés. Segundo várias listas territoriais, a tribo de Manassés fixou-se dos dois lados do rio Jordão: do lado leste, ao norte do Iabok, e a oeste na região montanhosa central. Em sua história posterior, foi mais fraca que Efraim; esse fato político reflete-se na história da bênção de Jacó, em que ele inverte a ordem de nascimento. Manassés é des-

crito também como o pai de Maquir, uma explicação genealógica de uma história mais complicada entre duas entidades tribais aparentemente independentes; observe-se que em Juízes 5.14, Maquir é mencionado ao lado de Efraim, mas Manassés não é nomeado (*ver também* Tribos de Israel).

2. Rei de *Judá. Seu reinado foi mais longo que o de qualquer outro de Israel ou Judá, e nos tempos difíceis da dominação assíria ele conseguiu certo grau de autonomia para Judá. Isso aparentemente envolveu algumas concessões em relação a antigos ideais, pois Manassés é condenado pela história deuteronômica como o pior dos reis davídicos, cujo "pecado" foi responsável pela punição que Deus infligiu a Judá. Seu retrato em Crônicas é menos severo (*ver* Judá, O Reino de).

O relato do reinado de Manassés sobre Judá em 2 Crônicas contém a narrativa de um episódio, quase certamente lendário, em que Manassés foi feito cativo dos *assírios e levado para a *Babilônia, onde, em sua tribulação, tornou-se um leal adorador do Deus de seu povo. Essa história, que não tem paralelo na narrativa mais antiga de 2 Reis 21.1-18, foi sem dúvida contada para dar uma explicação teológica para a longa duração e a prosperidade da carreira de alguém cuja política foi promover a idolatria: pois, teoricamente, ele deveria ter sido punido por Deus com o fracasso político e ter sofrido um fim desastroso. O autor de Crônicas, tendo explicado o sucesso paradoxal e intrigante do rei com uma história de seu retorno final ao culto de Javé, menciona ainda que a prece de Manassés foi preservada nos "Anais dos Reis de Israel". Um escritor devoto de um período muito posterior, provavelmente o fim da idade helenística, compôs uma prece tal como a que o rei poderia ter usado. O resultado foi o pequeno "livro" chamado a Prece de Manassés.

Michael D. Coogan, Robert C. Dentan

MAR VERMELHO. *Ver* Vermelho, Mar.

MARCOS. O autor tradicional do Evangelho segundo Marcos. A atribuição do evangelho de Marco remonta pelo menos a Papias, *bispo de Hierápolis, que por volta de 130 d.C. relatou ter sido informado de que o livro fora escrito por Marcos, "o intérprete de Pedro"; esse é presumivelmente o Marcos mencionado em 1 Pedro 5.13 como "meu filho Marcos". Tradicionalmente, ele foi identificado com o João Marcos referido em Atos 12.12, mas este estava ligado a *Paulo e *Barnabé, não a Pedro, e o nome "Marcos" era um dos mais comuns no mundo antigo.

Marcos, que é o mais curto dos quatro evangelhos canônicos, foi quase certamente o primeiro a ser escrito. Embora o uso de narrativa para registrar a salvação de *Israel por Deus seja comum no Antigo Testamento e embora haja óbvia correspondência entre a história contada por Marcos e os brevíssimos sumários do evangelho encontrados em outras partes do Novo Testamento, não há paralelos para essa forma literária precisa antes do cristianismo primitivo. Muito provavelmente, portanto, o autor desse livro foi o responsável pela criação do gênero literário que conhecemos como "evangelho".

O evangelho é geralmente datado de entre 45 e 75 d.C. A primeira dessas datas é fixada por Ireneu (final do século II d.C.), segundo o qual Marcos escreveu depois da morte de Pedro. Se aceitamos a prioridade marcana, devemos dar uma margem de tempo entre a composição de Marcos e a de *Mateus e *Lucas, o que sugere uma data anterior a 75 d.C. A única pista no próprio evangelho é o cap.13, que prevê a destruição do *Templo; muitos comentadores comparam as referências vagas ao destino de Jerusalém em Marcos 13 com as referência clara ao cerco da cidade em Lucas 21.10, e sugerem que isso indica que Marcos foi escrito antes de 70 d.C. Mas Marcos 13 preocupa-se em distinguir os desastres que esmagarão a Judéia no caos sobrenatural do final, e pode-se argumentar que foi escrito no período que se seguiu aos primeiros para explicar por que o fim "ainda estava por vir". O evangelho de Marcos foi escrito provavelmente, portanto, seja imediatamente antes ou imediatamente depois da destruição de Jerusalém em 70 d.C.

Pelo menos desde Ireneu, a tradição sustentou que o livro foi composto em Roma, mas isso pode ter sido uma dedução da associação com Pedro. Base para uma origem romana é encontrada por vezes no uso que Marcos faz de latinismos, mas estes eram provavelmente muito conhecidos por todo o Império Romano. A explicação de palavras e costumes judaicos, bem como um conhecimento precário da geografia palestina, sugerem que Marcos estava escrevendo para gentios que viviam fora da Palestina, mas não apontam para nenhum lugar particular. A ênfase na inevitabilidade do sofrimento para os seguidores de Jesus poderia sem dúvida ser explicada se esse evangelho tivesse sido escrito para uma comunidade que estava sofrendo por sua fé: embora a Igreja de Roma tenha sido perseguida no tempo de Nero, estava longe de ser a única, já que a perseguição aos cristãos era comum naquela época.

Morna D. Hooker

MARIA. Irmã de *Moisés e *Aarão. Maria é presumivelmente a irmã que vela por Moisés entre os juncos na história de Êxodo. É chamada uma profetisa em Êxodo 15.20, quando toma a frente das mulheres dançando com um pandeiro após a vitória no mar Vermelho. Depois em Êxodo 15.21 é dito que cantou o primeiro verso da canção que acaba de ser atribuída a Moisés. Como Moisés e Maria estão conectados no texto a essa "Canção do mar", especulou-se que a canção era originalmente atribuída a Maria. O processo pelo qual o nome de uma figura dominante como Moisés pode ficar associado a um fragmento de poesia e suplantar o nome de uma figura menos comum como Maria é de mais fácil compreensão que o contrário. A outra história bíblica de relevo sobre Maria é a crítica que ela e Aarão fazem da liderança de Moisés em Números 12. Eles se queixam por duas razões: porque Moisés casou-se com uma "cuchita" e porque Javé falava através deles assim como através de Moisés. A história serve de fato para afirmar a posição de Moisés como líder. Javé fica imensamente encolerizado com suas queixas e pune Maria (mas não Aarão, apesar do v.11) por falar contra Moisés. Ela é afligida por uma doença de pele que torna sua tez branca. Aarão pede a Moisés que interceda por ela junto a Javé, e quando ele o faz ela é curada, depois de passar sete dias fora do acampamento. A referência a um pai que cospe no rosto da filha no período de purificação de sete dias é obscura. Se *Cuch nessa história pretende designar a Etiópia, como o faz muitas vezes na Bíblia, então a pele branca como a neve de Maria é uma punição irônica para uma queixa que teria incluído sua objeção ao casamento de Moisés com uma africana. Mais provavelmente, Cuch refere-se aqui a *Madiã e o casamento de Moisés com a madianita Séfora é a fonte da crítica, embora ainda assim a referência pudesse ter sugerido a cor escura da pele dos etíopes em contraste com a doença de Maria.

Maria morreu quando os israelitas estavam em Cades e lá foi enterrada. Foi lembrada em Miquéias 6.4 como uma das líderes do Êxodo ao lado de Moisés e Aarão.

Jo Ann Hackett

MARIA MADALENA. Fazia parte do círculo mais estreito dos seguidores de *Jesus nas narrativas do Evangelho. Seu nome sugere que vinha de Mágdala, uma grande cidade na margem oeste do mar da Galiléia, também chamada Tariquéia. Mágdala era conhecida por seu comércio de sal, por seu papel administrativo como toparquia, e como um grande centro urbano que fazia parte das cidades e grandes aldeias contíguas ao longo da margem oeste do lago de Tiberíades até Betsaida/Corozaim.

Maria Madalena é mencionada de maneira esparsa, mas em pontos cruciais, em todos os quatro evangelhos. Durante os eventos que cercam a crucifixão de Jesus, ela é retratada como observando os procedimentos e esperando junto do túmulo para cuidar do corpo. É também uma das primeiras testemunhas da ressurreição. Essas passagens provavelmente deram origem às imagens românticas de Maria como discípula devotada a quem Jesus havia salvo de seus costumes pecaminosos.

Ao contrário do que sustenta a interpretação cristã subseqüente, refletida na crença popular e em filmes recentes, não há nos Evangelhos nenhum indício de que Maria Madalena tenha sido uma *prostituta ou base para identificação posterior com a mulher que unge os pés de Jesus ou com Maria de Betânia. Em Lucas 8.2 é dito que Maria Madalena foi curada de sete espíritos malignos por Jesus. Mas isso está no contexto de uma lista de mulheres que eram discípulas de Jesus, que também tinham sido curadas, e que forneceram o suporte material para a missão dele. Como Maria Madalena, Joana (mulher de Cuza, administrador de Herodes) e Susana são as únicas mulheres mencionadas, é provável que essas três fossem as benfeitoras do movimento segundo Lucas.

J. Andrew Overman

MARIA, MÃE DE JESUS. Segundo fontes cristãs antigas, Maria era filha de pais judeus, Joaquim e Ana, e nasceu em Jerusalém ou em Séforis, na Galiléia. Se, como as fontes sugerem, seu primeiro filho, *Jesus, nasceu por volta de 4 d.C. e ela se casou por volta dos catorze anos, como era comum então, Maria nasceu provavelmente em 18 ou 20 a.C.

Durante sua infância viveu em *Nazaré, onde ficou noiva do carpinteiro *José, um descendente do rei *Davi. O evangelho de Lucas conta que um *anjo de Deus apareceu a Maria e lhe disse que ela ficaria grávida do filho de Deus por intermédio do Espírito Santo, embora ainda não tivesse se casado. Maria e José viajaram para *Belém, onde Jesus nasceu num estábulo ou, segundo tradições posteriores, numa gruta. Segundo o costume judaico, Jesus foi circuncidado e depois apresentado ao Templo em Jerusalém. Foi criado por Maria e José e talvez outros parentes em Nazaré e provavelmente aprendeu o ofício da carpintaria. Uma parente especificamente mencionada por Lucas é Isabel, prima de Maria, que em sua velhice deu à luz *João Batista pouco antes do nascimento de Jesus. Algumas das fontes indicam que Maria e José tiveram outros filhos depois de Jesus (p.ex., *ver* Irmão e Irmãs de Jesus).

O evangelho de Lucas, a principal fonte bíblica para Maria nas narrativas sobre Jesus em seus primeiros meses e na infância, conta-nos também que, quando Jesus tinha doze anos, Maria e José o levaram ao Templo de Jerusalém — mais uma vez, em cumprimento à lei judaica — para ser iniciado na fé. Na viagem de volta, eles o perderam em meio à multidão e mais tarde o encontraram no Templo impressionando os doutores com sua sabedoria.

José, provavelmente bem mais velho que Maria, desaparece das fontes a essa altura, e o papel de Maria diminui à medida que o de Jesus cresce. Ela é mencionada no contexto de uma festa de casamento em Caná (João 2.1-12), na crucifixão de Jesus (mas apenas por João), e em Atos 1.14, a história de Pentecostes. Os relatos sobre os anos posteriores de Maria, sua morte e assunção ao céu são encontrados somente em tradições externas à Bíblia, algumas surgidas tão tardiamente quanto no século IV d.C. Não se sabe onde ela passou seus últimos anos, mas acredita-se em geral que morou com João, o filho de Zebedeu, em Jerusalém e ali morreu. É quase impossível determinar a data de sua morte.

Além dos relatos evangélicos, Maria é mencionada nos escritos de alguns do Padres da Igreja, entre os quais Justino Mártir, Inácio, Tertuliano e Atanásio; em obras apócrifas como o *Protevangelium de Tiago* (século II); e na deliberação do Concílio de Éfeso (431 d.C.), em que foi proclamada *Theotokos*, "Portadora de Deus". Existe também um evangelho gnóstico de Maria e uma obra da Idade Média intitulada *O Evangelho do nascimento de Maria*.

Foi através dessas e de outras fontes que o pujante culto de Maria nasceu e cresceu, especialmente nas Igrejas católica romana, anglo-católica e ortodoxas. Vários dias santos assinalam sua importância para os devotos: a Imaculada Conceição (8 de dezembro), a purificação no Templo (2 de fevereiro), a anunciação do anjo (25 de março), a visita a Isabel quanto esta estava grávida (2 de julho) e a assunção ao céu (15 de agosto). Através dos séculos Maria foi reverenciada não só como a Mãe de Deus mas também como uma mulher pura, sempre virgem, a mãe perfeita, a intercessora entre os homens e Deus, e alguém que conhece o mais profundo sofrimento humano, tendo testemunhado a morte pungente e humilhante de seu primogênito. Ela é até hoje objeto de peregrinações e visões e o *Magnificat* que Lucas lhe atribuiu, entoado quando de sua visita a Isabel, vem sendo parte da liturgia e da música cristãs há séculos. Maria foi amplamente honrada e até adorada como representante da força interior e da exaltação do oprimido sobre o opressor.

Fontes não cristãs são instrutivas no estabelecimento de paralelos com o culto de Maria. Histórias de Nascimento da Virgem (p.ex., Hera, Réia Sílvia, Brígida) foram difundidas em outras culturas, assim como histórias sobre mães que pranteiam filhos perdidos e mortos (p.ex., Deméter e Perséfone; Ísis e Hórus). Iconograficamente, assim como Maria foi freqüentemente retratada com o menino Jesus nos braços ou amamentando-o, assim também a deusa egípcia Ísis era representada tendo ao peito seu filhinho, Hórus. Assim como Maria foi chamada Rainha do Céu e por vezes representada com o zodíaco e outros símbolos à sua volta, assim também o foram as deidades Ísis, Cibele e Ártemis.

Paralelos como estes mostram que o culto de Maria teve raízes nos cultos das deidades femininas do panteão greco-romano, que o cristianismo erradicou. Embora Maria represente de certo modo qualidades que é impossível para seres humanos, especialmente mulheres, imitar — sempre virgem e não obstante materna; sempre dócil e obediente à vontade de Deus — seus atributos representam para muitas devotas propriedades femininas importantes não proporcionadas pela tradicional Trindade exclusivamente masculina. Para muitas, a adoração de uma figura feminina é um suplemento psicológico vital para sua fé.

Valerie Abrahamsen

MATUSALÉM. Um dos ancestrais longevos dos tempos anteriores ao Dilúvio. Na genealogia setita em Gênesis 5.21-27, que lista um varão para cada uma das dez gerações de *Adão a *Noé, Matusalém aparece em oitavo lugar, filho de *Henoc e avô de Noé. Matusalém é o que tem vida mais longa (969 anos), mas todos os dez alcançam idades notavelmente elevadas, tal como os ancestrais pré-Dilúvio da tradição mesopotâmica. O nome Matusalém é muito parecido com Matusael, arrolado como pai de Lamec e neto de Henoc na genealogia similar em Gênesis 4 (sete ancestrais varões de *Caim a Noé).

Jo Ann Hackett

MATEUS. É mencionado como um dos discípulos originais e foi tradicionalmente identificado como o autor do primeiro (mas não o mais antigo) evangelho do Novo Testamento. Nos outros evangelhos e em Atos, o nome Mateus aparece simplesmente numa lista de discípulos de Jesus, mas no evangelho que leva seu nome, Mateus é mencionado duas vezes como coletor de impostos. Essa associação persistiu ao longo da história cristã subseqüente, embora nos paralelos a Mateus 9.9 tanto em Marcos 2.14 quanto em Lucas 5.27, o coletor de impostos seja chamado Levi, não Mateus.

Segundo Papias (c.130 d.C.), "Mateus fez um arranjo ordenado dos ditos no dialeto hebraico e cada um o traduziu como foi capaz" (citado por Eusébio, o bispo de Cesaréia do século IV, *Hist. Eccl.*) Isso leva à idéia de que Mateus escreveu seu evangelho primeiramente em hebraico, o que hoje é rejeitado por quase todos os estudiosos. Mas Papias nos fornece também a mais antiga associação entre Mateus e o primeiro evangelho canônico, a qual provavelmente se originou do fato de ser ele mencionado duas vezes nesse livro e prosseguiu nas tradições manuscritas que sobrescrevem "segundo Mateus".

Mateus é uma história evangélica em três partes, em que se inserem três grandes falas de *Jesus. A história contada é a da vida e do ministério de Jesus. Começa com sua concepção milagrosa e seu nascimento e encerra-se com sua morte e ressurreição. O evangelho proclama a mensagem de que em Jesus, Filho de Deus, Deus se aproximou de seu domínio escatológico para habitar até o fim dos tempos com seu povo, a Igreja. O objetivo dessa mensagem é convidar o leitor ou o ouvinte a perceber que Deus está presente unicamente em Jesus e a se tornar um seu discípulo. Quem é discípulo de Jesus torna-se filho de Deus, vive na esfera de seu reino do fim dos tempos, e se envolve em sua missão, para que todos possam encontrá-lo em Jesus e tornar-se também discípulos deste.

É voz geral que Mateus foi escrito por volta de 85 ou 90 d.C. por um *cristão desconhecido que pertencia a uma igreja localizada em *Antioquia da Síria. Uma data próxima do fim do século I parece provável porque a destruição de Jerusalém, que ocorreu em 70 d.C., parece ser um evento que estava recuando rapidamente no passado. Embora o apóstolo Mateus possa ter sido ativo na fundação da igreja em que a história evangélica a ele atribuída surgiu, é improvável que tenha sido o autor dessa história. Ao contrário, o autor exibe uma perspectiva teológica, um domínio do grego e uma formação rabínica que sugerem ter ele sido um cristão judeu antes da segunda que da primeira geração. Além disso, Antioquia da Síria possui os predicados de um lugar onde ele poderia ter vivido, porque as condições sociais refletidas em sua história correspondem àquelas que parecem ter prevalecido ali: a cidade era de língua grega, urbana e próspera e tinha uma grande população tanto de judeus quanto de *gentios.

A opinião especializada sustenta que a igreja para a qual Mateus foi escrito era composta de cristãos de origem judaica e também gentia. Socioculturalmente, essa igreja vivia quase certamente numa atmosfera de tensão religiosa e social. Sua missão era fazer discípulos de todas as nações e ao que parece isso estava provocando reações hostis igualmente entre judeus e gentios. Como um corpo, a igreja de Mateus parece ter alcançado autonomia organizacional e ter sido materialmente próspera. Socioeconomicamente, o modo como as questões tanto monetárias quanto éticas e religiosas associadas ao tópico de riquezas são tratadas em Mateus sugere que a igreja em que surgiu era relativamente afortunada. Mas a igreja de Mateus era bem provida também em dissensão. Foi para fazer face às necessidades religiosas e morais dessa igreja multirracial e próspera e no entanto dividida e perseguida que o autor de Mateus contou outra vez a história do evangelho.

Jack Dean Kingsbury, J. Andrew Overman

MEDOS. Como os *persas, eram um povo de fala ariana (iraniana) que provavelmente entrou no Oriente Próximo antigo a partir do norte. Foram encontrados pela primeira vez pelos *assírios por volta de 835 a.C.; ocuparam o norte da região da cadeia de montanhas Zagros e mais para leste. Os "fortes medos" criavam cavalos excelentes e sofriam freqüentes incursões assírias. Em 713 a.C. Sargão II aceitou a submissão de cerca de cinqüenta de seus chefes, mas na década de 670 um líder chamado Kashtariti de Kar-Kashshi, na Média, estava desenvolvendo um enorme poder. Com Ecbátana (Achmeta) como capital, os medos logo se tornaram os senhores de um império que abarcava do Zagros central ao Turquestão, incluindo Persis e, por volta de 600 a.C., também a Armênia e o leste da Anatólia. Sob o rei guerreiro Ciaxares, após um período de domínio cita, haviam capturado Nínive em 612 a.C. e partilhado o reino assírio com os *babilônios, atraindo por isso a atenção de Jeremias. Em 550 a.C., porém, seu idoso rei Astíage foi subjugado pelo persa *Ciro, que dizem ter tido uma mãe meda.

Sob Ciro os medos iriam se tornar de certo modo co-governantes do império; de fato, por vários séculos o mundo externo continuou a aplicar o nome "medo" ao poder imperial (*ver*, p.ex., Ester 1.3). Mas depois que *Dario usurpou o trono, os medos se revoltaram sem sucesso (522-521 a.C.) e perderam toda a condição privilegiada de que haviam desfrutado. Os medos parecem ter deixado, no entanto, considerável legado para as instituições e a titulação da corte persa, e os *magos que formavam o clero iraniano eram originalmente um clã medo. Os medos são mencionados também como uma nacionalidade em Atos 2.9.

J.M. Cook

MEGUIDO. Situada a sudeste do monte Carmelo no acesso oeste ao vale do Jezrael, Meguido assumiu importância geopolítica durante toda sua longa ocupação (início do quarto milênio até início do século IV a.C.). O sítio de 5,25 hectares floresceu na junção de importantes rotas comerciais internacionais que ligavam o nordeste (Hasor, Damasco) ao norte das costas israelitas e fenícias (Aco, Tiro, Sidônia), e a costa sul-central de Israel (planície de Saron, Filistéia, Egito). Várias expedições arqueológicas revelaram ruínas significativas de cada período, incluindo: complexos de templo cananeu do Bronze Antigo-Médio, com um altar circular; um tesouro do Bronze Tardio contendo marfins belamente cinzelados; e estruturas de portão de várias fases, palácios, estábulos (ou paiόis), um sofisticado sistema de abastecimento de água, e instalações de armazenamento de grãos do período israelita. Além de dados arqueológicos, registros egípcios, assírios e bíblicos iluminam a história de Meguido. A Bíblia menciona a incapacidade dos israelitas de controlar essa região durante o período de povoamento; as atividades de construção de edifícios régios ali empreendida por *Salomão durante a Monarquia Unida; e a tentativa fracassada de *Josias de interceptar em Meguido um reforço militar egípcio para a *Assíria contra a *Babilônia. Referências escatológicas posteriores mencionam o vale em torno de Har Magedon (Morro de Meguido) como o local da batalha final entre as forças do bem e do mal.

Ron Tappy

MELQUISEDEC. Rei de Salém e sacerdote de Deus Altíssimo (El Elyon; *ver* Nomes de Deus) que encontrou Abraão quando este estava retornando vitorioso de uma batalha. Ao encontrar o patriarca, Melquisedec deu-lhe pão e vinho e abençoou-o em nome de Deus Altíssimo. Em retribuição, Abraão deu ao sacerdote um décimo dos espólios.

Tradição posterior identificou Salém com Jerusalém, a cidade que o rei *Davi conquistou e transformou em sua capital. Aparentemente, Davi tentou unir o poder real ao sacerdotal apropriando-se da ordem de Melquisedec, o rei-sacerdote.

O autor da Epístola aos *hebreus, citando o Salmo 110.4, afirma que *Jesus é um sacerdote para sempre segundo a ordem de Melquisedec. O fato de Abraão lhe ter pagado dízimos mostra o quanto Melquisedec era grande. O fato de Melquisedec ter abençoado Abraão estabelece sua superioridade, pois o maior sempre abençoa o inferior. Jesus, sendo da mesma ordem, é portanto maior do que Abraão também.

Um dos Manuscritos do Mar Morto retrata Melquisedec como um ser celeste que trará salvação (em cumprimento a Isaías) e julgamento na conclusão do jubileu final.

Na literatura gnóstica Melquisedec é apresentado ora como aquele que traz as águas batismais, ora como aquele que reúne e emite luz. Um dos documentos de Nag Hammadi o descreve como um proeminente sacerdote celeste e figura guerreira que, ao ser batizado, ofereceu-se em sacrifício, de uma maneira que lembra Jesus.

Na versão eslavônia de 2 *Henoc, a mãe idosa e estéril de Melquisedec o concebe milagrosamente, na ausência de intercurso sexual. Ele foi levado para o paraíso, onde deveria ser o chefe de todos os futuros sacerdotes. O texto fala da última geração, quando um novo Melquisedec surgirá; maior que todos os seus predecessores, ele operará milagres e exercerá o poder como rei e sacerdote.

William B. Nelson Jr.

MESOPOTÂMIA. Nome grego que significa "entre os rios". Tal como usado por escritores gregos do século II a.C., denota a terra entre os rios Tigre e *Eufrates desde aproximadamente as fronteiras norte e oeste do Iraque atual até o ponto em que os dois rios ficam muito próximos, perto da atual Bagdá.

"Mesopotâmia" ocorre oito vezes na NSRV. Duas vezes (Deut. 23.4; 1 Cron. 19.6) a palavra traduz *aram naharayim*, o que significa "Aram dos dois rios"; o hebraico transliterado como *Aram-naharaim* é usado três vezes na NSRV. A Septuaginta usa "Mesopotâmia" em Gênesis 24.10 e Deuteronômio 23.4, mas "Síria dos rios" em Juízes 3.8 e "Síria da Mesopotâmia" em 1 Crônicas 19.6.

A expressão "Aram dos dois rios" é similar a "Aram do Bet-Rehov", "Aram de Damasco" e "Aram de Zobah"; estritamente, significa território arameu entre os dois rios, isto é, o noroeste do Iraque e o nordeste da Síria. Ali onde a Septuaginta usa "Mesopotâmia", o que temos não é uma tradução do hebraico, mas o uso de um nome geográfico equivalente. Por causa da diferença em significado entre o uso moderno e o antigo de "Mesopotâmia", as traduções não são coerentes no uso do termo e a tendência moderna é evitar a palavra por completo ou modificá-la.

Para um tratamento mais extenso da história e das culturas da Mesopotâmia, *ver* Assíria; Babilônia.

J. W. Rogerson

MESSIAS. O termo denota um salvador por muito tempo esperado ou desejado, especialmente na tradição *judaica, em que alguns o aplicam ao revolucionário Simão Bar-Kokhba (m.135 d.C.), o místico Shabettai Zevi (1626-76) e outros "falsos messias", e no cristianismo, em que é aplicado exclusivamente a *Jesus Cristo.

A palavra deriva da palavra hebraica bíblica comum *masiah*, que significa "ungido". É transcrita em grego como *messias* e traduzida por *christos*. No Antigo Testamento, o termo é aplicado mais freqüentemente a reis, cuja investidura era especialmente assinalada pela unção, e que recebiam o título de "o ungido do Senhor". Foi aplicada até a *Ciro, rei dos *medos e dos *persas. Há uma possibilidade de que alguns profetas tenham sido ungidos, e segundo alguns textos a investidura de sacerdotes incluía também uma unção, embora isso provavelmente reflita desenvolvimentos políticos posteriores à queda da monarquia; o título não é normalmente dado a sacerdotes ou profetas. Em Zacarias 4.14, passagem datada de 520 a.C., em que rei e sacerdote são descritos como "os dois ungidos", o termo *masiah* é evitado. Na época dos macabeus, contudo, é usado a propósito do sumo sacerdote.

Em seu uso bíblico principal, portanto, "ungido" é praticamente um sinônimo de "rei", em particular *Davi e seus descendentes, e deveria ser compreendido no contexto da ideologia régia documentada nos livros de *Samuel, Reis e Salmos, ainda que seja secundariamente aplicado a sacerdotes e outros. O rei era designado por ordem divina e adotado como filho de Deus. Sua própria pessoa era sacrossanta, o futuro de sua dinastia era divinamente protegido, sendo ele o único instrumento da justiça de Deus na terra. Como ocorria com os ideais e as realidades de *Sião, do *Templo, do sacerdócio e de outras instituições, o descompasso entre os ideais da realeza davídica e a realidade histórica alargou-se, e finalmente a linguagem e as imagens reais passaram a ser aplicadas sobretudo a um futuro rei que se esperava, cujo reino se caracterizaria por justiça, segurança e paz sempiternas. Semelhante figura é conhecida popularmente como "o messias" e os textos bíblicos que a descrevem são conhecidos como "messiânicos", embora o próprio termo "messias" não ocorra com esse sentido no Antigo Testamento. No cerne do messianismo bíblico está a idéia de que Deus intervém na história enviando um salvador para libertar seu povo do sofrimento e da injustiça. Influenciada pela tradição do Êxodo, as histórias de *Josué e *Juízes e instituições religiosas estabelecidas, essa esperança messiânica cristalizou-se em vários modelos. O primeiro é o de um rei como Davi que subjugaria os poderes do mal pela força das armas e implantaria um reino de justiça e paz. Em algumas passagens há menção à sua sabedoria, em outros à sua brandura e humildade. A ênfase recai na iniciativa divina e no resultado da ação, de modo que algumas visões de uma era "messiânica" fazem pouca ou nenhuma referência ao próprio messias.

A crença num messias sacerdote, filho de *Aarão, que surgiria ao lado do messias davídico para salvar Israel, aparece nos Manuscritos do Mar Morto. A figura misteriosa de *Melquisedec fornece um título para alguém que é ao mesmo tempo rei e sacerdote. Um terceiro modelo é o de um profeta, ungido para "trazer boas novas aos oprimidos". A crença no aparecimento de um profeta como *Moisés, conhecido como Taheb ("aquele que traz de volta"), é central no messianismo *samaritano.

Por fim, a tradição segundo a qual o salvador divinamente designado deveria sofrer tem suas raízes em numerosos salmos atribuídos a Davi, bem como na imagem tradicional de Moisés e dos profetas como rejeitados e perseguidos por seu povo. A idéia de que seu sofrimento ou auto-imolação é em si mesmo salvador recebe uma ênfase singular no messianismo cristão.

John F.A. Sawyer

Miguel. Um dos *arcanjos cujo nome é uma pergunta retórica, significando "Quem é como Deus?" (ou, "Quem é como El?"). Na literatura apocalíptica ele é o anjo padroeiro de Israel, que luta por ela contra os anjos de outras nações. Como tal, uma tradição posterior o identifica com o mensageiro divino anônimo chamado "o príncipe do exército de Javé" em Josué 5.13-15. Miguel torna-se também o delegado substituto de um agora transcendente deus da tempestade, que comanda exércitos celestes na luta contra as forças do caos, sendo portanto o adversário de *Satã. A batalha entre eles torna-se um tema artístico favorito e pode ocorrer numa forma variante na lenda de Jorge e o dragão.

Michael D. Coogan

Miquéias. Profeta do século VIII a.C. a quem o livro de Miquéias é atribuído.

Seu nome, Micaiah, significa "Quem é como Yah(weh)?". Praticamente nada sabemos sobre ele além de seu lugar de origem, que foi Morasti, ou Morasti-Gat, uma pequenina aldeia nos contrafortes da Judéia. (Miq. 1.8-16, sem dúvida palavras do próprio Miquéias, confirma a informação fornecida tardiamente no título do livro por um editor, em 1.1., já que aqui ele parece estar falando da parte do mundo que conhece melhor.) A partir de outros indícios internos é provável também que os outros dados do título de abertura sejam válidos, a saber, que ele falou "nos dias dos reis Joatão, Acaz e Ezequias de Judá". Miquéias foi, em outras palavras, um vidente ou profeta de Judá, aproximadamente contemporâneo do muito mais conhecido *Isaías.

Embora os comentários de Miquéias sobre a sociedade judaica correspondam fortemente aos de seu suposto contemporâneo e os suplementem em grande medida, há uma diferença pronunciada de tom entre suas profecias e as de Isaías. Miquéias é a voz da zona rural, de alguém que tem conhecimento empírico dos resultados das más políticas, que Isaías, um aristocrata de *Jerusalém, podia apenas conjecturar, por mais que quisesse se condoer com o sofrimento de seus compatriotas. Miquéias provinha presumivelmente da gente comum, foi alguém que se sentiu chamado naquela época de perturbação a falar em nome do Deus de Israel contra males que já não podiam ser tolerados.

O núcleo do livro remonta ao Miquéias de Morasti, que, na segunda parte do século VIII a.C., estava condenando a dissolução interna de seu país e de sua fibra religiosa e nacional. Sua carreira profética pode ter começado por volta de 725 a.C., quando se tornara evidente que o reino norte de *Israel — onde a profecia se iniciara e que havia sido sempre a "irmã mais velha" do reino de *Judá, ao sul (Ez. 23.1-3) — estava agora condenado a ser tragado na expansão voraz do Império *Assírio. Judá, por uma combinação de política cínica, colaboracionismo e conciliação religiosa inaceitável, ainda seria capaz de resistir ao inevitável por algum tempo; de fato, ela sobreviveu aos assírios apenas para se tornar presa de seus sucessores neo-babilônios. Mas isso se deu ao preço da integridade nacional e religiosa, e no fim o resultado foi o mesmo, como Ezequiel assinalou a posteriori.

Em gerações posteriores as palavras do profeta foram adaptadas a condições diferentes, sofreram acréscimos e ampliações. Esse processo em nada depõe contra a transmissão da palavra bíblica, antes acentua sua integridade. A palavra bíblica, na mente dos que preservaram e desenvolveram as tradições bíblicas, não era morta, dita para um momento, mas uma palavra viva que podia continuar a inspirar a comunidade de fé em que fora engendrada para maior penetração na mente de Deus.

Bruce Vawter, C.M.

Moab. Nação que talvez tenha tido a relação mais estreita com Israel, entre todos os seus vizinhos. Isso é indicado pela afinidade da língua e da tradição de escrita moabitas com o *hebraico; mediante a descendência de *Davi da moabita *Rute e do fato de ter ele enviado seus pais para um santuário em Moab; mediante a lenda do nascimento de Moab através da união incestuosa de *Ló e sua filha mais velha; e mediante afinidades religiosas com o javismo retratadas na Pedra Moabita.

Moab estende-se no lado leste do mar Morto. Moab do norte, que abarcava as planícies de Moab defronte a *Jericó, cobria uma área que ia de pouco acima do ponto mais alto do mar até o Arnon, 40km ao sul, que é em sua maior parte um platô bem irrigado, 600-850m acima do nível do mar; ali se situavam Hesebon, os picos do *Nebo e do Fasga, Mádaba, Bet-Maon, Atarot e Dibon. Moab do sul (a "verdadeira"), estendendo-se do Arnon até o Zared, a divisa com *Edom, é um platô 300m mais elevado e mais marginal no tocante à agricultura. Um texto do faraó Ramsés II (início do século XIII a.C.) designa essa região pelo nome Moab. Levantamentos topográficos, que de início pareciam mostrar um hiato na ocupação de aproximadamente 2000 a 1300 a.C., forneceram mais recentemente indícios de ocupação ao longo de todo o segundo milênio, mesmo no sul. Provavelmente Moab foi primeiro uma sociedade tribal, depois uma monarquia.

As relações entre Moab e Israel são complexas e, a partir dos registros, é difícil discernir se eram de inimizade ou amizade. A questão está estreitamente ligada ao fato de Moab do norte estar ou não sob controle moabita. Assim, Números 21 apresenta o rei *amorreu Seon como tendo removido Moab do norte do Arnon e faz de Seon, não Moab, o adversário de Israel. A história de Balac/Balaão em Números 22-24, por outro lado, retrata inimizade e situa a ação em Moab do norte. A tradição deuteronômica condena Moab por inospitalidade para com Israel durante a jornada transjordaniana, mas afirma que Javé concedeu a Moab seu território (do sul?), e portanto Israel não deve importunar Moab. Juízes 3.12-30 descreve inimizade, mostrando Moab de posse do norte com uma cabeça-de-ponte em Jericó ("cidade das palmeiras"); Juízes 11, por outro lado, sugere amizade com Moab.

Supostamente, *Saul derrotou Moab, mas foi Davi quem a subjugou, militarmente e por tratado de vassalagem. A informação explícita seguinte vem da Pedra Moabita de cerca de 830 a.C., em que

Mesa, rei de Moab em Dibon, afirma ter libertado Moab do norte do controle da dinastia Amri do reino israelita norte, desalojando os "homens de Gad" durante o reinado de *Acab ou mais provavelmente quando da morte dele por volta de 850 a.C. A inscrição de Mesa sugere que Amri havia reconquistado esse controle; tinha Moab escapado à subjugação em algum momento entre Salomão e Amri? Os relatos em 2 Reis 3 (Jorão de Israel) e 2 Crônicas 20 (Josafá de Judá) fornecem episódios da mesma época do conflito com Moab, sugerindo luta pela independência no final da dinastia Amri. E 2 Reis 10.32-33 situa Hazael de Damasco em Moab do norte nesse período; talvez Moab tenha conquistado a liberdade em relação a Israel somente para perdê-la para a Síria.

Moab foi submetida a um controle *assírio frouxo, provavelmente através de tratado de vassalagem, por volta de 732 a.C. Em meados do século VII atuou como um vassalo fiel ao sufocar uma rebelião árabe contra a Assíria. Moab aparece como dependente de *Nabucodonosor, ajudando a reprimir a revolta de Joaquim por volta de 600 a.C. Esse período de subserviência às grandes potências é o cenário de Amós 2.1-3, Isaías 15-16 e Jeremias 48, que vinculam Moab ao império internacional de Javé. Esses oráculos julgam Moab, lamentam-na e transmitem-lhe promessas divinas. Depois que a Babilônia conquista a região, Moab desparece de registros disponíveis, embora a campanha de *Esdras/ *Neemias contra a mistura com estrangeiros sugira que Moab ainda designa um povo no final do século IV a.C.

Edward F. Campbell

MOISÉS. Líder decisivo de Israel em seu Êxodo do *Egito e durante suas divagações no *deserto, e como mediador da Lei, Moisés domina as tradições bíblicas desde o Êxodo até o Deuteronômio. De fato, Êxodo-Deuteronômio parece ter sido editado como uma biografia de Moisés, contando seu nascimento no princípio e sua morte no fim. Entre esses eventos, a Bíblia relata muitos episódios sobre sua vida e obra.

Nascido em segredo durante a opressão no Egito como o mais novo dos dois filhos de um casal *levita, Amram e Jocabed, Moisés ficou escondido por algum tempo para evitar a chacina nas mãos dos egípcios e depois foi posto numa cesta entre os juncos do *Nilo. Descoberto por uma filha do faraó que se apiedou da criança, foi poupado e, através da intervenção de sua irmã mais velha, foi amamentado pela própria mãe. Criado pela filha do faraó como seu filho, a criança recebeu o nome Moisés (*moseh*, entendido como um particípio do verbo *masa*, "extrair"; na realidade o nome parece ser uma forma do verbo egípcio *msw*, "ser dado à luz", ou o substantivo *mesu*, "criança, filho", que aparece em nomes como Thutmose e Ah-mose). Já adulto, Moisés matou um egípcio que viu batendo num hebreu e, quando a notícia de seu ato se espalhou, fugiu do país para salvar sua vida. Refugiando-se em *Madiã, casou-se com Séfora, filha de um sacerdote madianita que é referido ora como Rauel, ora como Jetro, ou ainda como Hobab. Durante sua permanência em Madiã, Séfora lhe deu dois filhos, Gérson e Eliezer.

Enquanto Moisés pastoreava os rebanhos do sogro perto de *Horeb, a montanha de Deus, Deus se revelou numa sarça ardente e ordenou-lhe que voltasse ao Egito e, com a ajuda de Aarão, retirasse os *hebreus da terra da opressão. Moisés retornou ao Egito e, junto com Aarão, produziu sinais e nove pragas para convencer o faraó a permitir aos hebreus sair do Egito, fosse para empreender uma viagem de três dias até o deserto para oferecer sacrifício a Deus, fosse para deixar definitivamente a terra. Os sinais e pragas não convenceram o faraó, que repetidamente deu e retirou sua permissão para a partida. Com a décima praga, a mortandade dos primogênitos, o faraó e seu povo instaram os hebreus a partir.

Moisés e o povo partiram somente para serem perseguidos pelo faraó, cujo exército afogou-se nas águas do mar *Vermelho, depois que elas se haviam aberto para deixar que os israelitas as atravessassem.

Durante sua longa permanência no deserto e em sua viagem à *Terra Prometida, Moisés suportou os recorrentes resmungos e queixas do povo. Ajudou a assegurar boa água potável, administrou o recebimento de codornizes e maná, comandou sua guerra com os *amalecitas e, por sugestão do sogro, instituiu juízes para ouvir e adjudicar as contendas do povo.

No *Sinai, Moisés ordenou ao povo que observasse os mandamentos de Deus, transmitidos a ele durante uma estada de quarenta dias na montanha e depois comunicados ao povo e subseqüentemente escritos seja por Moisés ou por Deus. Recebeu instruções para a construção do tabernáculo e seu mobiliário. As primeiras tábuas da Lei apresentadas a Moisés foram despedaçadas por ele quando retornou ao acampamento e descobriu que Aarão supervisionara a construção de um bezerro de ouro à cuja volta o povo estava celebrando. Moisés interveio para que Deus não destruísse o povo, e Deus ou Moisés escreveu novamente, durante um segundo período de quarenta dias, as palavras dos mandamentos, que foram novamente proclamadas para o povo. Moisés supervisionou então a construção e ereção do tabernáculo, recebeu outras leis e instruções, consagrou o tabernáculo e ordenou Aarão e seus filhos como sacerdotes.

Após uma permanência de onze meses no Sinai, foi feito um censo dos varões não levitas com mais de vinte anos, a idade para o serviço militar, que somaram 603.550, dos levitas de um mês em diante, que somaram 22.000 e dos primogênitos de um mês em diante, que somaram 22.273. Após receber outros mandamentos de Deus, consagrando os levitas, supervisionando o recebimento e o emprego das ofertas especiais dos chefes, Moisés e o povo observaram o Pessach e partiram do Sinai no vigésimo dia do segundo mês do segundo ano após terem deixado o Egito.

Durante os trinta e nove anos seguintes, Moisés liderou o povo em suas jornadas no deserto. Cades (-Barne), um oásis no norte do deserto do Sinai, e suas cercanias são o cenário de muitos dos episódios relatados em Números 11.1-20.21. Durante esse período, o povo continuou a resmungar e a se queixar, foi alimentado com maná e codornizes, e dispôs de água. Moisés confrontou-se com queixas a propósito de sua mulher (se era Séfora ou não, permanece incerto) da parte de *Maria e Aarão e com uma rebelião liderada por Coré e seus associados. Enviaram-se espiões para fazer um reconhecimento de *Canaã, mas eles retornaram com notícias desanimadoras sobre a força dos habitantes. Uma tentativa tardia de invadir a região a partir do sul, aparentemente sem a aprovação de Moisés, foi desastrosa. Durante esses episódios, Moisés e Aarão receberam novas ordens de Deus a serem comunicadas ao povo. Após a morte e sepultamento de Maria em Cades, Moisés enviou mensageiros ao rei de *Edom para pedir permissão para passar por seu país, mas o pedido foi negado.

A última fase da vida de Moisés (trinta e oito anos, segundo Deut. 2.14) foi dedicada ao movimento do povo rumo à Transjordânia e à sua conquista. Viajando a partir de Cades, derrotaram o rei de Arad e chegaram ao monte Hor, onde Aarão morreu. Deixando o monte Hor, Moisés conduziu o povo mais ao sul para contornar a terra de Edom. Quando Deus enviou serpentes flamejantes contra o povo por causa de sua impaciência, Moisés construiu uma serpente de bronze como instrumento de cura. Finalmente o povo chegou ao território ao norte da terra de *Moab, onde derrotou os reis Seon dos *amorreus e Og de Basã. Enquanto os israelitas acampavam perto do *Jordão do lado oposto a *Jericó, o rei Balac de Moab contratou *Balaão para amaldiçoar Israel. Depois que uma praga devastou o povo por causa de sua adoração do Baal de Fegor, Moisés ordenou a realização de um censo, que contou 601.730 varões com mais de vinte anos aptos para a atividade militar. Após o censo, Moisés recebeu instruções de Deus sobre a divisão da terra, sobre os direitos de herança das mulheres, a designação de Josué como seu sucessor, um calendário de sacrifícios e votos das mulheres. Uma batalha contra os madianitas proporcionou a oportunidade para instruções divinas sobre a divisão de espólios de batalha. Moisés atribuiu o território capturado na Transjordânia às *tribos de *Rúben e *Gad e metade da de *Manassés e transmitiu instruções divinas sobre a divisão da terra a oeste do Jordão e a reserva de cidades para os levitas e de *cidades de refúgio para os culpados de homicídio acidental.

Na véspera de sua morte, no primeiro dia do décimo primeiro mês do quadragésimo ano após o Êxodo, Moisés fez uma série de discursos de despedida para o povo, expondo novamente a Lei e suas exigências para a vida na terra, oferecendo um adeus pessoal, uma canção, e bênçãos às tribos. Com Josué apropriadamente designado seu sucessor, e tendo inscrito sua canção e escrito e dado instruções para a leitura e a guarda do livro da Lei, Moisés se dirigiu por ordem de Deus para o topo do monte *Nebo, avistou a Terra Prometida e morreu com a idade de 120 anos, cheio de vida e vigor. Foi enterrado pelo Senhor, "Mas ninguém até hoje sabe onde fica a sepultura" (Deut. 34.1-8). Deus não permitiu a Moisés entrar na terra que ele avistou, seja por causa da falha dele próprio em promover um reconhecimento adequado de Deus, seja por causa dos pecados do povo.

Qualquer tentativa crítica de avaliar a historicidade do retrato de Moisés apresentado de Êxodo a Deuteronômio deve levar em conta algumas características dessa literatura e de sua apresentação. Primeiro, muitas histórias são legendárias em caráter e basearam-se em temas de contos populares encontrados em várias culturas. O tema da criança ameaçada que acaba por se tornar um grande personagem, por exemplo, foi empregado da Mesopotâmia a Roma e aparece nas histórias sobre Sargão o Grande, Hércules, Édipo, Rômulo e Remo, *Ciro e *Jesus. Segundo, a teologia de Israel situava a entrega da Lei e a formação da vida nacional fora da terra que ocupava, e por isso considerava o período no deserto um tempo de germinação. Em conseqüência, leis e instituições de diversas épocas e condições são situadas nessa era formativa. Terceiro, as duplicações nos textos e a freqüente falta de coesão nas narrativas e de coerência nos detalhes indicam que o material é compósito e tem múltiplas camadas. Quarto, a falta de quadros de referência externos torna impossível conectar qualquer dos eventos descritos acerca de Moisés com a história de outras culturas. O faraó egípcio da opressão, por exemplo, permanece anônimo e nenhuma fonte não bíblica da época menciona Moisés. Por fim, Moisés é descrito como o arquétipo de diversos ofícios. Durante todo o tempo é representativo não somente do bom chefe, mas também do juiz e do administrador legal, do intercessor, do fundador de culto e profeta ideais. Em todas essas atividades destacava-se, servindo assim como o padrão pelo qual outros eram julgados.

Na literatura bíblica fora do *Pentateuco, Moisés é mencionado o mais das vezes nas expressões "o livro de Moisés", "a lei de Moisés" e "o livro da lei de Moisés", indicando o desenvolvimento do conceito da Torá como tal e de sua autoridade especial e autoria mosaica, temas que se tornarão centrais para a tradição judaica posterior. A mesma implicação da autoridade especial dos primeiros cinco livros da Bíblia, os livros de Moisés, é encontrada no Novo Testamento, em que há repetidos apelos ao que Moisés disse, bem como à "lei de Moisés" e ao "livro de Moisés".

A tradição pós-bíblica desenvolveu a biografia de Moisés de seu nascimento à sua morte em textos como o *Testamento de Moisés* e na literatura da *agadah*. Detalhes desses embelezamentos são encontrados também no Novo Testamento na referência a *Janes e Jambres e no relato da disputa entre *Miguel e o diabo pela posse do corpo de Moisés (Judas 9).

Essas lendas da *agadah* eram do conhecimento também de escritores judeus helenísticos como *Filo e Josefo, que lhes acrescentaram o conceito helenístico do homem ideal, de tal modo que os detalhes da vida de Moisés o fazem aparecer como o ser humano consumado e, como tal, o fundador apropriado do Estado teocrático. Esse pode ser o pano de fundo para os paralelos traçados no evangelho de Mateus entre as vidas de Moisés e Jesus. Para Mateus, contudo, como para o autor da Epístola aos hebreus, Jesus é superior: a presença de Moisés na transfiguração confirma a condição de filho que Jesus possuía, e essa condição de filho é claramente superior à de Moisés como servo de Deus.

A tradição artística de representar Moisés com chifres na testa surgiu do entendimento, por tradutores antigos do hebreu, do verbo hebraico *qaran* como relacionado com o substantivo *qeren*, "chifre"; uma alternativa é compreender o verbo como significando "brilhar".

John H. Hayes

MULHERES. Este verbete sobre o papel e a condição das mulheres consiste de quatro artigos:

Visão geral
Oriente Próximo antigo e Israel
Período do Segundo Templo
Cristianismo primitivo

O artigo introdutório é uma visão geral da condição das mulheres nos tempos bíblicos, os demais são discussões mais detalhadas sobre mulheres no Oriente Próximo antigo e Israel, *no judaísmo do* Período do Segundo Templo *e no* Cristianismo primitivo. *Discussões relacionadas são encontradas em verbetes sobre mulheres individuais mencionadas na Bíblia.*

Visão geral

Antes do exílio babilônio em 587/586 a.C., as mulheres gozavam em Israel de uma condição e uma liberdade comparáveis às do homens. Israel vivia num mundo patriarcal, mas sua sociedade era sempre conformada por uma fé que dava igualdade às mulheres aos olhos de Deus. Assim, a mulher é compreendida na história de Gênesis 2.18, do século X a.C., como o complemento necessário do homem e sua auxiliar numa relação de companheirismo e ajuda mútuos, assim como macho e fêmea são ambos necessários para a imagem de Deus no relato de Gênesis 1.27, do século VI a.C. A subordinação das mulheres aos homens é vista como uma conseqüência do pecado humano, e a prática subseqüente da poligamia é uma manifestação da difusão do pecado.

Na Israel pré-exílica, encontram-se mulheres servindo como *profetisas, *juízas e *rainhas. Elas jamais são excluídas do culto de Deus. São por vezes veneradas como modelos de sabedoria. A honra das mães é equivalente à dos pais na lei básica de Israel, os Dez Mandamentos. Os direitos de família de viúvas e mães são protegidos por lei. A mulher que se envolve em empreendimentos comerciais lucrativos, que ensina com sabedoria, e que serve à comunidade mediante atos de caridade é reverenciada como um ideal.

Embora as mulheres solteiras vivessem sob a autoridade de seus pais em Israel, o amor e a escolha no casamento eram conhecidos, e a mulher não era nunca considerada uma propriedade a ser barganhada. O amor sexual era celebrado como uma dádiva de Deus e a relação marital era de tal modo valorizada que podia servir de metáfora do amor entre Deus e seu povo escolhido — uma impossibilidade se o casamento fosse uma relação repressiva para a mulher.

As histórias pré-exílicas da Bíblia que exibem crueldade em relação a mulheres e as tratam como objetos de degradação refletem o ambiente em que Israel vivia e pretendem ser protestos contra ele.

Quando Israel foi levada para o exílio babilônio, seus sacerdotes no exílio determinaram que iriam traçar um plano para a vida de Israel que asseguraria que ela jamais seria de novo julgada por Deus. Assim, coletaram e escreveram uma legislação sacerdotal que iria assegurar o ritual e a pureza social de Israel. Ao mesmo tempo, enfatizaram a importância da circuncisão como um sinal da aliança. Essa ênfase levou a sexualidade para o domínio do culto e relacionou as mulheres à comunidade da aliança apenas através de seus homens. O sangue do sacrifício no altar tornou-se o meio de expiação do pecado, e o sangue fora do ritual tornou-se ritualmente impuro. Assim, as mulheres foram excluídas do culto durante sua menstruação e parto. Na verdade, foram cada vez mais segregadas no culto e na sociedade. Só tinham acesso ao sagrado através de seus homens. Um pátio das mulheres foi acrescentado ao *Templo para afastá-las do santuário. Seus votos a Deus deixaram de ser considerados tão valiosos como os dos homens, e um marido podia anular o voto de sua mulher. No período do Segundo Templo, as mulheres foram impedidas de testemunhar em juízo; não deviam ser vistas em público ou falar com estranhos, e fora de casa deviam usar um duplo véu. Não podiam sequer ensinar ou aprender a Torá em suas casas — a grande distância daquele tempo em que Hulda, a profetisa, interpretava o Deuteronômio para o rei *Josias — e não podiam receber instrução. Haviam se tornado judeus de segunda classe, excluídas do culto e do ensinamento de Deus, com condição mal superior à dos *escravos.

As ações de *Jesus de Nazaré em relação a mulheres foram portanto revolucionárias. Ele não hesitou em envolver até mulheres estrangeiras impuras em conversação pública. Ignorou todas as restrições de impureza ritual. Ele próprio ensinou mulheres, deu-lhes uma posição igual à dos homens como filhas de *Abraão, serviu-lhes abertamente como "filhas da sabedoria" e conferiu-lhe o mais elevado respeito como pessoas. Mulheres pertenciam ao círculo mais íntimo dos discípulos e foram indicadas como as primeiras testemunhas da ressurreição. O Quarto Evangelho se inicia e termina com o testemunho de Cristo por uma mulher.

As mulheres desempenharam portanto um papel capital no cristianismo primitivo, sendo batizadas e recebendo o Espírito, praticando atos de caridade, sendo presas por sua fé e servindo como ministras da Igreja. Tinham permissão para pregar no culto, bem como para profetizar e ensinar. Sua condição igual em Cristo foi fortemente afirmada por Paulo, segundo o qual a antiga subordinação das mulheres em Gênesis 3.16 fora superada por Cristo. Ao se deparar com o abuso da liberdade cristã em suas igrejas, contudo, Paulo podia retornar às suas origens farisaicas para silenciar tanto homens quanto mulheres querelantes em suas congregações.

À medida que se difundiu pelo mundo romano do final do século I e início do século II d.C., o cristianismo enfrentou a necessidade de consolidar sua doutrina e regularizar sua forma de governo, em oposição a judaizantes e gnósticos. Lamentavelmente, num ambiente estrangeiro, a Igreja conquistou esses desenvolvimentos ao preço da liberdade das mulheres. Porque algumas mulheres foram vítimas de ensinamentos gnósticos, foi-lhes proibida a chefia em algumas igrejas, com base nas interpretações rabínicas das Escrituras. Padrões patriarcais de casamento reafirmaram-se, embora fossem com freqüência temperados por uma visão elevada do vínculo conjugal e da sujeição mútua de marido e mulher a Cristo. E, o que foi o mais importante, lutas políticas de poder pelo controle de distritos eclesiásticos levaram à formação de uma hierarquia masculina na Igreja que em muitos casos perdura até hoje, em oposição ao testemunho de grande parte da Bíblia.

Elizabeth Achtemeier

Oriente Próximo antigo e Israel

As imagens de mulheres na Bíblia foram moldadas por gêneros literários e coloridas por circunstâncias históricas e ideologias políticas. Ademais, ao longo dos últimos dois milênios e meio a Bíblia acumulou ressonâncias adicionais das tradições religiosas que a tomam por fundamento. Em essência, no entanto, a Bíblia é um documento do Oriente Próximo antigo e é nesse contexto que pode ser mais bem estudada e compreendida.

As mulheres e a família. A família e os laços de família determinavam a condição e o destino das mulheres, tanto quanto dos homens. O nome formal de um homem ou mulher israelita incluía o nome do pai; alternativamente, uma mulher podia ser referida como "P (prenome) a mulher de P". Os filhos eram subordinados ao pai até que este e a mãe fizessem arranjos para seu casamento. Não obstante, a poesia de amor da Mesopotâmia, do Egito e de Israel (Cântico dos cânticos) sugere que os filhos podem ter tido alguma influência na escolha de seus pais. Ao se casar a noiva israelita se mudava para a casa do marido e a partir de então ficava subordinada a ele.

As tensões numa sociedade tão enraizada na família manifestam-se por vezes na Bíblia. Os insultos a *Agar, *Dina e às duas mulheres chamadas Tamar originam-se em parte na dinâmica sexual da família. Uma *viúva sem filhos tinha pouca autonomia e devia retornar à casa do pai. Viúvas com filhos, mulheres divorciadas e *prostitutas eram provavelmente menos dependentes da autoridade masculina, mas se eram pobres sua vida podia se tornar precária na ausência de um protetor masculino aparentado.

A Bíblia reflete o duplo padrão de Israel em sua atitude para com a sexualidade masculina e feminina. A virgindade era exigida da noiva mas não do noivo; em contraposição, na Babilônia antes do século VI a.C. a virgindade da noiva não era uma parte importante dos acordos de casamento. Os maridos eram livres para visitar prostitutas, ainda que gozassem de direitos exclusivos sobre a sexualidade de suas esposas. Em Israel, o adultério com uma mulher casada significava morte para ambos os transgressores, mas um homem que violasse uma virgem não comprometida era simplesmente obrigado a desposá-la. Deuteronômio 24.1-4 sugere que somente homens impetravam divórcios. Em apenas um livro da Bíblia, Cântico dos cânticos, a sexualidade masculina e a feminina são descritas de maneira igualmente positiva.

As limitações impostas às mulheres do Oriente Próximo antigo podem ser vistas em parte como uma função de sistemas patrilineares que procuram manter os filhos e os bens na família, e não como um exemplo da baixa condição da mulher. As famílias usualmente traçavam suas genealogias através da linhagem masculina, com os filhos herdando a maior parte dos bens do pai. O termo bíblico para a casa da família, "a casa paterna", reflete a prioridade da linhagem familiar paterna. Uma esposa suspeita de infidelidade ameaçava portanto mais do que a mera honra do esposo; a identidade de seus filhos não mais poderia ser vinculada com segurança ao esposo e sua linhagem.

Quando não havia filhos, filhas podiam desempenhar um papel na preservação da integridade dos bens da família. Em Nuzi, no leste da Assíria, e em Etmar na Síria, um pai sem filhos podia declarar sua filha legalmente um filho e herdeiro. De maneira semelhante, Números 36 autoriza as filhas de Salfaad a herdar a propriedade do pai, mas com a condição de se casarem dentro do clã paterno. O fato de os patriarcas serem aparentados com suas esposas pode ser um reflexo de preocupações desse teor.

Não surpreende que a maior parte das referências bíblicas a mulheres digam respeito a mães. Enquanto o servo de *Abraão enumera a grandeza de seu senhor em termos de bens, a proeminência de *Sara vem do fato de ser potencialmente, depois realmente, a mãe de Isaac. Raquel e Ana sofrem por sua aparente esterilidade. O único preceito nos Dez Mandamentos que trata homens e mulheres igualmente é o de honrar pai e mãe.

O foco da Bíblia em instituições e valores dominados pelos homens ignora os detalhes da vida cotidiana das mulheres no lar. Embora a Bíblia retrate homens e mulheres preparando comida, presume que as mulheres cozinhavam para suas famílias. As mães asseguravam os cuidados básicos e a criação dos filhos até que eram desmamados por volta dos três anos de idade. A partir de Provérbios 1.8 e 31.1 e por analogia etnográfica, revela-se que as mães eram também responsáveis pela socialização e grande parte da educação moral dos filhos pequenos.

As mães têm papel particularmente destacado num dos tipos mais conhecidos de história bíblica, a do nascimento miraculoso de um filho para uma mãe estéril. Apesar de seu foco principal em Deus e na criança, o gênero tem o cuidado de assinalar a mãe como especial. Por exemplo, o faraó, o homem mais poderoso do mundo, não consegue resistir à beleza de Sara (cf. as histórias similares de Raquel, da mãe de *Sansão e de Ana). Esse tema reaparece nas narrativas do Evangelho sobre *Maria, cuja virgindade, não esterilidade, serve para indicar que o nascimento de Jesus é o mais milagroso de todos.

Padrões sociais e poder feminino. Combinando etnografia e arqueologia, os estudiosos estão reavaliando a natureza da comunidade israelita pré-monárquica (1200-1000 a.C.) e do papel das mulheres nesse período. O padrão de residências complexas em pequenas aldeias era provavelmente uma resposta à necessidades de mão-de-obra geradas pelo ambiente agrário da Israel dos primeiros tempos. A casa de Miquéias, com aposentos ocupados por

Miquéias, sua mãe, seus filhos (e talvez as esposas destes), um sacerdote contratado e criados, espelha a evidência arqueológica. Como cada membro da casa dava uma contribuição decisiva para seu funcionamento, as mulheres tinham mais espaço para exercer uma autoridade informal. De fato, a Bíblia aceita como normativo o fenômeno de esposas que aconselham e influenciam os maridos (p.ex., *Eva; a mãe de Sansão; Abigail; a sunamita; a mulher de Jó).

É dito que *Samuel previu no final do século XI a.C. que a monarquia desagregaria a família rural e perturbaria antigos padrões de autoridade familiar formal e informal. E, de fato, pequenas glebas alodiais deram lugar a grandes propriedades fundiárias, embora a economia de Israel continuasse baseada na agricultura, e as mulheres da zona rural provavelmente influenciassem suas famílias mais que as da cidade. Instituições urbanas reais, militares, econômicas e religiosas dominadas pelo homem passaram a predominar na modelação da cultura israelita e a definir suas normas e valores. A Bíblia enraíza-se nessas instituições; isso explica por que tanto das vidas, experiências e valores das mulheres israelitas permaneceu oculto e inacessível.

O estatuto legal das mulheres. Tabletes cuneiformes mostram que, ao longo da história, esposas e viúvas mesopotâmias abastadas faziam contratos comerciais e compareciam aos tribunais como querelantes, defensoras e testemunhas. Tomavam dinheiro emprestado, emprestavam, e compravam e vendiam bens. Quase sempre, a mulher está agindo de comum acordo com o marido ou outro membro varão da família, ou em nome deles. No Egito, mulheres de diferentes estratos sociais envolviam-se em demandas judiciais e possuíam casas e campos, que, ao que parece, podiam legar como quisessem (mas em geral dentro da família).

Sinetes israelitas e impressões de sinetes com nomes de mulheres fornecem importante indício de que em Israel, como na Mesopotâmia e no Egito, as mulheres tinham o direito de assinar documentos, um fato que a Bíblia jamais sugere. Ideais relativamente igualitários estão subjacentes às antigas leis de Êxodo 21.26-32, em que o valor atribuído a uma injúria independe do sexo da parte injuriada. Mas leis casuísticas que começam com "Se um homem..." referem-se usualmente ao homem com a palavra hebraica *is* (um varão) e não com o genérico *adam* (ser humano). Quando uma lei ocasional aplica-se claramente a homens e mulheres, *issa* ("mulher") pode ser acrescentado. Leis apodícticas são enunciadas na segunda pessoa em formas verbais masculinas e podem excluir implicitamente as mulheres, como o fazem muitos termos sociais coletivos. Por exemplo, em Êxodo 19.14 Moisés retorna para "o povo", que no versículo seguinte recebe ordem de se manter à distância das mulheres.

Atividades das mulheres fora de casa. Além de serem esposas, concubinas e mães, as mulheres são mostradas na Bíblia trabalhando nos campos, buscando água e pastoreando rebanhos. Eram parteiras e amas. Residências reais empregavam mulheres como perfumistas, padeiras, cozinheiras e cantoras. Embora só homens sejam mencionados como oleiros na Bíblia, analogias etnográficas sugerem que as mulheres eram qualificadas nesse importante ofício, assim como na tecelagem. Há referências a mulheres escravizadas, alguma das quais poderiam ser escravas por dívidas ou prisioneiras de guerra. As prostitutas eram toleradas, mas, como na Mesopotâmia, relegadas às margens da sociedade (Deut. 23.17 proscreve apenas prostitutas associadas a cultos não-javistas).

Mulheres de governantes, rainhas e nobres podiam agir com relativo grau de autonomia. A rainha de Sabá, que talvez tenha pertencido a uma dinastia de rainhas árabes, negociou com o rei *Salomão. Fórmulas bíblicas de acessão ao trono em 1 e 2 Reis têm o cuidado de registrar o nome da mãe de cada novo rei de Judá, e a rainha-mãe pode ter tido uma posição quase oficial.

Prática e experiência religiosa das mulheres. Todos os indícios bíblicos da experiência religiosa das mulheres foram filtrados por olhos masculinos; assim muito permanece oculto. A descrição da esposa ideal, por exemplo, menciona seu conselho sábio, mas nada diz sobre atividade religiosa. Homens e mulheres incorriam em impureza ritual temporária, e por conseqüência em exclusão do culto, por emissões genitais, mas a menstruação apenava especialmente as mulheres. Após o nascimento de um filho uma mulher era impura por sete dias, mas por catorze após o nascimento de uma filha.

As leis bíblicas obrigavam os homens a comparecer às três principais festas de peregrinação, mas mulheres como Ana claramente participavam também. Durante o festival ela ora e faz um voto, e quando Samuel nasce ela louva Deus com uma canção de ação de graças. A legislação detalhada com relação aos votos das mulheres sugere que essa era uma forma significativa da piedade feminina. A piedade pessoal de várias mulheres aparece em relatos sobre viúvas ou esposas que consultam profetas ou os auxiliam. O tema evangélico de mulheres rogando a Jesus e seguindo-o deriva em parte dessas histórias.

A Israel monoteísta diferia da Mesopotâmia e do Egito, onde as mulheres serviam a muitas deidades como sacerdotisas e até como sacerdotisas supremas. O clero israelita consistia de homens que herdavam a função de seus pais. Algumas mulheres em Israel, chamadas *qedesot* (outrora traduzido como "prostitutas sagradas"), eram aparentemente consagradas a cultos não-javistas, mas sua função não é clara. As mulheres serviam em algum caráter não explicado no tabernáculo e, após o exílio, o *Templo empregava mulheres cantoras.

Não é claro o que faziam as mulheres israelitas nas festas de peregrinos e como seu culto diferia do dos homens, mas esta é uma questão instrutiva. Reconhecendo que a diferenciação de gênero — de par com os preconceitos do observador — desempenha um papel na determinação do que é considerado "religioso", os estudiosos estão começando a reavaliar as formas antigas da piedade das mulheres. Por exemplo, Ana permanece em casa durante a festa para cuidar de Samuel, o que poderia sugerir que a espiritualidade das mulheres dependia da dos homens e lhe era secundária. Está ela isolando-se temporariamente de Deus, ou havia rituais compensatórios centrados no lar?

Afora a preparação do cadáver e as lamentações fúnebres, as mulheres israelitas sem dúvida participavam em outros rituais relacionados com o ciclo da vida. Suspeita-se que parteiras realizavam rituais de nascimento. A tradição do luto pela filha de Jefté pode ter sido um rito de passagem para meninas adolescentes. Séfora realiza uma circuncisão relacionada com o casamento. As profetisas *Débora e Hulda eram mulheres casadas; talvez devessem ser comparadas a mulheres pós-menopausa de outras sociedades, que se tornam religiosas praticantes.

*Maria, Débora, Hulda e Noadias são chamadas *profetas. A profecia de Débora e Hulda não parece diferir em nada da profecia masculina. Na época em que vivia Hulda (século VII a.C.), os *assírios estavam muito interessados e influenciados por profecias; textos mencionam profetisas, muitas das quais parecem de atuado independentemente de qualquer culto realizado no templo.

Lutas de poder entre famílias sacerdotais são subjacentes ao relato em Números 12 da revolta de Maria e *Aarão. Miquéias 6.4 cala-se acerca de qualquer má ação e louva igualmente Maria, Moisés e Aarão como libertadores. A própria presença de Maria no relato do *Êxodo e das errâncias pelo deserto, complementada com o registro de sua morte em Números 20.1, sugere que ela foi uma importante líder nas matérias ligadas ao culto na memória israelita.

Certas práticas que a Bíblia considera abomináveis podem por vezes ter constituído atividade religiosa israelita convencional. Uma participação feminina significativa pode ser procurada em tipos de culto perdidos, ocultos ou proibidos. A Bíblia condena *Saul por consultar o fantasma de Samuel por meio de uma mulher em Endor (*ver* Bruxos), e reprova o que parece ser um culto dos mortos; no entanto, pesquisa recente mostrou que o culto de ancestrais mortos era importante para muitos israelitas. Nos dois episódios bíblicos que envolvem terafins (deuses domésticos relacionados com o culto de ancestrais mortos), as pessoas que os manuseiam são mulheres.

As numerosas estatuetas de argila (muitas vezes chamadas estatuetas de Aserá) encontradas em contextos israelitas domésticos e funerários devem ter tido uma função religiosa, talvez relacionada com um culto da deusa-mãe. Indícios de Kuntillet Ajrud, no Sinai, e outros lugares, em combinação com reavaliações do texto bíblico, sugerem que muitos israelitas durante a monarquia adoravam a deusa cananéia *Aserá, possivelmente até como consorte de Javé.

Duas exceções à tendência da Bíblia a tratar as mulheres como membros menores da congregação religiosa são dignas de nota; ambas marcam a inauguração de uma nova era religiosa em *Jerusalém. Quando Davi instala a arca em Jerusalém, mulheres e homens partilham a refeição ritual, e quando *Esdras executa sua leitura pública da Torá, o texto enfatiza que sua audiência consiste de homens e mulheres de discernimento. Lembrando esta última passagem, Gênesis 1 pressupõe a igual condição de homem e mulher; a inclusão dos gêneros nesse texto (geralmente datado no período exílico) pode refletir a importância das mulheres entre os exilados na manutenção da coesão da família, da comunidade e da religião na ausência de instituições dominadas pelos homens como a monarquia e o corpo de sacerdotes do Templo, que não mais podiam ser vistos como guardiães da identidade nacional.

Simbolismo feminino. As mulheres desempenham importante papel no repertório simbólico da Bíblia. Umas das mais notáveis e influentes metáforas na Bíblia é a personificação da *Sabedoria como uma mulher. Jeremias 31.15 descreve Israel devastada pela guerra como uma mãe, Raquel, a chorar por seus filhos mortos. Numa metáfora bíblica muito conhecida, Deus também se torna um genitor que sente exasperação mas também compaixão — literalmente "comoção no útero" — pelo fruto Israel. Israel, Jerusalém, e até nações e cidades estrangeiras podem ser personificadas como filhas. O casamento torna-se uma metáfora central para descrever a intimidade passada e futura de deus, o esposo, e Israel, a esposa, que com muita freqüência se transforma numa adúltera ("agindo como uma meretriz") com outros deuses. Considerações políticas ajudam a explicar a função de algumas mulheres na Bíblia. Abisag é na realidade um títere simbólico, primeiro das tribos do norte, depois de Adonias. A história de *Raab e a presença de mulheres em genealogias servia para sugerir que os descendentes dessas mulheres pertenciam a parentelas consideradas subordinadas por tribos israelitas mais dominantes.

Leis bíblicas contra deitar-se um homem "com um varão como com uma mulher" e contra o uso de roupas próprias do outro sexo sugerem que os limites entre as esferas masculina e feminina não devem ser transpostos. As mulheres não são guerreiras; por isso é a suprema humilhação para Sísara e Abimelec morrer nas mãos de uma mulher (cf. Judite). O oráculo de Jeremias contra a Babilônia chega a ameaçar os mercenários babilônios de se tornarem mulheres. Ao mesmo tempo, nas imagens deliberadamente chocantes que caracterizam o discurso profético, Jeremias condensa a novidade da era em que Jerusalém será restaurada sugerindo uma espécie de inversão de gêneros.

Idéias negativas sobre as mulheres. As mulheres na Bíblia são geralmente menos importantes que os homens e sujeitas à autoridade masculina, mas, paradoxalmente, são também muito poderosas sob um aspecto, sua capacidade de persuasão sedutora. A Bíblia destaca as mulheres estrangeiras como perigosas, propensas a desviar seus parceiros do javismo exclusivo. Condena a fenícia *Jezabel por convencer Acab a abandonar a aliança israelita com Javé. A cananéia *Raab e *Rute a moabita são exceções como boas estrangeiras que tomam Javé como seu Deus. O fenômeno oposto — mulheres israelitas levadas à apostasia por homens estrangeiros — é tratado apenas metaforicamente, quando Israel é personificada como uma esposa adúltera que foi infiel a seu esposo, Javé.

Os profetas condenam as mulheres fúteis e egoístas e Provérbios despreza mulheres briguentas e teimosas. A mulher "estranha" de Provérbios 1-9, uma combinação de todos os tipos femininos negativos possíveis (uma adúltera, uma prostituta ligada ao culto, uma deusa, uma estrangeira), é uma criação literária que funciona retoricamente como o oposto exato de uma figura feminina positiva, Senhora *Sabedoria.

A avaliação negativa que a Bíblia faz de várias mulheres pode ter origem num subtexto político ou retórico não expresso (p.ex., Micol, Jezabel, Atalia, Gomer). A mulher de Putifar e Dalila são realmente mulheres más, mas os folcloristas reconhecem que essas mulheres "más" desempenham um papel crucial, impelindo o protagonista para a posição de herói, um padrão de história repetido em inúmeros contos populares.

Gênesis nunca se refere a uma mulher como a causa da condição humana (*ver* Eva). A mais antiga referência bíblica a esse conceito ocorre em Sirácida 25.24 (início do século II a.C.). Essa é uma doutrina, como outras relacionadas sobre o pecado original e *Satã, que se desenvolveu durante o Período do Segundo Templo (c.500 a.C.-70 d.C.), para ser depois retomada pelos cristãos primitivos.

Realidade social e padrões de narrativa. Investigadores da história das mulheres vêem com interesse a interseção entre símbolos religiosos e padrões de narrativa, por um lado, e realidade social por outro. O fato de Ishtar ou Hator serem deidades femininas respeitadas não significa que mulheres reais pudessem alcançar um poder comparável na sociedade mesopotâmica ou egípcia.

Apesar disso, na sociedade real e na literatura, as mulheres que atuam nas margens superior ou inferior da sociedade normativa — rainhas, viúvas ricas, sacerdotisas, prostitutas — podem transcender limites determinados pelo gênero em outras circunstâncias estáticos. Como sacerdotisa suprema do deus sumério do humor, a princesa Enheduanna (século XXIII a.C.) compôs hinos que talvez tenham fornecido modelos para hinistas posteriores. A prostituta Raab negocia com sucesso em prol do bem comum de sua família e de Israel. Na Epopéia de Gilgamesh, a prostituta Shamhat é essencial na passagem de Enkidu da bestialidade para a civilização; seu papel pode ser proveitosamente comparado ao de Eva em Gênesis. Antropólogos observaram que essa qualidade mediadora é freqüentemente uma característica da feminilidade.

Um padrão recorrente em histórias bíblicas sobre mulheres é o uso que elas fazem de obliqüidade, até de subterfúgio, para alcançar fins divinamente sancionados. Por meio de ações aparentemente tortuosas, que invertem ou subvertem hierarquias sociais estabelecidas mas restritivas, mulheres muitas vezes originam uma nova ordem de vida e liberdade.

Mary Joan Winn Leith

Período do Segundo Templo

O interesse pelo papel e a condição das mulheres no judaísmo do Segundo Templo (e no judaísmo e no cristianismo de maneira geral) aumentou exponencialmente nos últimos vinte e cinco anos. À medida que a pesquisa avançou, contudo, foi reconhecida a dificuldade de recuperar vozes de mulheres de uma tradição textual patriarcal fundamentalmente silenciosa. Os principais grupos de textos do período do Segundo Templo são de foco androcêntrico, escritos por autores masculinos para um público masculino, e mencionam mulheres apenas raramente e em geral em contextos periféricos. Um segundo corpo de dados que pode ser utilizado na investigação da vida de mulheres é arqueológico, os vestígios materiais da sociedade tanto na Palestina quanto na *Diáspora. Mas vestígios materiais são em geral silenciosos no tocante ao gênero de seus proprietários, estando portanto sujeitos à interpretação potencialmente tendenciosa do escavador. Essas limitações tornam espinhosa a reconstituição das vidas das mulheres no período do Segundo Templo.

Vidas cotidianas das mulheres. O início do período do Segundo Templo foi a era da dominação *persa do Oriente Próximo antigo (538-332 a.C.). Durante essa época o povoamento judaico estava concentrado na Babilônia, na Judéia e, numa extensão mais limitada, no Egito. A Judéia nesse período era pobre, com uma economia rural, agrária. Famílias extensas (a "casa paterna") trabalhavam seus próprios campos e eram auto-suficientes na maior parte dos aspectos da existência cotidiana. O trabalho tanto dos homens quanto das mulheres era essencial para a sobrevivência da unidade familiar. As tarefas das mulheres incluíam o trabalho agrícola, o processamento dos alimentos, a manufatura de têxteis e o cuidado das crianças (com freqüência as mulheres engravidavam dez ou mais vezes para assegurar a sobrevivência de um número mínimo de filhos até a idade adulta). Por causa da natureza interdependente da unidade familiar, os papéis não eram nitidamente definidos por gênero, a não ser a função biológica.

À medida que a cultura grega se disseminou pelo Oriente Próximo, especialmente no período helenístico (332-c.200 a.C.), a mescla dos dois mundos produziu a combinação cultural singular chamada helenismo. O helenismo criou um uma sociedade mais urbana, mais móvel, e viu também o desenvolvimento de uma vasta comunidade da Diáspora, particularmente em Alexandria no Egito e na Ásia Menor. A vida urbana trouxe consigo famílias menores e papéis econômicos especializados, de modo que os papéis das mulheres tornaram-se mais circunscritos. Enquanto os homens desempenhavam seus serviços na esfera pública, as mulheres passaram a ficar mais confinadas ao lar, limitadas a seu papel materno e ao cuidado da casa (isto se aplica sobretudo às mulheres das classes média e alta). Fiar e tecer continuaram sendo trabalho das mulheres. É evidente que as mulheres de classe alta podiam desempenhar papéis ativos na Diáspora judaica greco-romana, e o faziam, mas para a vasta maioria das mulheres essas ocasiões eram limitadas. As oportunidades educacionais expandiram-se para as mulheres nesse período, mas boa parte da população permaneceu analfabeta. As artes visuais revelam um novo interesse pelo erotismo das mulheres. Assim, as mulheres como mulheres ficam ao mesmo tempo mais visíveis, na arte e na literatura, e menos visíveis, sendo cada vez mais confinadas ao lar. Isso criou uma tensão no modo como a sociedade helenística via as mulheres que reflete na literatura judaica do período.

Mulheres na literatura bíblica pós-exílica. O grupo das obras canônicas do período persa é pequeno, e poucas delas dizem respeito a mulheres; exceções notáveis são os livros de Ester, Rute e o Cântico dos cânticos, que contêm todos retratos positivos das mulheres.

O livro de *Ester, escrito no fim do período persa, início do helenístico, é um relato ficcional de eventos que conduzem ao festival judaico do Purim. Ambientado na Diáspora oriental, o livro descreve como uma jovem judia chamada Ester tornou-se a consorte do rei persa e salvou seu povo da destruição por sua sagacidade e coragem. Notório por seu desinteresse por assuntos religiosos (nunca menciona Deus, embora o autor acredite claramente numa divina providência em ação nos negócios humanos), o livro focaliza os judeus como grupo étnico e Ester como uma heroína humana que salva seu povo por suas próprias ações e portanto como um modelo para os judeus na *Diáspora.

A data do livro de *Rute é discutida, mas algum momento no século V a.C. é aceitável, compreendendo-se o livro como uma reação aos preceitos de Esdras e Neemias contra o casamento misto. O personagem principal é Rute, a moabita, que acompanha sua sogra israelita Naomi de volta à Judéia depois que ambas perderam seus maridos, e acaba por se tornar, mediante suas próprias ações louváveis, a ancestral do rei *Davi. O livro trata das coisas mundanas da vida: comida, casamento, prole, e particularmente o compromisso de lealdade de uma mulher (estrangeira) com outra. Rute se torna o paradigma da lealdade para todas as mulheres e homens e sua ligação com Naomi assemelha-se ao voto matrimonial: "Aonde fores, irei contigo; onde pousares, lá pousarei eu; teu povo será meu povo, e teu Deus será meu Deus; onde morreres, ali morrerei e serei sepultada. Que o Senhor me trate como quiser: somente a morte me separará de ti!" (1.16-17).

O Cântico dos cânticos (de data incerta, mas com redação final no período do Segundo Templo) é o único livro na Bíblia escrito parcialmente numa voz feminina. É uma série de canções de amor de caráter francamente erótico, que celebra a vida sexual entre uma mulher e um homem anônimos, com a mulher agindo como uma agente livre que vai à procura do seu amante, propõe encontros e ufana-se do amor físico deles. Os papéis bíblicos usuais para as mulheres, os de esposa e mãe, estão manifestamente ausentes. Os membros do casal comportam-se como iguais em sua união erótica, o que resulta num retrato inusitado e convincente da mulher.

As mulheres nos apócrifos. Os apócrifos são escritos considerados canônicos pelas Igrejas católica romana e ortodoxas orientais, mas não pelo judaísmo e as igrejas protestantes. Como o Antigo Testamento, os apócrifos compreendem vários tipos de literatura e, também como o Antigo Testamento, são androcêntricos, mencionando mulheres apenas ocasionalmente, quando suas vidas interferem nas atividades de homens. Dois importantes retratos de mulher são encontrados nos acréscimos a *Ester e no livro de *Judite.

Os acréscimos a Ester são seis grandes blocos de material acrescentados ao livro hebraico de Ester, juntamente com pequenas alterações no texto, quando ele foi traduzido para o grego, provavelmente em 78 a.C. Os acréscimos procuram remediar problemas percebidos no livro hebraico: a falta de menção a Deus e o estilo de vida não-judaico de Ester. As mudanças fazem de Ester uma moça piedosa mas passiva, que conta com Deus e não consigo mesma, de tal modo que Deus se torna o verdadeiro herói da história. A beleza de Ester é enfatizada e seu cérebro e habilidade, desvalorizados. As mudanças podem ter tornado Ester mais palatável como heroína para um público helenístico acostumado a heroínas românticas passivas. Este é, portanto, um exemplo de rebaixamento consciente do papel de uma mulher.

O livro de Judite, composto provavelmente no século II a.C., apresenta uma heroína inequívoca. Nessa narrativa fictícia, Judite (cujo nome é uma forma feminina da palavra para "judeu"), uma viúva bonita, rica e piedosa, abandona sua pacata existência para salvar sua cidade de Betúlia do cerco dos assírios. Faz isso fingindo bandear-se para o inimigo e depois seduzindo o general assírio Holofernes; quando ele está bêbado, ela o decapita e retorna a Betúlia em triunfo. Assim "uma mulher hebréia levou desgraça para a casa do rei Nabucodonosor". Esse comportamento da parte de uma mulher, no entanto, só é aceitável em emergências nacionais; depois que os assírios são derrotados, Judite retorna à sua existência sossegada, permanecendo viúva até a morte. O poder das mulheres é expresso em Judite, mas apenas dentro dos confins do patriarcado.

As mulheres nos Pseudo-epígrafos. Atitudes similarmente ambivalentes em relação às mulheres existem na eclética coleção de escritos judaicos conhecidos como os Pseudo-epígrafos. A Conversão de Asenet e os Testamentos dos Doze Patriarcas são dois exemplos da ampla variedade de retratos de mulheres nessa literatura.

A Conversão de Asenet foi escrita para responder à questão de como pôde *José, o homem quintessencial de Deus, ter desposado uma egípcia. "Asenet, filha de Putifar, sacerdote de On" (Gen. 41.45). Segundo a história, José de início realmente se recusa a desposar Asenet, porque ela é uma idólatra. Mas Asenet, que o texto enfatiza ser uma virgem, fica tão abalada com a recusa de José que se arrepende e se converte ao culto do Deus de José. A maior parte da história é o relato da conversão de Asenet. Ela se isola em sua câmara, veste trajes de luto, e lamenta e jejua durante sete dias. No oitavo dia arrepende-se de sua idolatria e se confessa a Deus. Em resposta, um arcanjo lhe aparece, declara que seu arrependimento foi aceito e lhe dá um misterioso favo de mel para comer. Segue-se seu casamento com José, e dali em diante ela vive (basicamente) feliz. Asenet é o protótipo de todos os futuros *prosélitos, um papel importante para uma mulher. No entanto, mais uma vez sua proeminência ocorre no contexto de um patriarcado, pois o objetivo de sua conversão é permitir-lhe desposar José.

Os Testamentos dos Doze Patriarcas são parte do gênero de literatura pseudo-epigráfica conhecido como testamentos, que são as palavras ditas no leito de morte por figuras de relevo do passado de Israel, neste caso os ancestrais epônimos das *doze tribos. Cada testamento ocupa-se de virtudes ou vícios particulares, que o patriarca instrui sua prole a praticar ou ignorar. O tema da castidade goza de especial proeminência nos Testamentos. Assim as mulheres existem neles sobretudo como tentações para homens piedosos, sua lascívia estando muitas vezes acompanhada de ebriedade como um auxiliar da fornicação. Por exemplo, Judá, falando de seu intercurso com sua nora Tamar, diz: "Como eu estava ébrio de vinho, não a reconheci, e sua beleza me seduziu por causa de sua maneira de se enfeitar" (12.3; *The Old Testament Pseudepigrapha* [ed. James H. Charlesworth, Doubleday, 1983] 1, 789). *Rúben, ao discutir seu pecado com a concubina do pai, Bala, diz: "Não devotai vossa atenção à aparência de uma mulher, nem vivei com uma mulher que já é casada, nem se envolvei em negócios com mulheres" (3.1; ibid., 783). Nos Testamentos, as mulheres só existem como objetos para levar homens desatentos a dar passos em falso.

Todos os exemplos acima são de uma literatura que de certo modo confere relevo a mulheres. Mas não sabemos quase nada sobre as comunidades que produziram essa literatura e a relação que havia entre elas. Com fontes clássicas, estamos num terreno mais firme, pois sabemos mais sobre os autores e seus públicos.

As mulheres nas fontes clássicas. Josefo e Filo são as principais fontes para o pensamento judaico sobre as mulheres na literatura clássica. Josefo, que escreveu em Roma sob o patrocínio dos imperadores flavianos após a Primeira Revolta Judaica (66-70 d.C.), escreveu várias obras, entre as quais *As antigüidades judaicas*, em que essencialmente reescreve o texto bíblico com fins apologéticos. Procurando apresentar os judeus e o judaísmo sob uma luz favorável para seu público greco-romano, Josefo faz muitas mudanças na apresentação das narrativas bíblicas, inclusive em seus retratos de mulheres. Um exemplo bastará. Ao reescrever a história de Ester, Josefo tem diante de si a versão hebraica e a da Septuaginta do livro. Opta por conservar a maior parte das mudanças introduzidas por esta última, intensificando ainda mais o aspecto erótico e reduzindo o papel ativo de Ester na história. Assim, o povo judeu é salvo, mas sobretudo porque Ester é bela e o rei a deseja sexualmente, não por causa de sua inteligência e sagacidade.

Filo, um judeu alexandrino do século I d.C. com vasto conhecimento da filosofia e literatura gregas, empreende uma interpretação alegórica do texto bíblico que é uma fusão do pensamento judaico com a filosofia grega. Desse modo, as mulheres e os homens nas histórias bíblicas tornam-se símbolos de realidades filosóficas mais elevadas. Nesse processo as mulheres são completamente denegridas. Filo traça sua dicotomia macho/fêmea a partir de esquemas pitagóricos e aristotélicos. O homem é *nous* ou "mente", a capacidade intelectual mais elevada; a mulher, por outro lado, é *aisthesis* ou "impressão sensorial", a forma mais baixa de percepção. O homem (*nous*) é imortal, na imagem de Deus, ao passo que a mulher é mortal, estando estreitamente conectada com *soma*, "corpo". Como a meta de *nous* é libertar-se das perturbações do corpo, a mulher é automaticamente situada na categoria de indesejável e errada. Os escritos de Filo são os mais sistematicamente misóginos entre todos que examinamos.

Conclusão. Um padrão emergiu deste estudo. A literatura mais antiga, originária de um período em que papéis de gênero eram mais igualitários e tanto mulheres quanto homens tinham papéis econômicos e sociais essenciais a desempenhar, concede às mulheres maior liberdade de ação e uma voz mais alta (Ester, Rute, Cântico dos cânticos). A literatura posterior, influenciada pela cultura helenística, com sua concepção mais restrita dos papéis das mulheres, só permite às mulheres agir em ligação com os homens, ou em situações de crise (Asenet, Judite). Por fim, na literatura escrita por homens que estiveram sob clara influência grega, as mulheres são mais sistematicamente denegridas e banidas do palco de um mundo tipicamente masculino (Josefo, Filo).

Sidnie Ann White

Cristianismo primitivo

Encontra-se informação sobre mulheres cristãs primitivas no Novo Testamento, em escritos dos Padres da Igreja primitiva, em literatura apócrifa e gnóstica, e em achados arqueológicos como inscrições e papiros. Nos últimos anos, essas fontes, historicamente examinadas na busca de dados sobre mulheres, foram utilizadas por estudiosos, o que resultou em dúzias de importantes obras secundárias. Embora devam ser tratados com cautela pelo historiador e o teólogo, os indícios provam que existem de fato dados sobre as mulheres da Antigüidade; na verdade, o estudo das mulheres no Novo Testamento e nas Igrejas primitivas constitui hoje uma das mais ativas e frutíferas áreas de estudo bíblico.

A herança greco-romana e judaica. Como os cristãos em geral, as mulheres da Igreja primitiva eram produto da cultura mais ampla. Em geral, eram dependentes tanto financeira quanto legalmente dos homens de suas vidas — pais, maridos, tios, irmãos e filhos. As mulheres em geral se casavam ainda adolescentes, tinham um ou mais filhos e morriam jovens (a expectativa média de vida era trinta e quatro anos), com freqüência no parto. Se uma menina sobrevivesse à infância (i.e., não fosse abandonada) e, como mulher, sobrevivesse ao parto, poderia ter uma longa vida e enterrar seu marido: as mulheres eram as principais zeladoras dos túmulos dos membros da família, inclusive os parentes do marido. Eram também elas que transmitiam as práticas religiosas da família (geralmente a dos homens), como o culto dos ancestrais, para seus descendentes.

Exceto nas áreas rurais mais remotas, as mulheres não eram isoladas umas das outras ou de outros homens. Mulheres de classe média alta que viviam em casas de campo ou em áreas urbanas muitas vezes atuavam como administradoras da casa, especialmente quando seus maridos se ausentavam por longos períodos em atividades de comércio ou na guerra. Embora haja consideráveis indícios da existência de mulheres independentes e ricas, a maioria delas vivia na escravidão, no limite da pobreza ou na estabilidade da classe média; por isso em sua maior parte elas trabalhavam em troca de salário para a própria sobrevivência econômica e a de suas famílias, mesmo quando eram casadas com um negociante ou um alforriado. Em alguns casos, mulheres podem ter ficado reclusas em suas casas, mas em geral moviam-se livremente em muitas esferas do mundo greco-romano — a ágora, os banhos, os negócios e as associações religiosas.

No tocante às origens religiosas, algumas cristãs primitivas eram judias, pois durante algum tempo o cristianismo foi uma seita do judaísmo. Outras eram convertidas de cultos greco-romanos, enquanto ainda outras, muitas vezes na mesma família ou vizinhança, permaneciam não-cristãs. Essa coexistência de adeptas de diferentes religiões era freqüentemente pacífica mas podia levar a conflito, muitas vezes em torno da questão dos papéis apropriados das mulheres nos vários grupos.

Indícios de círculos tanto judaicos quanto greco-romanos mostram que mulheres desempenhavam papéis de liderança nesses grupos. No judaísmo, dados arqueológicos e outros demonstram que algumas mulheres nos primeiros séculos d.C. ocuparam posições como a de chefe de uma sinagoga (*archisynagogis*), líder (*archegissa*), *anciã (*presbytis*), "mãe da sinagoga" (*mater synagogae*) e sacerdotisa (*hiereia*). É difícil determinar as funções exatas dessas mulheres, mas eram provavelmente equivalentes às funções de homens que ostentavam títulos paralelos. Os dados demonstram ainda que havia mulheres integradas aos serviços regulares, não segregadas em "galerias das mulheres" ou salas separadas, e que algumas davam importante contribuição financeira para sinagogas locais.

De maneira semelhante, as mulheres desempenhavam papéis de liderança em muitas, se não a maioria, da miríade de cultos greco-romanos que as aceitavam como membros. Entre suas funções estavam as de sacerdotisa, musicista, roupeira, profetisa, archoteira, dançarina e carpideira. Fora da religião, mulheres trabalhavam como parteiras, advogadas, negociantes, artistas, professoras, médicas, *prostitutas e operárias e artesãs de todo tipo.

Mulheres em posição de autoridade na religião e na sociedade não constituíam maioria: a cultura ainda era patriarcal, isto é, controlada basicamente por homens. No entanto, o fato de mulheres exercerem efetivamente alguns papéis de liderança tanto no judaísmo quanto na sociedade mais ampla tornou-se significativo para a expansão do cristianismo: as mulheres que eram atraídas por ele sem dúvida deviam esperar ser participantes ativos do novo culto, se não líderes. Sua presença teve um efeito nítido no desenvolvimento do cânone, no papel emergente do sacerdote e do *bispo, bem como na liturgia, na teologia e nas batalhas com a heresia e o gnosticismo.

As mulheres no movimento do cristianismo primitivo. O Novo Testamento e os Padres da Igreja primitiva fornecem dados preliminares sobre as mulheres. Os indícios mais antigos, das epístolas de *Paulo, sugerem que mulheres atuavam como líderes dinâmicos do movimento, *diaconisas, *apóstolos e missionárias. Os Evangelhos relatam que Jesus tinha por seguidores tanto homens quanto mulheres e tratava estas como iguais; foram também mulheres que primeiro deram testemunho de sua ressurreição. Atos dos Apóstolos menciona as quatro filhas de Filipe que profetizavam: Lídia de Tiatira, uma negociante e a chefe de sua família; o casal missionário, Priscila e Áquila; líderes de igrejas domésticas; e convertidas proeminentes.

Assim, em comunidades cristãs pré-paulinas e paulinas, as mulheres parecem ter atuado quase identicamente aos homens. De fato, é possível que mais mulheres do que homens fossem líderes de igrejas domésticas, promovendo encontros de oração vitais que se tornaram o cerne do movimento. Pelo menos uma diaconisa, Febe, é registrada no Novo Testamento, e ela atuava como professora oficial e missionária na igreja de Cencréia. Evódia e Síntique de Filipos eram líderes destacadas daquela comunidade, e *Júnia serviu à igreja em Roma como apóstolo. A mulher que mais sobressai no Novo Testamento é Prisca/Priscila, que trabalhava com o marido e era provavelmente a mais renomada do casal. As mulheres Maria, Trifena, Trifosa e Pérside em Romanos 16 são descritas como tendo trabalhado (*kopian*) para o Senhor, o mesmo termo que Paulo usou para descrever suas próprias atividades de evangelização e ensino. (Ver Elizabeth Schüssler Fiorenza, *In Memory of Her*, Nova York, 1983.)

O celibato tornou-se uma opção de vida importante tanto para homens quanto para mulheres nos primeiros tempos do movimento cristão e, na altura dos séculos III e IV, homens e mulheres estavam vivendo em casas e mosteiros (um termo que inclui conventos) segregados por gênero. A renúncia pelos homens não era considerada problemática, mas a popularidade do celibato feminino levou a temores de que a independência das mulheres viesse a solapar o próprio tecido do lar e da sociedade. Testemunhos antigos dessa popularidade e das tensões sociais subseqüentes que ela gerou são encontrados em muitos dos Atos apócrifos dos séculos II e III, entre os quais os Atos de Paulo e Tecla, os Atos de André, os Atos de Pedro e os Atos de Tomé. Nas histórias desses Atos, o celibato era idealizado, e muitas mulheres foram retratadas como heroínas por romper noivados e deixar maridos e situações domésticas tradicionais por causa do evangelho. Embora muitas histórias nos Atos possam ser fictícias, elas provavelmente originaram-se em forma oral em círculos de mulheres independentes e refletem pessoas, eventos e tendências reais.

Outras ameaças à sobrevivência da jovem Igreja aos olhos dos líderes do sexo masculino incluíam a liderança de mulheres independentes em grupos gnósticos e heréticos. Duas profetisas, Priscila e Maximila, tiveram papel de destaque na seita montanista do século II, e é possível que as mulheres desses grupos ministrassem batismos e celebrassem a Eucaristia. Algumas seitas gnósticas permitiam também às mulheres servir como sacerdotisas e batizar. O bispo Atto de Vercelli (c.885-961) escreveu em vários panfletos que na Igreja primitiva as mulheres eram ordenadas tal como os homens, eram líderes de comunidades, eram chamadas *anciãs (*presbyterae*) e desempenhavam as funções de pregar, dirigir e ensinar.

O celibato das mulheres e outros atos de independência levaram líderes do sexo masculino a disseminar contratratados em que prescreviam comportamento rigoroso para todas as mulheres e procuravam pôr todo o movimento cristão mais em consonância com o ideal da família patriarcal e do lar vigente na cultura global. Os "códigos do lar, escritos por seguidores de Paulo, não pelo próprio Paulo, recomendavam claramente a subordinação das mulheres aos homens. As chamadas Epístolas Pastorais (1 e 2 Timóteo e Tito) são também obras dos primeiros tempos, aceitas no cânone do Novo Testamento. 1 Timóteo 2.11-12 proibiu as mulheres de falar na igreja e Tito 1.7-9 presumiu que somente homens seriam bispos.

Supressão e tendências posteriores. Os Padres da Igreja dos séculos II a IV, estando entre os que faziam campanha contra a independência feminina, estipularam que as mulheres só podiam ministrar como diaconisas para a outras mulheres ou ser admitidas como virgens ou viúvas. As diaconisas, tal como descritas em documentos do século III e IV, tinham pelo menos cinqüenta ou sessenta anos de idade, ministravam para mulheres doentes e *pobres, presenciavam entrevistas de mulheres com bispos, sacerdotes ou diáconos (do sexo masculino) e instruíam catecúmenas. Antes do declínio do batismo em idade adulta, diaconisas auxiliavam nos batismos de mulheres, provavelmente seu papel mais importante. É possível que as diaconisas tenham sido as únicas mulheres admitidas ao ministério na Igreja ortodoxa mediante a imposição das mãos pelo bispo. Em tempos mais remotos, contudo, podem ter tido atuação muito mais semelhante à dos diáconos, pois as fontes nem sempre são claras.

Viúvas e virgens, embora não ordenadas, tinham na Igreja primitiva uma posição reconhecida e privilégios. Estavam, no entanto, sujeitas a restrições. As viúvas na época do Novo Testamento tinham de ter pelo menos cinqüenta anos de idade e ter se casado apenas uma vez; esperava-se que as viúvas mais jovens voltassem a se casar. As referências a virgens no Novo Testamento são mais vagas, mas sua posição parece ter sido estreitamente associada à das viúvas.

Enquanto isso, os líderes do sexo masculino reservavam para si o direito de servir ao conjunto da Igreja nas funções mais importantes e poderosas como as de ancião (*presbyteros*) e bispo (*episkopos*) e se mantinham fiéis ao ideal do episcopado monárquico: a elevada reverência devida ao bispo e a subordinação dos demais a essa função. Nas mentes desses Padres da Igreja os bispos só podiam, é claro, ser homens como eles, e as diretrizes que estabeleciam com relação às mulheres podiam ser severas.

Policarpo, bispo de Esmirna, escrevendo para os filipenses por volta de 100 d.C., tentou limitar o comportamento das mulheres delineando claramente seus papéis como virgens, viúvas e esposas fidelíssimas. Inácio de Antioquia instou Policarpo a ser o "protetor" das viúvas e exortou as mulheres a "ficarem plenamente satisfeitas com seus maridos" (*Ep. Policarpo* 4,5). Libânio (314-95) queixou-se de que as mulheres desviavam os homens de suas obrigações religiosas. Cânones do Concílio de Gangra em 340 declaram anátema mulheres que usam trajes de homem, que abandonam os maridos e que cortam o cabelo, um sinal de sua sujeição.

Tertuliano, talvez o mais misógino de todos os primeiros Padres da Igreja, escreveu quatro alentados tratados sobre as mulheres: *Sobre o vestuário das mulheres* (c.202), *Sobre o recato das virgens* (c.204), *Para sua esposa* (c.207) e *Sobre a monogamia* (c.208). Em *Sobre o vestuário das mulheres* 1.1, ele qualificou as mulheres de "a passagem do diabo" e acusou-as de desencaminhar os homens por meio de suas "astúcias sexuais". No cap.9 de *Sobre o recato das virgens*, escreveu: "Não é permitido a uma mulher falar na igreja; mas tampouco lhe é permitido ensinar, nem batizar, nem oferecer, nem reivindicar para si uma parte em qualquer ofício sacerdotal." Segundo a maneira de pensar de Tertuliano, a mulher ideal era um ser totalmente subserviente, completamente regulado por regras estritas que governavam cada faceta de sua vida — algo muito distante da mulher autônoma de muitas das comunidades cristãs nascentes.

Um líder da Igreja primitiva mais positivo em relação às mulheres sob certos aspectos foi Jerônimo (342-420). Em várias cartas que trocou com as muitas mulheres de seu círculo social, Jerônimo aparece como uma espécie de mentor e figura paterna para mulheres de classe alta que haviam escolhido o celibato como modo de vida. Uma de suas discípulas romanas, Paula, fundou um mosteiro perto de *Belém.

No entanto, mesmo algumas das santas mulheres de Jerônimo eram admiradas por viver vidas que seguiam regras estritas de comportamento, regras que não se aplicavam aos homens em geral. Fabíola, uma jovem cristã de Roma, divorciou-se do marido porque ele era um pecador; isso foi aplaudido por outros cristãos. Contudo, esses mesmos cristãos, inclusive Jerônimo, condenaram seu novo casamento posterior: "Ela não sabia que o rigor do evangelho retira das mulheres todo pretexto para um segundo casamento enquanto seus ex-maridos estiverem vivos." Quando ela finalmente compreendeu seu "erro", confessou-se publicamente e foi readmitida à comunhão. Depois, sendo rica, vendeu seus bens e, com o dinheiro, fundou um hospital para tratar dos pobres e dos doentes.

O monasticismo tornou-se mais e mais importante para as mulheres em face dessas restrições e da erradicação de grupos heréticos e gnósticos que haviam promovido a independência delas. Várias mulheres além de Paula, a maioria do estrato superior da sociedade, fundaram ou co-fundaram casas, comunidades e conventos exclusivamente femininos em que moças aprendiam a ler, escrever, pintar e desenhar. Essas casas, como as dos homens, seguiam regras de ordem, eram auto-suficientes e devotadas à oração e às boas obras. No início eram independentes das autoridades eclesiásticas locais, mas com o tempo foram postas sob a jurisdição do bispo.

Embora mosteiros femininos possam ter sido centro de oportunidade sobretudo para membros das classes altas, restringindo com isso a maioria das outras mulheres ao casamento em famílias patriarcais ou a vidas como virgens ou viúvas, na dependência de homens, essas comunidades deram ao conjunto da Igreja contribuições importantes que foram historicamente ignoradas. Embora os indícios sejam parcos, especialmente se comparados com os dados de enclaves exclusivamente masculinos, eles sugerem que grupos femininos produziam manuscritos iluminados de alta qualidade; teciam muitas das tapeçarias que adornavam as grandes basílicas, bem como os mantos ataviados usados pelo clero; manufaturavam pelo menos parte dos utensílios de prata da Comunhão e das jóias usadas na liturgia; e colaboravam no esboço de livros que serviam aos arquitetos imperiais como projetos para requintados mosaicos que decoravam muitas basílicas. Além disso, em algumas comunidades mulheres ensinavam homens a ler, escrever e desenhar; davam conselhos a homens em posição de liderança; e ganhavam renome como líderes de centros da aprendizagem.

Significativamente, apesar de tentativas feitas pela hierarquia ao longo das idades para ocultar os indícios, há testemunhos do exercício do sacerdócio por mulheres na era bizantina. Uma epístola do papa Gelásio I (492-96) a bispos da Itália e da Sicília menciona com aborrecimento que mulheres estavam oficiando nos altares sagrados e participando de atividades eclesiásticas atribuídas unicamente aos homens. Uma inscrição de Bruttium datada do fim do século V menciona a presbítera Leta (*Corpus incriptionum latinarum* 10.8079), e outra de Salona na Dalmácia (425 a.C.) menciona a presbítera Flavia Vitalia. Embora raras, essas atestações confirmam que bispos do sexo masculino ocasionalmente as ordenavam.

Valerie Abrahamsen

N

NABATEUS.

Origens e crescimento. O consenso dos estudos modernos não mais relaciona os nabateus com o Nabaiot bíblico, o primogênito de *Ismael nem com o Nabatu/Nabaiati de registros assírios. São vistos antes como originários de algum lugar na Península Árabe, tendo surgido pelo menos na altura do século IV a.C. e descritos por Diodoro da Sicília como um grupo sedentário de comerciantes que ocupava o antigo sítio *edomita conhecido como Petra. Plínio acrescenta alguns parcos detalhes da prévia ocupação de um ilha do mar Vermelho e sugere um território tribal original entre os das tribos de Qedar e Dedan.

Na altura do século I a.C., o grupo havia se tornado inteiramente sedentário, urbano e monarquicamente organizado, controlando as principais rotas comerciais norte-sul da Celessíria e do norte da *Arábia. Graças ao comércio, sua esfera de influência se estendeu muito além de suas fronteiras políticas, e suas conexões comerciais abrangeram os principais fornecedores e mercados de artigos de luxo tanto do Ocidente quanto do Oriente. Embora olíbano e mirra, juntamente com bálsamos e betume do mar Morto, apareçam em primeiro lugar na lista dos produtos que comerciavam, artigos como seda, pedras preciosas, especiarias e fármacos provavelmente eram negociados também. Em suas rotas comerciais havia também outras instalações, resultando em mais de mil sítios que foram sabidamente estabelecidos por nabateus.

Sua capital, Petra, alcançou rapidamente um urbanismo sofisticado, estimulado pela competição com povos vizinhos. Uma forma monárquica de governo (onze reis foram identificados até o presente) promoveu ainda mais sua posição como um verdadeiro Estado político. Os nabateus parecem ter chegado a seu apogeu sob Aretas IV (9 a.C-40 d.C.), cujo etnarca tentou prender *Paulo em *Damasco.

Língua. Embora os exemplos que restam de nabateu sejam basicamente aramaicos, eles contêm grande número de arabismos. A escrita desenvolveu-se gradualmente numa forma semicursiva, ligada, que serviu finalmente como a base da escrita árabe moderna.

Centenas de inscrições nabatéias foram encontradas, incluindo cartas e contratos. Nenhuma obra literária, contudo, foi recuperada até agora, o que deixa vastas lacunas no conhecimento concernente à ideologia, à estrutura social e até à história comercial do povo.

Tecnologia. Apesar da falta de dados documentários, os vestígios materiais dos nabateus forneceram indícios substanciais de elevada habilidade tecnológica. Engenharia hidráulica, arquitetura, cerâmicas, numismática, metalurgia, bem como escultura e arte decorativa, são atestados por todas as áreas nabatéias. Especialmente em Petra, essas habilidades são vistas em sua melhor expressão, pois a capital foi adornada por sucessivos soberanos, além de ter sido protegida militarmente e tornada mais habitável em geral. Assim também, são encontrados por todo o reino diferentes tipos de sistemas de abastecimento de água adaptados ao deserto para fins tanto de agricultura quanto culinários.

Arquitetonicamente, os nabateus mostram um ecletismo que deve ser atribuído às suas amplas conexões comerciais. Especialmente evidentes são os mais de oitocentos elementos arquitetônicos funerários, religiosos e outros presentes em Petra, e o número menor, sobretudo de fachadas de túmulos, de Medain Selah. A vasta maioria dessas instalações é entalhada em taludes de penhascos, mas estruturas construídas estão sendo descobertas por escavações recentes em vários sítios. Em Petra estas incluíam estruturas públicas seculares e religiosas, bem como construções residenciais privadas.

As cerâmicas alcançaram também um nível técnico e decorativo extremamente elevado na altura do século I a.C. Especialmente notável foi o desenvolvimento de uma bela e fina cerâmica pintada de vermelho, usada em geral para travessas. Esse tipo tornou-se o principal marcador para a identificação de sítios nabateus em toda a área. De igual importância, contudo, foram vasilhas de cerâmica mais comerciais, como *unguentaria* para óleo e produtos afins, que foram desenvolvidas para comércio por todo o Império Romano; estas foram identificadas tão a oeste quanto a Espanha.

A cunhagem de moedas e outros tipos de produção de metal também estão perceptivelmente presentes em Petra. A produção de moedas entre os nabateus começou possivelmente já em 90 a.C., e perdurou até o início do século II d.C.

A escultura, em três dimensões e em relevo, bem como estatuetas, lâmpadas e outros objetos moldados, aparecem em grandes quantidades e tipos, alguns com acentuada excelência artística, em Petra, Et-Tannur e alhures. Afrescos, aplicações e outros exemplos de arte decorativa, inclusive a decoração de ordens arquitetônicas, estão começando a vir à luz.

O reino nabateu foi praticamente independente no decurso de todo o período romano, até que a necessidade de consolidar o Oriente Próximo levou Trajano a incorporar formalmente a área ao império. Em 106 d.C. forças romanas entraram em Petra e o reino nabateu deixou de existir. A vida e a cultura dos nabateus foram contudo muito pouco afetadas e prosseguiram com poucos indícios reais de impacto romano ou cristão.

Na noite de 19 de maio de 363 a.C., Petra foi atingida por um desastroso terremoto e a cidade foi reduzida a escombros. Com essa calamidade, os nabateus, como tais, desapareceram da história registrada. Sua influência cultural, lingüística, tecnológica e artística, no entanto, perdurou e permeou a cultura do Oriente Próximo por gerações seguintes.

Philip C. Hammond

NABUCODONOSOR. O rei da *Babilônia (605-562 a.C.), freqüentemente citado em Jeremias, Ezequiel e Daniel, bem como por escritores clássicos. Seu nome em babilônio é Nabû-kudurri-usur, "o (deus) Nabu protegeu a sucessão". Ficou célebre como o mais ilustre soberano da dinastia neobabilônia (caldéia) fundada por seu pai, Nabopolossar em 627 a.C. e como o conquistador de *Jerusalém que levou os judeus para o exílio.

Nabucodonosor estava atuando como comandante-em-chefe para seu pai idoso quando, em 605 a.C. tomou Carquemis dos egípcios e empurrou-os de volta para suas fronteiras, libertando assim a Síria e a Palestina. Segundo a Crônica Babilônia e Josefo, ele interrompeu essa campanha para retornar e tomar o trono da Babilônia ao ter notícia da morte do pai. Fez freqüentes campanhas no oeste, recebendo tributos de muitos soberanos e de Tiro, que mais tarde sitiou por treze anos. Entre seus vassalos estavam Joaquim de Judá que, no entanto, desertou em 601, interpretando equivocadamente a violenta batalha entre os babilônios e os egípcios naquele ano como uma vitória destes últimos. Nabucodonosor vingou-se capturando Jerusalém no dia 16 de março de 597, quando erigiu um novo rei (Matanias/*Sedecias) simpático a ele. Joaquin, a quem ele chama Yaukin, rei de Judá, foi levado como prisioneiro para a Babilônia com os vasos do Templo e muitos judeus. Nabucodonosor lutou também contra Elam e os árabes, e estava presente às operações que levaram ao saque de Jerusalém em 587/586 a.C. em retaliação à atividade de Sedecias como foco da oposição antibabilônia. Nessa época, mais judeus estavam sendo levados para o exílio, o que ocorreu também após um ataque posterior, inclusive um no Egito, atestado por um texto babilônio fragmentário datado de 568-567 a.C.

Pouco se sabe sobre os últimos trinta anos do reinado de Nabucodonosor. A história de sua loucura pode ser uma descrição pejorativa de um período no reinado de seu sucessor Nabonide. O caráter de Nabucodonosor talvez se reflita em suas inscrições, que não enfatizam suas proezas militares, refletindo antes seu exercício da lei, da ordem e da justiça, bem como frisando qualidades morais e devoção religiosa. Ele afirma com razão ter reconstruído a Babilônia, suas muralhas, palácios, templos e defesas como uma maravilha a que todos os povos prestavam tributo; os famosos "jardins suspensos" da Babilônia são também atribuídos a ele em algumas tradições. Morreu durante um período que lançou as sementes do declínio econômico que adveio do custo de seus empreendimentos; foi sucedido por seu filho Amel-Marduk (Evil-Merodach).

Donald J. Wiseman

NATÃ. O principal *profeta da corte do rei *Davi. Como tal, estabeleceu o padrão para a atuação adequada de um profeta real. É apresentado como o profeta por cujo intermédio Deus estabelece sua aliança com Davi. Mais tarde, pronuncia o julgamento de Deus sobre Davi pelos pecados deste contra *Betsabé e Urias; mas depois transmite o amor de Deus por *Salomão, filho de Davi e Betsabé. Isso arma o palco para o papel que Natã desempenhou ajudando Salomão a suceder a Davi no trono. Em Crônicas é dito que Natã é parcialmente responsável pelo registro dos eventos dos reinados de Davi e Salomão. Embora muitas vezes descartada como uma tradição piedosa, essa não é uma afirmação descabida. Muitos dos problemas que Salomão provavelmente enfrentou em seu reinado (p.ex., a defesa de seus direitos ao trono) — quando Natã ainda era influente — são contemplados pelas histórias sobre Natã e Davi.

Timothy M. Willis

NAUM. Profeta a quem é atribuído o livro que leva seu nome. Naum significa "consolo", nome que contrasta com a violenta vingança retratada no livro. É identificado como Naum "de Elcós", mas não se sabe onde se situava essa localidade. Não temos nenhuma outra informação sobre esse profeta.

Os três capítulos do livro de Naum constituem um vigoroso poema que interpreta eventos que cercaram a queda de Nínive, a capital *assíria, em 612 a.C. em termos do controle que o Senhor tem sobre a história no interesse de seu povo. A poesia contida no livro é das mais intensas da Bíblia, um testemunho de sua inspiração num outro sentido. O poeta que escreveu o livro olhava para além dos fatos da destruição de Nínive a fim de discernir e retratar nela as intenções de Deus.

O poema de Naum descreve os últimos dias de Nínive. Isso é visto como uma boa nova para Israel, uma esperança efêmera, pois o *Egito e a *Babilônia se revelaram piores do que a Assíria. Mas o poema está certo ao assinalar o evento como um momento decisivo na história. Em Naum um evento histórico é apresentado como simbólico da luta entre Deus e o mal supremo.

John D.W. Watts

NAZARÉ. Cidade no sul da *Galiléia, cerca de 24km a sudoeste do mar da Galiléia e 32km a leste do Mediterrâneo. Localizava-se provavelmente no sítio da cidade do mesmo nome na Israel moderna, ou próximo dele. Referências a ela ocorrem nos Evangelhos e em Atos, e todos concordam que Jesus nasceu ali.

Embora não situada em nenhuma das principais rotas comerciais, Nazaré não ficava longe delas e distava apenas algumas milhas de Séforis, importante cidade próxima da estrada de Ptolemaida a Tiberíades. Sua posição retirada pode explicar a ausência de referências a ela antes dos tempos romanos, e isso pode indicar que era um lugarejo judaico insignificante. Por outro lado, as referências de *Lucas a Nazaré como uma cidade e não como uma aldeia talvez indiquem que não era um lugar insignificante. As distinções entre uma coisa e outra, contudo, não eram grandes e essas palavras eram por vezes usadas indiscriminadamente; ademais, o conhecimento que Lucas tem da Palestina nem sempre é correto.

Localizada num monte na planície de Esdrelon, estava cerca de 365m acima do nível do mar. Do alto dela podiam-se ver montanhas em três direções e a planície de Esdrelon ao sul. O clima moderado, chuvas suficientes e solo fértil eram favoráveis ao cultivo de frutas, grãos e legumes. O abastecimento de água da cidade, restrito a uma fonte, era suplementado por cisternas. Se a fonte deve ser identificada com o "Poço de Maria" mostrado aos turistas, esse é o único santuário dos muitos em Nazaré que pode remontar ao tempo de Jesus.

Edwin D. Freed

NAZIREU. Pessoa que se dedicava (hebr. *nazir*) a serviço sagrado especial através de um voto feito por ela própria ou por um de seus pais. A dedicação podia durar a vida toda ou apenas por um período limitado.

Um nazireu em Israel tinha de preencher várias condições para permanecer consagrado. Homem ou mulher, tinha de se abster do fruto da vinha e de tudo que podia embriagar, evitar profanação por contato com um corpo morto (mesmo o de parente próximo), e não admitir que uma navalha lhe cortasse o cabelo. Havia rituais especificados para o caso do contato não intencional de um nazireu com um cadáver e para assinalar a conclusão de um período de dedicação. Os nazireus só podiam tomar vinho quando seu período se completava, mas eram por vezes tentados a fazê-lo antes do cumprimento de seu voto.

O nazireu mais notório é *Sansão. Essa sua condição foi anunciada por um mensageiro divino enquanto ele estava ainda no útero da mãe e foi reconhecida mais tarde pelo próprio Sansão. Parte da ironia da história de Sansão é que ele parecia não cumprir nenhum de seus votos. Freqüentava festas regadas a bebida, tocou a carcaça de um leão morto e permitiu a Dalila cortar-lhe o cabelo.

*Samuel também é chamado um nazireu; esse é igualmente o caso de *José, mas isso pode ser apenas metafórico, designando alguém separado de seus irmãos.

Dennis T. Olson

NEBO.

1. Do monte Nebo, talvez o moderno Jebel Neba logo a oeste de Hesebon, *Moisés viu a *Terra Prometida do outro lado do Jordão antes de morrer (*ver* Fasga). Tradição posterior fala de Jeremias escondendo a arca da aliança no monte Nebo.

2. Nebo é também o nome de uma vila perto do monte Nebo em território atribuído à tribo de *Rúben. *Moab, a nação inimiga de Israel, controlou muitas vezes essa região; por isso os oráculos proféticos contra Nebo. A Pedra Moabita sugere que no início da Idade do Ferro existiu ali um santuário importante.

3. Em Isaías 46.1, Nebo refere-se ao deus *babilônio da escrita, Nabu.

Mary Joan Winn Leith

NEEMIAS. Filho de Hacalias, governador da província persa de Judá (Yehud) em meados do século V a.C. e personagem principal do livro que leva seu nome.

É geralmente aceito que Neemias veio de Susa, na *Pérsia, para reconstruir as muralhas de Jerusalém em 445/444 a.C. Como copeiro do rei persa Artaxerxes (provavelmente Artaxerxes I, 465-424 a.C.), Neemias ocupou um cargo elevado, de alguma influência na corte. É também provável que, servindo na presença da rainha, fosse um *eunuco; isso pode explicar por que relutou em fugir para o Templo do Senhor para se proteger de seus inimigos. Fica claro que Semeías tentou atraí-lo para o Templo a fim de levá-lo a transgredir a estipulação que proibia os eunucos de entrar no santuário. Se tivesse entrado, Neemias poderia ter perdido sua influência junto ao povo e a confiança dele.

Depois que soube da difícil situação de seu povo em *Jerusalém e que a cidade estava em ruínas sem um muro de defesa contra seus inimigos, Neemias pediu ao rei persa permissão para ir a Jerusalém e ver o que podia ser feito. A permissão foi concedida; Neemias foi enviado como governador de Judá, com todos os privilégios associados ao posto de governador de uma província na satrapia do Trans-Eufrates. Para garantir sua segurança, foi-lhe dada uma escolta de soldados; isso contrasta com a missão de *Esdras, em que nenhuma escolta desse tipo foi solicitada. Vale notar, contudo, que a missão de Neemias era de natureza política, ao passo que a de Esdras era religiosa.

O gesto benévolo de Artaxerxes para com Neemias teve lugar logo depois da irrupção de uma revolta na satrapia do Trans-Eufrates. Megabizo, o general persa no Egito que sufocou a revolta naquele país em 456 a.C., era também o sátrapa do Trans-Eufrates. Megabizo prometera generosamente a Inaros, o rei egípcio capturado, e a certos generais gregos que os libertaria após a guerra. Artaxerxes, contudo, ouviu sua mãe, a esposa de Xerxes, o rei anterior, e ordenou a execução deles. Foi um duro golpe para o orgulho de Megabizo e em 449 ele fomentou uma rebelião contra o rei persa, que Artaxerxes não foi capaz de esmagar. Mais tarde, no entanto, Megabizo fez cessar a revolta e tornou-se novamente um súdito leal do rei. Assim, foi politicamente oportuno para Artaxerxes enviar Neemias, obviamente um de seus funcionários fiéis, para Judá, que embora uma das menores províncias da satrapia, era importante.

Depois de chegar a Jerusalém, Neemias conduziu uma inspeção secreta das muralhas da cidade. Parece que tentou esconder do povo suas verdadeiras intenções para que a notícia de seus planos não chegasse a inimigos vizinhos. Após a inspeção, decidiu organizar os judeus e reconstruir as muralhas. Encarregou vários indivíduos e grupos de reconstruir seções das muralhas. Alguns estudiosos consideram que o período de cinqüenta e dois dias teria sido pouco tempo demais para a reconstrução das muralhas, mas se tivermos em mente que parte significativa delas precisava apenas de restauração, esse tempo não é assim pequeno para reparos desse tipo. Foi assinalado que em circunstâncias semelhantes os atenienses construíram uma muralha em torno de Atenas em apenas um mês, e, em face de um ataque iminente a Constantinopla por Átila depois que a muralha foi destruída por um terremoto, os romanos orientais a restauraram em sessenta dias.

Com a construção da muralha, surgiram dois sérios problemas para Neemias e os judeus. O primeiro foi um bem orquestrado ataque de guerra psicológica para suspender a construção. Ele foi movido pelas nações vizinhas, lideradas por Sanabalat I, governador da *Samaria, com o apoio de Tobias, provavelmente um funcionário persa dos *amonitas; a estes juntou-se um pouco mais tarde Gosem, chefe dos *nabateus ou árabes do sul e sudeste de Judá, bem como a gente de Azoto do antigo território *filisteu a oeste. Com os *samaritanos a norte e os amonitas a leste, Judá estava quase cercada por seus inimigos. Eles se valeram de rumores e ameaças para desencorajar Neemias e os judeus. Mas Neemias não hesitou em tomar medidas enérgicas para garantir a segurança dos que trabalhavam nas muralhas. O último recurso de que seus inimigos lançaram mão foi tentar dividir o povo judeu infiltrando em suas fileiras rumores falsos e induzindo profetas a fazerem falsas profecias. Mas Neemias não se deixou enganar por nenhuma dessas tentativas. No fim, a muralha foi concluída e seus inimigos reconheceram que não tinham conseguido lograr sua meta.

O segundo problema era a pobreza dos judeus. Naquele estágio Judá tinha uma infra-estrutura econômica fraca e a carga dos impostos era pesada. O sátrapa arrecadava impostos para o tesouro real, e tanto ele quanto seus funcionários de diferentes províncias da satrapia tinham de ser pagos. Ademais, o governador e seus funcionários arrecadavam impostos para remunerar seu trabalho. (Neemias, contudo, ciente da pobreza de seus súditos, não cobrava impostos para si mesmo e seus funcionários.) Além desses gastos, havia os dízimos que os judeus eram obrigados a pagar para a manutenção do serviço no Templo. Não surpreende, portanto, que tivessem de contrair dívidas e fossem freqüentemente forçados a cair em escravidão por dívida para fazer face às suas obrigações. Após tomar conhecimento desse problema, Neemias cancelou todas as dívidas.

Após servir por doze anos como governador de Judá, Neemias retornou à corte real na Pérsia. Passados alguns anos, c.430 a.C., foi mais uma vez a Jerusalém e ficou chocado com o que viu. Os princípios que estabelecera durante seu serviço anterior como governador haviam sido desprezados. Ficou tão consternado que tomou providências enérgicas. Tendo descoberto que o sacerdote Eliasib dera um lugar no Templo para o amonita Tobias, Neemias jogou os móveis de Tobias fora da sala e ordenou que o lugar fosse purificado. Em conseqüência do peso dos impostos, o pagamento de dízimos fora negligenciado; Neemias reinstituiu o tributo. Outro problema foi a dessacralização do Sabá por comerciantes estrangeiros em Jerusalém; ele os proibiu de fazer qualquer negócio no Sabá dentro ou fora dos muros de Jerusalém. Por fim, enfrentou severamente a questão do casamento com estrangeiras. Chegou a atacar alguns dos homens e puxou-lhes o cabelo.

O livro de Neemias termina abruptamente, sem contar ao leitor o que aconteceu com Neemias ou com Esdras. Nada é dito do resultado das medidas tomadas contra certos judeus, descritas em Neemias 13. É difícil determinar a relação precisa entre as pessoas de Esdras e Neemias. É compreensível que Neemias não seja mencionado nas memórias de Esdras em Esdras 7-10, porque ele ainda não iniciara sua missão. Ainda assim, é difícil compreender por que Esdras não é explicitamente mencionado nas memórias de Neemias, especialmente após suas atividades de ensino da Lei, sobretudo porque ela dizia respeito ao casamento misto. Em razão da escassez de dados, é difícil resolver esse problema.

Como no caso do livro de Esdras, a grande maioria dos estudiosos modernos considera que o livro de Neemias foi composto pelo Cronista mais tardio em algum momento do século IV a.C.

Como o livro é derivado em sua maior parte das memórias de Neemias, é possível formar uma excelente idéia das crenças dele. O traço mais importante da religião de Neemias é seu senso de uma relação viva com Deus. Apesar de seu grande respeito pela Lei, ele não a encarava como a única forma de mediação entre o homem e Deus. Se aceitamos a autenticidade das preces de Neemias, torna-se evidente que ele acreditava no contato imediato com Deus através da oração. Como outros judeus nos tempos pós-exílicos, acreditava no papel dominante do Senhor como o Deus da história: Deus pôde impelir o rei persa a permitir que Neemias fosse para Jerusalém; Deus determinou cada passo de Neemias após sua chegada nessa cidade. Embora o trabalho de Neemias fosse principalmente político, uma estreita relação entre política e religião estava presumida. Neemias nunca duvidou de que Deus estava a seu lado e iria finalmente assegurar-lhe a vitória contra seus adversários.

F. Charles Fensham

NEFILINS. Os nefilins (do hebr. *napal*, "cair", donde provavelmente "os caídos") são mencionados em Gênesis 6.4 e Números 13.33. Em Gênesis, são os filhos dos *filhos de Deus com mulheres humanas, e são chamados "heróis dos tempos antigos" e "homens famosos". Em Números, são descritos como os habitantes aborígines gigantes de *Canaã, que viveram no tempo de Moisés. Não fica claro por que ou como os nefilins sobreviveram ao Dilúvio para se tornarem os *cananeus originais; provavelmente pode-se detectar uma dualidade de tradições orais mais antigas no choque entre esses dois textos. Os nefilins parecem partilhar um destino comum em Gênesis e em Números, talvez gerado por seu nome — eles existem apenas para morrer numa grande destruição, seja o Dilúvio ou a conquista israelita. Parecem estar relacionados com os *refaítas, cujo nome também está associado aos mortos, que também são gigantes e também são aniquilados pelos israelitas antigos.

Ronald S. Hendel

NEFTALI. Filho de Bala, criada de *Raquel, e *Jacó e uma das doze tribos de Israel. A referência feita por Raquel a "lutas sobre-humanas" travadas com sua irmã *Lia (Gênesis 30.7) é um jogo de palavras com o nome Neftali ("lutador"). É destinado à tribo um grande território a oeste do mar da Galiléia e do alto Jordão. A proeza militar de Neftali é louvada nas bênçãos de Jacó e Moisés. Durante o reinado de *Salomão, Neftali tornou-se um distrito administrativo comandado pelo próprio genro de Salomão.

Durante a monarquia dividida, Neftali certamente sofreu com as guerras entre Israel e a Síria. "Toda a terra de Neftali" foi capturada pelos *assírios em 732 a.C.

Gary N. Knoppers

NEGUEB. O Negueb é um deserto montanhoso ao sul de Judá entre Arabá e o mar

Mediterrâneo. Seu nome significa "secura" mas pode também ser sinônimo de "o sul". *Abraão e *Isaac passaram tempos ali. No Negueb residiram os *amalecitas, jerameelitas, *quenitas (ou quenizitas), *quereteus e os calebitas. Após a conquista de Canaã, foi atribuído a *Simeão, mas acabou por ser incorporado a Judá ("Negueb de Judá em Bersabéia"). A Bíblia o descreve como desolado mas habitável. Indícios arqueológicos mostram que foi povoado, por vezes de maneira surpreendentemente densa, durante e após o período bíblico.

Joseph A. Green

Nemrod. Nemrod (literalmente, "rebelaremos" ou "rebelemo-nos" em hebraico) é descrito em Gênesis 10.8-12 como um "intrépido caçador perante Javé". A lista das cidades de seu vasto reino — Babel, Arac, Acad na *Babilônia, seguidas por *Nínive e Cale na *Assíria — parece reconstituir a história mesopotâmica até as origens do Império Neo-Assírio, quando Nínive e depois Cale serviram como capitais imperiais. O nome de Nemrod parece ser uma distorção controversa do nome do deus mesopotâmico Ninurta, que era um pujante caçador e guerreiro, um herói da cultura e, em alguns textos, o soberano do universo. Ninurta, que tinha centros de culto em Babel, Cale e outras cidades, era o patrono divino dos reis neo-assírios (entre os quais Tukulti Ninurta I, um candidato menos provável a ser o Nemrod original). Em Miquéias 5.5, a "terra de Nemrod" é um sinônimo de Assíria. Em tradições pós-bíblicas, Nemrod, o incitador de "rebelião" que reinou sobre Babel, foi muitas vezes identificado como um gigante (*ver* Nefilins) e o principal construtor da Torre de *Babel.

Ronald S. Hendel

Nilo. A etimologia exata do nome do grande rio do *Egito, derivado do grego *neilos*, é incerta. O nome egípcio *yoteru* (copta posterior *eior*) é provavelmente a base do hebraico *yeor*. O Nilo, o rio mais longo do mundo (6.540km), nasce em alguns lagos da África central e recebe as águas de um afluente, o Nilo Azul, perto da cidade de Cartum, no Sudão. A verdade sobre suas fontes era desconhecida pelos egípcios, que imaginavam que ficavam em Assuan, onde as águas turbulentas da Primeira Catarata sugeriam que brotavam de uma caverna subterrânea para fluir para o norte rumo ao Egito e para o sul em direção à Núbia.

O Nilo mantinha a vegetação tanto nos extensos pântanos do norte como nas terras agrícolas que limitavam com suas margens. Desde tempos muito remotos, um sistema de canais de irrigação partia do caudal central para auxiliar o cultivo. A cada ano, em meados de julho, o Nilo começava a subir, transbordando suas margens e proporcionando assim irrigação natural. Esse fenômeno anual, a inundação, trazia também consigo limo, um fertilizante natural composto de matéria vegetal e lama vermelha, em grande parte carregado da Etiópia pelo Nilo Azul. A elevação das águas e o depósito de limo explicavam as ricas safras do Egito. A altura real da cheia era importante, porque uma cheia muito pequena era desastrosa para os agricultores, ao passo que uma grande demais provocava o colapso do sistema de irrigação, o rompimento dos diques e a destruição de povoados. Os níveis da inundação eram cuidadosamente registrados por uma série de nilômetros posicionados ao longo do curso do rio. O deus Hapi, representado como um híbrido barrigudo com seios pendentes e colorido de verde e azul como as águas da cheia, era identificado com a inundação e visto como o fiador de toda a vida no Egito.

No Delta, os vastos pântanos forneciam um hábitat natural para numerosas aves silvestres de todos os tipos, caçadas tanto como alimento quanto por esporte. Era nos pântanos que o papiro florescia, oferecendo o material essencial com que os egípcios eram capazes de manufaturar uma superfície satisfatória e durável para a escrita. Monopólio real em certa época, o produto do papiro foi exportado para todo o mundo antigo até ser substituído no século IX d.C. pelo papel (palavra que, embora denotando uma substância diferente, é derivada de "papiro").

Além de manter abundante umidade para boas safras numa terra que, com exceção do Delta, raramente experimentava chuvas consideráveis, o Nilo fornecia a principal via para viagem e transporte. Sem ele teria sido impossível transportar a enorme quantidade e peso de pedra necessários para a construção dos templos e das pirâmides. Barcos dos mais variados tipos iam e vinham pelo rio: barcos de guerra, cargueiros e embarcações de longo curso capazes de transportar cedro do Líbano e cobre de Chipre. Além disso, numerosas embarcações pequenas viajavam pelo Nilo, algumas para servir de balsas, pois não havia pontes cruzando o rio, e outras (que mal passavam de feixes de papiros atados juntos) para transportar pescadores em suas lides. O vento norte, que normalmente prevalecia, ajudava o movimento a montante de barcos equipados com velas, enquanto o fluxo do rio facilitava os esforços dos que remavam rio abaixo.

Estradas eram desconhecidas no Egito antigo. Havia, no entanto, numerosas trilhas, sobretudo ao longo dos canais de irrigação, adequadas à passagem de pedestres e burros, as bestas de carga universais. Veículos de rodas eram praticamente ignorados. Embora o cavalo tivesse sido introduzido durante o período dos hicsos, só era usado para puxar a leve biga de guerra. O camelo só chegou ao vale do Nilo durante o tempo dos Ptolomeus. Daí a importância suprema do rio para a comunicação e o transporte.

J. Martin Plumley

NÍNIVE. Capital da *Assíria no século VII a.C., quando esse império havia anexado o reino norte de Israel e forçado Judá a pagar tributo. A maior parte das referências bíblicas refletem essa época, quando Nínive foi o centro da Assíria que conheciam. O livro de *Jonas, embora escrito muito tempo depois, lembra esse período da glória assíria e da humilhação israelita. *Naum profetiza a destruição desse inimigo, como o faz Sofonias. É dito que *Senaquerib se refugiou em Nínive depois que Javé infligiu uma praga a seu exército, que cercava Jerusalém. Sob outros aspectos, Nínive aparece na descrição da Assíria em Gênesis 10.11-12, em que sua associação com Cale reflete a geografia do início do primeiro milênio, quando Cale (acádio Kalhu) era um importante complemento para Assur e Nínive. Indícios arqueológicos mostram que Nínive já existia no quinto milênio a.C. e contatos com a Suméria e Akkad, ao sul, são registrados em textos do terceiro milênio. Nínive continuou sendo uma importante cidade mesopotâmica durante os dois mil anos seguintes, embora só tivesse sido capital da Assíria sob Senequerib.

Daniel E. Fleming

NOÉ. Filho de Lamec e pai de Sem, Cam e Jafé, Noé foi o herói da narrativa bíblica do Dilúvio e o primeiro taberneiro. Após observar a corrupção de toda a criação, Deus decidiu limpar e purificar a terra mediante um dilúvio. Noé, contudo, encontrou favor junto a Deus e, juntamente com sua família e a semente de todas as criaturas vivas, entrou na arca e sobreviveu ao dilúvio. A partir deles a terra foi então repovoada.

Sob muitos aspectos, Noé foi um segundo *Adão. A genealogia de Gênesis 5 faz de seu nascimento o primeiro após a morte do progenitor da humanidade. Como de Adão, todas as pessoas são seus descendentes. A primeira ordem de Deus ao casal primordial, "Sede fecundos e multiplicai-vos, enchei e subjugai a terra!" (Gen. 1.28), ecoa na primeira ordem de Deus a Noé e seus filhos após o Dilúvio.

Outros personagens bíblicos por sua vez rememoram Noé e são comparados com ele. *Moisés também teve de suportar uma provação pela água; de fato, a única outra vez que a palavra hebraica para arca (*teba*) é usada na Bíblia é para designar a cesta em que Moisés foi salvo. Na tradição cristã, Noé é visto como um precursor de Jesus, e as águas do Dilúvio são comparadas com as águas do batismo.

Em vasta literatura pós-bíblica judaica, cristã e muçulmana, Noé tem sido tradicionalmente considerado uma pessoa exemplarmente proba. No entanto, a expressão "probo em sua geração" foi também interpretada como significando que, numa época diferente, a probidade de Noé não teria sido vista como extraordinária (*b. Sanh.* 108a).

A lenda de um herói que sobrevive a uma inundação para repovoar a terra pode ser encontrada em muitas culturas. Histórias da Mesopotâmia antiga são extremamente próximas do relato bíblico. Na história suméria do dilúvio, o piedoso rei Ziusudra sobrevive a três tentativas, inclusive um dilúvio, de destruir a humanidade. Após sua provação, ele oferece um sacrifício aos deuses, repovoa a terra, recebe o dom da imortalidade e é enviado para viver no paradisíaco Dilmun. A décima primeira lâmina da Epopéia Gilgamesh conta a história do ancestral de Gilgamesh, Utnapishtim, que sobreviveu ao dilúvio para ganhar a imortalidade através de um ato caprichoso do deus Ea/Enki. As imagens e os detalhes da história são em grande parte análogos aos do relato bíblico. A Epopéia Atrahasis, a que está contextualmente mais próxima da narrativa bíblica, situa a história do dilúvio no contexto de uma história primeva. Nessa versão Atrahasis, "aquele extraodinariamente sábio" (também um epíteto de Utnapishtim), sobrevive a três tentativas de destruição da humanidade, a última das quais é um dilúvio. O grande frenesi da humanidade e a superpopulação da terra são dados como razões para o desejo de destruir do deus Enlil. Após o dilúvio, chega-se a uma concessão divina no tocante a maneiras de limitar a população da terra, uma idéia especificamente rejeitada no relato bíblico.

Ver também Cam.

Carl S. Ehrlich

NÔMADES. Quando compareceram perante Deus em Canaã, a Terra Prometida, levando os primeiros frutos da colheita, os israelitas tiveram de recordar sua origem com as palavras, "Meu pai era um arameu errante" (Deut. 26.5) — uma referência a *Jacó que, depois de deixar seu sogro em Harã, não teve mais morada permanente. Passou de uma vida sedentária a uma vida parcialmente nômade, de pastor; deixando o Egito, seus descendentes, após quarenta anos no deserto, adotaram uma vida sedentária, agrícola. A troca de um modo de vida pelo outro não era um ato inusitado; havia sempre conexões entre os dois, pois nômades sempre precisam dos ofícios e do comércio que a vila ou aldeia oferece.

A vida nômade deixa poucos traços. Como a Bíblia e praticamente todos os outros registros antigos foram escritos por gente da cidade, nossa informação é usualmente parcial, um tanto hostil aos nômades. Os egípcios consideravam o estilo de vida dos nômades incivilizado, e os babilônios de cerca de 2000 a.C. os desprezavam como aqueles que não tinham morada permanente, comiam carne crua e não enterravam seus mortos. Nessa época, tribos da Síria central se deslocaram para a *Babilônia; os escribas babilônios os chamavam *amorreus, ou "ocidentais". Eles invadiram as cidades antigas e estabeleceram novos Estados, no início em bases tribais. Rei competia com rei, e por um breve período o famoso Hamurabi os dominou a todos. A cultura urbana babilônia esmagou os amorreus; afora a língua, não é possível distinguir nenhuma característica amorréia definida. Os escribas babilônios marcavam como amorreus alguns nomes que têm feições não-babilônias. Nomes como esses aparecem na Síria-Palestina, inclusive alguns em Gênesis. Os ancestrais de Israel podem ser incluídos entre esse povo do segundo milênio. Como Israel, outros Estados posteriormente situaram nas origens de sua história nômades "que moravam em tendas". A interação entre moradores de cidades e nômades, "o deserto e o espalhado", é ilustrada por textos de Mari, no médio Eufrates, escritos por volta de 1800 a.C. Os reis de Mari tentavam constantemente controlar tribos vizinhas à força ou mediante diplomacia, temendo que invadissem a cidade. Israel enfrentou o mesmo problema com *amalecitas e *madianitas. A simplicidade nômade atraía alguns, e o período no *deserto parece ter sido um estado ideal, não conspurcado pelas iniqüidades da religião cananéia. No século IX a.C, Jonadab, filho de Recab, iniciou em Israel um movimento desse tipo que durou por dois séculos, terminando contudo ao abrigo da cidade (*ver* Recabitas).

No Novo Testamento, a vida nômade é tomada como uma imagem da vida espiritual e um lembrete de que o físico é transitório.

Allan Millard

NOMES DE DEUS NO ANTIGO TESTAMENTO. A Bíblia freqüentemente refere-se a Deus por seu nome apropriado, que era provavelmente pronunciado Yahweh, ou Javé. No Antigo Testamento, as consoantes *yhwh* devem ser lidas usualmente como Adonai (*adonay*), por reverência, e as versões modernas grafam a palavra como "Senhor" ou (menos freqüentemente) "Deus" com maiúscula. A palavra hebraica é um plural de majestade (com um sentido singular) de *adon*, que é traduzido por "Senhor". O nome Javé aparece muitas vezes na expressão "Javé das hostes", já que provavelmente o hebraico deve ser traduzido (cf. "Javé de Temã" ou "da Samaria" nas inscrições Kuntillet Ajrud de c.800 a.C.) ou na mais longa "Javé o Deus das hostes". Alguns pensaram que as hostes, Sabaoth (*sebaot*), eram os exércitos de Israel, mas uma referência a esses exércitos humanos é imprópria, por exemplo, nas condenações proféticas de Israel, e a palavra provavelmente denota exércitos celestes ou angelicais. Alguns sustentam que Sabaoth é um epíteto em aposição a Javé e que significa algo como "O Poderoso", mas não há indícios no hebraico para tal significado.

A palavra usual para Deus em hebraico é Elohim, outro plural de majestade com um significado particular quando aplicado a Javé. A forma singular Eloah aparece, principalmente no livro de Jó, mas o substantivo singular mais comum para Deus é El, que tem cognatos em outras línguas semíticas e cujo equivalente ugarítico tanto é aplicado ao deus principal quanto serve de designação geral para qualquer deus. Os israelitas adotaram essa palavra semítica comum (El-Elohe-Israel, "El o Deus de Israel"), e é provável que alguns dos nomes divinos compostos com El no Antigo Testamento tenham sido originalmente aplicados a divindades não-israelitas. Em Gênesis 14.18-20, 22, encontramos El Elyon,

"Deus Altíssimo", cujo sacerdote é *Melquisedec mas que é identificado a Javé por Abraão. A palavra Elyon é aplicada a Javé em outras passagens da Bíblia. No século IV d.C., Filo de Biblos é citado por Eusébio de Cesaréia como se referindo a Elioun, o Altíssimo (grego *hypsistos*), como um deus *fenício. O cognato aramaico de Elyon é *lyn* (talvez *elyan*), e um deus com esse nome aparece ao lado de El num tratado do século VIII a.C. de Sefire, na Síria.

O elemento El é encontrado em nomes divinos em Gênesis, por vezes em conexão com vários lugares, como Betel, "a casa de Deus", e encontramos El-Betel, "Deus de Betel". Assim, num lugar do deserto há El-roi ("Um Deus de visão") e em Bersabéia há El Olam ("o Deus Sempiterno", 21.33; cf. *spslm* numa carta ugarítica e *smslm* num texto fenício de c.700 a.C., que significam ambos o deus ou a deusa "do sol eterno"). Outro nome é El Shaddai, usualmente traduzido por "Deus Todo-poderoso", e o escritor sacerdotal no *Pentateuco sustenta que Deus se deu a conhecer pela primeira vez por esse nome antes de se revelar como Javé. O nome não está restrito a S, pois é encontrado em vários lugares e é parte dos nomes Zurishaddai e Ammishaddai. É talvez relacionado com uma palavra acádia para "montanha".

É incerto se El-Berit ("Deus da aliança") em Juízes 9.46 refere-se a Javé, pois essa deidade parece se confundir com Baal-Berit em 8.33 e 9.4, e pode ser um deus cananeu. Por outro lado, Baal, que significa "senhor", era por vezes aplicado a Javé em tempos antigos sem que isso implicasse sempre necessariamente sua identificação ao deus cananeu *Baal. Em 1 Crônicas 12.6, há o nome pessoal Baalias, "Yah é Baal" (cf. *yhwbl* num sinete não publicado). *Saul e Jônatas, que eram adoradores de Javé, tiveram filhos chamados, respectivamente, Esh-Baal e Merib-baal, que foram mudados por editores para Ish-bosheth e Mephibosheth, em que "bosheth" ("vergonha") substituiu "Baal". Jerobaal (Jerubeset em 2 Sam. 11.21), o outro nome de *Gedeão, deve provavelmente ser explicado de maneira semelhante, apesar da explicação forçada em Juízes 6.31-32. *Davi também teve um filho chamado Baaliada (*blyd*), provavelmente idêntico a Eliada em outras listas. Oséias 2.16 diz que Israel chamará Deus de "meu marido" (lit. "meu homem") e não mais "meu Baal" (i.e., "meu senhor"), o que pode implicar que alguns israelitas se dirigiam a Deus desta última maneira.

Tanto a santidade de Deus como sua relação com seu povo estão refletidas na expressão "O Santo de Israel", que é característica do livro de *Isaías. Embora não seja estritamente de um nome, é relevante mencionar esse título aqui.

Javé é freqüentemente descrito como melek, "rei", "um grande rei sobre toda a terra" ou "sobre todos os deuses", "meu" ou "nosso rei", ou "o Rei de glória". Ele "reina" ou "tornou-se rei" e "reinará para sempre". Nomes pessoais incluem Melquiel e Melquias, significando "El" ou "Yah é rei". Isaías tem uma visão do "Rei, Javé das hostes".

Vários epítetos e figuras de linguagem são aplicados a Deus, mas não podem todos ser qualificados de nomes ou títulos. Em Gênesis 15.1, Javé diz a Abraão: "Eu sou o escudo que te protege", mas isso não prova a teoria de que "o Escudo de Abraão" era um título. Por outro lado, Deus é descrito como "o Temor de Isaac" — a tradução alternativa sugerida, "o Parente de Isaac" carece de corroboração suficiente — e como "o Poderoso de Jacó"; estes podem ser títulos que refletem a relação especial de Deus com indivíduos particulares. Sua relação com o povo se revela também em nomes que contêm o elemento *ab*, "pai", tal como Abias, Abaal e *Abra(ã)o. No entanto, embora Deus fosse visto assim, e fosse possível dirigir-se a ele como "meu (ou nosso) Pai", é duvidoso que haja indícios suficientes para justificar a alegação de que "Pai" era um título, que dirá um nome.

Ver também Javé.

J.A. Emerton

NOMES E ATRIBUIÇÃO DE NOMES.

Significado. Ao longo de toda a Bíblia, os nomes são cheios de sentido. De há muito os estudiosos reconheceram que tanto para Israel e o Oriente Próximo antigos quanto para o judaísmo e o cristianismo primitivos, o nome de uma pessoa, lugar ou coisa estava vinculado de algum modo à sua essência e/ou personalidade e era descritivo delas. Assim, nomes de pessoas expressavam sua personalidade e posição ou natureza. Isso se reflete naquelas histórias em que o nome de uma pessoa é mudado em reconhecimento a uma natureza, personalidade ou posição alterados. Os exemplos incluem a mudança do nome de *Jacó para Israel após ter lutado corporalmente a noite inteira com um ser divino não nomeado (!) e a mudança do nome de Abrão para Abraão depois da instituição da aliança. O mesmo fenômeno ocorre na mudança de nome ou adoção de um nome adicional ou "nome de trono" por reis na antiga Israel, como quando Matanias é renomeado *Sedecias. Os nomes das crianças recém-nascidas pareciam ser em geral cuidadosamente escolhidos para refletir as circunstâncias do seu nascimento, bem como indicar algo de sua personalidade ou posição.

Tipos de nomes. Os nomes podem ser divididos em duas categorias: nomes de pessoa e de lugar. Dentro dessas duas categorias, podemos falar também de nomes simples, que consistem de um elemento, e de nomes compostos, que consistem de dois ou mais elementos. Nomes simples para pessoas podem ser tomados de nomes de plantas e animais (Débora = abelha/vespão; Hulda = doninha). Nomes compostos podem ser formados de substantivos, mas em sua maioria são nomes sentenças, reunindo uma forma do nome divino (Yo- [Jo-] ou Yeho- [Joi-] e ya[u], todos derivados de "Javé"; ou El; *ver* Nomes de Deus no Antigo Testamento) ou um título de deus (pai, rei etc.) com um verbo, substantivo ou adjetivo descritivo de Deus (p.ex., Elias = Javé é Deus [*el*]). Nomes que incorporam um nome divino, chamados nomes teofóricos, podem ocorrer também numa forma abreviada em que o nome divino é omitido; essa forma abreviada é chamada hipocorística (p.ex., Jônatas/Natã; Baraquias/Baruc].

Processo de nomeação. No Antigo Testamento, as crianças são regularmente nomeadas pela mãe pouco após o nascimento, mas o pai ou outros podiam também nomear a criança e freqüentemente o faziam. Gênesis 30.6-24 preserva as histórias dos nascimentos e das nomeações de sete dos filhos e de uma filha de Jacó. Em todos os casos o trocadilho e o jogo de palavras na atribuição do nome são evidentes. Em geral, as traduções inglesas fornecem ao leitor notas que elucidam os jogos de palavras presentes no texto hebraico. Se o jogo de palavras sempre desempenhou um papel importante é incerto.

No Antigo Testamento as crianças eram nomeadas pouco após o nascimento, mas no Novo Testamento há provas da prática de esperar oito dias e dar nome a uma criança do sexo masculino quando de sua circuncisão. A história contada por Lucas da nomeação de *João Batista também atesta o desenvolvimento no judaísmo antigo da nomeação de um recém-nascido segundo o pai ou o avô. No período do Segundo Templo, esta última prática está bem comprovada na família dos sumo sacerdotes.

Pelo menos do período persa em diante, muitos hebreus receberam um nome não-hebraico (babilônio, grego, latino etc.) em acréscimo a seu nome hebraico. Entre os exemplos bíblicos estão Edissa/Ester, Simão Pedro, João Marcos e Saulo/Paulo.

Russell Fuller

NOMES PARA OS ANÔNIMOS. Embora a Bíblia contenha muitas pessoas nomeadas, são também numerosas aquelas que são mencionadas mas não nomeadas. Através das eras, leitores da Bíblia sentiram necessidade de identificar esses personagens anônimos que desempenham um papel nas Escrituras, e assim nomes (por vezes mais de um) foram atribuídos a muitas dessas pessoas não identificadas.

Antigo Testamento. Bem no início da Bíblia, os leitores são impelidos a perguntar: quem foi a mulher de Caim? Uma resposta é fornecida pela obra apócrifa, o Livro dos Jubileus, um texto judaico também conhecido como "O pequeno Gênesis" e que se supõe ter sido escrito no século II a.C. Segundo Jubileus 4.9, após dar à luz *Caim e depois *Abel, *Eva teve uma filha chamada Awan, que mais tarde veio a se tornar mulher de Caim. Após o nascimento de seu filho Set, Adão teve outra filha e chamou-a Azura; mais tarde ela se tornou mulher de Set.

O Livro dos Jubileus identifica também as mulheres de outros varões antediluvianos que aparecem em Gênesis 5.6-31. De *Noé, o último da série, diz-se que se casou com Emzara, a filha de Rakeel, que por sua vez era filha do irmão do pai de Noé. Outros textos apócrifos dão mais nomes para a mulher de Noé — conhecem-se mais de uma centena de nomes diferentes!

Outra fonte imaginativa para nomes de mulheres não identificadas nas escrituras hebraicas são lendas judaicas pós-bíblicas. Por exemplo, a história de *José registrada em Gênesis não inclui o nome da mulher de Putifar, que tentou seduzir o jovem José. A tradição posterior fornece-lhe um nome — Zuleica. De maneira semelhante, o livro do Êxodo detalha como o bebê *Moisés, abandonado numa cesta e deixado flutuando entre os juncos do Nilo, foi encontrado pela filha do faraó, que estava se banhando no rio. A jovem adotou a criança como filho. Diferentes nomes foram atribuídos à mãe adotiva de Moisés: uma tradição a chama Tematis, enquanto outra lhe dá o nome Bitiá.

Fontes pós-bíblicas atribuem duas esposas a Jó. A primeira, que morreu enquanto Jó estava passando por suas provações, foi chamada Sitis (ou Sitidos), um nome derivado da transcrição grega da cidade natal de Jó, Hus. Depois que recobrou a saúde, Jó casou-se com Dina, filha de Jacó, com quem teve uma segunda série de filhos.

O texto pseudofilônico *Liber Antiquaitatum Biblicarum* dá o nome de Getal ao soberano amonita com quem Jefté negociou. A filha que Jefté apresentou como sacrifício por causa de seu lamentável juramento foi denominada Seila, e ela deplora sua virgindade numa montanha chamada Stelac. O mesmo livro identifica a médium de Endor, que evocou o espírito de *Samuel para *Saul, como Sedecla, filha do madianita Debin (ou Adod).

Novo Testamento. O Novo Testamento também foi substancialmente embelezado na tradição cristã posterior. O evangelho de Mateus não especifica o nome dos *Magos que levaram presentes ao menino Jesus. Como três presentes foram oferecidos, presumiu-se que houve três homens. Seus nomes, Baltasar, Melchior e Gaspar, foram-lhes atribuídos na *Excerpta latina Barbari* já no século VI. Tradições desse tipo são ampliadas na *Exposição de Mateus*, escritas supostamente por Beda, o Venerável, onde está registrado que cada um dos Magos vinha de um dos três principais continentes — Ásia, África e Europa. Além disso, Beda afirma que os Magos eram descendentes respectivamente de Sem, Cam e Jafé, os três filhos de Noé. O Oriente fornece ainda outras tradições. Num texto etíope conhecido como o *Livro de Adão*, os Magos recebem o nome de Hor, rei dos persas, Basanater, rei de Sabá e Karsudan, rei do Oriente. A viagem de um dúzia de Magos a Belém segundo tradições armênia e síria, e seus nomes, bem como os nomes de seus pais, estão todos registrados.

Os pastores anônimos a quem aparece um anjo para proclamar a nova do nascimento de Jesus também foram objeto de interesse tradicional. Um compêndio siríaco do século XIII, coligido e editado pelo *bispo Shemelon e intitulado *O Livro da abelha*, declara que os pastores eram sete e chega a enumerar-lhes os nomes: Aser, Zebulão, Justo, Nicodemos, José, Barsabás e Jose.

Os doze apóstolos são identificados pelos quatro Evangelhos, mas os setenta (ou setenta e dois) discípulos enviados por Jesus não são nomeados. No entanto, ao longo dos séculos, muitas listas incompletas de seus nomes foram compiladas. De várias listas um tanto diferentes do grupo completo, a primeira aparece na *Chronicon Paschale*, um extenso texto cronológico-histórico produzido por volta de 650 a.C. Matias é o primeiro discípulo arrolado, seguido por Sóstenes e Cefas, vindo então Lino e Cléofas. A lista continua com os nomes de trinta e seis pessoas a quem Paulo envia saudações no final de sua epístola aos Romanos (começando com Áquila em Rom. 16.3 e terminando com Quarto em 16.23). Depois desses nomes vêm trinta e nove outros, todos compilados das epístolas paulinas restantes e de Atos. Quase nenhum dos nomes é palestino, mas isso parece não incomodar os compiladores, que também admitiram a duplicação de vários nomes na lista — o resultado de uma combinação um tanto mecânica de fontes diferentes.

O *Livro da abelha* também nomeia várias crianças mencionadas nos Evangelhos. A criança que Jesus põe no meio dos discípulos é identificada como Inácio, que mais tarde governou como patriarca de *Antioquia. Duas das crianças levadas a Jesus para que ele impusesse as mãos sobre elas e as abençoasse foram *Timóteo e *Tito, que mais tarde se tornaram bispos.

Em Lucas 16.19-31 Jesus não nomeia o homem rico que pede ajuda a Lázaro. Uma tradição egípcia de cerca de 200 d.C. atribui ao homem rico o nome de *Nínive, que é simbólico de suntuosidade arrogante e complacente. O nome Nínive é citado também num manuscrito dos primeiros tempos de Lucas. No Ocidente, uma tradição diferente é encontrada no pseudotratado cipriânico *De pasha computus* (200 ou 300 d.C.), com a identificação do homem rico como Fineus. Mais tarde ele é chamado Dives (*ver* Rico, O.)

Das mulheres do Novo Testamento, aquela que foi nomeada provavelmente mais cedo na tradição cristã foi a cananéia ou sirofenícia que foi à procura de Jesus para que ajudasse a salvar sua filha, que estava possuída por um demônio. As *Homilias* pseudoclementinas do século III chamam a mulher Justa e sua filha Berenice. A obra apócrifa *Atos de Pilatos* chama também Berenice a mulher que suportou hemorragias durante doze anos. No entanto, o evangelho árabe apócrifo de João, que é posterior, a identifica como Yusufiya (Josefia). A viúva cujo filho morto Jesus ressuscita quando estava sendo carregado em seu caixão é chamada Lia segundo o texto copta sobre a Ressurreição de Cristo atribuído ao apóstolo Bartolomeu. A mulher de Pilatos, que em Mateus 27.9 aconselha o marido a não se comprometer com

Jesus, é diversamente identificada como Cláudia, Procla e Perpétua.

De maneira semelhante, os ladrões crucificados de ambos os lados de Jesus receberam também uma variedade de nomes. Na tradição ocidental, um Antigo Evangelho Latino os chama Zoatam e Cama, ao passo que um outro se refere a eles como Joatas e Magatras. No Oriente eles são chamados Dimas e Gestas em *Atos de Pilatos*, que também identifica o soldado romano que perfura o flanco de Jesus com uma lança como Longinus. O Codex Egberti, do século X, nomeia o homem que tentou aliviar a sede de Jesus com uma esponja embebida de vinagre como Stefaton.

No segundo *Evangelho de Pedro*, depois do sepultamento de Jesus os soldados designados para guardar seu túmulo eram supervisionados por um centurião romano chamado Petronius. O *Livro da abelha*, produzido muito mais tarde, acrescenta detalhes às descrições dos soldados: "Eram cinco em número, chamados Issacar, Gad, Matias, Barnabé e Simão; mas outros dizem que eles eram quinze, três centuriões e seus soldados romanos e judeus."

Muitas tradições dão nome à pessoa que acompanha Cléofas a Emaús na tarde da primeira Páscoa (Lucas 24.18); entre as identificações estão Natanael, Nicodemos, alguém chamado Simão (não Simão Pedro) e o evangelista Lucas.

Poucas ou nenhuma dessas tradições têm base em dados históricos precisos. A facilidade em dar nomes aos anônimos bíblicos é uma prova da fertilidade da imaginação dos escritores judeus e cristãos e de sua relutância em aceitar elementos desconhecidos na história bíblica.

Bruce M. Metzger

NOVA JERUSALÉM. *Ver* Jerusalém, *artigo sobre* Simbolismo.

O

OLIVEIRAS, MONTE DAS. O monte das Oliveiras é parte de uma crista a leste de Jerusalém que cruza diretamente o vale do Cedron em direção a Betânia e Jericó; a extensão norte da crista é chamada monte Scopus e suas encostas mais baixas *Getsêmani. Com uma elevação de aproximadamente 850m, a crista é mais alta que o monte do Templo do outro lado do vale do Cedron, a oeste.

No Antigo Testamento, o monte das Oliveiras é mencionado pelo nome duas vezes. Em 2 Samuel 15.30-32 somos informados da existência de um santuário ali. Zacarias 14.4 afirma que esse é o lugar onde os pés de Deus pousarão no dia apocalíptico do Senhor.

Nos Evangelhos, o monte das Oliveiras é o lugar onde Jesus vai para repousar ou orar quando está em Jerusalém ou em suas proximidades. Jesus entra em Jerusalém a partir do monte das Oliveiras e é ali que os discursos apocalípticos em Marcos e Mateus têm lugar; Marcos 13.3 pode ser uma alusão a Zacarias 14.4. Em Atos 1.12 o monte é sugerido como o lugar da ascensão de Jesus. Esses eventos na narrativa dos últimos dias de Jesus situados no monte das Oliveiras e em torno dele tornaram-no um local que leva peregrinos a Jerusalém desde o século IV d.C., quando uma pequena igreja foi fundada ali; essa pode ter sido a basílica construída por Helena, mãe de Constantino, mencionada por Eusébio.

J. Andrew Overman

ONÃ. O segundo filho de Judá e de sua esposa cananéia ("a filha de Sué"). Após a morte de seu irmão mais velho Her sem progênie, Judá ordenou a Onã que engravidasse a esposa de Her, Tamar. Onã coabitou com Tamar, mas "derramava o sêmen na terra"; por isso Deus o fez morrer. Os esforços de Onã para evitar engravidar a cunhada deram origem ao termo "onanismo", um sinônimo de masturbação. Essa passagem é assim usada por alguns para indicar a condenação divina do auto-erotismo. Essa interpretação, no entanto, deixa escapar por completo o sentido do trecho. O pecado de Onã não foi sexual. Foi, isto sim, sua recusa em cumprir a obrigação do levirato, segundo o qual um homem era obrigado a engravidar a mulher de seu irmão se este tivesse morrido sem herdeiro, assegurando assim a continuação da linhagem e da herança do irmão. O cumprimento dessa obrigação suscitava freqüentemente questões adicionais concernentes à partilha da herança familiar, como indicado em passagens do Deuteronômio e Rute. Assim, o ato sexual de Onã, muito provavelmente *coitus interruptus*, foi o meio pelo qual ele evitou seu dever fraternal, embora desse a impressão de cumpri-lo ao coabitar com Tamar. Por essa impostura foi punido.

Carl S. Erlich

ÓRFÃO. Na Israel bíblica, como no Oriente Próximo antigo em geral, o bem-estar socioeconômico de uma comunidade dependia basicamente da capacidade dos homens adultos de prover financeiramente àqueles que os cercavam, de protegê-los de danos físicos e, em geral, de preservar-lhes a honra ("nome"). Pessoas sem um varão específico para cumprir essas obrigações eram as mais vulneráveis na comunidade; por esse motivo, há muitos apelos pela proteção e tratamento adequado das que não tinham maridos ("*viúvas") e dos que não tinham pais ("órfãos"), bem como outros em situação de risco numa comunidade israelita. No Antigo Testamento, as viúvas são mencionadas ao lado dos órfãos em trinta e quatro das trinta e duas ocorrências destes últimos. Esse emparelhamento continua pelos Apócrifos, o Novo Testamento e escritos da Igreja primitiva. Outras pessoas em situação de risco mencionadas menos freqüentemente com órfãos são os *forasteiros, os fracos, os necessitados, os *pobres, os indigentes e os *levitas. A maior preocupação dessas pessoas era serem incapazes de proteger o que tinham, de se sustentar financeiramente, e de preservar o "nome" de seu falecido marido ou pai. Não eram, contudo, necessariamente desprovidas de bens.

Proporcionar proteção a essas pessoas era fazer-lhes "justiça". Tragicamente, os homens numa comunidade muitas vezes furtavam-se a essa responsabilidade ou até tiravam proveito de seus vizinhos e parentes que estavam vulneráveis. Os que perpetravam tais injustiças eram chamados "insensatos" ou "cruéis". O fracasso ou a incapacidade de órfãos e outros em situação de risco de obter apoio os obrigava a recorrer a administradores reais em busca de ajuda. Assim, uma responsabilidade primordial dos reis de Israel era cuidar dos necessitados, como os órfãos. Lamentavelmente, essa responsabilidade é mencionada o mais das vezes em condenações proféticas da burocracia real por seu não cumprimento. É importante reconhecer o fundamento teológico dessas condenações. Deus é o exemplo supremo de alguém que se preocupa com o bem-estar de pessoas como os órfãos; ele é o "redentor" supremo para o órfão. O rei e seus funcionários são mais vigiados e criticados que os outros porque foram designados como administradores de Deus junto ao povo, inclusive os órfãos. O fracasso do rei e de seus funcionários em fazer justiça aos órfãos reflete-se negativamente não só sobre eles como sobre o Deus que os instalou no poder.

No Novo Testamento, afora a exortação de "zelar pelos órfãos e as viúvas em seu infortúnio", a única referência aos órfãos aparece em João 14.18 ("Não vos deixarei órfãos"). As imagens sugerem que os discípulos de Jesus, por si mesmos, não seriam capazes de manter a "herança" que haviam recebido de Deus; mas Jesus está dizendo que agirá como seu protetor e provedor.

Timothy M. Willis

OSÉIAS. Oséias é o segundo dos profetas do século VIII a.C. cujas mensagens tornaram-se um livro independente (ver também Amós). Nada se sabe sobre Oséias fora do livro que leva seu nome.

Os três primeiros capítulos do livro contam a história do profeta e sua família. Oséias, filho de Beeri, foi instruído por Deus a desposar uma mulher, Gomer, que é descrita como adúltera, seja porque já fosse imoral ou em antecipação às suas infidelidades. Os três filhos carregam o mesmo estigma e recebem nomes esquisitos para simbolizar sua condição degradada, "Não-amado" e "Não-meu-povo".

A similaridade entre a experiência de Oséias com sua mulher e a de Javé com Israel é desenvolvida no livro em todas as suas dimensões — dor, rejeição enfurecida, tentativas de reconciliação. Tudo isso está entremeado numa alegoria no cap.2. As histórias são realmente as mesmas, porque o pecado de Gomer contra Oséias é idêntico ao pecado de Israel contra Javé: infidelidade à relação da aliança por recurso ao culto de *Baal, o deus dos cananeus. Essa religião rival impunha a atividade sexual como parte de seu ritual, um adultério ao mesmo tempo literal e espiritual. Apesar da situação desesperada, que exigia a mais drástica disciplina, e até a pena de morte, tanto para a mãe quanto para os filhos, o Senhor relutou muito em abrir mão da relação da aliança. Esforços tenazes foram feitos para renovar o casamento, para começar tudo de novo.

Não sabemos o desfecho da tragédia privada de Oséias e suas atitudes heróicas para recuperar sua mulher. Ele compra Gomer de volta, mas não nos é contado como ela reagiu. No trato paralelo de Deus com Israel, o livro ameaça e anuncia a morte em toda parte como punição inevitável para o pecado. Mas esse não será o fim; depois que a ira de Deus for extravasada, o caminho de volta ficará aberto. Eles podem se arrepender; então haverá restauração e amor renovado. Nada menos que a ressurreição dos mortos pode operar isso, e é o que está prometido.

A história e a profecia operam em vários níveis diferentes ao mesmo tempo, e é impossível separar os fios. Os oráculos têm múltiplos sentidos, pessoal e individual, nacional e histórico. As imagens da desavença/reconciliação, doença/recuperação, morte/ressurreição são a um só tempo literais e simbólicas, realistas e fantásticas. Começando com a tragédia e a agonia pessoais de um homem, a apresentação se expande numa análise da história passada e futura de Israel, abrangendo desde os *ancestrais até o *eskhaton*.

Como nenhum dos oráculos é datado, não os podemos associar aos desenvolvimentos políticos do período. A atividade militar descrita brevemente em 5.8-12 foi identificada como uma das invasões *assírias, mas pode ter sido uma das muitas guerras entre os dois reinos de *Israel e *Judá. Muitas das críticas à vida religiosa de Israel poderiam ter sido feitas durante a maior parte de sua história; mas a deterioração da situação corresponde bem ao terceiro quartel do século VIII, quando o reino do norte entrou em rápido declínio após a morte de Jeroboão II (745 a.C.), a quem Oséias via evidentemente como o último verdadeiro rei do norte. As falas refletem o caos e a confusão que marcaram as duas últimas décadas do regime samaritano, a anarquia que se instalou após a morte de Jeroboão II, em que muitos de seus sucessores perderam a vida por meio de assassinato ou revolução.

Francis I. Andersen

P

PALESTINA. Desde o tempo do historiador grego Heródoto (século V a.C.), o termo "Palestina" (derivado da palavra para *filisteu) designou a ponta ocidental do Crescente Fértil, a saber, a área de ambos os lados do rio *Jordão, limitada ao norte pelo rio Litani e o monte Hermon, a leste pelo deserto Sírio, ao sul pelo deserto do *Negueb, e a oeste pelo mar Mediterrâneo. Ela abrange seis regiões geográficas gerais: a planície litorânea, o Sefelá, a cadeia de montanhas central, o deserto da Judéia, o vale do Jordão e o platô transjordaniano. Estas podem ser visualizadas como faixas dispostas lado a lado no sentido norte-sul.

A planície litorânea. Essa faixa é dividida em três porções desiguais pela Escada de Tiro (Rosh ha-Niqra/Ras en-Naqura) e o monte Carmelo. Acima de Rosh ha-Niqra, a planície se alarga para o norte alcançando sua maior extensão na cidade fenícia de *Tiro, que nos tempos bíblicos era uma ilha. Entre Rosh ha-Niqra e o monte Carmelo, a planície tem em média 8km de largura. Além de uma precipitação atmosférica de 600mm, é inteiramente irrigada, em particular ao sul de Ptolemaida (Aco) onde a aluvião depositada pelos rios Naamã e Quison empurrou a linha litorânea para a frente em direção à baía de Haifa. As duas extremidades da baía formam portos naturais em Aco e Tell Abu Hawam.

Ao sul do monte Carmelo, o litoral plano é desprovido de portos naturais, mas na Antigüidade havia estações de barcas em Dor, em Torre de Estraton e em Jafa. Nessa área, a planície é muito mais larga e prolonga-se até Gaza. É caracterizada por três espinhaços paralelos, os remanescentes de linhas costeiras pré-históricas. A areia na parte externa do primeiro espinhaço deu lugar a charcos em seu interior, formados porque os rios e *wadis* não conseguem escoar-se completamente. Nos tempos bíblicos, o terceiro espinhaço era coberto de carvalhos, e o rico solo da terra que chegava até os contrafortes era ideal para a agricultura. A planície é dividida em duas pelo rio Yarkon, que começa em Afec (Rosh ha-Ayin). A planície de Saron, ao norte do Yarkon, recebe quase duas vezes mais chuvas (300mm) que a planície da Filistéia ao sul. A grande via comercial, a Estrada do Mar, tinha de passar através do desfiladeiro de 3km entre Afec e os montes. O local tornou-se uma importante encruzilhada quando *Herodes o Grande construiu o primeiro porto artificial em Torre de Estraton e chamou-o Cesaréia Marítima.

O Sefelá. Como o indica o nome bíblico ("baixada"), essa é uma área de montes baixos, ondulados, com aproximadamente 45km de comprimento por 15km de largura, que se estendem ao sul do vale Aialon. As suaves elevações de greda e calcário são cortadas por vales largos que se estendem tanto no sentido norte-sul quanto leste-oeste. Mesmo a parte mais seca no sul recebe cerca de 250mm de chuva e no período bíblico era intensamente cultivada. Oliveiras, sicômoros e vinhas são mencionados explicitamente na Bíblia. As cidades-chave eram *Gazer no norte, que dominava tanto a planície quanto o acesso mais fácil para as montanhas, e *Laquis, no sul, que controlava a rota principal através do centro para Bet-Sames e também a estrada lateral para *Hebron.

A cadeia central de montanhas. A região é de longe a maior, e pode ser dividida em três áreas, *Galiléia, Carmelo e *Samaria, e Judéia.

Galiléia. Essa área montanhosa é limitada ao norte pelo rio Litani e ao sul pelo vale do Jezrael, que se estende ao longo do lado norte das montanhas Carmelo e se alarga na vasta planície de Esdrelon (365m^2) antes de declivar suavemente para se unir ao vale do Jordão em Betsã. Como povoações antigas aparecem apenas nas bordas, deve ter sido sujeita a inundações nos tempos bíblicos. Era, não obstante, uma rota leste-oeste de grande importância.

A divisão clássica em Alta e Baixa Galiléia é baseada no simples fato de que os três picos mais altos da primeira têm todos mais de 1.000m, ao passo que os dois picos mais altos da segunda mal alcançam 600m. Embora ambas se beneficiem de uma precipitação atmosférica média de 800-500mm, o terreno é em geral impróprio para a agricultura e no período bíblico era coberto por florestas de carvalho. O isolamento do perfeitamente arredondado monte Tabor (588m) conferia-lhe uma qualidade sobrenatural. Ao lado dele se estendia a Estrada do Mar, traçando um ângulo de Hasor até a costa através das montanhas Carmelo.

Carmelo e Samaria. Estendendo-se a sudeste a partir da costa, a cadeia de montanhas Carmelo é cortada por dois desfiladeiros estratégicos, o Nahal Yoqneam e o Nahal Iron, o último com *Meguido em sua extremidade norte. Ao sul do vale Dotain, a crista se une com as montanhas de Gelboé para criar uma cadeia de montanhas muito mais larga com Sefelá a oeste e um declive escarpado para o vale do Jordão a leste. O núcleo central dessa área é constituído pelo monte Garizim (881m) e o monte Ebal (941m). O desfiladeiro entre eles, controlado por Siquém (Nablus), dava passagem à principal rota leste-oeste que vinha do Jordão através do verdejante *wadi* El-Farah, em que se situa o Tirsa (Tell el-Farah), e seguia até a costa logo ao sul da Samaria. Esse era o centro do reino norte de Israel, e o contraste entre a localização fechada de Tirsa e a ampla perspectiva para o oeste que se tinha de Samaria é simbólica da mudança de política que teve lugar sob Amri no século IX a.C. (*ver* Israel). Nesse período, o montes eram densamente florestados, mas os vales, que são mais largos no norte, produziam grãos, azeitonas e uvas. A viagem norte-sul era difícil, exceto na crista que se estendia para o sul a partir de Siquém. Os primeiros 20km da estrada cruzavam o fértil vale Michmethah, mas depois da subida de Lubban a estrada serpeava em estreitos *wadis*, passando pelos santuários de Silo e Betel.

Judéia. Geograficamente, os montes de Jerusalém são uma sela entre Ramalá e *Belém, que é cerca de 200m mais baixa que os pontos mais altos de Samaria, ao norte, e de Hebron, ao sul. Isso facilitava as viagens leste-oeste, e sempre houve rotas relativamente fáceis para a planície litorânea e o vale do Jordão. As florestas que cobriam os montes quando os israelitas chegaram para ocupar a área desapareceram gradualmente. As demandas de uma cidade em crescimento eram intensificadas pelo apetite insaciável por lenha de um culto sacrifical que durou quase mil anos. Depois que os montes foram desmatados, terraços começaram a ser construídos nas encostas. Os pequenos campos assim formados suportavam sobretudo oliveiras, mas também algumas plantações de grãos. A precipitação atmosférica média é de 560mm. Cercada por montes mais altos, com um abastecimento de água precário e situada fora das rotas naturais, *Jerusalém teria estado condenada à insignificância se *Davi não lhe tivesse dado peso político fazendo dela um centro religioso.

Ao sul de Belém, os montes se elevam em direção a Hebron (1.000m) e depois descem para a grande planície em torno de Bersabéia. A cobertura florestal no período bíblico era de carvalhos com pequenos trechos de pinheiros, mas Gênesis 49.11 atesta o intenso cultivo da videira nos vales e terraços. A única estrada significativa seguia do norte para o sul com apenas uma boa ramificação rumo à planície litorânea. A homogeneidade geográfica dos montes de Hebron ajuda a explicar por que esse foi sempre o território de uma única tribo, *Judá.

O deserto da Judéia. Essa região limita com os montes de Hebron a leste. A precipitação atmosférica cai bruscamente cerca de 5km a leste da vertente, e em 20km a terra declina 1.200m em direção ao mar Morto. A vegetação só é suficiente para sustentar carneiros e bodes. Nos tempos bíblicos, essas eram as pastagens das povoações situadas na borda leste da região montanhosa. Há poucas fontes, mas é possível coletar escoamentos de água em cisternas para dar de beber aos rebanhos. As características do terreno tornam as viagens difíceis. Ele desce em direção ao leste numa série de degraus, dos quais o mais importante é o vale de Acor na extremidade norte. Esses degraus são cortados pelas profundas gargantas dos *wadis* Murabbaat e Ghiar, que deságuam no mar Morto; ambos têm ampla ocupação pré-histórica. No período bíblico, a única estrada importante era a que levava de Técua a Engadi.

O vale do Jordão. De sua fonte principal em Banias (303m) nos contrafortes do monte Hermon, o rio Jordão segue para o sul numa grande fenda cavada na superfície da terra no ponto de encontro de duas placas tectônicas. Ela prossegue pelo golfo de Ácaba/Eilat para se tornar um vale de fratura na África. Nos tempos bíblicos, a área ao sul de Dã era um pântano intransponível com o lago de Hule em seu centro. O mar da *Galiléia (20 por 11km em seu maior comprimento e largura) é um lago de água doce 210m abaixo do nível do mar. Contém vinte e duas espécies de peixes, e a pesca sempre foi essencial para a economia local.

Pouco depois de deixar o lago, o Jordão é suplementado pelas águas do Yarmuk. Nos 105km que percorre até o mar Morto, o vale declina 194m mas o rio serpeia por 322km. Abaixo do vale, o leito do rio, com sua vegetação rasteira tropical que abrigava animais selvagens grandes, tem cerca de 7m, que se alargam para 23km perto de Jericó, onde a precipitação atmosférica é em média de apenas 150mm.

O Jordão termina no mar Morto (404m abaixo do nível do mar), que não tem nenhum escoadouro. A água só é perdida por meio de evaporação (no calor de 40ºC do verão, cerca de 24mm por dia), o que produz elevada concentração de todos os cloretos (26% em contraposição à salinidade de 3,5% dos oceanos); em hebraico ele é chamado o "mar de Sal" (Gen. 14.3). Tem em média 16km de largura e seu comprimento foi reduzido a 50km em 1976 quando a área ao sul dos estreitos Lynch secou. Esse talvez tenha sido o tamanho do mar no período histórico, mas cerca de cinqüenta mil anos atrás o nível da água era 225m mais alto, e o vale até a Galiléia era uma longa enseada do mar Vermelho. A continuação gradativamente mais elevada do vale até o golfo de Ácaba/Eilat é hoje chamada Arabá, embora esse termo possa significar genericamente outras partes do vale de fratura na Bíblia.

O platô transjordaniano. Essa região é uma faixa de aproximadamente 40km de largura que começa no monte Hermon e é limitada a oeste pelo talude do vale do Jordão. A leste ela se transforma gradativamente no deserto Sírio. O Golã, situado ao norte do rio Yarmuk, era o Basã bíblico e é um platô caracterizado pelos pequenos cones de vulcões extintos. O fértil solo vulcânico da parte sul dá lugar a pastagens silvestres no norte. O centro da Galaad bíblica situa-se entre os rios Yarmuk e Jaboc (Nahr ez-Zerqa), mas o termo é empregado também para designar a área tão ao sul quando o rio Arnon (Seil el-Mojib), também chamada *Amon. O terreno e a vegetação são muito semelhantes aos da região montanhosa de Samaria. Com uma média de 1.000m acima do nível do mar, o platô de *Moab que se estende entre o Arnon e o riacho Zered (*Wadi* el-Hesa) é mais alto que as terras ao norte. Nos tempos bíblicos, era proverbial por sua fertilidade, e 2 Reis 3.4 ressalta a produtividade de sua criação de carneiros. *Edom se estende ao sul de Moab chegando até o golfo de Ácaba/Eilat. Sua altitude média corresponde à de Moab, mas os picos centrais elevam-se a 1.700m. Os invernos são muito frios e as neves podem durar até março. Por causa da altitude, a cobertura florestal dessa área se estende muito mais ao sul do que as florestas correspondentes a oeste do Jordão. A grande rota comercial, a Estrada Real, percorria o platô longitudinalmente, ligando *Damasco aos portos de Elat e Asiongaber no golfo de Ácaba.

Jerome Murphy-O'Connor

PATRIARCAS. O termo tem sido usado na maior parte dos estudos bíblicos para designar os ancestrais de Israel, especialmente em Gênesis 12-50, e sua forma adjetiva é também geralmente empregada, como em "história patriarcal", "narrativas patriarcais" etc. Essas designações, no entanto, são enganosas, pois nas tradições preservadas em Gênesis 12-50 as "matriarcas" também têm papel de destaque. Neste livro os termos mais inclusivos ancestral, ancestrais são usados para os patriarcas e matriarcas bíblicos, i.e., *Abraão, *Sara e *Agar; *Isaac e *Rebeca; e *Jacó, *Lea, *Raquel, Bala e Zelfa, e seus filhos. Para uma discussão das narrativas ancestrais, *ver* Ancestrais, Os.

PAULO. Nasceu em Tarso, na Cilícia, por volta do início da era cristã. Membro de uma família judaica helenística, cujas origens remontavam à tribo de *Benjamim, recebeu o nome hebraico de Saulo, bem como o de Paulo. Diferentemente de muitos judeus, era também um cidadão romano.

Quando criança, Paulo aprendeu sobre sua herança judaica na *sinagoga local de Tarso. Recebeu, contudo, pelo menos os estágios finais de sua educação em Jerusalém, sob a orientação do *rabino *Gamaliel. Logo conquistou uma posição de alguma importância como *fariseu, talvez tendo até se tornado membro do *Sinédrio.

Quando o cristianismo começou a ganhar proeminência em Jerusalém, opôs-se fortemente a ele e dispôs-se a assumir responsabilidade pessoal por seu extermínio. Mas quando estava a caminho de *Damasco, na Síria, para ir ao encalço de cristãos que haviam fugido para lá, teve uma notável experiência que mudou o curso de sua vida. Rememorando-a vinte anos mais tarde, comparou-a com as aparições de *Jesus aos discípulos após a Ressurreição; como resultado desse encontro, sua fervorosa devoção à fé bíblica tal como compreendida pelos fariseus foi acrescida de um compromisso incondicional com o evangelho.

A partir desse momento, sua vida tomou nova direção, tendo ele se lançado no trabalho missionário por toda a Ásia Menor e a Grécia. Fundou muitas igrejas e via-se a si mesmo como o agente escolhido por Deus para levar o evangelho aos gentios. O Novo Testamento não menciona sua morte em passagem alguma, mas tradições confiáveis o descrevem como mártir em Roma, decapitado durante a perseguição de Nero em meados da década de 60 d.C.

Fontes. Temos duas fontes de informação principais sobre Paulo: suas epístolas e o livro dos Atos. Muito se debateu o valor relativo de ambas. Os escritos do próprio Paulo devem obviamente ter prioridade, embora por certo não seja fácil reconstruir a história da vida de uma pessoa com base numa coleção heterogênea e incompleta de cartas ocasionais. Atos parece pelo menos fornecer uma estrutura plausível, mas nem sempre é fácil correlacionar suas informações com o que pode ser deduzido das cartas.

Ambas as fontes devem ser tratadas com alguma cautela, pois nenhuma pretendeu ser uma biografia. Paulo é retratado de maneira proeminente em Atos, mas o foco principal ali é a rápida difusão do cristianismo de Jerusalém a Roma. As epístolas ocupam-se sobretudo de circunstâncias específicas da vida de várias igrejas, e inevitavelmente lançam mais luz sobre elas do que sobre a vida do próprio Paulo. Contêm escassos detalhes pessoais e relatam muito poucos episódios.

Adicionalmente, Atos e as epístolas tratam de aspectos diferentes da vida de Paulo. Em Atos ele é mostrado como um grande missionário pioneiro, que leva o evangelho aos mais remotos rincões do império. Assim sendo, o livro relata sua pregação inicial do evangelho a não-cristãos e a reação destes a ele, mas nunca menciona as epístolas! Mas elas foram escritas para cristãos, e mostram como Paulo se relacionava com os que já estavam na Igreja. Isso é razão suficiente para que seja difícil traçar comparações diretas entre as duas fontes de informação.

Temos poucas alternativas, no entanto, entre elas tentar combinar as duas fontes. Atos fornece a única pista realmente útil para a cronologia da vida de Paulo. A referência a seu encontro com Galião em *Corinto data esse episódio de algum momento entre 1º de julho de 51 e 1º de julho de 52, e fazendo deduções judiciosas a partir disso é possível traçar um esquema geral da vida de Paulo. Mas ainda restam problemas. Não há concordância quanto ao número e à seqüência de seus primeiros contatos com os cristãos de Jerusalém. Há dúvida também quanto ao número de vezes em que foi preso, com Paulo parecendo sugerir uma prisão em *Éfeso que Atos não menciona.

Origens. Tarso era uma típica cidade helenística, com uma população cosmopolita e uma variedade de opções religiosas oferecidas para seu povo. Seus cidadãos eram renomados por seu interesse em filosofia, e vários estóicos eminentes, entre os quais Atenodoro, conselheiro de Augusto, ali residiam. Sem dúvida Paulo tinha pelo menos um contato superficial com o pensamento deles, bem como algum conhecimento das várias religiões esotéricas e da filosofia grega em geral. Ocasionalmente ele faz referência específicas a autores *estóicos, e alguns consideraram que suas cartas mostram influência dos estilos de debate estóico e cínico. É improvável, no entanto, que tivesse uma educação formal nesses assuntos. Claramente, contudo, apreciava e valorizava a vida nas cidades helenísticas e suas metáforas demonstram íntimo conhecimento de atividades urbanas.

Ao longo de todas as suas cartas, Paulo exibe uma devoção apaixonada à sua herança judaica. Estava sempre se esforçando para demonstrar que seu entendimento do evangelho era plenamente compatível com a fé bíblica, e que os crentes cristãos eram herdeiros espirituais da Israel antiga. Perto do fim de seu ministério, investiu muito tempo e energia em assegurar boas relações entre os cristãos gentios e a Igreja em Jerusalém. Foi sua insistência para que as Igrejas gentias dessem ajuda financeira à Igreja em Jerusalém que acabou por levar à sua prisão e remoção para Roma.

O pensamento de Paulo deveu muito também às crenças dos discípulos originais. É verdade que podia se declarar independente dos *apóstolos judeus, mas isso era um movimento tático em face de uma oposição clamorosa. Quando sua apresentação do evangelho é comparada com outras partes do Novo Testamento, revela ter a mesma estrutura básica da pregação de Pedro e de outros apóstolos importantes. Ademais, o conselho prático que dava a seus conversos é surpreendentemente parecido com o de outros escritores do Novo Testamento.

No século XIX, a escola de Tübingen rechaçou essa visão como uma harmonização produzida pelo autor de Atos no interesse da Igreja católica posterior. Consideravam Paulo radicalmente diferente de Jerusalém e da cristandade judaica. Mais recentemente, a reviravolta se completou e alguns afirmaram que Paulo estava, na verdade, sob o controle da Igreja judaica e agia a mando de Jerusalém; também isso parece improvável. Apesar disso, Paulo estava preocupado com a unidade de judeus e gentios na Igreja e nós o compreendemos mal se situamos sua vida e seu pensamento fora do grande caudal da primeira geração do cristianismo.

Atividade missionária. Paulo estava convencido de que na estrada de Damasco Deus o encarregara de levar o evangelho aos gentios. Tanto tática quanto teologicamente, sentia que era importante que o evangelho fosse proclamado também para os judeus, e, segundo Atos, sua prática usual era ir em primeiro lugar à sinagoga local. Gálatas 2.7-9, no entanto, indica que sua atividade era, de maneira manifesta, dirigida exclusivamente aos gentios.

Em suas viagens, Paulo se valia do excelente sistema de estradas construído pelos romanos, e durante três prolongadas excursões visitou a maioria dos centros de relevo na Grécia e na Ásia Menor. Embora tivesse uma debilidade física, devia ser incrivelmente robusto, a julgar pela lista de agruras a que sobreviveu.

Parece ter tido uma estratégia cuidadosamente planejada para o evangelismo. Pretendia fundar igrejas nos maiores centros populacionais, a que podia chegar facilmente pela estradas pavimentadas romanas. A partir delas, conversos locais podiam levar a mensagem para vilas e aldeias ainda mais remotas. O plano foi evidentemente bem-sucedido. Pelo menos uma de suas epístolas (*Colossenses) foi escrita para uma igreja fundada dessa maneira, e, mais tarde no século I, a maior parte das áreas que visitou tinha muitas congregações florescentes.

Os conversos de Paulo eram uma seção transversal típica da sociedade romana. Muitos cristãos eram *escravos, embora o evangelho atraísse também romanos cultos da classe alta. Alguns eram claramente pessoas influentes, do tipo que levava litígio pessoais aos tribunais de justiça e que podia se permitir fazer doações para boas causas. Os companheiros de trabalho de Paulo desfrutavam também do estilo de vida tipicamente móvel das classes mais altas; na ausência de igrejas instaladas em prédios, a comunidade cristã dependia da generosidade de seus membros mais ricos para fornecer instalações para o culto coletivo e hospitalidade para pregadores ambulantes. Ao mesmo tempo, Paulo tinha a convicção de que o evangelho transcendia as barreiras de raça, sexo e classe, e insistia na igualdade de todos os crentes.

As Epístolas. Cartas literárias eram comuns no mundo romano. Embora Paulo seguisse o estilo da época, sob certos aspectos suas epístolas não são obras literárias. Ele era essencialmente um interlocutor, e suas cartas contêm o que teria dito se estivesse fisicamente presente. Isso sem dúvida explica seu estilo muitas vezes irregular. Ressalta também alguns dos problemas enfrentados pelo leitor moderno. Pelo menos uma das epístolas de Paulo foi claramente escrita em resposta a correspondência anterior enviada pela igreja de Corinto e a maioria das outras é uma resposta às informações que chegaram de uma maneira ou de outra. Mas é claro que temos somente um lado da correspondência. E talvez não conheçamos esse lado tão bem quanto pensamos, pois autores de cartas antigos freqüentemente confiavam partes significativas de suas mensagens ao portador da carta, para que as transmitisse oralmente. Na melhor das hipóteses, portanto, ler as cartas de Paulo é como ouvir por acaso um lado de uma conversa telefônica: é possível captar o sentido geral, mas detalhes específicos são mais elusivos.

Nem todas as epístolas de Paulo são assim. Alguns consideram *Romanos uma expressão mais ponderada do pensamento de Paulo. *Efésios parece ter sido uma carta circular, enviada a várias igrejas. E em muitas cartas Paulo mostra que sua escrita pode ser sofisticada, ao passo que suas argumentações detalhadas devem ter sido cuidadosamente elaboradas antes de serem escritas.

Estudiosos discordam quanto à genuinidade de todas as treze epístolas atribuídas a Paulo. Como ele usava regularmente um secretário e escrevia em conjunto com seus associados, podemos esperar variações de estilo. Muitos duvidam, porém, de que as Epístolas Pastorais provenham de Paulo, enquanto outros questionaram Efésios, Colossenses e *Tessalonicenses, com base numa variedade de razões teológicas, estilísticas e literárias.

As epístolas certamente nos revelam alguma coisa do caráter de Paulo. Era um adversário temível (*Gálatas), mas tinha também notável capacidade de solicitude profunda e amizade verdadeira. Tinha uma compreensão realista das relações humanas e era sensível àqueles menos vigorosos que ele mesmo. Era também dotado de um senso de humor espontâneo.

Teologia. Paulo não se tornou um cristão por estar desiludido com o judaísmo. Era totalmente devotado à fé bíblica e absolutamente convicto de que ela tinha sentido. Foi sua experiência de conversão que mudou sua vida e desempenhou um papel fundamental no desenvolvimento de sua teologia.

Descobriu que Jesus não estava mais morto, mas vivo — e era por certo "o Filho de Deus". Compreendeu que a Lei não era central para a salvação, pois na estrada de Damasco Deus irrompera em sua vida não por causa de sua obediência à Lei, mas apesar dela. Tudo que pôde fazer foi corresponder a essa demonstração do amor de Deus livremente concedido. Ao fazê-lo, Paulo tomou consciência de uma transformação moral e espiritual que se dava dentro dele, um processo que acabaria por transfigurá-lo para ser como Jesus.

Isso pôs em xeque suas idéias preconcebidas, especialmente sua atitude em relação à Lei. Como poderia conciliar sua compreensão anterior da vontade de Deus com sua nova perspectiva? Ele o fez da maneira mais eloqüente no conflito com os judaizantes da Galácia, sustentando a partir da própria Bíblia que a Lei sempre se destinara a ser meramente uma palavra temporária de Deus, e que a fé sempre fora a verdadeira base da salvação, desde tempos tão remotos quanto o de Abraão. Era por isso que se dispunha a demonstrar com tanto vigor que os conversos gentios não precisavam se tornar judeus para ser bons cristãos.

Mas não era só dessa maneira que Paulo descrevia suas crenças. Em outra passagem ele se refere à vida cristã como "uma nova criação" (2 Cor. 5.17), em que os homens e as mulheres haviam sido "libertados do poder das trevas e transportados para o reino do filho amado de Deus" (Col. 1.13-14). A "era que estava por vir" não estava encerrada no futuro; ela havia irrompido no presente através da vida, morte e ressurreição de Jesus e a vinda do Espírito Santo.

Paulo sabia muito bem que a vontade de Deus ainda não estava plenamente em vigor na terra e esperava uma futura intervenção divina em que o poder do mal seria finalmente esmagado, e quando Jesus retornaria em glória. Mas tinha certeza de que os cristãos já eram uma parte da nova ordem de Deus, e de que a Igreja deveria ser um posto avançado do reino em que a vontade de Deus poderia se tornar uma realidade nas vidas das pessoas comuns. Através da obra do Espírito de Deus, pessoas, sociedade, e toda a estrutura das relações humanas poderiam ser radicalmente transformadas, de modo que, no contexto de um sistema mundial fisicamente renovado, o povo de Deus poderia se elevar "à medida da plena estatura de Cristo" (Ef. 4.14).

John W. Drane

PEDRO. *Ver* Simão Pedro.

PALETEUS. *Ver* Quereteus e Peleteus.

PÉRSIA. O território pátrio dos antigos persas eram as terras predominantemente montanhosas a leste do alto do golfo Pérsico. Eles a chamavam Parsa (gr. Persis); era aproximadamente equivalente à moderna Fars. A primeira aparição desse nome (Parsua) na história, contudo, no Obelisco Negro do rei assírio Salmanasar III (c.843 a.C.), seguida oito anos depois por uma menção de vinte e sete chefes dali, indica uma posição em algum ponto no Curdistão iraniano; uma geração depois, no entanto, um nome semelhante é registrado para um lugar a sudeste. Em 692-691 a.C. o nome é citado numa aliança de povos contra *Senaquerib, que parece ter sido centrada no Zagros, mais a sudeste.

Na altura de 640 a.C., aproximadamente, quando um rei chamado Kurash (Ciro) aparece nos anais assírios, tudo indica que os persas estavam estabelecidos em Parsa; essa família de soberanos era aquemênida (descendente de um ancestral semilegendário Aquêmenes). Já se supôs que houve duas linhagens reais aquemênidas, uma (a de *Dario) em Parsa, a outra (a de *Ciro o Grande) numa terra chamada Anshan; em 1972, porém, descobriu-se que Anshan estava localizada no meio de Parsa. Esses persas eram falantes do indo-iraniano, como os *medos (Dario se autodesignava um ária, isto é, ariano ou iraniano). É possível que tenham chegado a Parsa paulatinamente, vindo de além do Cáucaso; mas pelo menos alguns podem ter se infiltrado gradualmente passando pelo Irã e a Carmânia. Foram súditos dos medos antes de Ciro o Grande destronar o rei Astíages em 550 a.C.; segundo Heródoto, haviam estado submetidos a eles por quase um século.

Sob Ciro e seu filho Cambises grandes conquistas tiveram lugar em rápida sucessão: o Império Medo em 550 a.C., o oeste da Ásia Menor (o reino lídio de Creso) por volta de 546 a.C., o Império *Babilônio com Elam e o Levante em 539 a.C., e (sob Cambises) o *Egito em 525 a.C. Dario I acrescentou a isso Sind (Hindush) por volta de 516 a.C. Assim as terras dos três grandes rios do Tigre e *Eufrates, o Indo e (até 402 a.C.) o *Nilo foram subjugadas, e o império resultante foi o mais vasto que o mundo conheceu.

Eficiência nos preparativos militares e habilidades bélicas haviam dado aos medos e persas uma reputação de invencibilidade. Mas o fracasso na tentativa de subjugar os citas em cerca de 513 a.C. e sérios reveses na Grécia entre 492 e (sob Xerxes) 480-479 a.C. minaram sua autoconfiança. Depois disso, a única expedição de vulto que teve êxito em cem anos foi aquela em que o heróico marechal Megabizo reconquistou o Delta após uma revolta (459-454 a.C.). Os reis posteriores recorreram amplamente a mercenários e até a frotas gregas em suas operações militares no oeste, sem grande sucesso, contudo, até que o implacável Artaxerxes III conseguiu controlar seus sátrapas (governadores) revoltosos e reconquistar a *Fenícia e o Egito em 345-343 a.C. No leste do império e nas fímbrias da Arábia, contudo, a paz parece ter sido mantida em geral com pouco uso de força.

O sistema de governo imperial implantado por Dario I continuou com poucas alterações até o fim do domínio persa. Nas satrapias iraniana e anatoliana senhores feudais mantinham brigadas domésticas e impunham a ordem, exceto em regiões montanhosas onde expedições punitivas ocasionais eram realizadas. A comunicação com as chancelarias imperiais era feita normalmente em aramaico.

Na Babilônia e no Egito, um sistema administrativo desenvolvido já existia e foi controlado. Os reis designavam inspetores fiscais nos templos e normalmente contavam com a colaboração dos corpos de sacerdotes. O confisco após conquistas e revoltas deu origem a grandes propriedades rurais pertencentes aos reis, a membros da família real e a nobres eminentes ou altos funcionários da corte. Na Babilônia, muitos feudos estavam relacionados com obrigações de serviço militar. No que fora outrora o reino de *Salomão, a oeste do Eufrates, a deportação nos tempos assírios havia resultado numa população heterogênea com pouco sentimento nacionalista, exceto em Judá e na Fenícia; a rápida aquiescência ao domínio persa salvara o "povo da terra" de confiscos após a conquista da Babilônia por Ciro.

Os aquemênidas cultuavam o deus de Zoroastro, Ahura-Mazda, com sua polarização de Justiça (ou Ordem) e Falsidade; mas isso não levava a intolerância religiosa. As deidades Anaítis e Mitra eram quase igualmente reverenciadas pelos persas, e o fogo era adorado como um deus. Os oficiantes eram *magos. Entre os deuses dos povos dominados, o grego Apolo, a deusa síria Alitat e Javé parecem ter sido especialmente favorecidos. Foi graças a Ciro e Dario I que o novo *Templo foi concluído em Jerusalém (515 a.C.); posteriormente, *Neemias (445 a.C.) e *Esdras (em 428 ou 398 a.C.) foram enviados para lá em missões especiais, e Dario II parece ter cedido a objeções dos sacerdotes de Jerusalém sobre o direito que tinha a guarnição em Yeb (Elefantina, no Alto Egito) de reconstruir seu templo e também de guardar seu próprio dia santo especial do Pessach.

O domínio persa permitiu assim considerável assimilação cultural e sincretismo religioso, a Babilônia tornando-se acima de tudo um centro cosmopolita. A arte dos babilônios foi um compósito em que diferentes tradições se mesclaram. O estilo cortesão, que (como a escrita persa antiga) foi concebido por Dario I, exaltava a grandeza do rei num cenário atemporal; como pode ser visto nos frisos de Persépolis, é esplêndido em sua sobriedade.

Após serem conquistadas por *Alexandre o Grande (334-323 a.C.) as terras do império foram governadas por reis sucessores macedônios, partos e romanos. A Pérsia não teve nenhuma importância adicional para a história bíblica.

J.M. Cook

PILATOS, PÔNCIO. Governador da Judéia sob Tibério César, esteve à frente da província de 26 a 36 d.C. Além dos detalhes a seu respeito que ocorrem nas fontes literárias discutidas abaixo, é também mencionado numa inscrição descoberta em Cesaréia em 1961.

A primeira menção a Pilatos, em Lucas 13.1, diz respeito aos "galileus que Pilatos matou, misturando o seu sangue com o dos sacrifícios que ofereciam", os quais estavam presumivelmente visitando Jerusalém para o Pessach; essa atrocidade pode explicar a inimizade entre ele e *Herodes Antipas, rei da Galiléia. No Pessach seguinte (3 de abril de 33 d.C. e não 7 de abril de 30 d.C.?), Pilatos estava novamente em Jerusalém para manter a ordem quando o caso de *Jesus lhe foi apresentado para novo exame. Só nesse momento ele é mencionado nos outros três Evangelhos; como os dois últimos nem sequer explicam quem era ele, Pilatos já devia ter sido fixado na pregação apostólica como uma âncora histórica.

Todos os quatro relatos evangélicos centram-se na pergunta de Pilatos: "És tu o rei dos judeus?" Em João (18.36), Jesus declara que seu reino "não é deste mundo". Em Lucas as autoridades judaicas afirmam que ele era um rebelde. Segundo João, *Caifás, um sumo sacerdote, previra havia muito a necessidade de se agir contra Jesus no interesse político da nação, mas somente Pilatos podia impor a pena de morte. O ceticismo de Pilatos com relação à acusação política foi habilmente transformado numa ameaça à sua posição como "amigo de César" (João 19.12). Pilatos lavou as mãos perante a multidão para deixar claro a quem cabia o ônus moral e desforrou-se ironicamente das autoridades identificando Jesus na cruz como "Rei dos Judeus" (João 19.19).

O Novo Testamento apresenta Pilatos sendo induzido contra seu melhor juízo a autorizar o que as autoridades judaicas tinham planejado. Passados dois séculos ele pôde ser visto (por Tertuliano) como um verdadeiro cristão, e na altura do século VI d.C. havia se tornado um santo e mártir na Igreja copta. Algumas análises modernas tentaram devolver a responsabilidade para ele: Jesus (ou parte de seus seguidores) era realmente revolucionário; foi um destacamento romano que o prendeu; o *Sinédrio tinha poder para ordenar uma pena de morte em caso de necessidade, e talvez nem tenha se reunido formalmente nessa ocasião. A força dessa argumentação deriva em parte do preço monstruoso cobrado em nosso tempo pelo grito "O sangue dele caia sobre nós e sobre nossos filhos", encontrado apenas em Mateus (27.25), a ser compreendido em termos da perspectiva própria daquele escritor bem como da política do século I.

O "procurador" da Judéia era responsável pelas propriedades de Tibério César ali e pelos tributos romanos. O Sinédrio e outras autoridades locais cuidavam da maior parte da administração restante. Em sua condição militar, Pilatos era referido também como "prefeito", isto é, comandante da província, seus poderes incluindo a supervisão da justiça. Mas sendo apenas de segunda classe (ou eqüestre), ele estava subordinado ao legado senatorial da *Síria. O longo mandato de Pilatos sugere um entendimento com a dinastia de sumo sacerdotes de Anás. Ele partilha o sucesso dela na manutenção da paz, fazendo jus ao cumprimento oblíquo de Tácito (*Histórias* 5.9), "sob Tibério, nada aconteceu". As moedas que cunhava, em contraste com as de Herodes e César, não ofendiam o segundo mandamento exibindo uma semelhança humana. Cedeu a um protesto suicida de judeus contra os medalhões nos estandartes militares, embora os tivesse velado ao levá-los para Jerusalém. Mas quando eles protestaram contra o gasto de fundos do Templo num aqueduto para a cidade, foi inclemente. Quando táticas igualmente brutais foram usadas contra os *samaritanos em 36 d.C., estes apelaram para Vitélio, o legado da Síria, que ordenou a Pilatos ir a Roma para se explicar.

Em 41 d.C. Filo publicou uma "carta" de Herodes Agripa para Caio César, sucessor de Tibério, censurando Pilatos como "inflexível, teimoso e cruel" (*Leg.* 299-305) e citando um episódio ocorrido quando Tibério lhe ordenara remover do palácio em Jerusalém alguns escudos que ofendiam escrúpulos judaicos. Claramente Pilatos acabou por perder o apoio dos líderes judeus. A ameaça destes de denunciá-lo a Tibério pode sugerir que estava sob suspeita como pessoa nomeada por Sejano, o administrador do pretório que Tibério derrubou em Roma em 31 d.C. Certamente a invectiva de Filo não teria sido possível se uma aposentadoria honrosa lhe tivesse sido assegurada.

Edwin A. Judge

POBRES. Como mostra a associação formular dos pobres com *viúvas e *órfãos na literatura do Oriente Próximo antigo e no Antigo Testamento em particular, a pobreza era uma condição indesejável e não uma disciplina ascética a ser abraçada tendo-se em vista uma meta mais elevada A proteção e o cuidado especial desses membros da sociedade economicamente carentes eram uma responsabilidade dos reis, que demonstravam seu poder em parte por sua capacidade de ajudar os que não eram capazes de ajudar a si mesmos. Essa responsabilidade régia é encontrada também em Israel, como o diálogo entre *Davi e *Natã em 2 Samuel 12.1-6 sugere e a instrução régia em Provérbios 31.8-9 torna explícito.

Na Israel pré-monárquica essa era uma obrigação da nação como um todo. Em algumas de suas legislações mais antigas, Israel é instruída a assegurar que os pobres tenham tanto uma audiência justa em contextos judiciais quanto alimento da colheita e repouso sabático, além de emprestar dinheiro aos pobres sem juros. Os profetas lembraram repetidamente Israel dessas obrigações.

O que era dever da nação como um todo era também exigido do indivíduo. A apaixonada declaração de inocência de Jó é uma síntese do código moral do israelita como pessoa; como parte de sua declaração de completa probidade, Jó detalha seu zelo pelos pobres. Essa obrigação ética continua a ser enfatizada no Novo Testamento e no Qumrã.

Os que oprimiam os pobres, portanto, eram os iníquos, e Deus era o protetor dos pobres. Ele recompensaria os que davam aos pobres e no devido tempo proveria ele próprio a subsistência deles.

Todos esses textos deixam claro que a pobreza era um estado desventurado. Suas origens são exploradas somente na literatura sapiencial, em que ela é muitas vezes atribuída a deficiências morais ou ao menos a uma falta de industriosidade, um exemplo da concepção bíblica dominante segundo o qual Deus recompensa a bondade e pune a maldade. Deve-se notar, no entanto, que esse ponto de vista é encontrado em literatura originada em círculos abastados, sobretudo em Provérbios.

Também no Novo Testamento a pobreza, sobretudo o empobrecimento voluntário, não é um ideal em si, antes uma condição temporariamente assumida no interesse de alguma meta mais elevada. *Paulo ilustra isso quando fala da "graça de Nosso Senhor Jesus Cristo. Sendo rico, se fez pobre por vós, a fim de vos enriquecer com sua pobreza" (2 Cor. 8.9). O contexto do versículo é a coleta para os pobres da igreja de Jerusalém, um esforço em que Paulo estava empenhado; Paulo exorta os cristãos de *Corinto a imitar o amor altruísta de Jesus, por zelo para com seus irmãos e irmãs mais necessitados. Essa idéia da "imitação de Cristo", também presente em Filipenses 2.5-8, é transformada mais tarde numa idéia geral na cristandade monástica. Nesta, a pobreza é abraçada não apenas, nem mesmo fundamentalmente, no interesse dos outros, mas como um meio de libertação dos bens materiais que permite a uma pessoa alcançar um estado espiritual mais elevado em união com Jesus, que, num provérbio aparentemente hiperbólico, disse a alguém que o queria seguir: "As raposas têm tocas e os pássaros do céu, ninhos, mas o Filho do homem não tem onde repousar a cabeça" (Mat. 8.20; Luc. 9.58).

O conselho que Jesus deu ao jovem rico de "vender tudo e dar para os pobres" deve ser interpretado à luz da urgência escatológica sentida pelos cristãos primitivos e provavelmente pelo próprio Jesus, bem como do contexto narrativo, apesar da abstração posterior daquela ordem num ideal de "pobreza evangélica". Segundo descrições bíblicas anteriores do julgamento divino, Jesus está aparentemente antecipando uma inversão de fortuna quando chegar o reino de Deus: as condições indesejáveis dos pobres, famintos, aflitos e perseguidos serão alteradas.

Michael D. Coogan

PRÍNCIPE DAS POTESTADES DO AR. Encontrada apenas em Efésios 2.2, essa expressão reflete a crença comum na organização hierárquica dos *anjos e *demônios. No século I a.C., "príncipe" refere-se em geral a um poder político, seja humano ou espiritual. O "ar" representa a região entre a terra e o céu, que é a esfera tradicional da atividade demoníaca. Neste caso, "potestades" refere-se à esfera em que o poder é exercido. Assim, o príncipe das potestades do ar é o soberano espiritual desse reino hierárquico de demônios, a que estão também submetidos os que não estão em Cristo.

Patrick A. Tiller

PROFETAS. Este verbete consiste de dois artigos, o primeiro sobre profetas na *Israel antiga*, e o segundo sobre o fenômeno da profecia no *Cristianismo primitivo*. Para discussões de profetas individuais, ver as entradas de verbete sob seus nomes.

Israel antiga

Nenhuma definição abrangente do profeta israelita é possível. As pessoas convencionalmente incluídas nessa categoria parecem ter manifestado grande diversidade de caráter e função. Elas são referidas por vários termos, que em certos textos são usados de maneira permutável, e alguns destes lançam alguma luz sobre suas funções: "vidente" sugere um receptor de visões, e "homem de Deus" sugere algum tipo de relacionamento estreito com a deidade. Mas a designação mais comum, *nabi*, geralmente traduzida como "profeta", é de derivação incerta. Os profetas do século VIII a.C. parecem ter evitado toda e qualquer classificação terminológica.

Em geral, pode-se dizer que os profetas eram homens ou mulheres que, segundo se acreditava, eram receptores, por meio da audição, da visão ou de sonho, de mensagens divinas que transmitiam aos outros pela fala ou por ação simbólica. Seus destinatários podiam ser indivíduos, grupos particulares de israelitas, toda a nação ou nações estrangeiras. Os profetas, portanto, eram mensageiros divinos, como o indica a fórmula "Assim falou Javé" que precede muitos de seus pronunciamentos. Muitas vezes essas mensagens eram espontâneas e transmitidas sob compulsão divina, embora em algumas ocasiões um profeta fosse consultado por pessoas que indagavam se havia uma mensagem de Deus para elas. Vários dos livros proféticos contêm "narrativas de chamado", em que os profetas expressam sua convicção de que receberam chamados especiais para profetizar. Vários profetas, em especial *Jeremias, registraram sua relutância e até forte resistência a essa coerção divina. Essas narrativas de chamado, no entanto, pertencem a um gênero literário e podem não ser simplesmente (auto)biográficas.

A atividade profética não se limitava a Israel, nem todos os profetas eram profetas de Javé. Embora o termo *nabi* não seja encontrado em outros lugares no Oriente Próximo antigo, atividades comparáveis às dos profetas israelitas são atestadas entre outros povos semíticos, especialmente em Mari no século XVIII a.C. Em Israel uma referência antiga a profetas é encontrada numa narrativa que associa a atividade deles à fundação do reino israelita por *Saul. Durante os quatro séculos seguintes, tanto na Israel do norte quanto em Judá, os profetas são encontrados sobretudo em íntima conexão com os reis e com os eventos políticos em geral.

Não é possível fazer uma descrição sistemática dessa profecia dos primeiros tempos — ou de fato de grande parte da atividade profética no período que se seguiu —, tamanha é a diversidade da informação disponível. Pode-se apenas observar certos fragmentos bastante discrepantes de informação. Havia o profeta solitário, que podia aparecer subitamente para interpelar o rei, em contraste com os grupos conhecidos como os "filhos dos profetas", que viviam em comunidades isoladas sob um chefe; estes por sua vez devem ser diferenciados de grupos de profetas mantidos na corte real. Outros indivíduos parecem ter sido videntes ou profetas locais (a nota explanatória em Sam. 9.9 não lança muita luz sobre a distinção) que podiam não só ser consultados em casos de bens perdidos como desempenhar alguma função no culto local. Embora em alguns casos a atividade profética assumisse a forma de um comportamento aparentemente insano atribuído a possessão pelo espírito de Deus, e profetas pudessem ser simplesmente menosprezados como "loucos", outros atuavam como conselheiros militares junto ao rei ou confrontavam reis com suas iniqüidades morais ou religiosas, condenando-os em nome de Deus; em alguns casos, eram capazes até de fomentar um golpe de estado, depondo um rei para escolher e consagrar outro. Como operadores de milagres, podiam fazer um cabo de machado flutuar, mas podiam também fazer descer fogo do céu ou ressuscitar um morto.

Esses exemplos de comportamento e atividade contrastantes poderiam ser multiplicados a partir dos indícios presentes nos livros de *Samuel e Reis e, até certo ponto, dos livros proféticos. Essas histórias, que representam idéias populares sobre os profetas, são em grande medida de caráter legendário; mas mostram claramente que a profecia israelita era um fenômeno de múltiplas facetas. Com exceção de alguns relatos de atividade milagrosa bastante trivial, contudo, elas têm uma característica comum: representam o verdadeiro profeta como o agente e o defensor de Javé em oposição tanto à apostasia religiosa quanto ao sincretismo e ao poder dos reis quando estes deixavam de defender a causa de Javé ou zombavam de suas exigências morais. Isso é especialmente verdadeiro no tocante aos profetas do século IX *Elias e *Eliseu.

Os profetas dos séculos VIII e VII a.C. defendiam os mesmos princípios que seus predecessores. Com relação a esse período, no entanto, nossas fontes de informação são sobretudo de um tipo diferente. Os livros proféticos (Isaías, Jeremias, Ezequiel, e os livros dos doze profetas "menores") contêm muito menos histórias sobre profetas e consistem principalmente de supostos registros das palavras proferidas pelos profetas que lhes dão nome. A palavra de Deus recebida e transmitida pelo profeta assume agora importância primordial. Não é fácil, contudo, identificar essas palavras e distingui-las de outro material. Em sua forma atual, os livros proféticos tornaram-se repositórios de material diferente e posterior, profético ou não. Essa matéria acrescentada tem sua própria importância e não deveria ser considerada de modo algum inferior às palavras do profeta original; mas com sua presença torna-se difícil formar uma noção correta da mensagem dele.

O grau em que a profecia do século VIII a.C. marca uma mudança decisiva no caráter da profecia israelita é objeto de controvérsia. Duas características, porém, chamam a atenção: primeiro, os profetas dos séculos VII e VIII dirigiam-se não somente a reis e outros indivíduos e grupos particulares, mas a todo o povo; segundo, eles foram, até onde nossa informação nos permite julgar, os primeiros a profetizar a destruição da nação inteira como punição para seus pecados. Essa profecia de desastre nacional — às vezes apresentado como evitável mediante o arrependimento, às vezes não — foi a principal característica da mensagem dos profetas do século VIII a.C. (Oséias, Amós, Isaías e Miquéias) e também de Jeremias e Ezequiel no final do século VII/início do século VI. O último, no entanto, que sobreviveu à destruição de Judá e Jerusalém em 587/586 a.C., ofereceu também esperança para o futuro além do desastre. Os profetas do exílio e do período pós-exílico estavam voltados sobretudo para a esperança de uma restauração da prosperidade na nação e para problemas do momento da comunidade pós-exílica.

Os profetas não eram antes de tudo teólogos; alguns deles, porém, na tentativa de apresentar sua mensagem de maneira coerente e persuasiva, alcançaram profundas intuições das naturezas divina e humana e da relação entre Deus e seu povo Israel. (Os ensinamentos teológicos dos profetas individuais são descritos em maior detalhe nos verbetes sobre cada profeta.)

Os profetas cujas palavras foram preservadas são apenas uma minoria pequena e provavelmente não representativa. Outros profetas são freqüentemente mencionados por eles, em geral desfavoravelmente. Está claro que, especialmente no tempo de Jeremias, havia dois grupos de profetas que se opunham. Jeremias considerava seus oponentes — que ofereciam ao povo uma mensagem consoladora de segurança nacional fundada na crença de que Deus os protegeria independentemente de sua conduta — profetas falsos ou mentirosos. Passagens desse tipo refletem o problema enfrentado pelo povo quando dois grupos de profetas, ambos afirmando falar em nome de Javé, proclamavam mensagens diametralmente opostas. Faziam-se tentativas de estabelecer critérios para identificar o profeta genuíno, mas isso não permitia resolver o problema.

Profetas que transmitiam mensagens impalatáveis, além de encontrar dificuldade em ganhar aceitação como mensageiros autênticos de Javé, ficavam sujeitos a sofrer humilhação e até ameaças às suas vidas. No entanto, na medida em que se acreditava que tinham uma relação íntima com Deus, eram temidos. Até os reis eram incapazes de ignorá-los. Por outro lado, é improvável que os profetas em geral gozassem de uma posição oficial no *establishment* seja político, seja religioso. Recentemente, fizeram-se tentativas de definir seu papel em termos sociológicos. Sejam quais forem os resultados que possam finalmente advir desse tipo de estudo, pode-se afirmar com segurança que os profetas sobre os quais temos alguma informação detalhada provinham de ampla variedade de meios sociais e atuavam numa variedade de maneiras.

R.N. Whybray

Cristianismo primitivo

A profecia no Novo Testamento é a recepção e subseqüente comunicação de revelações espontâneas e divinamente propiciadas; em geral, aqueles chamados "profetas" no cristianismo primitivo eram especialistas em mediar a revelação divina, e não os que profetizavam ocasionalmente ou apenas uma vez. A exortação a desejar sinceramente profetizar pode ser melhor explicada como um chamado a todos os que se consideravam possuidores do dom da palavra inspirada (os "espirituais") a aspirar a profetizar em vez de a falar línguas: ninguém está excluído *a priori* do dom, mas Deus não distribuirá de fato nenhum dom para todos. Do que podemos deduzir sobre eles a partir de Atos e das Epístolas, bem como do livro do Apocalipse (um documento que se apresenta conscientemente como uma profecia cristã sob forma escrita), os profetas podiam conduzir seu ministério numa congregação ou por toda uma região, isoladamente ou mais freqüentemente em grupos. Nas listas de ministros eles são mencionados em seguida aos *apóstolos; são associados a mestres na igreja de Antioquia.

No contexto do encontro eclesial, o ministério do profeta é referido como "revelação" e esse dom da palavra é associado ao Espírito de Deus. Essa fala profética não se confunde com o falar línguas, nem é a interpretação de línguas; é certa percepção da verdade de Deus inteligivelmente comunicada à congregação. Na visão de Paulo, é um abuso da profecia aspirar a um arrebatamento enlevado, que deixa os profetas, por assim dizer, descontrolados; ele insiste em que "os espíritos dos profetas devem estar submissos aos próprios profetas" (1 Cor. 14.32), isto é, cada um está de plena posse de suas faculdades e é capaz de coibir o impulso de falar se os interesses da ordem assim o exigirem.

Um ponto de grande importância é que não se devia dar um crédito indiscriminado aos profetas. Os pronunciamentos requeriam "teste" ou "avaliação" por outros profetas (1 Cor. 14.29); só então deviam ser recebidos como a palavra do Senhor. Esse exame destina-se não apenas a distinguir a palavra do Espírito dos impulsos naturais do falante, mas também a identificar e excluir a falsa profecia. O mais importante critério proposto por Paulo para a avaliação da fala profética (ou de fato para pontos de vista expressos através de uma variedade de formas orais e escritas de comunicação) era o conteúdo da mensagem, que devia concordar com as crenças e costumes geralmente aceitos da comunidade cristã.

Pouco a pouco, o dom da profecia caiu em desuso e, apesar de ressurgimentos ocasionais, em certo grau de descrédito por causa da persistente presença de falsas profecias e das dificuldades ou incertezas envolvidas no seu discernimento. Outros fatores que contribuíram para o declínio da profecia foram a crescente autoridade de um sacerdócio oficial numa Igreja que se tornava mais institucionalizada e a tendência a valer-se mais de formas racionais e didáticas de pronunciamento espiritual; esta última levou à substituição dos profetas por mestres, catequistas, estudiosos e teólogos, cuja autoridade dependia não de alguma revelação diretamente recebida mas da exposição de uma tradição fidedigna, especialmente a Bíblia.

David Hill

PROSÉLITO. Termo essencialmente religioso usado para descrever um converso de uma forma de crença para outra. É mais apropriado usá-lo somente para o período em que os judeus eram uma comunidade religiosa e não um Estado-nação independente, isto é, do período pós-exílico em diante. A Septuaginta, a tradução grega do Antigo Testamento, traduziu a palavra hebraica *ger*, que significa "morador temporário" ou "forasteiro residente", como *proselytos*; no hebraico posterior o sentido de *ger* passou ser religioso em vez de étnico.

A palavra "prosélito" é encontrada quatro vezes no Novo Testamento (Mat. 23.15; Atos 2.10; 6.5; 13.43). A referência em Mateus deixa claro que alguns grupos judaicos consideravam o trabalho missionário parte importante de sua prática, e a presença de prosélitos na Festa das Semanas (Pentecostes) em Jerusalém (Atos 2) sugere o sucesso desses esforços. Uma das exigências básicas impostas a conversos potenciais devia ser a circuncisão, e alguns grupos no mundo helenístico a condenavam como uma forma de mutilação incompatível com o ideal de perfeição física. Apesar disso, o rito era quase certamente exigido como meio de ingresso na comunidade da aliança. Desde aproximadamente o século I d.C. (e possivelmente antes) uma forma de cerimônia com o uso de água ("batismo do prosélito") foi também exigida. As descrições mais antigas que temos disso vêm de fontes rabínicas, embora seja possível que a prática de *João Batista fosse um rito relacionado.

As referências em Mateus e Atos corroboram a hipótese verossímil de que os prosélitos deviam provir em sua grande maioria da *Diáspora, atraídos pelo estilo de vida das comunidades judaicas em diferentes partes do mundo grego e mais tarde romano. *Sinagogas que se desenvolveram inicialmente na Diáspora devem ter sido o contexto natural para um primeiro contato com o judaísmo.

Afirmou-se muitas vezes que ao lado dos prosélitos existia um outro grupo de gentios simpatizantes conhecidos como "tementes a Deus", que eram atraídos pelo judaísmo mas relutavam em ser circuncidados. Seria provavelmente errado, contudo, ver nisso um termo técnico. "Os que temiam a Deus" é simplesmente uma maneira de qualificar aquelas pessoas piedosas que se sentiam atraídas pelo judaísmo e subseqüentemente pelo cristianismo.

Que tipo de acolhida podiam prosélitos esperar entre os que já eram judeus? Textos rabínicos mostram que eram com freqüência encarados com desconfiança, como ocorre comumente com conversos em muitas religiões. É sob essa luz que diferentes tradições no Antigo Testamento relativas a conversos podem ser mais bem compreendidas: a história de *Rute, seja qual for sua intenção original, ilustra claramente uma atitude aberta para com os que ingressavam no judaísmo na vida adulta, ao passo que as inquietações expressas nos livros de *Esdras e *Neemias com os perigos do casamento misto (pelo menos na medida em que envolvia mulheres não judias) mostram uma atitude mais restritiva.

Richard Coggins

PROSTITUTAS. A concessão de favores sexuais em troca de pagamento é depreciada na Bíblia e associada lingüisticamente a uma variedade de formas de imoralidade sexual. O uso metafórico de uma linguagem relacionada com a prostituição domina grande parte do Antigo Testamento, a exemplo de *Oséias, que caracteriza as relações de Israel com deuses e nações estrangeiros como os atos de uma noiva promíscua ou uma prostituta em busca de amantes. Esse uso polêmico muitas vezes torna impossível determinar a natureza exata das práticas designadas como "meretrício".

Em sua forma básica, a prostituição é uma instituição da sociedade patriarcal que permite aos homens gozar de relações sexuais fora do casamento preservando ao mesmo tempo direitos exclusivos de acesso a suas esposas. Por isso a prostituta é normalmente mulher, e a prostituição masculina (homossexual) é atestada de maneira fraca e diversa. Embora fosse tolerada, a prostituta sempre sofria um grau de opróbrio, mesmo quando louvada por nobreza de caráter ou de gesto. Os homens eram advertidos contra as astúcias e o esbanjamento das prostitutas, e o uso dos ganhos da prostituição para pagamento de promessas era proibido. Os *sacerdotes eram proibidos de desposar uma prostituta ou de impelir uma filha para a prostituição.

O termo hebraico para prostituta, *zona* (um particípio feminino sem correspondente masculino), é derivado do verbo *zana*, que descreve a atividade sexual promíscua em geral e mais especificamente a fornicação por uma mulher solteira, um crime passível de pena de morte. O que é tolerado nas prostitutas, como uma classe separada, era estritamente proibido para outras *mulheres.

Há uma suposição generalizada de que alguma forma de "prostituição sagrada" ou "ritual" caracterizou a religião cananéia; no entanto, a linguagem da prostituição nunca é usada para descrever ofícios ou atividades rituais nos textos do Oriente Próximo antigo fora do polêmico uso da Bíblia. O termo hebraico por vezes traduzido como "prostituta sagrada", *qedesa* (f.)/*qades* (m.) significa simplesmente "(pessoa) consagrada". A associação com a prostituição, ou com qualquer tipo de atividade sexual, é inferida de contextos bíblicos e não tem paralelo em textos extrabíblicos.

Os textos do Novo Testamento agrupam as prostitutas (*porne*, f.) ao lado dos coletores de impostos como representantes da classe mais baixa em termos morais. A forma masculina do substantivo (*pornos*, significando prostituto em grego clássico) é usada no Novo Testamento somente no sentido geral de "fornicador" ou "alguém que pratica imoralidade sexual" e pode ser estendida para descrever imoralidade em geral. Um sentido semelhante é transmitido pelo verbo *porneuo* e o substantivo abstrato *porneia* ("fornicação"), que é freqüente em listas éticas e muitas vezes associado a cultos e cultura gentios. O Apocalipse segue o uso figurativo do Antigo Testamento ao caracterizar a *Babilônia como a "grande prostituta" e suas transgressões como "fornicação".

Phyllis A. Bird

PUBLICANOS. A palavra "publicanos" vem do latim *publicani*, o que é em certo sentido uma tradução equivocada do grego *telonai*; a NSRV traduz o termo por "coletor de impostos". Tanto os Estados gregos quanto Roma não possuíam mais que um serviço civil e um sistema de arrecadação rudimentares. Por isso impostos menores eram regularmente vendidos a uma companhia privada, que pagava ao tesouro o preço combinado e coletava os tributos (em princípio, na taxa fixada) dos contribuintes. Esses *telonai* eram conhecidos e detestados havia muito no Oriente grego (um poeta cômico alexandrino os chama "aves de rapina"). Os *publicani* romanos, embora sempre tenham feito esse serviço, tinham uma origem essencialmente diferente. Eram empreiteiros que compravam do Estado, em leilão, contratos tanto de execução (p.ex., de construção ou de fornecimento de implementos militares) quanto de arrecadação (de impostos ou de rendimentos de minas, lagos ou florestas). Durante a época da expansão romana e da construção pública, na República Média, eles ganharam a maior parte de seu dinheiro com o primeiro tipo de contrato e, como Políbio nos conta, distribuíram prosperidade amplamente entre os cidadãos romanos. Isso mudou quando, em 123 a.C., o reformador Caio Graco encarregou-os da arrecadação do principal imposto (a décima sobre a produção) da província da *Ásia, que Roma acabara de anexar, e também de servir nos tribunais militares, que julgavam senadores por desmandos administrativos e, no devido tempo, por outros crimes. Isso aumentou vastamente a escala de suas incumbências, transformando-os num poder considerável no Estado, embora eles sempre defendessem com moderação seus interesses econômicos. Seu poder nos tribunais foi temporariamente suspenso por Sula (81 a.C.), mas logo foi restaurado. Em conseqüência, os governadores e seu pessoal administrativo, em vez de regular as atividades dos *publicani*, tendiam a se tornar sócios deles — muitas vezes em conluio com a classe alta provincial, que podia transferir o ônus para os de baixo — na exploração flagrante das províncias, especialmente no Oriente, onde Pompeu introduziu o sistema vigente na Ásia em todas as novas províncias que organizou, inclusive a Síria. Em certa ocasião, um governador da Síria tentou assumir o comando do sistema em benefício próprio, para certo alívio dos provincianos, que tinham menos apetites a satisfazer. Seu inimigo Ciro queixa-se de que ele havia dado o controle sobre os *publicani* aos sírios e judeus, "nações nascidas para ser escravas". Embora não fossem em absoluto os únicos ou os principais exploradores, os *publicani* e seu enorme pessoal eram os mais visíveis no local da arrecadação, e geravam a maior parte do difundido sentimento anti-romano nas províncias orientais.

Eram organizados como companhias de acionistas (no período final da República ações eram amplamente negociadas), sob um conselho de diretores (*magistri*) que eram sempre de classe eqüestre. Nas províncias, um *promagister* (não um acionista) estava à frente de um grande estabelecimento, integrado sobretudo por nativos, e estes eram o que os provincianos chamavam *publicani*, os sucessores imensamente mais bem organizados dos *telonai* locais.

Nas guerras civis eles perdiam seus poderes e seus bens, quando comandantes rivais confiscavam livremente a riqueza que haviam acumulado nas províncias. César retirou deles o principal imposto da Ásia, passando a arrecadá-lo diretamente através de funcionários estatais, e no devido tempo Augusto estendeu isso a outras províncias. Quando a província da Judéia foi anexada, após a deposição de Arquelau em 6 d.C. (*ver* Herodiana, Dinastia), os *publicani* ficaram encarregados de coletar apenas os tributos menores (sobretudo tarifas, mais uma vez). Essas tarifas eram tradicionalmente cobradas, para fins exclusivos de receita, em vários pontos ao longo das principais estradas, bem como em todos os portos, como alíquotas de importação, exportação e trânsito.

No período final da República, o poder dos *publicani* deu lugar a grandes abusos, que conhecemos pelos discursos de Cícero. Ônus extras ilegais eram freqüentemente acrescentados, e permitidos pelo governador, e a violência era usada para extorquir aquiescência. Embora tenha havido mais controle sob Augusto, esse é o pano de fundo do que encontramos na Judéia. Os judeus logo passaram a odiar a ocupação romana mais ainda do que haviam odiado Arquelau, cuja deposição haviam pedido. Coletores de impostos nativos passaram a ser visto como colaboradores do opressor, usando o patrocínio deste para seus lucros ilegais. O problema, ao que parece, foi pior na Judéia que em outros lugares, presumivelmente por causa do elemento religioso presente na resistência nacional; é interessante que os "publicanos" aparecem somente nos Evangelhos, não no resto do Novo Testamento, embora estivessem obviamente ativos em todas as províncias. Eles são regularmente emparelhados com pecadores (observe-se que onde Mat. 5.46 tem "publicanos" Lucas 6.32 tem "pecadores"), com *prostitutas e com *gentios. Na parábola do fariseu e do publicano, este está ciente de sua baixa posição, enquanto o primeiro encarna a respeitabilidade do *establishment*, desprezando-o como um pária. Essa aversão se prolonga na literatura talmúdica, tendo chegado ser proibido até aceitar esmolas de um coletor de impostos. Apesar disso, a riqueza conferia claramente respeitabilidade. O chefe dos coletores de impostos (*architelones*) de Jericó (talvez um *promagister*) que seguiu *Jesus foi tratado por ele como qualquer outro rico, e em Josefo encontramos um *telones* que é um notável da comunidade judaica de Cesaréia, trabalhando em benefício dela e tentando usar sua influência e sua fortuna para favorecê-la.

O mais das vezes ouvimos falar dos publicanos humildes e desprezados, que Jesus fez questão de tratar, como tratava outros párias, como seres humanos que podiam ser salvos. Isso espantava e chocava (especialmente) os *fariseus, o que sugere um elemento religioso na aversão: jantar com Levi era como jantar com um gentio. Parece, no entanto, que entre as pessoas comuns eram as extorsões que eram mais abominadas. Aos publicanos que se apresentavam para ser batizados, *João Batista dizia (como dizia aos soldados) que cumprissem sua obrigação e não abusassem de seu poder. Isso corresponde à injunção de não pecar mais, que era tudo que Jesus exigia de pessoas humildes.

É interessante que Mateus situe a história do chamado de *Mateus (Levi), o coletor de impostos, em *Cafarnaum (os outros relatos não especificam a localidade). Nesse caso, o *telones* estaria a mando de Herodes Antipas e isso atestaria de maneira singular uma aversão semelhante aos *telonai* que não eram agentes de Roma. Mas deve-se suspeitar que Carfarnaum foi erroneamente introduzida na história, como uma das cidades favoritas de Jesus.

Ver também Romano, Império.

E. Badian

Q

Qoheleth. *Ver* Eclesiastes.

Quenitas. Os quenitas são retratados na tradição bíblica como leais defensores de Israel e do javismo que nunca foram plenamente incorporados à sociedade israelita. Sua condição de grupo marginal é sugerida em Juízes 4.17-22 e 5.24-27, onde a casa do quenita Héber é descrita como tendo relações pacíficas tanto com as tribos de Israel quanto com Jabin, rei de *Hasor, inimigo de Israel. Alguma relação com Israel é sugerida também em Juízes 1.16, onde é dito que os quenitas se estabeleceram, junto com o povo de Judá, no Negueb, perto de Arad. O relacionamento positivo entre os israelitas e os quenitas é ainda afirmado em 1 Samuel 15.6; 30.29.

Os quenitas podem ter tido alguma conexão com artífices de metal nômades e seminômades, embora nunca sejam explicitamente identificados como tais. Um modo de vida nômade ou seminômade é sugerido por referências à sua presença em vários locais por toda a Palestina, possivelmente incluindo o norte do Sinai, uma região de mineração e fundição de cobre nos tempos antigos. A associação com trabalho em metal foi postulada com base na similaridade lingüística entre seu nome e o de *Caim, o ancestral de Tubalcaim, o primeiro "artífice de todos os instrumentos de bronze e ferro". O status marginal dos quenitas também corrobora essa hipótese, pois a marginalidade é característica de grupos que trabalham com metais em muitas sociedades tradicionais por todo o Oriente Médio e a África.

Alguns intérpretes formularam a hipótese de que os quenitas foram responsáveis pela introdução do javismo entre os israelitas (a "hipótese quenita"). Essa proposta baseia-se nas tradições segundo as quais Moisés encontrou-se pela primeira vez com Javé quando estava a serviço do sacerdote Jetro, que louva Javé e oferece-lhe sacrifício, e instrui Moisés com relação à delegação de autoridade.

Os quenitas não são mencionados nas tradições sobre a história posterior de Israel. Podem, contudo, ter estado relacionados com os *recabitas, outro grupo socialmente marginal que defendia o javismo encarniçadamente, e com os *madianitas. O sogro de Moisés é identificado como um madianita nas tradições do Êxodo mas como quenita em Juízes 1.16 e 4.11. E em 1 Samuel 15.6, os quenitas são lembrados como partidários leais de Israel durante o Êxodo, papel atribuído aos *madianitas nas narrativas do Pentateuco.

Em Números 24.21-22, é previsto que os quenitas perecerão. Esse é o único caso em que são vistos de maneira desfavorável.

Paula M. McNutt

Quereteus e peleteus. Um grupo de mercenários leal a *Davi. Como unidade militar separada do exército regular, os quereteus e os peleteus estavam sob o comando de Banaías. Eles seguiram Davi em sua fuga de *Absalão, lutaram por ele durante a revolta de Sabá, e apoiaram os esforços de Banaías para coroar *Salomão como sucessor do pai. Embora essa unidade mercenária particular pareça ter desaparecido após a morte de Davi e a elevação de Banaías ao cargo de comandante-em-chefe do exército de Salomão, alguns estudiosos associam os quereteus com os caritas mencionados em 2 Reis 11.4, 19.

A pesquisa sobre os quereteus e os peleteus concentrou-se em suas origens e filiações étnicas. De maneira geral, mas de modo algum universalmente, os termos são compreendidos como cretenses e *filisteus, respectivamente. Em duas passagens proféticas posteriores, os quereteus aparecem em paralelismo poético com os filisteus. Oráculos de destruição contra os filisteus também fazem uso de jogo de palavras com a raiz hebraica *krt* "cortar (ser cortado) fora" com que a palavra para quereteus era associada. A partir de 1 Samuel 30.14 pode-se deduzir que os quereteus estavam estabelecidos no sul da Filistéia e foram engajados por Davi quando este estava em Siceleg como vassalo de Aquis, o rei filisteu de Gat. Embora a relação exata entre os quereteus e os peleteus não tenha sido definida, é provável que fossem todos descendentes dos vários povos marítimos de origem egéia que se estabeleceram primeiro na faixa litorânea da Palestina no início da Idade do Ferro (século XII a.C.).

Carl S. Ehrlich

QUERUBINS. Palavra hebraica para criaturas sobrenaturais híbridas associadas à presença de Deus e, na tradição pós-bíblica, identificadas como formando um dos coros de *anjos. Entre as quase cem ocorrências da palavra na Bíblia, a imagem usual é a de um imenso touro-leão com rosto humano e asas de águia, traços iconográficos encontrados em fontes assírias e cananéias. Quatro papéis inter-relacionados podem ser identificados para os querubins.

Guardiães do Paraíso. Como guardiães da entrada do *Éden eles são os correspondentes funcionais dos colossais touros alados de face humana usados na arquitetura babilônia para guardar a entrada de templos e palácios.

Portadores e protetores do trono de Deus. Em descrições da arca, um querubim tridimensional se posta a cada lado dela com as asas estendidas protetoramente sobre sua tampa. Antes de o *Templo ser construído, quando a arca ainda era um sacrário portátil e abrigada na tenda de reunião, o Senhor falou a Moisés "do meio de dois querubins", onde se compreendia que ele estava invisivelmente. Sacrários portáteis similares à arca de Israel são conhecidos do Egito, da Mesopotâmia, de Canaã e da Arábia, e alguns também exibem querubins como motivo decorativo. No Templo de Salomão a arca tornou-se uma peça permanente, e o tamanho dos querubins cresceu de maneira espetacular. Paralelos cananeus notáveis são os relevos de marfim de Meguido (c.1200 a.C.) e o sarcófago airamita da Fenícia (c.1000), que descrevem ambos querubins alados que sustentam o trono do rei local.

Elementos decorativos. As paredes e as portas do Templo eram entalhadas com querubins e palmeiras. Sob muitos aspectos, a arte e o simbolismo do Templo replicavam o jardim do Éden, onde os querubins guardavam a Árvore da Vida, amplamente representada como a tamareira.

Instrumentos da mobilidade de Javé. Nas visões teofânicas de Ezequiel 1 e 10, os querubins se tornam a força pela qual o trono-coche de Deus é capaz de voar. Em 2 Samuel 22.11 é dito que o Senhor voava sentado num querubim, o que foi equiparado em paralelismo poético a voar nas asas do vento.

A etimologia da palavra hebraica *kerub* é incerta, mas alguma conexão com o acádio *karibu*, a criatura guardiã intercessora, parece provável. Os querubins da Bíblia não têm nenhuma relação com as criancinhas de asas, ou *putti*, freqüentemente retratadas no Renascimento.

David G. Burke

R

RAAB.

1. Nome da *prostituta cananéia que salvou os espiões enviados por Josué a *Jericó, e que, com toda a sua família, foi em seguida incorporada a Israel. Segundo a genealogia de Jesus traçada por Mateus, foi a mãe de Booz, que se casou com *Rute, e portanto ancestral de *Davi.

2. Um nome para o adversário primevo de Javé na batalha anterior à criação (*ver* Israel), também conhecido como o mar, o profundo, o dragão, a serpente e *Leviatã; esse nome, diferentemente dos outros, não é encontrado em fontes do Oriente Próximo fora da Bíblia. É aplicado por extensão ao Egito como o histórico quintessencial da deidade.

Michael D. Coogan

RABINO. Termo que surgiu no século I d.C. para aqueles ordenados para ter autoridade em seu estudo, exposição e prática da lei judaica. O rabino podia ser encontrado expondo a Torá na *sinagoga, muito como Jesus fez, embora a aplicação do título a este fosse precoce e preservasse o sentido etimológico de "meu mestre". O rabino atuava como intérprete da Torá e como juiz, com mais freqüência das reivindicações dos *pobres. Na altura do século III, o rabino era visto como dotado de poderes mágicos, como a capacidade de se comunicar com os mortos.

Geralmente os rabinos exerciam um ofício durante meio expediente, sendo carpinteiros, sapateiros e coisas semelhantes. Foi só na Idade Média que o rabinato tornou-se uma profissão. Os rabinos não eram uma casta separada. Misturavam-se regularmente com as pessoas comuns e em geral provinham das classes de gente comum, como foi o caso do mais eminente de todos os rabinos, Akiva. Os rabinos acreditavam que todos os judeus podiam viver uma vida santa mediante a observância da Torá, e diziam que, se todos os judeus observassem apenas dois Sabás completamente, a salvação viria. Assim, as pessoas comuns desempenhavam importante papel no esquema do rabinato. Os rabinos podiam ser investidos de grandes responsabilidades, muito distantes do mundo do estudo da Torá nas escolas rabínicas. Há casos de rabinos que assumiram responsabilidades sobre a saúde pública, incluindo a prevenção de desastres, como o desabamento das construções numa tempestade, e o rabino agia e vigiava para que ninguém na aldeia ficasse sem alimentação. Tal foi o papel central dos rabinos na Antigüidade tardia.

O mais antigo monumento literário dos rabinos é a Mishná. Concluída por volta de 200 d.C., a Mishná é basicamente uma compilação jurídica desconexa, notável em seu caráter a-histórico em contraste com escritos judaicos anteriores e em sua falta de referência às escrituras para corroborar seus ditames. Apesar disso, tinha autoridade e tornou-se a base do Talmude de Jerusalém (c.400 d.C.) e do Talmude babilônio (c.500 d.C.), que comentam a Mishná e suprem suas deficiências, tanto ideológicas quanto relativas às escrituras (p.ex., a Mishná não fala do *Messias).

Essencialmente, os rabinos partilhavam as tradições e as idéias dos *fariseus. Abraçavam um Deus onisciente, onissapiente, justo, misericordioso e amoroso que zelava pelas vidas dos indivíduos e decretava seus destinos, ainda que ao mesmo tempo desse espaço para a livre escolha entre o bem e o mal. Existia um mundo futuro onde o pagamento pelos males deste mundo podia ser esperado. Tanto este mundo quanto o futuro giravam em torno da Torá. A religião dos rabinos exaltava a santa fé, o santo homem e a busca de um modo de vida santo. Parte dessa existência santa envolvia prece diária, e as raízes do livro de preces atual dos judeus podem ser encontradas na Mishná. Era somente na busca diária do sagrado que se poderia alcançar a salvação e o Messias viria.

Philip Stern

RAFAEL. *Arcanjo mencionado na Bíblia apenas no livro de *Tobias, em que é enviado para curar a cegueira de Tobias e libertar a infeliz Sara do poder de um demônio; para cumprir essas missões ele age como o companheiro e protetor de Tobias, em sua viagem. O nome de Rafael significa "Deus curou"; isso explica sua atividade curativa em Tobias e na literatura judaica pós-bíblica, como 1 Henoc, em que é enviado para expulsar *Azazel e curar a terra e é encarregado das doenças e dos ferimentos. Tradições posteriores identificam Rafael como um dos mensageiros divinos em Gênesis 18.1-2, e como o anjo que agita as águas da piscina Beth-zatha (Betesda).

Michael D. Coogan

RAINHA DE SABÁ. *Ver* Sabá, Rainha de.

RAINHA DO CÉU. Deusa que, segundo o profeta Jeremias, era cultuada em Judá no final do século VII e início do século VI a.C. As observações de Jeremias a associam à fertilidade e, em certa medida, à guerra; como seu título "Rainha do Céu" indica, tem também características astrais. Seu culto é descrito como particularmente atraente para as mulheres, que assam bolos para oferenda, chamados *kawwanim*, na imagem da deusa.

A deusa cananéia que mais bem corresponde a essa descrição é *Astarte, uma deusa associada tanto à fertilidade quanto à guerra e com características astrais. Inscrições *fenícias também atribuem a Astarte o título "rainha". Não há notícia, contudo, de que as mulheres desempenhassem papel especial no culto de Astarte. Por outro lado, as mulheres tinham de fato um lugar importante no culto da correspondente mesopotâmica de Astarte, Ishtar, cujas devotas choravam ritualmente em imitação ao pranto da deusa perante *Tamuz, seu amante morto. O culto de Ishtar envolvia igualmente a oferenda de bolos chamados *kamanu*, palavra cognata do hebraico *kawwanim*. A Rainha do Céu pode, portanto, ser identificada como um sincretismo da cananéia Astarte e da Ishtar mesopotâmica.

Susan Ackerman

RAINHA E RAINHA-MÃE. Embora várias palavras hebraicas possam ser traduzidas como "rainha", elas denotam diferentes posições ou tipos de mulheres régias. Os dois termos principais são *malka* e *gebira*. *Malka* parece não ter sido aplicado, nem mesmo como título descritivo, a nenhuma esposa de soberano de Israel ou Judá. Em vez de usá-lo, a Bíblia se refere comumente à "esposa do rei" ou à "mãe do rei". *Malka* pode conotar procedência estrangeira; a rainha de *Sabá, Vasti e *Ester (esposas do rei persa) e a abominada rainha do céu são todas chamadas malka. *Gebira* parece referir-se à mãe do herdeiro presuntivo ou à mãe do rei reinante, portanto "rainha-mãe". Pode ser também a esposa principal.

Numa sucessão dinástica, a hereditariedade é o fator crucial. Quase toda notícia da acessão de um rei de Judá inclui o nome não só de seu pai, como de sua mãe. A identidade da rainha-mãe parece ter sido relevante no estabelecimento da legitimidade do novo Davi. A *gebira* freqüentemente parece provir de uma família israelita rica e bem relacionada. Sugeriu-se que importantes grupos de poder provinciais ("o povo da terra") tinham interesse em promover uma mulher do lugar à condição de esposa do rei e depois pressionar o rei para fazer dela a *gebira*.

Sustentada por algum tipo de base de poder, uma *gebira* tinha condições de exercer certo poder independente, ainda que informal. Sob a exoneração de Maaca da posição de *gebira* por Asa, estava provavelmente uma luta de poder entre facções cortesãs. A notícia formal do rebaixamento sugere sua natureza sem precedentes; sugere também que a *gebira* gozava não só de prestígio como de privilégios tangíveis.

Vários episódios levaram os estudiosos a concluir que a rainha-mãe tinha status oficial. Estudos recentes assinalaram, porém, com base em paralelos extrabíblicos, que as rainhas-mães envolvidas nesses episódios fugiram ao costume ao manobrar para levar os próprios filhos ao trono ainda que estes não tivessem direito legítimo a ocupá-lo. Em casos assim o novo rei tinha uma dívida para com a mãe que dificilmente poderia ignorar, e o poder da rainha-mãe talvez se tornasse ainda maior.

Além de se casar com mulheres de famílias locais, os reis israelitas, como seus antigos análogos no Oriente Próximo, visavam alianças vantajosas e freqüentemente escolhiam esposas de casas reais vizinhas. As esposas estrangeiras de *Salomão são proverbiais. *Jezabel era filha do rei de Tiro e sua filha Atalia casou-se com Jorão de Judá.

As filhas dos reis em geral recebiam pouca menção, embora um sinete hebraico com a inscrição "Maadanah, filha do rei" tenha vindo à luz. A filha de *Saul e esposa de *Davi é excepcional, como o é Josaba, a filha rebelde e aventureira de Atalia.

Muitas vezes, com sua posição e fortuna, as esposas de soberanos em todo o Oriente Próximo antigo eram capazes de transcender os limites via de regra estáticos determinados por gênero e sociedade (*ver* Mulheres, *artigo sobre o* Oriente Próximo antigo e Israel). Na Mesopotâmia, as esposas dos soberanos supervisionavam suas próprias residências, administravam indústrias palacianas, envolviam-se na diplomacia e participavam de rituais religiosos separadamente dos maridos. Isso evoca a experiência da mais documentada das rainhas bíblicas, Jezabel. Ela dirigia seu próprio estabelecimento religioso e usava sua autoridade para iniciar e executar políticas. Enviava mensagens oficiais, aconselhava o marido e, embora 1 Reis 21.8 diga que preparou a morte de Nabot em nome de *Acab, em outra passagem as palavras podem significar que o assassinato foi cometido por ordem dela própria, Jezabel.

Ocasionalmente mulheres governavam independentemente no Oriente Próximo antigo. A rainha de *Sabá, que conduziu negociações econômicas com Salomão, pode ter pertencido a uma dinastia de rainhas que reinaram no norte da Arábia, e durante o período asmoniano *Salomé foi rainha da Judéia por um breve período (76-67 a.C.). Registros antigos, contudo, tendem a ver com desagrado mulheres que reinaram em seu próprio nome, seja a "rei" sumério KU.BAU (terceiro milênio a.C.), a faraó egípcia Hatshepsut (1486-1468 a.C.) ou Atalia de Judá (843-

837 a.C.), cujo reinado de seis anos foi a única quebra na sucessão davídica de reis de Judá.

Em sua atitude em face de rainhas históricas de Israel e Judá, a Bíblia é neutra (as notícias de acessão real), desconfiadamente lacônica (p.ex., Betsabé e a mulher de Jeroboão I), ou nitidamente negativa (Maaca, Jezabel, Atalia). Somente Ester, no que é essencialmente uma ficção para levantar o moral, merece um retrato inequivocamente favorável. De um ponto de vista literário, contudo, *Sara parece ser um paradigma positivo para a *gebira*, assim como *Abraão é um paradigma para Davi. A insistência da narrativa em que Sara, não *Agar, gerará o filho da promessa, faz lembrar a atenção dada à identidade da mãe do rei nas notícias de acessão real. Os evangelhos de Mateus e Lucas podem refletir isso quando enfatizam o papel de *Maria ao gerar um outro filho da promessa e futuro rei. A tradição posterior de Maria como a mãe celeste, no entanto, deriva não da Bíblia, mas do vocabulário político da Roma imperial.

Mary Joan Winn Leith

RAQUEL. Raquel, cujo nome significa "ovelha", era a filha caçula de Labão (irmão de *Rebeca) e mulher de *Jacó. O relato do encontro e do subseqüente casamento de Raquel e Jacó é uma história de amor, sucinta em sua narração. Jacó recebeu de seu pai Isaac ordem de encontrar uma esposa entre a gente de sua mãe em Harã, na Mesopotâmia. Ao fim de sua viagem ele chegou a um poço onde pastores se reuniam para dar de beber a seus rebanhos. Ao saber que eles eram de Harã, perguntou se conheciam Labão; os pastores mostraram a Jacó que a filha de Labão, Raquel, estava se aproximando com as ovelhas do pai. Assim que viu Raquel, Jacó rolou a pedra que tapava a boca do poço e deu água ao rebanho de Labão, seu tio. Beijou Raquel e se deu a conhecer a ela como seu parente. Ela voltou então para casa e deu ao pai a notícia da chegada de Jacó. Labão foi ao encontro de Jacó, saudou-o e o levou para sua casa, onde ele ficou por um mês ajudando nas tarefas diárias. Ao fim desse tempo, seu tio sugeriu que, mesmo sendo um parente, ele não devia lhe servir de graça. Quando perguntou a Jacó qual deveria ser seu salário, Jacó, que amava Raquel, disse: "Eu te servirei sete anos por Raquel, tua filha mais nova" (Gen. 29.18); isso ficou combinado. No fim desse prazo, que para ele passou depressa por causa de seu amor, Jacó pediu a Labão a mão de Raquel em casamento.

Um banquete foi preparado e Jacó recebeu sua noiva que, segundo o costume, tinha o rosto coberto por um véu. De manhã, descobriu que havia sido enganado e induzido a aceitar a irmã mais velha de Raquel, *Lia. Quando interpelou Labão, este lhe disse que naquele lugar a filha mais moça não era dada em casamento antes da mais velha; desapontado, mas sem se deixar abater, Jacó trabalhou mais sete anos por Raquel. É desnecessário dizer que ela foi sua esposa favorita e, no devido tempo, tornou-se a mãe de *José e *Benjamim.

Passado algum tempo, após uma briga entre Labão e Jacó, em que Raquel tomou o partido do marido e depois roubou os deuses domésticos do pai, todo o clã partiu furtivamente para empreender a longa viagem até Canaã, onde Raquel morreu em Éfrata ao dar à luz seu filho caçula Benjamim.

Ver também Ancestrais, Os.

Isobel Mackay Metzger

REBECA. Mulher de discernimento e determinação, Rebeca era filha de Batuel e irmã do arameu Labão. Foi trazida de Harã para ser a mulher de *Isaac, o filho de Abraão, da seguinte maneira. Depois da morte de *Sara, Abraão ordenou a seu servo mais antigo que encontrasse uma mulher para Isaac entre os parentes dele próprio, Abraão. O servo viajou para Harã, na *Mesopotâmia, a cidade do irmão de Abraão, Nacor. Ao chegar às portas da cidade ao anoitecer, mais ou menos à hora em que as mulheres costumavam ir tirar água do poço, o servo fez dez camelos que havia levado consigo ajoelharem-se ali perto. Orou então para que Deus o orientasse a fazer a escolha certa de uma mulher para Isaac. Aconteceu que Rebeca foi aquela assim indicada. Depois que ela deu água para os camelos o servo se apresentou, deu-lhe um anel de ouro e duas pulseiras, perguntou de quem era filha, e descobriu que era filha de Batuel, filho de Nacor (irmão de Abraão). Imediatamente ela correu para contar à família da mãe sobre seu encontro no poço. Seu irmão, Labão, ao ouvir a novidade, foi à procura do servo e ofereceu-lhe hospitalidade. O servo recusou-se a aceitar qualquer alimento antes de revelar sua missão. Ao ouvir suas palavras, Labão e Batuel concordaram, dizendo "Isso vem do Senhor" (Gen. 24.50), e assim se dispuseram a deixar Rebeca voltar com o servo e se tornar mulher de Isaac.

Isaac e Rebeca casaram-se e tornaram-se pais de gêmeos, *Esaú e *Jacó, que haviam mais tarde de competir pela bênção do pai quando este estava velho e cego. Rebeca, que preferia Jacó, ajudou-o em seu logro para ganhar a bênção do pai. Morreu, ao que parece, enquanto Jacó estava na Mesopotâmia e foi enterrada na caverna de Macpela.

Ver também Ancestrais, Os.

Isobel Mackay Metzger

RECABITAS. Grupo israelita conhecido por seu estilo de vida peculiar. Tomar vinho era proibido. Recusavam casas, preferindo viver em tendas; rejeitavam a agricultura, especialmente o cultivo de uvas. Jeremias louvou os recabitas por obedecerem à sua regra estrita, comparando-os com a outra gente de Judá, que desobedecia às leis de Deus.

A tradição bíblica deriva o nome deles de Recab, o pai de Jonadab, embora tenha sido este último que impôs as normas. É possível que seu estilo de vida manifestasse uma idealização do período passado no *deserto, quando os israelitas viviam em tendas, cultuavam a Deus numa tenda e eram fiéis. Mas a palavra hebraica para biga vem da mesma raiz que Recab, e é possível que os recabitas fossem uma guilda de fabricantes de bigas. Nesse caso, sua preferência por tendas poderia ter resultado da necessidade de viajarem até as fontes de minério.

Em outras referências, aprendemos que os recabitas podem ter tido alguma relação com os seminômades *quenitas. Melquias, filho de Recab, governou um distrito no período pós-exílico. A Mishná indica que no período do Segundo Templo foi reservado um dia especial para os recabitas levarem a oferenda da mata (*Taan.* 4.5)

William B. Nelson Jr.

REFAÍTAS. Em vários textos bíblicos, "sombras" mortas que habitam o mundo ínfero; em outros textos, raça de temíveis gigantes que viveram outrora em partes da Palestina e da Transjordânia. No passado, estudiosos consideraram esses dois sentidos distintos, mas textos de Ugarit sugerem que podiam estar relacionados. Em Ugarit a palavra refaítas se refere o mais das vezes a membros da aristocracia (militar, política ou religiosa) que, em decorrência de sua posição quando vivos, atingem uma espécie de situação sobre-humana, até semidivina, no mundo ínfero. A etimologia provável de refaíta, do verbo que significa "curar", sugere também que se atribuía a esses refaítas mortos o poder de ajudar os vivos. O termo refaítas na Bíblia pode igualmente referir-se àqueles entre os mortos (p.ex., os gigantes ancestrais) que exibiram proezas extraordinárias durante a vida e continuam exercendo algum tipo de poder depois da morte. Notável sob este aspecto é Isaías 14.9, onde os refaítas do mundo ínfero são descritos como aqueles "que eram os grandes da terra" e aqueles "que eram os reis das nações".

Ver também Nefilins.

Susan Ackerman

REFÚGIO, CIDADES DE. *Ver* Cidades de Refúgio.

RICO, O. Na parábola do homem rico e Lázaro, um personagem é nomeado (provavelmente para facilitar o diálogo entre o homem rico e Abraão), mas o outro não. Isso levou a várias tentativas de sanar a deficiência percebida. Em tempos relativamente modernos, o homem rico foi tradicionalmente chamado na língua inglesa de *Dives*, a palavra latina para "rico" usada na Vulgata. Entre os nomes atribuídos a ele na Antigüidade estão Nineves (ou Neves), Fineus, Tântalo e Amonófis.

Ver também Nomes para os Anônimos.

Patrick A. Tiller

RIO DO EGITO. O Rio do Egito é o tradicional limite sudoeste da *Terra Prometida, geralmente identificado com o *wadi* el-Arish ("Riacho do Egito"), c.80km a sudeste de Gaza. Esse "rio do Egito" não deve ser confundido com o *Nilo, para o qual é empregada a palavra *nahar*, que significa propriamente "rio". Para esse curso d'água, é empregada normalmente a expressão hebraica *nahal misrayim*, e um fraseado cognato é encontrado em registros assírios; é traduzido pela NSRV como "*the Wadi of Egypt*". A única exceção é Gênesis 15.18, onde *nahar* é usado, mas isso pode ser um erro.

Michael D. Coogan

ROMA. *Ver* Romano, Império.

ROMANO, IMPÉRIO. Autores cristãos posteriores voltaram os olhos para a origem de sua fé e viram a coincidência do nascimento de Jesus com o reinado de Augusto, o primeiro imperador romano, como obra da divina providência. Sob Augusto e seus sucessores, o império alargou-se do canto noroeste da Europa até o Egito e da Mauritânia até o mar Negro. Pôs cinqüenta milhões de habitantes, ou mais, sob um governo relativamente estável — o cenário ideal para o crescimento de uma religião.

Roma antes dos imperadores. As instituições sociais e as idéias de cidadania romanas remontam à República e à origem de Roma como cidade-Estado. Segundo a tradição, a cidade de Roma foi fundada por Rômulo e Remo em 753 a.C. na orla norte da planície do Lácio, na Itália peninsular central. Inicialmente, a cidade-Estado foi governada por um rei sob a orientação do Senado, um conselho de anciãos de famílias eminentes de Roma que serviam em caráter vitalício. Decisões importantes, como declarações de guerra, eram ratificadas por uma assembléia de soldados-cidadãos. O último rei foi banido em 509 a.C., e sua função foi assumida por um par de cônsules eleitos anualmente pela assembléia de cidadãos dentre o corpo de senadores. Pensadores políticos posteriores interpretaram essas instituições como uma Constituição mista com elementos de monarquia (cônsules), aristocracia (senado) e democracia (assembléia), mas na realidade a aristocracia senatorial é que parece ter tido a maior influência na tomada de decisões.

Roma começou sua expansão no Lácio já no período régio, mas foi só em 338 a.C. que a hegemonia romana ali foi assegurada. A partir dessa base Roma veio a dominar a Itália até 270 a.C. e o Mediterrâneo ocidental após as duas grandes guerras contra Cartago (264-241 a.C. e 218-201 a.C.); em seguida os romanos trataram rapidamente de estabelecer hegemonia sobre toda a bacia do Mediterrâneo com a derrota de Filipe V da Macedônia (197 a.C.) e Antíoco III do Império Selêucida na Síria (189 a.C.). Roma dominou desde o início do século II a.C. mas só lentamente, ao longo de um século e meio, anexou essas províncias. A Síria e parte da Ásia Menor passaram ao domínio romano direto como resultado das campanhas de Pompeu no Oriente na década de 60 a.C.

As vitórias sem paralelo de Roma produziram vastas concentrações de riqueza e poder na mão de alguns cidadãos. O império mundial deixou a constituição da cidade-Estado e a idéia de cidadania obsoletas. Anteriormente, a cidadania romana, uma condição herdada de pais cidadãos, havia acarretado privilégios de participação na política da cidade e responsabilidades de serviço militar. À medida que o poder romano se espalhou, contudo, a cidadania se difundiu muito além da cidade mediante o estabelecimento de colônias cidadãs na Itália e no estrangeiro e pela concessão seletiva do privilégio aos conquistados (primeiro para os vizinhos latinos, depois para todos os italianos livres). Ainda que a participação em assembléias eleitorais na cidade de Roma fosse impraticável para a maioria desses novos cidadãos, a cidadania continuou a conferir status privilegiado, direitos legais de casar e fazer contratos sob a lei romana, e *provocatio* (proteção dada ao cidadão por magistrados, mediante apelo a autoridades mais graduadas, contra açoitamento ou execução arbitrários).

A Constituição republicana tradicional acabou por se tornar inadequada para as tarefas de governar um vasto império no estrangeiro e de conter a competição política no âmbito interno. Rivalizando uns com os outros para alcançar as glórias mais elevadas, senadores lançavam mão de crescente violência, o que culminou em duas décadas de guerra civil iniciada por Júlio César em 49 a.C. e encerrada por seu filho adotivo, Augusto, que se erigiu em primeiro imperador.

Estrutura social imperial romana. Augusto procurou legitimar seu novo regime sob a alegação de estar restaurando a *Res publica* e incorporando as instituições republicanas e as famílias aristocráticas. Intitulava-se *princeps*, ou primeiro cidadão, um título tradicional para o líder do Senado que evitava chamar atenção para sua autocracia. Como parte de seu programa de restauração, Augusto reafirmou a ordem social tradicional e fortaleceu suas divisões hierárquicas. Era uma hierarquia fundada na riqueza, no nascimento respeitável e na cidadania. A posição social elevada era marcada por uma vestimenta especial, pelos melhores lugares em espetáculos públicos e por vários privilégios legais.

No topo da hierarquia estavam seiscentos senadores, cidadãos proprietários com grande fortuna (pelo menos um milhão de sestércios, ou cerca de mil vezes o salário anual de um legionário) que eram escolhidos para os cargos senatoriais tradicionais em Roma. Eqüestres ou cavaleiros ocupavam a segunda posição; eram cidadãos nascidos livres que possuíam uma fortuna registrada no censo de pelo menos quatrocentos mil sestércios. Ao longo dos séculos do império eles foram recrutados, em números crescentes, para servir na administração imperial. Além dessa elite imperial, cada uma das cidades do império possuía sua própria aristocracia local, da qual era escolhido um conselho governante composto de cerca de uma centena dos homens mais ricos do lugar (muitos dos quais não tinham cidadania romana). Essas elites ociosas tornaram-se coletivamente conhecidas na altura do início do século II a.C. como os *honestiores*, ou "honorabilíssimos", em contraste com as massas mais humildes ou *humiliores*, que constituíam mais de 90% da população.

Várias importantes distinções de status dividiam o povo trabalhador comum. Havia os cidadãos, que na época de Augusto se concentravam sobretudo na Itália mas se espalharam cada vez mais pelas províncias mediante o estabelecimento de colônias e por concessão imperial a indivíduos e comunidades preferidos. As províncias livres não-cidadãs formavam um imenso grupo amorfo. O império abarcava enorme variação cultural entre cidade e zona rural, e entre regiões. Se o latim era falado pelas elites urbanas no império ocidental e o grego era a língua básica nas cidades orientais, os provincianos comuns continuavam a falar sua língua nativa, fosse ela o *aramaico na Palestina ou a língua púnica em torno de Cartago. Continuavam também a cultuar seus próprios deuses, que em alguns casos eram assimilados aos deuses romanos. Imperadores e autoridades romanos podiam ser sensíveis à diversidade cultural: os primeiros governadores da Judéia tentaram evitar afrontas ao monoteísmo judaico, mas outros que vieram mais tarde foram menos cuidadosos. Em 66 d.C., ao tentar lançar mão de uma grande soma do tesouro do *Templo em Jerusalém, Floro provocou uma violenta rebelião cujo esmagamento demandou sete anos, a destruição de *Jerusalém e matança generalizada.

Abaixo da população livre na hierarquia social estavam os *escravos. A escravidão como instituição não era objeto de discussão; não houve movimentos abolicionistas sérios na Antigüidade. Os escravos formavam uma proporção substancial da população na Itália (talvez um terço), onde tinham grande participação em todos os aspectos da produção econômica. Na maioria das províncias só eram comuns como criados domésticos. Por lei, eram bens que podiam ser comprados ou vendidos, surrados ou torturados ao bel prazer do dono. As condições de vida dos escravos variaram segundo as atitudes dos donos.

Estruturas políticas e administrativas imperiais. O imperador governava os povos do império a partir de Roma com a ajuda de homens escolhidos dentre a elite; com o fim das eleições republicanas, a voz popular na política foi perdida. A capital tinha cerca de um milhão de habitantes e abarcava extremos de riqueza e pobreza, profusos monumentos públicos e habitações sórdidas, apinhadas. Grande parte da população, talvez a maioria, era composta de escravos e homens livres vindos do Mediterrâneo oriental, da Alemanha e de outros lugares. Roma foi capaz de crescer a ponto de se tornar a maior cidade da Europa pré-industrial graças aos privilégios da conquista: a agricultura provincial era tributada, e parte dos grãos era enviada a Roma para alimentar as massas. Para manter a plebe urbana tranqüila, o imperador promovia também uma variedade de espetáculos, entre os quais as lutas gladiatórias e a perseguição de animais selvagens, em que alguns cristãos encontraram seu fim. Apesar das distribuições de comida e da diversão pública, a violência irrompia ocasionalmente na cidade, levando imperadores a expulsar estrangeiros ou encontrar bodes expiatórios. Assim Cláudio expulsou os judeus de Roma e Nero deu início à perseguição aos cristãos quando precisou de bodes expiatórios sobre os quais lançar a culpa pelo grande incêndio de 64 d.C.

A Itália era a terra dos cidadãos. Como tal, foi privilegiada com a isenção do imposto sobre a terra até o final do século III. Não se impunham governadores à Itália; a administração ficava em grande parte a cargo das municipalidades, sendo as matérias importantes encaminhadas a autoridades imperiais em Roma.

Além da Itália estendia-se o *imperium* romano, incluindo reis clientes e províncias diretamente dominadas. Os romanos foram lentos na anexação de áreas em torno do Mediterrâneo como províncias porque faltava-lhes um aparato administrativo desenvolvido. Era conveniente deixar o governo de algumas áreas periféricas a cargo dos reis locais em troca de apoio a Roma em questões de política externa na forma de tributos ocasionais e tropas para guerras romanas. Os reis clientes respeitavam a autoridade do imperador e dos governadores mais importantes de províncias próximas. Relatos do reinado de *Herodes o Grande, o mais conhecido rei cliente, ilustram o quanto ele era dependente da constante boa vontade do imperador e de seus funcionários graduados, a quem bajulava procurando satisfazer-lhes os desejos bem como por meio de presentes e subornos. Gradualmente, como ocorreu com a Palestina, os reinos clientes foram acrescentados à lista das províncias diretamente governadas.

As várias dúzias de províncias eram administradas por governadores enviados de Roma. Estes tinham duas preocupações principais: a manutenção da lei e da ordem e a arrecadação de impostos. A administração romana pode ser caracterizada como uma superintendência exercida por um punhados de altos funcionários imperiais que se valiam de líderes locais. As principais províncias eram governadas por senadores em diferentes condições. Províncias com legiões eram governadas por legados imperiais nomeados pelo imperador dentre os senadores que lhe pareciam mais confiáveis. A *Síria, com o maior exército legionário do império oriental, era uma província desse tipo. Províncias importantes sem exércitos, como a Aquéia, eram supervisionadas por pró-cônsules senatoriais escolhidos no Senado. A partir de 6 d.C. a Judéia foi uma daquelas províncias menos importantes administradas por eqüestres (inicialmente oficiais do exército chamados prefeitos, depois agentes imperiais com o título de procurador). Todos os governadores tinham ampla autoridade, limitada pela responsabilidade para com o imperador, que emitia algumas instruções para a administração (*mandata*); ocasionalmente, procuradores eqüestres recebiam orientação também de governadores senatoriais de províncias vizinhas.

Os governadores eram acompanhados às suas províncias por um pessoal mínimo, que incluía amigos e parentes, que atuava como corpo consultivo. Os magros *staffs* eram suplementados por oficiais e soldados do exército que atuavam como importantes figuras de autoridade na administração provincial. Na condição de juízes, os governadores ouviam demandas dos cidadãos romanos, que estavam submetidos à lei romana, além de julgar alguns outros processos graves. Em geral, os não-cidadãos estavam sujeitos à lei e ao costume locais, e eram julgados por magistrados locais. Governadores romanos, relutantes em se deixar enredar em litígios entre os nativos, contentavam-se muitas vezes em deixar a preservação da ordem em suas comunidades não-cidadãs a cargo de líderes locais. Esse arranjo tácito explica tanto o temor de *Caifás de que um tumulto provocasse a repressão violenta de Roma como a indiferença do pró-consul romano Galião quando Paulo foi levado à sua presença. Explica também o padrão lento e esporádico da perseguição aos cristãos antes de 250 d.C. Os governadores romanos eram instruídos a punir com a morte todo aquele que lhe fosse levado e admitisse persistentemente ser cristão, mas não deviam perseguir cristãos ativamente. Em conseqüência, a primeira execução sob acusação de cristianismo só veio a ocorrer na província da África por volta de 180 d.C.

A maioria dos provincianos se defrontava com o governo romano no tocante aos impostos — impostos sobre a terra, sobre as pessoas que trabalhavam a terra, sobre mercadorias que transpunham os limites da província, sobre heranças, sobre vendas no mercado, para citar somente alguns. Os romanos não impunham um sistema tributário uniforme quando da conquista, assumindo em geral o comando dos arranjos locais e transferindo a arrecadação, mediante contrato, para agentes privados, os *publicani*, famigerados por seus métodos rapaces de enriquecimento (*ver* Publicanos). Júlio César começou a eliminar gradualmente esses intermediários nos níveis mais elevados, mas, mesmo durante o Principado, eles continuaram a coletar impostos, como tarifas alfandegárias. Ocasionalmente, para avaliar o conjunto da terra e os impostos por cabeça, autoridades imperiais realizavam censos em que os provincianos eram obrigados a registrar a si mesmos e às suas propriedades. Em 6 d.C., o legado imperial Quirino supervisionou um desses censos na Judéia, o qual, pela data e pelos processos administrativos romanos, é dificilmente conciliável com o relato feito em Lucas 2.1-5.

Na época de Augusto, os recursos do Império Romano eram suficientes para satisfazer as demandas relativamente moderadas do Estado, mas eram limitados pela base agrícola e a tecnologia estagnada da economia. Sob os imperadores cristãos do império tardio, demandas crescentes de dinheiro e recrutas para sustentar o exército e a burocracia cada vez maiores encontraram maior resistência. Quando as tribos "bárbaras" passaram a pressionar as fronteiras com força crescente, as limitações deixaram os imperadores incapazes de evitar as ameaças. Em 410 d.C., a Cidade Eterna foi saqueada por Alarico e seus visigodos; o último imperador romano do Ocidente, Rômulo Augústulo, foi deposto pelo líder germânico Odoacro em 476 d.C.

Ver também Exército Romano.

Richard P. Saller

RÚBEN. Primeiro filho de *Jacó e *Lia a nascer e uma das doze tribos de Israel. A primogenitura de Rúben indica que na Israel primitiva Rúben foi uma tribo proeminente. Rúben é culpado de incesto com Bala, a concubina de seu pai, e tem papel destacado na rebelião contra *Moisés; atribui-se ao primeiro fato a culpa pelo declínio posterior de Rúben. Os rubenitas, juntamente com Gad, estabeleceram-se na Transjordânia. Um manuscrito antigo dos livros de Samuel encontrado entre os Manuscritos do Mar Morto menciona a subjugação de Rúben e Gad por Naás, rei dos *amonitas, elucidando a libertação de Jabes de Galaad por Saul. Os estudiosos discutem se Rúben foi absorvido por Gad durante a monarquia dividida ou conservou sua identidade até a conquista *assíria (732 a.C.).

Gary N. Knoppers

RUTE. A heroína do livro de Rute. O livro é um conto absorvente, incorporando características folclóricas que contribuem para a facilidade da apreciação como experiência humana comum, bem como características culturais peculiares que falam bem da teologia e da ética de Israel.

O início do livro tem por cenário uma família de Belém, os pais e seus dois filhos, que estão residindo em *Moab por causa da fome em sua cidade. Os filhos se casam com moabitas. O pai e os dois filhos morrem, deixando três viúvas, Noemi, Orfa e Rute. Noemi, decidindo voltar para Belém, procura convencer as noras a permanecerem em Moab. Orfa o faz, mas Rute quer ficar ao lado da sogra. Esta, lamentando amargamente, chega a *Belém na companhia de Rute; vê pouca perspectiva de plenitude de vida ali. A cena dois mostra os primeiros esforços de Rute para garantir seu sustento e o de Noemi respigando após a colheita, quando por acaso chega ao campo de Booz, um digno belemita. Booz repara nela, a princípio lhe assegura um sustento mínimo, depois tem progressivamente mais cuidados com essa mulher que manifestou tanta lealdade à sua família. Na cena três, Noemi, encorajada pelo sucesso dos primeiros passos de Rute, orienta-a sobre como transformar uma solução temporária numa solução a longo prazo: casamento e prole para Rute, assistência resgatadora para Noemi. Rute força a situação com Booz numa cena provocativa na eira, só para ficar sabendo que a responsabilidade por seu resgate cabe primeiro não a Booz, mas a uma outra pessoa. Na cena final, enquanto Rute e Noemi esperam, Booz manobra essa outra pessoa para que abra mão de seu direito de resgate num foro público na porta da cidade. Fica livre o caminho para que Booz despose Rute, forneça um herdeiro para o primeiro marido dela e um resgatador para Noemi. O resgatador é Obed, avô de Davi — esta informação é o clímax surpreendente de um coro do povo de Belém celebrando primeiro Booz, depois Rute e Noemi. A história se encerra com uma genealogia que conecta Davi, através de Obed e Booz, a Farés, filho de Judá.

O clímax que vem com a nota sobre Davi em 4.17 sugere que a bênção da linhagem real de Israel está em questão aqui. Os pronunciamentos de bênção em 4.13-17 são comparáveis aos de outras bênçãos reais no Oriente Próximo. Se o tema de Davi lhe é intrínseco, o livro fornece o dado histórico de que Davi teve um ancestral moabita. O livro é muito provavelmente parte de um ciclo de histórias sobre a ascendência de Davi, que incluiria Gênesis 38 e outros episódios agora perdidos.

O apelo universal e a apresentação plausível da vida israelita típica mascaram o tempo e o lugar precisos, e lançam a história de Rute para o prazer e a edificação de todos. É possível que o livro date de algum momento no período da monarquia judaica. O público foi provavelmente de aldeões e o contador da história um bardo profissional, muito possivelmente uma feiticeira. Alternativamente, a história pode ser uma imitação deliberada de um conto popular escrita na corte real.

Edward F. Campbell

S

SABA. Parte do reino de *Sabá, talvez uma colônia no norte da África.

SABÁ, RAINHA DE. Soberana de um povo chamado sabeus, que ocupava um território no sudoeste da Arábia, aproximadamente onde hoje é o Iêmen. O habitantes semíticos de Sabá desenvolveram um extenso comércio, especialmente de especiarias, metais e pedras preciosas; colonizaram partes próximas da África, inclusive a costa etíope. Sabá era uma terra próspera e por isso um símbolo de riqueza.

No século X a.C., conta-se que a rainha de Sabá visitou *Salomão, rei de Israel. Chegou com presentes extravagantes e com perguntas para pôr à prova a sabedoria do rei. Sua visita reflete várias características importantes e inter-relacionadas do governo salomônico: internacionalismo, diplomacia e sagacidade. A dominação pacífica por Salomão de vastos territórios era sustentada mais por sua habilidade diplomática que pela demonstração repetida de força militar, e seus laços estreitos com nações estrangeiras são evidentes nas numerosas relações que lhe são atribuídas com mulheres de fora de sua terra natal. Essa habilidade diplomática, em particular no nível internacional, é associada por todo o Oriente Próximo antigo a sabedoria. A interação da rainha de Sabá com Salomão exemplifica essa conexão. O relato de sua visita a *Jerusalém é para o autor bíblico um meio de exaltar a riqueza e a sabedoria do rei. Ademais, a rainha de Sabá, ao transportar parte da riqueza de sua nação para Jerusalém, engrandece a capital do império de Salomão e contribui para afirmar a superioridade de Jerusalém no Oriente Próximo na época.

Segundo uma lenda posterior, a relação entre Salomão e a rainha foi mais íntima, e o filho deles foi o fundador da (antiga) casa real da Etiópia.

Carol L. Myers

SABEDORIA. A literatura bíblica sapiencial enfatiza o caráter desejável e elusivo da verdadeira sabedoria (hebr. *hokma*, um substantivo feminino). Jó 28.25-27 chega mesmo a pôr a sabedoria junto de Deus quando da *criação. É de interesse, portanto, que uma série de poemas em Provérbios 1-9 personifique a sabedoria metaforicamente como uma mulher numa variedade de papéis femininos positivos; *ver* Mulheres, *artigo sobre* Oriente Próximo antigo e Israel.

A figura feminina da Sabedoria aparece pela primeira vez em Provérbios falando como *profeta, uma profissão a que homens e mulheres eram chamados. Em Provérbios 9.1-6, Sabedoria é uma mulher de posição elevada que pode empregar um mensageiro; por iniciativa própria ela convida os "simples" para um banquete em sua grande casa de sete pilares.

Sabedoria é também uma "irmã" (Prov. 7.4), uma palavra que tem duas conotações: uma irmã literal com quem um homem pode se associar no nível íntimo da família, ou uma esposa ou amante (como no Cântico dos cânticos). No livro dos Provérbios tanto a esposa ideal quanto a mulher Sabedoria são "mais preciosas que jóias", e Provérbios 4.6 recomenda ao leitor não abandonar a Sabedoria exatamente como Provérbios 5.15-17 pede fidelidade marital. Como as viúvas e as mães na antiga Israel, Sabedoria é uma conselheira e uma mestra. Curiosamente, não é uma procriadora, embora seja regularmente descrita como doadora ou preservadora de vida.

A linha divisória entre a mulher Sabedoria e Deus pode ficar difusa. Sem os versículos introdutórios em Provérbios, 1.22-33 poderíamos facilmente supor que o falante não é a Sabedoria, mas Deus! Teólogos observaram que a Sabedoria atua como mediadora entre Deus e a humanidade. Ela é a companheira de Deus antes do início da criação; no entanto Deus a oferece, assim como ela mesma se oferece, aos súditos humanos de Deus. Se eles a aceitarem, descobrirão que Deus os está protegendo e guiando. O consenso entre os estudiosos situa o livro dos Provérbios no período pós-exílico (século V-IV a.C.), embora se concorde em geral que ele contém motivos e temas que eram parte da cultura israelita pré-exílica. O papel de mediadora de Sabedoria pode ter respondido a uma necessidade espiritual suprida anteriormente pelo rei.

Os estudiosos exploraram a teoria de que a mulher Sabedoria está de algum modo relacionada com uma ou várias deusas do Oriente Próximo antigo. Faltam indícios que corroborem a sugestão de que uma deusa, Sabedoria, fosse cultuada em tempos pré-exílicos em escolas de escribas israelitas. Ela de fato partilha, contudo, alguns atributos com a deusa egípcia Maat, "Verdade", e com certas deusas do Oriente Próximo antigo que protegiam o rei e seus administradores.

As afinidades mais notáveis, porém, são encontradas entre a mulher Sabedoria e Aserá, a deusa cananéia da fertilidade. Sabedoria é a árvore da vida e o principal símbolo de Aserá era uma árvore da vida. O convite para o banquete de Sabedoria lembra o banquete de Aserá no mito ugarítico de *Baal. É possível que Provérbios 9 jogue conscientemente com a ambigüidade da palavra "casa", que pode também significar templo; na mitologia do Oriente Próximo, a construção de uma casa/templo para os deuses é em geral o clímax da cosmogonia, que, notavelmente, é também o tema da fala precedente de Sabedoria em Provérbios 8.22-31.

Ao mesmo tempo, há claras similaridades entre o homólogo corrupto de Sabedoria, a "mulher insensata" de Provérbios 9.13-18, e várias deusas dos mitos do Oriente Próximo cujos agrados e promessas sedutoras de vida ao jovem herói masculino podem levar à morte. Foi sugerido que ao longo de Provérbios 1-9, num arranjo peculiarmente israelita, a descrição da mulher sedutora/adúltera pode empregar intencionalmente imagens ligadas à deusa cananéia para desmoralizá-la.

Não é impossível que a Senhora Sabedoria represente uma irrupção na Bíblia do culto persistente mas biblicamente proibido de uma parceira feminina de Javé. No livro dos Provérbios, no entanto, tanto a mulher Sabedoria quanto a "mulher insensata" parecem ser criações literárias em que a linguagem da deusa foi habilmente transformada e recombinada com imagens de outros elementos da experiência da mulher israelita.

O tema de Sabedoria, a mulher, desempenhou posteriormente um papel notável no pensamento judaico e cristão. Ele aparece, por exemplo, em Sabedoria, em *Sirácida, em *Baruc 3.9-4.4; e nos textos não bíblicos do Qumrã, e suas palavras ecoam no Novo Testamento. Talvez a mais ressonante de todas seja a fala de Sabedoria em Provérbios 8.22-31, que enfatiza sua presença no início da criação. Sirácida identifica Sabedoria com a palavra criadora de Deus e com a Torá. Leitores do filósofo judeu Filo de Alexandria (século I d.C.) tiveram dificuldade em discernir as propriedades da palavra de Deus (*logos*) da sabedoria (*sophia*). *Paulo chama Cristo de a sabedoria (*sophia*) de Deus. A mini-história da criação em João 1.1-3 evoca intencionalmente Provérbios 8. E para judeus e cristãos gnósticos o princípio feminino *Sophia* era uma figura de grande complexidade e fundamental importância.

Mary Joan Winn Leith

SACERDOTES E SUMO SACERDOTE. Os principais responsáveis pelo culto em Israel. Através dos séculos documentados na Bíblia, os deveres e as atividades sacerdotais variaram um pouco, mas primordial no período mais antigo, e sempre básica, foi a idéia de que um sacerdote é uma pessoa ligada ao serviço de Deus num santuário, a casa de Deus. O conceito original do sacerdote como servidor ou ministro de Deus no santuário era análogo ao de um ministro do rei no palácio. Assim como ministros num palácio punham comida sobre a mesa de um rei terreno, os sacerdotes israelitas punham pão sagrado sobre a mesa perante Deus, uma prática subjacente às cláusulas para o pão da presença. Assim como ministros de um rei serviam de intermediários para cidadãos que desejavam perguntar ao rei que conduta adotar, ou qual poderia ser o pensamento do rei, os sacerdotes da antiga Israel, usando os urim e *tumim* no efod, faziam a Deus o mesmo tipo de perguntas em nome de outros, inclusive os chefes do povo, uma prática que se desenvolveu na enunciação sacerdotal da *torá*, ou lei, como manifestação da mente divina. Era como um intermediário entre Deus em seu lugar sagrado e o povo do lado de fora que um sacerdote comunicava a bênção de Deus ao povo.

Sacerdotes e sacrifício. Em narrativas antigas, incluindo J e E, era perfeitamente correto para alguém que não fosse um sacerdote oferecer um sacrifício num altar não vinculado a um santuário, sem qualquer intervenção sacerdotal. Quando o sacrifício era oferecido num santuário, contudo, os sacerdotes daquele santuário estavam envolvidos nele já no período pré-monárquico, e suas prerrogativas sacrificiais aumentaram durante o período monárquico. Em Deuteronômio 33.10 o ato de levar incenso e queimar oferendas perante Deus é mencionado entre as atividades características de um sacerdote, mas está em último lugar. Nas prescrições de Ezequiel para os sacerdotes sobre como devem atuar após o exílio, sua atividade sacrificial está em primeiro lugar, e em Jeremias 33.18, num acréscimo pós-exílico ao livro, os sacerdotes são inteiramente caracterizados em termos de trabalho sacrificial. Essa extensão do papel sacrificial dos sacerdotes pode ser correlacionada com uma extensão do elevado grau de santidade apropriado para o interior do santuário, o lugar em que a presença de Deus estava em foco, o altar situado ao ar livre, no pátio defronte ao santuário. As prerrogativas dos sacerdotes de realizar todos os atos no interior da casa de Deus foram estendidas para incluir qualquer ato que envolvesse contato com o altar de sacrifício no pátio externo. Em tudo isso, conservou-se o princípio fundamental de que o mais elevado grau de santidade entre os seres humanos era o dos sacerdotes, e de que somente eles tinham o direito de penetrar ali onde o grau de santidade espacial era o mais elevado.

Os sacerdotes e a vontade divina. Em textos mais antigos um sacerdote é caracterizado não como uma pessoa associada ao sacrifício, mas como aquela que carrega o efod oracular contendo os *urim e tumim*, que eram manipulados de modo a fornecer uma expressão do pensamento ou da vontade de Deus em resposta a uma pergunta que lhe fora feita. Na parte mais antiga da bênção de *Moisés para *Levi, os *urim e tumim* ainda são característicos de um sacerdote, mas em Deut. 33.10, geralmente tomado como parte de uma expansão posterior da bênção para Levi acrescentada perto de meados do período monárquico, os preceitos de Deus e a lei de Deus (hebr. *torá*) são os objetos essenciais da responsabilidade sacerdotal, mencionados antes do incenso e da oferenda queimada. *Torá* pode ter sido originalmente a palavra que designava a resposta divina, comunicada através do sacerdote com seus *urim e tumim*, a uma pergunta que lhe fora feita; a palavra acádia *tertu*, aparentada do hebraico *torá*, significava a resposta obtida em certos tipos de adivinhação mesopotâmica. Nesse caso, a *torá* israelita evoluiu de uma manifestação simples da vontade de Deus na forma de uma resposta "Sim" ou "Não" (por meio dos *urim e tumim*) num pronunciamento mais complexo que expressava a vontade divina em matérias rituais a partir de perguntas como o que distingue o sagrado do profano, o puro do impuro, e também matérias éticas, em razão da exigência divina de comportamento reto da parte das pessoas que se aproximavam do que é sagrado, ou, mais profundamente, pessoas que deviam ser santas na expectativa de Deus. No final do período monárquico, o significado de *torá* se ampliara para incluir toda lei divinamente sancionada dos tipos codificados no Pentateuco, e estava na época tão tipicamente associada com um sacerdote quanto a palavra de Deus estava associada a um *profeta. Nesse sentido ampliado de "lei", sagrada por ser uma expressão da vontade divina, *torá*, algo em que os sacerdotes sempre haviam sido os legítimos especialistas tornou-se algo em que eram competentes para decidir questões e dirimir disputas. Finalmente eles se tornaram responsáveis não apenas por preservar toda lei divina, mas também por toda a casuística e jurisprudência nela baseadas. Isso não quer dizer que os sacerdotes se tornaram mestres ou pregadores, a menos que por isso se entenda sua prática de comunicar a lei e decisões legais ao povo. Nos séculos pós-exílicos o envolvimento dos sacerdotes com a lei enfraqueceu na consciência geral, e os sacerdotes passaram a ser cada vez mais associados ao sacrifício. A idéia tradicional dos sacerdotes como pessoas que faziam estatutos e julgamentos legais de que as pessoas tinham conhecimento (i.e., as pessoas com funções judiciárias) estava viva no século II a.C., mas como juristas versados na lei eles estavam sendo suplantados nessa altura pelos *escribas. A participação de sacerdotes em comissões com funções judiciais bem como administrativas no período romano pode ter decorrido em grande parte de suas conexões sociais e políticas.

Evolução histórica do sacerdócio. As raízes históricas do sacerdócio israelita dos primeiros tempos situam-se, culturalmente, nos sistemas de culto dos cananeus e outros povos do noroeste semítico, cuja palavra usual para sacerdote é essencialmente a mesma usada em hebraico. Povoações israelitas na Palestina tinham seus santuários javistas, e por toda a terra continuou a existir uma multidão desses santuários, cada qual com um ou mais sacerdotes, até que a extinção final de todos eles, exceto o *Templo de *Jerusalém, no reinado de *Josias deixou Jerusalém como o único lugar onde alguém podia realmente atuar como sacerdote. No período dos juízes e no início do período monárquico podia-se ser sacerdote sem pertencer à tribo de Levi, ainda que um *levita fosse particularmente desejável como sacerdote. Se o ancestral não nomeado de Eli em 1 Sam 2.27-28 é Levi, como o contexto sugere fortemente, os sacerdotes do santuário da arca em Silo eram levitas. Sobre as origens pessoais de *Sadoc, o chefe fundador do sacerdócio de Jerusalém, absolutamente nada é dito nas narrativas em que ele aparece, ou em qualquer texto pré-exílico. Com relação às suas origens não documentadas, alguns estudiosos sustentam a hipótese de que foi um levita, outros de que não foi.

Três séculos mais tarde, quando todos os santuários, exceto o de Jerusalém, foram abolidos por Josias, já não se discutia a possibilidade de alguém atuar como sacerdote a menos que fosse um levita, e a qualidade levítica dos "filhos de Sadoc" jerusalemitas parece não ter sido posta em questão nessa época. Ainda mais tarde, quando todos os sacerdotes eram considerados "filhos de Aarão", o Cronista pós-exílico arranjou as coisas apresentando Sadoc como o auxiliar de um chefe aaronita no tempo de Davi e dando ao próprio Sadoc uma genealogia aaronita; o objetivo foi claramente dar legitimidade aaronita aos sacerdotes de Jerusalém, e sua historicidade é duvidosa. Seja como for, enquanto segundo o Deuteronômio qualquer levita podia em princípio atuar como sacerdote se fosse admitido como tal no único santuário que restava, em Ezequiel 40-48 somente membros das famílias sacerdotais tradicionais de Jerusalém (os "filhos de Sadoc") eram admitidos ao serviço exclusivamente sacerdotal do altar; todos os demais levitas foram relegados a uma condição inferior com funções no serviço do Templo que, exceto em 40.45, não eram consideradas sacerdotais. A distinção entre sacerdotes e levitas subordinados foi firmemente estabelecida na restauração pós-exílica, mas o fato de em S os sacerdotes não serem chamados filhos do claramente jerusalemita Sadoc, mas "filhos de Aarão", pode indicar que, depois do exílio, alguns membros de famílias levíticas originários não de Jerusalém, mas de outras cidades do sul, foram admitidos ao serviço sacerdotal juntamente com os "filhos de Sadoc", como talvez tivesse ocorrido antes do exílio, antes ou depois da reforma de Josias. De fato, todas as cidades atribuídas aos filhos de Aarão na forma final das listas de cidades levíticas estão no sul.

Na divisão efetiva de tarefas entre sacerdotes e levitas prescrita em S, os sacerdotes, depois que adquiriam santidade, faziam tudo que envolvia contato com os altares e com as oferendas. Eram responsáveis por ritos de purificação, por causa dos sacrifícios e do sangue sacrifical envolvido. Nos períodos persa, helenístico e romano, cada sacerdote fazia seu serviço no Templo como membro de uma de vinte e quatro divisões, cada divisão atuando somente durante um curto período do ano. Por volta do século II a.C, quando a liderança em matéria de piedade passou em grande parte para os *fariseus, os sacerdotes conservaram um status social respeitado e em muitos casos elevado. Alguns sacerdotes comuns, para equilibrar o orçamento, dedicavam-se a ocupações seculares, e muitos moravam fora de Jerusalém.

O **sumo sacerdote.** Nos tempos da monarquia, o corpo de sacerdotes em Jerusalém havia sido hierarquicamente estruturado sob um chefe, em geral chamado simplesmente "o sacerdote", ou, se fosse preciso distingui-lo do "segundo sacerdote", podia ser chamado o "primeiro sacerdote". O chefe do corpo de sacerdotes de Jerusalém sempre ocupara um lugar elevado nos círculos administrativos do reino, mas após o exílio o sumo sacerdote tornou-se rapidamente o chefe da nação judaica, tanto civil quanto religiosamente. A presença de um administrador judeu civil nomeado pelo governo imperial persa em certas épocas (c.520 a.C., e durante a última metade do século V) pouco alterou a posição do sumo sacerdote no que dizia respeito à própria nação. Nos séculos I e II a.C., os soberanos asmoneus, embora assumissem o título de "rei", conservaram o sumo sacerdócio e seu título, o que era mais importante dentro da própria comunidade judaica. Desse tempo em diante, os sumo sacerdotes e os que lhe eram próximos, bastante mundanos em seus interesses, pertenceram à seita aristocrática dos *saduceus. Com Herodes o Grande (37-4 a.C.) o poder de governo em Judá foi completamente retirado das famílias sacerdotais, o caráter vitalício do sumo sacerdócio foi abolido e todas as indicações para o cargo de sumo sacerdote foram feitas dali em diante pelo soberano herodiano ou, entre 6-41 d.C., pelo procurador romano. No Novo Testamento, o plural "os sumo sacerdotes" refere-se a famílias de sumo sacerdotes como um grupo, ou por vezes ao *Sinédrio ou a algum outro grupo possuidor de jurisdição oficial sob a chefia ou presidência do sumo sacerdote.

Na distribuição de responsabilidades rituais codificada em S, fundada em graus de santidade, somente o sumo sacerdote, cujo grau de santidade como pessoa era supremo, podia entrar no santo dos santos, a parte mais recôndita do edifício do Templo e o lugar cujo grau de santidade era o mais elevado, para os ritos a serem oficiados ali no Dia da Expiação anual.

Aelred Cody, O.S.B.

SADOC, SADOCITAS. Sadoc foi um dos dois sacerdotes de *Davi. Tomou o partido de *Salomão contra Adonias na luta de sucessão ocorrida no final da vida de Davi e, a pedido deste, ungiu Salomão rei. Em conseqüência, foi o único primeiro sacerdote sob Salomão, enquanto Abiatar foi banido para Anatot. Desse tempo até o exílio, os descendentes de Sadoc controlaram o corpo de sacerdotes em *Jerusalém (é dito que o primeiro sacerdote no tempo de Ezequias era da casa de Sadoc) e, na visão da restauração que teve *Ezequiel, todos os sacerdotes encarregados do altar eram sadocitas; especialmente 48.11, onde os sadocitas são separados de outros levitas. Embora haja alguma controvérsia sobre as origens de Sadoc, sua linhagem em 1 Crônicas 6.1-8, 49-53 o liga a *Aarão através de Eleazar, e um Sadoc da casa de Aarão é mencionado como parte do exército de Davi em *Hebron, o que faz parecer que era um sacerdote aaronita.

Depois do exílio, os sadocitas aparentemente controlaram o sumo sacerdócio até o tempo de Antíoco IV Epífano no século II a.C. A seita Qumrã era igualmente dedicada ao sacerdócio sadocida, e foi sugerido que o nome do grupo sacerdotal dos *saduceus é derivado de Sadoc.

Jo Ann Hackett

SADUCEUS. Uma das seitas judaicas referidas por Josefo. Disputas entre eles e os *fariseus são mencionadas em escritos judaicos posteriores. São descritos no Novo Testamento como opositores de Jesus que, juntamente com os fariseus, o punham à prova com perguntas. Em Atos, aparecem como opositores do cristianismo primitivo.

O nome (provavelmente hebr. *saddu-qim*) é derivado de *Sadoc. A associação mais provável é com o sumo sacerdote sob Davi; é bem possível, porém, que fossem ligados a um Sadoc posterior, discípulo de um dos Sábios, Antígono de Soco (início do século II a.C.), que, segundo eles acreditavam, rejeitava a crença na ressurreição. Havia é claro os sadocitas, descendentes do sumo sacerdote original, que controlaram o *Templo em Jerusalém por muitos séculos até II a.C., que é quando Josefo introduz os saduceus. É possível que o surgimento dos saduceus como uma seita tenha resultado de uma crise ocasionada pela usurpação do sumo sacerdócio por Jônatas em 152 a.C; possivelmente esse foi também o momento em que os essênios romperam com o grupo do sumo sacerdócio e se refugiaram no deserto. De todo modo, tanto os saduceus quanto os fariseus lutavam por influência na corte e pelo controle do Templo, o que acabaria por lhes dar o poder necessário para exercer importante papel nos negócios nacionais. Não raro a sorte mudava; sem dúvida o poder da aristocracia do Templo foi substancialmente limitado sob o domínio romano, mas os saduceus se dispuseram a fazer certas concessões às autoridades romanas e provavelmente tiveram influência junto a elas. Depois que perderam sua função ritual em conseqüência da destruição do Templo (70 d.C.), cessaram de existir como um grupo. Isso talvez reflita o quanto haviam perdido em apoio popular.

Só somos informados sobre suas crenças pelos escritos de outrem. Enquanto os fariseus aceitavam a autoridade da Tradição dos *anciãos como um instrumento valioso para ampliar e interpretar a Lei, os saduceus não o faziam. Tampouco acreditavam, como o atesta o Novo Testamento, na ressurreição dos mortos. Josefo conta também que não acreditavam no destino, pensando que homens e mulheres tinham o controle de seus atos. É dito também que rejeitavam a crença em *anjos e *demônios.

O sentido de tudo isso é elusivo. De certo modo, ao desenvolver uma tradição oral de interpretação legal, os fariseus e os sábios não estavam fazendo nada além do que fora feito ao longo de toda a história judaica, isto é, adaptando suas tradições legais a circunstâncias em mudança. Por que seriam os saduceus contrários a isso? Possivelmente porque a lei escrita reforçava seu controle sobre o Templo; possivelmente também porque os fariseus estavam tentando solapar essa posição transferindo alguns dos rituais e práticas sacerdotais de Jerusalém para outras cidades e aldeias. Os saduceus estavam sem dúvida preocupados principalmente em preservar o Templo e seus sacrifícios: para eles, era a correta observância do ritual do Templo que mantinha a relação de aliança entre Israel e Deus.

A rejeição da crença na ressurreição indica mais uma vez uma posição tradicionalista. Os judeus haviam acreditado por longo tempo que, contanto que Israel obedecesse à Lei, Deus reinaria sobre eles e recompensaria os justos e puniria os iníquos nesta vida. A idéia da ressurreição, por outro lado, estava ligada a crenças de que a era presente estava nas garras de poderes sombrios, de modo que nesta vida os justos sofreriam, embora Deus fosse lhes fazer justiça no final dos tempos. Os que haviam morrido seriam ressuscitados para poder receber as recompensas que lhes eram devidas. Rejeitar a crença na ressurreição e, na verdade, talvez também em poderes demoníacos que controlavam este mundo na era presente, era portanto rejeitar também a crença de que o tempo presente era radicalmente corrompido; de fato, do ponto de vista dos saduceus, os que afirmavam a concepção contrária podiam parecer estar negando a existência permanente da aliança entre Deus e Israel. Isso pode explicar também sua negação do destino. Acreditavam que os judeus eram livres para influenciar sua sorte; se obedecessem à Lei, se arrependessem e fizessem a devida reparação quando pecavam, tudo iria bem. As visões mais sombrias do mundo associadas à crença na ressurreição acarretavam também crenças na difusão do poder do pecado (cf. Rom. 5.12-21, que pode se dever não pouco às origens farisaicas de Paulo, embora crenças semelhantes não devam ser consideradas especificamente farisaicas), de tal modo que os homens e mulheres deixam de ter controle sobre seu destino. Eram idéias desse tipo que os saduceus rejeitavam.

Isso pode sugerir uma razão adicional para o desaparecimento dos saduceus após 70 d.C. Não só sua posição como a aristocracia do Templo foi fundamentalmente destruída; sua crença de que a manutenção do Templo seria suficiente para preservar Israel de desastre real provara-se falsa também.

John Riches

SAFON. A palavra hebraica *sapon* é um dos termos comuns para "norte", "setentrião"; esse é seu sentido mais freqüente na Bíblia, mas ele é derivado de seu sentido primeiro. Safon era o nome (significando "mirante") de uma montanha na costa mediterrânea c.10km ao norte de Ugarit, mais tarde chamada monte Casius e agora Jebel el-Aqra. Como um pico proeminente na parte norte do mundo *cananeu, seu nome era usado como sinônimo da direção norte, assim como uma das palavras para "oeste" significa literalmente o mar (Mediterrâneo). O pico é identificado em primeiro lugar com *Baal, como o indicam referências comuns a Baal-Safon; era sua morada e, como tal, podia também ser deificado.

Em várias passagens da Bíblia é o sentido original de *sapon* como a montanha em que reside o deus da tempestade que é pretendido. Jó 26.7 e Isaías 14.13 estão ambos em contextos permeados de referências à mitologia cananéia. O Salmo 89.12 pode se referir a Safon e Amanus, e não a norte e sul, como paralelo para o Tabor e o Hermon. A tradução usual "O monte Sião é o extremo norte" em Salmo 48.2 é um absurdo geográfico; mas a identificação da morada de Javé, *Sião, como a morada de Baal, Safon, faz sentido à luz das origens cananéias do *Templo de Jerusalém e sua ideologia. O versículo deveria portanto ser assim traduzido: "O monte Sião, os cumes do Safon, é a cidade do grande rei." O nome do profeta *Sofonias provavelmente também deriva desse significado.

Safon é também o nome de uma importante cidade no vale do Jordão.

Michael D. Coogan

SALMANASAR V. Shulmanuashared, rei da *Assíria (727-722 a.C.); também conhecido como um Ululayu ("nascido no mês Ululu"). Filho de seu predecessor *Teglat-Falasar III (745-727 a.C.), Salmanasar serviu como administrador em Cale, a capital assíria, enquanto seu pai movia campanhas em terras estrangeiras. Após a morte de Teglat-Falasar, Salmanasar herdou a monarquia dual da Assíria e *Babilônia e reinou por quase cinco anos. Em função de o reinado de Salmanasar ter sido inesperadamente curto, os escribas da corte não rascunharam, antes de sua morte, um relato oficial de suas campanhas e feitos como construtor; assim, suas inscrições reais conhecidas consistem sobretudo de oito textos bilíngües assírio-aramaicos sobre pesos de leões de Cale. Assim os eventos de seu reino só podem ser reconstruídos hoje sobretudo a partir de inscrições cuneiformes posteriores, o Óstraco de Assur, breves referências em 2 Reis e textos helenísticos como *Antigüidades* de Josefo. Salmanasar estava no trono quando a *Samaria foi tomada pelos assírios em 722 após um cerco de três anos (Crônica babilônia); mas a deportação subseqüente dos israelitas ocorreu provavelmente em 720 sob seu sucessor, Sargão II (722-705 a.C.).

John A. Brinkman

SALOMÃO. Filho de *Davi e Betsabé, Salomão reinou sobre Israel c.962-922 a.C.

Suas façanhas são detalhadas em 1 Reis 1-11 e 1 Crônicas 28-2 Crônicas 9. Com o apoio de Betsabé, *Natã e Banaías, chegou ao poder graças a um golpe de estado que afastou seu irmão mais velho, Adonias, e Joab. Seu reinado foi marcado por prosperidade e prestígio, projetos de construção grandiosos e transformação cultural.

Essa prosperidade é retratada na fastidiosa descrição dada em 1 Reis 4.20-28 e 10.14-29, no casamento com a filha do faraó (e houve um harém considerável), no papel internacional indicado por suas negociações com Hiram de Tiro e a visita da rainha de *Sabá, bem como pelo amplo comércio internacional (uma frota em Asiongaber; navios de Társis; comércio de cavalos e bigas).

O programa de construção de Salomão consistiu principalmente no *Templo, bem como no complexo do palácio (o palácio, a "Casa da Floresta do Líbano" — uma espécie de arsenal — e até um palácio para sua esposa egípcia). Além disso, ele formou uma unidade de carros de combate e cavalaria que atuava a partir de cidades no reino. Tamanha opulência foi sustentada por uma revisão das áreas administrativas do reino, que levou a uma maior receita para a coroa, bem como a um enfraquecimento dos antigos laços tribais e à maior assimilação da população cananéia. Tudo isso teve um preço, como o sugerem o fato de Salomão ter tido de ceder terra a Hiram de Tiro e a corvéia. Apesar de 1 Reis 9.20-22, revela-se que os israelitas, bem como os cananeus, foram envolvidos em trabalhos forçados, o que se tornou uma queixa importante contra Salomão.

A transformação cultural da população deve ter sido considerável, embora seja em grande parte matéria de inferência histórica. Mas a centralização política triunfou sobre a antiga tribalização; uma nova classe abastada emergiu, e o hiato entre ricos e pobres aumentou. Esse aspecto do reinado de Salomão não é refletido pela tradição. Ao contrário, seu reinado é aclamado e sua sabedoria pessoal é ressaltada. Sua sabedoria é comparada à dos egípcios, e é ilustrada pelo famoso episódio das duas *prostitutas. Por isso ele passou à tradição como o sábio por excelência, a quem várias obras acabaram por ser atribuídas: Salmos 72 e 127, o livro dos Provérbios, o Cântico dos cânticos, e o *Eclesiastes no Antigo Testamento; Sabedoria entre os apócrifos; Salmos e Odes entre os pseudoepígrafos. Estudiosos inferiram que tais composições, tal como a história javista (J), datam provavelmente do período salomônico.

O julgamento teológico emitido sobre Salomão é variado. O nome Jedidiah (querido de Javé ou do Senhor) lhe foi dado pelo profeta Natã. A descrição de sua sinceridade e simplicidade é realçada no sacrifício em Gabaon. Ele pede um "coração que saiba ouvir" (1 Reis 3.9) com que governar o povo, e o Senhor lhe assegura tanto isso quanto riquezas e glória. Por outro lado, o julgamento deuteronômico típico sobre a realeza é lançado também sobre Salomão, e registram-se os "adversários" que o Senhor suscitou: Adad o edomita, Rezon de Damasco e especialmente Jeroboão, que deveria liderar a rebelião contra Roboão, filho de Salomão.

Nada se sabe sobre "o Livro dos atos de Salomão" (1 Reis 11.41), que poderia ter lançado uma luz mais completa sobre o reinado do lendário monarca. Mas a dissolução imediata da monarquia unida durante a vida de seu filho é sem dúvida sugestiva das inadequações desse reinado.

Cântico dos cânticos. A obra segue o livro de *Rute no Antigo Testamento e Eclesiastes na Septuaginta. Também chamada Canção de Salomão e Cânção das canções (i.e., a mais excelente canção), foi dividida arbitrariamente na Idade Média em oito capítulos, que não correspondem a unidades significativas de conteúdo. Essa breve composição de menos de duzentos versículos poéticos sempre foi um enigma, e há pouca concordância acerca de questões como origem, data de composição, estrutura e unidade.

A atribuição "a Salomão" anexada ao Cântico é antes um título editorial que vincula essa poesia ao famoso poeta e sábio de Israel que uma declaração de autoria. Nenhum indício do autor ou dos autores reais aparece no texto. O estilo poético intenso pertence ao gênero de poemas de amor encontrado em antigas compilações egípcias. Imagens copiosas, extravagantes fazendo apelo aos sentidos do olfato, do paladar e do tato, descrições detalhadas do corpo humano, homem e mulher, e termos carinhosos extremamente estilizados como pomba, irmã e rei vinculam o Cântico a outras culturas do Oriente Próximo antigo.

Cântico dos cânticos apresenta metáforas surpreendentes tomadas de uma variedade de flora e fauna, cerca de vinte e cinco espécies de plantas e dez de animais, mencionadas não como uma exibição de conhecimento mas pelas imagens que invocam. Explora também o poder evocativo de nomes de lugar como *Líbano, a morada dos cedros fragrantes, Galaad, famosa por seu bálsamo, o Amaná coberto de neve, e Tersa, antiga capital do reino norte de Israel.

Nada em Cântico dos cânticos prova a data de sua composição. Parece ser feito de poemas que foram sendo transmitidos na tradição oral muito antes de serem recolhidos em sua forma canônica. O assunto atraente e as imagens vívidas, como a comparação da mulher com uma égua que lança em desordem os garanhões de guerra dos carros de combate, explicam por que esses poemas foram preservados nas escolas do Templo de Jerusalém. Eles se revelaram um útil instrumento de ensino. A audácia das imagens, as repetições e as variações em torno de temas eróticos são indicativas de recitação freqüente antes de eles terem sido editados na forma final, possivelmente entre 450-400 a.C. Essa data é plausível porque nessa época houve uma difusão da atividade dos escribas, porque a sintaxe exibe construções aramaicas e porque a palavra para paraíso tomada do persa é encontrada em 4.13.

Sabedoria. Essa obra grega de autoria de um judeu helenístico não está presente no Antigo Testamento. Na Septuaginta, ela segue o livro de *Jó; na vulgata, segue o Cântico dos cânticos. O livro é por isso considerado um dos apócrifos pelos judeus mas é aceito como canônico pela Igreja católica romana e pela maioria das Igrejas ortodoxas.

Os estudiosos dataram a obra de 100 a.C. a 100 d.C. com base em vínculos com a filosofia, a literatura e a ciência helenísticas. Leitores cultos desse período deviam ter familiaridade com sua terminologia, como "espírito inteligente" que "impregna" e "penetra" tudo (7.22, 24), "espírito vital" (15.11), com sua descrição do corpo humano como uma "tenda terrena" (9.15) e com referências a um deus cósmico Éon. Deviam aplaudir o uso de termos compostos, inclusive mais de setenta que começam como o prefixo negativo equivalente ao "in-".

O livro é pseudônimo: a identidade de seu autor é ocultada pela técnica da escrita na pessoa de Salomão, o grande emblema da sabedoria de Israel. Essa abordagem ajusta-se ao objetivo do autor: compor uma apologia das crenças religiosas tradicionais de Israel num cenário cosmopolita. Tal procedimento não deve ter enganado a audiência cultivada a quem essa composição sofisticada era dirigida. A omissão de nomes próprios presume que os leitores conheciam bem a tradição israelita. O estilo e a intensidade religiosa identificam seu autor como um mestre piedoso.

A "autobiografia" do Salomão idealizado, cuja vida foi uma busca da Senhora *Sabedoria, descreve o plano de ação necessário para os futuros chefes de Israel. Os dons que a Sabedoria confere ao devoto incluem qualidades e habilidades valorizados na Alexandria helenística. O entusiasmo pela tradição de Israel não é nenhuma barreira ao progresso cultural. O autor acreditava que o papel de Israel como povo escolhido de Deus era importante como sempre e garantido por constante proteção divina. Sabedoria preserva o apelo cuidadosamente planejado que um mestre judeu erudito e imaginativo faz aos seus cultos discípulos para que cultivem a lealdade à sua fé revelada num ambiente que lhes ameaça a identidade religiosa. Somente a fidelidade à revelação que receberam ganha a vida eterna com Deus.

Roland E. Murphy, O. Carm.;
James M. Reese, O.S.F.S.

SALOMÉ. Nome de duas mulheres que aparecem no Novo Testamento:

1. Filha de Herodíades e Herodes (Filipe), e portanto neta de Herodes o Grande, sua fama deve-se sobretudo à dança pela qual, por instigação da mãe, foi premiada com a cabeça de *João Batista numa bandeja. Não é nomeada nos Evangelhos, mas Josefo a identifica e relata também seu casamento com o filho de Herodes, seu tio Filipe. A dança de Salomé é um tema favorito no balé, na pintura e na literatura, como no conto de Gustave Flaubert *Hérodias*, na ópera de Richard Strauss e na peça de Oscar Wilde, ambas chamadas *Salomé*.

2. Uma discípula de Jesus, presente à crucifixão e junto ao túmulo no domingo seguinte. É identificada por Mateus como a mãe de *Tiago e João e teria sido portanto a mulher de Zebedeu, bem como tia de Jesus.

Michael D. Coogan

SAMARIA. Amri (885-873 a.C.), o sexto rei do reino norte de *Israel, fundou sua nova capital Samaria (hebr. *somron*) em terras compradas pelo alto preço de dois talentos de prata (7.200 *shekels*) da família de Somer. Arqueólogos encontraram vestígios de uma propriedade rural do século XI a IX no monte de Samaria, sobre o qual a nova cidade de Amri foi construída; era facilmente defensável e próxima de importantes rotas comerciais. Como ocorreu com os nomes Israel e Efraim, é possível que Samaria tenha se tornado um nome alternativo para o reino norte como um todo.

Embora os principais templos do reino estivessem em Betel e *Dã, uma referência numa inscrição (c.800 a.C.) de Kuntillet Ajrud (norte do Sinai) a "Javé de Samaria e sua Aserá" sugere que um santuário a Javé se erguia também em Samaria. O filho de Amri, Acab, construiu ali um templo a *Baal, talvez para sua rainha fenícia *Jezabel. Quando Jeú derrubou a dinastia amríada, demoliu o templo de Baal e transformou-o numa latrina, mas um santuário à deusa Aserá continuou a existir.

A Samaria floresceu no tempo de Amri e de Acab, e novamente durante o reinado de Jeroboão II em meados do século VIII. Durante o período posterior, a Samaria simbolizou todo o reino norte para os profetas *Amós e *Oséias, que condenaram os males religiosos e sociais de Israel. O Óstraco da Samaria, um esconderijo com sessenta e três cacos de louça registrando o que pode ser recibos de impostos, ilustra a concentração de riqueza que os profetas criticavam.

Os reis da Samaria aliaram-se ou lutaram, alternadamente, com *Damasco e *Judá. Mantinham relações comerciais e diplomáticas com os *fenícios, cuja influência artística é visível em referências à casa de marfim de Acab e nas centenas de incrustações de marfim, para mobília, escavadas na Samaria. Paredes esplêndidas do calcário local, cortadas no preciso estilo fenício, cercavam o distrito real da Samaria. Em tempos posteriores, cerâmica, bronzes, impressões de sinetes e a cunhagem local de moedas do período persa (séculos VI-IV) indicam que a Samaria continuou a ser mais aberta que a Judéia a influências estrangeiras.

A *Assíria conquistou a Samaria em 722 a.C., transformando-a na capital da província de Samerina. Os assírios deportaram os cidadãos mais destacados da Samaria e reassentaram ali gente de povos conquistados vinda da Síria e da Mesopotâmia. Ainda assim, restou provavelmente uma grande população de israelitas. Os reis de Judá *Ezequias e *Josias fizeram aberturas políticas para esses sobreviventes, e os profetas descrevem uma futura Israel reunida.

Após o exílio babilônio, *samaritanos liderados pelo governador Sanabalat opuseram-se a tentativas de reconstrução de Jerusalém. Esses samaritanos eram provavelmente judeus, radicados tanto na Judéia quanto na Samaria, que haviam continuado a cultuar e administrar o território da antiga Israel na ausência dos exilados; sua desavença com Neemias foi política, não religiosa. É notável que não se mencionam samaritanas entre aqueles com quem os judeus se casaram erroneamente, embora para sacerdotes um casamento misto como esse fosse inaceitável.

A julgar pelos muitos nomes javistas que aparecem nos papiros de Wadi Daliyeh (375-335 a.C.), parece que os samaritanos da classe dominante no período persa reverenciavam Javé. No final do século V, judeus que moravam no Egito escreveram a líderes tanto em Jerusalém quanto na Samaria, pedindo ajuda para a reconstrução de seu templo em Elefantina. Em algum momento depois da chegada de *Alexandre o Grande (332 a.C.), os samaritanos construíram no monte Garizim, perto de Siquém, um templo de Javé para rivalizar com o de Jerusalém, mas indícios fornecidos pelos Manuscritos do Mar Morto sugerem que o rompimento religioso definitivo (o "cisma samaritano") entre Samaria e Jerusalém, tão flagrante no Novo Testamento, não ocorreu antes do período asmoniano (século II a.C.).

O exército de Alexandre o Grande destruiu a Samaria em 331 após uma rebelião. Ela foi reconstruída para se tornar uma rica cidade helenística cercada por imensa muralha com uma série de monumentais torres de vigia redondas (uma, com c.19m de diâmetro, ainda está de pé até uma altura de mais de 8m). O asmoneu João Hircano destruiu a cidade em 108 a.C., mas ela começou a reviver depois que Roma controlou a Palestina (63 a.C.). *Herodes o Grande embelezou a cidade em escala grandiosa, renomeando-a Sebaste segundo o título grego do imperador Augusto. Essa magnífica cidade, com colunatas nas ruas, estádio, teatro e templos, foi demolida durante a Primeira Revolta Judaica (66-70 d.C.), mas logo reviveu e floresceu até declinar finalmente durante o período bizantino.

*Samaritanos aparecem em episódios-chave dos Evangelhos e de Atos. Alguns rejeitam Jesus, mas ele qualifica um samaritano como um bom vizinho. O encontro amistoso de Jesus com a samaritana demonstra sua abertura para as mulheres; por meio de seu testemunho ela se torna uma das primeiras missionárias. O ministério de Filipe na Samaria é o primeiro de um apóstolo fora de território estritamente judaico; a Samaria é um lugar simbolicamente transicional entre o judaísmo e o mundo gentio rumo ao qual o movimento cristão vai viajar.

Mary Joan Winn Leith

SAMARITANOS. Os samaritanos são um grupo único entre os muitos grupos religiosos descritos na Bíblia, afora o judaísmo tradicional e o cristianismo: os demais caíram no esquecimento, mas os samaritanos continuam existindo até nossos dias, como uma comunidade que preserva seus antigos ritos em seu sítio sagrado, o monte Garizim, perto do antigo sítio de *Siquém e da cidade moderna de Nablus.

É como um grupo conservador dentro do espectro total do judaísmo que os samaritanos podem ser mais bem compreendidos. Esta definição um tanto canhestra é necessária em razão da ambigüidade da palavra "judaísmo". A palavra é por vezes usada num contexto bíblico para denotar a comunidade que devia obediência às autoridades de Jerusalém, tendo o *Templo de Jerusalém como seu principal lugar sagrado; outras vezes, refere-se a um complexo mais amplo de crenças e práticas, unido sobretudo pela reverência às tradições sagradas preservadas nas Escrituras. Os samaritanos deveriam ser incluídos no judaísmo do segundo tipo, mas não do primeiro.

Podemos obter algum conhecimento sobre os samaritanos a partir da Bíblia, mas como essas referências não são isentas de polêmica, é melhor começar observando que nossas fontes de conhecimento incluem importante material transmitido ao longo das gerações pelos próprios samaritanos. No meio deste, o mais importante é o Pentateuco samaritano. O manuscrito é preservado pela comunidade samaritana atual, que afirma ser ele datado dos tempos de Abisue, o bisneto de *Aarão mencionado em Crônicas 6.4; trata-se na realidade de um manuscrito medieval, embora certamente preserve tradições mais antigas por vezes prezadas por críticos textuais (p.ex., a interpretação "Garizim" para "Ebal" é freqüentemente preferida). O fato de o manuscrito conter somente o Pentateuco é duplamente significativo: lembra-nos de que essa é a dimensão dos textos considerados pelos samaritanos como Escrituras; e ilustra a natureza conservadora do grupo, profundamente desconfiado de tudo que cheirava a inovação e modernização.

Outras características da prática religiosa dos samaritanos também ilustram esta idéia. Eles sempre observaram o Sabá com grande rigor, rejeitando os artifícios que os judeus desenvolveram para facilitar a vida comum nesse dia. Exigências rituais, em particular aquelas relacionadas às leis sobre os alimentos, são compreendidas e impostas com maior grau de literalidade do que o usual no judaísmo como um todo. Eles afirmam que sua montanha sagrada, o monte Garizim, que é mencionado no Pentateuco, é mais digno de veneração que o monte *Sião, pois Jerusalém só entrou na história do povo relativamente tarde, no tempo de *Davi.

A partir desses traços peculiares é possível atribuir aos samaritanos uma posição reconhecível dentro do espectro do judaísmo no início da era cristã. Referências do Novo Testamento, especialmente em *Lucas e Atos, deixam claro que naquele tempo os samaritanos eram um grupo estabelecido.

Referências anteriores inequívocas são escassas, a mais clara sendo encontrada entre os Apócrifos. Em Sirácida 50.26, "o povo insensato que vive em Siquém" é condenado como se fosse um grupo estrangeiro; 2 Macabeus 6.2 faz uma referência desdenhosa à sua disposição para transigir com relação a suas tradições ancestrais. Essas duas afirmações são polêmicas, comentários hostis da parte de uma posição religiosa rival. O mesmo pode ser dito de Josefo, que tem referências freqüentes e quase invariavelmente hostis aos samaritanos, em particular em suas *Antigüidades*. Embora a historicidade de sua descrição do edifício do templo samaritano sobre o monte Garizim no tempo de *Alexandre o Grande tenha encontrado muito descrédito, a destruição dele pelo rei judeu João Hircano no final do século II a.C. não pode ser seriamente contestada.

As origens dos samaritanos foram muitas vezes descritas em termos de um cisma, como se tivessem sido separados dos judeus por um evento específico. As Crônicas dos próprios samaritanos datam esse evento de tempos tão remotos quanto os de Eli, antes do estabelecimento da monarquia. É improvável que isso seja histórico; igualmente improvável é a versão judaica preservada em 2 Reis 17, que descreve os samaritanos como descendentes de estrangeiros de origem não-javista, dos quais a verdadeira Israel tinha obrigação de se distanciar. (Essa história deu origem ao nome desdenhoso dado posteriormente aos samaritanos, "cutim" [de Cuta, no v.24] e é também a única passagem na maioria das traduções inglesas da Bíblia em que a palavra "samaritanos" é encontrada [v.29].) Isso é polêmica religiosa; nada na prática samaritana sugere qualquer vínculo com uma origem estrangeira, *assíria ou outra. Nem se deveria, como por vezes se faz, identificar os samaritanos com aqueles que foram deixados na terra no tempo do exílio babilônio, ou com os opositores de *Esdras e *Neemias. Sua identidade própria emergiu mais tarde, e é improvável que algum evento isolado tenha precipitado um cisma.

É difícil determinar em que medida os samaritanos preservaram tradições caracteristicamente nortistas. Como o Antigo Testamento é uma coletânea feita em Jerusalém, não é fácil identificar quaisquer tradições típicas do norte que os samaritanos poderiam ter herdado. Seja como for, seus traços característicos surgem do judaísmo do período pós-exílico, já que tudo que sabemos sobre o samaritanismo está relacionado a caraterísticas não políticas, mas religiosas: que livros eram sagrados, onde o sacrifício podia ser apropriadamente oferecido, que famílias podiam legitimamente exercer o sacerdócio.

Alguns estudiosos afirmaram ter detectado similaridades entre os samaritanos e a comunidade dos Manuscritos do Mar Morto, mas estas são também amplamente questionadas. Mais notável é a óbvia simpatia pelos samaritanos demonstrada pelo autor de Lucas-Atos, que duas vezes no Evangelho se dá ao trabalho de louvar um samaritano. Foi também sugerido, embora isso seja menos certo, que *Estêvão, a figura central de Atos 6-7, era de origem samaritana; certamente Simão o Mágico veio a ser associado a uma forma heterodoxa de samaritanismo. É claro portanto que no período romano os samaritanos eram um grupo identificável, comparável à comunidade judaica mais ampla, mas distinto dela; João 4.9, embora a precisão da interpretação tenha sido questionada, expressa a situação claramente. Houve uma diáspora samaritana, e a comunidade conseguiu sobreviver, com um templo reconstruído, através das circunstâncias políticas cambiantes por que a Palestina passou. O século IV d.C. foi um tempo de ressurgimento, em que muitas de suas tradições teológicas e literárias alcançaram forma definitiva. Nos séculos transcorridos desde então, o número dos samaritanos diminuiu e eles sofreram perseguição, mas conservam algo de sua identidade peculiar e de sua pátria ancestral, apesar de todo o tumulto político e religioso que afetou a Palestina.

Ver também Samaria.

Richard Coggins

SAMUEL. Filho de Elcana e Ana, foi o líder de Israel na transição do período pré-monárquico para o monárquico. Os livros de Samuel preservam diferentes tradições a seu respeito e descrevem-no em vários papéis. Samuel foi um *juiz, tanto no sentido judicial quanto no militar que essa função tem na Bíblia; como o último dos juízes, não conseguiu derrotar os *filisteus, e a ameaça que eles representavam para a existência de Israel foi a razão histórica primordial para o estabelecimento da monarquia. Era aparentemente um sacerdote e provavelmente um *nazireu. O mais das vezes, contudo, é chamado *profeta.

Segundo os historiadores deuteronômicos, em cuja narrativa os profetas são atores-chave, Samuel ilustra alguns dos papéis essenciais dos profetas posteriores. Como *Natã, *Elias e Eliseu, ele tanto fez reis (*Saul e *Davi) quanto os derrubou (Saul); censurou tanto reis quanto o povo por suas violações da aliança (ver especialmente 1 Sam. 15.22, uma fala que quadraria bem nas coletâneas dos profetas do século VIII).

Em razão de seu retrato idealizado, traçado a partir de instituições e tradições posteriores de Israel e moldado pelos historiadores do Deuteronômio, é difícil dizer muito sobre Samuel historicamente, em especial sobre a questão crítica da monarquia: era favorável ou contrário a ela? Nossas fontes dão as duas perspectivas. Mas não pode haver dúvida quanto à sua importância no período crucial de meados do século XI a.C., uma vez que ele é associado a *Moisés como um dos líderes preeminentes de Israel.

Os dois livros de Samuel são na realidade um: no texto hebraico eles aparecem continuamente, com a contagem das palavras e seções características da tradição judaica vindo apenas no fim. A divisão em dois surge pela primeira vez na tradução grega (*ver* Septuaginta) e depois na Vulgata latina: a partir de então passou a ser usada em outras traduções, e na altura do século XVI também nos Antigos Testamentos impressos. O título tradicional "Samuel" reflete o fato de que ele domina grande parte do material, em particular no estabelecimento da monarquia; por isso passou a ser visto como o autor. Os textos grego e latino usam títulos que abrangem também os livros seguintes de Reis — assim, os "quatro livros dos Reinos", ou "quatro livros dos Reis". Como esses quatro livros juntos abarcam todo o período da monarquia, estes últimos títulos são de fato mais apropriados.

Peter R. Ackroyd, Michael D. Coogan

SANSÃO. Sansão (cujo nome é derivado da palavra para "sol") foi o décimo segundo e o último juiz de Israel antes que a guerra civil ameaçasse dividir as tribos de Israel. Atormentou os *filisteus na região fronteira entre sua Dã nativa, Judá e Filistéia. Além de matar milhares de filisteus, Sansão esquartejou um leão sem nada nas mãos e propôs um enigma sobre ele, amou duas mulheres que o traíram por razões muito diferentes, queimou safras dos filisteus, visitou uma *prostituta filistéia e roubou os portões da cidade de Gaza na mesma noite, foi cegado e escravizado pelos filisteus e causou a própria morte derrubando as colunas do templo dos filisteus sobre si mesmo e seus inimigos.

Com sua libido formidável, Sansão se assemelha a outros juízes que transgrediam as normas de comportamento da sociedade israelita (o canhoto Aod, a mulher *Débora, o jovem *Gedeão, o bastardo Jefé). Em contraste com os outros juízes, porém, Sansão não foi nem um adjudicador nem um "libertador" de seu povo. A vingança pessoal foi o motivo dos ataques que empreendeu sozinho contra os filisteus. O desprezo de Sansão pelas exigências de sua condição de *nazireu sugere que esta não é original da lenda de Sansão, embora seja importante na estrutura literária da narrativa bíblica.

A história de Sansão reflete um estágio primitivo de reais confrontações filisteu-israelitas, mas está enraizada em contos populares danitas e talvez tradições de história filistéias. Parece-se com lendas sobre relações intertribais contadas em outras áreas, em que grupos vizinhos tomam enredos emprestados uns dos outros. Os filisteus eram aparentados com os gregos micenianos de Homero, e a saga de Sansão tem temas em comum com a literatura grega e outras literaturas indo-européias. Sansão se assemelha também a Gilgamesh e a embusteiros como Jacó.

Josefo é típico dos intérpretes judaicos e cristãos dos primeiros tempos em seu veredito de que a morte heróica de Sansão transcendeu os pecados de sua vida. A moralidade questionável de Sansão pôde até ser atenuada, ou, como mais tarde para Milton em *Samson Agonistes*, suplantada por sua morte heróica.

Juízes 13-16 é uma das histórias mais habilmente compostas da Bíblia. É emoldurada por uma previsão do nascimento de Sansão feita à sua mãe estéril e por sua morte espetacular, episódios que se espelham um ao outro (i.e., na obtusidade comum a Manué e aos filisteus, e nos rituais para Javé e Dagon). Há uma exuberância de jogos de palavra, incluindo etiologias, dísticos enigmáticos e composições circulares. Encontramos prefigurações, caracterizações nítidas (Sansão, sua mãe e seu pai), e engenhosas inversões de um episódio para outro (compare-se a coação de Sansão pelos homens de Judá e por Dalila). Acima de tudo, a narrativa apresenta um estudo sutil da impostura e da traição, por homens e por Deus, para o bem e para o mal.

Ver também Juízes.

Mary Joan Winn Leith

SANTO(S). "Santo" traduz com mais freqüência algum derivado do hebraico *qados* e do grego *hagios*. As duas palavras aplicam-se principalmente aos deuses como aqueles seres realmente merecedores de reverência, ou dignos de culto; seu sentido extenso inclui aquelas pessoas e coisas que são postas à parte do mundo profano que as cerca de modo a poderem ser cerimonialmente limpas, puras o suficiente para serem de especial serviço no culto dos deuses.

No Antigo Testamento, o Senhor Deus é santo, o que significa que está separado e é diferente de todas as coisas na ordem criada, transcendendo-as, sendo portanto exclusivamente merecedor de reverência e culto. Mas como Deus situa-se numa relação especial com partes de sua criação, certas coisas pode ser santas, como *Jerusalém, o *Templo, o Sabá, roupas, água e óleo; e um povo podem ser santo, eleito, um povo distinto de todos os outros, reservado para o Senhor Deus, isto é, o povo do próprio Deus.

Na Bíblia, portanto, a palavra santos refere-se ao "povo santo" — santo, contudo, não acima de tudo no sentido moral, mas no sentido de ser especialmente assinalado como o povo de Deus. Assim, tal como o povo de Israel é "santo", uma nação selecionada por Deus para o culto e o serviço de Deus, assim também no Novo Testamento os que integram a Igreja são chamados "santos", porque também eles foram escolhidos por Deus, o povo do próprio Deus. A Igreja é vista como a nova Israel, a nova comunidade separada do mundo que a cerca e dedicada a Deus, o povo do fim dos tempos para quem Deus cumprirá suas promessas. O termo é também aplicado a membros mortos da comunidade, embora esse não seja seu uso bíblico principal.

Idéias morais ou éticas nunca estiveram totalmente ausentes da palavra "santos", tanto no Antigo Testamento quanto no Novo Testamento. Porque Deus é santo, isto é, porque Deus é perfeito em bondade, justiça, amor e pureza, espera-se que seu povo especial molde sua vida de acordo. Assim, a ética não se separa da religião. A relação com o Deus da Bíblia exige uma resposta moral compatível com o caráter de Deus.

Gerald F. Hawthorne

SARA. Mulher de *Abraão e mãe de *Isaac. Antes de Gênesis 17.15 é chamada Sarai; as duas formas do nome são variantes lingüísticas, ambas significando "princesa". O livro do Gênesis a descreve como uma bela mulher, um tema elaborado por tradição posterior, especialmente o Genesis *Apocryphon* de Qumrã. Segundo os narradores bíblicos, Abraão tinha tanta consciência da beleza de Sara que, antes que entrassem no Egito no tempo de uma fome severa em sua própria terra, ele lhe pediu que não revelasse aos egípcios que era sua mulher, e se passasse por sua irmã, por temor de que o matassem. De fato, como se vem a saber, os egípcios a acharam tão bela que a levaram para a casa do faraó, para ser mulher dele, e graças a isso Abraão prosperou. Após certo tempo, porém, depois que grandes pragas haviam afligido o faraó e sua família, a verdadeira identidade de Sara foi revelada a ele, que ordenou a Abraão que partisse com sua mulher e todos os seus bens. Uma variante desta história é encontrada em Gênesis 20.1-14.

Durante os anos em que perambularam, Sara não teve filhos, não se cumprindo a promessa de Deus de que seria a ancestral de nações. Diante disso, ela convenceu Abraão a tomar sua *escrava egípcia, *Agar, como mulher. Aos noventa anos, contudo, Sara teve *Isaac, cumprindo assim a promessa divina. Sara viveu até os 127 anos, morreu na terra de Canaã e foi enterrada em Macpelá.

Em Isaías 51.2 Sara é referida como a grande mãe da nação; no Novo Testamento, é apresentada como exemplo do respeito apropriado de uma mulher pelo marido. Paulo usa o relato sobre o filho que foi dado a Sara por promessa divina para desenvolver uma alegoria da nova aliança em Cristo e a Jerusalém celeste (Gal. 4.22-31).

Ver também Ancestrais, Os.

Isobel Mackay Metzger

SATÃ. Nome do arquiinimigo de Deus e a personificação do mal, particularmente na tradição cristã. O nome talvez derive de uma raiz semítica *stn*, mas o significado primitivo ainda é discutido, as sugestões mais aceitas sendo "ser distante" e "obstruir". Algumas raízes alternativas incluem *swt* (cf. hebr. "vaguear") e *stn* (cf. árabe "queimar", dito especialmente de comida).

No Antigo Testamento *satan* podia referir-se a qualquer ser humano que fizesse o papel de um acusador ou inimigo. Em Números 22.32 *satan* refere-se a um mensageiro divino que foi enviado para obstruir a viagem precipitada de Balaão.

Jó 1-2, Zacarias 3 e 1 Crônicas 21.1 foram centrais em esforços passados para traçar uma evolução do conceito de *satan* que culmina num arquiinimigo único de Deus. Essas concepções evolucionárias, contudo, não ganharam aceitação geral porque *satan* nessas passagens não se refere necessariamente a um arquiinimigo único de Deus e porque a datação relativa dos textos permanece problemática. Em Jó 1-2 *satan* parece ser um membro legítimo do conselho de Deus. Em Zacarias 3.1-7 *satan* pode se referir a um membro do conselho de Deus que objetou à designação de Josué para primeiro sacerdote. A menção de *satan* sem o artigo definido em 1 Crônicas 21.1 levou alguns estudiosos a interpretar a palavra como nome próprio, mas seria possível interpretá-la também como "um adversário" ou "um acusador" agindo no nome de Deus.

A maioria dos estudiosos concorda que os escritos do século III/II a.C. oferecem os primeiros exemplos de um personagem que é o arquiinimigo de Javé e da humanidade. Apesar disso, a flexibilidade da tradição continua visível na variedade de figuras que, embora não necessariamente idênticas entre si, são todas aparentemente encaradas como o principal arquiinimigo de Deus e da humanidade na literatura do Segundo Templo. Entre essas figuras estão Mastemah, Semyaz e *Belial em Qumrã. Não se determinou ainda em que medida o conceito hebraico de *satan* foi influenciado pelo dualismo *persa, que postulava a existência de duas personificações primais e independentes do bem e do mal.

Embora partilhe muitas de suas idéias sobre demonologia com a literatura judaica da época, o Novo Testamento é provavelmente mais responsável pela padronização de "Satã" (gr. *satanas*) como o nome do arquiinimigo de Deus na cultura ocidental. No entanto, o diabo (tradução usual de "Satã" na Septuaginta), *Belzebu ("o príncipe dos demônios"), "o tentador", Beliar, "o maligno", e Apollyon são outros nomes de Satã no Novo Testamento. Lúcifer, um nome para Satã popularizado na Idade Média, deriva finalmente da fusão da tradição do Novo Testamento da queda de Satã do céu com uma tradição bíblica originalmente distinta referente à Estrela Matutina (cf. Isa. 14.12).

Segundo o Novo Testamento, Satã e seus *demônios podem penetrar em seres humanos para incitar más ações e causar doença. Satã pode imitar "um anjo de luz" (2 Cor. 11.14), tem comando do ar, e acusa os que têm fé dia e noite perante Deus. Judas 9 menciona a luta entre Satã e o arcanjo *Miguel pelo corpo de *Moisés. Apocalipse 20.2, entre outros textos, identifica "o Diabo e Satã" com "o dragão", refletindo assim a fusão de mitos antigos relativos a gigantescas bestas primordiais que devastam a criação de Deus com tradições relativas a Satã. O destino de Satã é ser lançado num lago de fogo.

Em 563 d.C. o Concílio de Braga ajudou a definir a visão cristã oficial de Satã que, em contraste com o dualismo, negou que ele tivesse origem independente e fosse o criador do universo material. Como J.B. Russell (*Lucifer: The Devil in the Middle Ages*, 1984) observa, escritores e teólogos do período medieval popularizaram muitas das características de Satã que continuam padrão hoje e têm raízes, entre outras fontes, na mitologia grega, romana e teutônica. Embora o Iluminismo tenha produzido explicações do mal que não se referem a um ser mitológico, as imagens e o conceito de Satã continuam a florescer em muitas tradições religiosas.

Hector Ignacio Avalos

SAUL. Primeiro rei de Israel, que reinou c.1020-1000 a.C. Sua história é parte do relato mais amplo, nos livros de *Samuel, da transformação de Israel em uma nação. Saul é um dos poucos personagens bíblicos a cujo respeito a palavra "trágico" foi muitas vezes usada. Vislumbrando essa dimensão, D.H. Lawrence em sua peça *David* faz Saul dizer sobre si mesmo: "Sou um homem entregue à adversidade e sacudido entre dois ventos."

Sua história começa em 1 Samuel 8 com os *anciãos de Israel pedindo a *Samuel, profeta sacerdotal e juiz, que nomeie um rei para julgá-los (governá-los) "como todas as nações". Para o povo, o governo teocrático que Samuel delega a seu filho corrupto pressagia desastre. Apenas uma geração antes, tamanha corrupção na casa de Eli provocara a ira de Javé e trouxera a derrota de Israel. Para a deidade, contudo, o pedido significava, mais uma vez, a incapacidade do povo de ver a soberania e o zelo providencial de Javé. Para um Samuel igualmente afrontado, Javé observa que "não rejeitaram a ti, mas a mim, já não me querendo para rei". No entanto, surpreendentemente, Javé ordena que o profeta obedeça ao povo e nomeie um rei para ele. E isso é anunciado, indo radicalmente contra o melhor juízo de Samuel, que ele expressa em violentas explosões contra rei e povo. Assim, a monarquia é fundada no conflito entre deidade, profeta e povo.

Saul (cujo nome significa "solicitado"), o bonito filho de um benjaminita abastado, é o "designado" de Javé (hebr. *nagid*). Ele sai à procura das jumentas do pai e em vez delas encontra o trono.

Saul é sagrado rei diante de Javé no centro de culto em Guilgal, e em Guilgal seu reinado começa a se desemaranhar. Pressionado a agir peremptoriamente quando um grande número de *filisteus ameaça seu medroso e desertor exército, recusa-se a esperar por Samuel além de um tempo previamente indicado pelo profeta, e oferece um sacrifício. Samuel, como se estivesse esperando nos bastidores, aparece no mesmo instante e, ignorando a explicação do rei, condena-o cabalmente. Saul, afirma o profeta, não cumpriu o mandamento de Javé e seu reino não perdurará. Javé conseguiu encontrar um outro "designado", um homem encontrado segundo a própria intenção ("coração") da divindade.

Comentadores debateram longamente a razão da condenação. À luz de outros textos em Samuel e Reis, é improvável que se trate simplesmente de uma questão de lei do ritual, envolvendo a intrusão do rei num ofício sacerdotal ou profético. A causa imediata parece ser antes o descumprimento por Saul — na interpretação de Samuel — da instrução de esperar que lhe dera o profeta. Mas por trás da presteza de Samuel em condenar oculta-se talvez uma razão mais pertinente, enraizada nas origens da realeza de Saul. Este, pedido pelo povo, representa a rejeição ao mesmo tempo do profeta e da deidade. Para o bem da teocracia esse rei deve, por sua vez, ser rejeitado.

Em Guilgal ocorre a rejeição final de Saul (1 Sam. 15). Retornando de uma campanha contra os *amalecitas e trazendo capturado seu rei, Agag, e o melhor de seu gado, Saul encontrou outra vez um veemente Samuel. Por que, pergunta o profeta, Saul não fez como instruído e "devotou [por destruição]" a Javé todas as criaturas vivas? Saul responde que fez o que lhe fora ordenado, e que os animais tinham sido trazidos para Guilgal para sacrifício. A discussão passa a girar em torno da diferença entre "devoção" e "sacrifício". Samuel, no entanto, ignora a explicação de Saul e invoca o julgamento de Javé sobre ele. Ante tão implacável oposição Saul aquiesce e perde perdão. Mas Samuel, desprezando-o, declara que ele foi rejeitado como rei — Javé escolheu "um vizinho" que é "melhor" que ele. O leitor logo é inteirado de que esse homem é *Davi, filho de Jessé.

O restante da história do rei é encenado contra esse pano de fundo. Saul sabe que a deidade o rejeitou, mas não conhece a identidade de seu sucessor. Javé, que logo seria tão eloqüente para Davi, permanece silencioso perante Saul. Esse silêncio produz a ironia da introdução do jovem Davi na corte de Saul para lhe fazer bem. O silêncio alimenta também a desconfiança e o ciúme crescentes que o bem-sucedido e admirado capitão despertam no rei. No entanto, como se esse silêncio não fosse bastante, a deidade provoca Saul diretamente: um "espírito maligno vindo de Deus" instiga-o à violência e interrompe a tentativa de reconciliação de seu filho Jônatas.

A sorte de Davi é a desdita de Saul: tudo que este trama contra Davi recai sobre si mesmo. Usando como isca sua própria filha, Micol, Saul tenta induzir Davi a uma missão suicida; em vez disso, ganha duzentos prepúcios filisteus e perde a filha, que mais tarde irá ela própria trair o pai para salvar o marido que ama; a história subseqüente de Micol é pungente. Da mesma maneira, a vingança cruel que Saul empreende contra os sacerdotes de Nobe por terem ajudado Davi em sua fuga só faz transferir para as mãos do fugitivo o efod oracular.

Tanto Jônatas com benevolência quanto Saul com ressentimento passam a ver a sucessão de Davi como inevitável. Saul, de mais a mais, duas vezes poupado por seu elusivo rival, confessa publicamente a justiça superior das ações de Davi. Rei e rival abjuram ambos qualquer tentativa hostil contra o outro, mas mantêm-se distantes e seguem seu próprio caminho. Enquanto Davi trabalha para os filisteus e acumula poder, Saul os enfrenta em batalha. Busca de novo uma palavra do silente Javé e, em desespero, ordena a um médium que evoque o espírito de Samuel. A palavra que recebe é uma reiteração da rejeição, mas com um acréscimo: no dia seguinte ele e seus filhos morrerão. As coisas se passam de tal maneira que enquanto Davi arrebata butim dos amalecitas, Saul e seu filho são mortos pelos filisteus no monte Gelboé entre os homens vitimados de Israel.

O rei que o povo pedira fracassou: agora o caminho está aberto para o rei oferecido por Javé. O rei do povo, no entanto, nunca é privado de sua lealdade. O livro termina com um epílogo comovente. Os habitantes de Jabes de Galaad, libertados por Saul no início de seu reinado, arriscam agora suas vidas para encerrar esse reinado com dignidade. Indo buscar seu corpo nas muralhas da filistéia Betsã, reclamam-no como seu e o reverenciam com um sepultamento em Jabes. Também Davi presta seu próprio tributo num poema de beleza e ironia, um poema talvez mais belo que honesto.

Ver também Israel; Judá, O Reino de.

David M. Gunn

SEDECIAS. Último rei de *Judá (597-587/586 a.C.). Filho caçula de *Josias, foi posto no trono por *Nabucodonosor para substituir seu tio Joaquin, que o rei da Babilônia havia deposto. Nove anos mais tarde, Sedecias rebelou-se contra Nabucodonosor, impelindo-o a sitiar e destruir *Jerusalém.

No livro de *Jeremias, o reinado de Sedecias é descrito em tons fatalistas: a destruição pela Babilônia é inevitável; a submissão a Nabucodonosor é a única opção de Sedecias; ele e o povo se recusam a dar ouvidos às advertências de Jeremias e deveriam esperar punição; a falta de sinceridade do arrependimento é condenada. Numa ocasião, Sedecias revela sua crença na verdade das advertências de Jeremias, mas tem mais medo de certa gente de Judá que da ira de Deus. No final, tenta fugir acobertado pela escuridão, mas é capturado pelos babilônios e levado em humilhação.

Timothy M. Willis

SENAQUERIB (Sin-ahhe-eriba). Rei da *Assíria (705-681 a.C.). Senaquerib, príncipe herdeiro sob seu pai Sargão II (722-705 a.C.), serviu como administrador na metrópole assíria enquanto seu pai estava em campanha. Depois que Sargão foi morto em batalha, Senaquerib viu nisso um sinal de desfavor divino e se dissociou da figura do pai. Abandonou a capital recém-construída de Sargão e, contrariando o costume assírio, omitiu sua genealogia em inscrições oficiais. Escolheu para sua capital a antiga cidade de *Nínive, que embelezou abrindo amplos bulevares, trazendo água da montanha por aqueduto, plantando árvores e projetando parques. Empenhou-se ativamente em campanhas em terras estrangeiras, sobretudo contra a *Babilônia (dominada nessa época pelos caldeus) e Elam. Suas lutas com a Babilônia chegaram a uma crise depois que os babilônios entregaram seu príncipe herdeiro, Asurnadin-sumi, aos elamitas; por fim Senaquerib sitiou, capturou e destruiu implacavelmente a cidade, desviando um curso d'água através dos escombros de modo a deixar o sítio arrasado para sempre.

Em 701 a.C. Senaquerib liderou uma expedição à Palestina para restaurar seu aliado Padi de Acaron, que fora deposto por seus súditos. O cerco de *Laquis durante sua campanha é vividamente ilustrado nos relevos do palácio real de Nínive. Após a queda de Laquis, Senaquerib acossou Ezequias em *Jerusalém, aprisionando-o, na expressão dos anais assírios, "como uma ave numa gaiola"; Ezequias só conseguiu a paz pagando um grande tributo. Por causa das claras discrepâncias entre os relatos bíblicos e extrabíblicos das atividades de Senaquerib na Palestina, foi por vezes proposto que Senaquerib montou uma outra expedição, menos bem sucedida — não consignada nos registros cuneiformes — contra a área em algum momento após 689 a.C.; mas isso é improvável. Seja como for, a sobrevivência de Jerusalém foi vista como o equivalente de uma vitória por alguns escritores bíblicos, e isso deu lugar ao relato da libertação miraculosa da cidade, celebrada por Byron em "The Destruction of Senacherib". Senaquerib foi assassinado em 681 a.C. por seu filho Arda-Mulishshi.

John A. Brinkman

SERAFIM. Os serafins são seres sobrenaturais associados à presença de Deus e, na tradição pós-bíblica, identificados como um dos coros de *anjos. Aparecem só uma vez na Bíblia, no chamado-visão de Isaías 6, onde cantam louvor a Deus nas palavras hoje famosas do hino do "Três vezes santo". Isaías viu o Senhor em seu trono, cercado de serafins tal como os soberanos de outrora eram cercados por um séqüito cortesão. Como as quatro criaturas vivas derivadas de Apocalipse 4.8, os serafins tinham três pares de asas, um para voar, outro para cobrir os olhos (pois, ao que parece, nem mesmo esses seres podiam olhar diretamente para Deus), e um para cobrir-lhes os pés (quase certamente um eufemismo para genitália).

O substantivo *sarap* é usualmente relacionado com o verbo *sarap*, "queimar". Como o termo aparece várias vezes com referência às serpentes encontradas no deserto, foi com freqüência compreendido como alusão a "serpentes flamejantes". A partir disso foi também proposto muitas vezes que os serafins tinham forma serpentina e eram de algum modo criaturas "flamejantes" ou associadas com fogo. Em Isaías 6.6 um dos serafins leva para o profeta uma brasa viva do fogo do altar; note-se, contudo, que ele usa tenazes.

David G. Burke

SETE IGREJAS, AS. A Revelação a João foi dirigida a sete igrejas na província romana da *Ásia. Havia outras igrejas na província (Colossos e Trôade), mas sete foram escolhidas para representar toda a Igreja. As cartas a essas igrejas representam um quadro da diversidade do cristianismo. A igreja de *Éfeso, que fora fundada por *Paulo, e continuou sendo por muitos séculos um dos principais centros da Igreja oriental, era zelosa em guardar-se contra a heresia (a dos nicolaítas), mas carecia de amor cristão. A igreja de Esmirna parece ter resistido bem à importunação e, por vezes, prisão de seus membros. Pérgamo era um centro religioso importante, com um famoso santuário de Zeus, um templo de Asclépio com uma renomada escola de medicina, e um templo de Augusto; "o trono de Satã" pode designar qualquer um desses, mas provavelmente refere-se ao culto do imperador. A igreja havia sofrido alguma perseguição mas perseverara na fé, embora houvesse alguma complacência em relação aos nicolaítas. A igreja de Tiatira abundava em amor e fé, serviço e resignação paciente, mas tolerava os ensinamentos malignos de uma profetisa, *Jezabel. A igreja de Sardes estava florescendo externamente, mas não sem sério dano para sua vida espiritual. Filadélfia, por outro lado, era uma cidade em que os cristãos estavam isolados do restante da comunidade; mas a igreja permanecera fiel. Em Laodicéia a igreja parecia estar florescendo, mas era espiritualmente pobre.

Cada carta é específica e contém elogios e críticas, advertências e incentivos, como convinha. Mas o plural "igrejas" no fim de cada carta mostra que se pretendia que fosse lida por todas as igrejas. Elas são parte da visão que abre o Apocalipse, em que João viu o celeste Filho do homem cercado por sete candelabros, que eram as sete igrejas. As cartas mostram que isso não pretendia ser a imagem de uma Igreja ideal, mas um meio de mostrar igrejas como realmente são, com suas heresias, disputas, e fé débil, mas também com sua fé, esperança e amor. Essa introdução ao Apocalipse desempenha um papel essencial no propósito do livro de advertir e consolar.

David H. van Daalen

SETE, OS. Segundo Atos 6.1-6, surgiu uma disputa entre "helenistas" e "hebreus" com relação à distribuição de alimentos para as *viúvas. Os *Doze decidiram que "sete homens de boa posição" deveriam ser escolhidos para supervisionar o trabalho. Em algumas tradições cristãs posteriores, essa decisão é entendida como a instituição do ofício de diácono, embora esse título não ocorra na passagem. Tradicionalmente, esse trecho foi interpretado como reflexo da tensão existente entre cristãos judeus e gentios. Estudos recentes, no entanto, mostraram a linha tênue que existia entre judeus e gregos no período romano. Atos mesmo adverte contra uma abordagem excessivamente desenvolta das identidades étnicas e religiosas. Os "tementes a Deus" em Atos são justamente um grupo que se situa na fronteira entre culturas putativas grega e judaica. É mais provável, portanto, que ambos os grupos sejam judeus cristãos, sendo os hebreus falantes do aramaico e os helenistas talvez originários da *Diáspora, mas vivendo agora em Jerusalém. O episódio refletiria assim tensão entre eles, uma tensão resolvida pelo estabelecimento de uma nova forma de liderança de certo modo paralela à dos Doze; dois dos Sete, *Estêvão e *Filipe, são pregadores tão ativos quanto os Doze. A narrativa pode também ser inspirada pelos relatos da partilha da liderança operada por Moisés.

J. Andrew Overman

SIÃO. Um nome de *Jerusalém. A etimologia do termo hebraico é desconhecida. Talvez a mais antiga referência a Sião esteja no relato em 2 Samuel 5 da conquista por Davi de Jerusalém, então sob o controle dos *jebuseus; o v.7 fala da "cidadela de Sião". Isso e outros textos, bem como pesquisa arqueológica recente, sugerem que Sião limitava-se originalmente à fortaleza jebuséia situada no alto de um monte no canto sudeste de Jerusalém, também chamada Ofel. Após sua vitória, Davi renomeou a cidadela "a cidade de Davi". Com suas características físicas e a presença nas proximidades da Gion, fonte de água doce, o sítio era de importância estratégica. A cidade de Jerusalém logo se expandiu para norte ao longo da crista leste para incluir o que veio a ser o monte do Templo, mas é possível que mesmo então o nome Sião estivesse restrito à cidade de Davi, ao sul. Segundo 1 Reis 8.1., por ocasião de dedicação do *Templo *Salomão fez levar a arca da aliança ao Templo da "cidade de Davi, que é Sião".

Uma poesia posterior relembrou que fora Davi quem encontrara a arca e a trouxera para Sião, o lugar que Javé desejava para "sua habitação". Já em textos antigos do livro dos Salmos, no entanto, Sião refere-se não à cidade de Davi, mas principalmente ao lugar da morada de Javé, o "monte santo" de Javé. É provável que essa extensão do termo estivesse ligada à transferência da arca da cidade de Davi para o Templo recém-construído por Salomão. A arca representava o escabelo do trono régio de Javé, e o templo que a preservava simbolizava a presença de Javé como rei. Assim o termo Sião perdeu sua significação geográfica originalmente precisa e passou a se referir à área do Templo e até a toda a cidade de Jerusalém. Em tempos posteriores, o nome Sião foi erroneamente restrito ao monte oeste, ainda chamado monte Sião, mas este foi desabitado até o século VIII a.C. (*ver* Jerusalém). Mas o que perdeu em precisão geográfica, Sião mais do que recobrou no rico simbolismo que lhe foi associado.

Esse simbolismo centrou-se em Sião como a morada de Javé na qualidade de rei. Sendo visto como o local do trono de Javé, Sião foi representado como um pico elevado que se erguia até o céu, o ponto em que céu e terra se encontram. Assim, Salmos 48.1-2 descreve Sião como a montanha santa de Javé "nos cumes do Safon". A montanha *Safon era a morada do deus cananeu *Baal, e imagens da religião cananéia são aplicadas a Sião no Salmo 48 e alhures. Fiel à sua designação original de "cidadela", mas especialmente porque Javé reinava ali como rei, Sião foi também um símbolo de segurança. Javé era o defensor de Sião contra as ameaças de reis e nações. Por isso Sião é retratado também como um lugar de refúgio, especialmente para os *pobres.

Tudo isso parece ter dado origem à idéia da inviolabilidade de Sião, como refletida em Miquéias 3.9-12 e Jeremias 7.1-15. Segundo esses profetas, o povo de Jerusalém acreditava que a segurança da cidade contra ameaças *assírias e *babilônias estava garantida. O livro de *Isaías aceita a noção da inviolabilidade de Sião, mas distingue entre a segurança prometida a Sião e a destruição com que Javé ameaçou Jerusalém. Sião perdurará mesmo após a destruição de Jerusalém.

Depois que Jerusalém e o Templo foram destruídos em 587/586 a.C., esperanças para o futuro foram expressas muitas vezes em termos da restauração de Sião; por causa dessa esperança, o movimento sionista moderno apropriou-se da antiga designação. Em alguns textos dos períodos exílico e pós-exílico, fala-se de Sião/Jerusalém numa linguagem régia comum no Oriente Próximo; em outros, Sião é descrito como uma mãe. Ocasionalmente, Sião é identificado com a própria comunidade: "disse a Sião: 'Tu és meu povo!'" 2 Esdras fala de Sião ao se referir à Jerusalém celeste que no fim substituiria a terrena. Em Hebreus 12.22, Sião refere-se à "nova aliança" de Jesus. De todas essas diversas maneiras, Sião é a "cidade de Deus".

Ben C. Ollenburger

SILAS. Representante da Igreja em Jerusalém, Silas e Judas/Barsabás são enviados a

Antioquia para informar sobre o edito do Conselho Apostólico. É dito que depois voltaram para Jerusalém, mas, vários versículos adiante, Silas é escolhido para acompanhar *Paulo numa nova viagem missionária. Silas é descrito como um *profeta, mas em Atos ele segue Paulo silenciosamente através da Macedônia até Beréia, e junta-se a ele em Corinto, após o que não volta a ser mencionado. Em algumas de suas cartas, Paulo refere-se a um companheiro de trabalho chamado Silvano, levando à suposição comum de que o Silvano citado nas cartas é o mesmo Silas descrito em Atos.

Daniel N. Schowalter

SILVANO. *Ver* Silas.

SIMÃO PEDRO. Filho de Jonas ou *João; originalmente, era conhecido como Simão. Segundo os Evangelhos, *Jesus lhe deu o nome Pedro, a tradução grega de uma palavra aramaica "Cefa(s)", significando "pedra, rocha". Ele e o irmão André eram pescadores da classe pobre, já que aparentemente não tinham um barco. Esteve entre os primeiros discípulos que Jesus chamou. Casado, sua mulher mais tarde fez com ele algumas viagens missionárias.

Um *apóstolo e um dos *Doze, era eminente entre eles, pertencendo a um pequeno grupo íntimo. Atuou muitas vezes como porta-voz desse grupo, especialmente ao reconhecer Jesus como o *Messias, embora não compreendesse que Jesus deveria sofrer. Em várias outras ocasiões, é apresentado sob uma luz pouco favorável, particularmente no evangelho de *Marcos e em especial na sua negação de Jesus. Convém lembrar, no entanto, que o propósito dos Evangelhos é nos informar sobre a vida de Jesus, não nos dar uma biografia de Pedro. As falhas de Pedro servem para realçar a coragem e a compaixão de Jesus.

Após a ressurreição, Pedro foi o primeiro discípulo do sexo masculino a ver o Jesus ressurrecto, e logo ele assumiu uma posição de liderança na jovem Igreja. Segundo o relato de Lucas em Atos, pregou, curou os doentes, foi supervisionar o trabalho de outros missionários como enviado de Jerusalém, e sofreu por sua fé. Guiado por uma visão, foi o primeiro a pregar e converter gentios, e apoiou *Paulo nessa matéria no concílio de Atos 15. O relato que faz o próprio Paulo da posição de Pedro na controvérsia difere um pouco; em *Gálatas somos informados de que numa visita a Antioquia Pedro recusou-se a confraternizar plenamente com cristãos gentios. Seja no concílio de Atos 15 ou em outro, Paulo foi incumbido de se dedicar aos gentios e Pedro aos judeus. Depois disso Pedro desaparece da história do Novo Testamento. *Tiago, o irmão de Jesus, torna-se aparentemente o único chefe da igreja de Jerusalém e Pedro vai viajar. Ele pode ter visitado *Corinto e/ou as áreas mencionadas em 1 Pedro 1.1 e ido para Roma pouco antes de sua morte. Uma tradição extrabíblica diz que foi martirizado quando Nero perseguiu os cristãos ali (64 d.C.). Uma tradição posterior, contudo, afirma que a basílica de São Pedro em Roma foi construída sobre o local de seu sepultamento.

O significado das palavras de Jesus a Pedro em Mateus 16.17-19 foi discutido. É a pedra o próprio Pedro, sua confissão ou Pedro como confessor? É o poder das chaves o da disciplina eclesiástica ou o de dar acesso à Igreja através da pregação? É ligar e desligar a determinação do que é correto e ortodoxo ou o poder de excomungar? É esse poder restrito a Pedro somente ou dado a toda a Igreja? Foram as palavras de 16.17-19 pronunciadas pelo Jesus encarnado, o Jesus ressurrecto, ou foram formuladas mais tarde, para representar a posição que Pedro realmente alcançara?

Uma tradição antiga associa Pedro ao evangelho de *Marcos. Alguns textos apócrifos posteriores foram escritos em seu nome, um evangelho de Pedro e pelo menos dois apocalipses. Houve também um Atos de Pedro. O aparecimento dessas obras indica sua importância para a Igreja do século II. No século I, houve um grupo que o apoiava vigorosamente.

Dois dos escritos do Novo Testamento são atribuídos a ele, 1 e 2 Pedro.

1 Pedro. Embora estruturada como outras epístolas do período, 1 Pedro contém pouco de natureza pessoal; dirigida a cristãos de uma vasta área, assemelha-se mais a um discurso que a uma carta. Por isso alguns estudiosos viram-na como um sermão batismal ou como uma carta que inclui tal sermão ou liturgia batismal ou deles foi derivada. É preferível vê-la como uma carta de natureza geral, dirigida a leitores muito distantes do autor, que não está familiarizado com os detalhes da situação deles. Ao escrevê-la, ele faz considerável uso de tradição cristã existente no tocante a matérias de fé e catequese, bem como da Septuaginta e de tradições sobre Jesus.

Três pontos de vista foram sustentados com relação à sua autoria. Segundo o primeiro, a carta foi escrita pelo apóstolo Pedro porque traz o seu nome, tem reminiscências do ensinamento de Jesus que ele teria podido fornecer, e 5.1 pode sugerir que o escritor foi uma testemunha ocular da morte de Jesus. Mas o grego em que a carta foi escrita sugere um autor educado e não um simples pescador; a Septuaginta, a que Pedro não estaria habituado, é usada em citações bíblicas do modo como a usaria alguém que tivesse crescido com ela; o relato da morte de Jesus não é o de uma testemunha ocular, tendo sido tomado de Isaías 53. Diante disso, sugeriu-se que *Silvano atuou como secretário de Pedro; o pensamento geral na epístola teria sido o de Pedro, mas sua expressão concreta a de Silvano. No entanto, como a principal base para autoria de Pedro vem dos detalhes da carta e não do seu pensamento geral, isso torna difícil a idéia de Silvano como secretário. Tivesse ele sido secretário, seria de esperar que acrescentasse suas próprias saudações. Sugeriu-se que ele a escreveu depois da morte de Pedro, para preservar seu ensinamento, mas nesse caso é pouco provável que tivesse introduzido o autoelogio de 5.12. Cada vez mais, portanto, os estudiosos passaram a acreditar que a epístola é pseudônima (escrever em nome de outra pessoa não era inusitado no mundo antigo). Discípulos de Pedro após sua morte podem ter continuado a expor os temas específicos de seu ensinamento, acreditando que deviam ser levados ao conhecimento de um círculo mais amplo. Cada uma dessas teorias ajusta-se à crença de que a epístola foi escrita de Roma (Babilônia em 5.13 é provavelmente um nome em código para Roma), onde Pedro morreu.

A carta deve ter sido escrita antes de 120-130 d.C., pois a essa altura outros escritores a conhecem. Mostra a influência de idéias e termos paulinos, o que sugere que deve ser posterior a 60 d.C., pois foi por volta dessa época que *Paulo chegou a Roma. Se o próprio Pedro a escreveu de Roma, foi também mais ou menos nessa altura que chegou lá. A natureza esporádica e local das perseguições significa que elas não podem ajudar na determinação da data. A intensidade delas juntamente com as áreas para as quais a epístola foi escrita, que em sua maioria não parecem ter sido evangelizadas cedo, sugerem um período posterior ao da morte de Pedro, talvez em torno de 80 d.C.

2 Pedro. Esse livro se apresenta como um testamento ou discurso de despedida do apóstolo Pedro, escrito na forma de uma carta pouco antes de sua morte. Sua finalidade é lembrar os leitores do ensinamento de Pedro e defendê-lo contra falsos mestres, que estavam lançando dúvida sobre a vinda do Senhor para o julgamento (a parusia) e defendendo a libertinagem ética.

As obras pertencentes ao gênero literário do "testamento" eram em geral pseudo-epigráficas, atribuídas a figuras bíblicas mortas havia muito, e provavelmente entendidas como exercícios de imaginação histórica. O uso do gênero sugere que 2 Pedro é uma obra escrita no nome de Pedro por alguma outra pessoa depois de sua morte, embora seja possível que o gênero testamento tivesse sido usado por Pedro para escrever seu próprio, verdadeiro testamento. Cabe notar também, no entanto, o modo como o caráter preditivo do testamento é usado em 2 Pedro. Nada na carta reflete a situação em que, ao que se diz, Pedro está escrevendo; toda a obra diz respeito a uma situação posterior à morte de Pedro. As predições de falsos mestres funcionam como ganchos nos quais é pendurado o debate apologético sobre a validade da mensagem de Pedro. Além disso, enquanto as passagens testamentárias falam dos falsos mestres no tempo futuro, prevendo seu surgimento após a morte de Pedro, as seções apologéticas e a condenação dos falsos mestres referem-se a eles no tempo presente. É quase impossível ler 2 Pedro sem supor que os falsos mestres são contemporâneos do autor. A alternância de referências preditivas e no tempo presente a eles é portanto mais bem compreendida como um artifício estilístico deliberado para transmitir a mensagem de que essas profecias apostólicas estão se cumprindo naquele momento. Em outras palavras, a autoria de Pedro é uma ficção, mas o autor não se sente obrigado a sustentar essa ficção ao longo de toda a obra. Nesse caso, deve ser uma ficção transparente, uma convenção literária que o autor esperava que seus leitores reconhecessem como tal.

Por estas e outras razões, a maioria dos estudiosos modernos considera 2 Pedro um texto pseudo-epigráfico, embora alguns ainda defendam a autoria de Pedro. As razões adicionais mais plausíveis para a negação da autoria de Pedro são a linguagem e as idéias religiosas helenísticas, e os indícios que levam a datar da obra depois da morte dele em meados dos anos 60 d.C. Os estudiosos divergem amplamente com relação à data de 2 Pedro, que muitos consideram ser o último escrito do Novo Testamento, redigido em altura avançada do século II. Mas o indício mais claro para uma data pós-apostólica é 3.4, que indica que a primeira geração cristã morreu, e essa passagem pode sem dúvida sugerir que a epístola foi escrita no momento em que isso acabara de ocorrer, por volta de 80-90. Esse foi o momento em que aqueles que haviam esperado a parusia durante a vida da geração apostólica devem ter enfrentado o problema do não cumprimento dessa expectativa, mas não há indícios que isso tenha continuado a ser sentido como um problema no século II.

A relação literária entre 2 Pedro e *Judas é outra consideração relevante para a data de 2 Pedro. São tantas as semelhanças estreitas entre as duas epístolas que algum tipo de relação literária parece certo. Alguns estudiosos sustentaram que Judas depende de 2 Pedro ou que ambos dependem de uma fonte comum, mas a maioria conclui que 2 Pedro usou Judas como fonte. Isso, é claro, só requer uma data tardia para 2 Pedro se Judas for datado tardiamente.

Se 2 Pedro foi escrito não por Pedro mas depois de sua morte, por que o autor apresentou seu trabalho na forma do testamento de Pedro? Provavelmente porque sua intenção era defender a mensagem apostólica no período que se seguiu à morte dos apóstolos contra mestres que afirmavam que, em aspectos importantes, o ensinamento deles estava agora desacreditado. Ao escrever em nome de Pedro ele não reivindica nenhuma autoridade própria, exceto como mediador fidedigno da mensagem apostólica, que defende contra ataques. A forma de testamento apostólico da epístola está portanto estreitamente relacionada com seu propósito apologético como uma defesa da autoridade normativa do ensinamento apostólico. A melhor explicação para o fato de o autor ter optado por escrever o testamento *de Pedro* seria provavelmente ser ele um chefe da Igreja romana que tivera o apóstolo na conta do mais prestigioso de seus chefes na geração anterior.

Richard J. Bauckham, Ernest Best

SIMEÃO.

1. Nome dado ao segundo filho mais velho de *Jacó, nascido de *Lia. Depois da conquista, a tribo descendente de Simeão recebeu o território ao sul de *Canaã, na terra mais tarde controlada por Judá.

2. No Novo Testamento, Simeão é o nome de um homem devoto, de quem é dito que esperava pela "consolação de Israel", introduzido por Lucas. Quando vê o menino Jesus sendo levado para dentro do Templo, dá graças por ter visto a salvação de Deus; sua breve fala é tradicionalmente conhecida pelas duas primeiras palavras da tradução latina, *Nunc dimittis*. Simeão também informa a *Maria que a chegada de Jesus teria um impacto sobre toda Israel e que ela também sofreria.

Daniel N. Showalter

SINAGOGA. O surgimento da sinagoga constituiu um desenvolvimento revolucionário na história do judaísmo. A sinagoga representou não só um conceito inteiramente novo de observância religiosa como também uma nova forma de instituição comunal. Com ela, a natureza do culto oficial transformou-se tremendamente, tendo a prece, o estudo e a exortação substituído o sacrifício como maneira de servir a Deus. Oficiar em benefício da comunidade deixou de ser uma prática confinada a um pequeno círculo de *sacerdotes, ficando ao alcance de todos. As cerimônias eram conduzidas à plena vista dos participantes, com as multidões não mais sendo relegadas a pátios externos como ocorrera no *Templo de Jerusalém. Ademais, a sinagoga era uma instituição universal e não restrita a qualquer local específico.

Apesar da importância da sinagoga na história judaica, suas origens e desenvolvimento inicial estão envoltos em mistério. Só durante o século I e depois aparecem indícios literários e arqueológicos relativos à Palestina. Quanto à Diáspora romana, referências anteriores a isso são praticamente inexistentes (e o que existe refere-se à Diáspora). Preservaram-se inscrições de sinagogas do Egito dos séculos III e II a.C. e também vestígios do prédio de uma sinagoga de Delos datada do século I a.C.

Dada a escassez das fontes, as opiniões acerca de quando, onde e por que as sinagogas se desenvolveram variaram amplamente. Algumas teorias situam sua origem já no período do Primeiro Templo (século VIII a.C.) outras nas eras exílica (século VI) e pós-exílica (século V) e outras ainda apenas no final do período persa (século IV) e helenístico (séculos III ou II). A maioria dos estudiosos adotou uma posição intermediária, que postula o surgimento da sinagoga logo após a destruição do Primeiro Templo em 587/586 a.C., seja durante o exílio babilônio ou logo depois, quando os judeus retornaram para a Judéia durante a era da restauração.

Ao longo dos séculos a sinagoga tornou-se uma instituição comunal plenamente desenvolvida e visivelmente central na maior parte das comunidades. Servia como local de estudo, refeições sagradas, procedimentos judiciais, depósito de fundos comunais, e encontros políticos e sociais, como albergue e como residência para certos funcionários que nela serviam. De central importância, é claro, eram os serviços religiosos. De início estes consistiam principalmente da cerimônia da leitura da Torá e das atividades que a acompanhavam: tradução da Torá no vernáculo, fosse ele aramaico (*targums*) ou grego, o *haftarah* ou uma leitura selecionada dos profetas, e um sermão. As fontes do período do Segundo Templo — Josefo, Filo, escritos rabínicos e a inscrição de Teódoto — apontam para essa centralidade. A existência de preces comunais regulares nessa época não é clara. Embora a prece pareça ter sido parte integrante do serviço religioso na *Diáspora, sua presença no cenário da sinagoga palestina antes de 70 d.C. não é comprovada. Somente depois dessa data estamos em terreno firme ao supor a importância e a centralidade da prece pública em todas as sinagogas.

Esses dois componentes do serviço religioso — a leitura da Torá e a prece — caracterizavam-se na Antigüidade por sua fluidez, não menos que por sua uniformidade. Embora a leitura da Torá fosse aceita como normativa nos Sabás e dias santos, e mais tardes também nas segundas-feiras e quintas-feiras, a divisão entre porções semanais variava consideravelmente. Na Palestina, a Torá era lida ao longo de um período de três anos ou três anos e meio, havendo uma pletora de tradições locais acerca da divisão precisa das porções semanais. Além disso, a prática em comunidade babilônias que viveram no final da Palestina romana e bizantina só aumentou essa diversidade. Elas concluíam a leitura da Torá em um ano. Não se sabe o quanto foi difundido o costume de traduzir parceladamente a Torá em vernáculo, mas o uso do grego em adição ao aramaico não pode ser negado. O lugar ocupado pelo sermão no serviço da sinagoga é igualmente diversificado. O conteúdo, é claro, pode ter variado consideravelmente entre uma fala de natureza expositiva a uma de dimensões éticas, políticas, ligadas à halaca ou até escatológicas. O momento do Sabá (sexta-feira à noite, sábado de manhã ou sábado de tarde), ou o momento do serviço (antes ou depois da leitura da Torá), em que os sermões eram feitos podiam variar amplamente de uma congregação para outra.

A diversidade é encontrada também em relação à prece. Indubitavelmente na altura da era pós-70 os dois principais focos do serviço da prece já estavam cristalizados. A prece da *Shema* com os parágrafos que a acompanham havia sido adotada da prática do Templo e era agora suplementada por três bênçãos, cada uma focalizada num tema central, respectivamente — Criação, Revelação e Redenção. Essa unidade fornecia o aspecto conceitual central da experiência da prece, que era recitada na Sinagoga duas vezes ao dia, durante os serviços da manhã e da tarde. O segundo foco do serviço da prece era o *Shemoneh Esreh* (literalmente, "dezoito" bênçãos, embora uma décima nona fosse às vezes acrescentada na Antigüidade tardia) ou a *Amidah* (prece de pé). Quando precisamente essa prece entrou em uso não se sabe, mas na altura do século II d.C. ela tinha um papel central. Recitada três vezes ao dia, nenhum serviço especial de prece, fosse no Sabá, num dia santo ou santíssimo, era completo sem ela. A *Amidah* consistia em três partes: as três primeiras bênçãos eram em louvor de Deus, as três últimas, expressões de agradecimento, ao passo que a seção intermediária mudava a cada dia. Num dia de semana, doze (mais tarde treze) bênçãos petitórias eram recitadas; nos Sabás e dias santos essa seção expressava a mensagem única daquele dia particular. Durante os primeiros séculos da era cristã, preces foram acrescentadas ao serviço matinal, como preces de súplica, bênçãos de luto, salmos de louvor, e outras.

Durante o período bizantino, a recitação de poemas litúrgicos — *piyyutim* — era acrescentada ao serviço, em particular os do Sabá e dias santos. Quando e a partir de onde o *piyyut* se desenvolveu foi objeto de discussão entre estudiosos. Alguns afirmam que ele evoluiu a partir de *midrashim* anterior, preces ou canções recitadas no Templo e na sinagoga, outros o vêem como a adoção e adaptação de poemas litúrgicos recitados nas igrejas bizantinas, e outros ainda como um protesto contra preces organizadas, fixas. Seja qual for a explicação, o *piyyut* apareceu na Palestina dos séculos IV e V, e hoje conhecemos pelo menos vinte poemas que eram usados na era pré-muçulmana. Esses *piyyutim* eram recitados no serviço da manhã, seja em adição à liturgia fixa ou em lugar dela.

Ruínas arqueológicas das sinagogas antigas abundam. Somente na Palestina foram identificados vestígios de mais de cem estruturas, e na Diáspora cerca de quinze. Esta última se estende de Dura-Europos, à margem do Eufrates a leste, até a Tunísia, no litoral norte da África, a oeste. Na Palestina, a maioria esmagadora das ruínas de sinagogas situa-se nas regiões da *Galiléia e Golan; outras podem ser encontradas em Betsã, áreas litorâneas e na Judéia. Arquitetonicamente, essas sinagogas podem ser divididas em três tipos. O tipo galileu, caracterizado por uma fachada ornamental e ricamente decorada, era orientado para Jerusalém, freqüentemente com três entradas. Uma primorosa alvenaria de pedra de cantaria de calcário ou basalto era característica dessas construções, e seus interiores retangulares eram simples, com duas ou três colunatas dividindo o salão numa nave central e duas ou três naves laterais. Entablamentos, pilastras e frisos típicos da arte romana no fim da Antigüidade decoravam os prédios ao lado de estuque moldado e reboco pintado. Salvo por poucas exceções, não se encontraram santuários permanentes para os manuscritos da Torá.

O segundo tipo de sinagoga acompanhava o plano basílico amplamente usado nas igrejas bizantinas, e era modesto no exterior, reservando seu esplendor para o interior. Em contraste com o tipo galileu com sua esplêndida entrada na fachada voltada para Jerusalém, a entrada no tipo basílica se deslocava para a parede oposta à direção da prece. Uma abside redonda ou quadrada era construída na parede voltada para Jerusalém em que a arca da Torá repousava sobre uma plataforma elevada (*bima*). Somente duas filas de colunas alinhavam-se ao longo do comprido salão de prece. O mais notável na sinagoga de tipo basílico era o piso de mosaico ricamente decorado, muitas vezes em clara imitação dos padrões bizantinos reinantes e não raro com símbolos peculiarmente judaicos, como menorá, arca da Torá, *lulav*, *ethrog* e *shofar*. Símbolos como esses eram praticamente inexistentes em construções do tipo galileu. Por fim, um terceiro tipo de sinagoga, que aparece apenas em poucos locais da Palestina e da Diáspora, é aquela em que o foco do culto — seja uma abside, uma *bima*, ou santuário — está situado ao longo da parede mais comprida. Essas construções partilham as características dos outros tipos na maior parte dos demais aspectos.

Afora os símbolos judaicos mencionados acima, a arte figurativa judaica está representada apenas em poucas sinagogas: Aqedah em Beth-Alpha, *Noé em Gerasa, *Davi em Gaza e *Daniel em Norã e Susiya. De uma ordem inteiramente diferente é a sinagoga do século III d.C. de Dura-Europos, cujas paredes são recobertas do piso ao teto por painéis decorados. Esses painéis representam cenas da Bíblia, usando motivos artísticos gregos e persas e incorporando muito *midrash* (rabínico ou outro) em suas interpretações e representações. Um dos exemplos mais notáveis de arte em sinagoga, em Emat Tiberíades e outros lugares, representa Hélio, os signos do zodíaco e as quatro estações. As interpretações desses motivos variam consideravelmente. A primeira reação foi interpretá-los com um presente do imperador ou a expressão de algum grupo marginal no judaísmo. No entanto, com a descoberta de pisos como esse em toda Israel, tornou-se claro que essa era uma forma apreciada e aceita de expressão artística. Entre as interpretações propostas para o motivo zodiacal estão: era simplesmente um motivo decorativo; reflete a importância do calendário judaico; representa o poder de Deus ao criar o mundo a cada dia; simboliza o próprio divino; reflete a crença em *anjos, especialmente Hélio, que era muito conhecido em certos círculos judaicos do período. Nenhuma dessas várias explicações ganhou aceitação geral.

Dada a centralidade da sinagoga como a principal instituição comunal judaica e os abundantes vestígios que sobreviveram, seu estudo é de suma importância para os que desejam adquirir uma visão tão completa quanto possível do judaísmo antigo. Padrões do povoamento judaico, a diversidade de práticas religiosas, a influência de culturas vizinhas, a expressão artística e a prosografia judaicas, títulos e profissões entre os que faziam doações às sinagogas estão bem atestados em ruínas de sinagogas.

Lee Levine

SINAI. Península triangular, limitada ao norte pelo mar Mediterrâneo, a oeste pelo golfo e o canal de Suez, e a leste pelo golfo de Ácaba/Eilat. A partir da costa, ao sul, o terreno se eleva gradualmente até o platô Ijma, perto do centro da península. A região ao sul do platô torna-se montanhosa antes que terreno caía num estreito litoral entre as montanhas e os golfos. Nessas montanhas, desde o IV milênio a.C. tem havido mineração de cobre, que era exportado para o Egito e para Canaã.

Supõe-se em geral que em algum lugar nessa península se ergue o monte Sinai, a montanha a partir da qual Moisés teria transmitido os Dez Mandamentos para os israelitas, mas os indícios são demasiado escassos para determinar qual das muitas montanhas era chamada monte Sinai no tempo das errâncias no deserto. Como Sinai é o deserto mais próximo do Egito, essa parece a localização mais provável para o monte, mas há problemas. A montanha da qual Moisés recebeu os mandamentos é por vezes chamada Sinai e por vezes *Horeb. É também denominada "a montanha de Deus" ou simplesmente "a montanha". Não é certo se esses eram diferentes nomes para o mesmo lugar ou diferentes montanhas. Alguns pensaram que o monte se chamava inicialmente Horeb, tendo sido renomeado Sinai segundo a península, mas ninguém sabe quando a península foi chamada "Sinai"; nem Josefo nem Paulo a chamam por esse nome.

Um dos recursos que os estudiosos usaram na tentativa de identificar o monte Sinai foi conjecturar o trajeto percorrido pelos israelitas a caminho de Canaã. Como o caminho mais direto a partir do Egito segue o litoral mediterrâneo, alguns presumiram que os israelitas tomaram essa rota, e que uma das montanhas próximas na baixada do norte ou no sul de Canaã era o monte Sinai, mas vestígios arqueológicos mostram que os egípcios mantinham fortificada essa rota muito percorrida; assim, refugiados provavelmente evitavam esse tipo de confrontação. É mais provável que eles tenham se voltado para o sul. Como, pelo que se conta, viveram no deserto por quase quarenta anos, talvez não tivessem planejado originalmente estabelecer-se em Canaã.

O candidato mais aceito a monte Sinai é Jebel Musa ("a montanha de Moisés") perto do mosteiro de Santa Catarina. Essa identificação parece ter sido feita pela primeira vez por monges bizantinos no século IV d.C., e não há indícios de que eles possuíam quaisquer dados locais não conhecidos hoje para escolher o lugar. A maior parte dos sítios modernos é denominada segundo plantas, árvores e características topográficas, e não fornecem nenhuma pista da história israelita antiga. Outros sítios possíveis incluem várias montanhas no noroeste da Arábia, e o monte Karkom em Machtesh Ramon, logo a oeste de Arabá; esta última conjectura, feita em 1985, fundou-se em arte e arquitetura encontrada no Karkom e à sua volta, mas depende de uma data para o Êxodo no terceiro milênio a.C.

Quando monges bizantinos se estabeleceram no Sinai (300-600 d.C.) conseguiram cavar poços, fazer terraços, canalizar a água da chuva, e fazer jardins e pomares em vales. O imperador Justiniano mandou erguer uma igreja e um mosteiro fortificado (527 d.C.); isso foi mais tarde chamado Convento de Santa Catarina. Numa área de 3,20km^2 estão o sítio da sarça ardente tal como identificado pelos bizantinos, o lugar onde Moisés golpeou a pedra, a montanha em que Deus falou a Moisés e a colina onde Aarão fez o Bezerro de Ouro. Ao que parece, os monges encontraram nessa península histórica um local isolado em que poderiam sobreviver; depois, identificaram sítios bíblicos com locais na sua vizinhança imediata.

George Wesley Buchanan

SINÉDRIO. Os Evangelhos e Atos utilizam este termo grego para conselho, que significa literalmente "sentar junto", tanto para a fonte de oposição a Jesus e a seu movimento, muitas vezes em combinação com *anciãos e sumo sacerdotes, quanto para o foro em que Jesus e seus seguidores fizeram sua defesa.

O uso do termo para uma espécie de corpo judiciário e administrativo remonta na Palestina romana pelo menos a Pompeu o Grande. Em 66 a.C., quando Pompeu foi forçado a entrar numa disputa doméstica entre dois irmãos asmoneus, os romanos decidiram governar a Palestina diretamente. Pompeu reorganizou-a como parte de seu projeto mais amplo de subjugar e organizar todo o Oriente grego para o Senado romano, dividindo-o em cinco conselhos (*synedria*).

O fato de esse termo administrativo neutro ter penetrado profundamente a tradição do Evangelho como designativo de um lugar de autoridades locais hostis ao movimento de Jesus e com o poder de fazer alguma coisa em relação a ele põe em destaque a utilização de elites locais por Roma em seu domínio colonial sempre em expansão. O Sinédrio era um tribunal composto pela elite local, provavelmente com alguma forma de supervisão romana, que tratava do censo, dos impostos e tinha outras responsabilidades administrativas e militares. No dividido contexto socioeconômico do domínio imperial romano, com o passar do tempo o Sinédrio adquiriu uma conotação negativa para muitos que tinham de pagar um número crescente de impostos, tinham boa probabilidade de perder sua terra e deviam se contentar regularmente com a realidade da ocupação estrangeira.

No período rabínico (c.200 d.C.) Sinédrio tornou-se um termo técnico para a corte rabínica. Essa corte e seus líderes decretaram muitas das normas que finalmente compuseram a Mishná, a primeira codificação da lei e do debate rabínico. Todo um tratado da Mishná é devotado ao Sinédrio.

J. Andrew Overman

SIQUÉM. Importante cidade cananéia e israelita na região montanhosa de Efraim, Siquém aparece pela primeira vez na história registrada como inimiga do *Egito num texto de execração e numa estela do século XIX a.C. Durante o período Amarna (século XIV), Siquém, sob seu soberano, Labyu, e os filhos dele, afirmou-se contra as demais cidades-Estado cananéias e, por conseguinte, contra a hegemonia egípcia em Canaã, que estava se enfraquecendo.

Siquém aparece com destaque nas narrativas ancestrais. *Abraão teve a experiência de uma teofania perto de Siquém e construiu ali um altar, como o fez também Jacó. Em Gênesis 34, *Simeão e *Levi matam os habitantes de Siquém e a saqueiam em retaliação contra a violação de sua irmã Dina por Siquém, filho de Hemor. O corpo de *José foi trazido de volta do Egito e enterrado em Siquém, e a grande cerimônia de renovação da aliança de Josué teve lugar ali. A primeira tentativa malograda de monarquia feita por Israel sob Abimelec foi centrada em Siquém, mas Abimelec vingou-se terrivelmente da cidade depois de um desentendimento mútuo. Foi a Siquém que Jeroboão se dirigiu para ser coroado primeiro rei de Israel, e ela serviu como primeira capital.

Siquém situava-se no sítio de Tell Balatah, guardando o desfiladeiro entre o monte Ebal ao norte e o monte Garazim ao sul, perto da Nablus moderna. Depois de ter sido ocupado por aldeias no período calcolítico, o sítio viu no Bronze Médio (c.1850-1550 a.C.) o desenvolvimento de um grande e bem fortificado centro urbano. De particular interesse são os templos encontrados no lugar, inclusive um chamado "templo fortaleza" por causa de suas enormes paredes. Após uma violenta destruição no fim do Bronze Médio, presumivelmente por um dos primeiros faraós da dinastia XVIII, Siquém ficou inabitada por quase um século. Completamente reconstruída, provavelmente com consentimento egípcio, a cidade prosperou durante a primeira parte do Bronze Tardio, para sofrer nova destruição nas mãos dos inimigos de Labayu, fossem egípcios, cananeus ou ambos. A cidade do Bronze Tardio subseqüente não foi tão próspera, mas conseguiu sobreviver até o início da Idade do Ferro, quando provavelmente passou de maneira pacífica para as mãos dos israelitas. A destruição de Siquém no final do século XII é geralmente atribuída a Abimelec. A cidade se recuperou até certa medida durante os séculos seguintes, tornando-se um centro de alguma importância, até ser mais uma vez destruída, dessa vez pelos *assírios em sua campanha de conquista do reino norte de Israel (724-722 a.C.). A ocupação de Siquém permaneceu pobre e esparsa por todo o restante da Idade do Ferro e a primeira parte do período persa. Durante o período helenístico (a partir de 330 a.C.) Siquém recobrou parte de sua antiga importância e glória como a rival *samaritana de Jerusalém. A cidade foi finalmente destruída em 107 a.C. pelo asmoneu João Hircano.

Carl S. Ehrlich

SIRÁCIDA (Eclesiástico). Livro cujo título vem do nome de seu autor, Sirac. Um dos mais antigos dos livros deuterocanônicos/apócrifos, Sirácida é o mais extenso trecho da literatura sapiencial israelita preservada na Bíblia. Moldado em grande parte em Provérbios, Sirácida é uma compilação de materiais que inclui máximas morais e éticas, provérbios populares, salmos de louvor e lamentação, reflexões teológicas, exortações homiléticas e observações contundentes sobre a vida judaica e as práticas religiosas no século II a.C. É um dos livros mais longos da Bíblia.

Sirácida é um dos raros livros do Antigo Testamento que foi realmente escrito pelo autor a que é atribuído. Em 50.27 ele se identifica como "Jesus (hebr. *yesua*), filho de Eleazar, filho de (hebr. *ben*) de Sira (gr. *S[e]irach*)"; daí o nome Ben Sira, ou Sirac, que é encontrado no título do livro em grego. Como os manuscritos hebreus que subsistem começam com 3.6b, não sabemos que título o livro tinha em hebraico. O título latino, Eclesiástico, provavelmente significa "o [livro] eclesiástico (ou da Igreja)" por ser usado tão amplamente na liturgia cristã.

O livro foi escrito originalmente em hebraico, como o neto de Ben Sira declara explicitamente no preâmbulo de sua tradução grega. A data em que Ben Sira o compôs pode ser calculada com base na informação fornecida no preâmbulo. O neto escreve que ele "veio ao Egito no trigésimo oitavo ano do reinado de Evérgetes e permaneceu por algum tempo". O ano devia ser 132 a.C., no reinado de Ptolomeu VII Físcon Evérgetes, que tomou o poder em 170 a.C. como co-regente com seu irmão Ptolomeu VI. Se admitirmos tempo suficiente entre neto e avô, chegamos a c.180 a.C. para a composição do livro, data que é corroborada pelo próprio livro. Em 50.1-21, Ben Sira escreve um alentado panegírico de Simeão II, que foi sumo sacerdote em 219-196 a.C. Esse poema dá a impressão de que Simeão estava morto havia vários anos. A tradução grega foi publicada no Egito algum tempo após 117 a.C. A versão grega é a testemunha mais importante do texto sempre que a hebraica não sobreviveu.

A teologia de Sirac é essencialmente deuteronômica; assim, é tradicional e conservadora. Ele reflete os ensinamentos dos livros bíblicos mais antigos sobre assuntos como Deus, a escolha de Israel, o ajuste de contas, a moralidade, a benevolência para com os *pobres e inferiores, a centralidade do temor do Senhor. A expressão "temor do Senhor/de Deus" ocorre cerca de sessenta vezes em Sirácida, e o termo "sabedoria" cerca de cinqüenta e cinco vezes. Em 1.1-2.18 há um tratado detalhado sobre a sabedoria como temor ao Senhor. A tese fundamental de Sirac é que a sabedoria, que é identificada com a Lei, é concedida apenas àquele que teme o Senhor. Deus dá sabedoria àqueles que o amam, isto é, aqueles que "observam os mandamentos" (1.26). O temor do Senhor, que é "o princípio da sabedoria" (1.14; cf. Prov. 9.10), "dá alegria, regozijo e vida longa" (1.12). O temor do Senhor e a sabedoria tornam a vida significativa e digna de ser vivida. Pecadores ou insensatos — os termos são sinônimos para Ben Sira — jamais podem alcançar a sabedoria.

A doutrina de Deus reflete tradições bíblicas mais antigas. Deus é um e o mesmo desde toda a eternidade. Ele criou todas as coisas simplesmente proferindo sua palavra todo-poderosa. Ele conhece todas as coisas, até os mistérios mais profundos do universo, e vê todas as coisas antes mesmo que ocorram. Deus é misericordioso não só para com seu povo escolhido como para com outras nações. Os que crêem pode se dirigir a Deus como Pai, confiantes em que ele ouvirá sua prece. Ben Sira nega que Deus seja de algum modo responsável pelo pecado humano. Virtude e vício resultam da livre escolha humana. Mas a origem do pecado segundo Gênesis 3.1-6 é também aludida em Sirácida (25.24). Como os seres humanos são livres, há esperança até para os pecadores, pois podem se afastar do pecado e arrepender-se.

Ben Sira ensina a doutrina tradicional do ajuste de contas: a recompensa para a fidelidade à lei ou a punição para a infidelidade têm lugar enquanto vivemos aqui na terra; após a morte considera-se que *santo e pecador vão igualmente para *Sheol*, o mundo ínfero, onde partilham uma sobrevivência obscura, lânguida, melancólica e separada do Senhor. A tradução grega do neto, no entanto, faz alusões explícitas a um ajuste de contas na outra vida, e uma recensão posterior, chamada Grega II, faz ainda mais alusões, da mesma maneira que as versões latina e siríaca, que são ainda posteriores. Sobrevivemos nos nossos filhos e no nosso bom nome. A prece, sendo a linguagem da fé, é encontrada em várias passagens em Sirácida. O respeito pelos sacerdotes e o oferecimento de sacrifícios são recomendados, mas são inúteis para quem é culpado de injustiça. A observância da Lei, em especial no tocante à caridade, é a melhor forma de sacrifício e culto. Os sacrifícios dos iníquos que oprimem os pobres não são aceitáveis por Deus; Ben Sira fala enfaticamente da necessidade de praticar justiça social e de auxiliar os pobres e desprotegidos.

Alexander A. DiLella, O.F.M.

SÍRIA. A Síria é uma área geográfica limitada pelo rio *Eufrates a leste, a Palestina ao sul e o mar Mediterrâneo ao oeste. Presumiu-se que o nome Síria derivou de Tiro, que foi o porto de entrada para romanos, gregos e outros que exploraram o Oriente ou se expandiram nessa direção. Os principais centros da Síria eram *Damasco e *Antioquia às margens do Orontes, e a região dos dois rios, o Tigre e Eufrates.

No Antigo Testamento, *Davi amplia seu reino até Damasco na Síria. Geralmente chamada *Aram, a Síria é claramente um país estrangeiro, mas próximo o suficiente para se poder nele entrar e sair, saber bastante a seu respeito e com ele rivalizar seriamente, tanto religiosa quanto economicamente. Os deuses sírios são criticados e há guerras com numerosos reis e cidades sírias.

A região foi tomada por *Teglat-Falasar III no século VIII a.C., conquistada por Alexandre o Grande e mais tarde tornou-se um centro da dinastia selêucida, que acabou por provocar a revolta macabéia na Palestina em 165 a.C. Escritores romanos muitas vezes uniram a Palestina e a Síria, sem distinção, sob o nome Celessíria. Pompeu e chefes depois dele, inclusive *Herodes o Grande, usaram Damasco como um centro para expansão militar e burocrática. Foi a partir de Damasco que Pompeu lançou sua pacificação da Palestina em 66 a.C., na esteira da guerra civil asmoniana. Damasco e Antioquia estavam entre os principais centros culturais, religiosos e econômicos de todo o Império Romano.

A Síria é raramente chamada pelo nome no Novo Testamento. Em várias ocasiões, é mencionada como prova de que a fama de Jesus está se espalhando; em Atos, a Síria é referida no contexto da difusão do cristianismo.

Havia numerosas e consideráveis comunidades judaicas na Síria. Os judeus de Antioquia são destacados por Josefo como uma comunidade vibrante que estava constantemente atraindo gentios para suas cerimônias religiosas. No século IV d.C., os sermões pronunciados por João Crisóstomo contra os judeus deixam claro que a comunidade judaica em Antioquia continuava grande, popular, e uma ameaça para cristãos como Crisóstomo.

De maneira semelhante, a Síria e suas maiores cidades tornaram-se centros do cristianismo primitivo. O escritor do início do século II, Inácio de Antioquia, emergiu como uma importante figura na Igreja primitiva, tal como Crisóstomo, e muitos textos cristãos primitivos, entre os quais alguns dos Evangelhos, foram associados à Síria.

Na história e em nossos dias a Síria permanece um país e uma cultura intrigantes se não enigmáticos, que representa e une cidade e aldeia, Oriente e Ocidente, judeu, cristão e muçulmano. Desempenhou um papel crucial no desenvolvimento e na definição das crenças e identidades judaica e cristã.

J. Andrew Overman

SODOMA E GOMORRA. Duas cidades, legendárias por sua incorrigível iniqüidade e por sua destruição final por Deus num cataclismo de "enxofre e fogo". Na história da guerra de *Abraão contra os reis do Oriente, Sodoma e Gomorra são citadas entre as "cinco cidades" no "vale de Sidim" ao lado de Adama, Seboim e Segor. O sobrinho de Abraão, Ló, passou algum tempo em Sodoma, mas fugiu sob instigação divina antes da devastação final da cidade. As passagens que mencionam Sodoma e Gomorra geralmente concordam em localizá-las ao longo da costa sul do mar Morto, mas até hoje nenhum indício arqueológico de sua existência foi encontrado ali. Há suposições de que seus vestígios podem ainda ser descobertos sob as águas rasas do sul do mar Morto, mas é improvável que um dia se comprovem. No entanto, povoações e cemitérios do Bronze Antigo (terceiro milênio a.C.) em Bad edh-Dhra e Numeira, na margem sudeste do mar Morto, de fato fornecem indícios de ocupação pré-israelita muito remota na área. A presença dessas ruínas, abandonadas muito antes da chegada dos israelitas em Canaã, pode ter dado origem, muito mais tarde, a lendas de que sua destruição resultou da ira divina. Num estágio subseqüente essas lendas podem ter se ligado a histórias sobre as errâncias de Abraão e Ló em Canaã.

Seja qual for a origem dessas lendas, Sodoma e Gomorra tornaram-se poderosos símbolos de perversidade humana e castigo divino. Sodoma e Gomorra juntas (ou, mais freqüentemente, apenas Sodoma) são consideradas arquétipos de pecaminosidade, merecendo justamente e, por fim, recebendo a punição de Deus. Esse tema é proeminente em escritos proféticos e no Novo Testamento.

Joseph A. Green

SOFONIAS. Profeta do final do século VII a.C. a quem é atribuído o livro de Sofonias. Esse nono livro dos Profetas Menores proclama o dia vindouro do Senhor, com seu julgamento sobre Israel e as nações, como a melhor esperança de salvação.

O nome do profeta significa "Yah(weh) protege"; numa forma anterior, pode ser uma profissão "Safon é Javé", *Safon sendo a montanha cananéia deificada que é assim identificada com o Javé de Israel. O título se estende inusitadamente fornecendo a genealogia do profeta, que remonta a *Ezequias, o grande rei de Judá.

A profecia é datada do reinado de *Josias (640-609 a.C.), que foi responsável por importantes reformas no culto de Judá. Josias era o "filho de Amon", que foi assassinado por revolucionários. Mas um grupo chamado "o povo da terra" ergueu-se para reprimir a revolução e pôr no trono o seu filho. Esse grupo apoiou Josias em suas reformas e *Jeremias em sua pregação. Sofonias parece estar muito próximo dos seus objetivos.

Sofonias lutou contra influências estrangeiras e contra o culto de outros deuses. Sua mensagem é próxima daquela dos grandes profetas do século VIII, especialmente *Isaías. Ele ensinou que o orgulho era o maior pecado da humanidade e conduzia à rebelião contra a autoridade divina. Considerava o julgamento de Deus universal. A esperança para ele residia além do grande dia do Juízo. O livro serve de ponte entre os profetas do julgamento do século VIII, como *Oséias e *Amós, e os profetas posteriores ao exílio, como *Ageu e *Zacarias, que proclamavam a próxima salvação de Deus.

O livro é composto na forma de um diálogo dramático entre Javé e mais alguém, possivelmente o profeta. Parece prometer somente perdição para toda a criação, inclusive Israel. Tal destino é inteiramente merecido. Depois, quando pessoas especificamente identificadas são assinaladas para o julgamento, é suscitada uma leve esperança de que alguns sobreviverão; revela-se alguma esperança para os "humildes da terra". Por fim, a misericórdia do Senhor oferece uma saída para as nações e para Israel.

Sofonias dá uma importante contribuição para a compreensão do dia do Senhor. Nos Profetas Menores, esse dia é compreendido como um ponto culminante em que o julgamento do Senhor cai sobre Israel e as nações por sua idolatria e orgulho. Os eventos que levam à destruição final de *Jerusalém em 587/586 a.C. estão claramente presentes na mente. Sofonias mostra que esse momento terrível pode trazer a oportunidade de um novo começo, tanto para Israel quanto para as nações. A verdadeira oportunidade é para os que são "humildes e simples" (3.12). O livro abre a porta para as mensagens que os três livros seguintes da coleção vão trazer. Em Ageu e Zacarias, Deus conduz à reconstrução do *Templo, um século inteiro após o tempo de Sofonias, e os capítulos finais de Zacarias, bem como de *Malaquias, estão voltados para as oportunidades e responsabilidades do povo de Deus na idade pós-exílica.

John D.W. Watts

SUSANA. Judia bela e casta, cujo nome significa "lírio". Foi falsamente acusada de adultério mas salva da sentença de morte pelo jovem Daniel, que apresentou no tribunal uma defesa pouco ortodoxa, mas inteligente; é a heroína do pequeno livro dos Apócrifos que leva seu nome.

Na edição de Teodócion da versão grega e em várias versões antigas nela baseadas, Susana aparece como um prefixo ao capítulo 1 do livro de *Daniel, mas na Septuaginta grega, mais antiga, e na Vulgata Latina o texto é inserido num apêndice após o capítulo 12, juntamente com a história de Bel e o Dragão. Parece quase certo que foi originalmente uma obra independente, já que nem o estilo e o cenário da história nem o caráter de Daniel, seu herói, parecem harmonizar com o resto do livro. Outras histórias independentes sobre Daniel foram correntes na Antigüidade, como o atesta a descoberta de fragmentos de lendas de Daniel entre os Manuscritos do Mar Morto.

A história é interessante e bem contada. Susana, a mulher de Joaquim, um judeu rico e altamente respeitado que vivia na Babilônia durante do exílio, costuma caminhar todas as tardes no jardim de sua casa, e atraiu o interesse lúbrico de dois *anciãos da comunidade que haviam sido nomeados juízes e visitavam com freqüência a casa de Joaquim. Separadamente determinados a seduzi-la, eles se encontraram por acaso no esconderijo de onde ambos a observavam e urdiram uma trama contra sua virtude. Um dia, quando Susana estava se banhando no jardim e as portas da casa haviam sido fechadas por suas duas criadas, os anciãos saíram depressa do esconderijo e pediram-lhe que se deitasse com eles; se não o fizesse, acusariam-na publicamente de cometer adultério com um rapaz e declarariam ter testemunhado o ato. Susana, fiel a seus princípios, recusou seu pedido e se disse disposta a arcar com as conseqüências. Quando o julgamento inevitável começou, eles cumpriram sua ameaça e, como resultado, ela foi condenada à morte. No momento crítico, porém, Deus inspirou o jovem Daniel a protestar contra a sentença e empreender um minucioso interrogatório dos dois anciãos separadamente. Numa antecipação da técnica da história de detetive clássica, ele os pegou numa clara contradição sobre a espécie de árvore sob a qual o pretenso crime fora cometido, com o resultado de que Susana foi absolvida e os acusadores sofreram o destino que tinham pretendido para ela (cf. a inversão irônica semelhante em *Ester).

A história é comumente aceita como ficção, mas não houve concordância geral quanto a seu propósito. Alguns estudiosos a viram como uma espécie de *midrash* que trata do destino dos dois falsos profetas, Acab e Sedecias, que foram objeto de uma maldição por Jeremias e acusados por ele, incidentalmente, de conduta adúltera. Outros a vêem como uma polêmica partidária reivindicando um melhoramento nos procedimentos correntes aceitos dos tribunais rabínicos. A visão predominante, no entanto, a vê simplesmente como uma história popular, provavelmente secular e talvez até de origem não-judaica, que foi acrescida de motivos religiosos edificantes e adaptada para leitores judeus. Alguns estudiosos afirmam que elementos específicos da história podem ter sido tomados do folclore tradicional, em especial o tema da "criança esperta" — o jovem que exibe mais discernimento que os mais velhos e é capaz de corrigir uma injustiça flagrante — mas os indícios são vagos e inconcludentes.

Até um tempo relativamente recente, era opinião geral que a língua original do livro fora o grego; isso parece especialmente convincente por causa dos trocadilhos com os nomes das duas árvores em vv.54-55 e 58-59, que só fazem sentido em grego. Recentemente, contudo, passou-se a ver nele cada vez mais a tradução de um texto original semítico, provavelmente hebraico mas possivelmente aramaico, embora isso não seja confirmado por nenhum indício externo. É verdade, porém, que o livro contém vários hebraísmos evidentes e a ambiência social sugere uma origem palestina. Os trocadilhos poderiam ter sido introduzidos pelo tradutor grego. A data poderia ser tão remota quanto o período persa e certamente não posterior a 100 d.C., quando a tradução Septuaginta foi concluída. A história de Susana foi um tema em voga na arte e na literatura cristãs posteriores, e versões poéticas do conto são conhecidas em várias línguas européias.

Robert C. Dentan

T

Tamuz. Corresponde à deidade suméria Dumuzi, figura de destaque em mitos, textos sacros de casamento e lamentações. Fundamentalmente uma figura trágica, é o amante da deusa Inanna, que o envia para o mundo ínfero. A presença de dois reis chamados Dumuzi na lista dos reis sumérios, um antes do dilúvio e um depois, sugere que pode ter havido uma pessoa histórica com esse nome.

De início, grande parte da atenção dos estudiosos com relação a Tamuz centrou-se na interpretação de James G. Frazer (*O ramo de ouro*), que vinculava Tamuz ao tema do deus moribundo. Nessa compreensão, hoje em grande parte abandonada, a morte e a ressurreição do deus correspondem ao ciclo sazonal com sua alternância de degradação e renascimento da vida vegetal.

Na única ocorrência bíblica de Tamuz, o profeta vê mulheres à entrada da porta do Templo chorando por ele. A ampla documentação cuneiforme do primeiro milênio a.C. relativa a ritos de lamentação por Dumuzi fornece um pano de fundo plausível para a passagem em Ezequiel.

No judaísmo, o quarto mês do ano (junho/julho) é chamado Tamuz.

James H. Platt

Templo. Construção ou lugar que simboliza a presença de uma deidade ou deidades, destinado ao propósito do culto. Na Bíblia, "templo" refere-se usualmente ao Templo erguido por *Salomão ou o Templo de *Zorobabel que foi ampliado e redecorado por *Herodes.

Terminologia. A palavra hebraica *hekal* vem do acádio *ekallu*, que por sua vez é derivada do *sumério *E.GAL*, "casa grandiosa". O termo é genérico, e pode ser aplicado à casa de um deus (um templo) ou à casa de um rei (um palácio). É aplicada ao palácio de Acab e ao do rei da Babilônia. Como rei de Israel, Javé morava num palácio, sentado num trono. A palavra é aplicada também à casa de Javé em Silo; ao templo de Salomão; ao Segundo Templo, construído por Zorobabel; ao Templo da visão de Ezequiel; e à morada celeste de Deus.

A palavra hebraica *bayt*, "casa", é aplicada com muita freqüência ao Templo, por si só ou em combinação, "casa de Deus", e especialmente "casa de Javé". Essa palavra era aplicada também à tenda de oração, ou a um santuário local, e a templos de outros deuses. Tal como aplicado ao Templo de Jerusalém, o termo "casa" tem um sentido mais amplo, incluindo a nave (estritamente falando, o *hekal*) e o santuário secreto (o santo dos santos). O monte do Templo é conhecido como "a montanha da casa do Senhor" ou até "a montanha da casa".

A palavra grega *hieron*, "santuário, templo", exceto por uma aplicação ao templo de Ártemis, é usada unicamente com relação ao Templo de Jerusalém. O termo inclui todo o complexo do Templo. Lamentavelmente, tanto este quanto o termo subseqüente (*naos*) foram traduzidos por "templo", o que dá lugar a confusão. Jesus, que não era um sacerdote, não podia entrar no "templo" (*naos*), nem os *cambistas, nem Paulo. A palavra usada em cada um desses casos é *hieron*, que poderia ser mais precisamente traduzida por "monte do templo".

A palavra grega *naos*, "templo", é aplicada no Novo Testamento ao Templo de Herodes, isto é, ao santuário propriamente dito e não toda a área do Templo, e ao santuário celeste (mas não há templo na Nova Jerusalém, pois o Senhor Deus é ele mesmo o templo). A palavra é aplicada também a templos de outros deuses (traduzida nesse caso por "santuários"; *hieron*). Usada figurativamente, *naos* refere-se ao corpo humano e à igreja.

No Novo Testamento, exceto por Lucas 11.51 e Hebreus 10.21, a palavra grega *oikos*, "casa" (referindo-se ao Templo), ocorre somente em citações de passagens do Antigo Testamento em que *bayit* é usada.

O Templo de Salomão. O tabernáculo havia servido como o centro do culto desde o tempo de *Moisés até o de *Davi. Davi desejou construir uma estrutura mais permanente, mas o Senhor o proibiu. Ele começou então a reunir materiais e fazer projetos para a construção a ser erguida por seu filho, Salomão.

O Templo localizava-se no monte leste, ao norte da cidade de Davi, onde se situa hoje o Domo da Rocha (*ver* Jerusalém). Naquele tempo, o monte do Templo era consideravelmente menor, tendo sido aumentado por Salomão e mais ainda por Herodes, o que o deixou do tamanho atual da plataforma conhecida como Haram esh-Sharif. Essa é "a eira do jebuseu Areuna" (2 Sam. 24.18), "o monte Moriá" (2 Cron. 3.1), e provavelmente o *Sião dos Salmos e dos profetas, embora o termo pertencesse à cidade de Davi.

O plano geral do Templo era semelhante ao fornecido para o tabernáculo: retangular, com um pórtico ou vestíbulo (*ulam*), voltado para o leste, uma nave (*hekal*) e um santuário secreto (*debir*) ou santo dos santos. As dimensões eram o dobro das do tabernáculo: 60 côvados por 20 (1 côvado = 0,5m), mas a altura era três vezes maior (30 côvados). A construção era de pedra talhada, polida na pedreira. O pórtico tinha 10 côvados de profundidade e 120 de altura — um número que pode ter sofrido adulteração textual. Duas colunas, Jaquin e Booz, feitas de bronze oco, com 35 ou 40 côvados de altura, erguiam-se de cada lado da entrada. As paredes internas do *hekal* eram forradas com cedro vindo do *Líbano, e toda a estrutura era folheada a ouro. O santo dos santos era revestido de ouro "puro". O trabalho especializado foi feito por artesãos tírios fornecidos pelo rei Hiram, sob a supervisão de uma pessoa também chamada Hiram de Huram-Abi.

O recôndito mais sagrado continha a arca da aliança e duas figuras aladas (querubins) de madeira de oliveira revestidas de ouro que se estendiam de uma parede a outra. Portas de oliveira, folheadas a ouro, separavam o santo dos santos da nave, e portas semelhantes separavam a nave do pórtico. A nave continha o altar de ouro (para distingui-lo do altar no pátio) feito de cedro, ou o "altar do incenso", que ficava à frente do santo dos santos; a mesa de ouro para o pão da Presença ("pão da proposição"); os candelabros e outros itens.

O prédio era cercado por dois pátios, o pátio interno construído de três carreiras de pedra e uma de vigas de cedro (também chamado o pátio dos sacerdotes), e o grande pátio, que provavelmente também encerrava os prédios reais. O tamanho do pátio interno não é dado, mas, se tinha o dobro do tamanho do pátio do Tabernáculo, devia ter 200 por 100 côvados. O pátio interno continha o altar de bronze onde os sacrifícios eram oferecidos, as dez bacias de bronze sobre dez plataformas, cinco de cada lado da casa, e o grande mar (o mar fundido ou de bronze) no canto sudeste da casa. Os trabalhos de bronze foram fundidos no vale do Jordão, o mais impressionante sendo o grande mar, com 10 côvados de diâmetro e 5 côvados de altura, com uma capacidade de 2.000 banhos (aproximadamente 40.000 litros). A água era usada para lavar as partes das vítimas sacrificais e para as abluções dos sacerdotes.

O Primeiro Templo, que fora pilhado várias vezes, foi finalmente destruído por *Nabucodonosor em 587/586 a.C.

O Templo de Ezequiel. O templo em Ezequiel 40-48 é apresentado como uma visão, e portanto os detalhes podem ser tomados como simbólicos, não como materiais. O plano em geral segue de perto o do Templo de Salomão, embora seja marcadamente simétrico. Parte da descrição é mais detalhada que aquela dada em Reis ou Crônicas, e detalhes como o do plano e das dimensões dos portões foram indiretamente confirmados por descobertas arqueológicas em *Gazer, Hasor e *Meguido.

O Templo de Zorobabel. Quando os judeus retornaram do exílio (538 a.C.) houve um esforço para reconstruir o Templo. As obras começaram mas se arrastaram até 520, quando, graças ao incentivo de *Ageu e *Zacarias, foram retomadas e o Templo foi terminado no terceiro dia de Adar no sexto ano de *Dario (12 de março de 515). Era comparável em tamanho ao Templo de Salomão e provavelmente também em sua planta baixa, com o santo dos santos e o santuário com o altar de ouro, o candelabro de mesa, e outro móveis. Era cercado por um pátio interno com o altar das oferendas queimadas e por um pátio externo. Segundo Josefo, repetindo Hecateu, o pátio externo tinha aproximadamente 150 por 45m e o altar das pedras brutas tinha 20 côvados quadrados e 10 côvados de altura. Segundo o Talmude, faltavam cinco coisas ao Segundo Templo: a arca, o fogo sagrado, o *shekinah*, o Espírito Santo e os *urim e tumim*.

O Templo de Herodes. Herodes não pôs abaixo o Segundo Templo — reconhecia que isso teria certamente instigado uma revolta. Reconstruiu- o e redecorou-o preparando materiais para elementos, usando sacerdotes como carpinteiros e pedreiros nas áreas sagradas, e fazendo o trabalho por seções. O prédio foi renovado sem que jamais o antigo fosse destruído e sem que as oferendas e os sacrifícios sagrados fossem interrompidos. Iniciado no vigésimo ano de Herodes (20 a.C.), o trabalho foi concluído em um ano e meio.

O trabalho da plataforma do Templo talvez tenha começado no décimo quinto ano de Herodes e continuou até c.64. O vale do Cedron foi parcialmente cheio, seu leito sendo deslocado para o leste; da mesma maneira, o vale central (Tiropeon) foi parcialmente cheio, deslocando-se mais de uma centena de metros para o oeste. As paredes oeste, sul e leste foram construídas com imensas *ashlars* (pedras "herodianas" com c.1m de altura, 1-3m de comprimento [uma mede 12m de comprimento] e 4m de largura), e o monte do Templo foi ampliado a uma largura de 280m através da extremidade sul, 310m através da extremidade norte, e cerca de 450m de norte a sul. No canto sudoeste, a parede se erguia 48m acima do vale do Cedron. Um pórtico foi construído ao longo de todos os quatro lados, com colunas de mármore de 25 côvados de altura, e painéis de cedro forrando o teto; o pórtico real no sul tinha quatro fileiras de colunas, os outros tinham fileiras duplas. O pórtico junto ao lado este foi atribuído por Josefo a Salomão.

O templo propriamente dito era cercado por uma parede ou balaustrada de 3 côvados de altura que separava o recinto sagrado do pátio dos gentios. Tinha 322 côvados de leste a oeste por 135 côvados de norte a sul, levantada por 14 e 5 degraus (todos os degraus tinham $^{1}/_{2}$ côvado). O recinto sagrado não ficava no centro do monte do Templo, mas mais para o norte e o oeste. Na parede circundante havia avisos, alguns em grego, outros em latim, proibindo a entrada de qualquer gentio sob pena de morte; dois deles foram encontrados. Dez côvados no interior da balaustrada, uma parede de 25 côvados de altura cercava a área sagrada, com sete portões; três no lado norte, três no sul, um no leste.

No interior desse lugar sagrado, havia áreas cada vez mais sagradas: o pátio das mulheres a leste, o pátio dos israelitas (i.e., somente homens), o pátio dos sacerdotes, depois o Templo (*naos*). Essa área era separada do Pátio das Mulheres, sendo 15 degraus mais elevada, e o acesso a ela se dava pela Porta de Nicanor. O Templo tinha ainda mais 12 degraus de elevação; consistia no pórtico (100 côvados por 100, 11 côvados de largura), a nave (40 por 20 côvados) contendo a mesa da presença, o candelabro ou menorá (levada para Roma por Tito e representada no Arco de Tito), e o altar do incenso, e atrás deste o santo dos santos (20 por 20 côvados), que era vazio exceto por uma pedra sagrada. Ligadas à parede em volta do Templo havia salas e câmaras, que aumentavam seu tamanho em 70 a 100 côvados. A leste e ao sul do Templo ficava o altar, com 32 côvados quadrados, e ao norte do altar o local do abate dos animais.

Só os sacerdotes podiam entrar no Templo, e só o sumo sacerdote podia entrar no santo dos santos, e isso apenas no Dia da Expiação. Os sacerdotes estavam divididos em vinte e quatro "cursos", cada um servindo duas vezes por ano durante uma semana. Um véu de tapeçaria babilônia pendia na abertura da nave; um segundo véu separava a nave do santo dos santos. Ao que parece, foi o véu externo que foi rasgado na época da morte de Jesus, pois o véu interno não podia ser visto por curiosos.

Oito portas levavam ao monte do Templo: uma no norte, quatro no oeste, duas no sul e uma no leste; a Mishná diz cinco, nomeando apenas a do oeste. Ao longo da parede oeste estendia-se o profundo vale central, com um passeio pavimentado que continuava em torno da extremidade sul do Templo. Uma grande escadaria levava à tripla Porta de Hulda e, perto da escada havia uma estrutura que continha grande número de piscinas de imersão para purificação cerimonial (hebr. *miqwaot*). O devoto ou devota, após sua purificação, entrava pela direita das duas portas duplas e passava por um túnel que levava à área do Templo, acima. A entrada podia também ser feita por uma grande escadaria que levava ao pórtico real (o "Arco de Robinson" assinala essa entrada), mas nenhuma purificação era disponível aqui. Levando do monte oeste ao Templo, havia uma ponte (marcada pelo "Arco de Wilson"). Detalhes de outras entradas não são claros; possivelmente localizavam-se onde estão agora as portas de Barclay e Warren. A Porta de Tadi ficava na parede norte; talvez os animais sacrificiais fossem trazidos por essa entrada, pois era a mais próxima da Piscina e do Mercado das Ovelhas. A Porta de Susa na parede leste era usada somente pelo sumo sacerdote e sacerdotes em conexão com a cerimônia da queima da vaca vermelha num local do monte das Oliveiras de onde o sumo sacerdote podia olhar diretamente para a entrada do santuário.

Destruição do Templo. Há um relato completo da tomada de Jerusalém em *Guerra* 5-6, segundo o qual Tito encarregou Josefo de instar os judeus a se renderem para poupar o Templo, mas isso foi em vão. A Antônia foi posta abaixo em agosto de 70 a.C., e o sacrifício contínuo deixou de ser oferecido. Josefo fez um segundo apelo. Tito decidiu então destruir o Templo. Isso ocorreu no décimo dia do quinto mês (Ab; segundo a tradição judaica, no dia nove de Ab), o mesmo dia em que o Primeiro Templo fora incendiado pelo rei da Babilônia. Segundo a descrição de Josefo, os romanos tentaram extinguir o fogo que havia sido ateado pelos insurgentes. Saques generalizados, assassinatos e finalmente a queima de todas as estruturas no monte do Templo encerraram a história do Templo.

William Sanford Lasor

TERRA PROMETIDA. Quando Deus chamou *Abraão, uma das coisas prometidas foi terra. Embora a passagem date talvez do século X a.C., o território prometido especificado em Gênesis 15.18 é a terra de *Canaã desde o Rio do Egito até o rio *Eufrates; outros limites dados para a terra são mais modestos. Gênesis registra ainda que a promessa foi posteriormente reafirmada para os descendentes de Abraão: *Isaac, *Jacó, *José e os outros filhos de Jacó.

Na narrativa bíblica, a promessa foi também renovada no tempo de *Moisés. Segundo Levítico 25.23, no entanto, a terra pertencia a Deus; os israelitas eram meros arrendatários. Deuteronômio caracteriza a terra como uma dádiva e a descreve em termos um tanto hiperbólicos, mas a permanência nela dependia da obediência à lei. Levítico e Deuteronômio apresentam ambos a ameaça de exílio e dispersão entre as nações se os israelitas violassem a lei, bem como a esperança de restabelecimento na terra caso posteriormente se arrependessem. O Pentateuco contém, portanto, diferentes atitudes em relação à terra, refletindo os contextos históricos de seus autores, atitudes modeladas pelo menos em parte em práticas antigas do Oriente Próximo, como concessões reais de terra à maneira de recompensa para súditos individuais.

*Josué iniciou a conquista de Canaã. Embora algumas passagens indiquem vitória completa durante sua vida seguida por "repouso da guerra" (Jos. 11.23), outros deixam claro que as coisas não se passaram tão depressa. Quando Josué era um velho, havia ainda muito território por tomar. Foi na verdade *Davi quem completou a conquista no século X a.C.

Em cerca de 921 a.C., a nação de Israel dividiu-se em dois reinos: Israel no norte e *Judá no sul. Por causa do pecado, surgiram profetas para prevenir o povo do julgamento. Amós dirigiu-se aos nortistas, ameaçando-os com exílio. Israel, o reino do norte, foi derrotada pelos *assírios em 721 a.C. Muitos foram levados para outras partes do império assírio. Jeremias, nos últimos dias do reino de Judá, previu exílio. Judá foi derrotada pela *Babilônia em 587 a.C., com o resultado de que muitos dos chefes foram exilados para lá. O livro dos Reis foi escrito no século VI a.C. para explicar as duas catástrofes: ambos os reinos ruíram por causa da idolatria. Os profetas, embora pronunciassem a sentença da perda da terra, olhavam também, além dos desastres, para tempos futuros de salvação e restauração.

Durante o exílio, os judeus ansiavam por voltar à sua terra, mas aprenderam a manter sua identidade sem ela. Embora não pudessem oferecer sacrifício animal, já que isso só podia ser feito em *Jerusalém, conseguiram preservar sua religião característica através da prece, a celebração do Sabá, a circuncisão e a observância das leis dietéticas.

Em 583 a.C., o rei *Ciro da Pérsia, tendo conquistado a Babilônia um ano antes, permitiu aos judeus voltar e reconstruir seu *Templo em Jerusalém. Apesar disso nem todos os judeus voltaram. Alguns estabeleceram-se na Babilônia, dando origem a uma comunidade que floresceu ali por séculos. Os que estavam na Diáspora contribuíam com dinheiro para o sustento do Templo. Terra e sacrifício, agora restaurados, foram novamente elevados em importância, mas a religião israelita não estava exclusivamente associada à terra.

Em 70 d.C. o Templo foi destruído de novo, dessa vez pelos romanos, e os judeus foram novamente dispersos no estrangeiro. Sobreviveram a essa tragédia mantendo suas tradições onde quer que fossem. Ainda assim, seria errado dizer que o judaísmo é indiferente à terra, pois o judeu devoto ora todos os dias para que Jerusalém seja reconstruída rapidamente, e parte da celebração do Pessach inclui a esperança de que no ano seguinte o banquete se realize em Jerusalém.

No final do século XIX, desenvolveu-se o sionismo. Basicamente um movimento secular, sua meta do estabelecimento de uma pátria para o povo judaico não se destinava fundamentalmente a cumprir uma profecia bíblica mas ter um país onde judeus pudessem viver em segurança, a salvo de perseguição.

No Novo Testamento, há pouca ênfase em geografia, mas as imagens da Terra Prometida são simbolicamente usadas na Epístola aos hebreus. Abraão é um paradigma para os cristãos: assim como ele deixou sua terra natal pela fé, buscando uma nova, assim os cristãos deveriam buscar o país ou a cidade celestes que Deus lhes está preparando.

Hebreus alude também à errância no deserto e à conquista. A entrada na terra foi negada a uma geração inteira por causa de rebelião, desobediência e descrença. A advertência, portanto, é não ser apóstata como eles. Hebreus sugere também que Josué não deu realmente repouso ao povo; é Deus que oferece repouso para os que são obedientes e fiéis. O autor encoraja então seu público a entrar nesse repouso, que consiste não em conquistar terra e desfrutar a paz subseqüente, como outrora, mas antes em confiar nas obras de Deus e pôr termo às suas próprias.

Nação e terra não são sempre espiritualizadas no Novo Testamento. Embora Paulo considerasse que os judeus que não abraçavam Jesus como *Messias estavam privados da proteção de Deus, ele aspirava por um dia em que o povo judeu como uma nação retornaria a Deus e seria perdoado. Jesus também afirmou que os mansos herdariam a terra. O livro do Apocalipse conta de um período de mil anos em que mártires da Igreja reinariam com Jesus. Prevê também a criação de um novo céu e uma nova terra.

Apesar dessa espiritualização do conceito de Terra Prometida, os cristãos também se viram por vezes como "herdeiros segundo a promessa" num sentido territorial. Tanto os bôeres da África do Sul quanto os colonizadores puritanos da Nova Inglaterra viram-se como uma nova Israel, conduzidos por Deus a uma nova Canaã, uma "colônia da providência".

William B. Nelson Jr.

TESSALÔNICA. Cidade litorânea (Thessaloníki) no leste da Macedônia, na Grécia, sede da comunidade *cristã a que as duas epístolas de *Paulo aos Tessalonicenses são dirigidas.

Tessalônica foi um das cidades da Macedônia visitadas por Paulo, *Silas e *Timóteo durante a segunda das expedições missionárias descritas por Lucas em Atos 16-18. Era de fato a capital da província romana da Macedônia, um importante centro comercial junto à estrada principal, a Via Egnacia. Como não é de surpreender, sua população incluía judeus. Após deixar Filipos, Paulo e seus companheiros passaram ali um tempo breve, mas longo o suficiente para ganhar vários convertidos entre judeus e gregos que freqüentavam a *sinagoga e fundar assim uma igreja. Segundo Lucas, a oposição judaica forçou os missionários a partir precipitadamente. Eles seguiram para Acaia e trabalharam brevemente em *Atenas e depois, por um longo período, em *Corinto. Foi durante esse período que Timóteo fez a visita mencionada em 1 Tessalonienses 3.1-6, e que Paulo escreveu a primeira epístola, sem dúvida de Corinto.

A história da igreja entre sua fundação e a composição da epístola só é conhecida por alusões feitas nesta. O quadro que emerge é o de uma igreja livre de grupos opostos a Paulo, desenvolvendo-se em fé e amor. Certamente Paulo temia pela capacidade que essa igreja teria de resistir a ataques do exterior, mas preocupava-se mais porque a congregação era nova do que por quaisquer defeitos inerentes que tivesse.

O ponto principal sobre o qual Paulo sentia necessidade de dar instruções era o futuro advento (parusia) do Senhor Jesus. É improvável que houvesse quaisquer falsos ensinamentos; parece antes que os cristãos tessalonicenses não tinham compreendido plenamente o ensinamento de Paulo sobre a parusia e a ressurreição dos mortos. O segundo advento do Senhor desempenhava um papel de destaque na pregação de Paulo, pois ele se refere a ele com notável freqüência na carta. Sob os demais aspectos, a carta reflete as características típicas do pensamento de Paulo, incluindo o uso peculiar da expressão "em Cristo" para caracterizar a natureza da vida cristã. Não há nenhuma dúvida de que Paulo foi o autor dessa epístola.

A segunda epístola suscita problemas para os quais não há respostas consensuais. Sua linguagem e conteúdo são suficientemente semelhantes aos de 1 Tessalonicenses para indicar que, se autêntica, foi provavelmente escrita não muito tempo depois da primeira epístola. Ela carece, no entanto, de referências concretas à situação dos leitores ou do autor. A partir do cap.1, parece que o ataque do exterior se agravara. A pungência da linguagem de Paulo pode sugerir também que ele próprio estava sendo alvo de ataque particular de pessoas fora da igreja.

A situação subjacente ao cap.2 é de difícil reconstituição. Devia haver na igreja um grupo de pessoas que acreditavam estar vivendo nos últimos, derradeiros dias. Ao que parece, haviam sido encorajadas nessa idéia por alguma declaração que supostamente teria vindo do próprio Paulo. Este, no entanto, evitava afirmar que o fim havia realmente chegado, e referia-a a outros eventos que deviam ocorrer antes do retorno do Senhor.

Na parte final da carta, encontramos indícios de que alguns membros da igreja estavam vivendo na ociosidade à custa dos outros. Embora não seja feita nenhuma conexão explícita, é difícil não acreditar que o alvoroço apocalíptico mencionado no cap.2 contribuía para essa situação. Isso provocou forte censura de Paulo, que acreditava firmemente que os cristãos deviam trabalhar pelo seu sustento. Aparentemente, a disciplina na igreja consistia na exclusão de privilégios de associação.

Afirma-se que 2 Tessalonicenses é uma composição posterior de um outro escritor que desejou usar o nome de Paulo para corrigir seu ensinamento ou falsas inferências feitas a partir dele, talvez até sustentar que apenas essa carta era autêntica e que 1 Tessalonicenses devia ser rejeitada. Embora se deva admitir que há algumas estranhezas na linguagem, estrutura e pensamento da carta, as dificuldades em considerá-la pseudônima são maiores.

I. Howard Marshall

TETRARCA. Título originário da Grécia, o único lugar em que seu sentido literal "senhor da quarta (parte)" se aplicava, e usado por todo o Oriente Próximo nos períodos helenístico e romano para soberanos subordinados. No Império *Romano a posição de um tetrarca era inferior à de um etnarca ("senhor de um povo"), que por sua vez era inferior à de um rei. Segundo Josefo, Herodes o Grande foi primeiro nomeado tetrarca da Judéia em 42 a.C. por Marco Antônio e pouco depois tornado rei. Quando Herodes morreu, seus filhos Filipe e Antipas foram nomeados tetrarcas da *Galiléia e Peréia, e Gaulanitis, respectivamente, enquanto foi prometido a Arquelau que sua posição de etnarca da Judéia seria elevada à de rei se ele se mostrasse merecedor.

Tanto o Novo Testamento quanto outras fontes antigas usam esses títulos de maneira incoerente; por exemplo, Herodes Antipas é chamado tetrarca em Mateus 14.1, mas rei em 14.9 e, paralelamente, em Marcos 6. A NSRV usa "etnarca" em 1 Macabeus mas "governador" para o mesmo termo em 2 Coríntios 11.32, e sempre traduz "tetrarca" pelo genérico "governante".

Michael D. Coogan

TIAGO. Quatro pessoas no Novo Testamento têm o nome "Tiago" (grego *Iakobos*), que é uma de duas formas gregas do nome hebraico Jacó (a outra sendo a simples transliteração *Iakob*). Como *Jacó era um ancestral reverenciado de Israel, Tiago foi um nome comum entre judeus no período romano.

Tiago, filho de Zebedeu, era um pescador galileu na área de *Cafarnaum no mar da *Galiléia, um sócio (juntamente com seu irmão *João) de Simão Pedro. Estava trabalhando no negócio da família encabeçado por seu pai quando foi chamado por Jesus para ser seu discípulo. Tiago e João formaram, ao lado de Pedro, o núcleo mais estreito de três entre os *Doze apóstolos; eles testemunharam a ressurreição da filha de Jairo, estiveram presentes à transfiguração e observaram (e em parte dormiram enquanto ela ocorria) a agonia de Jesus em *Getsêmani.

Ao que parece, Tiago e João expressavam-se explosivamente, ou esperavam que Deus lançasse um súbito julgamento sobre os inimigos de Jesus, porque foram apelidados "Boanerges" ("sons de trovão"). Seu pedido para se sentar à mão direita e à esquerda de Jesus em seu reino valeu-lhes irritação dos outros apóstolos e uma branda reprimenda de Jesus.

Fora dos Evangelhos sinóticos, Tiago, filho de Zebedeu, aparece somente em Atos. Estava presente na sala superior com o grupo que esperava Pentecostes. A única outra referência a ele no Novo Testamento é a notícia enigmática de que Herodes (Agripa I) o havia matado. Ele foi assim o segundo mártir registrado da Igreja (depois de Estêvão) e o primeiro do grupo apostólico a morrer (com exceção de *Judas Iscariotes, que havia sido substituído como apóstolo).

Tiago, filho de Alfeu, era um judeu galileu e um dos Doze; muitos acreditam que é a mesma pessoa que Tiago o mais jovem. O termo grego traduzido por "mais jovem" pode também ser traduzido por "o pequeno", o que provavelmente dá o sentido correto (i.e., ele era mais baixo que Tiago, filho de Zebedeu). Se essa identificação for correta, esse apóstolo de que mais nada se sabe tinha uma mãe chamada Maria, esteve presente à crucifixão, foi uma testemunha da Ressurreição e tinha um irmão chamado José (ou Joses) que foi provavelmente um cristão primitivo muito conhecido.

Tiago, pai do apóstolo Judas (não Iscariotes), é mencionado somente por Lucas. Nada mais se sabe a seu respeito.

Tiago, irmão de Jesus, é citado em Mateus 13.55 e Marcos 6.3 ao lado de três outros irmãos de Jesus (*ver* Irmãos e Irmãs de Jesus). Os Evangelhos indicam que nem Tiago nem seus irmãos foram seguidores de Jesus antes da crucifixão. Após a Ressurreição, contudo, esses mesmos irmãos são mencionados entre o grupo de crentes em oração antes de Pentecostes. *Paulo explica as razões dessa mudança de opinião (pelo menos em Tiago) com a declaração de que o Jesus ressurrecto havia aparecido pessoalmente a Tiago. Este claramente ascendeu depressa nos escalões da Igreja. Em Atos 15.13 é Tiago, não Pedro, que é citado como o líder preeminente que sintetizou as deliberações do concílio de Jerusalém (49 ou 50 d.C.). Assim, ele é visto como a pessoa que preside o acordo que permitiu a judeus e cristãos gentios permanecerem unificados sem forçar gentios a se tornarem judeus nem violar sensibilidades culturais judaicas.

Em sua Epístola aos *gálatas, Paulo menciona Tiago juntamente com Pedro e João, filho de Zebedeu, como "pilares reconhecidos" da Igreja de Jerusalém. A autoridade de Tiago aparece claramente em Gálatas 2.12, pois é dito que emissários de Jerusalém vêem "da parte de Tiago" e tinham manifestamente autoridade como seus representantes oficiais. Os estudiosos se dividem entre os que consideram que o esforço dos emissários para segregar congregações judaicas e gentias refletia a posição de Tiago (caso em que Paulo e Atos dão imagens diferentes de Tiago) e os que pensam que ele os havia enviado com algum outro objetivo.

Em 61 d.C. Tiago foi martirizado por instigação do sumo sacerdote Ananus após a súbita morte do procurador Festo no exercício do cargo. Nos séculos seguintes, desenvolveram-se lendas em torno de Tiago. Por exemplo, Hegesipo relata que ele era conhecido como "Tiago o Justo" por causa de sua piedade exemplar, e Jerônimo o associa com o apócrifo perdido *Evangelho segundo os hebreus*. Mas além do fato de seu martírio e de sua data aproximada, há pouca evidência de que qualquer dessas lendas seja verídica, a maioria sendo certamente apócrifa.

A liderança de Tiago era tão conhecida que a Epístola de Tiago é atribuída a ele com um simples "Tiago, servo de Deus e do Senhor Jesus Cristo" (Tiago 1.1), e o autor da Epístola de *Judas se identifica como "Judas, servo de Jesus Cristo e irmão de Tiago". Embora a atribuição de ambas as cartas seja debatida, há razão para acreditar que pelo menos o material da carta de Tiago, se não a própria escrita, provém do irmão de Jesus, e revela um líder dotado de autoridade num contexto palestino.

A carta pode ser uma coletânea de sermões e declarações de Tiago (e possivelmente também de Jesus, de quem Tiago 5.12 procede inquestionavelmente) editada em forma de epístola. Se o material vem de Tiago e reflete seu contexto, o lugar mais provável da sua edição é Jerusalém ou pelo menos a Judéia. Provavelmente, o material foi escrito em parte antes que a atividade de Paulo se tornasse bem conhecida em Jerusalém (49 ou antes), pois não mostra nenhum conhecimento das formulações paulinas ou está a par no máximo somente de relatos orais distorcidos de seu ensinamento. Mas a edição final foi provavelmente desencadeada pelo martírio de Tiago e o desejo de preservar e difundir seu ensinamento, isto é, após 61 d.C., mas ao que tudo indica antes da queda de Jerusalém em 70 d.C.

Tiago está escrevendo no contexto de uma Igreja sob pressão, confrontando-se não com o martírio iminente mas com a discriminação e a perseguição econômica. Inquieta-se com duas tendências, a adoção dos costumes dos opressores (p.ex., a valorização do dinheiro acima da comunidade) e o ataque a outros membros da comunidade (p.ex., bisbilhotice, críticas). Assim sua principal preocupação é promover a unidade da comunidade e fazê-la abandonar práticas que ameaçam desintegrá-la.

Tiago escreve sobre vários temas importantes. O primeiro é a provação. Somente uma verdadeira entrega a Deus resistirá a propostas do diabo feitas através dos impulsos de anseios internos. A segunda é a sabedoria. Deus oferece às pessoas o dom da sabedoria para ajudá-las a resistir com firmeza à provação. O terceiro tema é a riqueza. Na cultura em que Tiago vive, os ricos são em geral os opressores dos cristãos, muitos dos quais são pobres. Os cristãos, no entanto, não devem aceitar os valores do mundo ou se inquietar com sua pobreza material; se estiverem verdadeiramente comprometidos com Deus, mostrarão isso em generosa caridade e na busca da vontade de Deus em todos os seus planos de negócios.

Por causa da famosa seção em Tiago 2.14-26, Tiago foi muitas vezes visto como contrário à ênfase de Paulo na justificação pela fé sem os atos da Lei. Isso parece verdadeiro até que se perceba que Tiago usa seus termos críticos diferentemente de Paulo; de fato, Tiago está usando a terminologia em seu sentido mais antigo, original. Obras para Paulo são obras da Lei, isto é, atos rituais como a circuncisão; obras para Tiago são atos de caridade como, segundo a tradição judaica, os que *Abraão praticou. A fé para Paulo é um compromisso com Deus, que produz boas obras; para Tiago a fé (i.e., em Tiago 2.14-26, pois ele usa o termo de duas ou três diferentes maneiras em outras passagens da carta) é mera crença intelectual desprovida de compromisso. Por fim, "justificado" para Paulo significa a declaração que uma pessoa agiu de fato justamente. Paulo, é claro, teria concordado com Tiago que a "fé" que não produz atos justos é uma falsa fé.

Dadas tais diferenças no uso de terminologia comum, como esses dois autores se relacionavam? Duas possibilidades podem ser mencionadas: ou Tiago está reagindo a um paulinismo mal compreendido e extremamente distorcido, talvez nem mesmo sabendo quem o havia originado; ou Tiago está discutindo o erro de fazer compromissos religiosos intelectuais sem a correspondente regeneração da vida. Em nenhum desses casos Tiago está se opondo a Paulo; está simplesmente sustentando em seu próprio contexto o que Paulo pensava no dele.

Peter H. David

TEGLAT-FALASAR III. Tukulti-apil-Esharra, rei da *Assíria (745-727 a.C.), por vezes conhecido pelo hipocorístico Pul ou Pulu. Tendo alcançado o poder após uma revolta contra Assur-nirari V (755-745 a.C.), Teglat-Falasar inverteu décadas de declínio político assírio e expulsou Urartu como o principal poder na Ásia ocidental. Lançou as bases para a fase mais expansiva do Império Neo-Assírio empreendendo uma longa série de campanhas, reorganizando e ampliando geograficamente o sistema provincial assírio e promovendo deportações maciças de populações importunas subjugadas.

Após campanhas iniciais contra os arameus na *Babilônia e contra o Irã ocidental (745-744 a.C.), Teglat-Falasar voltou sua atenção para as frentes norte e oeste mais cruciais. Derrotou Urartu em 743 e 735 a.C. e esmagou seus aliados sírios, particularmente Apard (742-740 a.C.). Invadiu a Síria e a Palestina em 738 e 734 a.C., tendo chegado quase até a fronteira do Egito e recebido a submissão de Zabibe, rainha da Arábia. Manaém de Israel pagou tributo a Teglat-Falasar, que se retirou de seu reino. Depois que Facéia ascendeu ao trono, Teglat-Falasar capturou uma porção da seção norte de Israel e mais tarde deportou parte da população para a Assíria. Em defesa de Acaz de Judá, que lhe enviara pródigos presentes, lutou contra *Damasco e Israel. Depois de ter capturado Damasco, Acaz o encontrou ali; em seguida Acaz foi acusado de mudar a parafernália do culto por causa do rei assírio.

Teglat-Falasar fez campanha na Babilônia em 731 e 729 a.C. e depois tornou-se ele próprio rei da Babilônia em 728. Após sua morte em 727 a.C., foi sucedido por seu filho, Salmanasar V.

John A. Brinkman

TIMÓTEO. Importante associado de *Paulo. Nascido na Ásia Menor de mãe judia e pai *gentio, tornou-se companheiro de Paulo e, segundo Atos, acompanhou-o em sua primeira viagem à Grécia e mais tarde serviu como seu emissário junto a comunidades cristãs ali, inclusive *Corinto. Paulo chama Timóteo seu "irmão e colaborador" (1 Tes. 3.2; 2 Cor. 1.1; Rom. 16.21).

Timóteo é o destinatário das duas cartas a Timóteo, que juntamente com a carta a *Tito, são chamadas as Epístolas Pastorais. As três são muito estreitamente relacionadas tanto no conteúdo quanto na forma e oferecem conselho sobre o exercício do ofício pastoral no cuidado e supervisão das congregações.

A finalidade das Epístolas Pastorais é fornecer instrução sobre como a morada de Deus deveria viver no espírito de Paulo durante a era pós-paulina, quando a expectativa da chegada iminente do Senhor retraiu-se e mestres estão propondo falsa doutrina em nome do apóstolo. Nessa situação, o autor escreve a dois dos colaboradores em que Paulo mais confiava com uma mensagem que é na verdade destinada a toda uma igreja, seja ela uma igreja gentia existente há muito como a de *Éfeso, a que 1 Timóteo se dirige, ou uma nova igreja cristã judaica como a de Creta, a que Tito se dirige. As instruções que devem governar as igrejas a que 1 Timóteo e Tito se dirigem têm a autoridade apostólica de Paulo atrás de si. A última vontade e testamento de Paulo em 3 Timóteo requer que toda a igreja, mas especialmente seus líderes, imitem o exemplo de Paulo (especialmente sua disposição a sofrer pela fé), sigam suas instruções, agarrem-se confiantemente ao penhor da fé, e se guiem por suas predições. Assim fazendo, serão capazes de combater o falso ensinamento.

A autoria dessas epístolas é contestada. Embora as Epístolas Pastorais possuam um nítido caráter paulino, há cinco áreas importantes em que diferem das cartas paulinas indiscutivelmente genuínas. Primeiro, o vocabulário e o estilo diferem muito daqueles nas Epístolas aos romanos e aos coríntios e estão mais próximos daqueles dos padres apostólicos como Policarpo. Segundo, os conceitos teológicos e a ênfase na respeitabilidade pública, diferem acentuadamente da ênfase presente nas epístolas incontestavelmente paulinas. Terceiro, a ordem eclesiástica não corresponde à encontrada nas epístolas paulinas genuínas, assemelhando-se mais àquela em evidência perto do final do século I. Quarto, o autor recorre muito mais intensamente a tradições, tanto de crença quanto exortatórias, do que o faz o Paulo das epístolas autênticas; em contraste com Paulo em Gálatas, por exemplo, ele raras vezes discute teologicamente com opositores, limitando-se a repreendê-los. Por fim, as Epístolas Pastorais não se encaixam na carreira de Paulo tal como detalhada em Atos e Romanos.

Teorias tentaram explicar essas diferenças da seguinte maneira. Primeiro, aceitando-se as Epístolas Pastorais como plenamente autênticas, percebe-se que Paulo estava de fato livre de sua primeira prisão e retornara ao Oriente para novo trabalho missionário. 1 Timóteo e Tito refletem essa missão. Detido de novo, Paulo foi preso, julgado e executado em Roma. 2 Timóteo resulta do segundo período que passou na prisão. A necessidade de Paulo de estabelecer a ordem eclesiástica em comunidades e de se contrapor a falsos mestres explica o vocabulário diferente das Epístolas Pastorais. Estas últimas cartas datam de c.65 d.C. e, por provirem de um Paulo idoso, carecem da perspicácia teológica de um Paulo jovem e vibrante.

Outra teoria também pressupõe um trabalho missionário adicional de Paulo no Oriente, mas explica a grande incidência de elementos não caracteristicamente paulinos nas Epístolas Pastorais postulando que Paulo empregou um secretário a quem deu maior responsabilidade na criação dessas cartas c.65 d.C.

Uma terceira teoria sustenta que as Epístolas Pastorais contêm tantas palavras e conceitos não-paulinos por terem sido escritas por um autor posterior, que, c.85 d.C., desejou aplicar o ensinamento de Paulo a novas situações no território missionário paulino. Esse autor incorporou em suas cartas fragmentos de epístolas paulinas genuínas, e isso explica as notas pessoais, que um autor posterior presumivelmente não teria inventado.

Uma quarta teoria é mais radical e defende que as cartas são completamente pseudônimas, sendo sob esse aspecto como as cartas socráticas pseudônimas da mesma época, que são escritas sob o nome de Sócrates e aplicam o ensinamento dele a um tempo posterior. Ao escrevê-las, o autor estava influenciado pela tendência evidente em Cícero, Sêneca e Plínio de publicar coletâneas de cartas. Escrevendo c.100 d.C., ele usa notas pessoais para acrescentar verossimilhança às cartas e apresenta Paulo como um exemplo a ser imitado. Assim, a nota pessoal de 2 Timóteo 4.13, que descreve o Paulo preso pedindo que a capa que deixara em Trôade lhe seja levada, acrescenta cor local à carta e mostra também como Paulo encarna seu ensinamento de que é preciso satisfazer-se com o atendimento das necessidades básicas da vida. A visão adotada aqui é uma modificação desta quarta posição e data as Epístolas Pastorais de cerca de 85 d.C.

Michael D. Coogan
Robert J. Karris, O.F.M.

TITO. Importante associado de *Paulo. Acompanhou Paulo em sua segunda viagem a *Jerusalém, serviu como seu emissário a *Corinto e foi por ele designado para supervisionar a compilação das contribuições da igreja em Jerusalém. Paulo refere-se a Tito como seu "parceiro e colaborador" (2 Cor. 8.23). Embora Tito fosse um *gentio, não se exigiu dele que se circuncidasse, a despeito da opinião de alguns líderes cristãos judeus. Tito simboliza assim a crescente separação entre o cristianismo e o judaísmo à medida que cristãos como ele não eram obrigados a observar muitos aspectos da Lei judaica.

Tito é o destinatário da carta a Tito, uma das Epístolas Pastorais; para maior discussão, *ver* Timóteo.

Michael D. Coogan

TOBIAS. Livro considerado apócrifo por judeus e protestantes e deuterocanônico por católicos romanos e algumas Igrejas ortodoxas e nomeado segundo Tobias, seu pretenso autor. Tobias era um judeu generoso e temente a Deus cuja cegueira e pobreza em *Nínive são a conseqüência direta de uma de suas boas ações mais características, a saber, enterrar um compatriota executado. Mas graças aos corajosos esforços de seu filho devotado, Tobias (que, sem que nenhum dos dois o soubesse, foi auxiliado pelo anjo *Rafael disfarçado de Azarias), termina por recuperar a visão e a fortuna e ganha também uma virtuosa nora, Sara. Esta era uma parente meda de quem Tobias exorcizara Asmodeu, o demônio que reclamara as vidas de cada um de seus sete maridos anteriores na sua noite de núpcias. Pouco antes de morrer, em idade muito avançada, o pai faz Tobias e sua grande família mudarem-se de Nínive para Ectábana onde este vive até uma velhice muito abastada.

Embora o livro tenha todas as aparências de um relato histórico, fazendo inclusive menção a personagens históricos (p.ex., Salmanasar V e *Senaquerib) e lugares (p.ex., Nínive, Ectábana e Rages) muito conhecidos, a narrativa pode ser mais bem compreendida como uma novela ou, mais especificamente, um romance da *Diáspora, centrado numa busca bem-sucedida. A história pretende edificar e inspirar fé em Deus e no esforço humano; pois sem a devoção e a coragem do próprio Tobias, nem seu pai nem sua mulher teriam sido libertados, apesar da ajuda do anjo Rafael.

Ao criar esse encantador pastiche sobre "santos" judeus do cotidiano na Diáspora, o idoso narrador utilizou como materiais básicos três contos populares muito conhecidos: a ubíqua história do Pai Agradecido, o conto sobre um homem que de início ficou empobrecido mas acabou sendo recompensado por enterrar um cadáver seviciado; o Monstro na Câmara Nupcial, uma história muito difundida que apresenta uma criatura maligna que está apaixonada por uma linda donzela e mata o marido dela na noite de núpcias; e a História de Ahiqar, um prudente cortesão que, embora traído por seu filho adotivo, acaba tendo sua inocência provada.

Ainda que a matéria-prima do livro sejam contos populares seculares, suas intenções e cores são manifestamente bíblicas, sendo moldadas segundo histórias de Gênesis (p.ex., a história de José e as histórias de noivado de Isaac e Jacó) e influenciadas pela teologia do livro do Deuteronômio em geral, e por sua doutrina do justo merecimento em particular. O autor de Tobias usou também o bíblico Jó como modelo para seu livro; os dois personagens são ambos homens de notáveis boas ações e piedade que, embora tenham sofrido e sido postos à prova, não perderam sua fé e finalmente foram recompensados com bênçãos ainda maiores.

O livro, como o significado do nome de seu personagem principal, Tobias ("[Deus] é meu bem"), é essencialmente irônico. Embora Tobias alimentasse os que tinham fome, vestisse os que estavam nus, e enterrasse cadáveres expostos — todas elas, ele insistia, práticas que "preservam da morte" e "não deixam entrar nas trevas" (Tob. 4.10) — ele perdeu tanto sua fortuna *quanto* a vista. Sara, também, é uma figura irônica: uma jovem donzela virtuosa, amorosa e sensata, foi atormentada por um mal que quase a levou ao suicídio.

Linhas convergentes de indícios sugerem que o livro foi composto em aramaico em algum momento c.225-175 a.C. Sua presença entre os Manuscritos do Mar Morto em Qumrã praticamente descarta uma data no século I a.C.

Carey A. Moore

TOFET. Sítio a sudoeste de *Jerusalém no vale de Enom (*ver* Geena) onde, segundo Jeremias, adoradores queimavam seus filhos e filhas como oferendas. Jeremias associa esse ritual ao deus *Baal; alhures o deus a quem crianças são sacrificadas no Tofet é chamado Moloc. Indícios fornecidos por inscrições de cemitérios de bebês e crianças pequenas descobertas em Cartago e outros lugares no mundo fenício, contudo, sugerem que Moloc pode ser um substantivo comum significando "oferta sacrificial"; além disso, as profecias de Jeremias que associam o culto a Baal podem não ser historicamente corretas. Ao que parece, pelo menos algumas pessoas sacrificavam seus filhos a Javé, entre as quais os reis Acaz e *Manassés. Diz-se que o grande rei reformador de Judá, *Josias (c.640-609 a.C.) destruiu o Tofet como parte de sua purificação do culto javista.

Susan Ackerman

TOMÉ. *Apóstolo citado em todas as listas dos *Doze, mas personagem importante somente no evangelho de João. Mencionado em João 11.16 e 14.5, Tomé tem papel de destaque em João 20.24-29, onde sua insistência em provas físicas da ressurreição de Jesus deu origem à expressão "ser como são Tomé", para os incrédulos. Vários apócrifos são atribuídos a Tomé ou tratam dele, inclusive o evangelho gnóstico de Tomé e Atos de Tomé. Neste último, seu nome, que significa "gêmeo" em aramaico, é a base para sua identificação como irmão de Jesus. É dito também que pregou o Evangelho no Oriente, chegando até a Índia.

Michael D. Coogan

TORRE DE BABEL. *Ver* Babel, Torre de.

TRÊS JOVENS. *Ver* Azarias.

TRIBOS DE ISRAEL. O Antigo Testamento em sua forma final dá por certo que o povo israelita descende dos doze filhos de *Jacó, cada um sendo o ancestral da tribo que leva seu nome. Essa tradição perdurou por tempos posteriores. O livro do Gênesis registra os nascimentos dos doze filhos de Jacó e depois fornece uma lista deles arranjados sob os nomes de suas mães: *Rúben, *Simeão, *Levi, *Judá, *Issacar e *Zabulon foram os filhos de *Lia; *José e *Benjamim, os filhos de *Raquel; *Dã e *Neftali, os filhos da concubina de Jacó Bala; *Gad e Aser, os *filhos de sua concubina Zelfa. Depois que José, no Egito, levou sua família de Canaã para lá, os doze irmãos e suas famílias continuaram a residir no Egito e aí cresceram em número, tornando-se o povo de Israel, literalmente "os filhos de Israel", o nome de Jacó tendo sido mudado por Deus para *Israel. Esse povo unido, depois de muitas vicissitudes, tomou posse da terra de Canaã e estabeleceu ali sua pátria, tendo um território sido destinado a cada tribo.

A Bíblia não é coerente, porém, nem com relação ao número das tribos nem com relação a seus nomes. Nas numerosas listas tribais encontradas nos seus vários livros o número varia de doze a treze. Essas variações devem-se sobretudo ao aparecimento em algumas listas dos dois filhos de José, *Efraim e *Manassés, como tribos separadas, e à omissão de Simeão ou Levi de outras. No Cântico de Débora, que não é necessariamente uma chamada completa das tribos, Judá e Gad estão ausentes, ao passo que Maquir, o filho de Manassés, parece ter tomado o lugar de seu "pai". Presume-se que as variações refletem flutuações na constituição e história das tribos e seu tamanho e importância relativos.

Muito pouco se sabe sobre os primórdios da história das tribos. A "bênção de Jacó" e a "bênção de Moisés" contêm algumas alusões muito antigas, mas também muito enigmáticas, a eventos e características tribais dos primeiros tempos, mas essas passagens sofreram também expansão e edição posteriores, especialmente na bênção de Judá, que é uma "profecia" do reino de *Davi, e a de José, que reflete a importância que tiveram em certa época as tribos de Efraim e Manassés. Partes dos livros de Josué e Juízes preservam tradições da história antiga de algumas das tribos durante e após seu estabelecimento em Canaã. Algumas dessas passagens sugerem que, longe de terem conquistado e povoado todo o território como um povo unido (a impressão dada pelo livro de Josué em sua forma atual), as tribos não possuíam nenhuma unidade militar ou política na época de seu assentamento, sendo antes unidades independentes que avançaram cada uma por sua conta pelo território, em alguns casos encontrando oposição da população local.

É quase certo que a idéia de Israel como uma família estreitamente unida de doze tribos que agiam de comum acordo antes, durante e depois do estabelecimento em Canaã é uma elaboração de um período posterior. Embora as tribos tenham provavelmente entrado no território a partir de fora, fizeram-no em sua maior parte de maneira gradativa, durante um longo tempo; o povo de Israel foi de fato constituído pela primeira vez em solo cananeu. Na verdade, algumas das tribos, como Efraim e Judá, parecem ter adquirido seus nomes após sua chegada em Canaã.

Pouco se sabe das vidas das tribos após sua chegada a Canaã, e do processo pelo qual elas podem ter sido impelidas em direção a algum tipo de consciência nacional antes da instituição da monarquia; as opiniões dos estudiosos diferem amplamente. Dois grupos, Judá (que parece ter sido composto de vários elementos originalmente distintos), no sul, e a "casa de José" (que em certa altura constituiu duas tribos distintas, Efraim e Manassés), na região montanhosa central, parecem ter tido especial relevo. Sabe-se menos da história das outras tribos mais ao norte e a leste do Jordão, com exceção de Dã, que se deslocou, provavelmente sob pressão *filistéia, de seu território original para o extremo norte da região. A tribo de Levi é um enigma. Segundo algumas tradições ela foi distinguida de todas as outras tribos pelo fato de não ter recebido nenhum direito territorial, mas possuía funções sacerdotais especiais que lhe davam direito a receber ajuda material das outras tribos, entre as quais seus membros se deslocavam. Em outras passagens, no entanto, é descrita como estando em pé de igualdade com as demais tribos (*ver* Levitas).

É importante compreender que a palavra "tribo" não sugere necessariamente uma existência ou uma origem nômade ou seminômade: no Oriente Próximo antigo e em outros lugares, ela denota muitas vezes um grupo territorial de pessoas estabelecidas dedicadas à agricultura, ou mesmo urbanas, que reivindicam uma genealogia comum. Ademais, apesar da impressão dada por muitas passagens da Bíblia, a tribo não era a unidade social ou econômica básica em Israel seja em seus tempos pré-monarquicos, seja mais tarde; as unidades básicas eram a família e a aldeia, que eram unidas pelos cuidados com a agricultura local e outras preocupações comuns. O corpo maior, a tribo, era uma unidade muito mais fraca, cuja principal função, no período anterior à monarquia, parecia ser fornecer uma milícia em tempos de perigo. Com o advento da monarquia, as tribos perderam sua função e, dali em diante, foram pouco mais que um meio de identificação genealógica. A divisão do reino após a morte de *Salomão foi uma questão política, não tribal.

Ver Israel.

R.N. Whybray

U

Ur dos Caldeus. Terra natal de *Abraão e o ponto inicial de sua migração para Canaã, Ur dos Caldeus é tradicionalmente identificada com o sítio Tell el-Muqayyar, no sul da Mesopotâmia, à margem do rio *Eufrates. O sítio foi sistematicamente escavado de 1922 a 1934 por Sir Leonard Woolley. Entre suas descobertas esteve o zigurate construído por Ur-Nammu, o fundador da III Dinastia de Ur no final do terceiro milênio a.C. e, no cemitério real, o túmulo da rainha Pu-Abi, que nunca havia sido pilhado.

A identificação de "Ur dos Caldeus" com Tell el-Muqayyar não é universalmente aceita. Alguns estudiosos sugeriram que é Urfa (Edessa), enquanto outros propuseram uma conexão com uma cidade chamada Ura. Foi sugerido também que Ur nesse contexto pode refletir a palavra suméria genérica para cidade, URU; observe-se que, na Septuaginta, "Ur dos Caldeus" é traduzido por "terra dos caldeus".

Os caldeus eram um grupo de cinco tribos que se tornaram dominantes na *Babilônia no final do século VI a.C. Não são mencionados pelo nome em nenhuma fonte anterior ao século IX, o que torna a expressão bíblica "Ur dos Caldeus" relativamente tardia.

James H. Platt

V

VERMELHO, MAR. Tradução tradicional (a começar pela Septuaginta) da expressão hebraica *yam suf*, mar Vermelho é o nome do manancial de água atravessado pelos israelitas em seu Êxodo do Egito. Essa tradução, seguida pela tradição bíblica grega posterior, associaria o milagre da travessia seja com ramo oeste (o golfo de Suez) seja com o leste (o golfo de Ácaba/Eilat) do mar Vermelho. Mas em Êxodo 2.3-5 (e em outras passagens na Bíblia) *suf* significa "junco", e é assim que a Septuaginta e a Vulgata o traduzem ali; *yam suf* refere-se ao ramo leste do mar Vermelho em apenas dois outros textos. A maioria dos estudiosos contemporâneos e algumas traduções modernas preferem portanto a expressão "mar de Juncos".

O registro da travessia milagrosa de Israel é complexo. Segundo o que foi considerado o extrato mais antigo do Êxodo, 14.21-22, talvez de J, "O Senhor fez soprar sobre o mar um vento oriental muito forte, fazendo recuar o mar e transformando-o em terra seca". Um outro extrato, possivelmente de S, diz: "Então Moisés estendeu a mão sobre o mar ... e as águas se dividiram. Os israelitas entraram pelo meio do mar em seco, enquanto as águas lhes formavam uma muralha à direita e outra à esquerda", após o que as águas envolveram os egípcios. Uma terceira versão, talvez de E, diz: "Na vigília da manhã, de cima da coluna de fogo e de nuvens, o Senhor lançou um olhar sobre as tropas egípcias e as pôs em pânico. Emperrou as rodas dos carros de modo que só a muito custo podiam avançar. Disseram então os egípcios: 'Vamos fugir de Israel, pois o Senhor combate a favor deles contra os egípcios.'" No primeiro caso temos um evento natural, em que o milagre reside no sincronismo das forças naturais; no segundo estamos às voltas com um milagre no sentido absoluto, de tal modo que qualquer explicação é irrelevante; no terceiro não temos nem água nem milagre propriamente dito; os egípcios percebem que algo está dando errado e se retiram. Uma variante da segunda versão é encontrada no cap.15. Qualquer conexão com fenômenos vulcânicos ou sísmicos deveria portanto ser excluída.

A expressão "mar de Juncos" parece significar uma área pantanosa ou um grande manancial de água abundante em juncos no leste do delta. Uma possível localização do evento, entre as muitas que foram propostas, é o lago Sirbonis, onde, dependendo das maré, é possível encontrar água doce e água salgada; outra é a região pantanosa nas vizinhanças dos lagos Amargos. Devemos lembrar, no entanto, que estamos lidando aqui, como no caso das errâncias no deserto, com o mítico, de modo que, com poucas exceções, as localidades mencionadas não podem e talvez não devam ser identificadas.

J.A. Soggin

VIÚVAS. O termo "viúva", tradução usual do hebraico *almana* e do grego *chera*, tem um significado mais específico nos textos bíblicos que o transmitido pela palavra viúva na linguagem atual. A mulher designada por esses termos era não meramente alguém cujo marido morrera; ela estava fora da estrutura social normal, em que toda mulher vivia sob a autoridade de algum homem; era responsável perante si mesma e por si mesma.

A estrutura da sociedade antiga era baseada no parentesco e patriarcal. O casamento nessa sociedade representava um contrato feito entre duas famílias, não entre duas pessoas. Quando uma mulher se casava, passava da autoridade da sua família paterna para a autoridade da família do marido. Com a morte do marido, sua posição passava a ser determinada em relação aos membros sobreviventes da família dele.

A lei bíblica dispunha acerca da mulher em idade fértil cujo marido morrera sem deixar filhos do sexo masculino. Por meio do levirato, a mulher do morto era dada em casamento a um parente da família do marido de modo a poder ser gerado um filho que herdaria os bens do marido morto. Além dos direitos de herança, essa prática assegurava ainda o bem-estar da mulher. Um homem podia, contudo, recusar-se legalmente a cumprir essa obrigação. Por exemplo, a preocupação com a redução de sua própria herança podia impelir o parente do marido morto a se abster de um levirato. As histórias de Tamar, nora de Judá, que foi temporariamente uma *almana*, e de *Rute ilustram a implementação do levirato.

Embora o Antigo Testamento identifique certas mulheres como *almanot* (plural de *almana*) e especifique seus trajes característicos, a descrição que faz delas é vaga. Leis da antiga Mesopotâmia fornecem alguns detalhes. Nas Leis Assírias Médias, a *almattu* (cognato de *almana*) aparece como uma mulher cujo marido e sogro morreram, e que não tinha um filho capaz de sustentá-la. A uma mulher nessa condição era fornecido um documento que atestava sua nova condição e dali em diante ela podia agir por conta própria. Presumivelmente, o documento lhe dava acesso a uma sociedade que normalmente excluía mulheres da esfera pública.

Há indícios de que a *almana* bíblica pode ter sido similar à *almattu* mesopotâmica. Que ela era uma mulher que escapava à autoridade masculina é ilustrado pela lei referente aos votos das mulheres: enquanto o o voto feito por uma mulher só era válido comumente com a aprovação seja do pai ou do marido, o voto de uma *almana* valia por si só.

A independência em que estava a *almana* da autoridade masculina era ao mesmo tempo um sinal de sua posição social precária. Em mais da metade de suas ocorrências, a *almana* aparece vinculada ao *órfão ou ao órfão e o dependente. Existindo fora da estrutura social normal, esses três grupos estavam sujeitos a opressão, injustiça e exploração. Como a *almana* não tinha nenhum protetor varão, Javé era concebido como seu principal defensor e esperava-se que todo israelita a tratasse com justiça. A Bíblia legisla a proteção e o sustento da *almana* e exorta contra sua opressão. Textos proféticos afirmam que o bem-estar da *almana*, do órfão e do *forasteiro indefesos era a medida pela qual Javé determinava a fibra moral de seu povo. A vulnerabilidade e o isolamento da *almana* sugeriram um uso metafórico do termo, e textos proféticos descrevem uma cidade (Babilônia, Jerusalém) ou terra (Israel, Judá) como estando vulneráveis como uma *almana*.

A posição social vulnerável e não convencional da *almana* é evidente também em leis que regulam o sacerdócio. A associação de um *sacerdote com uma dessas mulheres era uma fonte de inquietação. Enquanto Levítico 21.14 permite implicitamente a um sacerdote casar-se com uma *almana* mas proíbe um sumo sacerdote de fazê-lo, em Ezequiel 44.22 não é permitido a nenhum sacerdote casar-se com uma *almana* a menos que ela tenha sido casada antes com um sacerdote. Outra legislação permite que a filha de um sacerdote que é uma *almana* coma à mesa dele.

Pela menção da viúva (gr. *chera*) nos Evangelhos, fica evidente que a existência precária e ameaçada da *almana* hebraica persistiu ao longo do século I d.C. O cristianismo primitivo destacou as viúvas como objeto da assistência social, estabelecendo um meio organizado de zelar por esse grupo de mulheres. Na igreja de Jerusalém, um programa de distribuição de alimentos é especificado. 1 Timóteo menciona uma lista oficial de viúvas com requisitos de elegibilidade que incluem idade e certa conduta religiosa e moral, somados à ausência de um parente responsável.

Paula S. Hiebert

Y

YAHWEH. *Ver* Nomes de Deus no Antigo Testamento.

YAM SUF ("Mar de Juncos"). *Ver* Vermelho, Mar.

Z

ZABULON. Filho de *Jacó e *Lia e uma das doze tribos de Israel. A tribo instalou-se na região da Galiléia entre Aser e *Neftali ao norte e *Manassés e *Issacar ao sul. Zabulon figura com destaque nas guerras dos Juízes. Segundo o Cronista, Zabulon continuou desempenhando um papel importante durante o reinado de *Davi. Membros dessa tribo parecem ter sobrevivido à conquista *assíria. A mulher do rei Josias, Zebida, veio de Ruma, em Zabulon.

A comunidade judaica da *Galiléia no período do Segundo Templo talvez proviesse em parte de Zabulon. Depois da destruição do Segundo Templo, os centros acadêmicos judaicos de estudo situados nessa área foram decisivos para a sobrevivência da tradição judaica.

Gary N. Knoppers

ZACARIAS. Profeta do final do século VI a quem é atribuído o livro de Zacarias.

Zacarias 1-8. Os oito primeiros capítulos do livro contêm o ensinamento de Zacarias numa série de oito visões da noite acompanhadas por oráculos. Estas estão entremeadas entre relatos de sua pregação em 1.1-6 e caps.7-8. Diz-se que, como *Ageu, Zacarias teria profetizado no segundo ano de *Dario da Pérsia (520 a.C.), mas seu ministério estendeu-se até o quarto ano (518 a.C.). Como Ageu, portanto, ele está se dirigindo à comunidade pós-exílica de Judá e procurando encorajá-la em todas as suas frustrações e dificuldades.

Várias visões e oráculos asseguram o povo da iminente ação de Deus em seu favor. Embora a primeira visão, a do cavaleiro, mostre que ainda não é possível ver nada acontecendo, o oráculo vem assegurar que Deus está profundamente preocupado com a prosperidade de *Jerusalém, que ele está prestes a "eleger" novamente e para a qual virá para retomar sua morada. Punirá as nações que destruíram a cidade e levaram seus cidadãos para o exílio, tema também da segunda visão dos "chifres" e dos "ferreiros". A terceira usa a imagem tomada de Segundo Isaías do tamanho ilimitado da cidade restaurada e assegura-lhes que a glória de Deus (sua presença) estará na cidade. Deus os protegerá como o fez quando guiou os israelitas no deserto por meio de uma coluna de fogo. O oráculo que se segue exorta os exilados a retornarem, pois Javé está prestes a residir na cidade a que não só judeus, mas todas as nações, acorrerão. A quarta visão mostra a purificação de Josué, o sumo sacerdote (chamado Jesua em Esdras e Neemias), um sinal de que Deus está agora determinado a perdoar e purificar a comunidade. A quinta sugere uma liderança conjunta de *Zorobabel como governador civil e Josué, e contém a promessa de que Zorobabel completará a reconstrução do *Templo, mas também a advertência de que só o deve fazer em completa confiança no espírito de Deus. As duas visões no cap.5 anunciam a purificação da comunidade restaurada, ao passo que uma visão final, que faz eco à primeira, descreve cavaleiros e carros de combate patrulhando a terra, comunicando que o espírito de Deus está agora em repouso na região norte (tradicionalmente a direção de que vieram os inimigos de Israel por decisão de Deus). Agora, no entanto, eis a paz, não de inação, como na primeira visão, mas da resolução dos problemas do povo pelas ações salvadoras de Deus. A passagem 6.9-15, juntamente com 3.6-10, parece descrever uma situação em que a linhagem sacerdotal assumiu preeminência, enquanto a esperança messiânica prende-se agora a uma figura não nomeada e futura chamada o Rebento.

Os oráculos circundantes contêm advertências contra a repetição dos pecados das gerações pré-exílicas que ignoraram os ensinamentos dos profetas. Reforçam as promessas das visões de uma nova era iminente assegurando aos que duvidam que todos os jejuns lastimosos pela queda de Jerusalém estão prestes a ser substituídos por jubilosos festivais de celebração.

O fato de 1.1-6 e caps.7-8 conterem ecos de alguns dos "sermões" dos livros de Crônicas pode sugerir que o ensinamento de Zacarias foi transmitido por pregação e ensino ao pessoal do Templo pós-exílico. Isso é fortalecido pela presença de ensinamentos sobre assuntos como o verdadeiro jejum, encontrado em outros lugares na literatura pós-exílica. Novamente, oráculos de Zacarias são usados e explicados outra vez em 8.1-8, enquanto 8.9-13 parece ser uma exposição de Ageu 2.15-19. O tom universalista do ensinamento de Zacarias é vigorosa e esplendidamente renovado em 8.20-23.

Zacarias, como Ageu, foi assim lembrado como um profeta que encorajou a comunidade pós-exílica imediata, assegurando-lhe da ação iminente de Deus em termos que fazem eco à pregação de *Ezequiel e Segundo Isaías e usou temas da teologia pré-exílica de *Sião/Davi expressos em muitos salmos. Sua descrição de um messianismo conjunto de líderes civis e religiosos iria reaparecer no ensinamento da comunidade de Qumrã. A forma do ensinamento, numa série de visões, lembra um teste do verdadeiro *profeta na literatura anterior, a saber, que ele havia sido admitido no conselho do céu. A impressão mais forte aqui, contudo, a de que o que está acontecendo na terra é uma projeção do que está acontecendo no céu, sugeriu a alguns que em Zacarias 1-8 temos uma sugestão precoce do apocalipse.

Zacarias 9-14. Em Zacarias 9-14 nenhuma menção é feita à construção do Templo que agora está erguido, nem ao tempo de Dario I, embora haja referência a "Yawan" (literalmente, Jônia) em 9.13. Não há nada correspondente às visões dos caps.1-8 ou ao ensinamento ético de 1.1-6 e caps.7-8. Por estas razões, a maioria dos estudiosos atribui esses capítulos a uma época posterior e a outra mão ou mãos. Características temáticas amplas, contudo, são comuns às duas partes do livro, como um interesse fortemente centrado em Sião, a purificação da comunidade por Deus em preparação para seu ato final de salvação, um acentuado universalismo, o apelo à profecia anterior e uma inquietação com uma liderança verdadeira e apropriada como sinal da nova era. Tudo isso sugere que as últimas partes do livro vêm de círculos que conservavam as tradições do ensinamento de Zacarias.

O material divide-se em linhas gerais em dois tipos: passagens escatológicas, que aspiram ao triunfo de Deus sobre o mal e passagens de controvérsia, em que são feitos veementes ataques aos que são vistos como falsos líderes da comunidade, à maneira de alguns livros proféticos anteriores

Tanta coisa é obscura nesses capítulos que sua interpretação somente pode ser hipotética. A idéia de que eles vêm de uma seita pronunciadamente escatológica que se via em atritos crescentes com o sacerdócio oficial e o Templo, e por isso buscava uma intervenção cada vez mais radical de Deus, explicaria muito do que se vê aqui. Nesse caso, isso significaria que alguns dos fatores que mais tarde deram origem à comunidade de Qumrã já estavam sendo sentidos por aqueles de quem procederam os caps.9-14, talvez no século III a.C.

Rex Mason

ZELOTE. Termo que foi associado a um movimento de revolucionários ativo durante todo o século I d.C. na Palestina romana e portanto durante o tempo do ministério de Jesus. Esses zelotes supostamente desempenham o papel principal na agitação social que acabou por eclodir na Primeira Revolta Judaica contra Roma em 66 d.C. O ensinamento de Jesus, e em particular mensagens como o Sermão da Montanha, foi lido como contrário à defesa, pelos zelotes, da resistência armada e da aniquilação das forças de ocupação e dos administradores romanos. Na verdade, um dos seguidores de Jesus, Simão, era chamado "zelote", mas talvez esse fosse simplesmente um epíteto descritivo, não significando filiação a um grupo organizado.

Recentemente, no entanto, essa reconstrução mais antiga e perturbadoramente bem arrumada dos zelotes pelos estudos especializados sofreu uma reviravolta. A revolta judaica de 66-70 não é vista agora como obra de um grupo existente havia muito chamado os zelotes. Uma leitura muito mais atenta de Josefo revela que esse grupo organizado não existiu durante as seis décadas que antecederam a revolta. Os zelotes só surgiram quando da deflagração da revolta, e então apenas como uma coalizão de grupos populares que buscavam a derrubada de Roma, entre os quais numerosos grupos bandoleiros (gr. *lastai*), sicários ou "bandos do punhal" (terroristas urbanos), bem como grupos liderados por figuras messiânicas e reis populares. A obra pioneira de Richard A. Horsley, em particular seu livro *Bandits, Prophets and Messiahs: Popular Movements at the Time of Jesus* (Nova York, 1985), demonstrou isso com grande clareza. Durante o século I a situação colonial gerada pela dominação romana e exacerbada pela dinastia *Herodiana reinante deu lugar gradativamente a um mal-estar socioeconômico caracterizado por grande endividamento, desemprego, divisão social, crime, banditismo e finalmente revolta; o movimento de Jesus desenvolveu-se nesse contexto, e muitas das falas de Jesus só podem ser compreendidas se situadas nele. Josefo descreve esses males sociais e os movimentos que surgiram na *Galiléia e na Judéia com desdém. "Zelote" tornou-se um termo para descrever a breve coalizão de tais movimentos. Quando a coalizão fragmentou-se, alguns grupos foram para Massada, no sul, para esperar o desfecho da luta, alguns se mataram uns aos outros e outros lutaram contra os romanos até a morte. Não houve, portanto, nenhum grupo único monolítico chamado os zelotes com o qual outras perspectivas possam ser facilmente confrontadas.

J. Andrew Overman

ZOROBABEL. Nome, que significa "rebento da Babilônia", de um descendente de *Davi que retornou do exílio babilônio (Esdras 2.2) para se tornar governador da província persa de Yehud (Judá) sob *Dario I (522-486 a.C.). Era neto de Joaquin (Jeconias), o rei exilado de Judá. Zorobabel e Josué, o sumo sacerdote, foram responsáveis pela conclusão da reconstrução do *Templo. Esperanças de restauração da nação foram provavelmente associadas a ele por causa de sua genealogia. Ageu 2.23 o chama de "servo de Javé" e aquele que foi por ele "escolhido". O profeta Zacarias menciona um "rebento", o que pode se referir também a Zorobabel. Embora a reconstrução do Templo só tenha sido iniciada em 520 a.C. e concluída em 515 a.C., não há menção a Zorobabel em sua dedicação. É possível que ele tenha sido removido do poder pelas autoridades persas por causa da ameaça de rebelião em Yehud. Zorobabel figura nas genealogias de Jesus em Mateus 1 e Lucas 3.

Russell Fuller

BIBLIOGRAFIA

Para auxiliar os leitores, os editores prepararam esta bibliografia de alguns livros importantes e úteis disponíveis em inglês sobre a Bíblia.

Introduções críticas. Estas obras fornecem sumários da pesquisa especializada moderna sobre a formação da Bíblia desde as menores unidades literárias até o arranjo canônico final, bem como um ponto de partida bibliográfico.

Childs, Brevard S. *Introduction to the Old Testament as Scripture.* Filadélfa: Fortress, 1979.

_____. *The New Testament as Canon: An Introduction.* Filadélfia: Fortress, 1985.

Collins, Raymond F. *Introduction to the New Testament.* Garden City, NY: Doubleday, 1983.

Hayes, John H. *An Introduction to Old Testament Study.* Nashville, Tenn.: Abingdon, 1979.

Koester, Helmut. *Introduction to the New Testament,* vol.2: *History and Literature of Early Christianity.* 2ª ed. Nova York: de Gruyter, 2000.

Kümmel, Werner G. *Introduction to the New Testament.* Ed. rev. e amp. Nashville, Tenn.: Abingdon, 1966.

Introduções populares. Estas obras são freqüentemente usadas como textos em cursos de graduação e fornecem interessantes descrições do desenvolvimento da Bíblia e da história do mundo bíblico.

Alter, Robert, e Frank Kermode. *The Literary Guide to the Bible.* Cambridge, Mass.: Belknap, 1987.

Anderson, Bernard W. *Understanding the Old Testament.* 4ª ed. abr. Englewood Cliffs, NJ: Prentice-Hall, 1998.

Barr, David L. *New Testament Story: an Introduction.* 2ª ed. Belmont, Calif.: Wadsworth, 1995.

Court, John M. e Kathleen M. Court. *The New Testament World.* Englewood Cliffs, NJ: Prentice-Hall, 1990.

Crenshaw, James L. *Old Testament Story and Faith: A Literary and Theological Introduction.* Peabody, Mass.: Hendrickson, 1992 (reimp. da ed. de 1986).

Duling, Dennis C., e Norman Perrin. *The New Testament: Proclamation and Parenesis, Myth and History.* 3ª ed. Forth Worth, Tex.: Harcourt Brace, 1994.

Ehrman, Bart D. *The New Testament: A Historical Introduction to the Early Christian Writings.* 2ª ed. Nova York: Oxford University Press, 1999.

Freed, Edwin D. *The New Testament: A Critical Introduction.* 3ª ed. Belmont, Calif.: Wadsworth, 2000.

Gottwald, Norman K. *The Hebrew Bible: A Socio-Literary Introduction.* Filadélfia: Fortress, 1985.

Harrington, Daniel J. *Interpreting the New Testament: A Practical Guide.* Collegeville, Minn.: Liturgical, 1990.

Harris, Stephen L. *The New Testament: A Student's Introduction.* 3ª ed. Mountain View, Calif.: Mayfield, 1998.

Johnson, Luke T. *The Writings of the New Testament: An Interpretation.* Ed. rev. Minneapolis, Minn.: Fortress, 1999.

Kee, Howard C. *Understanding the New Testament.* 5ª ed. Englewood Cliffs., NJ: Prentice-Hall, 1993.

Metzger, Bruce M. *The New Testament: Its Background Growth, and Content.* 2ª ed. ampl. Nashville, Tenn.: Abingdon, 1983.

Rendtforff, Rolf. *The Old Testament: An Introduction*. Filadélfia: Fortress, 1986.

Rogerson, John W., e Philip Davies. *The Old Testament World*. Englewood Cliffs, NJ: Prentice-Hall, 1989.

Sandmel, Samuel: *The Hebrew Scriptures: An Introduction to their Literature and Religious Ideas*. Nova York: Oxford University Press, 1978.

História

Bickerman, Elias J. *The Jews in the Greek Age*. Cambridge, Mass.: Harvard University Press, 1988.

Bright, John. *A History of Israel*. 4ª ed. Louisville, Ky: Westminster John Knox, 2000.

Cohen, Shaye J.D. *From the Maccabees to the Mishná*. Filadélfia: Westminster, 1987.

Coogan, Michael D. (org.). *The Oxford History of the Biblical World*. Nova York: Oxford University Press, 1998.

Edwards, I.E.S., (org.). *The Cambridge Ancient History*. 3ª ed. Londres: Cambridge University, 1970-.

Herrmann, Siegfried. *A History of Israel in Old Testament Times*. 2ª ed. Filadélfia: Fortress, 1982.

Jagersma, Henk. *A History of Israel in the Old Testament Period*. Filadélfia: Trinity, 1983.

_____. *A History of Israel from Alexander the Great to Bar Kochba*. Filadélfia: Fortress, 1986.

Koester, Helmut. *Introduction to the New Testament*, vol.1: *History, Culture and Religion of the Hellenistic Age*. 2ª ed. Nova York: de Gruyter, 1995.

Miller, J. Maxwell, e John H. Hayes. *A History of Ancient Israel and Judah*. Filadélfia: Westminster, 1986.

Safrai, Shmuel, e Menahem Stern (orgs.). *The Jewish People in the First Century: Historical Geography, Political History, Social, Cultural and Religious Life and Institutions*. 2 vols. Filadélfia: Fortress, 1972, 1976.

Schürer, Emil. *The History of the Jewish People in the Age of Jesus Christ*. 4 vols. Rev. e org. por Geza Vermes e Fergus Millar. Edimburgo: T. and T. Clark, 1973-87.

Shanks, Hershel, (org.). *Ancient Israel: A Short History from Abraham to the Roman Destruction of the Temple*. Ed. rev. Washington, DC: Biblical Archaeology Society, 1999.

_____ (org.). *Christianity and Rabbinic Judaism: A Parallel History of Their Origins and Early Development*. Washington, DC: Biblical Archaeology Society, 1992.

Soggin, J. Alberto. *An Introduction to the History of Israel and Judah*. 2ª ed. Valley Forge, Penn.: Trinity, 1993.

de Vaux, Roland. *The Early History of Israel*. Filadélfia: Westminster, 1978.

Textos não-bíblicos. Estas antologias e resumos padrão fornecem introduções às literaturas do Oriente Próximo antigo, dos vizinhos greco-romanos da antiga Israel e do cristianismo em seus primórdios, bem como a escritos antigos judaicos e cristãos não incluídos no cânone.

Barrett, C.K. (org.). *The New Testament Background: Selected Documents*. Ed. rev. São Francisco: Harper and Row, 1989.

Cameron, Ron (org.). *The Other Gospels: Non-Canonical Gospel Texts*. Filadélfia: Westminster, 1982.

Charlesworth, James H. (org.). *The Old Testament Pseudepigrapha*. 2 vols. Garden City, NY: Doubleday, 1983, 1985.

Coogan, Michael D. *Stories from Ancient Canaan*. Filadélfia: Westminster, 1978.

Hallo, William W., e K. Lawson Younger (orgs.). *The Context of Scripture*. 2 vols. Leiden, Neth.: Brill, 1997, 1999.

Miller, Robert J. (org.). *The Complete Gospels: Annotated Scholars Version*. Ed. rev. Sonoma, Calif.: Polebridge, 1995.

Nickelsburg, George W.E. *Jewish Literature between the Bible and the Mishná: A His-*

torical and Literary Introduction. Filadélfia: Fortress, 1981.

Pritchard, James B. (org.). *Ancient Near Eastern Texts Relating to the Old Testament [ANET]; The Ancient Near East in Pictures Relating to the Old Testament [ANEP]*. Ed. rev. Princeton: Princeton University, 1969. (Há uma versão abreviada de ambos: *The Ancient Near East: An Anthology of Texts and Pictures [ANETP]*, 2 vols., 1958, 1975.)

Robinson, James M. (org.). *The Nag Hammadi Library in English*. Ed. rev. São Francisco: HarperCollins, 1988.

Schneemelcher, Wilhelm (org.). *New Testament Aprocrypha*. Org. Robert McL. Wilson. 2 vols. Nashville: Westminster/John Knox, 1991 (1965).

Sparks, H.F.D. (org.). *The Apocryphal Old Testament*. Oxford: Clarendon, 1984.

Stone, Michael E. (org.). *Jewish Writings of the Second Temple Period: Apocrypha, Pseudepigrapha, Qumran, Sectarian Writings, Philo, Josephus*. Filadélfia: Fortress, 1984.

Vermes, Geza. *The Complete Dead Sea Scrolls in English*. Nova York: Allen Lane, 1997.

Arqueologia

Aharoni, Yohanan. *The Archaeology of the Land of Israel*. Filadélfia: Westminster, 1982.

Ben-Tor, Amnon (org.). *The Archaeology of Ancient Israel*. New Haven: Yale University, 1991.

Kenyon, Kathleen M. *The Bible and Recent Archaeology*. Ed. rev. por P.R.S. Moorey. Atlanta: John Knox, 1987.

Mazar, Amihai. *Archaeology of the Land of the Bible: 10,000-586 B.C.E.* Nova York: Doubleday, 1990.

Meyers, Eric M. (org.). *The Oxford Encyclopedia of Archaeology in the Near East*. 5 vols. Nova York: Oxford University, 1997.

Stern, Ephraim (org.). *The New Encyclopedia of Archaeological Excavations in the Holy Land*. 4 vols. Nova York: Simon and Schuster.

Stillwell, Richard et al. (orgs.). *The Princeton Encyclopedia of Classical Sites*. Princeton: Princeton University, 1976.

Wilkinson, John. *The Jerusalem Jesus Knew: An Archaeological Guide to the Gospels*. Nova York: Thomas Nelson, 1983.

Geografia

Aharoni, Yohanan. *The Land of the Bible: A Historical Geography*. Ed. rev. Filadélfia: Westminster, 1979.

Aharoni, Yohanan e Michael Avi-Yonah. *The Macmillan Bible Atlas*. 3ª ed. Nova York: Macmillan, 1992.

Baly, Denis. *The Geography of the Bible*. Ed. rev. Nova York: Harper and Row, 1974.

May, Herbert G. *Oxford Bible Atlas*. 3ª ed. rev. por John Day. Nova York: Oxford University, 1984.

Orni, Ephraim, e E. Ephrat. *Geography of Israel*. 4ª ed. Jerusalém: Israel Universities, 1980.

Pritchard, James B. *The Harper Atlas of the Bible*. Nova York: Harper and Row, 1987.

Religião e sociedade. Todas as obras seguintes são importantes contribuições ao estudo da religião, literatura e cultura israelitas, judaicas e cristãs primitivas. Embora a discussão seja freqüentemente técnica, elas recompensam uma leitura séria.

Albertz, Rainer. *A History of Israelite Religion in the Old Testament Period*. 2 vols. Louisville: Westminster John Knox, 1994.

Cross, Frank Moore. *Canaanite Myth and Hebrew Epic: Essays in the History of the Religion of Israel*. Cambridge, Mass.: Harvard University, 1973.

Kaufmann, Yehezkel. *The Religion of Israel from Its Beginning to the Babylonian Exile*. Chicago: University of Chicago, 1960.

Kraemer, Ross Shepard. *Her Share of the Blessings: Women's Religions among Pagans, Jews and Christians in the Greco-Roman World.* Nova York: Oxford University, 1992.

Kraus, Hans-Joachim. *Worship in Israel: A Cultic History of the Old Testament.* Richmond, Va.: John Knox, 1966.

Noth, Martin. *A History of Pentateuchal Traditions.* Trad. Bernhard W. Anderson. Englewood Cliffs, NJ: Prentice-Hall, 1972.

Sandmel, Samuel. *Judaism and Christian Beginnings.* Nova York: Oxford University, 1978.

Segal Alan F. *Rebecca's Children: Judaism and Christianity in the Roman World.* Cambridge, Mass.: Harvard University, 1986.

Schiffman, Lawrence H. *From Text to Tradition: A History of Second Temple and Rabbinic Judaism.* Hoboken, NJ: Ktav, 1991.

Stambaugh, John E., e David L. Balch. *The New Testament in Its Social Environment.* Filadélfia: Westminster, 1986.

de Vaux, Roland. *Ancient Israel: Its Life and Institutions.* Nova York: McGraw-Hill, 1965.

Weber, Max. *Ancient Judaism.* Nova York: Free Press, 1952.

Teologia bíblica

Botterweck, G. Johannes, e Helmer Ringgren (orgs.). *Theological Dictionary of the New Testament.* Grand Rapids, Mich.: Eerdmans, 1977-.

Bultmann, Rudolf. *Theology of the New Testament.* Nova York: Scribner's, 1955.

Childs, Brevard S. *Biblical Theology of the Old and the New Testament: Theological Reflection on the Christian Bible.* Minneapolis: Fortress, 1993.

Conzelmann, Hans. *An Outline of the Theology of the New Testament.* Nova York: Harper and Row, 1969.

Eichrodt, Walther. *Theology of the Old Testament.* 2 vols. Filadélfia: Westminster, 1961-67.

Frediksen, Paula. *From Jesus to Christ: The Origins of New Testament Images of Jesus.* New Haven: Yale University, 1988.

Fuller, Reginald H. *The Foundations of New Testament Christology.* Nova York: Scribner's, 1965.

Hanson, Paul D. *The People Called: The Growth of Community in the Bible.* São Francisco: Harper and Row, 1986.

Kittel, Gerhard, e Gerhard Friedrich (orgs.). *Theological Dictionary of the New Testament.* Grand Rapids, Mich.: Eerdmans, 1985.

Levenson, Jon D. *The Hebrew Bible, the Old Testament, and Historical Criticism.* Louisville, Ky.: Westminster/John Knox, 1993.

von Rad, Gerhard. *Old Testament Theology.* 2 vols. Nova York: Harper and Row, 1962-65.

Wright, G. Ernest. *God Who Acts: Biblical Theology as Recital.* Chicago, Ill.: Regnery, 1952.

Metodologia. Uma série de úteis "Guides to Biblical Scholarship" é publicada pela Fortress Press (Minneapolis). Investigações mais detalhadas são encontradas em três volumes sobre "a Bíblia e seus intérpretes modernos" publicados pela Society of Biblical Literature and Scholars Press (Atlanta); são eles:

Knight, Douglas A., e Gene M. Tucker (orgs.). *The Hebrew Bible and Its Modern Interpreters.* 1985

Kraft, Robert A., e George W. E. Nickelsburg (orgs.). *Early Judaism and Its Modern Interpreters.* 1986.

Epp, Eldon Jay, e George W. MacRae (orgs.). *The New Testament and Its Modern Interpreters,* 1989.

Crítica textual

Aland, Kurt, e Barbara Aland. *The Text of the New Testament: An Introduction to the*

Critical Editions and to the Theory and Practice of Modern Textual Criticism. 2ª ed. Grand Rapids, Mich.: Eerdmans, 1989.

Metzger, Bruce M. *The Text of the New Testament: Its Transmission, Corruption, and Restoration*. 3ª ed. Nova York: Oxford University, 1992.

Tov, Emanuel. *Textual Criticism of the Hebrew Bible*. Minneapolis: Fortress, 1992.

História da interpretação. Além dos artigos em *ABD*, *IDB* e *IDBSup* (ver o próximo tópico), bons pontos de partida são:

Baird, William. *History of New Testament Research*, vol.1: *From Deism to Tübingen*. Minneapolis: Fortress, 1992.

Coggins, R.J. e J.L. Houlden. *A Dictionary of Biblical Interpretation*. Filadélfia: Trinity, 1990.

Greenslade, S.L. et al. *The Cambridge History of the Bible*. 3 vols. Cambridge University, 1963-1970.

Hayes, John H. *Dictionary of Biblical Interpretation*. 2 vols. Nashville, Tenn.: Abingdon, 1999.

Kümmel, Werner Georg. *The New Testament: The History of the Investigation of Its Problems*. Nashville: Abingdon, 1972.

Kugel, James L., e Rowan A. Greer. *Early Biblical Interpretation*. Filadélfia: Westminster, 1986.

Morgan, Robert, e John Barton. *Biblical Interpretation*. Nova York: Oxford University, 1988.

Neill, Stephen, e N.T. Wright. *The Interpretation of the New Testament, 1861-1986*. 2ª ed. Nova York: Oxford University, 1988.

Orlinsky, Harry M., e Robert G. Bratcher. *A History of Bible Translation and the North American Contribution*. Atlanta: Scholars, 1991.

Referência

Dicionários enciclopédicos. Entre os muitos dicionários da Bíblia disponíveis, estes são alguns dos melhores e mais recentes. Todos fornecem ampla bibliografia para leituras adicionais.

Achtemeier, Paul J. (org.). *The HarperCollins Bible Dictionary*. São Francisco: HarperSanFrancisco, 1996.

Buttrick, George A. (org.). *The Interpreter's Dictionary of the Bible [IDB]*, 4 vols., com *Supplementary Volume [IDBSup]* (org. K. Crim). Nashville: Abingdon, 1963, 1976.

Freedman, David Noel et al. (orgs.). *The Anchor Bible Dictionary [ABD]*. Nova York: Doubleday, 1992.

_____ (org.). *Eerdmans Dictionary of the Bible*. Grand Rapids, Mich.: Eerdmans, 2000.

Mills, Watson E. (org.). *Mercer Dictionary of the Bible*. Macon Ga.: Mercer University, 1990.

Comentários concisos

Anderson, Bernhard W. (org.). *The Books of the Bible*. 2 vols. Nova York: Scribner's, 1989.

Brown, Raymond E. et al. (orgs.). *The New Jerome Biblical Commentary*. Englewood Cliffs, NJ: Prentice Hall, 1990.

Laymon, Charles M. (org.). *The Interpreter's One Volume Commentary on the Bible*. Nashville: Abingdon, 1971.

Mays, James L. (org.). *The HarperCollins Bible Commentary*. São Francisco: HarperSanFrancisco, 2000.

Newsom, Carol A., e Sharon H. Ringe (orgs.). *The Women's Bible Commentary*. Ed. amp. Louisville: Westminster John Knox, 1997.

Outras obras de referência úteis. Estas enciclopédias mais gerais têm grande número de artigos sobre a Bíblia e a tópicos relacionados.

Eliade, Mircea et al. (orgs.). *The Encyclopedia of Religion*. Nova York: Macmillan, 1987.

Roth, Cecil (org.). *Encyclopaedia Judaica*. Nova York: Macmillan, 1972.

Bibliografias

Fitzmyer, Joseph A. *An Introductory Bibliography for the Study of Scripture.* 3ª ed. Roma: Pontifical Biblical Institute, 1990.

Harrington, Daniel J. *The New Testament: A Bibliography.* Wilmington, Del.: Michael Glazier, 1985.

Stuart, Douglas. *Old Testament Exegesis: A Prime for Students and Pastors.* 2ª ed. Filadélfia: Westminster, 1984.

Zannoni, Arthur E. *The Old Testament: A Bibliography.* Collegeville, Minn.: Liturgical, 1992.

ÍNDICE REMISSIVO

* Nota: Em entradas com múltiplas referências de página, os números de página em **negrito** referem-se à entrada principal.

MAPAS DA BÍBLIA

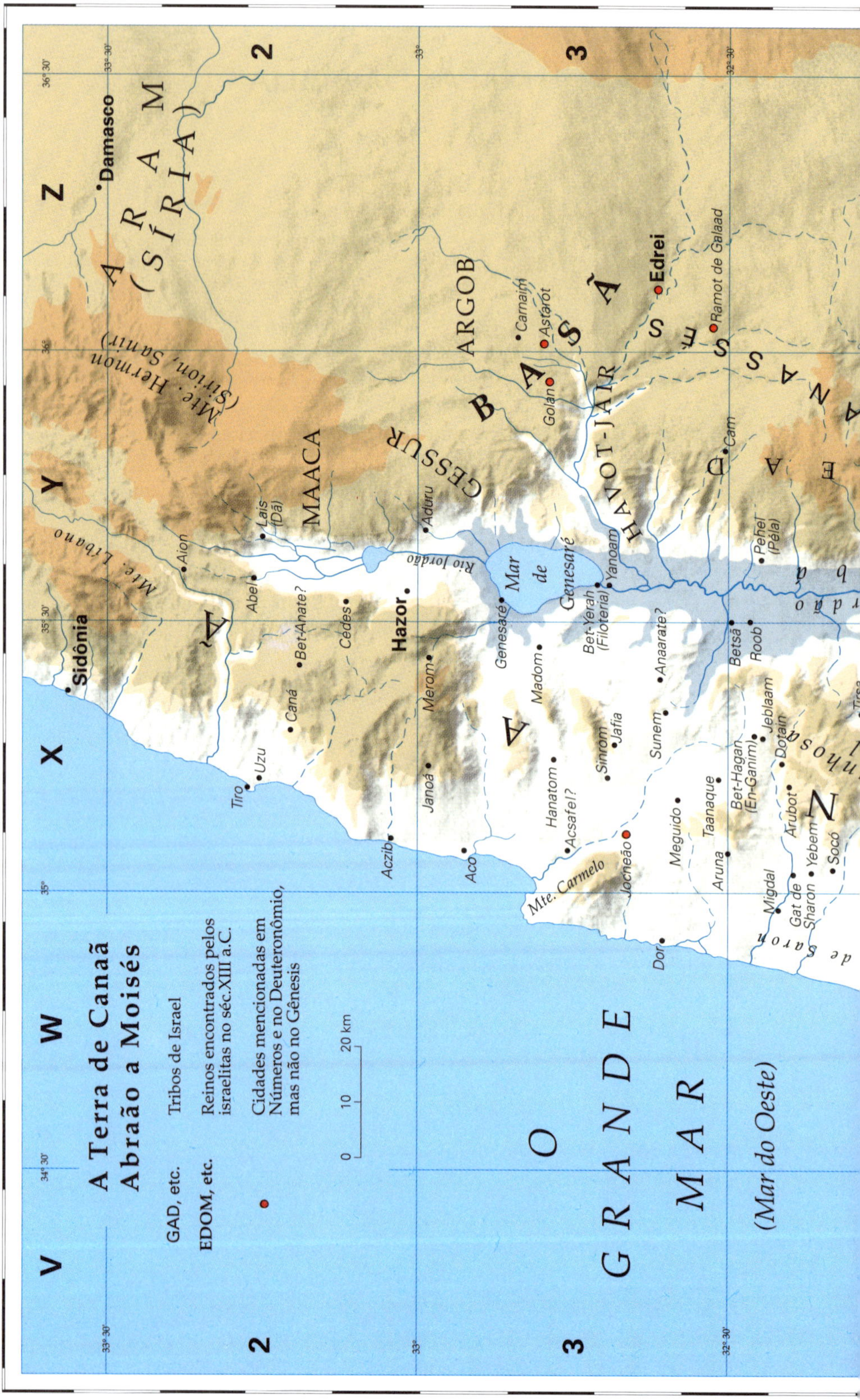
A Terra de Canaã
Abraão a Moisés
GAD, etc. Tribos de Israel
EDOM, etc. Reinos encontrados pelos israelitas no séc. XIII a.C.
Cidades mencionadas em Números e no Deuteronômio, mas não no Gênesis
0 10 20 km
O GRANDE MAR
(Mar do Oeste)
V
W
X
Y
Z
2
3
Damasco
ARAM (SÍRIA)
Mte. Hermon (Sirion, Sanir)
Mte. Líbano
Sidônia
Aion
Abel
Lais (Dã)
MAACA
GESSUR
ARGOB
BASÃ
Carnaim
Astarot
Golan
Edrei
Ramot de Galaad
HAVOT-JAIR
Aduru
Rio Jordão
Mar de Genesaré
Genesaré
Yanoam
Bet-Yerah (Filotéria)
Hazor
Cédes
Bet-Anate?
Caná
Merom
Madom
Tiro
Uzu
Aczib
Janoá
Aco
Hanatom
Acsafel?
Sinrom
Jafia
Anaarate?
Sunem
Mte. Carmelo
Jocneão
Meguido
Taanaque
Aruna
Bet-Hagan (En-Ganim)
Jeblaam
Dotain
Arubot
Yebem
Socó
Migdal
Gat de Sharon
Dor
Betsã
Roob
Pehel (Péla)
Cam
Tirsa

AMOM
GAD
RÚBEN
AMOM
MOAB
EDOM
Rabá
Jegbaa
Maanaim
Jazar
Bet-Ninra
Planícies de Moab
Abel-Sitim (Setim)
Eleale
Bezer?
Hesbom
Mte. Nebo
Mtes. de Abarim
Fasga
Madaba
Cariataim
Baal-Meon (Beon)
Graciosa
Cedimot?
Aroer
Dibon
Atarot
Rio Nahaliel
Rio Arnon
Ar
Bad ed-Dra
Numeira
Es-Safi
Zoar
Feifa
(Canazir)
Riacho Zered
Possível localização das cidades de Sodoma, Gomorra, Admá, Seboim e Zoar no Vale do Sidim
© Oxford University Press
Bet-Jesimote
Guilgal
Jericó
Mar Morto (Mar de Arabá)
Jerusalém (Salém)
Belém (Efrata)
Região Montanhosa de Judá
Gibeon
Ai
Betel (Luza)
Bet-Horon
Aijalon
Bet-Sames
Timná
Adulam
Mamre
Hebron (Cariat-Arba)
Bet-Tafua
Ceila
Casib
Socó
Gat?
Laquis
Gazer
Ecron
Sefelá (Baixada)
Região de
Afec
Ono
Lod
Jope
Bet-Dagon
Azoto
Ascalão
Gaza
Bet-Eglaim (Eglaim)
Eglon?
Ziclague?
Gerar
Yurza
Saruém
Debir
ARAD?
Arad?
Moladá
Hormá
Aroer
Bersabéia
Neguebe
Roobot-Ir
Zif
Asason-Tamar (30° 48'N)
Subida dos Escorpiões
BORDA EXTERIOR MOSTRA SUBDIVISÕES DE 16 KM
32°
31° 30'
31°
34° 30'
35°
35° 30'
36°
36° 30'
5
6
7
V
W
X
Y
Z

MAPA 2

BORDA EXTERIOR MOS

S
T
U
MAR
te)
1
2
3
4
Betel
Ai
Rabá
Gazer
CANAÃ
Planície da Filistéia
Setim
Jericó
Hesbom
Azoto
Jerusalém
Mte. Nebo
Azecá
Mádaba
Libna?
Laquis
Mar Morto
(Mar de Arabá)
Hebron
Dibon
Gaza
Rio Arnon
Jutá
Rafia
Gerar
Debir
MOAB
ARAD?
Bersabéia
Hormá
Arad?
Kir-Hareset
Negueb
steus
Riacho do Egito
Deserto de Zin
Asason-Tamar
Sur
Caminho para Sur
Benê-Jacã (Berot)
Sela
Bosra
Asemona
Hazar-Adar
Punam
Cades Barne (Meribá)
Obot
Mte. Sinai? (Horeb) (Jebel Helal)
Êxodo
EDOM
Linha de fortalezas fronteiriças
Deserto de Paran
Arabá
A Estrada Real
Rota alternativa do Êxodo
Asiongaber (Elat)
SINAI
Mar Vermelho (Golfo de Ácaba)
eserto de Sin?
MADIÃ
© Oxford University Press
Mte. Sinai (Horeb)? (Jebel Musa)
DIVISÕES DE 32 KM

Israel em Canaã
Josué a Samuel e Saul
ASER, etc. Tribos de Israel
cidades do Refúgio
cidades filistéias
0 10 20 km
V
W
X
Y
Z
2
3
33° 30'
33°
32° 30'
34° 30'
35°
35° 30'
36°
36° 30'
O GRANDE MAR (Mar do Oeste)
Damasco
Sidônia
Tiro
Alabe
Mte. Hermon
Mte. Líbano
Vale do Líbano
Baal-Gad?
Bet-Roob
Dã (Laís)
DÃ
Cedes
Hazor
Rio Jordão
Genesaré
Mar de Genesaré
Emat
Lacum
Águas de Merom
Merom
Yiron
Bet-Anate?
NAFTALI
ASER
ZEBULOM
ISSACAR
Maserefot-Maim
Abdon
Aczib
Aco
Reobe
Cabul
Afic
Naalal
Acsafel?
Hanatom
Belém
Rimom
Madom
Sinrom
Haroset-Goim
Mte. Carmelo
Jocneão
Morro de Moré
Mte. Tabor
En-Dor
Rio Quison
Sunem
Ber
Vale do Jezreel
Jezrael
Meguido
Taanaque
En-Ganim (Bet-Hagan)
Jeblaam
Mte. Gelboé
Betsã
Bezec
Tebez
Tirsa
Montanhas de Israel
Naftá-dor
Dor
Héfer?
Socó
MANASSÉS
Abel-Mecola
Jabés-Galaad
Tebat?
Camon?
HAVOT-JAIR
BASÃ
Golan
Astarot
Edrei
Tob
Ramot de Galaad
Jordão

© Oxford University Press

Os Reinos de Israel e Judá
ISRAEL, JUDÁ Reinos hebreus
ASER, etc. Áreas tribais
SÍRIA, etc. Non-Israelite peoples
Fronteira aproximada entre Israel, Judá e Filistéia
0 10 20 km
V W X Y Z
2 3
O GRANDE MAR (Mar do Oeste)
SÍRIA (ARAM)
SOBÁ
Damasco
Rio Abana
Rio Farfar
Entrada para Hamat
Mte. Líbano
Mte. Hermon
BASÃ
HAURAN
MANASSÉS
HAVOT-JAIR
SIDÔNIOS
Sidônia
Zareptá
Tiro
Aion
Dã
Abel-Bet-Maacá (Abel-Maim)
Cedes
Hazor
Rio Jordão
Mar de Genesaré
Genesaré
NAFTALI
GALILÉIA
ZEBULOM
ASER
ISSACAR
Yiron
Merom
Janoá
Aco
Rumá
Hanatom
Gat-Héfer
Mte. Tabor
Vale do Jezrael
Sunem
Jezrael
Meguido
Taanaque
Rio Quison
Mte. Carmelo
Jocneão
Dor
Carnaim
Astarot
Afec
Edrei
Ramot de Galaad
Bet-Arbel
Tisbe
Riacho Carit
Abel-Meolá
Bet-Hagan
Jeblaam
Dotain
Yazith
Tirsa
Samaria
Socó
Borim
Saron
ISRAEL

Jope
Gat (Getaim)
Gamzo
Bet-Horon
Aialon
Zeredá
Baal-Salisa
Tafua
Silo
Jesana
Efrom
Ai
Betel
Baal-Hasor
Mizpá
Zemaraim
Gaba
Ramá
Gabaá
Anatot
Jerusalém
Midim
Jericó
Guilgal
Vale de Acor
Secacá?
Nibsã?
Cidade do Sal?
Riacho de Cedron
Jabneel (Jabne)
Mte. Baalá
Baalate?
Siquerom
Gibetom
Ecron
Timná
Saará
Bet-Sames
Azeca
Socó
Adulam
Libna
Maresa
Laquis
Gat?
Azoto
Vale do Zafata
Ascalão
Gaza
Yurza
Saruém
Rafia
Gerar
Riacho Besor
Belém
Etam
Técua
Bet-Zur
Seir
Hebron
Adoraim
Zif
Carmelo
Engadi
Subida de Zis
Vale de Beraca
Deserto da Judéia
Grande Arad
Arad de Bet-Ieroham?
Gerara
Bersabéia
Vale do Sal
Zoar
Asason-Tamar
(30° 48')
(30° 48'N)
Hesbom
Bezer? (Bosra?)
Rabá
Nebo
Cariataim
Mádaba
Bet-Maon (Baal-Meon)
Bet-Diblataim
Jahaz?
Baal-Peor
Atarot
Rio Nahaliel
Dibon
Aroer
Rio Arnom
Kir-Hareset
Águas de Nemrim
Riacho Zered
Rio Jaboc
Maanaim
Mar de Arabá (Mar Morto)
Arabá
EFRAIM
BENJAMIM
JUDÁ
SIMEÃO
FILISTÉIA
Sefelá (Baixada)
Negueb
GALAADE
MOABE
EDOM
Planície
5
6
7
V
W
X
Y
Z
32°
31° 30'
31°
34° 30'
35°
35° 30'
36°
36° 30'
© Oxford University Press
BORDA EXTERIOR MOSTRA SUBDIVISÕES DE 16 KM

D
E
F
2
3
4
5
6
Mar Negro
Rio Sangarius
FRÍGIA
Górdio
Gomer
(Gimarrai)
Mosoc
(Musqui)
LÍDIA
Rio Hermus
Sardes
Safarad)
Rio Halys
Usiana
Tubal
(Tabal)
Rio Meandro
JAVÃ
Musri
CILÍCIA
(QUILACU)
Cue
Creta
(Cáftor)
Rodes
Chipre
(Iadana)
Rio Orontes
HATINA
O Grande Mar
(Mar Superior, Mar do Oeste)
Arvad
Riblá
Cades
Gebal (Biblos)
Beritus
Líbano
Lebo-Emat
Helbon
Sidônia
Tiro
Ussu
Aco
Hauran
ISRAEL
Samaria
Jerusalém
AMON
JUDÁ
MOAB
Rafia
Gaza
Sela
EDOM
Líbia
Saís
Zoan
(Tânis)
Pelúsio
Táfnis
Migdol
Atribis
Mênfis
(Nof)
Heliópolis
(On)
Sinai
Asiongaber
(Elat)
EGITO
Hermópolis
Rio Nilo
Licópolis
(Siut)
Mar Vermelho
Tebas
Siene
ETIÓPIA
E
F
G

O Oriente Próximo
no tempo do
Império Assírio
Extensão aproximada do domínio assírio
no final do século VIII
Mais tarde, no reino de Esaradon (681-669), a Assíria conquistou o Egito
0 100 200 km
DIVISÕES DE 160 KM
© Oxford University Press
ARARAT
(URARTU)
Lago Van
Turuspa
(Tuspar)
Nairi
Lago Urmia
Meni
(Manai)
ASSÍRIA
Harã
Gozan
Dur-Sarrucin
Nínive
Calá
Alto Zab
Arbela
Baixo Zab
Assur
Arrapca
Rio Habor
Rezef
Rio Tigre
Rio Adaim
Rio Diala
Rio Eufrates
Ecbatana
MADAI
(MEDOS)
Mar Cáspio
Sippar
Cutá
Babilônia
Borsipa
Fadud
(Puqudu)
Susa
ELAM
Nipur
BABILÔNIA
Arac
(Uruc)
Larsa
Ur
ARÁBIA
Dumá
Mar Inferior (Mar do Leste)
OFIR
H
J
K
2
3
4
5
6

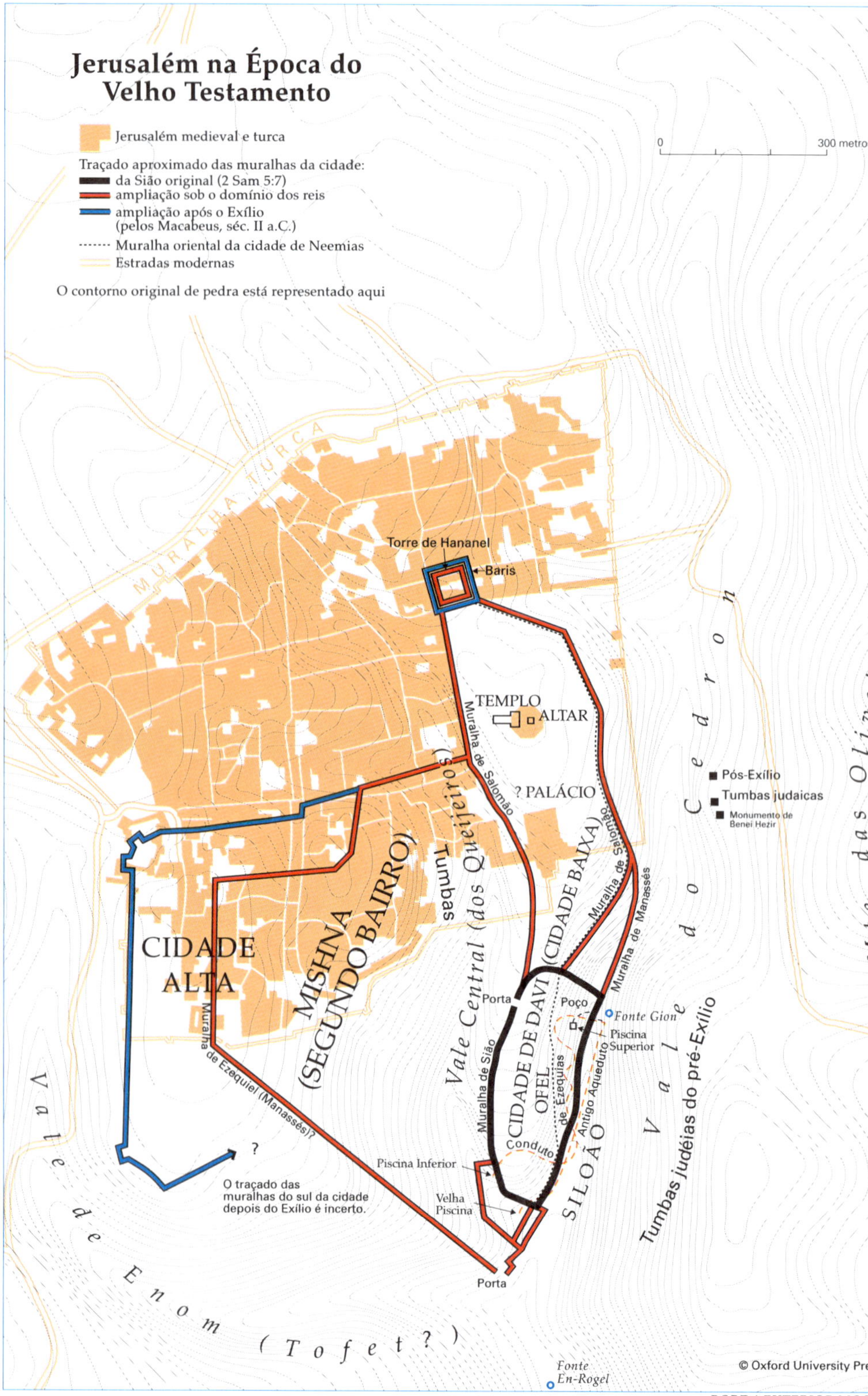
Jerusalém na Época do Velho Testamento
Jerusalém medieval e turca
Traçado aproximado das muralhas da cidade:
da Sião original (2 Sam 5:7)
ampliação sob o domínio dos reis
ampliação após o Exílio (pelos Macabeus, séc. II a.C.)
Muralha oriental da cidade de Neemias
Estradas modernas
O contorno original de pedra está representado aqui
0
300 metros
MURALHA TURCA
Torre de Hananel
Baris
TEMPLO
ALTAR
? PALÁCIO
Muralha de Salomão
Muralha de Salomão
Muralha de Manassés
Tumbas
Vale Central (dos Queijeiros)
CIDADE BAIXA
CIDADE DE DAVI
OFEL
Porta
Poço
Fonte Gion
Piscina Superior
Túnel de Ezequias
Antigo Aqueduto
Conduto
SILOÃO
Muralha de Sião
CIDADE ALTA
MISHNA (SEGUNDO BAIRRO)
Muralha de Ezequiel (Manassés)?
?
O traçado das muralhas do sul da cidade depois do Exílio é incerto.
Piscina Inferior
Velha Piscina
Porta
Vale de Enom (Tofet?)
Vale do Cedron
Pós-Exílio
Tumbas judaicas
Monumento de Benei Hezir
Tumbas judéias do pré-Exílio
Fonte En-Rogel
© Oxford University Pre

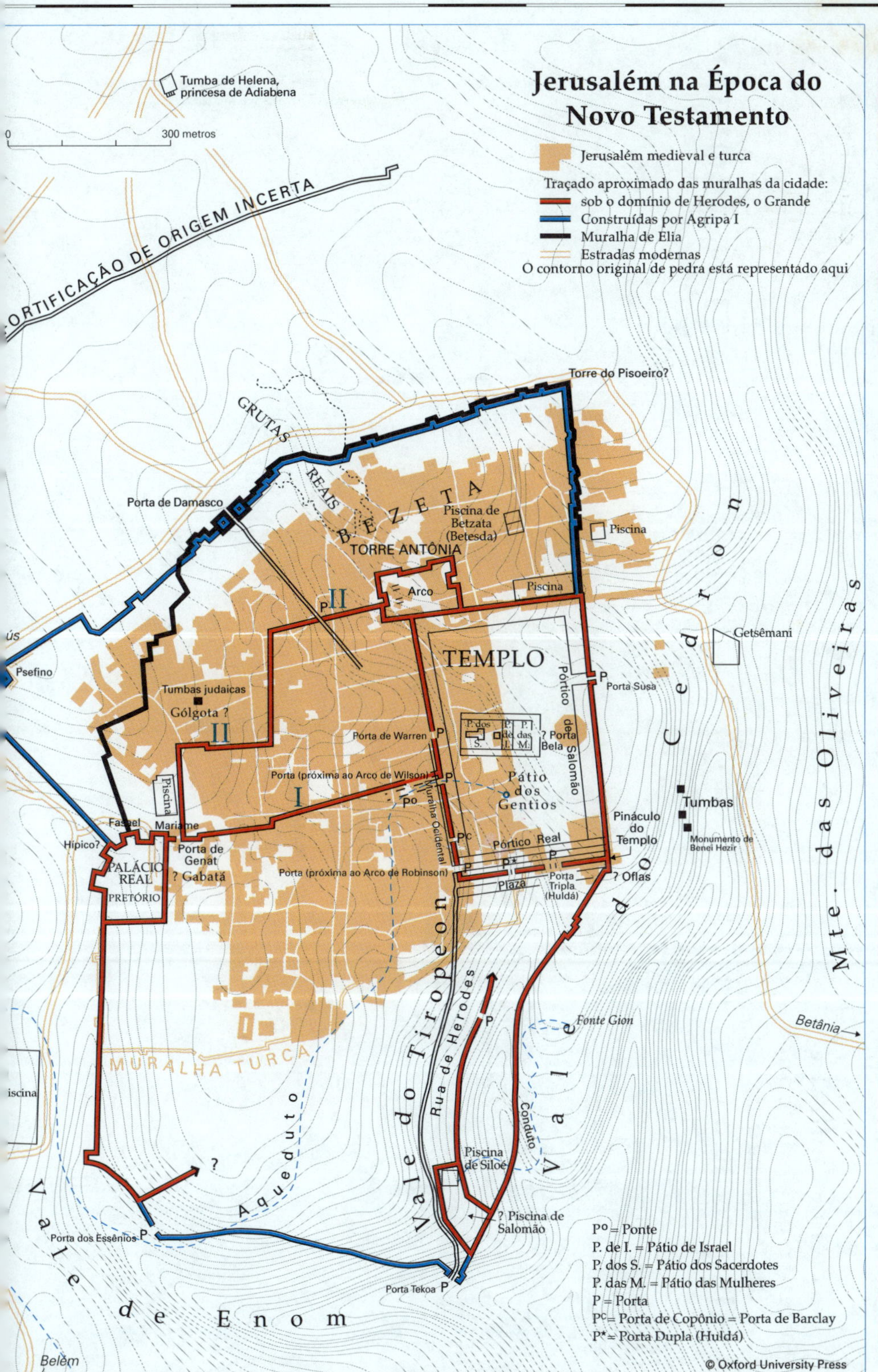

© Oxford University Press

Palestina Central e Setentrional na Época da Pregação de Jesus c. 30 d.C.
Fronteiras políticas
JUDÉIA, etc. Unidades políticas
Lugares mencionados no Novo Testamento
Cidades da Decápole
Cidades da Decápole citadas no Novo Testamento
Fortalezas
0 5 10 km
35°
35° 30'
33°
3
2
3
Y
X
Ptolemaida
Escada de Tiro
Ecdipa (Aczib)
Tiro (33°16'N)
SÍRIA
DA
PROVÍNCIA
FENÍCIA
GALILÉIA
(Tetrarqu
TETRARQUIA DE FILIPE
GAULANÍTIS
DECÁPOLE
Cesaréia Filipos (Paneas)
Dafne
Ulata
Lago Semeconite (Lago de Hule)
Tela
Rio Jordão
Selêucia
Sogane
Betsaida-Julias
Gamala
Dion?
Abila
Capitólia
Arbela
Gergesa?
Hipos (Susitá)
Wadi Yarmuk
Gádara
Emata
Mar da Galiléia
Corozaim
Cafarnaum
Genesar (Genesaré)
Mágdala (Tariquéia)
Arbela
Betmaus
Tiberíades
Amato
Senabris
Bet-Yerah (Filotéria)
Agripina
Cadasa
Capar Ganeoi
Gichala
Jamneit
Sef
Acabare
Merot
Bersabéia
Selame
Bacá
Sogane
Caná
Rumá
Garis
Sigof
Dabarita (Dabira)
Itabirium (Tabor)
Naim
Vale do Jezrael
Exalot
Nazaré
Jafa
Séforis
Simonias
Besara
Jotapata
Asoquis
Cabulon
Saab
Gabe (Hipeum)
Rio Quison
A Grande Planície (Esdrelon)
Mte. Carmelo
Gabata
Sicâmino
Bucolonpólis
Dora (Dor)
Crocodilópolis

Gérasa
Filadélfia
(Rabá)
Péla
Riacho Carit
Amatunte
Rio Jaboc
Zie
Gádara
Betaramfta
(Lívias Júlias)
Esbus
© Oxford University Press
Salim?
Enon?
Rio Jordão
Alexandrium
Fasaelis
Cória
Wadi Fará
Arquelais
Jericó
Chipre
Tauro
Quirbet Qumrã:
base da seita
do Mar Morto
Ginéia
Bemesilis
Sebastes
(Samaria)
Mte. Ebal
Sicar
Tiratana
Neápolis
Mte. Garizim
Manaim
Faraton
Acrabeim
Anatu Borcéus
Selo (Silo)
Tefon
Arus
Efraim
(Afairema)
Berzeto
Gofna
Betel
Aialon?
Macmas
Cafarsalama?
Anatot
Gabat Saul
Betfagé
Betânia
Jerusalém
Mte. Scopus
Adasa
Gabaon
Beréia?
Bet-Horon de Baixo
Bet-Horon de Cima
Colônia Amasa
(Aús)
Tamna (Timná)
Ilon
Modin
Safo
Emaús
(Nicópolis)
Cariat-Iarim
Geta
Yushub
Caparétea
Torre de Afec
Ratamim
(Arimatéia?)
Adida
Antipátride
(Pegai)
Cafarsaba
Riacho de Caná
Lida
Gazara
Jope
Apolônia
Sozusa
Jâmnia
Cedron
Rio Belus (Cedron)
Planície de Saron
A P Ó L I S
& P E R É I A
de Herodes Antipas)
S A M A R I A
J U D É I A
(sob administração de Roma)
BORDA EXTERIOR MOSTRA SUBDIVISÕES DE 16 KM
4
5
W
X
Y
32°
35°
35° 30'

B
C
D
E
2
3
4
Rio Pó
PANÔNIA
Síscia
DÁCIA
Pola
Ravena
Mtes. Apeninos
Ariminum
Sírmio
Singiduno
Viminácio
Ancona
Perúsia
ITÁLIA
ILÍRICO (DALMÁCIA)
Salone
Rio Tibre
ROMA
Óstia
Antium
Tarracina
Três Tavernas
Foro Ápio (Appii Forum)
Rio Danúbio
Esco
Nove
Niassus
MOÉSIA
Mar Adriático
Cápua
Benevento
Putéoli
Neápolis
Canúsio
Via Ápia
Pompéia
Pesto
Capreae (Capri)
Escocra
Escupi
Sardica
Odess
Mesêmb
Filipópolis
TRÁCIA
Diraquium
Via Egnácia
Brundisium
Apolônia
Tarentum
MACEDÔNIA
Filipos
Neápolis
Tessalônica
Beroéia
Bizâncio
Sibaris
Crotona
Córcira
TESSÁLIA
Larissa
Samotrácia
Trôade (Alexandria)
Cízico
Nicópolis
Áccio
Panormo
Messana
Reggio
SICÍLIA
Catana
Siracusa
Asso
Lesbos
Mitilene
Adramitium
Pérgamo
Tiatira
Corinto
Cencréia
ACAIA
Mar Egeu
Quio
Esmirna
Sardes
Olímpia
Atenas
Éfeso
Filadélfia
Esparta (Lacedemônia)
Samos
Laodicéia
Mileto
Cós
Cnido
Malta (Mélita)
IMPÉRIO ROMANO
Rodes
Patara
Viagem de Paulo a Roma
CRETA
Fênix
Bons Portos
Lasca
Caudas
Salmona
Mar Mediterrâneo (Mare Internum, Mare Nostrum)
Lepcis Magna
Sirtis Maior
Cirene
CIRENAICA
ÁFRICA
LÍBIA
Canopo
Alexandria
EGITO
Oxirrinco
1a. Viagem de Paulo
Antioquia
Icônio
Listra
Derbe
Atália
Perga
Salamina
Pafos
2a. Viagem de Paulo
Beroéia
Filipos
Neápolis
Tessalônica
Trôade
Corinto
Atenas
Cencréia
Éfeso
Cesaréia
3a. Viagem de Paulo
Asso
Mitilene
Quio
Samos
Cós
Rodes
Patara
Tiro
Ptolemaida
Jerusalém
BORDA EXTERIOR MOS

Cenário do
Novo Testamento
Roma e o Oriente
(incluindo as viagens de São Paulo)
Sete Igrejas da Ásia (Rev.1-3)
Fronteiras do Império Romano (c.65 d.C.)
Fronteiras das províncias (c.65 d.C.)
ÁSIA, etc Províncias de Roma
Algumas estradas romanas (rotas entre Roma e o Oriente)
0 100 200 km
Citas
REINO BÓSPORO
Quersoneso
Mar Euxino
(Pontus Euxinus)
CÓLQUIDA
Amastris
Sínope
Heracléia
BITÍNIA E PONTO
Amisus
Side
Trapezus
Gangra
Amásia
Comana
Ancira
Tavium
Doriléia
Gordium
Pessinunte
GALÁCIA
Rio Halys
Pequena Armênia
REINO DA ARMÊNIA
Artaxata
Rio Araxes
Lago Van
MÉDIA ATROPATENE
Lago Urmia
Cesaréia (Mazaca)
CAPADÓCIA
Arquelais
Melitene
Tigranocerta
Icônio
Listra
Derbe
Comagene
Samósata
Edessa
Nísibi
GORDIENO
ADIABENA
Ninus
Arbela
Tarso
Perge
Cilícia Trácia
Selêucia
CILÍCIA
Zeugma
OSROENE
Carhae (Harã)
Europos (Carquemis)
Antioquia
Nicefório
MESOPOTÂMIA
Rio Tigre
IMPÉRIO PARTA
MÉDIA
Salamina
CHIPRE
Pafos
Rio Orontes
Apaméia
Epifania
SÍRIA
Rio Eufrates
Dura-Europos
Êmeso
Palmira
Trípoli
Arca
Abilene
Beritus
Sidônia
Damasco
Tiro
Cesaréia Filipos
Ptolemaida
Tiberíades
Cesaréia
Samaria
Jope
Jerusalém
Judéia
Gaza
Deserto da Arábia
ELAM
Selêucia
Ctesifonte
Babilônia
Pelúsio
Heliópolis
Babilônia
Mênfis
Reino Nabateu
Petra
Dumá
Aila (Aelana)
Mte. Sinai
Mar Vermelho
Tema
© Oxford University Press
DIVISÕES DE 160 KM

ÍNDICE DOS MAPAS

Este livro foi composto por TopTextos Edições Gráficas, em Minion e ITC Legacy, e impresso por Geográfica Editora em novembro de 2002.